現代民事法学の構想

内山尚三先生の学恩に感謝し
謹んで本書を捧げます

執筆者一同

〈執筆者紹介©2004 掲載順〉

1	須永 醇 (すなが じゅん)	國學院大学法科大学院教授 法政大学名誉教授
2	小林一俊 (こばやし かずとし)	大宮法科大学院大学教授 亜細亜大学名誉教授 弁護士
3	下森 定 (したもり さだむ)	成蹊大学法科大学院教授 法政大学名誉教授
4	片桐善衛 (かたぎり ぜんえい)	名城大学法学部教授
5	今尾 真 (いまお まこと)	明治学院大学法学部助教授
6	堀田泰司 (ほった やすじ)	九州国際大学法学部教授
7	仁瓶五郎 (にへい ごろう)	流通経済大学講師
8	竹内俊雄 (たけうち としお)	駿河台大学法学部教授
9	高須順一 (たかす じゅんいち)	弁護士 法政大学法科大学院教授
10	鳥谷部 茂 (とりやべ しげる)	広島大学法科大学院教授
11	安達三季生 (あだち みきお)	法政大学名誉教授
12	山口康夫 (やまぐち やすお)	流通経済大学法学部教授
13	岡 孝 (おか たかし)	学習院大学法学部教授
14	宮本健蔵 (みやもと けんぞう)	法政大学法学部教授
15	柳澤秀吉 (やなぎさわ ひでよし)	名城大学法学部教授
16	堺 鉱二郎 (さかい こうじろう)	作新学院大学総合政策学部教授
17	林 研三 (はやし けんぞう)	札幌大学法学部教授
18	春田一夫 (はるた かずお)	弁護士 九州国際大学名誉教授
19	近 勝彦 (ちか かつひこ)	大阪市立大学大学院助教授
20	土井輝生 (どい てるお)	弁護士 早稲田大学名誉教授

内山尚三先生

現代民事法学の構想

――内山尚三先生追悼――

編集代表

下森　定

編集委員

須永　醇

堀田泰司

片桐善衛

山口康夫

岡　孝

宮本健蔵

信山社

はしがき

平成一四年一二月一四日（土）午後、「法政大学民事法懇談会」における研究報告を聞くため、お宅を出られた内山尚三先生は、その夜、四谷の行きつけの料理屋で突然の発作に襲われ、酒盃を片手にお倒れになった。慶応病院に運ばれた先生は、とるものもとりあえず駆けつけられた最愛の奥様に看取られつつ、八二年にわたる生涯を静かに閉じ、忽然とこの世を去られた。学問を愛し、酒を愛し、ご家族を愛された、如何にも先生らしい御最後であった。

「内山先生の人と業績」の詳細については、本書に収録した「経歴・業績目録」と、別途刊行された追悼文集『縁（ゆかり）』に譲るが、先生は、東大法学部時代の丸山真男ゼミ、大学院時代の川島武宜ゼミを通じて培われた問題意識、すなわち、日本社会の近代化という高邁な理想主義をとる学問の根底におく問題意識の下に、法社会学・民法学の研究に取り組まれた。とくに建設労働関係、建設請負契約の研究をライフ・ワークとして法社会学と法解釈学、理論と実務との相関関係に絶えず留意しつつ、幅広く、着実に、法律学の研究を展開され、多くの著書・論文を公表された。その社会的重要性の割には、研究の少ない建設労働関係、建設請負契約の領域において先生の果された業績は貴重であり、後進の学徒はこれらの業績を抜きにして、今後、建設労働、建設請負契約について語り、論ずることは許されまい。

これらの業績を背景に、法政大学法学部長・同大学院委員会議長、札幌大学法学部長・同学長等の大学行政のほか、日本私法学会及び法社会学会理事、中央建設審議会委員、中央労働基準審議会建設労働問題専門委員会座長、東京労働基準審議会委員、建設調査会理事長、さらには世界平和アピール七人委員会事務局長及び委員、軽井沢文化協会理事長等の要職を歴任された。

また、先生の葬儀委員長を務められた義兄・鶴見俊輔氏を始めとする華麗な親族関係をバックとする人柄を通して自ら伝わる人間的魅力は、多くの友人・知人をひきつけ、さらには後輩の研究者・学生もその学風と人柄をしたって相集った。先生の還暦さらには古稀記念論文集、追悼文集『縁（ゆかり）』の刊行もこのような方々のご協力に負うところが大である。

これらの論集の総仕上げとして、ここに、本追悼論文集の刊行にいたりえたことは、編集委員一同にとって大きな喜びである。この追悼論文集が、高邁な理想主義を高く掲げ現代社会の当面している諸問題につき、法と社会の生ける実態の探求、法解釈学と法社会学、理論と実務との相関関係に絶えず留意しつつ、幅広く法律学の研究を展開された先生の学風を受け継ぎ、更なる展開を遂げえたものといえるかどうかは読者の判断に委ねるほかない。しかし、少なくともわれわれの問題意識はそこにあり、今後もその方向に向かって行くことを心に誓い、この追悼論文集を先生のご霊前に捧げる。

この論文集の刊行を先生の三回忌に間に合わすため、かなりハードなスケジュールを組んだため、執筆をお願いした方々には、たいへんなご苦労をおかけすることとなった。心より御礼を申し上げる次第である。それとともに、心ならずも締め切りに間に合わず、辞退を余儀なくされた方々に謹んでお詫び申し上げたい。最後にまた、本書の刊行にあたり多大のご協力をいただいた信山社社長袖山貴氏に厚く感謝申し上げる。

平成一六年一一月二七日

『内山尚三先生追悼論文集』編集委員会

編集代表　下森　定
編集委員　須永　醇
堀田泰司
片桐善衛
山口康夫
岡　孝
宮本健蔵

目次

目　次

現代民事法学の構想

1 「日常生活ニ関スル行為」の法理

――成年後見制度の一局面――

須永醇

下森定 編集代表『現代民事法学の構想』内山尚三先生追悼
二〇〇四年一一月 信山社

一　問題の所在
二　比 較 法
三　立法の経緯
四　この法理の趣旨・目的
五　個別法律行為での意思能力の要否
六　後見開始審判の実体的要件との関係
七　関連する一、二の問題
八　まとめ

一　問題の所在

新成年後見制度では、「日用品ノ購入其他日常生活ニ関スル行為」については、後見および保佐を理由とする能力制限が及ばないという規定が設けられた（民法九条但書、一二条一項柱書但書・同二項但書）。成年後見制度の今次の改正で、英米法上で「必需品契約」[1]と呼ばれているものに類似する考え方が日本にも導入されたわけである。しかし、この新らしい条項の法的構成、趣旨・目的、機能、内容等々、この法理に関する解釈論上の問題点についての議論・検討はなされないままのように見受けられる。本稿は、比較法、立法の経緯等をも参照しつつ、この法理の趣旨・目的、機能、内容等々に関する解釈論上の問題点の検討を試みようとするものである。

（1）　わが国で、英米法関係の文献では、"contract for necessaries" の訳語として「必需品契約」というのが一般に使用されているようである（田中和夫『英米契約法・新版』（有斐閣・一九六五年）六四頁以下・七五頁、望月礼次郎『英米法〔新版〕』（青林書院・一九九七年）三五四―五頁・三六一頁）。他方、ヨーロッパ大陸の諸国では、後にその一端を見るように、「日常生活の事務」とか「日常生活の行為」とか呼ばれることが多く、日本の改正法もヨーロッパ大陸諸国の用語例にならっているようである。直接の表現は異なるが、機能的に大きな差異は存しないようであるから、以下一括して検討することにする。

構成とがある。

二　比較法[2]

必需品契約法理の発祥地はイギリスだといわれているが、そのイギリスをも含めて、これに類似する法理（「日常生活の事務」等のそれ）を採用している国は少なくなく、その法的構成としては、準契約的構成と契約的構成とがある。

〔一〕　必需品契約法理の発祥の地であるイギリスでは準契約的構成が通説である。未成年者も精神病者・泥酔者も、必需品が「売却され引渡された」場合に――約定の代価ではなく――相当な代価（reasonable price）を支払えばよいというのであるから、「この責任は準契約（quasi-contract）（わが国の不当利得に当たる）に基づくものであるといわなければならない[3]」。そうして、なぜこのような法理が認められるのかというと、当該行為に拘束力を認めないと、相手方が「必需品を供給しなくなるであろう」からだ、といわれている[4]。

〔二〕　つぎに、オーストリア法も準（あるいは「半」）契約的である。すなわち、まず、未成年者につき、同民法一五一条はつぎのとおり規定している[5]。嫡出の未成年者は法定代理人の明示もしくは黙示の同意なしには法律行為を通して処分したり義務を負担できないのが原則だが（一項）、成熟（Mündigkeit ―― 一四歳）に達した後には、その自由な処分に任された物、および、その生業からの収入につき、その生活需要の充足を危険にしない限りにおいて、処分し義務を負担することができる（二項）。しかし、「嫡出の未成年者が、その年齢の未成年者によって普通に締結される類いのもので、かつ、日常生活の軽微な事務（eine geringfügige Angelegenheit des täglichen Lebens）に係わる法律行為をした場合には、第二項の要件が充たされなくても、その子の義務が履行されることにより遡及的に有効になる」（三項）、というのである。また、成年者に保護管理者（Sachwalter）を付せられると、その成年者は、保護管理者の権限の範囲内では、その同意なしに処分・義務負担ができなくなるのだが（§273a, Abs. 1）、「日常生活の軽微な事務」に係わる法律行為は、保護管理者の権限の範囲内であっても、本人がその義務を履行することによって遡及的に有効になる（ibid., Abs. 2）、というのである。[6] 被保護者の義務が履行されない間は有効にならないわけだから、被保護者の責任を契約責任と呼ぶことには些か躊躇するところが残る、といわねばならない。

〔三〕　ところが、ドイツでは、準(半)契約的構成の条項と契約的構成の条項とが並存している。

(1)　時期的順序は逆になるが、先ず、二〇〇二年に民法典に追加・挿入された一〇五ａ条をみると、つぎのとおりである。[7]「成年の行為無能力者（ein volljähriger Geschäftsunfähiger）が些少の資金で（mit geringwertigen Mitteln）実現できる日常生活の行為（ein Geschäft des täglichen Lebens）をした場合、給付、および——そこまで合意されているのなら——その反対給付にも関する限りで、給付および反対給付が実現されたなら、その締結した契約は有効とみなされる。」というのである。成年の行為無能力者というのは、「精神作用の病的障碍に因り自由な意思決定をなし得ない継続的状態にある者」（§104, Nr. 2）であり、その意思表示は一律かつ絶対的に無効（nichtig）とされ（§105, Abs. 1）、意思表示の受領能力もない（§131, Abs. 1. 一時的心神喪失者の意思表示も§105, Abs. 2 で "nichtig" になるのだが、この者は行為無能力者とはされず、意思表示の受領能力もある）のだが、給付・反対給付が実現された限りで当該の契約を有効とみなす、というのである。原状回復の問題を遮断して行為無能力者が取引界から忌避されないようにする趣旨の規定であり、議会資料も英米法の必需 "necessaries" 契約法理に依拠するものであることを明言している（BT Drucksache 14/9266, S. 43）。オーストリア法と同じ準

（半）契約的構成の用いられたケースである。

(2) ところが、ドイツでは、これよりも早く、成年者世話制度（一九九二年施行）のなかで、完全な契約的構成に従う条項を設けていた。すなわち、民法典一九〇三条三項二文がそれであり、それはつぎのとおりである。すなわち、ドイツでは、まず、「成年者が、精神病又は身体、知能若しくは精神障害のために、自己の事務の全部又は一部を処理することができないときは」、原則として、本人の能力制限をしないまま世話人（Betreuer）を付して、本人を代理させることにする（§§1896, 1902）。しかし、「被世話人の身上又は財産についての著しい危険を回避するために必要な限りで」、世話人の職務範囲内の行為を本人がするには世話人の同意を得ることを要することとし（同意の留保）、この宣告がなされると、被世話人は七歳以上の未成年者と同じ能力制限を受けることになる（§1903, Abs. 1, S. 2）。ところが更に、同意の留保が宣告されていても、本人が単に法律上の利益を得ることになるだけの場合には世話人の同意は不要であり（§1903, Abs. 3, S. 1）、同じことが「日常生活の軽微な事務（geringfügige Angelegenheit）にかかわるものであるとき」にも適用される、というのである（ibid., S. 2）。すなわち、この場合には、同意の留保が宣告されていても世話人の同意は不要であり、被世話人は完全に単独で有効な行為をなすことができることになっているのであり、「日常生活の軽微な事務」に関する限り被世話人も完全な契約能力を認められる、という構成になっているのである（8）（この段落(2)での「　」つきの訳文は『法務資料四五八号［河上正二］』による）。

［四］ つぎに、フランス法だが、ここでは一貫して契約的構成に基づく法的処理がなされている。すなわち、これに関係する条項は民法典四五〇条一項と四九五条であり、この四五〇条一項によると、「後見人は、未成年者の身上に配慮し、すべての民事上の行為において未成年者を代理する。ただし、法律又は慣習が未成年者

に自ら行為することを許可する場合には、その限りでない。」とのことである（この訳文も法務資料四五八号〔稲本洋之助〕）。そうして、この四五〇条一項が四九五条によって成年被後見人に準用され、日常普通の行為（act usuel ou courant）については、慣習上成年被後見人に契約能力が認められる、というのである。(9) そうして、このような慣習が認められる理由としては、日常生活上の必要性とともに、無効訴権を理由づけるほどの重要性のないこと、すなわち、事柄の軽微さもあげられていることが注目される。(10)

ところで、以上の比較法的素描を経て、日本民法の立場をみると、ドイツ民法一九〇三条やフランス民法のそれのように端的に契約能力を問題視する立場に立つもののようである。履行済みの給付に関する限りで契約をはじめから有効とみなすことにするという一種の擬制を使って準（あるいは「半」）契約的に法律構成するものでないことが、以上の叙述から明らかだからである。

(2) 比較法については、ドイツ民法一〇五 a 条を除き、基本的には柳沢秀吉教授の論説「被保護成年者の必要品契約」須永編『被保護成年者制度の研究』（勁草書房・一九九六年）四五九頁以下に依拠している（同教授に感謝する）。

(3) 田中・前掲書六六頁（直接には未成年者に関する）、精神病者および泥酔者については七五頁に同旨。樋口範雄『アメリカ契約法』（弘文堂・一九九四年）二八〇頁。

(4) 望月・前掲書三五四頁。樋口・同上書二七三頁も、「ともかく生活必需品に関する取引なら、相手方も一応安心して未成年者と取引ができる」、と指摘している。精神障害者にもこの法理の適用があることについては、樋口・同上書二八〇頁。

(5) 柳沢・前掲論文・前掲書四六九頁以下（訳文は須永が若干手直ししている）。

(6) 柳沢・同上四七〇頁（ここでも若干の手直しはある）。

（7） ドイツ民法一〇五a条に関する資料のいっさいは、村田彰教授（流通経済大学）からご提供いただいた（同教授に感謝する）。

（8） ここでの叙述は、W. Bienwald, Betreuungsrecht, 3. Aufl., 1999, S. 381-382 による。本書によると、個別的には些細な日常生活の事務に該当するものであっても、多かれ少なかれ、しばしば繰り返してか持続的にか、その物が購入され、その総額が日常軽微な事務の域をこえるときには、同意の留保は必要になる、という。また、どのような事務がここに含まれるかは結局実務の積み重ねを通して明らかにされていくほかはなく、"des täglichen Lebens" の意味内容のごときも、結局は取引観念（Verkehrsauffassung）が決め手になるであろう、と指摘している。

（9） G. Goubeaux, Ttraité de Droit Civil, Les Personnes, 1989, p. 533 によると、新聞や食料品の購入とかが含まれるとのことである。

（10） J. Massip, Les Incapacités, 2002, p. 486. 原語は《trop peu importants》である。

三　立法の経緯

必需品契約法理の採否は、現行民法典制定当時、未成年者につき、この法理を導入すべしという強い提案が法典調査会に提出され、最後まで激論が戦わされたが、このときには、未成年者につき目的を定めてか定めないでか処分を許す財産に関する規定（五条）があるので、この法理に関する規定をとくに設ける必要はない、という意見が勝利して、日本法に導入しないという結論になった[11]。

今回の立法に際しては、

〔一〕　平成七年七月に法務省民事局内に「成年後見問題研究会」が設置され、この研究会が同九年九月三〇日にその調査研究の結果を法制審民法部会に報告のうえ、『成年後見問題研究会報告書』（金融財政事情研究会・平成九年一〇月）という形でこれを一般に公表した事は周知のことだが、同報告書の三六頁に、禁治産に相当する類型の者についても、「本人の残存能力を尊重するという観点から、日常生活に必要と認められる行為については、本人が単独ですることができることとするのが適当であるというのがほぼ一致した意見であったが、日常生活に必要と認められる行為の範囲は明確でなく、この点の判断基準を明確化する必要があるという意見が出された。」とのことであった。また、その議論に際して、成年後見制度の改正を済ませた外国でこれに関する法理を採用している例のあることが参照されていたであろうことの一端は、同報告書一七頁でオーストリアの例に言及されていることからもうかがうことができる。

〔二〕　ついで、成年後見小委員会での検討が続けられ、そこでの検討の方向性が取りまとめられて、「成年後見制度の改正に関する要綱試案」が作成され、さらに、法務省民事局参事官室の文責で、「成年後見制度の改正に関する要綱試案補足説明」が作成され、両者が平成一〇年四月に公表されて、各界への意見照会が行われることになった。その要綱試案では、その第一・三・3で、「被後見人の行為は、被後見人又は後見人が取り消すことができるものとする。ただし、日常の生活に必要な範囲の行為は、この限りでないものとする。」と起草された。その理由としては、「本文は、本人保護の実効性の観点から、現行の民法第九条と同様の内容を定めたものであり、ただし書きは、自己決定の尊重の観点から、新たに、日常生活に必要な範囲の行為については、専ら本人の自己責任にゆだねることとし、取消権の対象から除外することとしたものである。」（同上・補足説明二七頁上段）というのである。なお、当時これらの文案の作成を担当された方々の説明によると、

「取引の相手方にとっても、本人の日常生活に関する行為については取消権の行使の可能性を懸念する必要がないので、この改正は、取引の安全にも資するものである」[12]。また、「重度の精神上の障害により通常は判断能力を欠く状態にある以上、通常は、日常の買物等も成年後見人に代理してもらうことが多いものと思われますが、制度のあり方として一時的に意思能力があるときには日常の買物等を自ら行うことができるような制度とすることが、自己決定の尊重およびノーマライゼーションの理念に沿うものということができます」[13]。そうして、最終的には、意味内容には全く変更がないまま文言だけが「日常生活ニ関スル行為」と改められて、国会に提出された[14]。

なお、この点について国会での特別の議論はなされなかったもののようである。

(11) この経緯については、柳沢・前掲論文・前掲書四七六頁以下に説明があるが、これに先立つ吉田和夫「未成年者と契約──必要品契約」早稲田社会科学研究四五号と人文自然科学研究四二号との合併号（一九九二年）一〇頁以下が詳細である。

(12) 小林昭彦＝大門匡編『新成年後見制度の解説』（きんざい・平成一二年）九九─一〇〇頁。

(13) 小林＝大門編・同上書一〇〇頁・注1、小林＝原「平成一一年民法一部改正法等の解説（二）」法曹時報五二巻一〇号七三頁、同七四頁・注1も、文面までは全く同じでないが完全に同趣旨。

(14) 「日常生活」の語を含む他の法律（小林＝原が前掲・曹時五二巻一〇号七五頁・注（5）で挙げているものの一つとして、たとえば、訪問販売法二条四項の「日常生活に係る取引」などの用語例）などが参照されたとのことである。

四　この法理の趣旨・目的

以上、「日常生活ニ関スル行為」に類似する概念を用いている外国法の立場・対応、および、日本での立法の経緯と立法担当者の考えていたところを一べつしてきた。それらを踏まえてこの法理の趣旨・目的を確定しておくことが必要である。

〔一〕　最初に、日本の立法担当者の見解を見よう。二点それぞれに分けての検討が必要であろう。

(1)　まず、この法理を採用すると、本人の日常生活に関する行為につき相手方は取消権を行使される懸念を持たないで済むから、取引の安全に資するであろう、という点は、どうであろうか。この点は、直接的かつ第一次的には立法担当者が指摘するとおりなのだが、そのことによって、より根本的には、相手方において取引の安全を懸念する必要がなくなることによって本人が取引界から忌避されないで済むことになる、ということに帰着するであろうし、また、その点を見過ごさないことが重要なのではないか、と思われる。精神的能力の減退している者が取引界から忌避されないようにするという視点は、まさに、類似の法理の先頭を走り近時の諸立法に大きな影響を与えた英米法が当初から着目していたことだったのである。上述の日本の立法担当者の見解は、これらの法理がそもそも認められなければならなかった趣旨・目的をいわばその表面だけから指摘・解説しているものとしての意味はもち、かつ、その限りでのみ評価されるべきもの、と思われる。

(2)　つぎに、日常の買物等も法定代理人にしてもらうことが多いであろうが、「一時的に意思能力があるときには日常の買物等を自ら行うことができるような制度」にすることが自己決定の尊重およびノーマライゼーションの理念に沿うであろう、ということも立法担当者から説明されているが[15]、この点にも直ちには首肯しにくいところがあると思われる。まず、ノーマライゼーションとは、障害のある人でも家庭や地域で通常の生活をすることができるような社会を作るという理念であり、これが改正法の基本理念とされてきたことは、改めて指摘する必要のないところである。そうして、成年被後見人というのは「事理弁識能力ヲ欠ク常況ニ在ル者」だから意思能力を通常は欠いていると思われるが、そのような者にも地域や家庭で通常の生活を営ませるのがノーマライゼーションのはずである。しかも、日用品の購入其の他日常生活に関する行為はまさに日常的に行われる性質のものであり、本人に意思能力のある場合にだけ行われれば足りるという性質のものではないはずである。完全に意思能力を失ってしまえば、事実上日用品の購入なども不可能となり、本人が自ら行為するという事態も生じなくなってしまうのかもしれないが、本人が行為する限り意思能力の有無を問題視せず当該行為の有効性をも問題視しない、というのがこの法理の本来の趣旨・目的ではないのか。また、英米法では、精神錯乱者や泥酔者にもこの法理が必要であるとしてこの法理を認めているのであり、また、ドイツ民法一〇五a条は精神障害のため自由な意思決定をなし得ない継続的状態にある者（いわゆる「絶対的行為無能力者」）に対してこの法理を適用しているのである。しかも、英米法やドイツ法でこの法理の適用を受けているこれらの者が日本法上の意思無能力者に相当することに疑問の余地がないではないのか、と思われる（日本法では、ドイツ民法上で行為無能力者とされないまま一〇五条二項でその意思表示を無効とされるだけの一時的心神喪失者も意思無能力者に入るから、ドイツ法上の絶対的行為無能力者よりも日本法上の意思無能力者の方がその外延が広いことになるが）。本人が意思能力を有するときに限り日用品の購入その他日常生活に関する行為をなしうる、と解することには絶対に賛成できない。

〔二二〕　日本の立法担当者がその起草に当たってもっていた考えに全面的には賛成できないとすると、やはりこの法理が多くの国で採用された際に意識された趣旨・目的を参照する方が無難かつ適切ではないか、と思われる。そうして、そのような視点からは、つぎの二点が注目される。すなわち、

(1)　まず、本人が取引界から忌避されないようにする、という英米法以来の古典的かつ標準的な諸立法の趣旨・目的は支持されるべきであろう、と思われる。日本の立法者も、相手方における取引の安全という形で、実質的にはこのことを表面的にだけは認める立場を採っていたことは、先に指摘したとおりだが、それでは不十分なのである。

(2)　つぎに、当該の行為が軽微で重要でないこと（オーストリア、ドイツで geringfügig または geringwertig、フランスで無効訴権行使の対象となるほど重要でない）も、この法理を支える趣旨、目的として顧慮されるべきではないか、と思われる。オーストリア民法、ドイツ民法、フランス民法というヨーロッパ大陸中で最有力かつ最も有名な民法典が軌を一にしてこの要件を掲げているのを無視することは妥当であるまい。そうして、これらの法典がその理由とするところは、本人に意思能力がないにもかかわらず準（半）契約的あるいは契約的責任を負わせるには、当該の行為から生じる効果が本人にとって負担とならない程度のものであることが必要だ、ということにあるのであろう、と思われる。日常生活にとって真に必要ならばその支出は当該の被保護者にとって殊更に重要視するにあたらず、必要性の判断とその支出が当該に被保護者にとって軽微かどうかの判断とが、いわば隣り合わせで実質的にほとんど異ならないことになるのではないかということは、まさに前述フランス法の解説（二の〔四〕・八頁）が示唆するとおりだ、と思われる。

(15)　小林＝原・前掲「平成一一年民法一部改正法等の解説(2)」曹時五二巻一〇号七四頁・注（1）

五　個別行為での意思能力の要否

「日常生活ニ関スル行為」についても、個別行為に際して意思能力の有無は顧慮されるべきであるか。

立法担当者は、「『日常生活ニ関スル行為』の当時、本人が意思無能力であった場合には、原則としてその行為は無効になるものと解されるが、その例外を認めるかどうか、その行為の相手方も無効の主張ができるかどうか等の点については、改正法は手当てをせず、解釈に委ねている」、と説明している。(16) そうして、意思無能力無効を認めることが「日常生活ニ関スル行為」についての法理を認めた趣旨、すなわち、相手方も安心して取引に応じてくれることから、ひいては被後見人の日常生活に便宜であるという側面にも影響が出てくる、という問題を顧慮する学説（たとえば、安永正昭・磯村保）も存在しないではない。しかし、これらの者も結論的・最終的には意思無能力無効法理の貫徹を否定するところまでいっていない。すなわち、安永教授は、日常生活に関する行為は軽微なものだから成年被後見人に意思能力を期待できることも多いであろうし、当該行為が「外形上問題なくなされたという事実からその時点での意思能力の存在を推認するということも、［九条］但書を置いている政策的な趣旨からすると、可能ではないか」と指摘しつつ、しかし、意思無能力無効の法理の貫徹を否定する趣旨までを九条但書からは読み取れない、と主張するのである。(17) そのほか、この問題に対して明示の解答を用意している概説書は意外に少ないが、いずれも意思無能力無効法理の貫徹を認める立場のものばかりである。(18)

しかし、「日常生活ニ関スル行為」についてまで意思無能力無効法理の貫徹を認めることは、この法理の導入された趣旨・目的をまったく「無」にすることに帰着するであろう、と思われる。全くの意思無能力の状態で日用品を調達することは事実上少ないであろうが、成年被後見人は事理弁識能力を欠く常況にあるのである。成年被後見人であることを理由とする「取消」は封じられても意思無能力無効の主張が可能だということになるなら、相手方としてはやはり日用品の調達に応じることに躊躇するのではないだろうか。また、比較法的にも、英米法で日本の意思無能力に相当するケース（精神障害・泥酔）で必需品契約法理が認められているだけではなく、意思教説に最も忠実なはずのドイツで、自然的行為無能力者（BGB§104, Nr. 2——その行為は絶対的無効 "nichtig" であって［§105, Abs. 1］、日本で近時のほとんど通説になっているといっても差し支えないと思われる立場の学説が意思無能力を理由とする「無効」を保護的・取消的無効と解する方向に向かっているのよりも厳しい取り扱いを受けている）について日常生活の軽微な行為の法理の導入されていることも想い合わされるべきである。

このようにして、九条但書は、日常生活に関する行為に関する限り、成年被後見人に一律に意思能力を認め、制限能力を理由とする「取消」だけではなく、意思無能力を理由とする「無効」主張の余地をも封じて、日常生活に関する行為については本人の精神的能力の減退・喪失を理由とする「無効」「取消」の主張いっさいを封じたもの、と解するのが妥当ではないか、と思われるが、この点の理解は成年後見開始審判の実体的要件をどのように解するかの問題にも関係するので、ここでは一応結論を留保してつぎに進むことにしよう。

(16)　小林＝原「平成一一年民法一部改正法等の解説(2)」曹時五二巻一〇号七四頁・注（2）

(17)　安永正昭「成年後見制度(2)」法学教室二三七号五六頁。同旨の問題性を意識するのは、磯村保「成年後見の多元化」民商法雑誌一二二巻四・五号四七八頁、ただし、安永説ほど立ち入った説明はしていない。

(18)　意識的にこの点に言及する学説は意外に少なく、明示に意思能力の有無が顧慮されることを認めるのは、四宮＝能見・『民法総則〔第六版〕』（弘文堂・平成一四年）六二頁（ただし、「品物を選択して代金を支払うなどの行為をした場合には、意思能力があったといえるであろうから、取引後に意思無能力無効の問題は生じないであろう、と指摘する）、山本敬三『民法講義Ｉ　総則』（有斐閣・二〇〇一年）五四頁、加藤雅信『新民法体系Ｉ　民法総則』（有斐閣・平成一四年）八九頁。雑誌論文では、新井誠「意思能力・行為能力」法学教室二三五号九頁。殊更に触れない者はおそらくは意思無能力無効法理の貫徹を自明視しているのではないか、と思われる。

六　後見開始の実体的要件との関係

成年後見開始審判の実体的要件は、七条で、「精神上ノ障害ニ因リ事理ヲ弁識スル能力ヲ欠ク常況ニ在ル」こと、ということになっている。ところが、他方、九条が、その本文で、成年被後見人の行為を取消しうべきもの、すなわち、その範囲内では本人の能力が制限されると明規しつつ、その但書で、「日用品ノ購入其他日常生活ニ関スル行為ニ付テハ此限ニ在ラズ」と規定して、この範囲では成年被後見人の能力が制限されないかのような条項を置いている。一見するとき、成年被後見人は、日常生活に関する行為については一応ではあっても「事理弁識能力」があり、日常生活に関する行為の中に入らない行為についてだけ事理弁識能力を欠く常況にある者としての能力制限を受ける、と民法が認めている、と解せられないでもない。しかし、他方、後見人の代理権には特段の制限もおかれていないから（八五九条一項）、その代理権は成年被後見人の日常生活に関する行為にも及び得るし、また、その方が本人保護にも適うであろうから、殊更に日常生活に関する行為に必要な弁識能力が成年被後見人にはあるものと解しない方がよいのではないか、とも考えられる。この点をどのように解するかがここでの問題であり、後見開始審判の実体的要件に関する問題だが、この点についての理解の仕方が実は、日常生活に関する行為の法理の実質的内容をどのように理解するか、そうして、この法理を成年後見制度の中にどのように位置づけるか、の問題にも影響してくる、と思われるので、以下で検討しよう。なお、わたくしは、かねてから、成年後見制度開始審判の実体的要件は、「精神障害」や「事理弁識能力」の内容・程度などを詮索することによってではなく、開始審判によって生じる効果に即して確定されるべきである、という立場を採ってきている。[19]したがって、以下においても、そのような立場からこの問題にアプローチすることをお断りしておきたい。

〔二〕　まず、九条で、成年被後見人の行為は［すべて］取り消し得ると規定しつつ、その但し書きでは、「日用品ノ購入其他日常生活ニ関スル行為ニ付テハ此限ニ在ラズ」と規定しているから、一見すると、成年後見人が能力制限を受けるのは「日常生活ニ関スル行為」以外のものに限る、という解釈が条文の文言からは素直に出てくるのではないか、と思われる。[20]そうして、前述のように、「日常生活ニ関スル行為」についても意思能力の要否が問題視されるべし、となす通説の立場は暗々裡には、そうして実質的には、この立場をとっているもの、と評価されてもやむをえない、と思われる。けだし、後見開始審判を受けたことによって成年被後見人は能力制限を受けるが、成年被後見人も「日常生活ニ関スル行為」については後見制度による能力制限を受けていないから、成年後見制度の適用をそもそも受けていない者が個別行為ごとに意思能力の有無の判定を受けなければならないように、個別行為ごとに意思能力の有無の判定をうけなければならないことになる、という推論は、論理的にも実質的にも完全無欠の推論のように見受けられるからである。しかし、「日常生活ニ関スル行為」については、およその有効・無効、取消の可能性を否定して、本人が取引界から忌避され締め出されないようにするのがこの条項の設けられた趣旨・目的だとしたら、個別具体的行為ごとに意思能力の有無を問題視しつつ成年被後見人であることを理由とする能力制限が九条但書によってその適用を排除されることになる、という推論は無理であろう、と思われる。

〔二〕　ところで他方、最高裁事務総局家庭局は、新成年後見制度下の鑑定の作業を容易にするために、「新しい成年後見制度における鑑定書作成の手引」という文書を作成・配布している。そうして、この文書の第一・4によると、後見の対象者は「日常的に必要な買い物も自分ではできず誰かに代わってやってもらう必要がある程度の者」であり、さらに、その第一・4の注（1）によると、九条の規定も、「後見の対象者には日常生活に関する行為をする能力があることを前提したものではありません。……後見の対象者は……日常的に必要な買い物も自分ではできない程度の者ですが、本人の自己決定の尊重及びノーマライゼーション（障害のある人も家庭や地域で通常の生活ができるよな社会を作るという）から、法律はそこまで介入せず、日常生活に関する行為については取り消し得ないとしたものです。」と明記されている。そうして、これによると、九条但書は日常生活に関する行為について成年被後見人に能力があることを認める趣旨ではないことが明らかである。日常生活に関する行為までは法律が介入せず本人の自由に任せる、というのがその趣旨のようである。

しかし、法律が介入しないことにするというだけで被後見成年者の保護が達成されるのだろうか。無効・取消を理由とする履行後の面倒な後始末の問題が裁判所に持ち出されても対応しないことにするという点は、この九条但書が精神能力の減退を理由とする無効・取消をそもそも認めない趣旨であることとの関係で特段の不都合は存しないと思われるが、履行の請求の方までも裁判所がいっさい取り上げないことにするというところにまでいくとすると、いささか勇み足の嫌いを免れないのではないか、と思われる。前述のごとく、日本の

「日常生活ニ関スル行為」の法理は、準契約的構成によらず契約的構成によっており、したがって、成年被後見人の行為は、履行済みか否かを問わず無効・取消の問題の付着しない、常に確定的に「有効」な行為として取り扱われるものとされているはずである。軽微・些細な日常生活に関する行為についての裁判上の履行請求という事態が現実に起こることは事実上少ないと思われるが、このルートを成年被後見人に閉ざして差し支えがない、とは思われない。むしろ、ここでは端的に、「日常生活ニ関スル行為」については、法が一律に成年被後見人に意思能力ありと認めることにしている（より正確には擬制している）のだと理解することにしたら、どうであろうか。そうして、その限りで成年被後見人は能力制限を受けないのだが、そのことが成年被後見人に事実上も相応の精神的能力があることまでをも意味するものでないことは言うまでもないし、また、「日常生活ニ関スル行為」についてこのような趣旨・意味で契約能力を認めることにしたとしても、法定代理人の代理権の範囲をそれだけ縮減しなければならないということになるわけのものでないことも銘記されるべきだ、と思われる。ドイツ法上で世話制度が発動されて世話人が被世話人を代理することになった場合においても、本人の行為能力は同意の留保の宣告（§1903）がなされない限り制限されないのであり（それが原則で、同意の留保の方が例外）、代理と能力制限とを分離することもとくに奇異な推論ということにならないはずである。

これを要するに、わたくしは、九条但書は「日常生活ニ関スル行為」について成年被後見人に法律上で一律に意思能力ありと認めてしまうものだ（それは、かつて禁治産者につき法律上で一律に意思無能力と認める制度だという説明がしばしばくりかえされた事態と類似している）、と解したいと思う。そうして、その結論を支える二本の柱は、

(1)　九条但書が、本人の精神能力の減退を理由とする無効・取消の問題を残さないようにすることによって、

精神的能力に欠けるところのある者が取引界から忌避され締め出されないようにすることが必要であろう、という趣旨の規定と解されるべきであろうこと。および、

(2) 精神能力に欠けるところのある者が契約上の責任を負わされても、その負担が軽微ならそのような者の保護に欠けることにはならないのではないか、ということである。

このようにして、後見開始審判の実体的要件の方は、日常生活に関する行為に関する限り成年被後見人を能力制限から解放する取り扱いをするにもかかわらず、日常生活に関する行為をも含め後見人によって全面的・継続的に代理されることを要する常況にあること、と解しておきたい、と考える。(21)

(19) 須永＝岡「『成年後見制度の改正に関する要綱試案』についての意見書」法学志林九六巻二号九七頁・九九頁。この点で、フランス民法が、後見開始の実体的要件を、疾病等の事由で精神的能力等が減退し「民事生活の行為において継続的な仕方で代理される必要がある」ことと規定し（Art. 492）、保佐開始の実体的要件を、同様に「民事生活の行為において助言を受け、又は監督されることが必要である」ことと規定している（Art. 508）、という事情が日本の改正法起草に際して参照されてほしかったのだが、残念ながら日本の改正法はこのような手法をとらなかった。

(20) 須永「民事精神鑑定ニ関する二、三のメモ」法と精神医療一四号六九頁では、条文の文言からのストレートの推論として、成年被後見人は、「日常生活ニ関スル行為」を除き、法定代理人の継続的代理が必要な者だ、と概念規定していたが、この点を本論文のように訂正することをお断りしておく。

(21) 須永・新訂民法総則（勁草書房・二〇〇三年）五〇頁では、「本人が精神上の障害に因り総ての行為を代理されることを要する程に重症の常況にあること」、と解説している。

七　関連する一、二の問題

九条但書にいわゆる「日常生活ニ関スル行為」につき取消権が排除される趣旨を本稿におけるように理解するとき（一二条一項柱書但書、同二項但書についても同じ）[22]、類似・関連する条項ないし法理の理解への影響は避けられない。ここではさしあたり、民法七六一条所定の日常家事債務に関する規定と事実的契約関係論中の社会類型的行為に関する議論とをとりあげることにしよう。

［一］　民法七六一条所定の「日常の家事に関して」の債務との関係

七六一条は、夫婦の一方が「日常の家事」に関して第三者と法律行為をした場合には他の一方も連帯責任を負う、と規定している。そうして、この条文の存在理由として、たとえば、「通常、家事について取引する相手方は、意思表示の表意者や受領者が夫婦のいずれであっても、夫婦双方が法律行為の主体であると考える。そこで、相手方保護の見地から、日常家事の債務については夫婦は連帯してその責に任ずると規定されたのである。」という説明が加えられる[23]。条文の文言自体も類似していることに加えて、改正成年後見法の立法担当者が前述のとおり九条但書の立法理由を取引の安全の保護に求めていることから両条項の趣旨・目的がほぼ同じだということになり、そのことからの帰結として、九条但書の解釈に際して七六一条に関する解釈論が七六一条に関する判例をも含めて参考になるかのような説明が見受けられる[24]。

しかし、九条但書は、第一次的かつ表見的には取引の安全を保護するとしても、より根本的には、すでに何度となく言及したとおり、成年被後見人が日常生活に関する行為をした場合に当該法律行為について行為者の精神能力の減退を理由とする無効・取消の余地を封じることによって、成年被後見人が取引界から忌避され締め出されないようにする趣旨の条項であり、取引の安全の保護がそれ自体としてその趣旨・目的とされているわけではない。そうして、両者の趣旨・目的に差異があるなら、その適用範囲にも差異が生じることもやむをえない、といわねばならない。たとえば、立法担当者が九条但書の「日常生活ニ関スル行為」の例として挙げている行為、すなわち、九条但書自体が認めている「日用品ノ購入」に含まれる食料品・衣料品等の買物のほか、電気・ガス・水道等の供給契約の締結、それらの利用に係る対価（料金等）の支払いなどが七六一条適用の対象となることは言うまでもないであろうが、逆に、七六一条適用の対象となるであろう行為、たとえば、夫婦の一方（夫から見た妻のごとし）や子の医療費、家庭生活の便宜を高める機器（ＴＶ受信機、電子レンジなど）の購入など[25]に対する九条但書の適用は否定されるほかはないのではなかろうか。七六一条は相手方の保護を目的としているのに対して、九条但書は成年被後見人本人の保護を目的としており、その点で両者が大きく相違することが見過ごされてはならない、と思われる。

〔二〕　いわゆる「社会類型的行為」との関係

「社会類型的行為」（sozialtypisches Verhalten）は、「事実的契約関係」——この概念をどのように評価するかについて日本ではまだ学説上決着がついていないが、もしその有用性を認めるとして[26]——の一類型としての位置づけを与えられ、意思無能力・制限能力（旧法的には行為無能力）の法理が適用されるかどうか、が議論の対象とされてきた[27]。社会類型的行為というよりも一段とその外延を絞りこんで、「生活必需資料の定型的供給の関係」とでも呼ぶことにすると問題性はより明確になり、また、上来問題にしてきた「日常生活ニ関スル行為」とほとんど重複することになりそうだが、「社会類型的行為」概念の方がより一般的のようだから、この概念と「日常生活ニ関スル行為」との交錯・関連を制限能力制度適用の有無という視点から一べつすることにする。

問題になる例としてしばしば挙げられるのは、ガス・水道・電気の使用関係、郵便・電信・電話の利用関係、バス・鉄道等各種交通機関の利用関係、ラジオ・テレビの聴取関係、自動販売機による売買、有料駐車場への駐車等である。そうして、顧慮されるべきポイントとしては、締約の自由、相手方選択の自由、内容決定の自由、方式の自由がどこまで残されているか、利用者側の負担がどの程度か、である。すなわち、生活にとっての必要度が高ければ締約の自由はおそらく失われるであろうし（どこで、どのような物を買うかの選択はありえても、そもそも食料・衣料品の購入をしないで済ますことは不可能だろう）、相手方が一種の独占体であるなら相手方選択の自由はほとんど失われるであろうし（信書の郵送はなお郵政公社の独占である）、相手方が精密な約款を用意していれば個々の契約も事実上それによらねばならないことが多いであろうし、交通機関の利用等も企業側の定めた方式による外はない。利用者側の選択の余地はほとんど失なわれており、その限りで利害得失の判断の入り込む余地も少なくなっている。しかも、これに伴う利用者側の負担も大きくないことが多く、そこで、これらの関係においては利用者側の精神的能力のいかん（能力制限の有無、事実上意思無能力であるかどうか）を顧慮する必要性がないことになりはしないか、ということがこれまでの問題であった。

しかし、近時、社会類型的行為と見る他はない行為で、しかも利用者側の負担の小さくないものが多数出現している。たとえば、自働販売機で新幹線の特急券を購入するとか、自働電話で外国と長時間通話する、というような例がそれである。このような例においても能力制限の有無を顧慮しなくてよいのであろうか。「日常生活ニ関スル行為」は本人の生存に関するが、新幹線への乗車や長時間の国際電話が本人の生活・生存に必要とは限らないであろう。行為の外形を捉えて「社会類型的行為」を観念し、これに該当しさえすれば能力制限の有無を顧慮しないことにする、という法的処理のあり方は放棄されるべきである。社会類型的行為の代わりに、より限定された「生活必需資料の定型的供給の関係」と呼ぶことにすれば、上述の難点を避けることはできるであろうが、そこまで絞りをかけてしまえば「日常生活ニ関スル行為」と変わりないか、これに含まれるか、のいずれかであろう。

制限能力制度との関係で殊更に「社会類型的行為」という概念を維持する必要性は消滅しており、そこで取り上げられた問題は「日常生活ニ関スル行為」の法理のなかで顧慮され解決されるべきであり、また、それが可能である、と思われる。

(22) 一二条一項柱書但書および同二項但書は、要綱試案の段階では設けられてなく、各界からの意見照会の結果等をも参酌して追加されたものであるが、その趣旨・目的等すべて成年被後見人についての九条但書と同じだ、とのことである（小林＝原・前掲論文・曹時五二巻一二号一三〇頁・一三八頁）。また、一項柱書但書については、「そもそも、本項［一項］は、各号所定の行為がいずれも重要な処分行為としての性質を有するものであるとの前提に立って立案されていたため、解釈上日常生活に関する行為は含まれないと解することも考えられるが、これを明記することによって疑義を生じないようにしている。」と説明されている（小林＝原・同上・五二巻一二号一三六頁・注(1)）。

(23) 伊藤昌司・新版注釈民法（21）四四四―四四五頁。

(24) 小林＝大門・前掲書一〇〇頁、小林＝原・前掲・曹時五二巻一〇号七三頁。

(25) 伊藤・前掲書四四六頁の例示するところである。

(26) わが国における学説の対応については、五十川直行・新版注釈民法（13）三〇七頁以下を参照されたい。

(27) 古くは、須永「いわゆる事実的契約関係と行為能力」熊本法学創刊号（昭和三九年）一頁以下、須永・前掲・新訂民法総則用論四二頁以下。

八　まとめ

「日用品ノ購入其他日常生活ニ関スル行為」について被後見成年者の行為を取り消すことを得ない（九条但書）としたのは、成年被後見人が取引界から忌避され締め出されないようにするため、法律上、日常生活に関する行為については成年被後見人に一律に意思能力があると認めて、成年被後見人をその能力制限から解放するもの、と解せられるべきである（一二条一項柱書但書・同二項但書にも同様の規定があり、実際に問題になることはほとんどありえないだろうが、その趣旨・目的・機能・実質的内容は同じである）。当該の行為は、給付が履行済みであるか否かを問わず確定的に有効であり、また、この範囲で成年被後見人が能力制限から解放されても、法定代理人の代理権が「日常生活ニ関スル行為」にまで及ぶことの妨げとはならないことも言うまでもない。

2

「相手方による錯誤の認識」要件の自足性

——ユニドロワ・ヨーロッパ両原則への疑問——

小林一俊

下森定 編集代表『現代民事法学の構想』内山尚三先生追悼
二〇〇四年一一月 信山社

はしがき

一九九四年のユニドロワ（私法統一国際協会）・国際商事契約原則（以下、ユニドロワ原則という）および一九九七年のヨーロッパ契約法原則（以下、ヨーロッパ原則という）は、錯誤による契約取消の中心的要件として、(1)相手方も共通の錯誤に陥ったとき、(2)相手方が錯誤を惹起したとき、(3)相手方が錯誤を知ったか知るべきであったとき、のいずれかに該当すべきことを規定している（ユニドロワ原則三―五条一項、ヨーロッパ原則四―一〇三条一項――後掲資料参照）。本稿において問題にするのは、このうちの(3)に関してであって、右述のように単に錯誤が相手方に認識可能であったばかりでなく、更に、錯誤者を錯誤に陥ったままにしておくことが「公正な取引という合理的な取引規準に反する」（ユニドロワ原則）、または「信義および公正な取引に反する」（ヨーロッパ原則）ことを要求していること、についてである。要するに、ユニドロワ・ヨーロッパ両原則においては、相手方において、錯誤を知り、かつ錯誤者が錯誤に陥っていることを錯誤者に告知しないことが信義則に反するのでなければ、錯誤を主張できない、とされるが、[1]果して、錯誤主張の要件として、相手方が錯誤を知りえたというだけでは不十分であろうか。そのほか更に、相手方が知りえた錯誤を黙秘したことが信義則に反するということが付加されないと錯誤の主張は許されないであろうか。

右の問題について、以下、まずユニドロワ・ヨーロッパ両原則のコメント（一）、次にドイツのH・ケッツ、M・ヴォルフ、P・フーバー三教授の見解を紹介し（二）、そして、それらのコメントおよび見解につき吟味した上で（三）、筆者の疑問のいきさつと一応の試見を述べることにしよう。

一　ユニドロワ・ヨーロッパ両原則コメント

1　ユニドロワ原則注釈

同原則（後掲資料一参照）においては、相手方が錯誤を知りながら、錯誤者を錯誤に陥ったままにしておくことが公正な取引という合理的な取引規準に反するときという要件につき、次のように極く簡単な解説をするだけである。

すなわち、錯誤を主張するためには、相手方において、錯誤者に錯誤に陥っていることを告知すべきであったことを主張・立証しなければならない、と。(2) 要するに、相手方が単に錯誤を知りえただけでなく、更に信義則上その知りえた錯誤を錯誤者に告知すべき義務があるのにそれに違反したことを、錯誤者が立証できないと、錯誤の主張は認められないというわけである。

2　ヨーロッパ原則注釈

同原則（後掲資料二参照）においては、「相手方に認識された錯誤」につき、次のように解説する。(3)

(1)　まず、従来相手方による錯誤の認識可能性を錯誤主張の要件にしていなかった国においても、次第にその要件を原則として承認する傾向にあることにつき、以下のように述べる。

若干の法秩序においては、相手方が表意者の錯誤を知ってそれに乗ずることを認容すること、換言すれば、相手方が錯誤を惹起したのでない限り、その知りえた錯誤を表意者に告知してやる必要はないというのが一般的な原則であった。しかし、次第に、相手方のそのような態度は許容しがたい、すなわち不誠実な容態であると考えられるようになった。そして、契約の一方当事者は、事実または法律に関する相手当事者の重要な錯誤に乗ずることはできないというのが一般原則とされている。相手方が表意者の錯誤を実際に知っていたことは立証されえないが、錯誤が明白なことから知るべきであったという場合についても、同様のことがいえる。

⑵　次に、錯誤が相手方に認識可能であっても、例外的に錯誤の主張が認められない場合があることにつき、次のように述べる。

一方当事者が相手当事者の不知に乗ずることが認容されうる状況がある。その一つは、取引の性質上射倖的・投機的であって、いずれの当事者も相手方に対し、それへの関与を期待しえないような契約の場合である。すなわち、ハイリスクを伴なう株式に関する契約のような場合である（例外の一――筆者）。もう一つは、一方当事者が相手方の持っていない知識を得るため多くの努力をした場合である（例外の二――筆者）。もし苦労して得た知識を利用することがその当事者に許されないとすると、まず第一に、それを得るために投資することになんのインセンティブもなくなるであろうし、よりマイナス面なことには、両当事者ともそんなことはしなくなるだろうということであろう。

しかし、契約が投機的でなく、また一方当事者において、相手方が持たないことの明白な、かつ契約にとり決定的な情報をコストをかけないで、または僅かなコストで入手し得たという場合が多く、こうした場合には、相手方が表意者の錯誤に乗ずることは許されるべきでない（例外の例外―筆者）。すなわち、錯誤者を錯誤に陥ったままにしておくことが公正な取引の合理的規準に反するのである。

⑶　右のような解説のあとに、次のような二つの設例が挙げられている。

設例①　AはBに家屋を売却したが、その際、Aは一室の床下が広範に腐蝕していることを知りながら、そのことをBには告げなかった。AがBに告げなかったのは、壁に染み跡があることから、Bがそのリスクに気付き、床を点検するであろうと考えたからである。そのため、Bはそのリスクを知らず、床を点検することなしに家屋を購入した。この場合、Bは契約を取消しうる。

設例②　Aは、広範にわたる調査をすることにより、X会社により製造される特殊な医薬品に対する需要が著しく上昇するであろうことを知った。Aは、この自分の知りえていて、Bの共有しない知識をBに明かすことなく、BからX会社の多くの株式を購入した。この場合、Bは救済されない。

二　ドイツの学説

1　H・ケッツ見解

同教授は、錯誤が相手方により認識可能というだけでは、取消要件として不十分と考えられる場合につき、次のように述べる(4)。

例えば、契約交渉過程において、買主において売買目的物をどのように利用したり換価しようと意図しているかが売主に知られうる場合、その買主により意図された利用または換価を妨げる事情を売主が知っていたというだけでは、買主に契約を解消する権利を認めることはできないであろう。また、買主が商品に対する需要が長期にわたり供給を著しく上回るであろうと誤認したため、その商品につき高額の代価を承諾したという場合も同様である。すなわち、この場合も、売主が、市場の状況につきより正確な知識をもち、したがって、例えば豊作が予測されたり、運送料の値下げが差し迫っていたりして、供給が間もなく著しく増加し、そのために価格が著しく下がるであろうことを知っていたというだけでは、買主において契約を取消すことは許されないであろう。確かに、これら両事例においては、売買目的物が意図されたようには利用されないというリスクは、買主により負担されるべきであるとか、または目的物の価値に関する錯誤は、単なる動機の錯誤として顧慮されないとかいう理由だけで、買主に取消権を否定することができる。しかし、錯誤の認識可能性を問題にするのであれば、一方当事者の錯誤を知ったか知りえた他方当事者において、当該事例における諸般の事情から、錯誤を正してやる義務があるのに、その義務に違反したということが、付加的に要求されるべきである。このことからも、契約が錯誤によって解消されうるかの問題は、錯誤が、相手当事者の情報提供義務違反によって惹起されたか、または——ここでの事案がそうであるように——相手方により訂正されなかったのか、という問題と密接に関連していることが明白である。

2　M・ヴォルフ見解

同教授は、ユニドロワ・ヨーロッパ両原則が、相手方による錯誤の認識可能性にプラスして求められる要件につき、「信義則に反する不告知」と題して、以下のように解説する。(5)

錯誤の主張が認められるためには、錯誤が相手方に知られたか知られるべきであったことに加えて、相手方において、錯誤に陥った当事者に対し、その錯誤を告知しないことが信義則に反するということが要求される。

このことによって、純粋信頼主義は放棄され、錯誤のリスクは錯誤者に加重される。したがって、「信義則に反して告知しないこと」という要件は、錯誤のリスクを錯誤者が負担すべきなのは何故かの問題に関連する。このことは、本質的に諸般の事情から錯誤者自らが錯誤のリスクを負担すべき場合として規定されたヨーロッパ原則四―一〇三条⑵項⒝号およびユニドロワ原則三―五条⑵項⒝（後掲資料参照）の錯誤取消排除の問題と符合する。このような錯誤者自身によるリスク負担は、例えば次のような場合に認められる。すなわち、錯誤が相手方からの告知とは別に錯誤者に知られることが期待されうる場合や（過失による錯誤――筆者注）、契約により給付されたものの利用に関するリスク（原因を欠く贈物の使用のリスクなど）を取引観念上錯誤者自らが負担すべき場合とか、あるいは錯誤者が負担すべき業務上・生活上のリスクが問題になる場合がそうである。

更に、次のような場合も、相手方が錯誤者に錯誤を告知しなくても信義に反しない。すなわち、例えば営業秘密とか、内密の範囲に属する妊娠や重要でない前科のような事実に関しては、相手方に告知しなくてよいし、また情報伝達が事実上妨げられるなどして、相手方による告知が期待されえない場合がそうである。こうした場合には、かりにリスクに対する帰責を錯誤者に追わせることが認められないような場合でも、錯誤による取消は認められない。

3　P・フーバー見解

同教授は、最近の教授資格取得論文において[6]、ヨーロッパ原則の認識可能な錯誤に加重する要件に関し、次のように分析する。

契約の一方当事者において、他方当事者が錯誤に陥っていることを知りえた場合には、錯誤を知りえた当事者にその錯誤を利用することが許されるか、あるいは錯誤を告知すべき義務を課し、その義務に違反するとき錯誤者に取消権を認めるべきか、の問題がある。

ヨーロッパ原則は、まず、錯誤に対する相手方の過失による不知も実際に知った場合と同様に扱うのを原則とする。このような意味において、ヨーロッパ原則によると、相手方に錯誤が認識可能であって、具体的場合に相手方が錯誤者に対し錯誤を告知しないことが信義則に反する場合には、相手方としては契約の解消を甘受しなければならない。そして、ヨーロッパ原則起草委員会の見解（前述一2参照――筆者）によると、この信義則違反の範囲を広く理解しているように思われる。すなわち、一方当事者が他方当事者の錯誤を利用することは原則として許されるべきではない、というのが同委員会の見解である。錯誤者に錯誤を告知しなくても信義則に反しないのは例外的場合のみであろう。例えば、投機的取引や、一方当事者が有利な知識を入手するために過分な出費をしたような場合である。

このように告知義務を広範に認めることになると、不告知が信義則に反するとの要件を付加しても、錯誤に基づく契約解消に対する有意な制限にはならない。

三　若干の吟味

1　一般的問題――相手方の反信義的不告知ないし黙秘

まず一般的な問題として、相手方の反信義的な不告知ないし黙秘が詐欺に該当することは、ユニドロワ・

ヨーロッパ両原則においてのみならず、わが国においても一般に承認されている。(7)

したがって、相手方の当該容態は詐欺の問題としてカバーできるから、わざわざ錯誤の要件として明文化する必要はないのではないか。原則としては、相手方が錯誤を知ったか知りえたはずのときは、詐欺にはならなくても、相手方としては意思表示に対する正当な信頼を欠き、表意者からの錯誤主張を覚悟すべきなのではないか。すなわち、錯誤主張のためだけなら、錯誤につき相手方が認識可能であればそれで必要かつ十分ではないか。そのほかに反信義的な不告知を要件として加重する必要はないように思われる。ちなみに、反信義的な不告知が問題になるような事例は、もともと詐欺に属する問題として扱われうるし、かりに錯誤を主張した場合でも、同時に損害賠償（無駄な出費など）の請求も認められよう。

また、他方において、H・フーバーの理解のように、ヨーロッパ原則の立場が、錯誤を知りえた相手方には原則として告知義務があり、その違反は信義則に反すると考えられるなら（前述二3）、いわゆる加重規定は無意味、したがって不用ということになろう。

2　個別的問題

(1)　射倖的・投機的取引の問題　前述（一2）ヨーロッパ原則注釈において挙げられる株式売買のような、その性質上射倖的・投機的な取引の場合は、錯誤のリスクを錯誤者自らが負担すべき場合に錯誤主張を排除することを定めるユニドロワ三—五条(2)項(b)号、ヨーロッパ原則四—一〇三条(2)項(b)号の適用が問題になる典型的場合であろう。ヨーロッパ原則注釈で述べる「一方当事者が相手方のもっていない知識を得るため多くの努力をした場合」として挙げる設例②も、この射倖的・投機的取引の部類に属するし、またH・ケッツが言及する、商品の将来にわたる需給関係に関する予測ないし期待の誤りの場合（前述二1）なども、同様に当該条項の範囲内に属するであろう。しかし、かりにヨーロッパ原則注釈がいう、一方当事者が有利な知識を得るため多大の努力をした場合の取引が投機性をもたないときは、相手方が錯誤を知りえているなら錯誤主張を認めてよいであろうし、またH・ケッツがいう、売買目的物の利用や換価に関する買主の錯誤の場合などは、相手方売主がその錯誤を知りえているなら、買主に錯誤主張が認められてよいのではないか。したがって、このような問題に対処するために、錯誤に対する相手方の認識可能性以外に加重する要件を規定する必要はないのではないか。

⑵　錯誤者の過失の問題　M・ヴォルフが錯誤主張排除事由として挙げるところの[8]、錯誤に陥っていることを相手方から告知されるまでもなく、錯誤者自らが気付くことを期待される場合（前述二2）については、錯誤者が錯誤に陥るについて過失または重過失がある場合の問題として、ユニドロワ原則三―五条⑵項ⓐ号、ヨーロッパ原則四―一〇三条⑵項ⓐ号によりカバーされうる（後掲資料一、二参照）[9]。したがって、この問題は、相手方の認識可能性のほかに要件を加重する理由にはならないのではないか。

ところで、わが国においては、民法九五条の解釈として、相手方が錯誤を知りえたときは、錯誤者に重過失があっても錯誤者の方が保護されるべきで、民法九五条但書の適用はなく、錯誤主張を認めるというのが立法者以来の通説である。その価値判断は、今日でも維持されて然るべきであろう。しかし、立法論としては、錯誤者の過失の有無は、錯誤の要件として規定するより、具体的事例に応じ信義則の問題として判断することにした方がよいのではないか[10]。

⑶　詐欺における違法性阻却の問題　相手方が告知しなくても信義則に反しない場合としてM・ヴォルフ

が挙げるような、営業秘密や内密な事項に属する妊娠とか重要でない前科を告知しないとか、相手方の情報伝達が事実上妨げられるとかして、相手方による告知が期待できない場合などは、詐欺の場合に問題となる不告知の違法性に係わり、不告知が違法性を阻却される事由として問題にされるものである。そうした事由は本来的には詐欺の領域に属し、錯誤固有の要件とされるべきものではなかろう（前述三1参照）。そのような違法性阻却事由があるときは、詐欺にはならないが、錯誤の主張まで当然に排除されはしないであろう（錯誤の重要性の判断によることになろう）。

むすび

本稿において問題にした疑問の初端は、一九七二年のユニドロワによる国際動産売買契約の効力に関する統一法最終草案にある。同最終草案は、一九六八年にドイツのマックス・プランク国際・外国私法研究所でまとめられた原案をもとにしたものであったが、本稿での問題である「錯誤の認識可能性」にプラスされる要件（以下、単に加重要件という）は、マックス・プランク研究所の原案にはなく、最終草案の段階で追加されたものである。(11) 筆者の疑問は、その最終草案での追加に始まる。最終草案には、その追加についての理由は示されていない。(12)

実は、もう一つ、右のマックス・プランク研究所原案においては、錯誤主張排除事由たる錯誤リスクの錯誤者による負担・引受に関する要件を、相手方が錯誤主張を拒むために立証すべき要件（いわば消極的要件）として位置づけていたのを、最終草案では錯誤者が錯誤を主張するために立証すべき要件（いわば積極的要件）

に変更されたが、この立証責任の転換に関しても違和感があった。その後、その最終草案の成り行きについて関心が続くことになった。

やがて、錯誤法に関する右の最終草案は一九九四年のユニドロワ原則へと移行することになり、その際、該原則においては、前述の錯誤者による錯誤リスク負担・引受に関する要件は、もとのマックス・プランク原案におけるような位置づけ（消極的要件）に戻されることになり、前述の筆者の違和感は払拭された。しかし、問題の加重要件は、ユニドロワ原則においても最終草案の立場がそのまま維持された。さらに、一九九七年のヨーロッパ原則においても、同様の立場が採用されるに至った。前述のようなユニドロワ・ヨーロッパ両原則のコメントやドイツの代表的見解を参照してみても、該加重要件に対する筆者の疑問は、依然として氷解しないままである。

ここに、本稿における考察を通して得られた一応の試見を要約すれば、次の通りである。すなわち、そのほかに、錯誤を錯誤に対する相手方の認識可能性は、錯誤主張の要件として自足的である。すなわち、そのほかに、錯誤を知りえた相手方において、錯誤者に対し錯誤に陥っていることを告知しないことが信義則に反するとの趣旨の加重要件は、錯誤固有の要件としては不要である。そのような加重要件は、もともと詐欺に係わる問題である。また信義則というような基本的・一般的原則は、個別的制度の要件として明定することに馴染まない。該原則は、立法や法の解釈・適用の指針として機能すべきものである。加重要件の明文化は、いたずらに詐欺との関係を不透明化することになりはしないか。

ヨーロッパ原則のコメント（前一2参照）にしても、錯誤を知りえた相手方に信義則上の告知義務を広く——原則として——認めるものとの前述（二3）のH・フーバーの理解が正確であるように思われるが、そうであれば、この観点からも、同教授が結論的に示唆するように、加重要件は無用であろう(13)。

(1) ドイツの現行法（民法一一九条）の解釈にあたり、計算錯誤につき同様の要件を認める見解については、例えば工藤農「ＢＧＢにおける計算錯誤」小林古稀記念・財産法諸問題の考察（二〇〇四年）一七九頁以下参照。また、近年同様の要件を採用した立法例として、オランダ民法第六編二二八ｂ条がある。

(2) UNIDROIT, Principles of International Commercial Contracts (1994), p. 71. ドイツ語版では七六頁。

(3) Lando / Beale (Eds.), Principles of European Contract Law, Vo 1. I and II, 2000, pp. 229 ~ 233.

(4) H. Kötz, Europäisches Vertragsrecht, I (1996), S. 287f. その邦訳については、ハイン・ケッツ著・潮見・中田＝松岡訳・ヨーロッパ契約法Ⅰ（一九九九年）三五三―三五四頁参照。

(5) M. Wolf, Willensmängel und sonstige Beeintrachtigungen der Entscheidungsfreiheit in einem europäischen Vertragsrecht. in : J. Basedow (Hrsg.), Europäishe Vertragsrechtsvereinheitlichung und deutshes Recht (2000), S. 100f.

(6) P. Huber, Irrtumsanfechtung und Sachmängelhaftung (2001), S. 153f.

(7) ユニドロワ原則三―八条・ヨーロッパ原則四―一〇七条およびそのコメント参照。わが国の学説・判例については、下森定「詐欺」・新版注釈民法⑶総則⑶（二〇〇四年）四七二―四七三頁、およびそこに引用の諸文献参照。

(8) M. Wolf, a. a. O. (Anm. 5), S. 100.

(9) ヨーロッパ原則については、同条項のコメント参照。

(10) 小林一俊「錯誤論の問題点⑵」月刊法学教室一二五号（一九九一年）四九頁（同『錯誤・原始不能と不履行法』（一九九六年）一八頁所収）。

(11) 両案については、小林一俊「ツヴァイゲルトの比較法的錯誤論（二・完）」亜細亜法学二八巻（一九九四年）二号三頁以下（同・注（10）前掲書六〇頁以下所収）。

(12) 星野英一「私法上の錯誤——総括」比較法四一号一〇九頁(一九七九年)。
(13) 結局、オーストリア一般民法(八七一条)、イタリア民法(一四二八条・一四二九条)、マックスプランク研究所草案(九条)(注(11)参照)や、わが国の通説のような要件化が妥当であろう。

〔資料〕

一 ユニドロワ(私法統一国際協会)・国際商事契約原則(一九九四年)第三—五条

(1) 契約当事者が錯誤により契約を取消すことができるのは、合理的な人が錯誤者と同じ状況にあれば、契約締結時に、真の事実を知っていたなら、契約を基本的に異なる条項で締結したか、または全く締結しなかったであろうほどに錯誤が重要であり、かつ次の(a)の各場合または(b)の場合のいずれかに該当する場合に限られる。

(a) 相手方が同じ錯誤に陥ったとき、または相手方が錯誤を惹起したとき、もしくは相手方が錯誤を知ったか知りえたはずであって、かつ錯誤者を錯誤に陥ったままにしておくことが公正な取引という合理的な取引規準に反するとき(相手方の告知義務違反が認められるとき——訳者注)。

(b) 相手方が、取消時までに、契約を信頼しての行為を未だしてないとき

(2) ただし、以下の場合には、錯誤者は契約を取消すことができない。

(a) 錯誤者に重大な過失があったとき。

(b) 錯誤が、錯誤者により錯誤のリスクが引受けられた事情に関するときか、または諸般の事情から錯誤のリスクが錯誤者により負担されるべきとき。

二 ヨーロッパ契約法原則(一九九七年)第四—一〇三条

(1) 錯誤者が、契約締結時に存する事実または法律の錯誤により契約を取消すことができるのは、次の(a)(i)(ii)(iii)のいずれかに該当し、かつ(b)に該当する場合である。

(a)

(i) 錯誤が相手方から与えられた情報によって惹起されたとき。

(ii) 相手方が錯誤を知ったか知りえたはずで、かつ錯誤者を錯誤に陥ったままにしておくことが、信義および公平な取引に反するとき。

(iii) 相手方が同じ錯誤に陥ったとき。

(b) 錯誤者が、真の事実を知ったなら、そのような契約を締結しなかったか、または基本的に異なる条項でのみ締結したであろうことを、相手方が知ったか、知るべきであったとき。

(2) ただし、次の場合は契約を取消すことができない。

(a) 諸般の事情から、錯誤が免責されえないとき（錯誤者に錯誤に陥るにつき過失があるとき——訳者注）。

(b) 錯誤のリスクが、錯誤者により引き受けられたか、または諸般の事情から錯誤者により負担されるべきとき。

3　職務発明における相当対価請求権の消滅時効の起算点

――青色発光ダイオード訴訟の一争点――

下　森　定

下森定 編集代表『現代民事法学の構想』内山尚三先生追悼
二〇〇四年一一月 信山社

はじめに

——本稿の目的と課題——

(1)　世界中の研究者が競い合い、しかも二〇世紀中の発明は難しく、これを成し遂げた者にはノーベル賞が授与されるであろうといわれていた青色発光ダイオードの発明者中村修二博士と中村博士の元の勤務先であった日亜化学との特許権紛争については、訴えの提起以来、マス・メディアで大々的に報道されたところであるが、東京地裁民事四六部が、平成一六年一月三〇日に、職務発明の相当対価として二〇〇億円という巨額の対価の支払いを命じたことで、世間の耳目を驚かした。

この判決を特報で取り上げた判例時報はその内容を次のように紹介している。「会社の従業員として在職中にXがした発明につき、当該会社を相手方として、主位的に、当該発明の特許を受ける権利は発明者であるXに原始的に帰属し、現在にいたるまでY会社に承継されていないと主張して、特許権の一部（共有持分）の移転登録を求めるとともに、予備的に、仮に特許を受ける権利が職務発明としてYに承継されている場合には職務発明の相当対価（特許法三五条三項）の一部請求として二〇〇億円の支払いを求めた事案において、当該発明は特許法三五条の職務発明に該当し、特許を受ける権利はY会社に承継されたものであるとして主位的請求を排斥したが、相当対価については、当該特許権の存続期間までの将来分を含めてY会社による独占の利益を一二〇八億円余りと認定し、当該発明は産業界待望の世界的発明であるところ、Xが小企業の貧弱な研究環境の下で、個人的能力と独創的な発想により、競業他社をはじめとする世界中の研究機関に先んじてなしとげたものであるとして発明者の貢献度を五〇パーセントと認定し、相当対価を六〇四億円として、予備的請求二〇〇億円が全額認容された事例」である、と。[1]

(2) 筆者は、本訴訟の原告代理人升永英俊弁護士より意見書の執筆を依頼され、中間判決前に二通、後に一通の意見書を執筆して東京地裁民事四六部に提出した。はじめの二通は特許権の帰属に関するもの、あとの一通は、相当対価請求権の消滅時効に関するものである。升永英俊弁護士より提供された大部の一件記録を詳細に検討した結果、本件当事者間の「特許を受ける権利」についての予約承継ないし譲渡契約は不成立ないし無効であり、仮にその成立ないし有効性が認められるとしても、相当対価の支払請求が認められるべきことは当然として、さらには、その債務不履行を理由とする契約解除の認められる余地すらあるとの確信を抱き、その旨の意見書を執筆して裁判所に提出した。

もっとも、知的財産権の尊重に甚だ薄いこれまでのわが国の企業風土や慣行の下、上記の結論が及ぼすであろう社会的影響力の大きさからして、果して裁判所がかかる決断を下しうるかにつき若干の危惧を抱きつつも、オリンパス光学工業事件などに見られる近時の特許紛争をめぐる裁判例の動向、[2] さらにはノーベル賞級の大発明といわれる中村博士の画期的業績、ほとんど単独でなされたというこの発明の経緯、[3] さらにこれに対するに、本件発明当時の日亜化学特許事務担当者や被告会社の特許法に関する正確な法知識の欠如、また本件発明を含めたこれまでの職務発明に関する被告会社の制度や慣行、とくに僅か二万円という褒賞金の支払額などから見て、本件は日本の企業や職務発明の中でも、極めて特殊・例外的な事例で、裁判所にとって原告勝訴の判決を下しやすいと思われる事件であること、とくに日本の有力企業の殆どは、現在では、職務発明につき特許法三五条二項に定めるいわゆる予約承継に関する規定を「勤務規則その他の定め」で設けているので、この事件で原告に特許権の帰属を認めても、それが他の企業に及ぼす実質的影響はさほど大きくないと考えられること、さらには現下の知的財産権尊重の社会的意識昂揚への一段の契機たりうる事件であることなどからして、原告の全面勝訴を確信していた。しかし、私の期待は見事に外れ、平成一四年九月一九日に下された本件中間判決は、前記主位的請求について、特許権の帰属を会社側に認めた上、相当対価請求権の認容で問題を処理する方向性を判示した。(4) その後、審理が予備的請求の相当対価請求権に移るなかで、被告の消滅時効の援用が問題となり、今一度升永弁護士より、この問題に関する意見書の執筆を依頼された。これが前述した本件訴訟に関する筆者の第三の意見書である。

(3)　この第三の意見書のなかで、結論として、筆者は以下の二点を述べた。すなわち、

①　特許法三五条三項、四項に定める相当対価請求権の消滅時効の起算点は、対価の支払時期について当事者間に特約や勤務規則等に特別の定めがある場合にはその履行期、それらがない場合には、この請求権の特質からみて、権利承継時ではなく、権利行使を現実に期待できる時と解すべきである。ところで、本件被告会社においては、本件権利承継当時、褒賞金以外に従業者に権利承継の対価として一定額の金銭の支払がなされた事実がなく、またこれ以上払う必要もないと考えられていたのであるが、権利承継を前提として、それに報いるために使用者等から発明者に支払われた金銭は、たとえ功労金といおうと、補償金あるいは褒賞金といおうと、特段の事情がない限り、対価の全部または一部の支払と見て差し支えないから、原告が受けとった二万円は、仮にそれが被告のいう意味での褒賞金であったとしても、それと同時に、それは客観的には権利承継の対価としての意義を持つものと評価できる。そして、登録褒賞金の支払については登録時が履行期であり、そのときに始めてその支払を請求できるのであるから、その時から消滅時効が進行を開始することになる、と同時に、それが対価としての意義を持っていた以上、オリンパス光学事件最高裁判決判示のとおり、原告は相当対

価に不足する部分の金額を請求することができる。

② 他方、本件において、被告が原告に対して登録褒賞金を支払った行為は、その前提となっている権利承継の事実をその時点であらためて承認したことを意味すると同時に、特許法三五条三項、四項に基づき権利承継の法定効果として発生する相当対価支払債務を承認したことになる。したがって、民法一四七条三号に基づき、消滅時効の進行は中断され、その後新たに進行を開始した時効も、本件訴訟の提起により中断されている。したがって、本件消滅時効の起算点につき判断するまでもなく、被告の主張は認められないと、解される。

⑷ 平成一六年一月三〇日、東京地裁民事四六部は、原告の予備的請求につき、前述の如く二〇〇億円全額を認容する終局判決を下した。特許権の帰属は会社に認める代わりに、相当対価請求権の認容で両当事者間のバランスをはかった「割合思考的判決」の一典型例といえるが、その認容額の巨額さのゆえに日本社会にとどまらず国際的にも大きな衝撃と反響を与えることとなった。現時点で考えると、担当裁判官は、中間判決当時から、相当巨額な対価の支払を命ずることで、本件の決着をつけることを考えていたのではないか、と推測される。中間判決の時点で、筆者は、裁判官の「割合的思考」に疑問を抱いた。しかし、発明者の権利保護に極めて手厚い二〇〇億円の対価支払命令判決により、特許権の帰属問題は霞んでしまった感がある。発明者の権利保護の上で、どちらが果たして実際上妥当な解決といえるかは判断の分かれるところであろうが、意見書を執筆した筆者としては、現時点でも、本件事実関係に即して考えた場合、少なくとも理論的には、中村博士に特許権の帰属が認められてしかるべきであったと考えている。この判決に対して、日亜化学側から控訴され、目下控訴審で相当対価の額につき審理が行われているが、紛争の早期決着の観点から、中村博士側からは特許権の帰属を争う控訴がなされなかったので、特許権の帰属については第一審判決が事実上確定した（もっとも

控訴審裁判の展開の如何では、この点を争う余地がなお残ってはいる）。後は、控訴審判決が相当対価の額につき、果たしてどのような結論を出すかが注目される。

なお、被告の消滅時効援用の効力について、終局判決は、本件特許発明の対価請求権の消滅時効の起算点は特許権の登録時である平成九年四月一八日以降、時効期間は一〇年と解すべきであるから、平成一三年八月二三日に訴訟の提起がなされている本件においては、消滅時効は完成していない、とした。

(5)　中間判決が下された時点で、特許権の帰属に関するこの判決の判示に疑問を抱き、批判的立場からの論稿をまとめたが、未だ係争中であったので終局判決が下されるまで公表を控えることとした。この論稿については、若干の補正を加えた上で、近く公表したいと思っているが、とりあえず本稿では、第三の意見書でまとめた相当対価請求権の消滅時効の起算点に関する筆者の見解（意見書の内容）を紹介し、さらに、本件消滅時効の完成を否定した終局判決について、その内容を検討し、評釈を試みることとした。これが本稿の目的と課題である。[5]

（1）　判時一八五二号（平成一六年六月一日号）三六頁。
（2）　オリンパス光学事件判決、東高判平成一三年五月二二日　判時一七五三号二三頁。
（3）　中村修二『怒りのブレイクスルー』（集英社、二〇〇一年）参照。なお、オリンパス光学事件や青色発光ダイオード事件等について分かり易く解説した啓蒙書として、竹田和彦『特許は誰のものか』（ダイヤモンド社、二〇〇二年）がある。
（4）　判時一八〇二号三〇頁。
（5）　特許権の帰属に関する筆者の第一、第二の意見書については、インターネット、「東京永和法律事務所」のホームページ「青色LED特許権持分移転登記手続等請求事件」上で公表している。

一　本件消滅時効をめぐる争点とそれに関する事実関係

前述のように、被告は、本件特許発明についての職務発明の相当対価請求権につき、消滅時効を援用して相当対価請求権は既に時効消滅していると主張し、これが本件訴訟の一つの争点となった。すなわち、被告は、被告社規においては、特許出願一件につき一万円、権利成立につき一万円と、定額かつ低廉な出願補償金及び登録補償金を定めるのみで、いわゆる実績補償の性質を有する金員の支払いは一切定められていないから、本件においては、特許を受ける権利の承継時（遅くとも、特許出願の日である平成二年一〇月二五日）から消滅時効が進行するものであり、消滅時効が完成していると主張した。

これに対して、原告は、被告社規に基づき、本件特許権の特許出願時に出願補償金として一万円、設定登録時である平成九年四月一八日ころ登録補償金として一万円の支払いを受けたこと、これらは相当対価の一部であって、従業員発明者である原告は同規定に拘束され、設定登録の成否が判明して登録補償金一万円が支払われるまでは、法律上の障害があるものとして、相当対価請求権を行使できない、したがって、同請求権の消滅時効は、被告社規に定められた相当対価の支払のうち、最後に支払時期の訪れた登録補償金の支払時期（平成九年四月一八日ころ）から一括して進行するから、本訴提起時（平成一三年八月二三日）には、消滅時効が完成していない、と反論した。また仮に原告の主張どおりとしても、本件においては、被告会社が原告に対し登録補償金（社規によると「登録褒賞金」）一万円を支払ったことにより、消滅時効は中断している、と反論した。

二　下森意見書の内容

平成一五年九月一二日付けで、東京地方裁判所民事第四六部に提出した意見書の内容をそのまま紹介すると、以下の通りである。

1　鑑定事項

使用者の勤務規則に出願褒賞、登録褒賞の定めがあるのみで、実績補償制度に関する定めが設けられていない本件において、特許法三五条三項における相当対価請求権の消滅時効の起算点はいつと解すべきか、さらに、被告による時効の援用により、原告の有していた本件相当対価請求権は時効消滅したと解すべきか。

2　私見の結論

はじめに、私見の結論及びその理由を要約して述べておく。

〔結　論〕

被告の債務承認により本件消滅時効の進行は中断されているので、本件時効の起算点につき判断するまでもなく、被告の主張は認められない。なぜなら、被告が原告に対して登録褒賞金を支払った行為は、その前提となっている権利承継の事実をその時点であらためて承認したことを意味すると同時に、特許法三五条三項、四項に基づき権利承継の法定効果として発生する相当対価支払債務を承認したことになる。したがって、民法一四七条二号に基づき、消滅時効の進行は中断され、その後新たに進行を開始した時効も、本件訴訟の提起により中断されているからである。

この結果として、本件消滅時効の起算点について判断の必要がない、と考えるけれども、意見を求められたので以下に私見を述べておく。

(1) 特許法三五条三項、四項に定める相当対価請求権の消滅時効の起算点は、対価の支払時期について当事者間に特約や勤務規則等に特別の定めがある場合にはその履行期、それらがない場合には、この請求権の特質からみて、権利承継時ではなく、権利行使を現実に期待できる時と解すべきである。この結論は、近時の最高裁の判例法上形成されている、消滅時効の起算点に関する「例外的処理許容の法理」（下森創造用語）に基礎を求めるもので、そこでとられている基準から見て、この結論に十分な妥当性と合理性があること、後に詳しく論述するとおりである。

(2) 本件被告会社の勤務規則等には、褒賞金、賞金についての定めがあるのでこの点をどう考えるべきかが、本件訴訟で問題となっている。ここで定められている褒賞金、賞金の法的性質が問題である。被告はこれを法三五条の対価請求権とはまったく無関係な字義通りの褒賞的金銭だと主張する。

しかし、一般にこれらの褒賞金は、これまでの多くの下級審判決例では相当対価の一部とされている。例えば、オリンパス光学事件の一、二審判決は共に出願補償三〇〇〇円、登録補償八〇〇〇円を相当対価の一部であったと認定してこれを相当対価から控除し、上告審もこの結果を認めている。権利承継を前提として、それに報いるために使用者等から発明者に支払われた金銭は、たとえ功労金といおうと、補償金あるいは褒賞金といおうと、特段の事情がない限り、対価の全部または一部の支払と見て差し支えないと考える。特に本件被告会社においては、本件権利承継当時、褒賞金以外に従業者に権利承継の対価として一定額の金銭の支払がなされた事実がなく、またこれ以上払う必要もないと考えられていたことからすると、原告が受けとった二万円は、仮にそれが被告のいう意味での褒賞金であったとしても、それと同時に、客観的には、権利承継の対価としての意義を持つものと評価できる。したがって、実績補償制度とは無関係であり、その規定の有無によって左右されるものではない。そして、登録褒賞金の支払については登録時が履行期であり、そのときに始めてその支払を請求できるのであるから、その時から消滅時効が進行を開始することになる、と同時に、それが対価としての意義をも持っていた以上、オリンパス光学事件最高裁判決判示のとおり、原告は相当対価に不足する部分の金額を請求することができる。

3　結論に到達した理由

(1)　消滅時効の起算点に関する民法の一般原則

消滅時効は、「権利を行使することを得る時」より進行するのが、民法の原則である（民法一六六条一項）。従来の判例・通説は、周知のとおり、一定期間継続した権利不行使の状態という客観的な事実に基づいて権利を消滅させ、もって法律関係の安定を図るという消滅時効制度の趣旨からして、「権利を行使することを得る時」とは、権利行使に対する法律上の障害（履行期の未到来など）がなくなった時を意味し、事実上の障害（病気、休業、証書の紛失など）があっても、時効の進行は妨げられないと解している[6]。その根拠としては、もし、①権利者が権利を行使し得ることを知らなかったといった場合のような、権利の行使が現実に可能であったかどうかを問題とすると具体的な事情に応じて起算点が異なることになり、法律関係が不安定となること、

②一〇年の時効期間の間に権利の発生を知らなかった者は、権利の上に眠っていたと非難されてもやむをえないこと（権利行使の懈怠）、③権利者が一定の事実を知った時を起算点とすべき場合については、民法は例外規定を設けている（民法四二六条、七二四条、八八四条）、したがってそうした規定のない限りそのような事情を考慮しないのが民法の立場であることなどがあげられている。(7)

(2) 消滅時効の起算点に関する判例の例外的処理許容の法理

(a) しかし、この従来の判例・通説は、当該権利の発生や存在に問題がなく、かつその内容も確定しており、債権者の権利不行使に懈怠があると認められるような一般的ケースであれば妥当であるが、そのようなケースでない場合には、この原則をそのまま形式的に適用すると、不公平・不当な結果を招来することがある。そこで、このような解釈に対する批判的見解も最近では有力となってきている。その学説は、「権利を行使することを得る時」から時効が進行するというのは、本来は、主として、条件・期限に関するもので、権利を行使することができない時から進行するものではないという消極的な意味のものであった。従って、法律上権利を行使することができる時から進行すると解しなければならない必然性はない。法的に権利が発生していたかどうかは、裁判所で始めて明らかになる場合も少なくない（不当利得返還請求権の場合など）。そうした判断の危険を権利者に負担させるのは不当である。従って、これは「権利を行使しうることを知るべかりし時期」すなわち、債権者の職業・地位・教育などから、「権利を行使することを期待ないし要求することができる時期」と解すべきである、という。(8) この見解は、これを時効起算点の一般的原則として認めるか、例外的規則として認めるかの差異はあれ、近時、支持者を増やしつつある。

(b)　現に、判例法上もまた、時効の起算点に関する例外規定が民法上設けられていない場合であっても、古くから、債権の性質・内容の特殊性を考慮して、真実の債権者保護の観点から、消滅時効の起算点をずらすことでその救済を図っているケースがかなりある。(9) その一つのケースは不法行為とくに継続的不法行為における損害賠償請求権の消滅時効の起算点が問題となったケースである。

一般に、不法行為による損害賠償請求権は不法行為の時に直ちに発生するものとされ、賠償さるべき損害の範囲は、不法行為と相当因果関係にある「全損害」であるとされる。そして被害者の取得するこの賠償請求権は、法技術的には、当該不法行為に基づく全一体として一個のものと理解するのが通常である。しかし、この請求権の内容は、その発生時点においては、きわめて抽象的・観念的なもの、つまり、請求権の対象である損害の内容・範囲、賠償額の点において未確定なものであり、むしろそれは賠償請求をなしうる地位を取得したものとでもいうべきものである。この抽象的な請求権は、一般にその後の事態の進展によって漸次その内容が具体化し、最終的には当事者間の合意または裁判によって確定する。

そこで、一般的に見て内容が確定しているかあるいは確定の基準が明らかであることの多い契約上の債権の場合と異なり、不法行為に基づく損害賠償債権の場合には、債権内容が不確定のままその行使をなすのが常であり、被害者が損害の一端を知り、加害者をも知って、賠償の請求が一応可能となった時点で直ちに賠償請求権の行使を許すという仕組みになっている。損害賠償請求権の遅滞を生ずる時期についても、変遷をたどった後、判例は「損害の発生と同時に、なんらの催告を要することなく、遅滞に陥る」という立場に落ち着いた。(10) 学説もこれを支持した（我妻・柚木・於保その他）。

このことはさらに、紛争解決の一回性という訴訟法上の要請とも絡み合い、困難な問題を惹起している。この制約から必然的に生ずる被害者の不利益（訴訟の時点で予見不可能であった損害や損害賠償額）の救済をどうするかの問題がここに生ずる（訴訟法学者の間で一部請求の可否として争われた問題とも関連する）。

時効の起算点についても同様の問題が生ずる。不法行為の場合には、その権利の発生が当事者間の契約に基づくものでなく法律の規定に基づくものであり、この特殊性から、起算点に関する例外規定（七二四条）が設けられ、不法行為時に損害賠償請求権が発生し、この時から権利行使が可能だとしても、被害者が損害および加害者を知り得なかった時には、権利行使を期待しえず、権利の不行使に懈怠があるともいえないので、これを知った時から時効の進行を開始させるとともに、知った以上は速やかに権利を行使して法律関係を早期に安定させ、あるいは証拠関係の不明瞭となることを避けさせようとの政策的考慮から短期3年の時効期間が設定された。しかし、他方において、これらを知り得なかったために長期間権利不行使の状態が続く場合に備えて、不安定な法律関係確定のために、不法行為時（請求権発生時）から二〇年の権利行使期間（除斥期間）を設けた。ところで、不法行為の場合、内容未確定のまま損害賠償請求権の行使を許す（その方が被害者の救済になる）以上、七二四条にいう「損害を知りたる時」とは、「全損害」を知りたる時であると解することができない。そうだとすると、従来の判例・通説のもとでは、不法行為によって生じた損害の一端を知った時から3年の時効の進行が開始することとなり、その必然の結果として、未発生の損害をも対象とする賠償請求権の消滅時効が、損害未発生の段階で既にその進行を開始しているということになる。また、土地の不法占拠や工場排煙による大気汚染のように加害行為自体が継続的に行われる継続的不法行為の場合、不法行為開始後被害者が損害および加害者を知って三年経つと現に不法行為が続いているのに損害賠償請求ができないという結果になりかねない。さらに請求権の行使時点でその発生がまったく予想されなかった損害（例えば後遺症損害）や、不法行為がいつまで続くか予見しえず、損害額の確定が困難な場合など、その処理をどうするかが問題となる。紛争解決の処理技術上の制約から来る不都合な結果を、そのことに責のない被害者の負担に帰せしめるわけにはゆかない。そのために従来の判例・学説がこれまでいろいろな解決策を講じてきたことは周知のことなのでここで触れることは省略する。(11)

(c)　近時の判例としては、いわゆるじん肺訴訟において、安全配慮義務違反を理由とする損害賠償請求権の消滅時効の起算点につき、星野説を採用した静岡地裁浜松支判昭和六一・六・三〇(12)に続き、最高裁は、長崎じん肺訴訟において、損害発生時から安全配慮義務違反による損害賠償請求権が成立し、同時に権利行使ができるとしつつも、行政上の決定を受けてじん肺に罹患したことが分かった時に損害の一端が発生したとしつつ、さらにその後病状が進行してより重い行政上の決定を受けた場合につき、こう述べた。「重い決定に相当する病状に基づく損害は、その決定を受けた時に発生し、その時点からその損害賠償請求権を行使することが法律上可能となるものというべきであり、最初の軽い行政上の決定を受けた時点で、その後の重い決定に相当する病状に基づく損害を含む全損害が発生していたとみることは、じん肺という疾病の実態に反するものとして是認し得ない。これを要するに、雇用者の安全配慮義務違反によりじん肺に罹患したことを理由とする損害賠償請求権の消滅時効は、最終の行政上の決定を受けた時から進行するものと解するのが相当である(13)」。

最高裁は、請求権の発生時に権利行使をなし得ることを認めつつも、時効の起算点については、継続的あるいは進行的な損害発生の行政による決定（認定）に応じて、いわば段階的に新しい損害（及び損害賠償請求権）の発生を認めるという手法を用いてこれを法律上の障害と認め、終局的には、最終の行政上の決定を受けた時から時効が進行するという柔軟な法的構成で被害者の保護を図ったものといえよう。

(d)　この判決以前に、すでに最高裁大法廷が、供託金取戻請求権について消滅時効の起算点を遅らして債権者の救済を図ったことは周知のところであろう[14]。賃料支払いに関する争いなどにおいて賃料が供託された。しかし、裁判が長期化し、判決が確定して供託しておく必要がなくなったので供託者が供託物の取戻しを供託所に請求したところ、消滅時効が完成しているとして取戻請求が否定された。そこで、その不都合さが主張され、結果として国庫が漁夫の利を占めることを許す不当性も問題となって、従来の実務の取り扱いを否定する下級審判決例が多数あらわれ、昭和四五年にいたって、最高裁大法廷がこの問題に決着をつけた。判決理由の要旨はこうである。供託物の還付または取戻の請求について「権利を行使することを得る」とは、単にその権利の行使につき法律上の障害がないというだけではなく、さらに権利の性質上、その権利行使が現実に期待できるものであることを必要とするのが相当である。けだし、本来、弁済供託においては供託の基礎となった事実をめぐって供託者と被供託者との間に争いがあることが多く、このような場合、その争いの続いている間に右当事者のいずれかが供託物の払渡を受けるのは、相手方の主張を認めて自己の主張を撤回したものと解せられるおそれがあるので、争いの解決をみるまでは、払渡請求権の行使を当事者に期待することは事実上不可能に近く、右請求権の消滅時効が供託の時から進行すると解することは、法が当事者の利益保護のために認めた弁済供託の制度の趣旨に反する結果となる。したがって、弁済供託における供託物取戻請求権の消滅時効の起算点は、供託の基礎となった債務について紛争の解決などによってその不存在が確定するなど、供託者が免責の効果を受ける必要が消滅した時と解するのが相当である。

　最近、最高裁は、債権者不確知の弁済供託事例についても、この判例法理を再確認したうえ、この場合には、供託の基礎となった債務の消滅時効期間が経過した時から、払渡請求権の時効が進行を開始する旨判示した[15]。

(e)　この最高裁大法廷判決を受けて、法律上の障害の存在を理由とすることなく、権利の性質上その行使が現実に期待できないことを理由に消滅時効の起算点を遅らせた最高裁判決が近時あらわれている。[16]この事件は、ひき逃げ事故等の被害者が政府に対して有する補償請求権（自賠法七二条一項前段）の消滅時効が争われた事例である。この（法定）補償請求権は二年の短期消滅時効にかかる（自賠法七五条）。原審判決が、この補償請求権の消滅時効は民法一六六条一項の規定により権利を行使しうる時から進行するので時効消滅したと判示したのを受けて、最高裁は原判決を破棄自判し、その理由として上記理由をあげたのである。

この判決の評価として、この判決は、「(上記大法廷判決の「弁済供託における供託物の払渡請求について」という）限定を外し、民法一六六条一項の一般的解釈として判示した始めての最高裁判決」と位置づける見解もすでにある。[17]しかし、意見者としては、最高裁が従来の時効の起算点に関する原則的立場をこの判例で一般的に変更したといい切ることには、いま少し慎重でありたい。しかし少なくとも、これらの判例の流れにより、例外を認める場合の一般的判断基準が確立されたという評価は可能であろう。

(f)　金銭債権以外の債権についても、判例はすでに同様の処理をしている。預託会員制ゴルフクラブの施設利用権につき、会員がゴルフ場施設の利用をしない状態が継続したとしても、そのことのみで、施設利用権についての消滅時効は進行せず、ゴルフ場経営会社が会員に対して除名等を理由にその資格を否定して施設の利用を拒絶し、あるいはゴルフ場を閉鎖して会員の利用を不可能な状態にした時が起算点となるとした。[18]

(g)　以上の最高裁の諸判例から明らかなごとく、判例は、「権利を行使することを得る時」とは、権利行使に対する法律上の障害がなくなった時を意味し、事実上の障害があっても時効の進行は妨げられないことを原則とするとしつつも、当該権利の性質・内容等をも考慮して、その如何によっては、その権利の行使が現実に期待できるものであったかどうか、あるいは権利の発生や行使（給付請求）が一回的な債権かそれとも継続的または回帰的さらには分割的に発生し[19]、あるいは行使（給付請求）される債権（期限の利益喪失約款付割賦金弁済契約やゴルフ場施設利用権など）か、時効期間の長短などをも判断の基準として、具体的に妥当な消滅時効の起算点を決定しているのである。

このことは、特許法三五条三項、四項に定める相当対価請求権の消滅時効の起算点を定めるにあたっても同様といえよう。特許法には、相当対価請求権の消滅時効の起算点に関する特別規定がないから、当面は解釈によって決めるほかないが、この請求権の発生が強行法規として認められた理由、この権利の内容や特質などを十分検討した上で、その消滅時効の起算点が解釈上決定されるべきであり、民法上の一般的な債権（一回的発生あるいは給付）を主たる前提とする消滅時効の起算点に関する原則をそのまま形式的に適用するのは、妥当とはいえまい。

(3)　特許法三五条三項に基づく相当対価請求権の消滅時効の起算点に関する一般的考察

(a)　使用者と従業員発明者の契約、使用者の勤務規則等に別段の定めのない場合、特許法三五条三項に基づく従業者の相当対価請求権は、権利の移転ないし譲渡契約時に発生する。そして、従業者が受ける対価の額は、同条四項により「その発明により使用者等の受けるべき利益の額」を考慮して定めなければならない。使用者は本条一項により当然に実施権を有しているのであるから、ここにいう「使用者の受けるべき利益」とは、抽象的にいえば、特許権や専用実施権の価値から使用者が当然に有している法定通常実施権の価値を差し引いた額ということになるが、具体的には、使用者が第三者に実施させた場合や譲渡した場合の受けるべき利益はとより、使用者自らが独占的に実施した場合の受けるべき利益も含むと解されている。[20]

前掲の東京地判昭和五八・一二・二三は、「特許を受ける権利という一個の権利の一回的譲渡の対価は、譲渡時において一定の額として算定しうるものであるから、後に登録になったか否か、実施により利益を生じたか否か等の事情によって、対価の額がその時点で初めて定まると解するのは相当でない。これらの事情は、後日になってから譲渡時における『相当の対価』を認定するに当たり参考とすることはできるが、これを直接の算定根拠とすることは妥当でない」と説示し、さらに、相当対価請求権の消滅時効の起算点につき、この請求権は特許を受ける権利の承継の時に発生するのだから、契約に特段の定めのない限り、その消滅時効は、この承継の時から進行するとした。[21]

(b)　さて、以上のような特許法上の判例の問題状況を踏まえて、この問題いかに考えるべきであろうか。消滅時効の起算点の一般的判断基準に関するこれまでの判例・通説を現時点で変更することが妥当かどうかについて、星野説による重要な問題提起を受けて、学説に一定の進展が見られ（前述したように既に一般原則が判例法上変更されたとみる見解もある）、今後さらに研究が深められてゆくであろうし、民法学の更なる発展のためにもそうあるべきだと考えるが（二〇〇二年一月一日から施行されたドイツ債務法現代化法においても時効規定の改正には多くの労力が費やされた）、この根本的問題にまで深入りすることは、本意見書ではおこなわない。しかし、現時点で意見者としては、最小限、次のことをいっておきたい。すなわち、前掲最高裁昭和四五・七・一五大法廷判決は、弁済供託における供託物の払渡請求の特殊性に着目した上で、このような特別事情がある場合においては、「『権利を行使することを得る』とは、単にその権利の行使につき法律上の障害がないというだけではなく、さらに権利の性質上、その権利行使が現実に期待できるものであることを必要とする。」と判示した。このことを裏返していえば、この判示は、特許法三五条の解釈論上も、消滅時効の起算点をこれまでの一般的判断基準とされているものとは別個に考えるべき特別事情があり、そのため起算点を遅らすことが妥当であって、その方が特許法三五条の趣旨や正義にも合致するのであれば、ここでも例外的処理が許されることを示唆することになる。この最高裁大法廷判決はまさにこの方向性へ向けての一歩を踏み出したものである。さらにいえば、前述したように、最高裁は、既に、この大法廷判決以前から、権利の特質、内容、その他の特殊事情を踏まえて、起算点を遅らすことで真の債権者の法的保護を事実上図ってきており、この流れの上で、この大法廷判決は、近時の学説上の有力な流れをも踏まえて、「例外的処理許容のための一般的基準」を打ち出したこと（単なる事例判決にとどまるものではない）、そしてこの後、最高裁はさらに、平成六・二・二二長崎じん肺訴訟判決、ひき逃げ事故被害者の保障請求権に関する平成八・三・五判決、さらには供託金払渡請求事件の平成一三・一一・二七判決その他において例外的処理を許してきたことで、この法理を踏襲し、「例外的処理許容の法理」を一般的に形成しているのである。そのような意味において、これらの最高裁判決は、個々の事例ごとの単なる事例判決に過ぎず、本件訴訟とまったく関係がない判例であるとは断言できない。狭義の先例拘束力はともかく、先例として考慮すべき判例と考える。

(c)　さてここで、例外的処理の妥当性、必要性への理論的基礎を提供した星野説の問題提起の原点に立ち帰って考えてみよう。星野説の出発点は、それまでの時効に関する多様な判例・学説への根本的疑問として、「時効の存在理由をどう解するかという基本的な価値判断」の重要性に対する認識の欠落に気づいたことにあった。星野教授はこう指摘する。「筆者は、再びボアソナードと共に、次のように自問自答すべきではないだろうか、と考える。そもそも時効とは、もと非権利者であったものに権利を与え、債務者に債務を免れさせる制度ではなく、真の権利者の権利を保護し、弁済した者の免責を確保するための制度ではないか、と」。そして、「それなら、非権利者・非弁済者が利得を得るようなことはできるだけ避けるのが望ましく、裁判所もできる限り（法の明示に反しない限り）、真実の探求を志すべきではないだろうか。特に自由心証主義を原則とする現在において、と」[22]。特許法三五条に定める相当対価請求権の消滅時効の起算点に関するこれまでの判例・学説の問題状況を調べるにつれて、意見者もまた、星野教授と共に、この根本的疑問にとりつかれてならない。

そもそも、職務発明の特許出願権の従業者原始帰属主義を採用した特許法三五条の立法趣旨は、経済的弱者である従業者の保護を図り、もって独創的発明への意欲を高め、国家・産業社会発展への寄与を図るものであった。ところが、本件被告会社における運用実態は、この制度趣旨を無視し、骨抜きにするような「強行法規に違反する取扱いが事実上行われてきた」（東高判平成一三・五・二二オリンパス光学事件における判旨の表現）というものであった。

このことはひとり本件被告会社のみでなく、知財後進国であったわが国の多くの企業に共通する実態であったとしても、司法によるこのような違法な慣行の追認・正当化は許されまい。さればこそ、かかる実態を踏まえて原告側はこれまでの審理において、本件予約承継さらには譲渡契約の有効性を争ったのである。しかし中間判決において、原告の主張は斥けられた。中間判決の利益考量の背後にあった判断基準が、相当対価請求権による利益調整にあった可能性が大と意見者は推測する。しかし、被告による本件消滅時効の援用は、この利益考量の基礎を突き崩すものに他ならない。

さて、このような問題状況を踏まえて、本件被告による消滅時効の援用を認めた場合の結果を考えてみよう。

いうまでもなく、その結果は、「もと非権利者であった者に権利を与え、債務者に債務を免れさせる制度」として時効制度が機能し、それは、真の権利者の権利を保護し、弁済した者の免責を確保するための制度」であるはずの時効制度の本来の理念を逸脱する運用となり、強行法規に違反する制度運用を事実上行ってきた者の行為を司法が追認する結果となるのである。果たしてそれでよいのであろうか。

(d) つぎに権利行使の懈怠責任について検討しよう。この点が本件では一番重要である。本件原告は何故に本件訴訟に至るまで相当対価請求権の行使をしなかったのか。それはいうまでもなく、職務発明においては、特許出願権が原始的に従業者である発明者に帰属し、使用者に承継される場合には、相当対価請求権が法律上認められているということを知らなかったからに他ならない。しかもこの法律の不知は、被告会社の長年にわたる強行法規違反の慣行によって発生したものである。原告がこの事実を知ったのは、被告会社を退社した後という。懈怠責任さらにはモラル・ハザードの責任を問われるべきは原告ではなく、被告ではあるまいか。なお、仮に原告が被告会社在職中にこの事実を知ったとしても、原告が、被告会社に在職のまま、被告会社に対し権利を行使して訴えを提起することは、非現実的である。他国でも同じことであろうが、少なくとも、わが国の企業風土のもとでは、従業員が会社を相手に訴訟に踏み切ることは、退職覚悟の大仕事であり、現に意見者の知る限りこれまでの全ての相当対価請求訴訟は、発明者が会社を辞めた後で提起されている。原告の不知が被告の強行法規違反の慣行によるものであるのに、これらは事実上の障害であって、法律上の障害ではなく、起算点の決定になんら影響するものでないといいきれるかは、はなはだ疑問である。むしろ、法律上の障害というべきであろう。

(e) では、職務発明における相当対価請求権の消滅時効の起算点について、まず、一般論としてはどう考えるべきであろうか。

(i)　第一に、特許権および相当対価請求権の特質、内容の検討が必要となる。特許を受ける権利の承継がなされても、譲受人たる使用者等が当該発明を出願せずにノウ・ハウとして保持することは、必ず出願するとの特約のない限り、自由といえよう。この場合でも承継人は発明の実施を独占的になしうる地位を取得するのであるから、特許法三五条の職務発明として発明者は相当対価請求権を取得する。[23] しかし、今日では多くの場合出願されるが、出願されたもの全てが認められ、特許権の登録が許されるわけではない。特許出願に対する特許をすべき旨の査定または審決から設定の登録に至るまでの一連の処分（特許処分）を経て、特許査定を受けた特許出願のみが設定登録がなされ、この時点で特許権が成立し（六六条）、特許出願はこれにより目的を達して消滅する。現在の実情ではこの間にかなりの期間（本件では、七年）がかかると聞く。この一連の経緯は相当対価の算定に大きな影響がある。

(ii)　ところで、相当対価の算定につき特許法三五条四項は、「その発明により使用者等の受けるべき利益の額及びその発明がされるについて使用者等が貢献した程度を考慮して定めなければならない」と規定するのみで、その具体的計算方法や支払期間については何らの規定も置いていないから、結局は判決の積み重ねによらざるをえない。相当対価の算定をめぐる裁判の実際では、請求権発生時からかなりの時間が経過しており、その間に使用者等の受けた利益が客観的に算定できる状況になってきており、他方使用者の貢献度も発明に対する貢献度の他特許権の取得にかかった費用、使用者等が受けた利益にかかった必要経費も客観的に算定できる状況にあるのだから、当然これらを算定の基礎としてできるだけ客観的・合理的に対価を決定することが許されてしかるべきであろう。したがって、口頭弁論終結時において、それまでに使用者等が得た利益とその時点で将来受け得るであろう利益から、使用者等が当該発明に貢献した程度およびその後の特許権取得や実施利益の取得に要した費用さらに今後の必要経費等を控除して相当対価の決定がなされてしかるべきで、現に裁判例の実際ではそのような処理が行われている（最高裁判決で確定した前述オリンパス工業事件がその一例）。「権利承継時に使用者が受けるべき利益の額を紛争の現時点で算定すべきであって、その後の事情は参考にしてもよいが算定の基礎とすべきでない」という論理は、あまりにも形式論に過ぎ、机上の空論に近い。特許を受ける権利の承継時点では、出願がなされるかどうか、出願しても特許権の登録が許され独占力による利益を使用者等が享受できるかどうか、さらに登録された特許権が実施されるかどうかはまったく未定であり、その結果の如何で対価の算定が大きく変わることは、自明の理である。この点が特許法上の相当対価請求権の特殊性である。この特許法特有の算定困難さは、単なる事実上の障害に過ぎないといって済ませうるものであろうか。権利の行使ができるということは、権利の行使をしなければならないことを意味しない。したがって、権利不行使の懈怠責任を問いうる時期、つまり時効の起算点の決定に当たっては、権利行使が現実に期待しうるものであったか否かにつき、さらに掘り下げた考察がなさるべきである。

(iii)　まず、特許を受ける権利の承継はするが、単なるノウ・ハウとして利用し特許の出願はしないことを明確に合意して承継することとした場合（さらには、そのような合意はなかったが、結果として出願されなかった場合）には、支払時期についての特約その他対価請求権の行使を妨げる特段の事情なき限り、原則として承継時から相当対価請求権の消滅時効が進行を開始するものとみてよかろう。しかし、そのような特別の合意がなく、かつ使用者等によって特許出願された場合には、発明者としては、特許成立後に権利行使をするのが合理的行動といえよう。権利承継時に抽象的には相当対価請求権が発生するとしても、実際には、特許が取れなければその発明の価値は限りなくゼロに近く、特許が取れて初めて独占的利益を使用者が受けうる見返りとして相当な対価を取得できるのであるから、出願時にはこの対価請求権の内容はほとんど空虚である。もしその時点で裁判官が算定を求められたとすると、まず客観的・合理的算定は不可能ではあるまいか。それがこれまで問題とならなかったのは、これまでの相当対価の請求訴訟では、特許が登録され、実施され、しかも我が国の企業風土のもとで発明者が在職中の訴訟を避け、会社退職後に始めて訴えを提起した事例が全てなので、権利承継時からかなりの時間が経過しており、その間の事情を参考としてある程度客観的な金額を決め、これが権利承継時の相当対価であったと説示することができたからにほかなるまい。かかる特許法上の相当対価請求権の特殊性を考慮に入れると、特許出願された場合には、権利の承継時ではなく、少なくとも特許権の登録時をもって時効の起算点とする特段の事情があるものといえよう。これぞまさに権利行使を発明者に合理的に期待しうる時期といえよう。

ところで、前掲長崎じん肺訴訟最高裁判決は、「最初の軽い行政上の決定を受けた時点で、その後の重い決定に相当する病状に基づく損害を含む全損害が発生していたとみることは、じん肺という疾病の実態に反するものとして是認しえない」といい、これを受けてこの判決の調査官解説は「五年先一〇年先あるいは二〇年先に受けることになるかも知れない重い決定に相当する病状に基づく損害が、最初の行政上の決定を受けた時点で既に発生しているものとみるのは、机上の空論に近く、このようにその賠償を求めることがまったく不可能な将来の損害をもカバーする単一の賠償請求権なるものが、実体法上の権利として存在すると考えるのは、それ自体背理というほかないように思われる。」と述べている。(24) まったく同感である。

このことは、特許法上の対価請求権の場合も同様ではあるまいか。この場合には損害ではなく、利益が問題となる。「損害」を「利益」に書き換えて比べてみよう。「権利承継（あるいは出願）の時点で、その後の登録（・実施）に基づく利益を含む全利益が発生していたとみることは、特許法上の対価請求権の実態に反するものとして是認しえない」、「三年先五年先あるいは七年先に登録が拒否され、あるいは登録できても実施されないかも知れないのに、特許の取得さらには実施による全独占的利益が、権利承継（あるいは出願）の時点で既に発生しているものとみるのは、机上の空論に近く、このように（その時点では）その全利益の対価を求めることがまったく不可能な将来の利益をもカバーする単一の対価請求権なるものが、実体法上の権利として存在すると考えるのは、それ自体背理というほかないように思われる」。この両者とも権利の具体的内容（損害額・対価の額）がその発生時点で不確定かつ客観的な算定不能な法定債権である点で共通しているのに、時効の起算点の決定に当たり、この両者のどこにこれを区別すべき正当理由があるのであろうか。因みに、オリンパス光学事件の最高裁判決は、使用者等が定めた勤務規則等による対価の額が特許法三五条四項の相当対価に満たないときはその不足額を請求できると判示するに当たり、その根拠として「いまだ職務発明がされておらず、承継されるべき特許を受ける権利等の内容や価値が具体化する前に、あらかじめ対価の額を確定的に定めることができないことは明らかであって、上述した同条の趣旨及び規定内容に照らしても、これ（使用者等が対価の額を自由にきめること）が許容されていると解することはできない」と説示している。[25] この論理を押し進めると、職務発明がなされ、権利の承継がなされた時点でも、前述したように、いまだ登録も実施もされることが具体化していない前に対価の額を確定できないことは明らかで、そうだとすると相当対価請求権の行使に障害があり、現実に権利の行使をすることを期待できないから時効の起算点を遅らしてもよいではないか、ということになりそうである。しかし、この点は、反対論者としては、同条四項は「受けるべき利益の額」と定めていること、職務発明が既になされていればある程度その価値は客観的に判断でき、それを前提として使用者等の「受けるべき利益の額」も決めうるから、問題ないと反論するのであろう。それはそれで一つの説明にはなろうが、程度問題であり、形式論過ぎて苦しい。この時点での判断ということになれば、あまりにも不確定要素が多く、対価の額は事実上低く算定され、一般的には発明者に不利な算定結果となる可能性が高くなるであろう。そうなると、発明者の保護を図った特許法三五条の趣旨に反する結果となろう。結局は現行法が相当対価の決定基準について明確かつ妥当な基準を設けなかったことの欠陥である。したがって当面の解釈論としては、例外的処理を許す法理を用い、少なくとも登録時まで起算点を遅らすことが妥当と考える。

現に、相当対価の額を権利承継の時点で算定することが困難であることから、企業の実務の上では、権利承継時に一括して全額を支払うのではなく、出願補償、登録補償、実績補償等の段階を踏んで対価を支払う会社が多いという[26]。また、職務発明規程のない事例であるが、相当な対価の額を、出願時補償、登録時補償、実績補償の合算額として認定している判決例もある（前掲大阪高判平成六・五・二七）。むしろこのような支払方法や算定方法が合理的である。そうだとすると、そのようなやり方（実績補償制度）がとられている場合には、権利承継時に基本権としての対価請求権が発生し、それ以降、前記のそれぞれの時点ごとに支分的な対価請求権が具体的に発生するものとし、具体的に発生した各支分的な請求権は基本権としての対価請求権とは別個独立の債権として、その発生時からそれぞれ個別に時効が進行して消滅し、他方基本権としての対価請求権は、支分権の支払がなされた都度中断され[27]、特許権の存続期間が満了した時点で消滅する。その結果、最終的には、その時点から最後の実績補償請求権の時効が進行を開始する、といった構成が考えられよう（この点は後に、前掲最高判平成一五・四・二二オリンパス光学事件の検討のところでもう一度検討する）。

(iv) 最後に、特許法三五条の対価請求権についても、時効の起算点に関する従来の判例・通説のとる一般原則によるとしても、少なくとも、相当対価請求権の不行使が主として使用者側の行動（例えば本件のように被告会社の違法な慣行）に起因する場合には、前述したように、法律上の障害あるいは権利行使を妨げられた特段の事情があったものとして、権利の行使を現実に期待しうる時から時効が進行するものとするか、あるいは、信義則による時効援用権の喪失さらには権利濫用法理による時効の援用の制限も考えられてしかるべきである。とくに本件ではその感が強い。

(4) 対価の支払時期につき特約ないし特別規定が置かれている場合の起算点

以上の一般的考察に続き、なお検討を要する問題がある。対価の支払時期につき、特約あるいは勤務規則その他の定めに特別規定（実績補償制度の規定など）がある場合と、それはないが褒賞金（・賞金）及びその支払時期についての規定がある場合の時効の起算点である。

(a) 特約あるいは勤務規則等に特別規定（実績補償制度など）がある場合

この場合については、最近、前述したオリンパス光学事件の最高裁判例がでて、実務上は一応の決着がついた。すなわち、最高裁はこう説示した。「対価の額については、（特許法三五条）四項の規定があるので、勤務規則等による額が同項により算定される額に満たないときは同項により算定される額に修正されるのであるが、対価の支払時期が定められているときは、勤務規則等の定めによる支払時期が到来するまでの間は、相当の対価の支払を受ける権利の行使につき法律上の障害があるものとして、その支払を求めることができないというべきである。そうすると、勤務規則等に、使用者等が従業者等に対して支払うべき対価の支払時期に関する規定がある場合には、その支払時期が相当の対価の支払を受ける権利の消滅時効起算点となると解するのが相当である。」

承継当事者間の合意による弁済期の定めならともかく、使用者等が一方的に定めた支払時期に何故に従業者等が拘束されるのか、それで果たして支障はないのかにつき、若干の危惧が残るが、かかる支払時期の定めが特許法三五条にいう相当対価請求権の支払時期の定めとして有効であると解される限り、判旨の結論は妥当であろう。ただ、その法的構成をもう少し理論的に整理してみると、前述した私見のように構成するのが妥当ではあるまいか（本稿七〇〜七一頁）。

(b)　褒賞金及びその支払時期についての規定のみがある場合

被告社規一七号付則—一「褒賞金支払基準、① 特許出願一件につき一万円、② 権利成立一件につき一万円」という規定は、出願補償金が、特許出願時に一件当たり、一万円支払われ、登録補償金が、特許登録時に一件当たり、一万円支払われると定めているものと法的に解釈される。即ち、同社規一七号付則—一は補償金及びその支払時期を定めていると解される。この点が、本意見書にもとめられた中心論点である。

(i)　まず、本件被告会社の褒賞金規定をみておこう。被告会社社規一七号「発明・考案及び業務改善提案規定　附則一」によると、発明については表彰制度と褒賞金制度の二本立てになっており、前者は表彰及び賞金とされ、賞金の額はその都度決定されることになっている。後者は、特許出願一件につき一万円、権利成立一件につき一万円の定額となっている。このうち本件原告は出願褒賞一万円、登録褒賞一万円の合計二万円をそれぞれの時期に受けとっており、表彰賞金の支払は受けていないようである（本件特許につき原告が表彰を受けたかどうか意見者には不明）。

(ii) この褒賞金及び賞金の性質をどう解すべきかが、本件争点の一つになっている。原告はこれを相当対価の一部と主張し、被告は、上記準備書面二頁、第一、一、(2)において「本件中間判決が正当に認定するとおり、被告社規上、上記褒賞金は特許を受ける権利を会社に譲渡したことを前提として支払われた褒賞金（褒め称えて、そのしるしとして与える金員）ではあるものの、その性質上実績補償規定ではあり得ず、法三五条所定の相当対価の一部または全部には該当し得ないからである。」と主張している。(28)

この主張の対立の狙いは、いうまでもなく、前掲オリンパス光学最高裁判決を受けて、この褒賞金及び賞金が相当対価の一部と認められるなら、時効の起算点について上記判決の射程距離に入り、平成九年四月の特許権登録時が起算点となるからいまだ一〇年の時効期間が経過していないし、そうでないなら平成二年九月の権利承継時から時効が進行し、本件訴訟提起時には既に時効が完成していたことになるとの対立につながるわけである。ただ、前述したごとく、オリンパス光学事件においては、一・二審共に支払済みの出願補償・登録補償金が相当対価の一部の支払であったと認定してこれを相当対価の額から控除し、上告審もこれを認めている。

次項(5)で引用する被告の主張によると、本件褒賞金は権利承継を前提として、それに報いるために支払われた金銭であるという。承継を前提としてそれに報いるために支払われた金銭は、それを功労金といおうと、褒賞金あるいは補償金といおうと、名称の如何を問わず、金額の大小を問わず、全て対価の全部または一部の支払とみるべきである。これまでの判例実務の大多数がかかる処理を行っているのを今日の時点で覆すべき相当な根拠があるとは考えられない。被告主張の議論は、オリンパス光学最高裁判決の射程距離にはいるのを免れることを専らの目的とする、いわゆる「ためにする議論」のように感ぜられる。支払われた出願あるいは登録補償金は相当対価の一部の支払いであったとして、算定された相当対価の額から控除されるのが当然といえよう。実績補償規定の有無とは無関係な問題である。(29) 別の角度からいうと、本件被告は二万円の褒賞金以外に譲渡の対価を原告に支払った事実はないし、支払う意思もなかったようであるが、このことは、権利承継によって法律上当然に相当対価の支払義務を負った被告が、承継の見返りに原告に与えるべき金銭は二万円で十分だと考えていたこととなる。そうだとすると、被告のいう意味における「褒賞金」として支払っていたとしても、それは客観的にみるとき、事実上譲渡の対価としての意味をもつものといえよう。そうだとすると、この登録補償金（原告の主張では対価の一部）は登録時まで請求できないのだから、その時点まで権利行使に法律上の障害があったことになるはずである。したがって、本件においては消滅時効がいまだ完成していないことに変わりはなく、その金額が到底相当対価といえない以上、オリンパス光学事件の最高裁判決のいうとおり、原告はなお、被告に対し不足額を請求し得ることになる、と解するのが相当である。

(5)　本件における時効の中断について

しかし、このこと以上に、褒賞金の支払という事実にはもっと重要な意味があると、意見者は考える。先に引用した被告第一七準備書面のなかに、「褒賞金は特許を受ける権利を会社に譲渡したことを前提として支払われた褒賞金である」との記述があった。また被告第一三準備書面のなかにも同様の記述がある。すなわち、「会社が従業員の職務発明に対し褒賞金を支払うのは、当該特許を受ける権利が会社に対し譲渡され帰属することを前提とするのであって、会社に帰属しない発明に対し金員を支払うなどということはあり得ず、本件裁判所も中間判決に於いて次のとおり判示しているとおり、日亜社規も上記趣旨において規定されていた」（被告第一三準備書面七頁下五行〜六頁二行）。譲渡承継の有効性を主張する被告の立場としてはこの主張は当然である。

しかし、そう主張するということは、これを客観的にみると、本件譲渡が有効になされたという事実を、被告が褒賞金支払時にあらためて認め、かつ、そのことによって同時に、被告会社は、本件特許が登録され、その登録特許の権利が被告会社に譲渡されていることへの褒賞（原告の立場では対価）として、一万円の登録褒賞金（原告の立場では相当対価の一部）を原告に支払ったという事実も認めたことを意味することになる。ところで、特許を受ける権利の承継があったときは、当事者の主観的意思とは無関係に、強行法規たる特許法三五条により法律上当然に相当対価請求権が従業者に発生するのであるから、譲渡と対価請求権の発生との関係は法律上密接不可分の関係にある。そうだとすると、譲渡があったという事実を被告がこの時点であらためて承認したことは、法的には、とりもなおさず相当対価支払義務を承認したことを意味するし、そういう法的効果が当然に発生することになる。さらにまた、被告が登録褒賞金一万円を支払ったということは、原告の立場からいえば相当対価支払債務の一部弁済として登録褒賞金一万円の支払があったということになる（被告の立場でも、少なくとも債務の承認をしたことを意味することになる）。その結果として、消滅時効の中断が問題となるわけである。時効中断事由としての承認には特別の方式は必要でなく、その権利の存在を認識して、その存在を表示したと認めることのできる行為は全て承認となる。たとえば、利息の支払は元本債務の存在を前提としてなされるものであるから、元本債務の表示をしていなくとも元本債務の承認になるというのが、判例・通説である。[30] また、債務者が権利の内容（金額や相当対価の額など）までを認識していたことはもとより必要ではない。[31] 交通事故の加害者が被害者に入院見舞金を渡す行為も債務の承認行為といえよう。

そうだとすると、本件被告の登録褒賞金一万円の支払時における本件権利承継のあらためての承認・その効果としての「債務の承認」によって、民法第一四七条三号に基づき、原告の相当対価請求権の消滅時効の進行は中断され、この時点から新たな時効が進行し始めたが、それも原告の本件訴訟の提起により中断され、結局、被告の時効の援用は認められないという結論に到達するのである。これを要するに、意見者が意見を求められた本件のこの争点は、きわめて簡単に解決できる争点であり、「被告の債務承認により本件消滅時効の進行は中断されているので、本件時効の起算点につき判断するまでもなく、被告の主張は認められない」、と判示すれば済む問題である。

（6）大判昭和一二・九・一七民集一六・一四三五、最判昭和四九・一二・二〇民集二八・一〇・二〇七二。
（7）山本敬三『民法講義・総則』（有斐閣、二〇〇一年）四六一頁参照。
（8）星野英一「時効に関する覚書」『民法論集・第四巻』（有斐閣、一九七八年）三一〇頁、石田穣『民法総則』悠々社一九九二年六一五頁他。
（9）四宮和夫＝能見善久『民法総則（第五版）』（弘文堂、一九九九年）三五〇頁参照。
（10）最判昭和三七・九・四民集一六・九・一八三四。
（11）末川博「不法行為による損害賠償請求権の時効」『民法論集』（評論社、一九五九年）所収二七四頁以下を皮切りとして、平井宜雄、淡路剛久、内池慶四郎教授などの諸業績がある。この流れを簡単に説明するものとして、下森定「損害賠償請求権と消滅時効」『債権法論点ノート』（日本評論社、一九九〇年）所収三一二頁以下、なお、同「消滅時効の起算点」判タ二六八号一八六頁、同「判例評釈」判タ二六三号六七頁以下参照。
（12）判時一一九六号二〇頁。
（13）最判平成六・二・二二民集四八・二・四四一。
（14）最大判昭和四五・七・一五民集二四・七・七七一。この問題につき、下森定「供託金取戻請求権の消滅時効の起算点」前掲『債権法論点ノート』一九三頁以下、同「判例評釈」判評九一号一一二頁以下参照。

(15) 最判平成一三・一一・二七民集五五・六・一三三四。
(16) 最判平成八・三・五民集五〇・八・二三九五。
(17) 松久三四彦「本件判例解説」交通事故判例百選〔第四版〕一八一頁)。
(18) 最判平成七・九・五民集四九・八・二七三三。
(19) 定期金債権類似の債権などがこれらに当たると考えられるが判決例の有無については保留。後述する特許法三五条三項の相当対価の支払が実績補償で行われている場合などがこのケースにあたるのではなかろうか。
(20) 東京地判昭和五八・一二・二三無体集一五・三・八四四、判タ五三六・三一一、大阪地判昭和五九・四・二六無体集一六・一二八二、判タ五三六・三三七、中山信弘編著『注解特許法〔第三版〕上巻』(青林書院、二〇〇一年)三五四頁(中山信弘執筆)、牧野利秋編『工業所有権訴訟法』(青林書院、一九八五年)二九六頁〔青柳昤子執筆〕。
(21) 同旨、大阪高判平成六・五・二七知財集二六・二・三五六、「判例解説」高林龍・平七重判解二三二頁、名古屋地判平成一一・一・二七、判タ一〇二八・二一七、中山信弘・前掲書三五四頁。
(22) 星野英一・前掲『民法論集 第四巻』一八七、一八八頁。
(23) 前掲東京地判昭和五八・一二・二三、中山・前掲書三五四頁。
(24) 最高裁判例解説民事編平成六年度二四三頁。
(25) 最高裁平成一五・四・二二、判タ一一二一号一〇四頁。
(26) 松本司「職務発明規程作成の実務」知財管理五一巻七号一〇五一頁。
(27) 利息の支払が債務の承認の一事例として時効中断事由となるのと同じ。大判昭和三・三・二四新聞一八七三号一三頁、川島武宜編『旧注釈民法(5)』(有斐閣、一九六七年)一二六頁〔川井健執筆〕。
(28) 因みに、被告の主張によれば本件権利の承継を受けた平成二年九月当時の被告社規には、褒賞金規定があるのみで、表彰及び賞金の定めはなかったという〔被告第一七準備書面第一、一、(1)〕。しかし乙七号証の一及び二をみる限り、この時点の社規一七号及び附則の一は昭和六〇年より実施となっているから、この主張には疑問がある。
(29)　ゴーセン事件大阪高判平成六・五・二七判時一五四二・一一五(平成七・一・二〇上告棄却)は、本件同様実績補償制度がなく、褒賞金の定めのみがある事例のもとでこれを相当対価の一部の支払として、控除を認めている。
(30)　大判昭和三・三・二四新聞二八七三・一三、我妻栄『民法総則』(岩波書店、一九六八年)四七〇頁、川島武宜『民法総則』(有斐閣、一九六五年)五〇三頁。
(31)　我妻・前掲書四七〇頁他。

三　東京地裁(民事第四六部)平成一六年一月三〇日判決の判旨

本件東京地裁平成一六年一月三〇日判決は、前述のように被告の消滅時効援用の抗弁を排斥した。その理由とするところは、大要以下のごとくである。

(1)　職務発明について特許を受ける権利を使用者に承継させる旨を定めた勤務規則等がある場合には、従業者は、当該勤務規則等により、特許を受ける権利を使用者に承継させたときに、相当対価の支払を受ける権利を取得する(特許法三五条三項)。対価の額については、同条四項の規定があるので、勤務規則等による額が同項により算定される額に満たないときは同項により算定される額に修正されるのであるが、対価の支払時期についてはそのような規定はない。したがって、勤務規則等に対価の支払時期が定められているときは、勤務規則等の定めによる支払時期が到来するまでの間は、相当対価の支払を受ける権利につき法律上の障害があるものとして、その支払を求めることはできないというべきである。そうすると、この場合の消滅時効の起算点はその支払時期と解するのが相当である（最三小判平成一五・四・二二、民五七・四・四七七、オリンパス光学事件判決参照）。

(2)　本件被告会社の社規（社規一〇条、社規第一七号付則―1）によれば、職務発明を従業員がした場合には、特許出願一件につき一万円、特許登録一件につき一万円を基準として、特許委員会が、特許出願状況、権利取得状況、権利の内容を検討の上、その都度、褒賞金金額を決定して支給するものと定められており、原告も、被告会社から出願時の平成二年一〇月二五日ころと、登録時の平成九年四月一八日ころの二回にわたり合計2万円の支払いを受けた。この褒賞金が職務発明の対価の一部をなすものであることは明らかであり、したがって、上記社規の各規定は勤務規則等に該当する被告社規において定められた、相当対価の支払時期に関する定めに該当する。そして、そこで定められた最終の支払時期は、少なくとも、いわゆる登録補償金の支払の要否が明らかになる特許権の設定登録時以降というべきである。そうすると、本件特許発明の対価請求権の消滅時効の起算点は、本件特許権が設定登録された平成九年四月一八日以降というべきである。この相当対価請求権は特許法三五条により認められた法定の権利であるから、消滅時効期間は一〇年と解すべきところ、原告は平成一三年八月二三日に訴訟を提起しており、予備的請求（その2）の二〇億円の請求額はその後五〇億円、一〇〇億円、二〇〇億円へと拡張されたが、予備的請求（その1）、予備的請求（その2）のいずれについても消滅時効は完成していない。

(3)　被告は、出願補償金及び登録補償金を定めるのみで、実績補償制度に関する定めが設けられていない本件においては、特許を受ける権利の承継時から消滅時効が進行するものと主張するが、出願補償金及び登録補償金のみを規定したものであったとしても、勤務規則等にその支払時期の定めがあるには、従業者は、これに拘束されるものであるから、支払時期の到来まで相当対価請求権の行使につき法律上の障害があるものであり、支払時期が消滅時効の起算点となると解すべきである。この点について、勤務規則等にいわゆる実績補償に該当する対価の支払が規定されている場合と、そうでない場合とを区別する理由は無い。

⑷　また被告は、勤務規則等において譲渡時における一括払い以外の支払方法が規定されている場合に、従業者が常にこれに拘束されるとすると、使用者が恣意的に支払時期を遅く設定した場合、相当対価請求権の行使可能時期が不当に遅くなり、従業者の保護を意図した特許法三五条三項、四項の趣旨にもとる結果となると主張するが、対価の支払時期に関する勤務規則等の定めが著しく不合理で特許法三五条の趣旨に反するような場合には、支払時期に関する条項を公序良俗違反として無効として従業者を救済することも可能である（この場合に無効の主張が許されるのは、従業者の側からのみで、当該勤務規則を定めた使用者が無効を主張して早期の消滅時効の完成を主張することは、無効肯定の保護目的からして許されない）。

⑸　なお、前記のとおり、被告社規上、褒賞金支払は特許委員会による金額決定があるまでは、褒賞金の支給額は定まらず、支給時期も到来しない。被告会社の実際の運用では、特許委員会は置かれておらず、被告会社及び原告の支給額・受取額はともに二回にわたる各一万円合計二万円である。しかし、規定の上では、原告は、本件特許権の設定登録時の平成九年四月一八日ころに一万円の支給を受けるまでは、被告から支給される褒賞金の金額及びその支給時期を知らないのであるから、この点からすれば、本件においては、相当対価請求権の消滅時効は、原告が登録補償金として一万円の支払を受けたときから進行するものと解するのが相当である。

四　本判決の検討

(1)　本判決は、本件職務発明の相当対価請求権の消滅時効の起算点は特許権の設定登録時である平成九年四月一八日以降であり、時効期間は一〇年であると解すべきだから、平成一三年八月二三日に訴訟の提起がなされている本件においては、消滅時効は完成していない、とした。この結論は、筆者の意見書の結論と同一であり、筆者としては結論的に極めて妥当な判決と考える。ただ、厳密に見ると法的構成はやや異なるので、この点を中心として本判決の検討を試みることとしたい。

(2)　被告会社の社規は出願補償金及び登録補償金を定めるのみであり、実績補償制度に関する定めを設けていないから、その定めがあった事例であるオリンパス光学最高裁判決の先例拘束力は本件には及ばず、民法一六六条一項の一般原則どおり、原告が「権利を行使することを得る時」つまり「特許を受ける権利の承継時」から消滅時効が進行するとの被告主張に対し、本判決は、出願補償金及び登録補償金が職務発明の対価の一部をなすものであることは明らかであり、勤務規則等に該当する被告社規において定められた上記社規の各規定は、相当対価の支払時期に関する定めに該当する。そして、そこで定められた補償金の最終支払時期は、少なくとも、登録補償金の支払の要否が明らかになる特許権の設定登録時以降であるから、その時から消滅時効は進行する。したがって、本件は、オリンパス光学最高裁判決の射程距離の中に入る事例であり、勤務規則等にいわゆる実績補償に該当する対価の支払が規定されている場合と、そうでない場合とを区別する理由は無いとして、被告主張を排斥した。やや形式的すぎるとの感がなくはないが、極めて明確な割り切り方ではある。

(3)　出願補償金及び登録補償金が職務発明の対価の一部をなすものであることについては、多くの先例がこれを認めており、意見書で述べたごとく、私見もまたこの点に異論は無い。しかし、他面において、出願補償金及び登録補償金は、会社からの褒賞金的性格を持つこともまた明らかであるから、その側面をまったく無視するわけにはゆかないであろう。出願補償金及び登録補償金の支払時期が定められていても、それとは別に、従業員が特許を受ける権利を会社に承継させた時から褒賞金とは別個に、相当対価請求権の行使をすることは、勤務規則等に相当対価請求権の行使時期につき明文の履行期の定めがない限り、許されてしかるべきだからである。出願補償金及び登録補償金の支払時期が定められている以上、それは相当対価請求権そのものの履行期の定めにも当たるから、その時までは、法律上の障害があることになり、従業員の相当対価請求権の行使は許されないと見るのは疑問である。判旨の法的構成は、被告の立論とは別の意味で、本件をオリンパス光学最高裁判決の射程距離内に持ち込むためのやや強引な結論先取り的構成の感がしないではない。

(4)　私見は、この点に留意して、前述のごとく消滅時効の起算点に関する判例の「例外的処理許容の法理」と筆者が名づけた法理を詳しく検討した。その結果、判例は、「権利を行使することを得る時」とは、権利行使に対する法律上の障害がなくなった時を意味し、事実上の障害があっても時効の進行は妨げられないことを原則とするとしつつも、当該権利の性質・内容等をも考慮して、その如何によっては、その権利の行使が現実に期待できるものであったかどうか、あるいは権利の発生や行使（給付請求）が一回的な債権かそれとも継続的または回帰的さらには分割的に発生し、あるいは行使（給付請求）される債権（期限の利益喪失約款付割賦金弁済契約やゴルフ場施設利用権など）か、時効期間の長短などをも判断の基準として、具体的に妥当な消滅時効の起算点を決定していることを明らかにした。そしてその上で、このことは、特許法三五条三項、四項に定める相当対価請求権の消滅時効の起算点を定めるにあたっても同様であるとし、特許法には、相当対価請求権の消滅時効の起算点に関する特別規定がないから、当面は解釈によって決めるほかないが、この請求権の発生が強行法規として認められた理由、この権利の内容や特質などを十分検討した上で、その消滅時効の起算点が解釈上決定されるべきであり、民法上の一般的な債権（一回的発生あるいは給付）を主たる前提とする消滅時効の起算点に関する原則をそのまま形式的に適用するのは、妥当とはいえまい、と述べたのである。

この考察の結論として筆者は、まず、① 特許を受ける権利の承継はするが、単なるノウ・ハウとして利用し特許の出願はしないことを明確に合意して承継することとした場合（さらには、そのような合意はなかったが、結果として出願されなかった場合）には、特約あるいは勤務規則等に対価の支払時期について特別の定めがなく、その他対価請求権の行使を妨げる特段の事情なき限り、原則として承継時から相当対価請求権の消滅時効が進行を開始する。② しかし、特許出願しないといった特別の合意がなく、かつ使用者等によって特許出願された場合には、権利行使を発明者に合理的に期待しうる時期は、権利の承継時ではなく、特許権の登録時であるから、この時点をもって時効の起算点と解すべきである、と述べた。つづいて、対価の支払時期について特約ないし特別規定が置かれている場合について考察し、③ 特約あるいは勤務規則等に、使用者等が従業者等に対して支払うべき対価の支払時期に関する定めがある場合には、最高裁判決の判示のとおり、その支払時期が消滅時効の起算点となる。しかし、④ 使用者の勤務規則に出願褒賞、登録褒賞の定めがあるのみで、実績補償制度に関する定めが設けられていない本件においては、「権利承継を前提として、それに報いるために使用者等から発明者に支払われた金銭は、たとえ功労金といおうと、補償金あるいは褒賞金といおうと、特段の事情がない限り、対価の全部または一部の支払と見て差し支えない。特に本件被告会社においては、本件権利承継当時、褒賞金以外に従業者に権利承継の対価として一定額の金銭の支払がなされた事実がなく、またこれ以上払う必要もないと考えられていたことからすると、原告が受けとった二万円は、仮にそれが被告のいう意味での褒賞金であったとしても、それと同時に、客観的には、権利承継の対価としての意義を持つものと評価できる。したがって、実績補償制度とは無関係であり、その規定の有無によって左右されるものではない。そして、登録褒賞金の支払については登録時が履行期であり、そのときに始めてその支払を請求できるのであるから、その時から消滅時効が進行を開始することになる、と同時に、それが対価としての意義をも持っていた以上、オリンパス光学事件最高裁判決判示のとおり、原告は相当対価に不足する部分の金額を請求することができる。」と論じたのである。

さらに、時効の中断の論点に触れ、「被告が原告に対して登録褒賞金を支払った行為は、その前提となっている権利承継の事実をその時点であらためて承認したことを意味すると同時に、特許法三五条三項、四項に基づき権利承継の法定効果として発生する相当対価支払債務を承認したことになる。したがって、民法一四七条三号に基づき、消滅時効の進行は中断され、その後新たに進行を開始した時効も、本件訴訟の提起により中断されている。この結果として、本件消滅時効時効の起算点について判断の必要がない。」とも述べた。

(5)　本判決は、消滅時効の起算点に関する判例の「例外的処理許容の法理」あるいは星野説（「権利行使を合理的に期待しうる時」を起算点と見る考え方）、さらには時効の中断問題には何ら触れることなく、オリンパス光学事件最高裁判決の射程距離への端的な組み入れ構成という、簡潔かつ明確な割り切り型の法的構成を用いて私見と同一結論を導いた。実務的に無難な法的構成といえるのであろうが、厳密に考えると、結論は同一だとしても、理論的にみてやや気になる点が残る。つまり、私見では、褒賞金と相当対価請求権との法的性質の違いを一応の前提とした上で、前者は同時に後者の一部としての意義・側面をも持つと考え、その結果として、それが支払われている場合には相当対価の額からそれを控除しうること、しかし、その差異ゆえに、登録褒賞金の支払時期の定めは相当対価請求権全体の履行期の定めではなく、その一部の請求権についての履行期の定めでしかないから、登録褒賞金の支払時期以前であってもそれを除く部分の相当対価請求権の行使は妨げられないと考えるものである。そしてこの部分の相当対価請求権の消滅時効の起算点は、実績補償制度などの特別規定のないかぎり、前述した原則により、権利行使を合理的に期待しうる時期である特許権の設定登録時であるが、その後使用者が相当対価請求権の一部である登録褒賞金を支払った場合には、その時点で債務の承認があったことになり。相当対価請求権全体の時効の進行が中断されると考えるのである。この意味において、本件は、褒賞金制度の他に実績補償制度のあったオリンパス光学事件最高裁判決の射程距離に端的に入るものではないと筆者は考える。ただもう一点、本件の特殊事情として筆者が注目したのは、本件被告会社においては、本件権利承継当時、褒賞金以外に従業者に権利承継の対価として一定額の金銭の支払がなされた事実がなく、またこれ以上払う必要もないと考えられていたこと、原告もまたそう思い込まされていたという事実である。この事実を踏まえて、意見書では、このような特別事情がある本件においては、「権利承継を前提として、それに報いるために使用者等から発明者に支払われた金銭は、たとえ功労金といおうと、補償金あるいは褒賞金といおうと、特段の事情がない限り、対価の全部または一部の支払と見て差し支えないから、原告が受けとった二万円は、仮にそれが被告のいう意味での褒賞金であったとしても、それと同時に、それは客観的には権利承継の対価としての意義を持つものと評価できる。そして、登録褒賞金の支払については登録時が履行期であり、そのときに始めてその支払を請求できるのであるから、その時から消滅時効が進行を開始することになる、と同時に、それが対価としての意義を持っていた以上、オリンパス光学事件最高裁判決判示のとおり、原告は相当対価に不足する部分の金額を請求することができる。」と述べたのである。つまり、上記のような事情のある本件の場合は、当事者は合計二万円が権利承継の対価と考えていたのであり、登録褒賞金の支払については登録時が履行期であり、それが対価請求権全体の最終履行期とされていたのであるから、本件における消滅時効はこの時から進行を開始するが、対価の額についてはオリンパス光学事件最高裁判決判示のとおり、原告は相当対価に不足する部分の金額を請求することができることになるとし、この点でオリンパス光学事件最高裁判決の先例拘束力をいかす法的構成をとったのである。やや緻密すぎる法的構成かとも思えるが、一つの考え方として受取っていただきたい。しかし、前述のごとく、本判決の結論は筆者と同一であり、筆者としてはこの点についての異論はない。

む す び

日本経済再生のため、「モノ作り」の経済から「知識」の生産を重視する経済へ移行することの必要性、その手段として著作権や特許権をはじめとする知的財産権尊重の重要性が説かれる現下の社会風潮の下、本件訴訟の提起、本判決が与えた社会的インパクトは極めて大であった。本件訴訟の今後の展開を興味深く見守ってゆきたいが、いずれにせよ、特許法三五条の改正により、近い将来、相当対価の額の合理的な決定方法や時効の起算点についての明確な基準が示されることが必要であること、多くの識者の指摘されるところである。その一端として、筆者の意見書や本稿がいくばくかの寄与を果たすことができれば幸甚である。

終りにあたり、法社会学と法解釈学、理論と実務との相関関係に絶えず留意しつつ、幅広く机上の空論に終らない法律学の研究を展開された亡き内山尚三先生の学風を偲びつつ、本稿を内山先生のご霊前に捧げ、心から先生のご冥福をお祈りしたい。

（二〇〇四・八・二五）

下森定 編集代表『現代民事法学の構想』内山尚三先生追悼
二〇〇四年一一月 信山社

4 マンション・専用使用権を巡る裁判例の検討

片桐善衛

一　はじめに
二　判例・学説の概要と実務での対応
二—一　判　例
二—二　学　説
二—三　実務での対応
三　論　点
三—一　判例の到達点
三—二　検　討
四　まとめに代えて

一　はじめに

かつて建設総合研究（言うまでもないが、内山先生が理事長をお努めであった建設調査会機関誌）の四八巻四号に、「専用使用権・建替えを巡る裁判例の検討――マンション問題の到達点と現下の局面㈠」と題した拙稿を、内山先生がまだご健在であられた平成一二年四月一〇日（発行）に登載させていただいた。その続稿をものし得ないままで推移してきた中に、何と内山先生を失うこととなってしまった。本稿は、その続稿の形で執筆される。[1]追悼の形で先生の霊前に捧げるには余りにも拙いものでしかないが、今回の企画の趣旨を考えれば故内山先生からもお許しをいただけようと考えた。

さて、専用使用権であるが、この権利は、例えば「建物の共用部分および敷地を特定の区分所有者または特定の第三者が排他的に使用する権利である」とされている。[2]元来が区分所有者全員の共有である共用部分や敷地に、特定の区分所有者らのみの排他的利用を目的としている。設定の経緯を見れば、その多くは分譲者が当初から企画し設定してきた。有償の場合もあれば（その場合には、設定の対価、その帰属者等が問題となる）無償の場合もある。権利の取得者、すなわち専用使用権者は、分譲を受けた区分所有者のみならず、分譲者自身や第三者であることもある。分譲後の使用料が伴うとも限らない。その使用料の支払先は、分譲者であったり管理組合であったりする。そのように多様な形態の専用使用権が、実務上登場し一般化してきたが、とりわけ駐車場の専用使用権を巡っては紛争が多発し、後述するように今日では最高裁判例としてほぼ裁判上の決着はつけられたといわざるを得ないであろう。大筋で言えば、従前の例を追認した、と言うべきか。学説は基本的には消極的・否定的と思われる。実務（標準管理規約）でも、一部認めざるを得ない扱いを受けている。

そこで本稿では、そうした従来からの推移や現状を前提にしつつ、今日の到達点を明らかにすることを第一の目標とする。そして、少なくとも社会的には（理論的には別であるが）この権利はそれなりに落ち着いてきたとは言え、その定着の評価と、とりわけこの権利の将来には、依然として検討を要する点が残っていると思われるので、第二にはいわば今後の展望を出すことができれば、と考える。今日の時点で専用使用権を論ずる意味は、主として後者にあろう。

二　判例・学説の概要と実務での対応

では、専用使用権について従来の判例・学説及び実務は、どのようであったのだろうか。

二―一　判　例

判例であるが、まず以前の拙稿から引用する。[3]

専用使用権を巡って

小生も、今から見れば穴に入りたくなるような拙文でしかないが、この問題について何回か本誌に書かせて頂いたことがある（「集合住宅における専用使用権」（一、二・完）建設総合研究三一巻三・四号、三二巻一号（一九八二、三年）、「規約・専用使用権の一考察——事務管理法に即して」（一、二・完）同三三巻三・四号、三四巻一号（一九八五年）。前者は、附合契約・約款論に主要に依拠したもの、後者は事務理法に依れないかとしたものである。更に、後述する最高裁判決昭和五六年一月三〇日の評釈を、同三〇巻二号（一九八一年）に登載させていただいた）。既にその段階から専用使用権について紛争が発生していたわけである。それらが約二〇年を経て、一連の最高裁判決が出されるに至った。しかもそれらはほぼ一律に、結論的にはこの奇妙な権利に適法性を承認してしまい、前記拙文でも拙い検討を加えそれなりに批判的論述を重ねたにも拘わらず、専用使用権にパスを与えてしまった。こうした「判例」の現状は極めて遺憾としか言い様がない。

裁判例の紹介に移る。

昭和五六年（一九八一年）に出された最高裁判決から始めよう。

① 最(二小)判昭和五六年一月三〇日（メガロコープ平野事件。判時九九九号五六頁、判タ四三七号一〇一頁、金商判六一六号一六頁）。Xはマンション分譲業者からマンションを購入したが、その敷地の一部に設けられた駐車場の専用使用権分譲も希望したが、抽選に漏れて取得できなかった。そこでXは、専用使用権の抽選に当選したYに対し、Yはこの専用使用権を有しないことの確認を求めて提訴した（駐車場専用使用権不存在確認請求事件）。分譲業者は「共用部分の一部専用使用」の説明を含んだ重要事項説明書を配布していた。一台分四〇万円の分譲代金に加えて、月約五〇〇円の管理費支払い。Xは主要に、公序良俗違反を主張した。三審とも、Xの請求を棄却した。

判旨。専用使用権の設定は共有物の変更に当たるとしても、購入者は専用使用権を容認・承諾した契約を締結したから、全員が同意していた。重要事項の説明があった。マンション分譲と同敷地の専用使用権を分譲しているから、一見同一土地によって二重に利益を得たかのごとき疑いもあるが、それぞれ分譲価格は総合して収支計算し、分譲販売計画を立てることも考えられるから、同一土地から二重に利益を得たものと即断することは出来ない。分譲契約は直ちに附合契約ではない。駐車場を使用できない不利益は、一部の土地につき借地権等土地使用権の負担のある所有権を譲り受けた場合と大差がなく、これをもって専用使用権設定に関する約定は公序良俗に違反するとは到底いえない。専用使用権取得者は、その対価として四〇万円を支払ったほか、毎月非取得者より約五〇〇円ほど多いマンション管理費を納入しているから、それほど不平等はない。

さて、平成一〇年（一九九八年）に至り一連の最高裁判決が出され、しかもそのいずれもが専用使用権を容認するとの判断を示した。順を追ってみていこう。

② 最(一小)判平成一〇年一〇月二二日（ミリオンコーポラス高峰館事件。民集五二巻七号一五五五頁、判タ九九一号二九六頁、判時一六六三号四七頁）。本件マンション管理組合の管理者たるXは（任意的訴訟担当として）、分譲業者のYに対し、専用使用権分譲対価を不当利得として返還請求し、予備的に委任契約上の受任者としてYに委任事務処理としての金員引渡請求をした。

一審福岡地裁小倉支部判決平成六年二月一日（前掲民集一五七七頁、判タ八七六号一八六号、判時一五二一号一〇七頁）、原審福岡高裁判決平成八年四月二五日（前掲民集一五九三頁、判タ九二八号一五〇頁、判時一五八二号四四頁）では、Xの予備的請求を認容した（原審では、傍論ながら不当利得返還請求権も成立する旨も判示した）が、最高裁は、Yが区分所有者全員の委任に基づきその受任者として専用使用権の分譲を行った等と解することは出来ず、対価は専用使用権分譲契約における合意の内容に従ってYに帰属すべき、と判示した（補足意見がある）。

判決文に即してみる。専用使用権取得者も非取得者も、専用使用権を認識し理解していたことが明らかであり、Yが購入者の無思慮に乗じて専用使用権分譲代金の名の下に暴利を得たなど、専用使用権の分譲契約が公序良俗に反すると認めるべき事情も存しない。こうした取引形態は好ましいものとはいえないが、このことのゆえに右契約の私法上の効力を否定することはできない。売買契約書の記載によれば、Yは営利の目的に基づき、自己の利益のために専用使用権を分譲し、その対価を受領したものであって、専用使用権の分譲を受けた区分所有者もこれと同様の認識を有していたと解されるから、右対価は、売買契約書に基づく専用使用権分譲契約における合意の内容に従ってＹに帰属するものというべきである。この点に関し、Ｙが、区分所有者全員の委任に基づき、その受任者として専用使用権の分譲を行ったと解することは、専用使用権分譲契約における当事者の意思に反するものであり、管理委託契約書の記載も右判断を左右しない。また、具体的な当事者の意思や契約書の文言に関係なく、およそマンションの分譲契約においては分譲業者が専用使用権の分譲を含めて包括的に管理組合ないし区分所有者全員の受任者的地位に立つと解することも、その根拠を欠くものといわなければならない。

③　最(二小)判平成一〇年一〇月三〇日（シャルマンコーポ博多事件。民集五二巻七号一六〇四頁、判タ九九一号二八八頁、判時一六六三号五六頁）。駐車場専用使用権の分譲を受けたＸらは管理組合Ｙに対し、駐車場使用料の増額に関する規約の設定・集会決議と「特別の影響」（区分所有法三一条一項後段）を主要に争った（従って、分譲業者への分譲代金返還は問題とされていない）。争点とその訴訟上の結末はやや複雑であるが、元々は駐車場使用料の値上げに端を発しており、Ｘらが増額後の使用料の支払いを拒否したのでＹは駐車場使用契約を解除した。そこでＸらは次の請求をして争った。一、駐車場専用使用権を有することの確認・二、その専用使用権を区分所有権等と共に自由に譲渡・賃貸する権利を有することの確認・三、従来の使用料（月額五〇〇〇円又は七〇〇〇円）を越えて使用料を支払う義務のないことの確認・四、Ｘらの駐車場専用使用の妨害禁止。

第一審では二、の請求棄却、その他は認容（前掲民集一六二九頁）。原審では駐車場使用契約の解除によりＸらの駐車場専用使用権は消滅したとして、その解除後の部分のみ三、の支払い義務はないとした。その余の請求はすべて棄却（前掲民集一六七八頁）。最判の判旨は以下の如し。区分所有法三一条一項後段にいう「特別の影響を及ぼすべきとき」とは、規約の設定、変更等の必要性及び合理性とこれによって一部の区分所有者が受ける不利益とを比較衡量し、当該区分所有関係の実態に照らして、その不利益が区分所有者の受忍すべき限度を越えると認められる場合をいうものと解される。増額された使用料が社会通念上相当なものか否かは、種々の諸事情を総合的に考慮して判断すべきものである。規約に基づき集会決議により管理費等に関する細則の制定をもって使用料が増額された場合も、区分所有法三一条一項後段の規定を類推適用する。使用料の増額が社会通念上相当なものか否か、相当でなければ幾らへの増額であれば相当といえるかにつき、審理判断を尽くしていない。なお、この点に関し、原審は、分譲業者は区分所有者全員ないし管理組合の受任者としての地位において専用使用権を分譲すべきものであるとの前提に立ち、Xらが分譲を受けた専用使用権の性質等が不明確であり、譲渡の効力自体にも疑義があるなどというが、これは増額を正当化する理由となるものではない（以上、上告認容）。専用使用権者が訴訟において使用料増額の効力を争っているような場合には、裁判所の判断を待つことなく、専用使用権者が増額された使用料の支払いに応じないことを理由に駐車場使用契約を解除し、その専用使用権を失わせることは、契約の解除を相当とするに足りる特段の事情がない限り、許されないものと解するのが相当である（この部分、破棄し使用料の相当性につき差戻）。そして、Xらの専用使用権確認請求と駐車場専用使用の妨害禁止請求を、認容。

④　最(二小)判平成一〇年一〇月三〇日（シャルム田町事件。判時一六六三号九〇頁）。本件は前掲②最判平成一〇年一〇月二二日（ミリオンコーポラス高峰館事件）と類似している。マンション管理組合の管理者及びその区分所有者Xらが、分譲業者Yに対し、主位的に不当利得返還請求権に基づき、予備的に委任契約における受

任者に対する委任事務処理上の金員引渡請求権に基づき、駐車場専用使用権の対価の返還又は引渡を請求した。一審福岡地小倉支判平成六年二月一日（判タ八七六号一九二頁）、原審福岡高判平成八年四月二五日（判時一五八二号四四頁）とも、結論としては予備的請求を認容した。しかし、最高裁は次のように判示し、破棄し予備的請求を棄却した。専用使用権分譲の対価は、分譲契約における合意の内容に従ってYに帰属するものというべきである。Yが区分所有者全員の委任に基づき、その受任者として専用使用権の分譲を行ったと解することは、右分譲契約における当事者の意思に反するものである。また、ある者が自己のためにする意思の下にした行為が、他の者からの受任によってする行為と外形的に同一であったとしても、そのことだけで、関係者の具体的意思に反して、両者の間に委任契約が成立していたということはできないし、具体的な当事者の意思や契約書の文言に関係なく、およそマンションの分譲契約においては分譲業者が専用使用権の分譲を含めて包括的に管理組合ないし区分所有者全員の受任者的地位に立つと解することも、その根拠を欠くものである。

⑤　最(二小)判平成一〇年一一月二〇日（高島平マンション事件。判時一六六三号一〇二頁）。本件専用使用権はいわゆる留保方式（後述する検討の部分参照）で、Yは自己の土地上にマンションを建築し区分所有権と敷地共有持分を分譲したが、自らも一階店舗部分の区分所有権等を取得した。その際の規約では、Yは外壁、屋上、敷地（駐車場を含む）等に無償の専用使用権を有すると規定されていた。その後区分所有者はX管理組合を結成し、新規約を設定し、その集会決議で管理費・修繕積立金の値上げ、（二ヶ所のうち一ヶ所の）駐車場の専用使用権消滅（＝消滅決議）、その他の専用使用権有償化（＝有償化決議）等を決定した。そしてXはYに対し、値上げ後の管理費・修繕積立金の支払い、有償化決議に基づく使用料の支払い、北側土地上のY所有物件の撤去、消滅決議に基づく駐車場専用使用権不存在確認と使用差止、を請求した。一審東京地判平成六年三月

二四日（判時一五二二号八五頁）は請求認容、原審東京高判平成八年二月二〇日（判タ九〇九号一七六頁）は管理費・修繕積立金値上げ部分のみ認容。最高裁は、消滅決議につき、Yに「特別の影響」を及ぼすものであるのにYの承認を得ていないので決議は無効とし、有償化決議については、「特別の影響」の原審判断を破棄し差戻した（前述最判③シャルマンコーポ博多事件判旨、参照）（なお、X管理組合設立以前にも訴訟がされており、Yの管理費支払い義務が確定していた。東京地判昭和五八年八月二四日判時一一〇九号九九頁、東京高判昭和五九年一一月二九日判時一一三九号四四頁、参照）。

それ以降の裁判例で注目すべき事例があるので、見ておこう。

⑥　東京高判平成一一年五月三一日（ライオンズマンション中野東事件。判時一六八四号六四頁、上告）　Xはライオンズマンション中野東管理組合、Y_1は一階の一〇三、一〇四、一〇六号室の区分所有者で、一〇六号室を住居兼店舗として自ら使用、一〇四号室をY_2に店舗として賃貸、一〇三号室を第三者に事務所として賃貸している。管理規約では、一階にある各区分所有者は、敷地のうち右の事務所、各店舗が直接する北側現況道路までの部分について無償で通常の店舗、事務所出入口、営業用看板等設置場所としての用法で使用できる、と定められていた。その後、Xの総会で、右の部分につき一区画を月額一万円で駐車場として利用できる、と通常決議で決められた。この決議に基づき、XはY_1及びY_2と当該部分の駐車場使用料として支払う旨の契約を締結した。Yらは暫く使用料を支払っていたが、その後支払わなくなったので、その支払を求めたのが本件である（駐車場使用料請求事件）。Yらは、次のように主張した。総会での決議は「規約の変更」に該当するから特別決議が必要であり、「一部の組合員の権利に特別の影響を及ぼす」のでYらの同意が必要である。そして、

「共用部分等の変更」にも該当し、「専用使用部分の使用に特別の影響を及ぼす」ものであるから、Yらの同意が必要である。ところが、いずれも欠いているから、決議は無効で、また、右の契約も無効である。右の契約によってYらの専用使用権を剥奪するので、違法である。右の契約はYらの錯誤に基づくから、無効である。

第一審では、Yらの主張を容れて右の決議も契約も無効とされた（判時一六八四号六六頁参照）。本件控訴審では、原審判決を取り消し、反対にXの請求を全部認容した。

判旨。本件決議は、従来一階の事務所、店舗の利用のためその前面に位置する敷地部分が実際の必要から駐車目的で使用されることが多かった現実と、駐車場としての使用を認めることへの強い要望とを背景とし、一方で、他の場所で有料の駐車場を借りている一階以外の区分所有者の負担との均衡を考慮し、一階の区分所有者（又は使用者）に従来無償とされていた用法に加えて、駐車場としての使用を認めるとともに、それを有料とすることによって右の点の調和を図ったものと認めるのが相当である。そして、一階の区分所有者又は店舗使用者以外の者との間での使用契約の締結は予定されていなかったとみられる。したがって、本件決議によりY_1の専用使用権が剥奪されたり、有償とされたとみることはできない。

⑦　東京高判平成一一年七月二七日（グラスコート板橋事件。判タ一〇三七号一六八頁、上告）　Xは管理組合、Yは分譲業者でかつ区分所有者でもある。管理規約によれば、Yは専用使用権者であり、その代金一〇〇〇万円を修繕積立金として、Xに納入すると定められていた。ところがYは三年経ってもその専用使用権代金を支払わなかった。そこでXは総会において、管理規約を変更する決議をして、Yの専用使用権を消滅させた。そして、XがYに対し、駐車場の明渡しと使用損害金の支払いを求めて提訴した。第一審は、Xの請求認容。

判旨。本件規約変更は、Yの専用使用権を消滅させる趣旨であると認められる。そして「Yの専用使用権は、当初の管理規約においても、代金一〇〇〇万円を支払うことと対価関係を有するものとして設定されたものであり、対価である一〇〇〇万円を支払わずに、本件駐車場を専用的に使用する権利まで認められていたわけではない。したがって、Yが代金一〇〇〇万円を支払わない以上、Yが専用使用権を取得できないのは、当初の管理規約においてすでに定められていたものといえるのであって、Yの専用使用権を消滅させる旨の本件規約変更は、Yの権利に特別の影響を及ぼすものではない。したがって、Yの承諾がなくとも、本件規約変更は有効である」（原審判決）。なお、規約の変更にYの承諾を要するとしても、Yは、当初の管理規約で定められた専用使用権の代金を支払わないのであるから、本件規約変更を承諾しないことについて正当な理由があるとは認められない。

⑧　東京高判平成一三年一月三〇日（判時一八一〇号六一頁、上告受理申立て〈不受理〉）　前述した⑤高島平マンション事件の差戻控訴審判決で、これで確定した。

判旨。差戻控訴審の審判の対象は、XがYに対して本件マンションの南側駐車場、塔屋外壁、屋上、二階屋上及び非常階段踊り場の専用使用料として平成四年一二月から毎月二五日限り一八万五〇〇〇円宛及びこれに対する各月二六日から支払済みまで年五分の割合による金員の支払いを求める請求に関する部分である。

本件上告審判決は、従来無償とされてきた専用使用を有償化することは一般的に専用使用権者に不利益を及ぼすものであるが、有償化の必要性及び合理性が認められ、かつ、設定された使用料が当該区分所有関係において社会通念上相当な額であると認められる場合には、専用使用権者は専用使用権の有償化を受忍すべきであり、そのような有償化決議は専用使用権者の権利に区分所有法三一条一項の「特別の影響」を及ぼすものではないというべきである。また、設定された使用料がそのままでは社会通念上相当な額とは認められない場合であっても、その範囲内の一定額をもって社会通念上相当な額と認めることができるときは、特段の事情がない限り、その限度で、有償化決議は、専用使用権者の権利に「特別の影響」を及ぼすものではないと解するのが相当であるとした上、差戻し前の控訴審判決が、Ｙにおいて管理費等をもって相応の経済的な負担をしてきた権利を更に有償化して使用料を徴収することはＹに不利益を与えるものであるというだけで、有償化決議により設定された使用料の額が社会通念上相当なものか否か等について検討することなく、有償化決議をＹの承諾がない以上、無効であるとした判断を違法とした。

そして、本件上告審判決は、有償化決議により設定された使用料の額が社会通念上相当なものか否かは、本件区分所有関係における諸事情を総合的に考慮して判断すべきものであるところ、有償化決議により設定された本件マンションの南側駐車場、塔屋外壁、屋上、二階屋上及び非常階段踊り場の専用使用料の額が社会通念上相当なものか否か、仮に相当な額と認められない場合には幾らであれば相当といえるかについて、所要の審理を尽す必要があるとして、当裁判所に右部分を差し戻した。

したがって、Ｙの、特定の専用使用権者に対する専用使用料がその使用面積の割合と比較して多額の負担となる場合は、そのことをもって区分所有法三一条一項の「特別の影響」を及ぼすものとなるからその専用使用権者の承諾を要する旨の主張は、本件上告審判決の右の判断に抵触するもので採用できない。

（専用使用料の相当性について）右認定の事実関係によれば、Ｙは、その営業のため、長年にわたって共有部分となっている南側駐車場、塔屋外壁、屋上、二階屋上及び非常階段踊り場につき、これを無償で使用してきており、他の区分所有者との関係で公正さを欠く結果となっているということができるから、有償化する必要性と合理性が認められる。

そこで、本件定期総会における有償化決議によって定められた各専用使用料の額が社会通念上相当なものか否かについて検討する。

Xは、有償化決議の対象となった各設備について、他の同種の賃貸事例を引き合いに出すなどして、有償化決議で定められた各専用使用料は社会通念上相当な額である旨主張する。しかし、前記認定のとおり、本件マンションは住民及び店舗併用型のマンションであって、Yによる専用使用権の取得を考慮して分譲価格が設定され、本件マンションの区分所有者らは、本件マンションの一階部分において、Yがサウナ、理髪店等を営業することを及びその営業に必要な駐車場等の設備をYが自ら費用を負担して設置し、その敷地及び床部分を無償で使用することを承知の上、各区分所有建物を購入し、現に、Yはこれまで無償で右設備を使用してきたのである。これらの事情を考慮すると、本件定期総会における有償化決議によって、前記認定したような本件区分所有関係の経過を前提としていない純粋の経済活動としての賃貸借における通常の賃料相場等を参考にして、多額の使用料をYに一挙に課するのは過大な要求というべきである。これによるYの負担増は大きく、そのため事実上営業を断念せざるを得ないような事態を招来するに至っているものである。したがって、有償化決議によって定められた各専用使用料の額は、社会通念上相当な額とは認め難い。

本件では、右に上げた事情に加えて、問題とされている各設備が、駐車場を含めていずれもYの営業上必要なものと認められること、その管理はYにおいて行っていて、当該各共用部分の専用使用によって住居部分の区分所有者らの本件マンションの利用に特に支障があるとは認められないことなども、本件区分所有関係における事情として考慮する必要がある。そこで、以上を前提に、住居及び店舗併用型マンションである本件マンションにつき、住居部分の区分所有者と店舗部分の区分所有者の利害をどのように調整すべきかという観点から、どの程度の額であれば専用使用料として社会通念上相当であるかを検討する。

そして、以下、南側駐車場等につき、諸事情を総合考慮しつつ、有償化決議による使用料の一割から二割の額をもって、社会通念上相当とした。

二―二　学　説

次いで学説の概要であるが、田中教授のまとめを参照する。[4]

【まとめ】

分譲業者の法的立場	専用使用権の法的性質	専用使用権の譲渡可能性	管理組合は専用使用権を廃止・変更できるか	分譲代金の帰属先
留保説	物権的利用権	○	×	分譲会社
受任者説	物権的利用権	○	×	管理組合
	債権的利用権	×	×	管理組合
借主説	債権的利用権	×	○	管理組合
貸主説	債権的利用権	×	○	管理組合
共有物管理構成説	共有物の管理に関する合意	×	○	分譲会社 管理組合※

※　共有物の管理に関する合意の内容により異なるものと思われる。

筆者はかつて、委任(代理)構成で議論したことがある。[5]

二―三　実務での対応

実務として参照するのは、今次改訂された(国土交通省住宅局、平成一六年一月二三日)マンション標準管理規約（単棟型）である。その内、第一四条と第一五条及びそれらのコメントを見てみよう。

注目すべきは、既に改訂前の標準管理規約（平成九年二月七日）から、専用使用権はバルコニー等の一四条にしか規定されておらず、駐車場については専用使用権なる文言も使用権なる概念も採用されていない（一五条）、点である。適切かつ妥当な対応である。

○マンション標準管理規約（単棟型）

（バルコニー等の専用使用権）

第一四条　区分所有者は、別表第4に掲げるバルコニー、玄関扉、窓枠、窓ガラス、一階に面する庭及び屋上テラス（以下この条、第二一条第一項及び別表第4において「バルコニー等」という。）について、同表に掲げるとおり、専用使用権を有することを承認する。

2　一階に面する庭について専用使用権を有している者は、別に定めるところにより、管理組合に専用使用料を納入しなければならない。

3　区分所有者から専有部分の貸与を受けた者は、その区分所有者が専用使用権を有しているバルコニー等を使用することができる。

（駐車場の使用）

第一五条　管理組合は、別添の図に示す駐車場について、特定の区分所有者に駐車場使用契約により使用させることができる。

2　前項により駐車場を使用している者は、別に定めるところにより、管理組合に駐車場使用料を納入しなければならない。

3　区分所有者がその所有する専有部分を、他の区分所有者又は第三者に譲渡又は貸与したときは、その区分所有者の駐車場使用契約は効力を失う。

同コメント

第一四条関係

①　バルコニー等については、専有部分と一体として取り扱うのが妥当であるため、専用使用権について定めたものである。

②　専用使用権は、その対象が敷地又は共用部分等の一部であることから、それぞれの通常の用法に従って使用すべきこと、管理のために必要がある範囲内において、他の者の立ち入りを受けることがある等の制限を伴うものである。また、工作物設置の禁止、外観変更の禁止等は使用細則で物件ごとに言及するものとする。

③　バルコニー及び屋上テラスがすべての住戸に附属しているのではない場合には、別途専用使用料の徴収について規定することもできる。

第一五条関係

①　本条は、マンションの住戸の数に比べて駐車場の収容台数が不足しており、駐車場の利用希望者（空き待ち）が多いという一般的状況を前提としている。

②　ここで駐車場と同様に扱うべきものとしては、倉庫等がある。

③　本条の規定のほか、使用者の選定方法をはじめとした具体的な手続き、使用者の遵守すべき事項等駐車場の使用に関する事項の詳細については、「駐車場使用細則」を別途定めるものとする。また、駐車場使用契約の内容（契約書の様式）についても駐車場使用細則に位置づけ、あらかじめ総会で合意を得ておくことが望ましい。

④　駐車場使用契約は、次のひな形を参考とする。

駐車場使用契約書

○○マンション管理組合（以下「甲」という。）は、○○マンションの区分所有者である○○（以下「乙」という。）と、○○マンションの駐車場のうち別添の図に示す○○の部分につき駐車場使用契約を締結する。当該部分の使用に当たっては、乙は下記の事項を遵守するものとし、これに違反した場合には、甲はこの契約を解除することができる。

記

1 契約期間は、平成　年　月　日から平成　年　月　日までとする。ただし、乙がその所有する専有部分を他の区分所有者又は第三者に譲渡又は貸与したときは、本契約は効力を失う。
2 月額○○円の駐車場使用料を前月の○日までに甲に納入しなければならない。
3 別に定める駐車場使用細則を遵守しなければならない。
4 当該駐車場に常時駐車する車両の所有者、車両番号及び車種をあらかじめ甲に届け出るものとする。

⑤ 車両の保管責任については、管理組合が負わない旨を駐車場使用契約又は駐車場使用細則に規定することが望ましい。

⑥ 駐車場使用細則、駐車場使用契約等に、管理費、修繕積立金の滞納等の規約違反の場合は、契約を解除できるか又は次回の選定時の参加資格をはく奪することができる旨の規定を定めることもできる。

⑦ 駐車場使用者の選定は、最初に使用者を選定する場合には抽選、二回目以降の場合には抽選又は申込順にする等、公平な方法により行うものとする。

また、マンションの状況等によっては、契約期間終了時に入れ替えるという方法又は契約の更新を認めるという方法等について定めることも可能である。

別表第4　バルコニー等の専用使用権

区分＼専用使用部分	バルコニー	玄関扉 窓枠 窓ガラス	1階に面する庭	屋上テラス
1　位　置	各住戸に接するバルコニー	各住戸に附属する玄関扉、窓枠、窓ガラス	別添図のとおり	別添図のとおり
2　専用使用権者	当該専有部分の区分所有者	同　左	○○号室住戸の区分所有者	○○号室住戸の区分所有者

⑧　駐車場が全戸分ない場合等には、駐車場使用料を近傍の同種の駐車場料金と均衡を失しないよう設定すること等により、区分所有者間の公平を確保することが必要である。

三　論　点

上に見てきた判例・学説及び実務での対応から、次の点が指摘できよう。社会的な紛争としては一段落し、それなりに落ち着いており、ある意味定着した。しかし、この専用使用権自体は、決して望ましいものではない（差し当たり単なる事実上の専用使用としての位置に置くべきであり、その関係に権利性を付与すべきではない）。態様が区々多様であり、有償性や譲渡性を持つ場合には慎重に対応すべきであるが、区分所有者間で充分な合意を得た適切妥当な専用使用の関係に限っては、敢えて排除するまでも無かろう。

まず既存の専用使用権であるが、後述するようにその変更（廃止も含めて）は不可能ではないので、最低紛争を拡大しないような方向＝適正化・縮小化の方途を探ることが重要であろう。今後の現実的な焦点となると予想されるのは、既存の問題を含んだままの専用使用権を、如何にしてその変更・消滅・剥奪・損害賠償（補償）をしていくのかであろう。そしてこれからの例であるが、勿論専用使用権自体を設定しない（しかし、場合によっては限定的な専用使用の関係は認めなくてはならない）ことが肝要である。その関係のモデル、基準となりうるのが、標準管理規約の水準であり、その範囲内でのものにとどめるべきであろう。

それらの論点とは相対的に別途のものとして、この関係の理論的分析と把握の課題が残っている。

そこで、まずは上で取り上げた裁判例の中から、判例の到達点に注目したい。次いで、その持つ問題性を明らかにしよう。

三―一　判例の到達点

まず第一に、既存の専用使用権がそのまま裁判所でも全面的に承認を受けていないことを確認しておこう。否それどころか、流れの大勢は消極論、縮小論であろう。しかし、廃止論ではないのも事実である。

では第二に、個別論点を見ると、現在での到達点はほぼ次のようであろうか。分譲者への設定対価の帰属＝肯定（分譲者）、廃止（消滅）＝消極？、使用料の変更＝やや積極、「特別の影響」（区法三一条一項）＝個別的（受忍限度論）、となろうか。

元々判決は、個別的紛争に対する一回的解決の一つである。それ故にいかなる事実関係の下での紛争であるかによってその解決は異なるから、一般化するには自ずと限界があり、上のようなまとめはあくまで全体的傾向を示すに留まる。

例えば、次のような点に、当然留意しなければならない。当事者は誰か（分譲者対区分所有者か、区分所有者間か、第三者は登場するのか）、専用使用権の設定過程が販売型か留保型か（鎌野教授によれば、前者は『売り逃げ』、後者は『売り渡し（又は売り盗り）』『に映る』[6]）、規約と集会如何、等において差異が出て来ることとなる。

三—二　検　討

個別論点につき幾つか検討を加える。

(イ)　設定対価の帰属

一連の最高裁判決によって、分譲者への帰属が追認されてしまっている。法理論上は、公序良俗違反となるか（①)、委任構成の否定如何（②、④)、が主要な問題点であるが、関連して「特別の影響」の解釈（③、⑤）もまた検討される必要があろう。裁判例①は、今日から見れば当初の判決であることを物語っている。公序良俗論では、この関門を突破するには困難が伴おう。しかし、判決自体も認めざるを得なかったように、分譲者の二重利得の可能性に付言していることは注目すべきである。ここでの疑問はいくつかあって、その一は価格論である。価格の妥当性・正当性、更には信憑性は如何にして担保されるのか、これは筆者の年来の疑問である。ここでの価格は、分譲に際しての専用使用権及び居室等のそれのみならず、本件では使用料もまた問題となる。後者の例とは言え、裁判例⑧が率直に認めるように「専用使用料をいか程に定めるべきであるかは困難な問題」である。価格の正当性・妥当性（特に専用使用権分譲とその使用料によって、区分所有権が安くなっていると主張する場合等）は、極めて疑問ではなかろうか。まずは分譲者側に主張・立証責任を尽させるとともに、鑑定の助力を求めざるを得ない場合も多いであろう。「総合考慮する」といっても、どの要素がいか様にしていか程価格に反映しているかは、詳らかではない。むしろ端的に、専用使用権設定の分だけ価格が安くなっているとの議論は、虚像（立証困難）であるとみるべきではなかろうか。市場が決定すると言われようが、価格論は迷路（又は隘路）への入口であり、極論すれば、その出口はブラックボックスである。それ故に、信憑性が担保されることは無いであろう。その二は、対価の帰属者である。こうした価格に対する疑問に説得的な解答が示されないだけではなく、分譲代金を分譲者が取得するとはいかない理由に基づくのであろうか、根本的な疑問がある。筆者の立場は委任（代理）論であるから、一連の最高裁判決には反対である。専用使用権も含めたマンション分譲契約に附合契約性を承認しないのは、全く不可解である（附合契約であるからといって、直ちに分譲対価が分譲者に帰属しないとの結論となる訳ではないのは勿論である。しかし、判決では余りにも「合意」に——分譲契約の一環として専用使用権設定にも「同意」した——重きを置き過ぎである。では契約書の文言＝形式的合意から離れて、どのような「合意」の解釈ができるか、どのようにすべきか、は別途検討されなければならない(7)。

(ロ) 変更・消滅（廃止）

判例上は、従来の専用使用権の変更や消滅（廃止）が全面的に否定されてはいない、否むしろ承認されてきている、と言えよう。

このためには集会での規約改定が必要である（区法三一条一項）が、その手続きを争う事例は主要な争点としては見当たらないようである。しかし、規約改定が「一部の区分所有者の権利に特別の影響を及ぼすべきときは、その承諾を得なければならない」（同、後段）ので、特別の影響の有無と（その影響を与えるとされた場合には）承諾の有無が問題となってくる。

恐らく最も深刻で困難な例は、分譲段階で分譲業者が販売しながら自らも権利者となり、有償（設定と使用料）で、存続期間が不明か無制限、譲渡や転貸可能、の内容となっているものではなかろうか。専用使用権者が第三者である場合には、管理組合での専用使用権変更の決議と新規約の効力が、直ちに第三者をも拘束するとは考えがたい。第三者から取り戻すにあたっては、何らかの補償が問題となってこよう(8)。既存の専用使用権が絶大であればあるほど、その変更や消滅の必要が大きくなるが、同時に補償の問題が浮上してこよう。

留意したいのは、次の点である。分譲当初では当事者間の、つまり分譲業者の意思と購入者としての区分所有者の意思（合意）が重視されるが、年月を経れば、区分所有者間での意思決定が重要となってくることが、明示的ではないにせよ（黙示的に）承認されているのではないか、と。一般的な表現をすれば、契約法理から団体・共有法理に移っている、と言うべきではないであろうか。その論拠として、当初の合意は背後に退き、管理組合内での決議・規約が前面に出て来ている点を多くの紛争例で指摘できよう（勿論、訴訟当事者の主張に影響されてはいるのだが）。今後はどの段階で、いかなる基準で、この質的変化を承認していくかが問われることとなる。この基準例として、例えば、販売型での専用使用権については、分譲終了後は販売者としての分譲業者は登場しなくなるので、区分所有者相互の関係としてだけ問題にすれば足りると言えよう。つまりは分譲終了をもって、質的に変化したとみる事が許されるのではなかろうか。しかし留保型においては、別途一定の年月の経過をもって基準とする以外にはないのかもしれない。

(ハ)　使　用　料

では、その変更の一態様としての使用料についてはどうか。確定した判決⑧では、有償化決議を受けた上での使用料として、「社会通念上相当なもの」につき判示している。それは、管理組合からの請求権を大幅に減額した点に問題は残るものの、裁判上で使用料が具体的に判断された例としては、大きな意義を持つと言うべきである。結論的には、これからの蓄積を待つしかないのかもしれない。

(ニ)　特別の影響

従来の専用使用権が、何らかの変更（消滅も含めて）を受ける場合には、即「特別の影響」とするかのような判断が以前は見られた（③、⑤）。しかし、未だ確定してはいない控訴審判決ではあるが、⑥ではその影響があることに消極的な判断がされている（一つの駐車場専用使用権だけが争われていない、との事情もあろうが）。少なくとも「特別の」の意義に叶う程度の影響が無ければ、安易に影響ありと判断されるべきではなかろう。そして、たとえ影響ありとされても、今度は「承諾」につき積極的に解釈されるべきではなかろうか。現在の実務を前提とすれば、受忍限度論はやむをえない立場ではある。この見地に立つ限り、専用使用権を縮小・廃止する規約改定の「必要性及び合理性」を重視していく（反面、専用使用権者の『不利益』を重視しない）方向こそ、指示されるであろう。

ではその「必要性及び合理性」は、いかに判断されるべきか。一般的・基本的な基準として、標準管理規約が参照されるべきであろう。現実には様々な経緯や態様があるから、一律にこの基準に該当しないこともあろうが、この基準に向けそれに沿った改正の場合には「必要性及び合理性」があるとして、「特別の影響」は無い、それ故に「承諾」も不要、と解されるべきではなかろうか。但し、第三者が専用使用権者であってその者からの剥奪となる場合には、「必要性及び合理性」の認定に慎重さが要請されざるを得ないであろうし、少なくとも一定の補償が必要となってこよう。例えば、近隣の駐車料金よりも廉価での提供を受けていたような場合（第三者の専用使用権）には、安くなっていた積算部分（合計額）は補償額から減額するように考慮してもよかろう。

四　まとめに代えて

簡単なまとめをしておこう。マンション形式が登場し数十年、その間の変化・発展の過程の中で提起されてきた問題の一つとして専用使用権は存在した。そして今では、標準管理規約という形で、その着地点を見つけたといえよう。こうした「権利」が紛糾をもたらす原因として登場し一定の機能を果たしてきたことをどう総括するかは、今後を見渡す立場からは深刻に考えなければならない。従って、現実的な課題としては、まずは過去の遺産の清算が必要である。より望ましい住環境の確保に向けた条件整備が、これからもなされなければならない。本稿で検討した変更・消滅（廃止）はその一環である。幸い実務も、この方向を承認していると言ってよかろう。金銭的処理で解決されればその手法をとることは可能であろうが、それにも拘らず克服できない問題が残った場合の対処方法は、建替えに委ねる事であろう。筆者は建替えファッシズムに警鐘を鳴らしているが、獅子身中の虫としてのおぞましき専用使用権を根本的に退治する方法としての建替えの意義は認めざるを得ない。法改正によって、建替えのシステムは相当拡充されたのも事実であり、売渡請求権の行使、従来の管理組合から建替え組合への質的転換等を通じて、適切・妥当な専用使用権に転換することができよう。

以上、建設調査会機関誌からの宿題を、こういう形で果たさせていただくこととした。改めて本稿を閉じるにあたり心に浮かぶのは、未だ内山先生からのご恩に応え切れてはいないことである。様々の想い——率直に言ってそれは多くが悔いである——が去来するが、今後とも拙い歩みの中で先生からの学恩に応え続けなければならない、とは確実に言える。その作業の一つとしては、余りにも本稿は拙いものでしかないこと、改めて思い知らされつつ筆を擱く。

(1)　その後、専用使用権については原稿にできないままであった。建替えについては「マンション建替え小論——要件論を中心に」法学志林九九巻一号（二〇〇一年）を執筆した。そこでは「建替えを巡る裁判例の検討」もしている。従って、当初㈠の標題から建替えの部分をはずし、本稿では専用使用権の部分だけを取り上げて検討することとした。ご了解を願いたい。

（2） 稲本洋之助・鎌野邦樹『コンメンタール マンション区分所有法』八三頁（日本評論社 一九九七年）

（3） 「専用使用権・建替えを巡る裁判例の検討――マンション問題の到達点と現下の局面㈠――」建設総合研究四八巻四号二～六頁。この機関誌からの再録にお許しを請う。手を加えたのは、注を割注とした点と句点を補充した点である。

（4） 田中嗣久「分譲マンションにおける駐車場専用使用権の『分譲』をめぐる諸問題」法学論集（大阪経済法科大学）四五号二〇九頁（一九九九年）

（5） 拙稿「駐車場の専用使用権」日本不動産学会誌一巻四号一三頁（昭和六一年）。その他の業績に、花房博文「駐車場専用使用権についての検討」杏林社会科学研究一二巻二号八四頁（平成八年（一九九六年））、同「駐車場専用使用権の対価の帰属に関する考察」（慶応大学）法学研究七二巻一二号三六九頁（平成一一年）。舘幸嗣「専用使用権に関する一考察」中央学院大学総合科学研究所紀要一五巻一号八三頁（二〇〇〇年）、丸山英気「駐車場専用使用権論」（内田・浦川・鎌田編『現代の都市と土地私法』（有斐閣、二〇〇一年）所収、二一四頁）がある。

（6） 鎌野邦樹教授による本稿③と⑤の評釈、判時一六八二号二〇七頁（判例評論四八八号四五頁）

（7） 補充的解釈と規範的解釈につき、裁判例⑥の批判、潮見佳男、判時一七〇三号二二頁（評論四九五号二二頁）参照。

（8） 補償論を展開する能力は無いが、次のような点が問題となってこよう。分譲代金を取得した分譲者が被告になるのか（管理組合か）、補償対象は専用使用の対価か（分譲代金相当額の評価は含めるのか、使用料の算定もか）、使用期間の考慮はするのか（時効は問題とならないのか、いわゆる元は取ったとはいえないのか）、等々。損害賠償の場合でも、これらは問題となってくる。

二〇〇四年八月末

5

請負契約・製作物供給契約と動産売買先取特権

今尾　真

下森定 編集代表『現代民事法学の構想』内山尚三先生追悼
二〇〇四年一一月 信山社

はじめに
一　請負契約と動産売買先取特権の物上代位
1　判　例
2　学　説
3　小　括
二　製作物供給契約と動産売買先取特権
1　裁判例
2　学　説
(1)　製作物供給契約の法的性質論
(2)　製作物供給契約と動産売買先取特権
3　小　括
三　フランス法
1　動産売買先取特権
2　所有権留保
(1)　商法典L.第六二一―一二二条・L.第六二一―一二四条
(2)　請負契約と所有権留保
四　若干の考察
1　フランス法からの示唆
2　解釈論的提言
(1)　製作物供給契約と動産売買先取特権の成否
(2)　請負契約と動産売買先取特権の物上代位
むすび

はじめに

Xが動産をYに売却し、Yがこれを用いてZのために仕事を完成した後破産した場合、XはYがZに取得する請負代金債権に対して民法三〇四条一項による物上代位を行使することができるか（第一の課題）。また、Zから機械の製作・販売を受注（いわゆる製作物供給契約により[1]）したYがこれをさらにXに発注し、Xがこの機械を製作してYに引き渡し、YがZに引き渡した後破産した場合、XはYがZに取得する製作販売代金に対して物上代位を行使することができるか（第二の課題）。民法三〇四条一項は、「売却、賃貸、滅失又ハ毀損」によって生ずる債権に対して物上代位を行使できると規定しているのみで、請負代金債権および製作販売代金債権がこれに含まれるかは判然としない。

第一の課題につき、最高裁は、原則として請負代金債権に対して物上代位を行使できないが、これが動産の売買代金と同視できるような特段の事情があるときは、例外的に行使できると判示した（最決平成一〇・一二・一八民集五二巻九号二〇二四号（以下、「平成一〇年決定」とする）[2]）。他方、第二の課題については、最高裁の判断はまだ下されていないが、下級審は、製作物が代替物か不代替物かを主たる基準[3]として、契約目的を売買的か請負的かに振り分け、前者であれば売買と同視して、製作物に動産売買先取特権が成立するのでその物上代位も認められ（東京高決平成一二・三・一七判時一七一五号三一頁（以下、「平成一二年決定」とする）[4]）、後者であれば請負と同視して、動産売買先取特権自体が成立せず、もとより物上代位も認められない（大阪高決昭和六三・四・七判時一二七四号九一頁（以下、「昭和六三年決定」とする）[5]、東京高決平成一五・六・一九金法一六九五号一〇五頁（以下、「平成一五年決定」とする）(6)とした。判例・裁判例は、第一の課題につき物上代位の成否はその対象債権が売買を原因とする債権と同視できるか否かという基準を、また第二の課題につき製作物供給契約が売買契約と同視できるか否かという基準を用いているように見受けられる。いずれにしても、動産売買先取特権およびその物上代位の成否は、問題となる契約・債権の「売買」ないし「売買代金」債権との類似性如何、究極的には「売買」か否かを根本的な決め手としているといえよう。

確かに、民法の文言（民法三一一条六号・三二二条・三〇四条一項参照）からすれば、問題とされる契約および債権が「売買」契約・「売買代金」債権と類似するものかどうかを対比して、動産売買先取特権およびその物上代位の成否を決するとするのが、単純かつ明快であろう。しかし、こうした基準に対しては次の問題点が指摘されよう。まず、請負人は売主が売却した動産を用いて仕事を完成させたのだから、請負代金債権中に売却動産の代金も含まれている以上、売主はその請負代金債権から自己の債権額を当然に優先回収できるはずなのに、売買代金との類似性如何によりこれが左右されるのは不当であるとの批判である。(7)また、「物の製作」と「製作物の供給（引渡）」の双面から構成される製作物供給契約につき、製作物の代替性の有無に応じて、特に後者の面を看過する場合を認めてよいかはなお一層の検討を要するであろう。さらに、代替物か不代替物かの区別自体がそれほど容易なものではないとの疑問も提起されよう。(8)

以上の問題点を顧慮すると、右課題解決の基準すなわち「売買」との類似性如何は、再検討されなければならないように思われる。そこで、本稿では、動産売買先取特権およびその物上代位の成否がこれ以外の基準・論拠に基づき決せられるか否かを考察することとする。以上要するに、判例・裁判例の依拠するもの以外の基準・論拠を探求したい。

なお、本稿では、判例・裁判例の右基準とは別のものを求める――売買かそれ以外の契約かにより右課題の結論に基本的に差異をもたらすものではないとの仮定から――こと、動産売買先取特権を売買以外の代金回収に拡張できるか、その基準は如何との観点から考察を行なうこととの関係上、動産売買先取特権制度の検討に対象を絞り、それに必要な範囲で売買、請負、製作物供給契約をめぐる契約各論の問題(9)に触れることにする。また、動産売買先取特権については、本稿の課題との関係でも解決しなければならない手続法上の重要問題(10)が多数存するが、本稿は実体法上の問題に対象を限定して考察を行なうこととする。

以下においては、まず、請負契約と動産売買先取特権の物上代位(一)、製作物供給契約と動産売買先取特権の成否(二)、をめぐる判例・裁判例および学説を概観し、次に、動産売買先取特権の趣旨およびその制度構造を改めて見直すため、その母法国フランス法の動産売主の保護手段を考察し(三)、しかる後、これまでの検討結果を踏まえて、本稿の課題に対する解釈論的提言をなし(四)、最後に、要約を行なってむすびとする。

(1)　製作物供給契約とは、「契約当事者の一方が、もっぱら、または主として自己の提供する材料により、相手方の注文する物を製作し、供給する契約」であると定義される(広中俊雄＝幾代通編『新版注釈民法⑯債権⑺』一一六頁〔広中〕(以下、『新版注民⑯』として引用する)(有斐閣、一九八九年))。詳細は、本稿二、2参照。

(2)　本決定の評釈としては、孝橋宏「判批」ジュリ一一五三号一一五頁、菅野佳夫「判批」判タ九九九号八五頁、拙稿「判批」法教二二六号一二八頁、佐伯一郎「判批」NBL一〇頁、吉田光碩「判批」金法一五五二号三五頁、仲田哲「判批」金法一五五六号五三頁、下村信江「判批」判タ一〇〇四号七二頁、山本克己「判批」自正五〇巻一一号一二六頁(以上、一九九九年)、石田喜久夫「判批」リマークス二〇号三〇頁以下、池田雅則「判批」福島一二巻四号一三四頁、桐ヶ谷敬三「判批」判タ一〇三六号五八頁(以上、二〇〇〇年)、近江幸治

「判批」判百民Ｉ〔第五版〕別冊ジュリ一五九号一七六頁（二〇〇一年）、植本幸子「判批」北法五二巻五号一七三九頁（二〇〇二年）がある。

（3）これ以外にも、動産売買先取特権の趣旨などが判断材料としてあげられる。

（4）本決定の評釈として、廣田民生「判批」判タ七〇六号二九六頁（一九八九年）。

（5）本決定の評釈として、野澤正充「判批」法セ五五二号一一五頁（二〇〇〇年）、田髙寛貴「判批」判タ一〇四六号五六頁、下村「判批」判タ一〇五九号三五頁（二〇〇一年。以下、「下村『判批①』」とする）、同「判批」リマークス二四号三五頁（二〇〇二年。以下、「下村『判批②』」とする）。

（6）本決定の評釈として、小山泰史「判批」速報重要判例解説・LEX/DB INTERNET No. 2004-013（二〇〇四年）、野口恵三「判批」ＮＢＬ七八一号六六頁（二〇〇四年）。

（7）こうした批判から、この問題につき、別の機会に検討を行なった。拙稿「動産売買先取特権の『物上代位』のあり方に関する一考察（上）（下）——最高裁平成一〇年一二月一八日決定を契機として」志林九九巻一号（下森定教授退官記念）一七七頁以下・志林九九巻三号四三頁以下（以下、「あり方（上）（下）」として引用する）（二〇〇一年）参照。

（8）谷川久「製作物供給契約の性質」商事法務二八五号五頁（一九六三年）。

（9）とりわけ、製作物供給契約については、不動産を中心として、従来からその法的性質・その法律効果の差異等盛んに論じられてきており、学説上多くの議論の蓄積がある。

（10）手続法の問題につき論じられた比較的最近の文献として、さしあたり前澤功「動産売買先取特権」山崎恒＝山田俊雄編『新・裁判実務大系⑿』三一九頁（日本評論社、二〇〇二年）、内山宙「東京地裁執行部における動産売買先取特権に基づく物上代位事件の取扱い」金法一六三二号一八頁（二〇〇二年）参照。

一　請負契約と動産売買先取特権の物上代位

1　判　例

この問題については、先例として大判大正二・七・五民録一九輯六〇九頁（以下、「大正二年判決」とする）があるだけで、前記最決平成一〇・一二・一八民集五二巻九号二〇二四頁は、最高裁として初めてこの問題に判断を下したものとされている。また、この間、この問題に判断を下した下級審裁判例として九件を数えることができる。[11]

まず、大正二年判決は、売主が請負人に材木を供給し、請負人がこれを用いて火薬庫を建築した場合に、この建築請負代金債権に対して売主が動産売買先取特権に基づく物上代位を行使したという事案で、動産売買先取特権の物上代位が及ぶ効力の範囲につき「其目的物ノ処分ノ為メニ債務者カ受クヘキ金銭債権ト雖モ単純ニ其目的物ノ全部又ハ一部ヲ直接代表セサルモノニハ其効力及ハサルモノト」解した上で、請負代金債権は「建築工事ノ完成ニ要スル一切ノ労務材料等ニ対スル報酬ヲ包含スルモノニシテ」、単純に売主の供給した材木のみを直接代表するものではないことを理由に物上代位を否定した。ただし、この判決は、請負契約も「売買契約ニ酷似」することもあるとして物上代位の余地を残しており、原則否定説を採用したものと位置づけられている。[12]

次いで、平成一〇年決定の事案は、動産の買主がこれを用いて施工した請負工事代金債権につき売主が動産売買先取特権の物上代位権を行使したというものである。最高裁は、「請負工事に用いられた動産の売主は、原則として、請負人が注文者に対して有する請負代金債権に対して動産売買の先取特権に基づく物上代位権を行使することができないが、請負代金全体に占める当該動産の価額の割合や請負契約における請負人の債務の内容等に照らして請負代金債権の全部又は一部を右動産の転売による代金債権と同視するに足りる特段の事情がある場合には、右部分の請負代金債権に対して右物上代位権を行使することができる」と判示した。本決定は、原則として請負代金債権に対しては物上代位を行使し得ないが、例外的に特段の事情がある場合にこれが認められる場合もあるとしているので、大正二年判決の枠組みを踏襲し、原則否定説を採用したものといえる。[13]もっとも、結論的には本決定は特段の事情があるとして物上代位を肯定する。その際、本決定がこの特段の事情を判断するに際して用いたのが、(i) 請負代金全体に占める目的動産の価額の割合、(ii) 請負契約における請負人の債務の内容という二つの基準であり、最高裁として、多くの下級審裁判例が採用してきた特段の事情という基準（要は売買との同視可能性）の中身に一歩踏み込んで、例外的に物上代位が許容される範囲を明確にしようとしたものといえる。[14]

2　学　説

学説の流れを要約しておこう。初期の学説は、前記大正二年判決の紹介とそれに対する賛否程度の概括的な議論をしていたにすぎず、本格的にこの問題を論じていなかった。[15]こうした傾向は、「先取特権制度が一般的に休眠状態にあった[16]」のと歩調を合わせ、戦後から昭和五〇年代頃まで続くことになる。ところが、昭和五〇年代に動産売買先取特権による債権回収がにわかに脚光を浴びるに至り、この問題に関する下級審裁判例が多数登場することとなった。これに触発されて、幾つかの新しい学説が登場し、議論の深まりを見せつつあった。そうした中現れたのがこの最高裁平成一〇年決定であり、この決定を契機に、多くの評釈が公けにされ、学説状況は混沌とした様相を呈している。

まず、大正二年判決を嚆矢として平成一〇年決定および多くの下級審裁判例が採用する原則否定説を支持する見解がある。現在、比較的多くの学説がこの立場を占める。(17)この見解は、その論拠として、動産売買先取特権の権利性が脆弱である——公示の不存在・追及効の欠如等——のに、これを広く許容するとなると債権者間の実質的公平を阻害する、(18)請負代金債権に対して物上代位を認める明文の規定が存しない、(19)比較法的見地からもわが国の動産売買先取特権は例外的に強力な効力が付与されているのでこれを限定的に認めるべきである(20)などをあげる。

これに対しては、請負代金債権に対する物上代位を全面的に肯定すべきとの見解が古くから主張されていた。この見解は、請負代金には実質的に材料代金が含まれている以上、物上代位を肯定することが公平を旨とする動産売買先取特権制度の趣旨に合致する、(21)または先取特権の効力は目的物の価値代表物を含むものの上に及ぶものであって、それ以外のものがその中に含まれているか否かを問わないと解さなければ物上代位の効用は著しく減殺される(22)などを論拠としてあげていた。その後、この見解に連なる学説は、複数の論拠を加えてその補強を試みる。すなわち、動産売買先取特権の物権性、先取特権が特別法上多数創設されていることからの同制度への優遇という社会背景、明文の規定のない保険金請求権に対する物上代位を肯定し、請負代金債権に対してこれを否定することの不権衡性、もっぱら動産を信用売りせざるを得ない非武装の商人の要保護性などが従来の論拠に付加された。(23)

さらに、肯定説の究極ともいうべき見解も主張されている[24]。この見解は、客体に対する価値支配権である担保物権=先取特権である以上、請負代金への物上代位承認は論理必然であるとする[25]。そして、価値支配権故に、物上代位は、目的物の転売代金債権にとどまらず、加工・請負等によって完成させられた物の代金債権にも行使できるが、その範囲はそこに占める売却目的物の価額割合をもって画定すべきとする[26]。

なお、この問題を民法三〇四条一項の「滅失……ニ因リテ受クヘキ金銭」に該当するものと位置づけて、問題解決を図ろうとする見解も登場した[27]。判例・多数学説が請負代金債権と転売代金債権との同一性にこだわり過ぎていることの問題性を指摘し、同一性が存しない場合は目的物の「滅失」に該たるとして処理すれば足りるとする[28]。

同じく肯定説に列せられる見解として、請負代金債権に対する物上代位も原則的に認められるが、一定事由の発生によって例外的にこれが認められなくなるとのいわゆる原則肯定説がある[29]。この見解は、動産売買先取特権制度の沿革・趣旨から、この先取特権の制度構造を明らかにした上で、それに即して物上代位の発生メカニズム・効力範囲を画定しようとするものである。具体的には次のような主張をする。まず、動産売買先取特権自体の目的物（売主が供給した材料等）が同一性を喪失したときには先取特権が消滅し、もとより物上代位も生じないということを前提とする。他方、目的物が同一性を維持したまま買主のもとに存在している限りにおいては先取特権自体を行使できる以上、この目的物が同一性を維持したまま第三者に引き渡されるなどしたときにも、先取特権が物上代位権に転換すると同時に、物上代位権の対象も目的物引渡の基礎となった契約関係（転売・請負・製作物供給契約など基本的に問わない）から生じた債権に置き換わるとする。

ところで、物上代位原則否定・全面肯定という従来の学説・判例の枠組みと異なり、むしろ具体的事案に立ち入って、その結論を導き出そうとする見解も唱えられている。すなわち、「目的物がどの程度まで加工されているか、もしそれが債務者の手許に残っていれば先取特権の対象物として差押えを許す程度のものかどうか[30]」を判断基準として、「目的物自体が差押えを許さない程の変容を受けていれば、それが代金債権に転化していても物上代位を許さないし、逆に目的物が差押えを許す程度の変容に止まるなら、それが請負代金債権に転化していても物上代位が可能」であるとする[31]（動産同一性説）。この見解は、加工後の目的物の形状に着目してそれが差押えを許すかどうか（目的物が他の物に変じたか否か[32]）の基準をもって、物上代位の可否を論ずる点に新規性を窺わせる。

3　小　括

判例・多数学説は、この問題を解決するに際して、物上代位の対象となり得る債権が、売買（＝転売）代金債権と同視できるか否かをその判断基準としていた。また、動産同一性説は、目的物の差押え可能性（目的物の同一性、例えば、加工によって別物が発生したか否か）を基準とするが、第三債務者のもとで差押えが可能である程度の目的物として存在（しかも物上代位行使時まで）していれば、物上代位を行使できるとするので、目的物の同一性存在は、物上代位の成立要件であるとともに、いわゆる効力存続要件としての意味も有することになろう。両者の基準の差異は、法律的同一性（売買契約か請負契約）か、物理的同一性（売買目的物の具体的変容の程度）かということになろう。いずれにしても、こうした基準を定立してこの問題を判断しようとする根底には、動産売買先取特権が公示手段も追及力も持たない弱い権利なので、これをみだりに拡張すべきでなく、条文に忠実に厳格解釈――物上代位もしかり――されなければならず、これが動産信用売主の保護の限界であるとの価値判断があるように思われる。

これに対して、肯定説には、売買と同視できない場合であっても請負代金には動産売買代金が含まれている以上これを看過すべきでなく、動産信用売主の保護手段として動産売買先取特権ひいてはその物上代位をより広く活用すべきとの価値判断があると思われる。

このように、動産売買先取特権をめぐっては、異なった価値判断に基づく、異なった制度構造の理解から、異なった帰結が導かれているといえよう。そこで、動産売買先取特権の趣旨およびその制度構造を改めて検討し直すとともに、これまであまり深く論じられてこなかったと思われる、売主による代金回収という局面での売買と請負の構造上の差異にも光を当てて、考察することにしよう。本稿の第二課題である製作物供給契約と動産売買先取特権の成否という問題は、こうした観点からの検討に好個の素材を提供するものであろう。

(11) ①大阪高決昭和五九・七・一六判タ五三一号一六〇頁（否定）、②大阪高決昭和六〇・一〇・二判タ五八三号九五頁（否定）、③東京地決昭和六一・九・一〇判時一二一〇号六五頁（否定）、④大阪高決昭和六一・九・一六判タ六二四号一七六頁（否定）、⑤仙台高決昭和六一・一〇・二〇判時一二二六号八四頁（否定）、⑥東京地判昭和六一・一一・二〇判時一二五〇号五二頁（否定）、⑦福岡高決平成八・一一・一八判時一五九九号九四頁（肯定）（以上は、大正二年判決と同じ理論枠組みの原則否定説に立脚）、⑧大阪高決昭和五六・九・二一判タ四六五号一〇八頁（全面肯定説）、⑨東京高決昭和五九・一〇・三判時一一三四号八五頁（動産同一性説）。これらの下級審裁判例の考察に関しては、拙稿・前掲注（7）「あり方（上）」一八八頁以下参照。

(12) 孝橋・前掲注（2）一一五頁、佐伯・前掲注（2）一一頁、石田（喜）・前掲注（2）三一頁。この判決の理論枠組みは以下のように要約できよう。①先取特権の代位対象物は、民法三〇四条の規定する「目的物ノ売却、賃貸、滅失又ハ毀損」を原因として生ずる、その目的物の全部または一部に直接代わるものか否かによって決められるものである。②請負代金債権の場合には、それが本来目的物の売却代金のみを含むものでないので、原則として代位対象物にならないが、転売代金債権と同一性・類似性を有するときには、例外的に代位対象物になり得る。

(13) 孝橋・前掲注（2）一一五頁以下、拙稿・前掲注（2）一二八頁、石田（喜）・前掲注（2）三二頁。なお、裁判例を否定説・折衷説・肯定説と分類して、本決定を否定説と位置づけるものとして、佐伯・前掲注（2）一一頁参照。

(14) 山本・前掲注（2）一二八頁。

(15) 佐伯・前掲注（2）一三頁、下村・前掲注（2）七五頁。

(16) 石田（喜）・前掲注（2）三二頁。

(17) 佐伯・前掲注（2）一四頁、仲田・前掲注（2）五六頁、下村・前掲注（2）七八頁、池田・前掲注（2）一二一一頁、近江・前掲注（2）一七七頁。

(18) 佐伯・前掲注（2）一四頁、下村・前掲注（2）七七頁。

(19) 佐伯・前掲注（2）一三頁、仲田・前掲注（2）五五頁。

(20) 下村・前掲注（2）七七頁。

(21) 我妻榮『担保物権法（民法講義Ⅲ）』五八頁（岩波書店、一九三六年）。なお、同旨の見解として、末弘厳太郎「債権総論」『現代法学全集第六巻』五一頁（日本評論社、一九二八年）、石田文次郎『担保物権法論上巻〔第四版〕』七八頁（有斐閣、一九三六年）、勝本正晃『担保物権法論』二二四頁（日本評論社、一九四〇年）などがあった。

(22) 柚木馨＝高木多喜男『担保物権法〔第三版〕』四六頁（有斐閣、一九八二年）。

(23) 菅野・前掲注（2）八七頁以下。

(24) 石田(喜)「判批」法時五七巻七号一二五頁（一九八五年）。これは「割合的物上代位説」と呼ばれている。

(25) 石田(喜)・前掲注（24）一二四頁は、「先取特権や抵当権の価値支配権による客体への支配は、客体の有する価値に対するものにほかならない」とされ、また、石田(喜)・前掲注(2)三三三頁は、「客体に対する価値支配権である担保物権であるからには、請負代金への物上代位承認は論理必然とするにある」とされておられることからも分かるように、石田教授は担保物権＝交換価値支配権を徹底されている。

(26) 石田(喜)・前掲注(24)一二五頁、孝橋・前掲注(2)一一六頁、池田・前掲注(2)二二五〜二二四頁参照。なお、この見解は目的物の加工・転売後の価額下落においても同様に処理すべきとする。この見解の論理から推論すると、加工された目的物の代金債権にまで——価額割合という限定を付すものの——物上代位を認めるので、買主と第三債務者間の契約が純然たる請負契約か製作物供給契約(本稿第二の課題)かを問わず、物上代位は認められることになろう(いわば「大は小を兼ねる」)。ただし、ここまで価値権説を徹底して動産売買先取特権の物上代位を認めることには、この制度の趣旨、そこから導かれるこの権利の限界(制度構造に由来する内在的制約)を逸脱しているとの感を否めない。

(27) 小林資郎「動産売買先取特権に基づく物上代位の対象」北園三五巻三号五二八〜五三〇頁(二〇〇〇年)。この見解は、石田教授の以下の言説——「たとえば、請負により材料たる動産が加工されたときは、『滅失』に比定することも、修辞的には許容されうるのではないか」、また、「民法三〇四条の文言の『滅失又ハ毀損』に加工等による目的物の他物化を含めて解釈しても、法教義学の作法に反する、とは云えまい」(石田(喜)・前掲注(2)三三一頁、三三三頁)——から着想を得たと推測される。

(28) その理由として、判例が認めてきた「滅失……ニ因リテ受クヘキ金銭」とは「不法行為による損害賠償請求権、火災保険金請求権、公用徴収による補償金・清算金請求権、仮差押解放金の取戻請求権などであり、物理的・物質的なものに限らず、法律上のそれをも含むものであった」ということをあげる(小林・前掲注(27)五二八頁)。

(29) 拙稿・前掲注(7)「あり方(下)」一〇二頁以下参照。

(30) 鎌田薫ほか「研究会 債務者の破産と動産売買先取特権の物上代位——最高裁昭和五九年二月二日第一小法廷判決をめぐって」判タ五二九号七〇頁〔堀龍兒発言〕(一九八四年)、吉田「動産売買先取特権による物上代位の及ぶ範囲」判タ六五五号五二頁（一九八八年）（以下、「論文」とする）、吉田・前掲注（2）三五頁。

（31）　吉田・前掲注（30）「論文」五二頁。この見解は、「動産同一性説」と呼ばれる（孝橋・前掲注（2）一一六頁）。

（32）　なお、この見解も、動産売買先取特権の目的物の同一性を物上代位成否の判断基準とする点では、前記原則肯定説と共通する。しかし、前者は、物上代位成否の基準点を第三債務者のもとに搬入されて存在するに至った時点以降での目的物の形状に求めるのに対して、後者は、その基準点を目的物が第三債務者に引き渡した時点での目的物の形状に求める点で、異なる。後者から前者には、目的物の同一性維持ないし存在は、物上代位権成立のための要件としては、動産売買先取特権制度および物上代位のメカニズムから必要であるとしても、物上代位成立以降は、その対象は債権であるので、その債権に対する物上代位権の効力存続要件として、当初の目的物の同一性を要求するというのはおかしいとの批判が向けられている（拙稿・前掲注（2）一二九頁、同・前掲注（7）「あり方（上）」一二三〇〜一二三一頁、近江・前掲注（2）一七七頁）。

二　製作物供給契約と動産売買先取特権

1　裁判例

この問題に関する裁判例は、冒頭でも述べたように、大阪高決昭和六三・四・七判時一二七四号九一頁、東京高決平成一二・三・一七判時一七一五号三一頁、東京高決平成一五・六・一九金法一六九五号一〇五頁の三件がある。

まず、昭和六三年決定の事案は、Zからプレヒーター・ヒート・エクスチェンジャーおよびプレヒーティング・ファーネス（以下、「本件機械」とする）等（これらはZのプラント輸出の一部に関する設備）の設計・製作・梱包・運搬等を受注したYが、その一部である本件機械の設計・製作・梱包・運搬等を代金五五八万円でXに発注し、Xがこれを完成してZに納入した後Yが破産宣告を受けたので、Xは、その代金回収のためYがZに対して有する代金債権に動産売買先取特権に基づく物上代位を行使したというものである。本件決定は、ZY間の契約は、プレヒーター・ヒート・エクスチェンジャーおよび本件機械の設計・製作・梱包・運搬等を内容とするもので、いわゆる製作物供給契約の一種であり、また、YX間の契約も前記契約の一部をなすものなので同様の契約であると認定した上で、「XがYに対して有する合計五五八万円の金銭債権は動産売買契約の代金債権ではなく、製作物供給契約、すなわち請負と売買の双面をもつ混合契約に基づく代金債権である。本件のような契約形態の製作物供給契約には民法五五九条により売買契約の規定が準用されることはありうるとしても、その製作販売代金債権を担保するために民法三二二条を準用することは同条の立法趣旨と沿革並びに文言上許されないと解すべき」とした。

本決定の論理は、YX間およびZY間の双方の契約が純粋な動産売買ではなく、製作物供給契約すなわち請負と売買の双面をもつ混合契約であるので、Xには動産の売買を原因として生じた債権を担保する動産売買先取特権が成立しない（民法三二一条・三二二条）以上、その物上代位も成立しないというものである。端的に、YX間の契約が売買か否かの基準により、動産売買先取特権ひいてはその物上代位の成否を決するとしている。この根底には、本件製作物供給契約が機械の設計・製作・梱包・運搬等を内容としており、かつ、本件機械が不代替的な物であるので、本件契約の目的は、目的物の所有権移転よりも、目的物の製作（仕事の完成）に重

きが置かれていたとの判断があるといえよう。(33)

なお、製作物供給契約の法的性質につき、学説は、大局、売買と請負のいずれかに分類する見解と双方の混合契約として問題となる場面ごとに売買・請負に関する規定のいずれかを適用すべきとの見解に分かれている。(34)本決定は、後者の見解に立脚して、ＹＸ間の契約が請負契約の実質をもつものと判断して、動産売買先取特権の成立を否定したと解される。(35)ところで、本決定は、動産売買先取特権の成立を否定するに際して、製作物供給契約につき、その製作販売代金債権を担保するために民法三二二条の規定を準用することは、同条の立法趣旨と沿革ならびに文言上許されないと付加的に判示しているが、その趣旨・沿革等の説明が展開されておらず、若干物足りなさを感じさせる。

次いで、平成一二年決定の事案は、Ｚからピザ配達用段ボール組立装置（以下、「本件装置」）の製作を受注したＹがＸに発注し、Ｘがこれを完成してＺに納入したところＹが破産宣告を受けたので、Ｘが、ＹがＺに有する代金債権につき、動産売買先取特権に基づく物上代位を行使したというものである。本件決定はＸの物上代位を認めた。すなわち「Ｘは、Ｙを介したＺの注文に基づき、自社で調達した材料で本件装置を製作してＺにこれを引き渡したというものであるから、ＸとＹの間の本件契約は製作物供給契約とみることができる」が、「その目的物である本件装置は、ほぼ代替物とみることができ、その製作に要した期間や労力、製品のオリジナル性が少ないことなどからみて、請負的性質よりも売買的色彩が強いものと認められる」。また、ＹとＺの契約も「ＸとＹの契約と同様の性質を有する製作物供給契約、あるいは、Ｘが製作した本件装置にほとんど手を加えることなくＺに引き渡すという意味からすれば売買契約そのものとみることができるものであるから、ＹのＺに対する代金債権は、動産先取特権に基づく物上代位の対象となる」と。

本決定は、XY間の契約が、製作物供給契約であるとしても、その目的物が「ほぼ代替物」であれば、売買的色彩が強い――契約の主たる目的が物の製作（仕事の完成）ではなく、物の所有権移転（供給＝売買）に置かれていた――ので、売買の規定を適用でき、動産売買先取特権の成立が認められるとした点が特徴的である。本決定も、昭和六三年決定と同様――結論は異なるが――に、混合契約説に立脚して、売買か請負かの基準によって動産売買先取特権の成否を決したものと解される(36)。

最後に、平成一五年決定の事案は、Zが自社工場の生産ラインに組み込んで使用を予定した印刷装置一式（以下、「本件印刷装置」とする）の製作・据付けを商社Yを介してメーカーXに発注し、Xが本件印刷装置を本件工場に納品して設置工事を行ない、代金の一部を受領した後Yに民事再生手続が開始したので、Xが、YがZに有する本件印刷装置の代金債権に対して動産売買先取特権による物上代位を行使したというものである。本件決定は動産売買先取特権の成立を否定した。まず、本件印刷装置が、工場の生産ラインに組み込まれて特殊な用途条件下で用いられ、納入後の据付け、調整も必要不可欠である以上、本件契約は、「製作物供給契約としての性質を有するものである」とした。他方、動産売買先取特権の趣旨は、「動産の売買においては、売主は相手方の信用をあらかじめ確かめ得ない場合が多いことから、この先取特権を与えて売主を保護し、動産売買を容易かつ安全ならしめる」ことにあるところ、「本件のような製作物供給契約においては、売主は、事前に相手方と種々交渉の上、契約の締結に至るのが通常であ」り、「その代金の支払についても、相手方の信用状況を調査し、場合によっては、本件のようにその中間に商社を介在させるなどして、支払の確保手段を講ずることが可能である」から、「本件のような製作物供給契約について、その代金を担保するために、民法三二二条の動産売買先取特権の規定を準用する合理的理由は乏しい」とした。なお、「製作物供給契約は、一般に売買と請負の双方の面を持つ混合契約であると解されるところ」、中には売買的性格の強いものもあり、その場合には動産売買先取特権の適用余地もあり得るが、本件はそのような場合ではないと。

本決定は、XY間の契約を製作物供給契約であるとした上で、目的物たる本件印刷装置が不代替物といえるので、これは必ずしも売買的性格（目的物の所有権移転）が強いとはいえないとして、動産売買先取特権の成立を否定した。本決定も、前二者の決定と同様、混合契約説――本決定はこれを明言している――に立脚して判断を下したといえる。

ところで、本決定によれば、動産売買先取特権の趣旨は、「売主は相手方の信用をあらかじめ確かめ得ない場合が多いことから、この先取特権を与えて売主を保護し、動産売買を容易かつ安全ならしめる」ためのものであるとしている。しかも、これに続けて、本件製作物供給契約との関係では、Xは中間に商社を介在させるなどして、支払確保手段を講ずることが可能であった以上、民法三二二条を準用する合理的理由に乏しいとする。この部分の判示は、前記昭和六三年決定における動産売買先取特権の趣旨説明の不十分さを補い、製作物供給契約に民法三二二条の準用を否定する理由を補強するものとして注目される。ただし、次の二点において、若干疑問を感じさせる。まず、動産売買先取特権の認められる趣旨は、本決定の展開するごとくにとどまらず、他面において、売主は自己の財産の供給により買主の一般財産を増加させたところ、いったん買主に引き渡されるや一般債権者の目的財産になるというのでは不公平であるので、その財産が買主のもとで同一性を保持している限りにおいて公示なくして他の債権者に優先して弁済を受けられる、との趣旨もこれに付け加わるのである。(37)こうした趣旨理解からは、本決定における結論が、素直に導かれるか、さらに慎重な検討を要するように思われる。また、本決定は、前記の片面的趣旨理解を根拠に、問題となる製作物供給契約が、売買的色彩が強いときには相手方の信用状況を把握することが難しく、逆に、請負的色彩が強いときにはそれが容易であるとの口吻を窺わせるが、果たしてそのように断定できるかも疑問である[38]。

2 学　説

(1) 製作物供給契約の法的性質論

製作物供給契約とは、「契約当事者の一方が、もっぱら、または主として自己の提供する材料により、相手方の注文する物を製作し、供給する契約」であると定義されるが[39]、売買と請負の双面を有するため、その法的性質に関して古くから議論がある。製作物供給契約に基づく代金債権に対する動産売買先取特権およびその物上代位の成否を検討する前提として、その法的性質をめぐる議論を確認しておこう。学説は、大別して、売買・請負のいずれかに帰着させる見解と、売買と請負の混合契約とする見解とに分かれる[40]。

前者は、製作物供給契約のうち、売買的色彩の強い契約には売買の規定を適用し、請負的色彩の強いものには請負の規定を適用すべきとするが、区別の基準が問題とされてきた。初期の学説は、当事者意思を基準に、仕事の完成を目的とするときは請負、目的物の所有権を移転することを契約の主たる目的とするときは売買と解する見解が多数を占めていた[41]。その後、各取引の性質によって当事者意思を類型化し、これによって売買か請負かを区別し、個別的に当事者が特約を結んでいたときにはそれに従うとの見解が現れた[42]。すなわち、この見解は、きめ細かく各取引を分析するが、大要、製作された物が代替物であるときは売買、不代替物であれば請負として取扱うべきとする[43]。

他方、後者は、売買・請負の双面の性格を併せ持つ混合契約として[44]、売買の規定と請負の規定を場合に応じて使い分けるとの見解である。[45] この見解では、いかなる場合に売買と請負の規定を使い分けるかが問題となり、やはりここでも製作された物が代替物か不代替物かを区別して考察すべきというのが普通とされている。[46]
現在では、前者は売買型の製作物供給契約と請負型の製作物供給契約を類型として抽出する見解が、他方、後者も具体的にどの問題にどの規定を適用すべきかを定型的に示す見解が現れており、両者の議論は定型化の方向に向かっているといわれている。[47]

(2)　製作物供給契約と動産売買先取特権

製作販売代金に対する動産売買先取特権・その物上代位の成否については、三件の裁判例があるだけで、学説もその評価にとどまり、議論は緒についたばかりである。[48]
前記三つの裁判例は、問題となる契約を製作物供給契約と認定した上で、その法的性質に関して、基本的に混合契約説に立脚しつつ、売買か請負かの規定の振り分け基準につき、目的物の代替性如何および当該契約債務の内容等に着目して判断していた。[49] 学説もこれらの裁判例の結論に賛意を表明している。「製作物供給契約には民法三二二条の適用はなく、限定的に適用できる余地があると解すべきではないか」、「公示が不十分な法定担保物権であるために他の債権者に不測の損害を及ぼすおそれもあることに鑑みて、かかる動産売買先取特権の成立を肯定するには、製作物供給契約が売買に近似することが必要である。ただし、製作物供給契約の性質決定における目的物の代替性の判定は困難を伴うとされており、個別の場合ごとに契約内容から動産売買先取特権の成否を決定するしかない」などと主張されている。[50] また、「目的物が代替物であること、製作に要した期間や労力、製品のオリジナル性が少ないこと等」の事情が存しないときには、動産売買先取特権の成立は

否定されるべきとして、裁判例を支持するものである。(51)

もっとも、これらの学説は、裁判例が製作物供給契約の法的性質に関して混合契約説に立脚する旨を明らかにしているのに対して、この点については明言を避けつつ、製作物供給契約の目的物の代替性如何——売買・請負のいずれの規定を適用すべきかの判断基準——と、請負代金債権に対する動産売買先取特権に基づく物上代位成否に関する前記最高裁平成一〇年決定における基準——①請負代金全体に占める目的物の価額の割合および、②請負契約における請負人の債務の内容（物上代位の成否を決する基準）——を組み合わせて、動産売買先取特権およびその物上代位の成否を論じているのが特徴的である。

3 小括

裁判例は、製作物供給契約の法的性質につき混合契約説に立脚して、売買・請負両規定の振分けの具体的基準として、主として目的物における代替性の有無・当該契約の債務内容等また動産売買先取特権制度の趣旨に着目してこれを判断していた。また、学説も、法的性質論への言及を差し控えつつも、実際の解釈・判断にあたっては、裁判例の基準を評価しているといえよう。もっとも、学説の中には、動産売買先取特権の趣旨から、製作物供給契約には原則として民法三二二条の適用はなく、限定的に適用できる余地があるにすぎず、その限界を画する際に裁判例の基準を用いるべきとする向きもある。(52)いずれにしても、動産売買先取特権の成否を決する基準は、当該契約が売買的か否か——目的物の代替性の有無による判断——が、究極的にはその決め手になっているようにも思われる。

しかしながら、製作物供給契約は、これがどんなに請負的性格が強いものであっても、「物の製作」と「製作物の供給」の双面から構成されるわけで、特に後者の面をないがしろにして法的処理を行なうというのは違和感を覚える。ましてや、問題の局面は、製作物に欠陥があるとか、それが当事者の帰責性によらずして滅失したなどというのではなく、製作物の引渡後――その所有権は代替物如何にかかわらず、この引渡時点では完全に相手方に移転しているのが一般なので――に、その代金を確保できるか否かである以上、この局面に限り買主か注文者かは関係なく、当事者間の実質的公平・具体的妥当性の見地から、この問題を検討すべきであるように思われる。

こう考えると、裁判例・学説のように、目的物の代替性如何によって売買・請負のいずれかの規定の適否、そこから動産売買先取特権の成否を論ずるという方向ではなく、製作物供給契約の代金債権をどのように確保すべきか――動産売買先取特権の趣旨をどのようにまたどの程度、製作物供給契約における代金債権確保の面に及ぼせるか――の観点を正面に据えて、この問題を捉え直す必要があるように思われる。かくして、動産売買先取特権の趣旨・その制度構造を再検討する必要性に迫られることになる。次章では、この制度の原点すなわち母法国フランスに立ち返ってその原型を確認するとともに、フランスでわが国と同様の議論がなされているかどうか、そのときは、どのようにこれが解決されているかを、売買と請負の異同に意味があるかを意識しつつ、考察することにしよう。

(33)　下村・前掲注（5）「判批①」三七頁、小山・前掲注（6）。
(34)　前掲注（1）『新版注民⑯』一一六頁〔広中〕。
(35)　廣田・前掲注（4）二九七頁、下村・前掲注（5）「判批①」三七頁。
(36)　野澤・前掲注（5）一一五頁、下村・前掲注（5）「判批①」三七頁。

(37) 林良平編『注釈民法(8)物権(3)』一五一～一五二頁〔林〕（以下、『注民(8)』として引用する）（有斐閣、一九六五年）、拙稿・前掲注（7）「あり方（下）」四六頁以下参照。
(38) 小山・前掲注（6）。
(39) 前掲注（1）『新版注民(16)』一一五頁〔広中〕。なお、これ以外の製作物供給契約に関する代表的文献としては、打田畯一「製作物供給契約」『契約法大系Ⅳ』一八〇頁（有斐閣、一九六三年）、谷川・前掲注（8）二頁、淡路剛久「製作物供給契約」『現代契約法大系第七巻』三二七頁（有斐閣、一九八四年）がある。
(40) 前掲注（1）『新版注民(16)』一一六頁〔広中〕、谷川・前掲注（8）二頁、淡路・前掲注（39）三三二頁以下。
(41) 梅謙次郎『初版　民法要義〔巻之三債権編〕』（復刻版）六九三頁（信山社、一九九二年）、横田秀雄『債権各論』五七二頁（清水書店、一九一三年）、末弘・『債権各論全』六九二頁（有斐閣、一九二〇年）、石田（文）・『債権各論講義』一三三頁（弘文堂、一九四〇年）。
(42) 我妻・『債権各論中巻二』六〇六頁以下（一九六二年）、打田・前掲注（39）一八〇頁以下。
(43) 谷川・前掲注（8）三頁。
(44) 鳩山秀夫『増補日本債権法各論〔下巻〕』五六五頁（岩波書店、一九二三年）、末川博『契約法下〔各論〕』二六九頁（岩波書店、一九七五年）、淡路・前掲注（39）三三六頁、星野英一『民法概論Ⅳ（契約）』二五六頁（良書普及会、一九八六年）、前掲注（1）『新版注民(16)』一一七頁〔広中〕、平野裕之『契約法〔第二版〕』四四二頁（信山社、一九九九年）、近江・『民法講義Ⅴ 契約法〔第二版〕』二七六～二七七頁（二〇〇三年）。
(45) 前掲注（1）『新版注民(16)』一一七頁〔広中〕。
(46) 前掲注（1）『新版注民(16)』一一七頁〔広中〕、星野・前掲注（44）二五六～二五七頁。
(47) 大村敦志『典型契約と性質決定』一六一頁（有斐閣、一九九七年）。
(48) 昭和六三年決定の評釈として、廣田・前掲注（4）二九六頁、平成一二年決定の評釈として、野澤・前掲注（5）一一五頁、田髙・前掲注（5）五六頁、下村・前掲注（5）「判批①」三五頁、同・前掲注（5）「判批②」三五頁、平成一五年決定の評釈として、小山・前掲注（6）がある程度である。

(49)　野澤・前掲注（5）一一五頁。

(50)　下村・前掲注（5）「判批②」二八頁。

(51)　小山・前掲注（6）。

(52)　下村・前掲注（5）「判批②」二八頁。

三　フランス法

1　動産売買先取特権

フランス法における動産売買先取特権[53]の趣旨は次のように説明される。動産売主は、その代金が支払われない限り買主の総資産（patrimoine）の増加に寄与している。売主は、買主の総資産を増加させるので、債権者達の引当財産（gage）の増加に貢献している。債権者達が、売主が支払いを受けることなく、その売却動産から支払いを受ける場合には、彼らは、売主の犠牲のもとに利益を享受することになって不公平である。したがって、売主には衡平（équité）を回復するために先取特権が付与される[54]。とりわけ、民法典が合意のみによる所有権移転の原則を採用した結果（フランス民法典（以下、「フ民」とする）第一五八三条）、この不公平を是正するために先取特権は不可欠であると[55]。このように、その趣旨は、他人の財産に価値増加をもたらした者は、自己が供給した財産から優先的に弁済を受けられるのが公平であるとの観念に基づくといえる。

そして、フ民第二一〇二条第四号[56]は、動産売主に、売却目的物の換価金からその代金債権の優先弁済を受けることのできる動産売買先取特権（privilège du vendeur de meubles）と、その目的物自体を買主のもとから取り戻す権利（revendication）の二つの権利を規定している。これらの権利は、法律の定める原因に基づいて当然生ずる法定担保物権として、すべての動産売主に与えられ、動産の売却代金および利息・契約費用・支払請求に関する費用などそれに付随する債権を担保するとされている。売買の目的物は、動産物件（effets mobiliers）である限り、有体物か無体財産か、債権か、営業財産かに関係なく[57]、また、その売買が現金売買か信用売買かを問わず[58]、すべての動産売買が売却された物に対して優先的効力を生ずるとされている[59]。ただし、こうした優先弁済権には、公示方法がなく、また一般に追及効もないとされている[60]。さらに、買主の破産に際しては、その効力が認められないとされている[61]。

これらの権利を行使するための要件として、「動産物件が債務者の占有下に現物で（同一性を維持したまま）存在している」（括弧内は筆者）ことが必要とされている（フ民第二一〇二条第四号）。敷衍すれば、動産売買先取特権は、目的物が変形（加工等）・滅失・転売されたときに一般に消滅する。まず、目的物の変形の基準に関しては、物理的・法律的変形を問わず[62]、債務者のもとで目的物の同一性（識別可能性）が失われると、動産売買先取特権の消滅をきたす。その理由は、売主が動産売買先取特権行使の口実のもとに、債務者に由来する価値──債務者自身が売却目的物に行った行為の価値または売却目的物に付加された債務者自身がもとから有していた物の価値（これらの価値は他の一般債権者の責任財産）──、または属していない価値を私することを避けるためとされる[63]。

次に、滅失の場合には、動産売買先取特権はもはやその対象が存在しないので消滅するが、その権利の本体たる優先的効力を公平の見地から一定の場合に拡張することが認められている。これがフランス法に固有の物的代位（subrogation réelle）[64]という制度である。すなわち、目的物に保険がかけられていた場合、もしくはその滅失が目的物の賃借人または隣人のフォート（faute）に起因する場合には、動産売買先取特権は、買主が受領する保険補償金または責任者が支払うべき損害賠償等の補償金に移転するものとされている（保険法典L.第一二一―一三条）[65]。

さらに、目的物が転売されて転得者に引き渡されてしまった場合、判例[66]および学説[67]は、動産売買先取特権の追及効の有無にかかわらず、売主は転得者の手許で転得者によって支払われるべき代金を差し押えることにより、これに優先的効力を及ぼし得るという点で一致する。その理由として、動産売買先取特権の基本的効果は換価金に対する優先的効力であり、したがって、この効果は、代金が支払われるべきである限りは存続しなければならないこと、および、物がいまだ買主の占有下に現物で存在しているという要件に先取特権を服さしめるフ民第二一〇二条第四号は、一方で、売主が、占有しかつ代金を支払った転得者を脅かさないように、他方で、売主は、代金の支払いを受けることなく、この転得者に引き渡された自己の売却した目的物を転得者の手許で差し押さえすることはできないということを単に規定したにすぎないこと、などをあげる[68]。

以上から、フランス法における動産売買先取特権の制度構造は次のようにいえよう。その趣旨は、売主は他人の財産に価値増加をもたらしたので、自己が供給した財産から優先的に弁済を受けられるのが当事者の公平に資するというものであった。そして、動産売買先取特権は、法定担保物権として公示なくして優先的効力を有するが、第三者への追及力はなく、また、目的物の同一性喪失・転売・滅失等により消滅するとされていた。ただし、先取特権自体が消滅しても、場合によって、物的代位の作用によって、目的物に置き換わった保険補償金・損害賠償金・転売代金債権に対して優先的効力を及ぼすことができるとされていた。こうした面からは、わが国のそれと基本的に制度構造が共通するものといえる。

しかし、破産において、フランス法では動産売買先取特権が認められないのに対して、わが国ではこれが別除権とされ、依然優先的効力を保持するとされている（新破産法二条九項・六五条、旧破産法九二条・九五条参照）ので、両者はこの点で決定的に差異を生ずる。フランスでは、「債務者が占有する動産は、……そのすべての債権者の、いわば外観的担保引当財産（gage apparent）である」という特殊フランス的な考慮[69]──「外観的支払能力（solvabilité apparente）」の観念と呼ばれる[70]──が、一九世紀から二〇世紀の後半に至るまで、買主破産の局面に大きく影響を及ぼしていたといわれている[71]。しかし、近時、フランスでは、破産において動産売主の保護手段が無に帰せしめられることの経済的な弊害（企業間信用の失墜から生ずる様々な経済問題[72]）を解決すること、フランス法をヨーロッパの隣国──特にドイツ──法と平準化することを意図して[73]、動産売買先取特権以外の担保手段すなわち所有権留保が破産においても効力を有するとの立法がなされるに至った。このことは、外観的支払能力の観念が破綻をきたした（信用売買促進とその安全という法的政策判断が確立された）ことの証左であるとともに、動産売主は、破産手続外で動産売買先取特権による、手続内で所有権留保による保護という二つの保護手段を獲得したことを意味する。そうだとすれば、破産の局面におけるフランス法とわが法の動産売主の保護は共通の基盤に立脚するに至ったといえよう。しかも、所有権留保の領域では、留保売主に物的代位が明文の規定をもって認められるだけにとどまらず、近時、請負代金債権に対する物的代位の成立も判例で認められるに至っている。そこで、次ではフランス法における所有権留保を考察することにしよう。

2　所有権留保

(1)　商法典L.第六二一－一二二条・L.第六二一－一二四条

フランス法における所有権留保[74]は、売主が代金の完全な支払いがあるまで契約の目的物の所有権移転を遅らせ、代金返済以前に買主に裁判上の更生（redressement judiciaire）または裁判上の清算（liquidation judiciaire）手続が開始した場合には、この目的物の所有権を取り戻すことができる権限が売主に留保される旨の条項――これを所有権留保条項（clause de réserve de propriété）という――を、売買契約において挿入するという形で行われる[75]。理論上は、すべての売買契約に挿入することができるが、これが最も利用されるのは動産売買であり、その機能を最大に発揮する場面は買主の倒産処理手続開始時ということになる[76]。買主の倒産処理手続に対して、所有権留保条項を対抗するには、商法典L.第六二一－一二二条[77]に定める一定の要件に服さなければならない。まず、この条項は売主・買主間で作成された書面によって遅くとも目的物引渡前までに合意されなければならなかったが、一九九四年六月一〇日の法律による改正以降は、この条項は、「当事者間で合意された商取引の全般を把握（régissant）する書面」――基本契約書（contrat-cadre）――に記載されればよいこととなった[78]。売却目的物は、手続開始時、「現物で（en nature）」＝同一性を維持して存在していなければならず、通常、その同一性の証明は売主に課されるが[79]、一九九四年六月一〇日の法律による改正以降、代替物の場合には、同種・同質の財産が買主のもとに存在していることを証明すれば足りるとされた。また、売却目的物が別の財産に附合した場合には、取り戻される目的物とその財産が附合している財産の双方に対して、その分離回収が損害なくして行われる必要があるとされた[80]。このようにかなり売主を優遇した立法がなされてきている。

そして、商法典L.第六二一―一二四条は、L.第六二一―一二二条の要件に服することを前提に、支払いを受けていない売主は、買主の第三者に対する目的物転売代金を取り戻すことができると定めている。この〝代金の取戻し〟とは、転売代金債権が当初の売却目的物に置き換わり、その置き換わったものを取り戻せること――当初の権利対象物が転売・消滅等により新対象物に置き換わった場合の新対象物への権利の存続・移転――を意味し、このような形での権利の存続ないし拡張が、物的代位のメカニズムであるとされている。[82] このメカニズムが認められる根拠は、動産売買先取特権のそれと同様――公平確保――であり、学説・判例もおおむねこれを承認しているが、その適用要件およびその適用領域の問題については、不確実性を残している。[83] ただし、こうした問題を総合的に検討することは将来の課題として、ここでは、本稿の課題との関係で重要であると思われる問題――留保所有権が売買以外の契約（例えば請負）により買主に引き渡された目的物に及ぶかどうか、転売以外の契約により生じた債権にその物的代位が効力を及ぼすことができるか――について、フランスの判例・学説を考察することとする。

(81)

(2) 請負契約と所有権留保

留保所有権がその目的物に効力を及ぼすためには、倒産処理手続開始時、その目的物が「現物で（en nature）」買主のもとに存在していなければならない（商法典L.第六二一―一二二条第二項）。この点につき、判例はかつて厳格な態度を示していたが、八〇年代後半以降、柔軟な対応を見せ、今日では損害を生ずることなくこれを分離できるときは、別の財産に組み込まれ（incorporé）[84] または加工されていても（façonné）[85]、取り戻すことができると判断するに至った（Cass. com., 8 décembre 1987 : Bull. civ. IV, n° 269）。

ところで、所有権留保の目的物が組込み・加工により変形する場合、この原因契約が常に売買というわけではない。近時、この点に関する注目すべき判決[86]が出されている。この判決の事案は、空調設備関係の請負人が、注文者と空調設備の供給を伴う請負契約——ここでは代金の完全な支払いがあるまで請負人が行なった工事の所有権は注文者に移転しないとの条項も挿入されていた——を締結し、設備の設置および供給を完了したところ、注文者に裁判上の更生手続が開始したので、請負人がこの条項に基づき供給した設備の取戻しを請求したというものであった。破毀院は、当該設備が不動産に組み込まれた結果、一九八五年一月二五日の法律第一二一条（現行商法典L.第六二一―一二二条）の意味での現物存在はないと確認し、当事者間の条項とは別に、請負人が援用する所有権留保は倒産処理手続に対抗し得ないとしたレンヌ控訴院判決（CA Renne, 2e ch., 8 juin 1995）を正当とし、これに対する請負人の破毀申立を却下した。この判決は、結論の当否はともかくとして、本稿の課題との関係で非常に重要な問題を提起している。すなわち、〝請負契約〟に挿入される所有権留保条項は、〝売買契約〟に挿入されるそれと同じ制度に服するかという問題である[87]。考え方は二つに分かれる。一つは、倒産処理手続法の精神は所有権留保のメカニズムが企業の保護という同法の一般的目的に一つの例外をもたらすものなので、旧第一二一条は厳格解釈されるべき——所有権留保の規定は売買を前提とする契約にのみ適用されるべき——との考え方である。もう一つは、製作された物の売買と設備等の供給を伴う請負との区別はきわめて難しく、両者の所有権取得メカニズムに向けられた法的効果は類似性を有するので、旧第一二一条の規定を売買のみに限定せず請負などの契約にも柔軟に適用すべきとの考え方である。これに関しては、破毀院がすでにこの判決以前に請負代金債権に物的代位を許容していた点（Cass. com., 17 mars 1998 : Bull. civ. IV, n° 108）に鑑みれば、本判決は、後者の考え方と親和的なように思われる[88]。

そこで次に、一九九八年三月一七日の破毀院判決[89]を考察してみよう。本判決の事案は、注文者から冷蔵装置（以下、「本件装置」とする）設置の発注を受けた請負人に対して、供給者が本件装置の所有権を留保して売却したところ、請負人に裁判上の更生が開始したので、供給者が、所有権留保に基づいて請負人の注文者に対する請負代金債権に物的代位を行使したというものである。破毀院は、供給者・請負人間を売買契約、請負人・注文者間を請負契約と認定した上で、本件装置が請負人から注文者に現物で引き渡されたことを重視して、供給者の物的代位を認めた控訴院判決（CA Montpellier, 2^{e} ch., A, 3 novembre 1994）を正当とした。この判決は、破毀院として初めて[90]請負人と注文者の契約が売買か請負かを区別せず、旧第一二二条の物的代位を両者の契約関係から生じた債権に行使することを認めたものと評価されている。ただし、注意しなければならないのは、本件装置の引渡時にこれが現物で存在していたということを前提としている点である。[91]

そして、学説はこの判決をおおむね好意的に受け入れている。すなわち売買か請負かの区別は、その経済的状況が同一であるので合理性がない、また、契約の性質決定の基準は段階的に変化しかつそれを決することが常に容易というわけではない[92]ので、売買と請負の境界は流動的であると。[93]また、緻密な分析としては、破毀院は本件装置の現物での注文者への引渡しという点に着目して、本件装置の引渡しが請負契約の枠内で行なわれたとしても、財産の譲渡という面を本件では重視することにより、旧第一二二条の「経済的」解釈を行なっているとするものもある。[94]さらに、旧第一二二条は、「第一二一条に定める財産」の代金に関わるもので、この旧第一二一条は「所有権留保条項付で売却された財産」を規定しているので、立法者は両条とも売買に適用されること――取引の同一性――を念頭に置いているとの厳格な文言解釈[95]に対して、立法者意思は、法的取引の同一性ではなく、財産の同一性にあるとの主張もなされている。[96]

最後に、所有権留保およびその物的代位の議論について、本稿の課題に関連する限りで要約しておこう。まず、所有権留保の行使要件としては売主が引き渡した目的物が買主のもとで現物で存在（同一性を維持）していることが必要であった。その際、所有権留保が挿入される契約が売買に限定されるかどうかについては、請負契約による目的物の引渡・その目的物への留保所有権成否のケースで判例は判然としなかったが、これが学説上暗黙裡に限定されないとの評価が出されていたことは注目に値する。次いで、請負代金債権に対する物的代位の成否についても、判例・学説上わが国と同様の議論がなされていたが、ここでは判例は、目的物の現物での引渡しを前提として、正面からこれを肯定しており、学説もこれに同調していた。

このように、わが国における請負契約（製作物供給契約も含む）と動産売買先取特権およびその物上代位成否という類似の問題がフランスでも生じていた。しかし、両法が動産売主の保護につき類似の制度・基盤に依拠しているといえるにもかかわらず、この問題に対して、フランス法がわが法の法的処理と異なったアプローチをしていたことは興味深いとともに、わが法におけるこの問題に対する法的処理にも参考になると思われる。

(53) 動産売買先取特権に関する記述は以下の文献によった。A. COLIN et H. CAPITANT, Cours élémentaire de droit civil français, tome II, 4ème éd., pp. 815-823, Dalloz, 1924 ; M. PLANIOL, Traité élémentaire de droit civil, tome II, 10ème éd., avec la collaboration de G. RIPERT, n°s 2604-2621, pp. 848-854, L. G. D. J., 1926 ; M.PLANIOL et G. RIPERT, Traité pratique de droit civil français, tome XII, 2ème éd., par E. BECQUÉ, n°s 191-247, pp. 218-288, L. G. D. J., 1953 ; G. RIPERT et J. BOULANGER, Traité de Droit civil d'après le traité de Planiol, tome III, n°s 1076-1093, pp.381-386, L. G. D. J., 1958 ; A. WEILL, Droit civil. Les sûretés, la publicité foncière, Précis Dalloz, n°s 216-225, pp. 206-213, Dalloz, 1979 ; G. MARTY et P. RAYNAUD, Droit civil, Les sûretés, la publicité foncière, par Ph. JESTAZ, n°s 437-442, pp. 271-273, Sirey, 2ème éd., 1987 ; H., L. et J. MAZEAUD et F. CHABAS, Leçons de droit

civil, tome III, vol. 1, Sûretés—Publicité foncière, 6ème éd., par F. CHABAS et V. RANOUIL, n°s 186-196, pp. 205-213, Montchrestien, 1988, 7ème éd., par Y. PICOD, n°s 186-196, pp. 254-261, 1999 ; Ph. MALAURIE et L AYNÈS, Cours de Droit Civil, tome IX, 8ème éd., par L.AYNÈS, n°s 601-605, pp. 214-219, Cujas, 1997 ; Ph. SIMLER et Ph. DELEBECQUE, Droit civil, Les sûretés la publicité foncière, Précis Dalloz, n°s 677-681, pp. 592-596, Dalloz, 2000 ; M. CABRILLAC et Ch. MOULY, Droit des sûretés, 5ème éd., n°s 646-652, pp. 640-645, Litec, 2002 ; P.-F. CUIF, Lamy, Droit des sûretés, Privilèges spéciaux mobiliers, n°s 233-38~41, Collection Lamy Droit civil, 2003 ; L. AYNÈS et P. CROCQ, Les sûretés—La publicité foncière, n°s 604-606, pp. 234-236, Defrénois, 2003.

(54) A. WEILL, précité, n° 218, p. 207 ; Ph. SIMLER et Ph. DELEBECQUE, précité, n° 677, p. 592.

(55) M. PLANIOL, avec G. RIPERT, précité, n° 2608, p. 850, L. G. D. J., 1926 ; A. WEILL, précité, n° 218, p. 207.

(56) フ民第二一〇二条第四号

「一定の動産の上に先取特権を認められる債権は、

一～三〔略〕

四　債務者が期限付で購入したか期限なしに購入したかにかかわらず、支払いのない動産物件が債務者の占有下にある場合には、その代金〔請求権〕

売買が期限なしに行われた場合には、売主は、その物件が買主の占有下にある限り、その物件を取り戻して、その転売を阻止することもできる。ただし、この取戻しは、引渡しから八日以内に行われ、かつ、その物件がこの引渡しが行われたときと同一の状態にあることを条件とする

以下〔略〕」

(57) フ民第五三五条第一項は、「動産財（biens meubles）という表現および動産（mobilier）または動産物件（effets mobiliers）という表現は、一般に、さきに定められた規則に従って動産とみなされるすべてのものを含む」と規定する。

(58) この先取特権は、清算金支払いを伴う交換にも認められ、それは清算金支払いを担保するとされている。

なお、この考え方は、売買の規定を交換に準用すべき旨を定めるフ民第一七〇三条および第一七〇七条を根拠とするとされている。

(59)　A. COLIN et H. CAPITANT, précité, p. 815 によれば、こうした考え方は判例・学説によって認められているとする。

(60)　ただし、一定範囲で動産売買先取特権にも追及効があるとする見解もある。この点について、学説の詳細な整理を行うものとして、G. MARTY et P. RAYNAUD, précité, n°s 527-529, pp. 327-329.

(61)　道垣内弘人『買主の倒産における動産売主の保護』七九頁（有斐閣、一九九七年）によれば、一八三八年商法典第五五〇条が「民法典第二一〇二条四号が動産売主のために定める先取特権および取戻権は、破産に対してこれを行使することができない」と定めたのを最初として、以降の商法典の改正においてもこの条文はほとんどそのまま維持されたとする。現行商法典L.第六二一―一一七条――倒産処理手続に関する単行法たる一九八五年一月二五日の法律第九八号は、二〇〇〇年九月一八日のオルドナンス第九一二号による商事法をいわゆる「恒久法（droit constant）」に再法典化する際に、またまた商法典に組み込まれた――は、「民法典第二一〇二条第四号によって動産売主のために定められた先取特権、解除訴権および取戻権は、商法典L.第六二一―一一八条からL.第六二一―一二四条の規定の限度内でのみ行使することができる」と規定する。

(62)　物理的変形の具体例として、小麦が粉に、ホップがビールに、ブドウがワインになった場合には、動産売買先取特権が消滅するが、伐採した木が木炭に変えられた場合、大理石のブロックが買主によって彫像とされた場合には、依然として動産売買先取特権を行使できるとされている。また、法律的変形の具体例としては、動産が不動産化する場合、例えば、煉瓦、石、梁が土地や建物に附合して、性質による不動産（immeuble par nature）となった場合には、動産売買先取特権は消滅するとされている。他方、土地の用益および経営のためにその土地に設置されて用途による不動産（immeuble par destination）となった動産（例えば、耕作用の動物・農業用具等）は、それが不動産の利用に充てられたとしても、また、永久的に付着させられたとしても、それは物理的に同一性（識別可能性）を保持しているので、動産売買先取特権は行使できるとされている。A.

COLIN et H. CAPITANT, précité, p. 819 ; M. PLANIOL, avec G. RIPERT, précité, n° 2614, pp. 854-855 ; M. PLANIOL et G. RIPERT, par E. BECQUÉ, précité, n° 192, pp. 218-219 ; G. RIPERT et J. BOULANGER, précité, n° 1087, p. 384 ; A. WEILL, précité, n° 223, p. 209 ; Ph. SIMLER et Ph. DELEBECQUE, précité, n° 679, pp. 593-594.

(63) 所有権留保における目的物の同一性存在につき、同様の理由を述べるものとして、F. PÉROCHON, La réserve de propriété dans la vente de meubles corporels, Bibliothèque de droit de l'entreprise, volume 21, n° 241, p. 220 et note 92, Litec, 1988.

(64) 物的代位はフランス法においてきわめて長い歴史を有する制度である。すなわち、物的代位は、相続回復請求（中世ローマ法の註釈に由来）における権利存続の効果を発する形態――相続権の対象物が置き換わった場合、真正相続権者の保護を目的として置き換わったものにも、相続権が及びこれを相続財産に組み入れることができる、つまり所有権の新たな成立ないし存続――を淵源として、固有財産などのある財産の性質承継――婚姻中、妻の固有財産の交換やその売却代金によって別の財産が取得された場合、その財産は共通財産の推定を受けるが、共通財産制解消時、これが共通財産として夫婦で折半されるというのは固有財産の元所有者たる妻にとっては不公正故、この不公正を是正するため、置き換わった別の財産にも、妻の固有財産たる性質を付与する――という別の効果を取り込みつつ、担保法の領域に至っては担保権に内在する優先的効力を古い対象物に置き換わった新しい対象物に及ぼさせるという新たな効果――公用収用や保険の局面で、担保権（抵当権や先取特権）の目的物が消滅した結果、その担保権自体の消滅から生ずる担保権者の不利益を回避するため、当初の目的物に置き換わったもの（補償金・保険金債権）に担保権の効力つまり優先的効力を及ぼすという効果――を産み出して、拡張の歴史をたどってきたといえる。その意味で、「物的代位」は、わが国の「物上代位」より、機能的に広範であり、概念的にも物上代位を包摂するものといえよう。それ故、"subrogation réelle"は、両者を区別するために、一般に「物的代位」と訳される（平野・「物上代位（フランス抵当法）」椿寿夫編『担保法理の現状と課題』別冊NBL三一号二七五頁（商事法務研究会、一九九五年））。物的代位の詳細については、拙稿・前掲注（7）「あり方（下）」五六頁以下、同・「所有権移転型担保に基づく物上代位に関する基礎的考察（一）

—フランス法における物的代位 subrogation réelle を手掛りとして」明法七三号一頁以下（二〇〇二年）、同・「所有権移転型担保に基づく物上代位について—フランス法における物的代位 subrogation réelle 概念を手掛りとして」私法六五号一七〇頁以下（二〇〇三年）参照。

(65)　保険法典L.第一二一—一三条は以下のように定める。

「①　火災、雹害、家畜の死亡その他の危険に対して保険者より支払われるべき補償金は、明示の譲渡を要せずして、先取特権または抵当権を有する債権者にその順位に従い付与される。

②　ただし、異議（opposition）がなされる前に善意にてなされた支払いは有効である。

③　民法典第一七三三条および第一三八二条により、賃借人または隣人による災害のために支払われるべき補償金についても同様とする。

④　賃借人の損害賠償保険または隣人の求償保険の場合には、保険者は、賃借物の所有者、隣人またはその代位者が、災害の結果に対して、その金額の限度まで支払いを受けない限り、その金額の全部または一部を、所有者、隣人または代位者以外の者に支払いをすることはできない。」（一九三〇年七月一三日の法律第三七条）

(66)　Cass.civ., 19 février 1894, D. P. 1894, 1, p.413 ; S.1895, 1, p. 457, note A. WAHL.

(67)　C. AUBRY et C. RAU, tome III, par G. RAU et Ch. FALCIMAIGNE, avec M. GAULT, §261, p. 220, texte et note 63 ; G. BAUDRY-LACANTINERIE et P. de LOYNES, I, n° 277, pp. 226-227 et n° 480, p. 380 ; H. CAPITANT, Essai sur la subrogation réelle, Rev. trim. dr. civ. 1919, p. 409 ; A. COLIN et H. CAPITANT, précité, p. 818 ; M.PLANIOL, avec G. RIPERT, précité, n° 2620, p. 855 ; M. PLANIOL et G. RIPERT, par BECQUÉ, précité, n° 246, p. 286 ; G. RIPERT et J. BOULANGER, précité, n° 1085, p. 384 et n° 1093, p. 386 ; A. WEILL, précité, n° 224, p. 212 ; G. MARTY et P. RAYNAUD, par Ph. JESTAZ, précité, n° 442, p. 273 ; M. CABRILLAC et Ch. MOULY, précité, n° 650, p. 519 ; H., L. et J. MAZEAUD et F. CHABAS, par Y. PICOD, précité, n° 196, p. 261.

(68)　H. CAPITANT, ibid. ; M. PLANIOL et G. RIPERT, par BECQUÉ, précité, n° 246, p. 286.

(69) 山野目章夫「フランス法における動産売主のための担保（二・完）」法学四九巻三号一二八頁以下（以下、「担保（二・完）」として引用する）（一九八五年）、同・「倒産実体法の立法的研究（二）」（倒産実体法研究会〔代表竹下守夫〕）民商一一二巻六号一二三頁以下（一九九五年）。

(70) 山野目・前掲注（69）「担保（二・完）」一二八頁。

(71) 山野目教授は、外観的支払能力の観念の生成に関するフランス法制史・社会経済史的考察に基づいたものではないとの留保をしつつ、「中小企業が主流を占めてきたフランスにおいては、外観的支払能力の観念が、互いに相手の信用を推し量るための商人間の相互了解のようなものとして、一定程度の役割を果したであろうことは、おそらく肯んじうるであろう」とされる（山野目・前掲注（69）「担保（二・完）」一二九～一三〇頁）。

(72) 道垣内・前掲注（61）一五四頁以下。

(73) L. AYNÈS et P. CROCQ, précité, n° 754, p. 310, notamment note 28 ; F. PÉROCHON et R. BONHOMME, Entreprises en difficulté—Instruments de crédit et de paiement, 6ème éd., n° 282, p. 295, L. G. D. J., 2003.

(74) フランスでは、破産手続は、①一八〇七年九月一二日公布の商法典第三編「破産および破産罪」から始まり、②一八三八年五月二八日の法律、③一八八九年三月四日の法律、④一九五五年五月二〇日のデクレにより順次改正が行われ、⑤一九六七年九月一三日の法律により、倒産処理手続に関する単行法が制定されるという経緯を辿った。その後、一九六七年の法律は、「所有権留保条項（clause de réserve de propriété）」の効力に関して、⑥一九八〇年五月一二日の法律により重要な改革がなされた（第六五条および第六六条は買主が破産した場合にも所有権留保条項の効力は失われないと定める）。そして、一九八四年から八五年にかけて、大規模な改正を受けて、一九六七年の法律は全面的に廃止され、企業の裁判上の更生および清算に関する⑦一九八五年一月二五日の法律（倒産処理手続法）が単行法として制定された（旧第六五条・旧第六六条は新法第一二一条および第一二二条に基本的に引き継がれた）。さらに、同法は、一九九四年六月一〇日の法律および一九九六年七月一日の法律によって部分改正を受けた後、二〇〇〇年九月一八日のオルドナンスによる商事法を「恒久法」に再法典化する際に、商法典に再び組み込まれるに至った。本稿に必要な範囲での条文、旧一九八五年一月二五日の法律第一一五条から第一二一条は、その内容を変更されることなく、商法典L.第六二一―一一五条から商法典L.第六二一―一二四条となった。

(75) F. PÉROCHON, précité, n° 13, pp. 13-14 ; J.MESTRE et E. PUTMAN et M. BILLIAU, Traité de droit civil, sous la direction de Jacques Ghestin, Droit Commun des Sûretés Réelles, n° 20, pp.17-18, L. G. D. J., 1996 ; D. LEGEAIS, Sûretés et Garanties du Crédit, 2ème éd., n° 657, pp. 389-399, L. G. D. J., 1999 ; P. CROCQ, Redressement et liquidation judiciaires, Clause de réserve de propriété, n° 1, p. 3, J.-Cl. Procédures collectives, Fasc. 2545, 2002 ; L. AYNÈS et P. CROCQ, précité, n° 754, p. 309.

(76) D. LEGEAIS, précité, n° 659, pp. 453-454.

(77) 商法典L.第六二一―一二二条は以下のように定める。

「①……（略）……

② 所有権の移転を代金の完済にかからせる条項を付して売却された財産は、それが手続開始時に現物で存在する場合には、同様にこれを取戻すことができる。この条項は、当事者間で合意された商取引の全体を把握（régissant）する書面に記載することができるが、当事者間において、遅くとも引渡しの時までに作成された書面で合意されていなければならない。これに反する条項であっても、所有権留保条項は、当事者が書面でこれを削除または修正することを合意しない限り、この条項を買主および他の債権者に対抗することができる。

③ 現物での取戻しは、他の動産に附合した動産についても、その動産とそれが附合した動産をそれぞれ毀損することなく分離できる場合には、同様の要件の下で、これを行うことができる。現物での取戻しは、代替物についても、それと同種・同品質の物が買主の手許にある場合には、同様にこれを行うことができる。

④ これらすべての場合において、代金が即時に支払われた場合には、取戻しはできない。受命裁判官（juge-commissaire）は、原告債権者の同意のもとに、整理期間（délai de règlement）を付与することが

できる。その場合、代金の支払いは手続開始判決後に定期的に生じた債権の支払いと同視される。」

(78) J. MESTRE et E. PUTMAN et M. BILLIAU, précité, n° 20, note 48, p. 18 によれば、買主によるその条項の受諾は、黙示的でよい (Cass. com., 11 mai 1984, Gaz. Pal., 1985, 1, 55. — 9 juin 1987, D. 1988, somme., p. 8, obs. F. DERRIDA. —23 mai 1989, Rev. proc. coll., 1989, p. 505, obs. B. SOINNE) が、ただし、不明確でないこと——これはその条項が明確に約定されたことを意味する——を条件として (Cass. com., 29 mars 1989, Rev. trim. dr. com., 1989, p. 715, obs. B. BOULOC)、かつ、一般的な条件の中で約定された条項に基づかなければならない (Cass. com., 10 décembre 1991, RJDA, 1992, 216). V. aussi, B. SOINNE, obs. Rev. proc. coll., 1995-2, pp. 192 et s., nos 6 et 7, et les arrêts cités.

(79) Cass. com., 3 juin 1986, Bull. civ. IV, n° 104 ; 12 mai 1992, RJDA, 1992, n° 958 ; 5 octobre 1993, Rev. cont. conc. cons., décembre 1993, n° 208, obs. L. LEVENEUR.

(80) J. MESTRE et E. PUTMAN et M. BILLIAU, précité, n° 20, p. 18 et note 50, p.18. なお、一九六七年法下のこの点に関する判例としては、Cass. com., 6 janvier 1987, D. 1987, p. 242, note J. PREVAULT ; 10 juillet 1990, Bull. civ., n° 206 ; 12 février 1991, Bull. civ. IV, n° 69 ; Cass. civ., 3e, 26 juin 1991, Bull. civ. III. n° 197 ; JCP. 1992, II, 21825, note J. F. BARBIERI ; D. 1993, p. 93, note FRELJ ; Rev. trim. dr. civ., 1992, p.1992, p. 144 obs. F. ZENATI. —Cass. com., 6 mars 1993, Rev. huissiers, 1993, 1300, note C. DELAGE. —6 juillet 1993, D. 1993, inf. rap., p. 185. —15 mars 1994, BRDA, 1994-8, p. 10 参照。

(81) 商法典L.第六二一—一二四条は以下のように定める。
「L.第六二一—一二三条に定める財産の代金の全部または一部で、裁判上の更生手続を開始する判決の日に、弁済されておらず、手形 (valeur) で決済されておらず、債務者と買主の間の交互計算においても相殺されていなかったものは、これを取り戻すことができる。」

(82) P. CROCQ, Propriété et garantie, th. Paris II, préface M. GOBERT, n° 223, p. 178, L. G. D. J., 1995.

(83) F. PÉROCHON, précité, n° 291, p. 268.

(84)　組み込みの例としては、例えば、自動車に取り付けられたタイヤ（Cass. com., 7 juin 1988 : Bull. civ. IV, n° 193）、フォークリフトに取り付けられたバッテリー（Cass. com., 20 janvier 1991 : Rev. pr. coll. 1991, p. 225, n° 11, obs. B. SOINNE）または船舶に取り付けられたモーター（Cass. com., 11 mars 1997 : Bull. civ. IV, n° 70 ; D. affaires 1997, p. 510 ; D. 2000, somme p. 72, obs. F. PÉROCHON et D. MAINGUY）につき、取戻しを認める。

(85)　加工の例として、所有権留保付で売却された丸太の蒸煮および切断は、その丸太の物質的変質を生じないとした（Cass. com., 17 mai 1988 : Bull. civ. IV, n° 166）が、一九九四年三月二三日付の判決（Bull. civ. IV, n° 121 ; D.1996, somme p. 219, obs. F. PÉROCHON）において、破毀院商事部は、生きたまま引き渡され、その後屠殺・解体・切り分けされた家畜が現物で存在していないとした控訴院判決に対してなされた破毀申立を却下した。

(86)　Cass. com., 2 mars 1999 : Bull. civ. IV, n° 50 ; D. affaires 1999, pp. 597s., obs. A. L. ; RTD civ. 1999, pp. 442s., obs. P. CROCQ ; JCP G 1999, II, 10180, note Ch. CUTAJAR ; RTD com. 1999, pp. 751s., obs. A. MARTIN-SERF ; JCP G 1999, I, 177, n° 15, obs. Ph. PÉTEL ; D. 2000, somme pp. 69 et 72, obs. F. PÉROCHON et D. MAINGUY.

(87)　P. CROCQ, loc.cit., pp. 444-445 ; F. PÉROCHON et D. MAINGUY, loc. cit., p.69.

(88)　F. PÉROCHON et D. MAINGUY, ibid.

(89)　Cass.com., 17 mars 1998 : Bull. civ. IV, n° 108 ; D. affaires 1998, pp. 803s., obs. V. A.-R. ; JCP G 1998, I, 167, nos 12 et 13, obs. Ph. PÉTEL ; D. 2000, somme p. 75, obs. F. PÉROCHON et D. MAINGUY.

(90)　控訴院判決として、CA Dijon 9 septembre 1987, D. 1988, 74, note F. ZÉNATI があった。この判決の詳細については、拙稿・前掲注（7）「あり方（下）」七五頁以下参照。

(91)　仮に、本件装置が買主のもとで変形または加工等され同一性（現物存在性）が喪失した場合には、物的代位は認められなかったものと思われる。この点については Cass. com., 27 mai 1986 ; Bull. civ. IV, n° 102, p. 87 ; Rev. jurispr. com., 1987, p. 89, obs. Ch. -H. GALLET ; D. 1988, somme p. 63, obs. F. DERRIDA 参照。ところで、破毀院が、この目的物の同一性維持を、注文者（第三者）への引渡時以降まで必要と考えているかは微妙である。本判決の原審たるモンペリエ控訴院は、注文者のもとで本件装置が容易に分離可能であったと判示しているが、その前段では、売主は注文者が当初の状態で目的物を受領したときから、注文者の未払代金に対して物的代位を行使できるとしているからである。

（92） M. PLANIOL et G. RIPERT, précité, tome XI, 2ème partie, par A. ROUAST et R. SAVATIER, nº 912, pp. 145 et s., L. G. D. J., 1954 ; Ph. MALAURIE et L. AYNÉS, Cours de Droit Civil, tome VIII, 11 ème éd., nº 74, p. 63, Cujas, 1998 ; Ph. PÉTEL, précité, nº 12, p. 1704.

（93） P. H. ANTONMATTÉI et J. RAYNARD, Contrats spéciaux, nº 73, pp. 68-69, Litec, 1997.

（94） M. PLANIOL et G. RIPERT, ibid. ; P. H. ANTONMATTÉI et J. RAYNARD, prècité, nº 394, p. 316 ; V. A. -R., précité, p. 803. これは、労働と物品のそれぞれの価値を斟酌して、従物原則（régle de l'accessoire）の適用によって性質決定を行うというものである。なお、これ以前の学説には、物品の引渡以前は請負の規定を、引渡以後は売買の規定を適用すべきとするものもあった（C. AUBRY et C. RAU, précité, tome V, 6ème éd. par P. ESMEIN, §374, p. 400 et note 2, 1947）。

（95） こうした主張は、本判決の原審であるモンペリエ控訴院判決に対してなされた破毀申立理由の中で展開された。

（96） V. A. -R., précité, pp. 803-804.

四　若干の考察

1　フランス法からの示唆

フランス法における動産売買先取特権および所有権留保は、動産売主が自ら売却した目的物によって買主の総財産を増加させたにもかかわらず、それが買主の債権者達の引当財産となって平等分配されるのは不公平であるという単純かつ素朴な観念に基づいて認められるものであった。特に、所有権留保にあっては、二〇世紀における動産信用売買の発展に伴い、売主の保護をより一層確保すべきとの法的政策判断のもと、企業の更生を犠牲にしてまでその効力の強化が図られてきた。(97) わが国の動産売買先取特権もその趣旨およびこの制度をめぐる政策判断においてフランス法のそれと共通するといえよう。

フランス法の動産売買先取特権制度は、本来的意味での動産売買先取特権と目的物の取戻権の二つを含むものであった。しかし、現在のフランス民法典における取戻権はその実効性が疑われほとんど機能していない。(98)むしろ、これ――倒産処理手続での無力――を補うという意味で、所有権留保が活用されていたといえよう。そして、動産売買先取特権および所有権留保とも、その権利行使要件として、目的物が債務者の占有下で現物で存在（同一性を維持）していることが必要であった。逆に、この同一性存在が目的物の変形（加工）・滅失等によって失われたときは、両権利とも消滅するとされていた。フランス法はまさにこの点を両権利の効力の限界と位置づけて明確に意識していたことが注目に値する。また、こうした限界付けは、目的物が買主によって転売された場合にも維持されていた。この場合、本来の動産売買先取特権および所有権留保も目的物に対する追及力が存しないので消滅することになるが、これを補充するものとして、その目的物に置き換わったものに対する物的代位が認められており、その成否は、当初の目的物の第三者への引渡時に、その同一性を維持したまままで引き渡されたか否かが基準とされていたからである。(99) さらに、目的物のこうした同一性存在および同一性を維持したままでの引渡しが、これらの権利の成否を決する基準となるのであって、目的物の引渡しの原因たる契約が、売買か請負かという区別は基本的に合理性がないとされている点も特筆に値する。

これに対して、わが国の動産売買先取特権制度はフランス法の本来的意味での先取特権のみを承継しているが、買主破産においてもその効力が認められているので、売主の保護という観点からは、両者とも実質的に同列ということがいえる。しかし、わが法は、動産売買先取特権・その物上代位成否の基準につき、目的物の同一性存在・その同一性を維持しての第三者への引渡しという点をあまり意識してこなかったように思われる。(100)

以上から、動産売主の保護手段としてのわが国における動産売買先取特権制度とフランス法における動産売買先取特権および所有権留保制度は、共通の趣旨に基づき、ほぼ類似の制度構造を有しているということが明らかになったと思われる。しかし、フランス法は、これらの権利の成否に関する基準につき、わが法があまり意識してこなかったことが深く論じられており、この点は本稿の課題を検討するに際して大いに参考になると思われる。

2　解釈論的提言

(1)　製作物供給契約と動産売買先取特権の成否

まず、動産売買先取特権のその目的物への成否については、目的物が買主のもとでその同一性を維持したまま存在するかぎりその目的物に行使することができ、この目的物が同一性を維持したまま転売されたときは、先取特権自体が行使できない代わりに目的物に置き換わったものに物上代位を行使することができるということを前提とする。しかし、目的物が原形を変じて同一性を喪失した場合には、動産売買先取特権はそれに対してもはや行使し得ず、またその変形物等が転売された場合にも、物上代位を行使し得ないと考える。こう考えることがこの制度の趣旨――信用売買の促進・安全と当事者間の実質的公平確保――に合致すると解せられる。(101)

またこれがこの権利の限界でもあるといえよう。

それでは、製作物供給契約によって製作物が相手方に引き渡された場合はどう解すべきであろうか。この場合も上記の考え方をこれに当てはめて解釈すべきと考える。すなわち、製作物が相手方のもとに引渡時と〝同一性を維持したまま存在する〟限り、動産売買先取特権が成立し、この目的物が同じく〝同一性を維持して〟単純に転売ないし同種の製作物供給契約により第三者に引き渡された場合には、その代金債権に物上代位が成立すると考える。なぜなら、製作物供給契約は、純然たる請負と異なり、物を製作する面だけにとどまらず、その製作物を供給──しかも一般的には自己の仕事場で自己の材料により製作した物を供給[102]──する面[103]をその債務内容に包含しているわけで、特に後者の面は、当該契約がどんなに請負的性格が強くとも、「製作の完了から製作物の引渡（供給の完了）までの間における当事者間の関係が売買における当事者間の関係に酷似することは明らか[104]」であるからである。この問題の核心は、製作物の引渡後──その所有権は代替物か不代替物かを問わずすでにこの時点では相手方に移転しているのが一般なので──に、その代金を確保できるか否かにある以上、代金支払いについては、相手方が買主か注文者かは関係なく、当事者間の実質的公平の実現を図る方向で解釈を行なうべきだからである。純然たる請負契約において、代金債権（報酬債権）確保の手段が整備されているとは思われない状況下では、ましてや売買的側面（目的物の引渡しという要素）を少しでも有する契約類型について、売買の代金債権確保手段を定めた規定を準用ないし類推できないということの方が問題であろう[105]。

以上より、製作物供給契約に基づき製作され相手方に引き渡された物およびそれに置き換わった債権につき、原則として動産売買先取特権および物上代位が成立するとの帰結が導かれることになる。

(2) 請負契約と動産売買先取特権の物上代位

請負代金債権に対する動産売買先取特権に基づく物上代位の成否[106]については次のように考える。ここでも、動産売買先取特権の趣旨・制度構造を尊重して、目的物（材料等）が同一性を喪失したときには先取特権が消滅し、もとより物上代位も生じないということを前提とする。他方、目的物が〃同一性を維持したまま〃買主のもとに存在している限りにおいては先取特権自体を行使できる以上、この目的物が〃同一性を維持したまま〃注文者に引き渡されたときには、先取特権が物上代位権に転換すると同時に、物上代位権の対象も目的物引渡しの基礎となった契約関係（転売か請負か製作物供給契約かなどを基本的に問わない）から生じた債権に置き換わるとする。換言すれば、動産売買先取特権に基づく物上代位の成立要件を、目的物の〃同一性を維持したままでの第三者への引渡し〃と捉えて、この要件を充足すれば物上代位権が発生し、その後注文者のもとで目的物が変形（加工）等――買主＝請負人が注文者のもとで加工・労力を加えて当初の目的物と別の物を製作・完成（目的物の同一性消滅）――しても、このことはいったん発生した物上代位権の効力に影響を及ぼさないと考える。つまり、目的物の同一性を維持したままでの引渡しは、物上代位権の成立に関する限りで必要であり（成立要件）、その効力存続のためにまでは必要ない（効力存続要件でない）と理解されることになる[107]。逆に、目的物が買主のもとですでに変形等していた場合には、先取特権自体の消滅それ故物上代位権ももともと不成立との帰結が導かれることになる。以上より、こうした主張は、この問題に関する肯定説に立脚しつつ、一定事由――買主のもとでの目的物の同一性喪失――が生じたときに物上代位が成立しないという意味で、原則肯定説ということができよう[108]。

(97) L. AYNÈS et P. CROCQ, précité, n° 754, p. 309.

(98)　一般的には、この取戻権は削除すべきとして、非難の的にさえなっていた（M. PLANIOL, avec G.RIPERT, précité, n° 2607, p. 850 ; A. WEILL, précité, n° 217, p. 207 ; Ph. MALAURIE et L. AYNÈS, précité, n° 604, p. 218.）。しかし、取戻権が、現在、別の形で評価・脚光を浴びているというのは、歴史の皮肉というべきであろうか。

(99)　ただし、目的物のこうした同一性存在がいつまで必要かについては、解釈の分かれるところと思われる。前掲注（91）参照。

(100)　ただし、前掲注（37）『注民⑻』一五三頁〔甲斐道太郎〕参照。

(101)　詳細は拙稿・前掲注（2）「あり方（下）」一〇七頁以下参照。

(102)　来栖三郎『契約法』四四九頁（有斐閣、一九七四年）、近江・前掲注（44）二七六頁。

(103)　不代替物の製作を内容とする契約の場合には、特定の顧客のみを相手としており相手方の信用状況を事前に確認できる以上、動産売買先取特権の準用を認める余地がないかのごとくの平成一五年決定の説示はまさにこうした面を看過した立論といえよう。なお、一九八〇年四月一〇日にウィーンで採択された「国際物品売買契約に関する国連条約」（一九八八年に発効のいわゆる「ウィーン売買条約」）の第三条は、製作物供給契約を原則として売買と取り扱う旨を規定している。

(104)　前掲注（1）『新版注民⒃』一一六頁〔広中〕。

(105)　この点については、相手方の債権者の保護が図れないとの反論があるであろうが、製作物供給契約の供給者が完成させた物の所有権を相手方に移転することによってその者の一般財産を増加させている以上、ここには動産売買先取特権の趣旨と共通する面を見いだせるので、供給者の利益が相手方の一般債権者の利益に優るといえよう。

(106)　この問題については別の機会に詳細に論じた。拙稿・前掲注（2）一二九頁、同・前掲注（7）「あり方（下）」一〇二頁以下参照。

(107)　山本・前掲注（2）一二九頁も同旨か。

(108)　こうした主張の眼目はまた、動産売買先取特権の目的物が第三者に引き渡され、賃貸されまたは滅失等すると、先取特権自体を行使することができない、または行使しにくくなる（民法三三三条参照）反面、そうした事由を原因として生じた債権に先取特権の優先的効力がさらに存続し得る（補充性）というのが物上代位である（民法三〇四条）、との動産売買先取特権制度および物上代位権発生のメカニズムに着目しての立論にある。

むすび

本稿を要約しておこう。冒頭で掲げた二つの課題（第一――請負代金債権に対する物上代位成否、第二――製作物供給契約における動産売買先取特権・その物上代位の成否）につき、判例・裁判例および学説が採用する「売買」との同視可能性――後者にあっては具体的基準は目的物の代替性如何――という基準は、わが国の動産売主の保護手段と共通の趣旨に基づきしかも類似の保護手段を有するフランス法における同様の問題に対する解決策に照らせば、合理性に乏しいことを明らかにした。特に、その代金債権確保の局面に限っては、売買・請負問わず目的物の引渡し（所有権が相手方に移転しているのが一般）の面を重視して、両者を区別する意味がなく、むしろ当事者の実質的公平確保の観点からの具体的妥当性を追求することが望ましかったからである。

そこで、本稿は、これらの課題に動産売買先取特権制度を用いて代金回収を図り得ることを主張した。ただし、闇雲にこれをこの問題に適用するのは妥当でなく、この制度の趣旨・構造に合致する限りで（内在的制約を尊重しつつ）これを認めるべきとした。すなわち、動産売買先取特権にあっては、目的物が取得者のもとで同一性を維持して存在していることが必要であり、また、物上代位にあっては、目的物の引渡時に、その同一性が維持されていれば足りる――それ以降の同一性存在は必要ない――との基準を定立して、この問題を解決すべきと主張した。そして、そこから、第一の課題について、原則として物上代位が認められるが、上記基準を満たさない――目的物の引渡時にすでにその同一性が喪失していた――場合に、例外としてそれが否定されることになる。また、第二の課題についても、目的物が同一性を維持して存在している限り、動産売買先取特権をその目的物に行使できることになるとした。かくして、本稿の主張は、判例・裁判例および多くの学説と異なった論拠・基準に基づき、それと大きく異なった帰結を導くことを意図したものである。以上をもって本稿を閉じることとする。

〔付記〕　本稿は、明治学院大学法律科学研究所の二〇〇二年度から二〇〇三年度にかけて行われた共同研究の成果の一部である。

6　賃料に対する抵当権者の物上代位について

堀　田　泰　司

下森定 編集代表『現代民事法学の構想』内山尚三先生追悼
二〇〇四年一一月 信山社

一　問題の所在

周知のように「担保権及び民事執行制度の改善のための民法等の一部を改正する法律」が平成一六年四月一日から施行された[1]（以下、今回の改正と称する）。これにより、従来、抵当権の目的不動産が賃貸されている場合、抵当権者は、その賃料債権につき抵当権に基づき物上代位をなしえるか（以下、本主題と称する）、として議論されていた問題についても、制定法上一応の決着がついたものもある。しかし、今回の改正は、場合によっては担保法、特に抵当権法や物上代位の本質に関係するような改正といっても過言ではない。そこで、本稿では今回の改正と前後して、本主題と関連してどのような議論がなされたかを学説や判例を素材として検討し、若干の私見を述べることとする。

物上代位に関して、民法は、「先取特権ハ其目的物ノ売却、賃貸、滅失又ハ毀損ニ因リテ債務者カ受クヘキ金銭其ノ他ノ物ニ対シテモ之ヲ行ウコトヲ得」（民法三〇四条一項本文）、「債務者カ先取特権ノ目的物ノ上ニ設定シタル物権ノ対価ニ付キ亦同シ」（民法三〇四条二項）と規定し、これを抵当権に準用している（民法三七二条）[2]。ここで物上代位の目的物として賃料が挙げられているので、当然、抵当不動産の賃料に対しても物上代位権が及ぶと考えることができる。しかし、物上代位は本来の担保目的物に対して担保権の行使ができなくなったときに、担保権の価値権たる本質に基づいて目的物の交換価値が具体化したもの（価値代替物）に担保権の効力を及ぼさせる制度であると考えるならば、抵当不動産に賃借権その他の利用権が設定されていても本来の担保目的物に対して抵当権を実行することができなくなるわけではないから、物上代位を認める必要はないと考えることができる。また、抵当権の本質を、その担保目的物の使用収益権を抵当権設定者にとどめておくという非占有担保権であることとして捉えるならば、抵当権設定後に抵当権設定者がその抵当不動産を第三者に賃貸することも自由というべきであり、抵当権者がこれに干渉することは抵当権設定者の使用収益権を制約するものとして許されないと解されることになる。このように、抵当権に基づく賃料債権への物上代位の可否については、肯定・否定の両説が成立する可能性をもっており、古くから争いの存するところであった。

ところで、現実の債権取立実務において従前は、賃料債権に対する物上代位の実例は稀であった。「実践面では抵当債務者の機能資本の運動が順調に展開している限り、抵当権者が賃料に物上代位をしていくことはまず考えられない」(3)ことから、あくまで中心は目的物の交換価値の競売による実現に置かれていた。しかし、バブル経済の崩壊とともに不動産価格が下落し、いわゆる担保割れの状況や抵当権を実行しようにも買受人が現れずに競売できない事態が生じてきた。そのため、少しでも債権の回収を図ろうとする抵当権者の目は、従来あまり注目されていなかった賃料債権に向けられることとなり、さらに大都市部を中心に不動産賃貸料の水準の著しい高騰も手伝い、賃料債権に対する物上代位の関心は次第に高まっていった。

こうした状況のもとで、抵当不動産から生じる賃料債権に対する抵当権者の物上代位権行使の可否は、平成元年に最高裁(最二平成元・一〇・二七民集四三巻九号一〇七〇頁・以下「平成元年最判」(4)という)がこれを無条件に肯定したことで、その後、抵当権者にとって実効性のある債権回収方法として頻繁に活用されることとなった。

ところが、それに伴い、経済的に破綻した抵当不動産の所有者にとって、その収益である賃料が残された希少な資産であることから、執行の妨害や回避が意図されることもあり、その優劣が理論的・実務的にも大きな論争点と発展していった。典型的事例として設定者と自称賃借人が、仮想的転貸借契約をするものであり[5]、または、賃料債権を将来のものにわたって譲渡するといったものである[6]。そして今日では、これら一連の最高裁判決により、物上代位権の行使における多様な判例理論が構築されてきている。

しかしながら、こうした理論は賃料に対する抵当権者の物上代位への正当性を前提に成り立つものであるが、「平成元年最判」が公表された後も、折衷説や制限肯定説と言うべき説が有力に唱えられており、無条件肯定説が磐石の地位を築いたとは言い難く、さらに、いまなお賃料に対して抵当権が及ぶ根拠、すなわち、なぜ抵当権者は賃料から優先弁済を受けることができるのかという問題については理論的な結論が導かれていない。

さらに、今回の改正で、民法改正規定三七一条は「抵当権ハ其担保スル債権ニ付キ不履行アリタルトキハ其後ニ生ジタル抵当不動産ノ果実ニ及ブ」と規定したが、なぜ及ぶのかについては、解釈を示す必要がある。

そこで、本稿では、賃料に対する物上代位という基本論点について諸説を概観するとともに、伝統的な抵当権価値権説の検討をふまえ、賃料に対する抵当権の物上代位の可否の検討および収益に対して抵当権の効力が及ぶ根拠について考察する。

（1）　これに関する代表的な研究書として、生熊長幸『物上代位と収益管理（大阪市立大学法学叢書）(54)』（二〇〇三年）があり、実務書として、道垣内弘人＝山本和彦＝古賀政治＝小林明彦『新しい担保・執行制度』（二〇〇三年）、遠藤功＝山川一陽＝須藤英章『Q&A改正担保・執行法の要点』（二〇〇三年）などがある。なお、改正関係条文については、特に改正規定としない限りは旧規定であることを予めお断りしておく。

（2）　我妻栄『新訂担保物権法』二八五頁（一九六八年）は、抵当権の場合には、右の債務者を所有者と読みかえるべきとされている。

判例も、大判明四〇・三・一二（民録一三輯・二六五頁）にて、これを肯定しており、物上保証人および第三取得者についても、抵当権の目的たる不動産上の権利者と読みかえるべきであると判示している。

（3）　槙悌次「抵当不動産の将来の賃料をめぐる譲渡と物上代位との衝突」民商法雑誌一一七巻二号一九〇頁（一九九七年）。

（4）「平成元年最判」は次のような事案において、賃料も物上代位の客体となり得ることを認めた。事案は、すでに賃貸されている建物を抵当目的物とする抵当権を設定したところ、先順位の抵当権者の申立により競売が開始されたので配当加入したものの配当が得られる見込みがなくなった後順位抵当権者が、賃料に対しての物上代位による差押・転付命令を取得したため、債務者が賃料は物上代位の目的物になり得ないとして、不当利得に基づく返還請求をしたというものであった。最高裁は「民法三七二条によって先取特権に関する同法三〇四条の規定が抵当権にも準用されているところ、抵当権は、目的物に対する占有を抵当権設定者の下にとどめ、設定者が目的物を自ら使用しまたは第三者に使用させることを許す性質の担保権であるが、抵当権のこのような性質は先取特権と異なるものではないし、抵当権設定者が目的物を第三者に使用させることによって対価を取得した場合に、右対価について抵当権を行使したとしても抵当権設定者の目的物の使用を妨げることにならないから、前記規定に反してまで目的物の賃料について抵当権を行使することができないと解する理由はない」として、無条件肯定説に立つ旨を明らかにした。

（5）　転貸賃料債権に対する物上代位権の行使について最二小判平一二・四・一四（民集五四巻四号一五五二頁）は、抵当権者は、抵当不動産の賃借人を所有者と同視することを相当とする場合を除き、賃借人が取得すべき転貸賃料債権について物上代位権を行使することができない旨を明らかにした。

（6）　賃料債権の包括的譲渡と物上代位による差押の優劣について最二小判平一〇・一・三〇（民集五二巻一号一頁）は、民法三〇四条一項の趣旨に照らすと、同項の「払渡又ハ引渡」には債権譲渡は含まれず、抵当権者は物上代位の目的債権が譲渡され第三者に対する対抗要件が備えられた後においても、自ら目的債権を差押えて物上代位権を行使することができるとして、債権譲渡は抵当権に基づく物上代位に対抗できない旨を明らかにした。

二　学説の展開過程と現況

抵当権者による賃料債権への物上代位に関する学説は、これを肯定するか否かに着目して分類すると、①賃料債権は抵当権に基づく物上代位の客体となりえないとするもの（否定説）、②無条件にこれを肯定するもの（肯定説）、③一定の要件のもとでのみ物上代位をなしうるとするもの（折衷説）の三説に大別される。以下、これらの諸説の論拠と問題点について概観する。

①　否定説

民法三七一条および民法三七二条・民法三〇四条をいずれも否定して抵当権者は賃料から優先弁済を受けることは一切できないとする説（全面否定説）であり具体的な論拠は次の通りである。

A　論　拠

i　物上代位の補填的構成

物上代位は本来の担保目的物に対して担保権の行使ができなくなったときに、担保権の価値権たる本質に基づいて目的物の交換価値が具体化したもの（価値代替物）に担保権の効力を及ぼさせる制度であると捉えれば、抵当権には追及効があり、賃貸借契約が締結されていても本来の目的物に担保権を行使しうる以上、物上代位の必要はない。

ii　抵当権の非占有担保性

抵当権は、目的物の使用収益権能を設定者に留める非占有担保物権であるから、目的物使用の対価である賃料に対しては抵当権の効力は及びえず、物上代位を認めることはできない。

iii　民法三〇四条の修正解釈

民法三〇四条は直接には先取特権に関する規定であり、抵当権については民法三七二条によって「準用」されているに過ぎず、民法三〇四条は先取特権と抵当権の性質の違いから客体の範囲につき修正して解釈すべきである。

B　問題点

ア　目的物の使用収益権能を伴わない非占有担保であり、かつ、目的物が賃貸されても消滅することのない権利であるという点では、抵当権も先取特権も異ならないのであるから、民法三〇四条が賃料を代位目的物の範囲に含めていること自体が誤りであるとしない限り、抵当権者による賃料債権の物上代位を否定する根拠とはならないと考えられる。

イ　おなじ収益価値である天然果実に抵当権の効力が及ぶとする民法三七一条との均衡を失する。

②　肯定説

賃借権の設定が抵当権設定の前後にかかわらず、または、抵当権の実行手続きが開始されているか否かにかかわらず、賃料債権に対する物上代位を肯定する説（無条件肯定説）であり、現在の判例および通説の立場である。なお、当然のことながら物上代位権を行使して被担保債権の弁済を受けるためには、その弁済期が到来していることが要件となる。(7)

A　論拠

i　民法三七二条・民法三〇四条の文理

民法三〇四条において物上代位の客体として賃料が挙げられており、これを民法三七二条で準用する抵当権についても当然に認められるべきである。

ii　物上代位本質論

抵当権の効力が目的物の交換価値を代表する代位物に及ぶのは抵当権の価値権たる本質上当然のことである（価値権説）[(8)]。

賃料についても交換価値のなし崩し的実現としての性格をもつため交換価値が形を変えたものであると考えられ、抵当権の効力が及ぶ[(9)]。

従来の肯定説はこのように条文文言や本質論から賃料に対する物上代位を演繹的に理論づけていたが、さらに、当事者間の利益等を考慮した場合の論拠として次のようなことがあげられている。

iii　当事者間の公平

設定者が債務不履行に陥りながら目的不動産から得た賃料収益を抵当債務の弁済に当てないことは不公平である。

iv　抵当権者の期待に対する保護

抵当権者が物上代位権の行使による賃料債権からの優先弁済を期待して抵当権の設定を行うことは経済的に合理的であり、抵当権実行が困難な経済情勢下では必要性が高い。

v　利害関係者の利益考量

抵当権者が優先弁済権を受けられるのは被担保債権または極度額の枠内で一定であり、物上代位を認めたとしても一般債務者を害することになるとはいえない。

B　問題点

ア　なし崩し的実現論への批判

賃料は目的物の利用の対価であって、交換価値がなし崩し的に実現化したものではない（土地の賃貸借を例に取れば、土地は使用によって減価しないため地代は交換価値の実現化とはいえない）。また、賃貸によって不動産の価値の減価が生じたとしても、抵当不動産の所有者が、他に賃貸することなく自ら使用する場合の減価に等しいものである。さらに、建物の減価は、時間的経過によっても生ずるため価値の減少は交換価値がなし崩し的に実現したものとはいえない。

イ　後順位の抵当権者が賃料債権に対して差押・転付命令を受けると、先順位の抵当権者に先立って債権の満足を得ることとなり、抵当権に順位を定めた制度趣旨を埋没させる。

ウ　用心深い抵当権者が物上代位権を確保しようと不必要に差押えを行い設定者の経済活動を阻害する恐れがある。

③　折衷説

一定の条件のもとでのみ賃料に対する物上代位を認める説としては、多くのヴァリエーションがあるが、特に、抵当権設定以後に設定された賃借権に関してのみ物上代位を認めるとする説（減価要件説）と天然果実に関する民法三七一条との均衡により、競売開始以後に限って抵当権の効力が及ぶことを肯定する説（果実説）が有力である。(10)

（減価要件説）

抵当権者の把握している価値と賃料との関係を重視し、賃料に対する物上代位の可否は抵当権と賃借権の設定時期に応じて決するべきであるとする説であり、減価要件説は、抵当権者が担保目的物のうちどの価値を把握しているかを詳細に検討するもので、設定者と抵当権者との詳細な利益考量を行うものであるといえる。

A　論　拠

i　すでに賃借権の負担がついている不動産を抵当権の目的物とした場合には、賃借権の存在により抵当権者の把握した担保価値が減少することはない。すなわち、抵当権設定に賃借権が先行する場合には、賃料は抵当権者の把握する交換価値のなし崩し的実現とはいえず、物上代位は認められない。

ii　抵当権設定後に賃借権が設定された場合、担保価値はかなり減少すると考えられる。この場合、抵当不動産の所有者が受け取る賃料は減少した交換価値のなし崩し的実現としての性格を持つといえるので物上代位を肯定できる。(11)

B　問題点

ア　賃借権が設定されている不動産（特に賃貸アパート・オフィスビル等）につき、物上代位権の行使による賃料債権からの優先弁済を期待して抵当権の設定を受ける行為には経済的合理性および法的正当性を認める余地があり、抵当権者の期待への保護に欠ける。

イ　逆に、こうした賃貸借が予定されている不動産を担保に取る際には、抵当権者は一般に短期賃借権が設定されることを前提に担保物権を評価するが、その場合、抵当権設定後に賃借権が設定されたとしても抵当権者の把握した担保価値が減少するとはいえない。

ウ　抵当権に対抗できない利用権に対しては引渡命令で対処でき大きな減価はなく、短期賃借権による減価は詐害的短期賃貸借の解除で対処できるもの以外は甘受すべき程度である。

エ　賃貸したからといって、理論上当然に物件価格の下落を招くとはいえない。いわゆるキーテナントが信用力のある企業などの場合は、むしろ価値が高まる場合がある。

（果実説）

賃料に対する物上代位を基本的に否定する点で否定説の論拠と共通する点が多いが、否定説が民法三七一条は法定果実に適用されないとするに対し、果実説は天然果実との均衡により、競売開始以後に限って民法三七一条により抵当権の効力が及ぶことを肯定している。(12)

A　論　拠

民法三七一条の適用に関し天然果実と法定果実とを区別する理由はなく、天然果実については民法三七一条で競売手続きに入るまで抵当権の効力は及ばないから、所有者にはその時点までは収益権が保障されている。よって同じ収益権を基礎とする法定果実についても同様に取扱うべきである。

B　問題点

ア　起草者の一人である梅博士は、民法三七一条一項は、天然果実のみを取扱うものであり、法定果実については、民法三七二条によって準用される民法三〇四条が適用されると述べており、(13)したがって、少なくとも起草者の意思としては、抵当権の場合にも賃料が物上代位の対象になること、および民法三七一条にいう果実は天然果実のみを指し法定果実は含まれないことは明らかであり、こうした解釈は起草者の意思に反するものである。

イ　果実説では、物上代位権を行使するためには、抵当権者は、当面目的物の競売までは不要と判断していたり、およそ買い手が現れる見込みが乏しいと予測されるときでも、競売を申し立てなければならず、無駄になった競売取立費用は結局、設定者から取り立てられその責任財産を減少させることになる。

C　今回の改正規定

民法改正規定三七一条は、賃料に対する物上代位が行使されるのは、被担保債権が不履行状態になったとき以後であることを考慮して、果実に対しても、被担保債権が不履行になった以後は、抵当権の効力が及ぶとした。

④　小　括

これまで賃料に対する抵当権の物上代位についての学説の展開状況を概観してきたが、民法典制定以後の大多数の学説は、抵当権者が賃料に物上代位権を行使することに問題がないとしており、この点につき疑問を抱く学説は少数にとどまり、他の学説の関心をひくことも少なかった。戦後になって、抵当権の非占有担保としての特質あるいは価値権としての本質等に基づいて物上代位を否定する学説が有力となった。しかし、後述のとおり、裁判例において肯定説が主流となったことに対応して、学説においても関係当事者間の利益考量や抵当権強化の政策的考慮を根拠とする肯定説が再び有力に主張されるようになり、その一方で否定説の側でも、主として下級裁判例に現れたさまざまな事情を考慮に入れて、より具体的な利益考量を行い、それに基づいて具体的な理論構成を行う過程で、いわゆる折衷説が有力に主張されることとなった。つまり現況では、いわゆる抵当権の本質論や物上代位制度の趣旨論からの演繹的な解釈が次第に影をひそめ、抵当権者、設定者、あるいは一般債権者等の関係当事者の利益状況を分析し、具体的な考慮に基づいて解釈論を構成する傾向が強まっているといえよう。なお、改正規定については、既述の通りである。

（7）鎌田薫「賃料債権に対する抵当権者の物上代位」石田喜久夫＝西原道雄＝高木多喜男先生還暦記念論文集『金

融法の課題と展望（下）』七九頁（一九九〇年）。鎌田教授はこの点を看過していると見受けられるものが少なくないと指摘される。

(8) 物上代位の本質については価値権説のほかに、担保物件は目的物に対する権利であるから（民法三六九条他）、目的物以外の賃料、売買代金その他には本来抵当権の効力は及ばないが、担保権者の保護の必要性その他政策的理由から法が特に抵当権の効力を拡大して物上代位を認めたとする説（物権説）がある。しかしながら近時では両説は説明の仕方を異にするものの異なる結論を導くものではないとの理解がされている。なお、価値権説は、代位物の差押は物上代位の成立要件ではなく代位物の特定性を維持するための要件でしかないため抵当権者自身が差押をする必要はない（特定性維持説）という考え方に、物権説は、差押は物上代位権成立のための要件である（優先権保全説）という考え方に、それぞれ結びつきやすいとされる。

(9) 我妻・前掲注（2）二七五頁。

(10) 他にも、債務者が信用危機に陥った後についてのみ賃料に対する物上代位を認めるとする説があるが（槙悌次「賃料に対する物上代位」谷口知平先生追悼論文集2『契約法』二七三頁以下（一九九三年）、物上代位権行使の要件を債務者の債務不履行によるものとすれば、結局、結論において肯定説と変わらないものとなると思われる。

(11) 伊藤眞「賃料債権に対する抵当権の物上代位（上）」金融法務事情一二五一号六頁以下（一九九〇年）。伊藤教授は、先取特権の場合にも、先取特権者が把握していた担保価値が賃貸によって減少したとみられるときでなければ物上代位は認められないとされている。

(12) 鎌田・前掲注（6）三八頁。

果実説には民法三七一条が法定果実を含むか否か、また具体的な手続きは物上代位の手法をとるべきか否かなど細部では見解が分かれるが、ここでは果実説として一括する。

(13) 梅健次郎『民法要義巻之二物権編』五一五頁（一九一一年）。

三　裁判例の動向

賃料に対する物上代位権行使の可否は、先に果実説の問題点のところで述べたとおり、現行民法典の起草過程においても議論がなされ、起草者の意思も抵当権の場合、賃料が物上代位の客体となることが明らかになっている。それにもかかわらず、大審院の判決は、早くから物上代位否定説を採用し、その後の下級審判決の中でも、否定説、肯定説、あるいは折衷説が対立していた。本章では、判例の動向を分析し、その論拠について検討する。

①　否定説をとる裁判例

賃料債権に対する物上代位を否定する趣旨の裁判例と評価されているものとしては、大判大六・一・二七（民録二三輯・九七頁）がある。[14]この判決では、まず、民法三七一条は法定果実には適用がないとしたうえで、物上代位として賃料に対し抵当権の効力が拡張されるためには、目的物自体に対する抵当権の実行が不可能な場合でなければならないと判示された。同様に旭川地判四〇・九・一三（判タ一八三号一八四頁）においても、物上代位は公平の観点から認められており、本来の目的物の全部または一部の上に抵当権が行使できなくなった場合にのみ認められるとされており、抵当権者が目的物に対してその権利の実行として競売を行っているときには、それゆえに賃料に対する物上代位を否定されるとしている。しかし、否定説において主張されていた抵当権の非占有担保としての特性を掲げるものは存しない。

② 肯定説をとる裁判例

肯定説をとる下級裁判例としては、i 東京高判昭三一・九・四（下民集七巻九号二三六八頁）、ii 大阪高判昭四二・九・七（判時五〇六号三九頁）、iii 東京高判昭六〇・二・二二（金法一〇九六号三二頁）、iv 福岡高判昭六〇・八・一二（判時一一七三号七一頁）の四件があり、いずれも結論的に物上代位を肯定している。

肯定説をとる理由として、ほとんどすべてが民法三〇四条の文言を掲げており（i、ii、iii）、それ以外にも賃料は目的物の交換価値の漸次的実現または一部実現であること（i、ii、iv）、債務者は競売物件を賃貸して収益を挙げているのに、抵当権者がこれから債権の満足をはかれないのは抵当権の実効性を弱め、両者の公平をかくこと（ii）などがあげられている。しかし、冒頭の「平成元年最判」は、賃料は目的物の交換価値の漸次的実現または一部実現であるといった理由を根拠にすることなく、条文文言という比較的簡単な理由のみで物上代位を肯定している。

③ 折衷説をとる裁判例

折衷説をとる裁判例には二つの流れがある。

(a) 抵当権設定後の賃借権であることを条件とするもの

この類型に属する下級裁判例としては、大阪高判昭五四・二・一九（金法八九九号九二頁）がある。この事件では、抵当権者との関係で二種類の賃借権が問題となった事例で、第一は、抵当権設定登記前にすでに設定されていた賃借権であり、第二は、登記後に設定された短期賃貸借である。判決は、一般論として、目的物の利用の対価である賃料は、抵当権者によって把握される価値ではないとする。しかし、抵当権設定登記後の賃貸借によって目的物の価値が減少したときには、それを補償するものとして賃料に対する物上代位が認められ

るとしている。(15)

(b)　不動産競売に基づく差押えの効力が生じたことを条件とするもの

この類型に属する下級裁判例としては、まず、大阪高判昭六一・八・四（金法一一五二号五一頁）は、不動産競売に基づく差押えの効力が生じた時以降は、民法三七一条によって設定者の賃料取得権限が制限され、賃料に対して、民法三〇四条に基づく物上代位を主張することも、また民法三七一条但書に基づいて抵当権そのものの効力を主張することも許されるとしている。また、東京高判昭六三・四・二二（金法一二〇七号二八頁）は、特別の理由を示さず、不動産競売開始決定後は、賃料に対して物上代位の効力が及ぶと判示している。

④　小括

以上の判例を総合すると、以下のようなことがいえる。すなわち、賃料に対する物上代位について下級審の判例の中では、否定説、肯定説、折衷説がいずれも混在しているようだが、純粋な意味での肯定説をとる判例は少ない。(16)多くの判例が問題としたのは、賃借権の存在と目的物の交換価値との関係であり、抵当権設定登記後に賃借権が設定され、それによって目的物の担保価値が減少した事案について物上代位を認めている。つまり抵当権設定前にすでに設定されている賃料に対して、それが目的物の交換価値のなし崩し的実現であるという理由に基づいて物上代位を認めている判例は存在しない。したがって、物上代位について下級審の判例の主流は、すでに抵当権者が把握していた目的物の担保価値が、その後の賃借権設定によって減少したときに、その減少分を保障するものとして賃料に対する物上代位を認めるとするものであり、抵当権設定前から賃借権が存在する場合と抵当権設定後に賃貸借契約が締結された場合とでは利益状況が異なり、その相違に応じた解釈がなされるべきであるという視点が生じていることが注目される。

しかしながら、「平成元年最判」では、これらの点は一切考慮されることなく、単に民法三〇四条および民法三七二条の文言を理由に物上代位を肯定しており、物上代位の趣旨論や抵当権の本質論との関連において、演繹的な解決が次第に影をひそめた従前の学説の流れに沿ったものであるといえるであろう。

その後、平成一三年に最高裁（最三小判平成一三・三・一三民集五五巻二号三六三頁。以下「平成一三年最判」という）は、抵当権に基づく賃料債権への物上代位に対して、賃借人が賃貸人に対して有する弁済期の到来している金銭債権を自働債権として賃料債権との相殺を主張した事案で、抵当不動産の賃借人が抵当権設定登記の後に賃貸人に対して取得した債権を自働債権とする賃料債権との相殺をもって賃料債権に物上代位の行使としての差押えをした抵当権者に対抗することができるかについて、「抵当権者が物上代位権を行使して賃料債権の差押えをした後は、抵当不動産の賃借人は、抵当権設定登記の後に賃貸人に対して取得した債権を自働とする賃料債権との相殺をもって、抵当権者に対抗することはできない」とした。

さらに、平成一四年に最高裁（最一小判平成一四・三・二八民集五六巻三号六八九頁。以下「平成一四年最判」という）は、抵当不動産について敷金契約の付随する賃貸借契約が締結されたところ、抵当権者が物上代位権を行使して賃料債権を差押え、取立権に基づきその支払等を求めた事案で、「敷金が授与された賃貸借契約に係わる賃料債権につき抵当権者が物上代位権を行使してこれを差し押さえた場合において、当該賃貸借契約が終了し、目的物が明け渡されたときは、賃料債権は、敷金の充当によりその限度消滅する」として、抵当権者の物上代位権の行使に応じないまま賃貸借を終了させ建物を退去した賃借人は、賃貸人に預託していた敷金の未払賃料債務への充当を賃料債権への物上代位権を行使した抵当権者に対抗しうるとした。

これらの平成一三年最判や平成一四年最判は、賃料債務と敷金返還請求権との相殺あるいは未払賃料への敷金充当の問題として議論されている。[17] これらの判例の射程範囲については、単純に敷金返還債権の賃料債権への充当であれば賃料債権への物上代位権を行使する抵当権者に対抗でき、相殺なら対抗できない、とすることには疑問があり、今後の判例の動向を注意して確定すべきである。その際、敷金については、敷金預託者である賃借人の保護についても配慮すべきであろう。[18] なお、生熊長幸教授は、平成一四年最判の登場により、「今後賃料債権への物上代位制度さらには抵当権に基づく収益管理制度がきちんと機能することになるのかどうかについて改めて検討する必要が生じた[19]」とされる。

(14) 大判大六・一・二七（民録二三輯・九七頁）は競落許可決定引渡前に一般債権者が賃料債権を差押え、競落人（抵当権者）のために裁判所が選任した管理人が抵当権に基づく優先権を主張した事案で、競落許可決定後、引渡までの賃料債権につき抵当権者が優先弁済受領権を有するか否かが直接の争点となっており、これを否定したことから物上代位否定説をとっているといわれるが、単に本来の目的物に対する抵当権の実行と賃料債権への物上代位を重畳的に行うことのみを否定していると解することもできる。しかしながらこうした解釈は最終的には「平成元年最判」によって否定される。

(15) この判決では、その賃貸借が短期賃貸借としての要件を備えているときは、目的物の所有者と抵当権者との利益の調和を図ろうとする短期賃貸借の制度の趣旨に反するため物上代位は否定されるとされた。

(16) 肯定説をとる裁判例の事案のうちⅰ、ⅱ、ⅳについては、いずれも抵当権設定登記後に設定された賃貸借にかかわるものであり、折衷説（減価要件説）を用いても同様の結論が導ける。

(17) 例えば、山野目章夫「判例批判〔最三小判平一三・三・一三〕」平成一三年度重要判例解説（ジュリスト一二二四号）七〇頁（二〇〇二年）、松岡久和「物上代位に関する最近の判例の転換（下）」みんけん五四四号一三頁以下（二〇〇二年）、高橋眞「賃料債権に対する抵当権者の物上代位による差押えと当該債権への敷金の充当――最一小判平一四・三・二八の問題」金融法務事情一六五六号六頁以下（二〇〇二年）、清水俊彦「賃料債権への物上代位と相殺――最小平成一四年三月二八日の論理㈣（上）・（下）」（判例タイムズ一一一三号・一一一四号）（二〇〇三年）などがある。

(18) その際には、鳥谷部茂教授が提案されてる預託時説が参考になろう「判例批評〔東京地判平一一・五・一〇〕」私法判例リマークス二一号二〇頁以下（二〇〇二年）。

(19) 生熊長幸「短期賃借権保護廃止と賃料債権への物上代位・収益管理制度は両立するか（下）」金融法務事情一六六一号一七頁（二〇〇二年）。

四　抵当権価値権論の検討

学説・裁判例の展開で概観した通り、賃料債権への物上代位の可否について、抵当権や物上代位の本質論から理論的に根拠づけようとする説明はいまだ成功していない。よって、従来の本質論からの演繹的な議論の限界が指摘され、関係当事者間の利益考量や政策的考慮による構成が試みられてきた。

しかし、問題は賃料債権に対する物上代位の可否にとどまらず、転貸料債権への物上代位の可否、また将来の賃料債権の譲渡との優劣等へと派生しており、それゆえ、あらためて本質論を組み立てる必要があるように思える。

そこで、本章では従来の抵当権の本質論（抵当権価値権論）の検討を行い、抵当権自体の効力はどのようにして賃料に及ぶのかを考察する。

①　伝統的抵当権価値権論による抵当権と賃料の関係

わが国の抵当法理論には「抵当権は目的物の交換価値のみを把握し、その使用収益には一切関与しない」との観念、いわゆる価値権ドグマが存する。そうした理解によれば、抵当権は、目的物の交換価値のみを把握する権利であるから、その本質的な効力としては、天然果実・法定果実の双方いずれの価値からも優先弁済を受けることはできないこととなる。しかしながら、抵当権者が果実の経済的価値から優先弁済を受けることができないかというとそうではなく、天然果実については民法三七一条但書が、また法定果実については、民法三七二条の物上代位制度が存在している。よって価値権説を採りつつ賃料に対する物上代位を肯定するには、物上代位制度によって、抵当権の本来の効力が拡張され賃料に対して優先弁済権を行使できるようになると理解することになろう。

② 抵当権の効力が潜在的に賃料にも及んでいるとする説

それでは、抵当権それ自体の効力は収益には全く及ばないのであろうか。この点につき、近時、抵当権が目的物件の換価代金の交換価値のみではなく、使用収益価値をも抵当権設定時から潜在的に把握しているという新たな担保価値把握理解が、実務家を中心に検討され[20]、さらに松岡久和教授によってより詳しく展開されている。松岡教授の見解の主要な部分は次の通りである。

i 「抵当権の実行によって目的物が競売されれば設定者の使用収益も覆滅されるし、収益物件の場合には将来の賃料債権の価値が競売価格（＝交換価値）に反映する。そもそも使用価値を離れて抽象的に交換価値を観念することができるかどうかが問題であり、抵当権が交換価値のみを把握しているという理解自体が再考を要する」。

ii 「賃料債権への物上代位が争われることの多い建物の場合、地価の変動をさしあたり無視すれば、競売手続きが遷延して長時間が経過すると、賃料債権が具体的に発生していく一方で、建物の残存可能期間が短縮して競売価格は漸減する。競売手続きが速やかに終了したとすれば、この賃料債権は買受人の下で発生するものであり、それを反映する競売代金には、抵当権者の本来の優先権が及んでいたはずである」。

iii 「高層オフィスビルなどを抵当権の目的とする場合、担保権者が、建物と敷地利用権の価値よりも、むしろ優良テナントからの高額の定期収入を期待して、収益物件としての評価をするのは合理的である。（中略）使用価値の変形である賃料債権をも担保把握する形で抵当権が成立しているとすれば、端的に抵当権の実行の一方法として、賃料債権にも物上代位が行使できると構成可能である」。

iv 「抵当権の効力が賃料債権に及んでいたとしても、債務不履行を要件とする差押えがなされる前は、設定者の取立・処分権限を束縛せず、それ以降についてのみ抵当権者の優先的価値支配を認めることが可能である。これはまさしく抵当権的な使用価値把握であり、設定者の経済的自由と抵当権者の担保的利益を調和させることができる[21]」。

このように、抵当権の効力は、潜在的に賃料に及ぶとの立場をとった場合には、物上代位制度はいわば抵当権に本質的に内在する制度として理解することになろう。

③ 両説の検討

従来の抵当権価値権論について、抵当権の本来的効力と物上代位との関係という視点でこれを見るとき、抵当権の効力は当然には賃料債権には及ばないにもかかわらず、なぜ賃料債権が物上代位の目的となりうるのか。さらに抵当権者は、抵当権の本来的効力としては賃料から優先弁済を受けることができないにもかかわらず、なぜ物上代位をもってすれば抵当権者が賃料から優先弁済を受けることが可能となるのか、という疑問が生ずる。こうした疑問に対して我妻博士は、「賃料は交換価値のなし（済し）崩し的実現をも意味するものである[22]」

と説明する。つまり、(i)抵当権は目的物の交換価値を把握する権利である。(ii)賃料は交換価値の漸次的実現である。従って(iii)抵当権者は賃料に物上代位権を行使できる、という内容をもつものと思われる。しかしながら、ここで新たに、賃料が目的物の交換価値の漸次的実現形態であるとするのであれば、賃料は目的物の交換価値そのものであり、抵当権は目的物の交換価値を把握する権利であると解する以上、抵当権の効力は当然に賃料に及ぶと構成しなければ矛盾するのではないかという疑問が生ずることになる。このように、抵当権者はなぜ賃料に対して物上代位権を行使しうるかということについて、「抵当権＝価値権」という伝統的な理解によってはこれを説得的に説明することができないと思われる。

それでは、抵当権の効力は潜在的に賃料にも及んでいると捉えることは可能であろうか。ここで、改めて抵当権の性質と交換価値の意義を考えれば次のようなことがいえる。

まず、抵当権の性質については、抵当権は、その実行により、抵当物件の占有や使用を含め、その価値をすべて設定者から奪って換価し、それを優先的に取得している。つまり、抵当権の客体は他人のものないし所有権であり、これを優先弁済のために強制的に換価する機能が抵当権には内在している。そうすると、「優先弁済のために所有権のすべてではなく、その一部分の使用収益機能だけを奪って換価するという機能を認めても、抵当権本来の効力を超えることにはならず、むしろそのような換価機能も抵当権には内在している[23]」と解するのが妥当ではないだろうか。このように、賃料債権への物上代位の根拠は抵当権に内在する換価権から導くことができる。しかしながら抵当権は、設定者から占有を移さずに交換価値を把握するという特性を持つゆえに、被担保債権の債務不履行により抵当権を実行できる状態に至るまでは、設定者の使用収益に干渉できない。それによって、設定者の経済活動が保障される。しかし、抵当権が実行段階になれば、設定者は、その使用収益に一定の制限を受ける。この段階において設定者の使用収益に一定の干渉が許されるとしても抵当権の非占有担保性と矛盾しないであろう。果実が抵当権の効力に服するのも、賃料に物上代位ができるようになるのも、そうした制約の現れであると捉えることができると考えられる。

つぎに、交換価値の意義を考えれば、現在において不動産の価値の主要な部分は交換価値ではなく使用価値が主となっている。不動産は、より多く収益を生み出すものほど価値があるのであって、その価値をもって交換価値となっており、使用価値は、交換価値の前提であり両者は密接な関係にあるといえる。特に、収益物件の場合には賃料債権の価値が競売価格（＝交換価値）に大きく反映している。したがって、仮に抵当権が目的物の交換価値を支配しているという理論に従うにしても、使用収益価値が交換価値を構成するものであると考えれば、収益に対する効力はむしろ是認してよいと考える。また、抵当権者は、被担保権者が債務不履行に陥れば、抵当権の実行として目的物を競売処分にし、優先的な弁済を受けることもできるが、競売手続きが速やかに進行したとすれば、買受人が所有権を取得した後、直ちに使用・収益が出来るのであるから、それを反映する競売代金は高くなるはずである。しかし、競売開始から買受人への所有権移転までの時間が長くなれば、その間に生じた賃料（これは抵当権実行開始時と終了時の交換価値の差額に相当するものと考えることもできる）を設定者に取得させるのは設定者が競売手続きを故意に遅らせることによって設定者に果実をむさぼらせる結果となり、さらに売却代金を低減させて抵当権者を害する恐れがあり妥当ではない。同様に、民法三〇四条一項但書が要求する差押えを抵当権の実行として位置づけることにより、差押え以降の賃料から優先弁済を受けることができるとすることもこうした衡量から根拠づけられると思われる。このことから逆に、抵当権設定者の把握している価値は設定時点のものではなく、抵当権実行時の交換価値を把握していると考えられる。そして、この時点での交換価値（具体的には使用収益価値の影響を大きく受ける競売代金と実行開始時以降の果実）から優先弁済を受けることを正当化するためには、松岡教授の記述のように、「抵当権者は設定時から（具体的にはいつになるかわからない抵当権実行時の）交換価値を潜在的に把握しており、それが実行開始によって具体化した」(24)とみる必要があるであろう。

つまり、抵当権者が設定時から登記によって順位を確保していた不動産の交換価値支配は、抵当権実行時に具体化する。そして、その時点以降に発生する賃料債権は、この時点での交換価値の派生物となる。したがって、抵当権者が賃料債権に対する物上代位権を設定時から登記によって潜在的に確保しているとしても、優先権を主張できるのは、抵当権実行としての物上代位権に基づく差押え（民法三〇四条但書）以降に発生する賃料債権に限られる。それ以前に発生した賃料債権の取立や譲渡・相殺などの処分が影響を受けないのは、設定者の経済的自由を実行までは保障するという抵当権の本来的性質に基づき、抵当権者の賃料債権に対する支配が未だ実現化していなかったからであると考えられる。

こうした理解は、同じ収益価値に含まれる天然果実にも妥当するのではなかろうか。たしかに、民法三七一条一項本文は、抵当権は果実には及ばないとしている。しかしこれは、抵当権が対象とする不動産の範囲の物的範囲を規定する民法三七〇条との関係で、実行前に分離された果実には及ばないというにすぎず、実行前の設定者の果実処分の自由を保障したものである(25)。よってこれらを機能的にみれば、実行開始以後の果実は、実行開始時の目的不動産の派生物として、すでに抵当権設定時から潜在的には抵当権の価値支配の対象となっていたとみることができ、天然果実と法定果実についての論理的不整合もこのような解釈によって補うことが可能となるであろう。

以上のことから、抵当権の効力は潜在的に賃料にも及んでいると考えるのが適当であり、抵当権の本来的効力から賃料に対する物上代位を肯定することも可能であると考える。

(20) 片岡義弘、小宮山澄江「抵当権に基づく賃料に対する物上代位（下）」NLB四二九号二四頁（一九八九年）。
(21) 松岡久和「物上代位権の成否と限界(1)」金融法務事情一五〇四号一一頁以下（一九九八年）。
(22) 我妻・前掲注（2）二七五頁。
(23) 古積健三郎「抵当権による収益管理制度と賃料債権への物上代位」法律時報七四巻八号三九頁（二〇〇二年）。
(24) 松岡久和「抵当権の本質論について高木古稀『現代民法学の理論と実務の交錯』二一〇〜二一三頁（二〇〇一年）。
(25) 角紀代惠「民法三七〇条・三七一条」広中俊雄＝星野英一編『民法学の百年Ⅱ』六一七頁（一九九八年）。民法三七一条においては、民法三七〇条が抵当権の効力が及ぶ範囲（付加一体物）を規定したのを受けて、果実をそこから除外するという形式がとられていると考えられる。

五　賃料に対する抵当権者の物上代位の可否の検討

これまで、賃料に対する物上代位の可否について、学説および判例の概要を述べてきたが、本章では、いずれの説が妥当であるかを考察する。

① 否定説について

前述の通り、否定説は、抵当権の非占有担保性を主な理由とし、さらに本来の不動産の実行ができる以上、物上代位は不要であるとしている。しかし、非占有担保性を理由にすれば、同じ非占有担保である先取特権についても賃料への物上代位を否定しなければならないという否定説への批判は、正鵠を得ており、さらに民法三〇四条が賃貸の結果として債務者が受領する金銭を明言しているのであるから、条文の文言自体を否定する結果となる解釈論は特別な場合を除き許されないものと考える。よって賃料に対する物上代位を否定することは解釈論として困難であり支持することはできない。

② 果実説について

この考え方については、民法三七一条一項に関する従来の通説との関係が問題となる。前述の通り、民法起草者の意思としては、同条にいう果実は、民法三七〇条との関係から天然果実に限られると解されており、これに反対して、法定果実も同条にいう果実に含まれるとする学説は、その根拠は、天然果実も法定果実もともに元物利用の結果に他ならないから、差押え後は、設定者の使用・収益権限に制限を加えて、抵当権の効力を強化すべき点で、両者を区別する理由はないと主張している。たしかに元物の使用収益の結果という点では、法定果実と天然果実とで差異はない。また、私見としても天然果実と法定果実を一元的に取扱うべきであるという考え方自体は理解できる。しかし、両者は全く性質の異なるものであり、本来は本体不動産の付加一体物としての性格を持つ天然果実はそれ自体を独立して差押えることはできないため、不動産競売に基づく本体不動産の差押えが必要となるが、本来設定者の賃借人に対する権利としての性格を持つ賃料債権は本体不動産からは独立した存在であり、不動産競売に基づく本体不動産の差押えの必要性について疑問である。よって、不動産競売に基づく差押えをきっかけとして両者について抵当権の効力が及ぶと解釈することには問題が多いといえる。また、民法三〇四条一項但書が要求する差押えを抵当権の実行として位置づけるべきとする私見の立場からも、この説は支持することができない。なお、民法改正規定三七一条については、既述の通りである。

③　減価要件説について

抵当権設定登記以後に締結された賃貸借契約から生じる賃料債権に対してのみ物上代位権を認めるとする減価要件説は、かなり説得力があると思われる。しかしながらこの説は、実務上の問題を多く抱えている。とくに借家権の場合、抵当権と賃借権との対抗要件の具備の先後によって物上代位の可否を決定することは実務上困難であると思われる。さらに、この説を厳格に推し進めるならば、抵当権設定後の賃貸借契約の締結によって生じた目的物の価格の下落分を越えて賃料債権に対する物上代位を認めることができないと解すべきであると思われるが、実際にその下落分がいくらであるかという判断は微妙なものであり、実務上、実効性に乏しいと思える。また、同説では抵当権設定後に締結された賃貸借による価値の下落について交換価値のなし崩し的実現であるとされているが、抵当権の把握する交換価値は、抵当権設定時点での価値であるとする点で、抵当権実行の時点の交換価値を把握するものであるという私見とは食い違いがあり支持できない。

以上の考察から、賃料債権に対する抵当権の物上代位の可否について基本的に肯定説を支持するが、賃料債権に対して抵当権者の物上代位を無条件で認めた「平成元年最判」の判旨および従来の肯定説の考え方については若干疑問が残る。

まず、「平成元年最判」は、先取特権と抵当権がともに非占有担保権であることを理由に先取特権について規定された民法三〇四条を民法三七二条によって抵当権に準用することにつき特に問題がないことのみを根拠に無条件肯定説を採っている。

しかし、右のような民法三〇四条の文言の解釈論を採れば、同条で「賃料」と並列されている「売却代金」

についても抵当権者の物上代位を認めざるを得なくなる。ところが、先取特権の場合には、目的物が売却されるとその追及力はもたないが、抵当権の場合には、先取特権と違って目的物に対して追及することができる。このため立法論としてはこの適用を削除すべきとするもの[26]や、解釈上も全面的に否定すべきとする見解が有力である[27]。また、取引の実際においても、抵当権の付着している物を売買する場合には、買受人は、抵当目的物に付着している抵当債権額だけ控除して購入するのが一般的であって、そのような配慮なしに買い受けるものはまずいないことから考えても、債務者の受け取る売却代金に代位させることは適当ではないと思われ、抵当権者が売却代金から優先弁済を受けたいのであれば代価弁済によるべきであるという指摘もある[28]。よって民法三〇四条の文言は抵当権の性質に即して修正して解釈すべきであるという意見も一応の考慮に値するが（かといって否定説のように条文文言を全面的に否定することは許されないが）、条文文言は肯定説を採る根拠のうちの一つになり得ても、そのことのみで肯定説を決定づけるには無理があるといえる。

さらに、肯定説で述べられていた「なし崩し的実現化」については、物上代位は、抵当目的物の交換価値の変形物への追及を意味するという理解のもとに、保険金請求権を典型とする保障的構成を賃料債権の場合に持ち込んだものであるとされている[29]。それでは被担保債権の弁済期到来前でも賃料に対して物上代位が可能であるかのように捉えられることになる。たしかに、保険金請求権のように不動産本体の価値を補填するものであれば、被担保債権の弁済期到来前でも価値支配権を保全するために物上代位権の行使が必要である。しかし、この論理は賃料債権には妥当しない。なぜなら、賃料債権に物上代位ができなくても、抵当不動産本体の競売はなんら影響を受けないからである。賃料債権の特質を考慮すれば、抵当不動産の実行が行える状態にない段階で、保全的な差押えを行う必要は通常存在しない。よって、賃料への物上代位を肯定する根拠として「なし崩し的実現化」という保障的構成をとることには問題があるといえる。

賃料債権に対する物上代位を肯定する理由は、第一に、前節で述べた通り、抵当権の効力が潜在的に賃料に対して及んでいると構成しうる点である。よって賃料債権への物上代位は抵当権の本来の効力として当然に認められると考えるべきであろう。

第二に、当事者間の公平の観点から物上代位を認めることが適当であると考えられる点である。物上代位権の行使は、被担保債権の履行遅滞が要件であるので、債務者が債務を履行している限り、担保権は実行されないのが原則で、これにより、担保権設定者の保護が図られている。しかし、債務不履行があったときは、担保権が実行され、担保物のすべての価値は、被担保債権額を限度に、すべて担保権者に帰属する。結局のところ担保権者と担保権設定者との公平は、被担保債権が履行されるかどうかによって図られるというのが基本原則である。ここで、担保権の効力が強すぎると考えるのであれば、約定担保権である限り、債務者はかかる契約をしなければよいのであり、担保権設定者にとって不都合な規定があれば特約で排除することも可能である。担保権設定者の利益は、債務不履行をしない限りで正当なものとして保護の必要があるが、債務不履行があれば抵当権者は競売の申立も可能であり、競落されれば賃料債権は競落人が受け取るべきものである。したがって、「抵当権者が競売申立権を留保しているとみられる以上、競落までは抵当権者が受け取れるべきとしても妥当である」[30]との理解を認めるべきであろう。

第三に、代替的な担保手段が存在しないことが挙げられる。賃料債権を担保化する手法としては、他に、質権、譲渡担保権の設定を受けることが考えられるが、その場合、債権者が優先権を確保するためには、その設定と同時に、確定日付のある証書をもって設定者から第三債務者（賃借人）に対して通知するか、第三債務者の承諾を得ておかなければならない。しかし、一般に、第三債務者に対して質権または譲渡担保設定通知を発することは設定者の信用を傷つけることになる。また、債務者について信用危機が訪れた後に対抗要件を具備したとしても、当然のことながら、それ以前に対抗要件を具備した賃料債権の譲受人や差押債権者には対抗することができなくなる。この点、物上代位によるときは、債務不履行後に物上代位の手続きをとることによって、一般債権者との関係で優先性を保全することができ、債権者にとって有利であるばかりでなく、設定者にとっても、信用危機前に賃借人等に債務状態を知られずにすむという利点がある。このことは実務上には、重要な意義を有するものであると思われる。

以上、物上代位を肯定する根拠を述べたが、賃料に物上代位を行使することについて問題点も多いことは否定できない。物上代位は、民事執行法一九三条所定の手続きによるものであるが、手続きの性質上、専ら抵当権者の利益に資するものとなっており、収益から満足を受けるという抵当権者の要求自体は満たされるが、基本的に、目的物所有者その他の利害関係人に対する配慮はなされていない。加えて、優先権であるため、物上代位がなされると一般債権者の申立による強制管理手続きは取り消され、収益たる賃料はもちろん、抵当物件の管理に要する費用に至るまで抵当権者に回収されることとなる。また、物上代位では目的物所有者が賃貸人となる例が多いが、所有者から占有、使用収益権を剥奪して専門家の手に委ねる強制管理制度に比べ、執行妨害が生じやすく、収益が上がりにくいとの指摘もある[31]。したがって、より合理的に収益から債権回収を実現しようとすれば、抵当権者を一般債権者による強制管理手続きに参加させ、同一手続き内で優先権を主張できるようにするか若しくは抵当権者による強制管理制度を創設する必要性が高いと思われる[32]。

今回の改正では、不動産を目的とする担保権の実行の手段として、担保不動産競売のほかに、担保不動産の収益から優先弁済を受けるための強制管理類似の手続きの担保不動産収益執行の手続きを創設し、両者を別個独立の手続きとして、債権者はどちらかを選択して実行することができるとした（民事執行法改正規定一八〇条）。

さらに、今回の改正においては、賃料に対する物上代位を否定せずに調整規定を置いた。すなわち、強制管理の開始決定の効力が給付義務者に対して効力が生じたときは、給付請求権に対する差押命令であって既に効力が生じていたものは、その効力を停止するとし、その差押債権者およびその差押命令が効力を停止する時までにその債権執行の手続きにおいて配当要求をした債権者等は強制管理の手続きにおいて配当等を受けることができるとした（民事執行法改正規定九三条の四）。

(26) 我妻栄『担保物権法』二八一頁（一九三六年）。
(27) 鈴木禄弥『抵当権制度の研究』一一八頁（一九六八年）。
(28) 高木多喜男『担保物権法』一二五頁（一九八四年）。
(29) 高橋眞「賃料債権に対する物上代位の構成について」金融法務事情一五一六号六頁（一九九八年）。
高橋教授は、価値変形物（代償的価値）のみを典型とした本質論は、賃料に対する物上代位の可否の争点を賃料の交換価値の実現と捉えうるか否かというような議論に導くなど、賃料のような「派生的価値」に対する物上代位の問題にとって適合しないものになっていると指摘されている。
(30) 佐久間弘道「賃料債権の譲渡に優先する抵当権者の物上代位権の問題点と賃借人の相殺権（二・完）」國學院法學三八巻第四号四四頁（二〇〇一年）。
(31) 梶山玉香「抵当権者による収益型債権回収について」同志社法学四九巻六号（一九九八年）。
(32) 法制審議会の担保・執行法制部会は、平成一四年三月一九日、担保法及び執行法制に関する事項について、「担保・執行法制の見直しに関する要綱中間試案」（以下、要綱中間試案とする）を取りまとめ公表したが、そのなかで抵当権の実行に係る手続きとして強制管理に類する手続きについても触れられている。

要綱中間試案では、抵当不動産の収益に対する抵当権の効力に対して以下のような案が出されていた。

a　抵当権の実行に係る手続きとして強制管理について類するものを設けることとする場合において、その内容をどのようなものとするか。

（A案）　民事執行法における強制管理と同様に、競売とは別個の、抵当権者が不動産の収益から優先弁済を受けるための手続きとする。

（B案）　競売に付随して、差押え後売却までの間において抵当権者が不動産の収益から優先弁済を受けるための手続きとする。

b　抵当権の実行に係る手続きとして強制管理に類するものを設けることとする場合において、抵当権に基づく賃料に対する物上代位の在り方の見直しをする必要があるか。

（A案）　抵当不動産の賃料に対する物上代位は認めつつ、賃料に対する物上代位と強制管理に類する手続きについての調整規定を設けることとする。

（B案）　抵当不動産の賃料に対する抵当権の効力については、強制管理に類する手続きによってのみ実現すべきものとし、賃料に対する物上代位は認めないものとする。

これらについて私見を述べれば、まずaについては、収益に対する効力も抵当権の本来的な効力に位置づけられるべきであるという立場から競売と収益管理を同列に位置づけるA案に賛成する。被担保債権が債務不履行になった以降は、抵当権設定者の使用収益権も制限され、抵当権者が目的物の使用収益権から優先弁済を受けることができるものと解するべきである。したがって、競売手続きとは別個に抵当権者が不動産の収益から優先弁済を受けるための手続きとするべきであると考える。

つぎにbについてであるが、抵当権に基づく賃料に対する物上代位は、抵当権の実現の方法として、判例・実務において充分定着しているものと考える。また、抵当権の実行としての強制管理に類する手続きが設けられたとしても、小規模あるいは賃借人など当事者が少数のときは依然として物上代位による執行によることが適切な場合もあり、物上代位は並存すべきものと考える。よってA案を支持したい。

六　おわりに

本稿では、これまで賃料に対する抵当権の物上代位についての考察を行ってきたが、おわりに賃料債権への物上代位をめぐる利益状況について若干の検討を行いたい。

鎌田薫教授は、この点について、「被担保債権の履行が遅滞している以上、目的物が売却されてもやむをえない状況に陥っている抵当不動産所有者にしてみれば、抵当権者が賃料債権に物上代位をしてきても、それによって本来取得すべき賃料収入が不当に奪われたということはできないだけでなく、本来ならば失ってもやむを得なかった目的物の所有権を保持することができ、しかも競売による売却価格の目減りの危険や賃借人とのトラブルを回避できるという点で、目的物全体について抵当権を実行される場合よりはるかに有利であるといってよい。賃借人とくに抵当権者に対抗することができない賃借人にとっても、賃借不動産が売却されるよりもはるかに有利であろう。(33)」と述べられている。

もし、抵当権の収益に対する効力を否定するならば、今回の改正以前では抵当権者が被担保債権を回収する手段は競売による方法のみであった。現在のように不動産価格が下落し、競売を行っても廉価でしか落札されないであろう状況において、無理に売ったところで、設定者は使用収益権能を含めて、所有権そのものが失われることになる。さらに、抵当権に対抗できない利用権も消滅することで賃借人も不利益を被るであろう。それでも、被担保債権の満足が得られるのであれば、少なくとも抵当権者にとっては利益があるが、被担保債権の満足が得られない場合、無理に低額で売却したとしても、結局のところ、誰の利益にもならない。売却しても誰も得をしないのであれば、売却せずに債権回収を図るほうがはるかに合理的であり、こうした観点からも抵当権の収益に対する効力は肯定すべきであると考える。今回の改正で本主題に関係する部分については、ほぼ**五**で述べた趣旨に沿うものであり、評価しうるものであろう。

本稿は、はじめにお断りしたように、本主題に関係する部分に限り、今回の改正についてふれている。そこで、生態長幸教授の「そもそも本格的な収益管理制度は、賃貸不動産の競売により抵当権に後れて設定された賃借権が消滅し、買受人は敷金返還義務を一切承継しないものとするような法制（短期賃借権保護単純廃止）とはマッチしないのではないか[34]」との指摘に対する今回の改正全体への検討、考察は、紙幅の関係上、他日を期したい。

（33）　鎌田・前掲注（6）六八頁。
（34）　生態・前掲研究書三二九頁。

7 共同抵当における異時配当の問題点

――配当計算と代位の登記を中心に――

仁瓶五郎

下森定 編集代表『現代民事法学の構想』内山尚三先生追悼
二〇〇四年一一月 信山社

はじめに

共同抵当権は一個の抵当権ではなく、たとえば一個の金銭債権を担保するため甲・乙・丙三筆の土地に抵当権が設定された場合、それぞれ三個の抵当権が独立して成立し、この三つの抵当権を総称して共同抵当権と呼んでいる。この一物一権主義から導かれる各抵当権の独立性により、共同抵当権者は、その全部の抵当権を同時に実行して債権全額の配当を要求することも（同時配当）、一部の抵当権を実行して債権全額の配当を求めることもできる（異時配当）。

こうした選択主義を尊重しつつ、共同抵当不動産の担保価値に利害関係を持つ後順位抵当者等の利益の保護を図るため、民法三九二条は、その一項で同時配当の場合につき各不動産がその価額に応じて共同抵当権者の債権を按分して負担することとし、二項後段では異時配当の場合に後順位抵当権者等が同時配当の場合に受けることができる範囲で先順位共同抵当権に代位できるものとしたのである（左記我妻・四二六〜四二八頁、新注民・六一四〜六一五頁などの学説、伊藤ほか・五一〇〜五一一頁、その他の執行実務書及び大判大正一五年四月八日民集五巻九号五七五頁など、異論を見ない）。そして三九三条は、三九二条二項後段により先順位共同抵当権に代位した後順位抵当権者等の対抗要件を定めた規定であること、もちろんである。

私も過去にやや詳細な研究を発表したことがあるが（「共同抵当と三九二条の適用範囲」平成三年酒井書店刊・物権法重要論点研究所収）、その後、二つの重要な最高裁判決が出された。

すなわち後に述べるように、異時配当に関する三九二条二項は共同抵当不動産のすべてが債務者の所有に属する場合に限り適用され、物上保証人の不動産が共同抵当不動産の全部又は一部を構成している場合には適用されないというのが確立した判例理論である、とされていたところ、最判平成四年一一月六日民集四六巻八号二六二五頁は、共同抵当不動産のすべてが同一物上保証人に属するときにも物上保証人に不測の損害を与えることがない等の理由で三九二条二項の適用があると判示した。その後、最判平成一四年一〇月二二日金判一一六二号三頁は、異なる物上保証人に属する共同抵当不動産の同時配当の事案で、三九二条一項の「不動産ノ価額」及び配当額の計算方法につき、いわゆる「行使債権説」を採用した原審を破棄し、通説が採用する「不動産価額按分説」に基くことを明らかにしている。

そこで、上掲拙稿に述べた私見は基本的に変わらないものの、まずは一で同時配当と異時配当の意義を確認したうえで、上記二つの最高裁判決を踏まえ、二以下で異時配当の争点を、配当計算と代位の登記を中心に目次所掲の事項について再検討を試みることとした。

本稿で引用する主要文献の略称は次の通りであり（なお、単行本の発行年は原則として初版・改訂版等すべて一刷の年とした）、その他については引用の都度、明示する。

＊伊藤ほか……伊藤善博＝松井清明＝古島正彦共著・裁判所書記官研修所監修・不動産執行における配当に関する研究（一九八五年、法曹会）

＊奥田……奥田昌道・債権総論増補版（一九九二年、悠々社）

＊香川……香川保一・新版担保（一九六一年、金融財政事情研究会）

＊香川編・不登……香川保一編・不動産登記実務総覧（一九八〇年、キンザイ）

＊佐久間……佐久間弘道・共同抵当の理論と実務（一九九五年、金融財政事情研究会）

＊新注民……柚木馨＝高木多喜男編・新注釈民法9（一九九八年、有斐閣・本稿引用部分は高木執筆）
＊竹下……竹下守夫・担保権と民事執行・倒産手続（一九九四年、有斐閣）
＊滝澤……滝澤孝臣・曹時四六巻九号（一九九四年）一四八頁以下・これは上記平成四年一一月六日民集四六巻八号二六二五頁の調査官解説である
＊富越……富越和厚「共同抵当をめぐる判例上の問題点」加藤一郎＝林良平編・担保法大系第一巻（一九八四年金融財政事情研究会）所収
＊判コン……我妻栄編著・判例コンメンタールⅢ（一九六八年、日本評論社、本稿引用部分は清水誠執筆）
＊我妻……我妻栄・新訂担保物権法（一九六八年、岩波書店）

一　同時配当と異時配当の意義

民法三九二条一項（同時配当）　債権者が同一の債権の担保として数個の不動産の上に抵当権を有する場合において、同時にその代価を配当すべきときは、その各不動産の価額に準じてその債権の負担を分かつ。

二項（異時配当）　或る不動産の代価のみを配当すべきときは、抵当権者は、その代価につき債権の全部の弁済を受けることができる。

この場合において次の順位にある抵当権者は、前項の規定に従い、右の抵当権者が他の不動産につき弁済を受けることができる金額に満つるまでこれ（他の不動産に設定された共同抵当権）に代位して抵当権を行うことができる。

(1) 同時配当とは

共同抵当不動産のすべてを売却して民法三九二条一項にいう「同時にその代価を配当すべきとき」を同時配当といい、民法学では共同抵当の目的たる不動産の全部について競売が行われ、それぞれについての競売代金の総額が関係債権者に配当される場合である、と説明されている(例えば我妻・四三四頁)。

すなわち、抵当権者は、通常、抵当権が登記(仮登記を除く)されている登記簿の謄本を執行裁判所に提出して抵当不動産の競売を申請する(民執一八一条一項三号)。ここにおいて例えばSに対する一個の債権を担保するため甲・乙・丙三筆の土地に共同抵当権を有するAがその全部について競売を申立てた場合、執行裁判所による不動産の評価、最低売却価額の決定、売却手続、売却許可手続などは、すべての不動産ごとに各別に行われる(これを個別売却という)が、ここにおいて裁判所が配当期日を同一日に指定し、配当手続きを併合して実施する時は、民法三九二条一項の同時配当に該当する(竹下・四七~四八頁参照)。また、競売の申立てがなされた数個の不動産につき、互いに隣接し一体として利用されている数筆の土地など、裁判所が相互の利用上一括して同一の買受人に買受させることが経済的利益に合致するとして行う一括売却(民執六一条)の場合も同時配当に該当するので、民法三九二条一項の適用があることは勿論である。その他、一般債権者等による別異の強制執行の申立てに基づき共同抵当不動産の全部が売却されても、手続きが併合されて配当が同時に行われるときは、やはり同時配当に該当する(我妻・四三四頁)。

⑵　異時配当とは

これに対し、異時配当とは、民法学上、共同抵当の目的たる数個の不動産のうち或る一部の不動産の競売代価を配当する場合で、民法三九二条二項の適用がある、と説明されている（例えば我妻・四四一頁）。上例における甲・乙・丙地につき各別に競売の申立てがなされて異なった日時に配当が行われる場合は勿論、たとえばAが一つの手続きによって甲・乙・丙地すべての競売を申立てたが配当手続が併合されない時は、売却代金の納付があった不動産から順次配当手続が行われるので（民執規則五九条参照）、この場合は民法三九二条二項の「ある不動産の代価のみを配当すべきとき」、つまり異時配当に該当する（竹下・四八〜四九頁）。

以上の典型的なケースを大まかにまとめれば次の通りである（なお、伊藤ほか・五一三〜五一四頁参照）。

〈同時配当に該当するとき〉

イ　共同抵当権者により共同抵当不動産の全部について競売申立てがなされ、個別売却が行われるが、配当手続は併合される場合

ロ　同上の競売申立てがなされ、一括売却が行われる場合

ハ　別異の申立てに基づき共同抵当不動産の全部について個別売却が行われるが、配当手続は併合される場合

〈異時配当に該当するとき〉

イ　共同抵当権者により共同抵当不動産の全部について競売申立てがなされて個別売却が行われ、配当手続も併合されない場合

ロ　別異の申立てに基づき共同抵当不動産の全部について個別売却がなされ、配当手続も併合されない場合

ハ　共同抵当不動産の一個又は数個について競売及び配当が行われる場合

（注）鈴木禄弥・物権法講義三訂版（一九九一年　創文社）二〇〇頁は、民執六一条に基づく一括競売の場合を除き、同時配当が行われることは殆どない、と指摘している。そのせいか、判例も異時配当に関する事案が多い。

二　代位の意義及び時期ならびに代位する者

(1)　判　例

大正一五年四月八日大審院連合部判決（民集五巻九号五七五頁……この評釈として我妻栄・民法判例評釈Ⅰ（一九五六年　一粒社）四三三頁参照）によると、(a)民法四九二条二項後段にいう代位とは、先順位抵当権が後順位抵当権者に法律上当然に移転することであり、(b)移転する時期は先順位抵当権者がその債権の完済を受けたときであるが、(c)或る共同抵当不動産の売却により先順位共同抵当権者が一部弁済を受けたときは、当該不動産の後順位抵当権者は、将来、先順位共同抵当権者が全部弁済を受けたときに他の共同抵当不動産上の共同抵当権に代位しうる地位（停止条件付抵当権）を保全するため、不登二条二号（新一〇五条二号）に基づきその共同抵当権に代位付記の仮登記（不登一一九条ノ四、新九一条参照）をすることができる、としている。

(2)　学　説

①　法定移転と代位する者　　三九二条二項後段にいう代位とは、共同抵当不動産の一部が売却されて共同

抵当権者の債権が完済された場合、他の共同抵当権が法律上当然に移転する、という点については異論を見ない。しかし移転する相手方、つまり共同抵当権に代位する者は、法文上「次の順位にある者」とされているが、我妻・四四三頁、香川・五二九〜五〇三頁、新注民・六二〇〜六二一頁など通説は、同時配当の場合に受けられる筈の配当額が異時配当によって減少するときは、当該売却された共同抵当不動産の後順位抵当権者であれば次順位抵当権者に限らず、また、売却された不動産の同順位抵当権者も代位できる、としている。

共同抵当不動産に抵当権を有する者が、異時配当の際に同時配当のときよりも不利にならないよう配慮したのが三九二条二項の趣旨であることからすれば、極めて妥当な見解といえよう。したがって、一番でAの共同抵当権が設定されている甲・乙両地のうち、甲地には二番でBの、三番でCの抵当権が、乙地には一番でDの抵当権が設定されている場合において、たとえば甲地が売却されてAの債権が完済された場合、BのみならずCもAの乙地一番抵当権に代位して、後日、乙地が売却されたならば、同時配当の場合にAが乙地の代金から受けることができた配当金（詳しくは左記三参照）を受けることができる（大判大正一一年二月一三日新聞一九六九号二〇頁もCについてこのことを認めている）。また先に乙地が売却さてAが一部弁済を受けた場合、Dは、後に甲地が売却されたときにAが同時配当なら受けることができた配当金について下記三の範囲でこれを受けることができる（以下、同順位者を含め後順位者等という）。

②　代位する時期と代位の登記　このことについて香川・五三五〜五三七頁及び五七五〜五七七頁ならびに香川・不登四五三頁は、後順位者等が代位するのは共同抵当権者が債権の完済を受けたときであるが、将来共同抵当権に代位できるという地位を保全するため、代位付記の仮登記（不登一一九条ノ四・二条二号、新九一条・一〇五条二号参照）をすることができるのは自己の後順位抵当権等が設定されたときであり、共同抵当権

者が完済を受けたときにこの仮登記を本登記にすることができる、としている。これによれば、上例のB～Dは、何れも自己の抵当権設定登記を受けたときにBとCはAの乙地抵当権に、DはAの甲地抵当権に代位付記の仮登記を行うことができる（なお、登記実務では甲地の次順位者Bの抵当権設定時における代位付記の仮登記を認めている……登研四五九号（一九八六年）九八頁）。その後、たとえばまず乙地が売却されてその代金でAが完済を受けると、Dは、Aの甲地抵当権に行っていた代位付記の仮登記を本登記に改めたうえ、自らAの甲地抵当権を実行し、あるいはB等が甲地を売却した際に、甲・乙両地が売却されて同時配当が行われたならばAに対して行われるべき配当のうち下記三を限度とした配当額をB等に優先して受けることができる。

他方、我妻四五一～四五三頁は、或る共同抵当不動産の売却により共同抵当権者が一部弁済を受けたときは、当該不動産の後順位者等は直ちに他の共同抵当権に代位付記の本登記をすることができ、その後、当該登記のなされた抵当権は、共同抵当権者と代位した後順位者等との準共有となる、としている。これによると、上例のDは、乙地が売却されてAが一部弁済を受けると、直ちにAの甲地抵当権に代位付記の本登記を行い、これを行使することができる。そしてその甲地代金からまずAの残債権に対する配当が行われ、次いで甲・乙両地が売却されて同時配当が行われたならばAに配当されたであろう額からすでにAに配当された額を控除した残額について、Dは、B等に優先して配当を受けることができることとなる。

このことについて我妻説を支持するものもあるが（川井健・担保物権法（一九七五年、青林書院新社）一四七頁）、多数説は、たとえば共同抵当権者が一部の抵当権を放棄してその登記を抹消しようとしても、当該抵当権に代位付記の仮登記があればその登記名義人の承諾を得なければならない（不登一四六条一項、新六八条）ので後順位者等の保護の観点から見て香川説が優れており、また、共同抵当権者が一部弁済しか受けてない段階で後順位者等に共同抵当権の行使を認めるのは行き過ぎであるとして我妻説を批判している（高木多喜男・新版担保物権法（一九九三年、有斐閣）二三五頁及び二三七頁ならびに同所所掲の文献参照）。

私としては香川説を支持する多数説の理由付けに説得力を認め、これを採りたい。なお、先順位共同抵当権者が一部の抵当権を放棄した場合、当該抵当権に代位することができた後順位抵当権者の保護に関する大判昭和一一年七月一四日民集一五巻一七号一四〇九頁、最判平成三年三月二二日民集四五巻三号三二二頁などの判例及びこれらをめぐる学説については、佐久間弘道・ジュリ増刊号「担保法の判例Ⅰ」（一九九四年）一一七頁以下が詳細である。

三　代位額の上限

異時配当の場合に後順位者等が共同抵当権に代位することのできる限度額は、共同抵当権者が代位対象の不動産から同時配当の場合に受けることのできた配当額から共同抵当権者への配当を控除した額の範囲内で、かつ、同時配当が行われたならば代位者が本来、自己の抵当不動産から受けることができた配当額を限度とする（伊藤ほか五四九頁）。

たとえばAの二一〇〇万円の債権担保として甲・乙両地に一番で共同抵当権が設定されており、乙地にはBの一〇〇〇万円の債権担保のための二番抵当権が設定されていたとしよう。まず乙地が二〇〇〇万円で売却されるとそのすべてがAに配当される（民三七三条一項）。その後、甲地が一〇〇〇万円で売却された場合、同時配当であれば、三九二条一項により、Aへの配当は、甲地代金から二一〇〇万円（Aの債権額）×一〇〇〇万円（甲地代金）÷三〇〇〇万円（甲・乙両地の代金合計）＝七〇〇万円となり、ここからまずAに残債権一〇〇万円が、次いで残金六〇〇万円がAの甲地一番抵当権に代位していたBに配当され、配当剰余金三〇〇万円は、甲地代金に対して配当要求をしていた一般債権者に債権額に応じて按分配当される（富越・六七七頁）。なぜならBは、同時配当がなされていれば自己の抵当不動産である乙地代金二〇〇〇万円のうち一番抵当権者であるAへの配当二一〇〇万円×二〇〇〇万円÷三〇〇〇万円＝一四〇〇万円を控除した六〇〇万円の配当を予測ないし期待していた筈なので、この額を超える配当がなくても不測の損害を受けたことにはならないからである（我妻・四四一頁参照）。

四　売却代金と不動産の価額

民法三九二条一項の「不動産の価額」とは、各不動産の売却代金から共益費用となる執行費用を控除した額であるが、先順位抵当権者など共同抵当権者に優先する債権者がいるときは、その債権額を控除した額であり（売却代金－（執行費用＋優先債権額）＝不動産の価額）、後順位抵当権者など共同抵当権者に劣後する債権者がいるときは、これを無視すればよい。このことは民法三七三条一項からして当然であり、異論を見ない（富越・六五七頁、伊藤ほか五一七～五一八頁参照）。

ここでやや注意すべきは、上記の式のうち、一括売却が行われたときの「売却代金」と、共同抵当不動産の一部に同順位抵当権が設定されているときの「不動産の価額」の二点である。以下、前者については明文があるので簡単に、後者については後の⑵で見るように平成一四年一〇月の最高裁判決が出るまで争われたところなので、やや詳しく説明しよう。

(1) 一括売却時の各不動産の「売却代金」

共同抵当不動産の全部が一括売却された場合、各不動産の売却代金の額は、競売されたすべての不動産の売却代金の総額を各不動産の最低売却価額（民執六〇条参照）に応じて按分した額である（同八六条二項）。したがって、各不動産の売却代金は、次式により算出される。

〈全不動産の売却代金総額×各不動産の最低売却価額÷全不動産の最低売却価額の合計〉

したがって、執行裁判所が各共同抵当不動産の最低売却価額を甲地＝三〇〇〇万円、乙地＝二〇〇〇万円、丙地＝三〇〇〇万円、計八〇〇〇円と定めて一括売却したところ、実際の売却代金総額が一億円であった場合、各不動産の売却代金は、次のようになる。

甲地＝一億万円×三〇〇〇万円÷八〇〇〇万円＝三七五〇万円
乙地＝一億万円×二〇〇〇万円÷八〇〇〇円＝二五〇〇万円
丙地＝一億万円×三〇〇〇万円÷八〇〇〇万円＝三七五〇万円

(2) 同順位抵当権者がいるときの「不動産の価額」

次の基準例により説明しよう。

基準例一　左図のようにAの四〇〇〇万円の債権担保として甲地に二番、乙及び丙地に各一番で共同抵当権が設定されているほか、甲地には一番でB、乙地には二番でC、丙地には一番でDの抵当権が設定されており、B～Dの債権額はいずれも二〇〇〇万円で、売却代金（執行費用は省略。以下同じ）は甲地三〇〇〇万円、乙地二〇〇〇万円、丙地三〇〇〇万円とし、これらが同時配当されたとする。

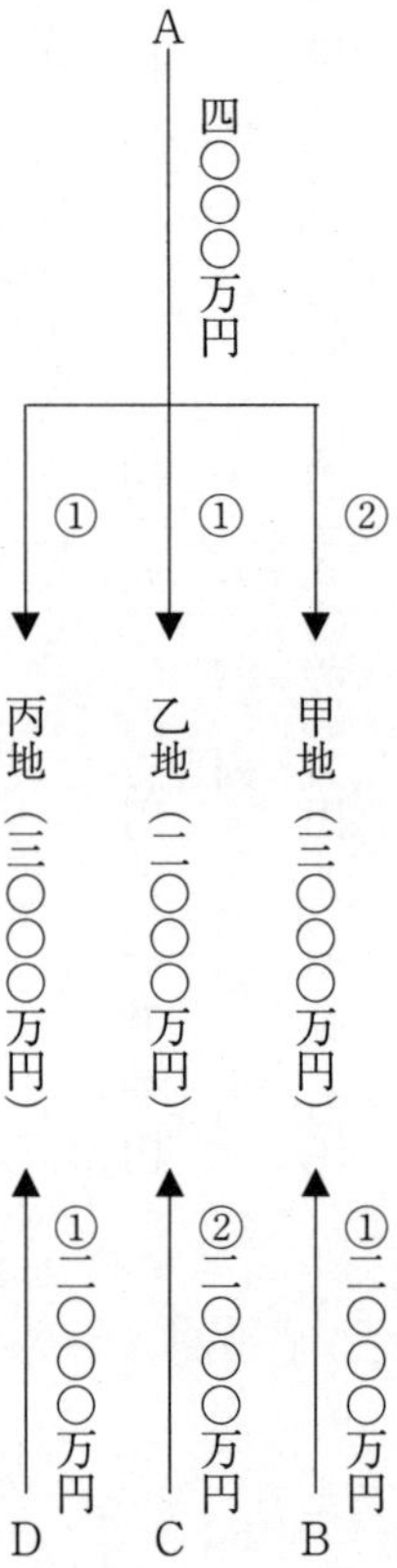

なお、以下にいう「不動産価額按分説」「行使債権説」及び「行使債権額」という用語は、佐久間弘道・共同抵当の代価の配当についての研究（一九九二年、第一勧銀総合研究所）三六頁に初めて用いられたように思うが、同書は非売品であるうえ、そのほぼすべてが本稿の冒頭に記した同・共同抵当の理論と実務に取り込まれているので（上記用語については四三七頁にある）、後書のみを引用文献とした。

①　不動産価額按分説

我妻・四三七頁、新注民・六一九頁などの学説は、同順位抵当権が設定されている丙地については、まずその売却代金三〇〇〇万円を共同抵当権者Aの債権額四〇〇〇万円と同順位抵当権者Dの債権額二〇〇〇万円の比率で按分し、Aにはその按分額をもって丙地の不動産価額としたうえ、次いで甲・乙・丙地の不動産価額

表１：同時配当の場合の不動産価額按分説によるＡ～Ｄへの配当額
（①～②は配当順位）

債　権　額	甲地3000万円	乙地2000万円	丙地3000万円	配　当　額　計
Ａ＝4000万円	②　800万円	①1600万円	①1600万円	4000万円
Ｂ＝2000万円	①2000万円	―――	―――	2000万円
Ｃ＝2000万円	―――	②　400万円	―――	400万円
Ｄ＝2000万円	―――	―――	①1400万円	1400万円
配当剰余金	200万円	―――	―――	―――

に従ってＡの債権額に対する配当額を割り付ければよい、としている。これを基準例一についていうと、

イ　Ａにとっての不動産の価額（配当対象額のこと）

＊甲地＝三〇〇〇万円（甲地代金）－二〇〇〇万円（先順位者Ｂの債権額）＝一〇〇〇万円

＊乙地＝二〇〇〇万円（乙地代金）

＊丙地＝三〇〇〇万円（丙地代金）×四〇〇〇万円（Ａの債権額）÷六〇〇〇万円（ＡとＤの債権額の合計）＝二〇〇〇万円

ロ　Ａへの配当額……Ａの債権額×各抵当地の価額（上記イ）÷各抵当地の価額の合計額

＊甲地代金からは四〇〇〇万円×一〇〇〇万円÷五〇〇〇万円＝八〇〇万円

＊乙地代金からは四〇〇〇万円×二〇〇〇万円÷五〇〇〇万円＝一六〇〇万円

＊丙地代金からは四〇〇〇万円×二〇〇〇万円÷五〇〇〇万円＝一六〇〇万円

ハ　Ｂ～Ｄへの配当額

＊Ｂへは甲地代金三〇〇〇万円から一番抵当権者なので債権全額の二〇〇〇万円

＊Cへは乙地代金二〇〇〇万円から一番抵当権者Aへの配当額を控除した四〇〇万円
＊Dへは丙地代金三〇〇〇万円から同順位のAへの配当額を控除した一四〇〇万円（民三六九条一項）

なお、甲地代金三〇〇〇万円中、AとBへの配当を控除した剰余二〇〇万円は、甲地代金への配当要求をしていた一般債権者にその債権額に応じて按分配当される。

② 行使債権説

これに対し執行関係の書、たとえば伊藤ほか・五二〇頁以下は、まず共同抵当権者Aの債権額を各共同抵当不動産の価額で按分した額（行使債権額）を算出してこれを原則的な配当額とする一方、共同抵当不動産のうち同順位の抵当権が設定されている丙地の抵当権者Dについては、その債権額をもって丙地への行使債権額とする。次いで同順位抵当権の設定されている不動産の価額（丙地三〇〇〇万円）が、共同抵当権者Aの行使債権額（丙地代金三〇〇〇万円×Aの債権額四〇〇〇万円÷AとDの債権額の合計六〇〇〇万円＝二〇〇〇万円）と同順位抵当権者Dの行使債権額二〇〇〇万円との合計以上であればそれぞれの行使債権額を当該不動産（丙地）からの配当額とし、合計額未満であれば当該不動産の価額（丙地三〇〇〇万円）を各同順位抵当権者の行使債権額で按分した額をもってそれぞれの配当額とする、としている。これを基準例一についていうと、

イ　Aの行使債権額……Aの債権額×各抵当地の価額÷甲・乙・丙地価額の合計

＊甲地に対しては四〇〇〇万円×一〇〇〇万円（甲地代金三〇〇〇万円から先順位者Bの債権額二〇〇〇万円を控除した額）÷六〇〇〇万円（甲地一〇〇〇万円、乙地二〇〇〇万円、丙地三〇〇〇万円（AとDとは何れも順位一番であるから、丙地代金をそのまま丙地の不動産の価額とする）の合計額）＝約六六七万円
＊乙地に対しては四〇〇〇万円×二〇〇〇万円÷六〇〇〇万円＝約一三三三万円

表2：同時配当の場合の行使債権説によるA～Dへの配当額
（イとハは本文参照）

債 権 額	甲地3000万円	乙地2000万円	丙地3000万円	配当額計
A＝4000万円	② 667万円：イ	①1333万円：イ	①1500万円：ハ	3500万円
B＝2000万円	①2000万円	———	———	2000万円
C＝2000万円	———	② 667万円	———	667万円
D＝2000万円	———	———	①1500万円：ハ	1500万円
配当剰余金	333万円	———	———	———

＊丙地に対しては四〇〇〇万円×三〇〇〇万円÷六〇〇〇万円＝二〇〇〇万円

ロ　Dの行使債権額

＊丙地に対して二〇〇〇万円

ハ　丙地代金の按分配当……丙地代金×A又はDの行使債権額÷AとDとの債権額の合計

丙地代金三〇〇〇万円は、丙地に対するA二〇〇〇万円とD二〇〇〇万円の行使債権額の合計四〇〇〇万円未満なので、この丙地代金三〇〇〇万円を各自の行使債権額で按分すると

A＝三〇〇〇万円×二〇〇〇万円÷四〇〇〇万円＝一五〇〇万円

D＝同　右

となって、AとDは何れも甲地代金三〇〇〇万円から一五〇〇万円ずつの配当を受ける（以上につき、表2参照）。

なお、甲地の配当剰余金は、甲地代金に対して配当要求をしていた一般債権者にその債権額に応じて按分配当される。

③　判　例

かくして**表1**及び**表2**に示したところからも明らかなように、何れの説を採るかによって配当額が大きく異なることとなり、実務に影響するところも

大きい。こうしたなか、すべて異なる物上保証人の所有に属する不動産に設定された共同抵当権の実行に伴う同時配当における配当額が争われた事案で、東京地判平成一二年九月一四日金法一六〇五号四五頁は、行使債権説を採ることを明らかにし、控訴審である東京高判平成一三年七月一七日金判一一二三号一九頁もこれを支持して「民法三九二条一項は、共同抵当の目的となっている各不動産について、まずその不動産に対して担保権を行使できる債権額を割り付けることを求めていると解することができるから、同順位の担保権者が存在する場合でも、同順位担保権者に対する配当額を考慮することなく、専ら優先債権に対する配当額を控除した額を考えて割付をし、各不動産に対して行使する債権額を確定させ、次いで各不動産ごとに配当額を確定する場面で、同順位担保権者との関係を処理するいわゆる行使債権説が、同条項の文理に沿うものということができる」と判示した。

これに対し、佐久間弘道・銀行法務21第五九六号（二〇〇一年）七四頁は、共同抵当権者について上記②・イのごとき行使債権額を算出するという方法は、抵当権不可分の原則から導き出される「目的不動産の一部または全部に対して被担保債権の全額を行使できる」という自由選択権に反するものであるうえ、実際の配当計算にも合理性を欠くので不動産価額按分説を採用すべきであると批判した（不動産価額按分説に基づく配当額の具体的計算例は、佐久間四一六頁以下が詳細である）。

他方、村田利喜弥・金法一六三六号（二〇〇二年）四三頁は、行使債権説のほうが民法三九二条一項の解釈として素直であるうえ、当事者の期待にも沿い、実務感覚にも合致する、として上記東京地判及び高判の立場を支持した（行使債権説に基づく配当額の具体的計算例は、伊藤ほか・五二〇頁以下が詳細である）。

そして上告審である最高裁は、平成一四年一〇月二二日、次のように前半の部分で不動産価額按分説によることを明らかにし、後半部分で行使債権説を批判したうえ、破棄・自判とした（金判一一六二号三頁、判時一八〇四号三四頁）。

「共同抵当の目的となった数個の不動産の代価を同時に配当すべき場合に、一個の不動産上にその共同抵当に係る抵当権と同順位の他の抵当権が存するときは、まず、当該一個の不動産の不動産価額を同順位の各抵当権の被担保債権額の割合に従って按分し、各抵当権により優先弁済権を主張することのできる不動産の価額（各抵当権者が把握した担保価値）を算定し、次に、民法三九二条一項に従い、共同抵当権者への按分額及びその余の不動産の価額に準じて共同抵当の共同抵当の被担保債権の負担を分けるべきものである（筆者注・不動産価額按分説）。これと異なる原審の計算方法（筆者注・行使債権説）は、共同抵当権の目的となる不動産上の同順位者に対して、共同抵当権に係る被担保債権金額を主張することを認めず、共同抵当に係る数個の不動産の代価の同時配当における負担分割の基礎となる不動産価額中に同順位者が優先弁済請求権を主張することができる金額（同順位者が把握した担保価値）を含ませる結果となるものであって、採用することができない。」

思うに、基準例一におけるAは、単純に甲地→乙地→丙地の順に売却すれば、どのような配当計算をもってしても債権四〇〇〇万円全額の完済を受けることができる。他方、これを同時配当とした場合、上記表1及び表2に示したとおり、不動産価額按分説であればAは債権全額の完済を受けることができるのに対し、行使債権説では五〇〇万円少ない三五〇〇万円となってしまう。このような不都合は、行使債権説が丙地にAと同順位抵当権を有するDにはその債権全額二〇〇〇万円を行使債権額として認めながら（上記②・ロ）、Aにはその債権額が四〇〇〇万円であるにもかかわらず行使債権額を二〇〇〇万円しか認めない（上記②・イ）という不均衡に起因していることは明らかであろう。このように行使債権説は、共同抵当権者はどの抵当不動産に対しても債権金額を行使できる、という基本原則に反しており、したがって不動産価額按分説をもって妥当というべきである。

かくして共同抵当不動産の一部に同順位抵当権が設定されているときの「不動産の価額」は、上記①の不動産価額按分説により算出し、これに基づいて各抵当不動産からの配当額を計算することで学説上の通説と最高裁の判決とが一致したのである。

④　最判の射程

この最高裁判決（以下、平成一四年最判と略）は、〈共同抵当の目的不動産が異なる物上保証人に属する事案において、同時配当が行われたとき〉の不動産の価額及び配当額を算定する方法につき不動産価額按分説を採用したものである。そのため、「本判決が、共同抵当不動産の所有者が異なる場合の同時配当一般について三九二条一項の適用を認めたものと解すべきではないだろう」（後藤巻則・法教二七二号（二〇〇三年）一一一頁）、あるいは「本判決によって採用された計算方法が広く同種の事案で用いられるかどうかは、慎重に判断すべきであろう」（梶山玉香・民商一二九巻三号（二〇〇三年）一〇一頁）といわれている。

もっともな指摘であるが、私は〈同順位抵当権が設定されている或る共同抵当不動産について共同抵当権者が把握している担保価値を算定する必要があるとき〉は、共同抵当不動産の所有者が異る場合でもこの平成一四年最判がいう「当該一個の不動産の不動産価額を同順位の各抵当権者の被担保債権の割合に従って按分し、各抵当権により優先弁済請求権を主張することのできる不動産の価額（各抵当権者が把握した担保価値）を算定し」各抵当不動産からの配当額を計算する、との考え方を適用すべきであると考える。このことは、共同抵当不動産の一部が債務者、一部が物上保証人に属する事例として、後記七・⑵・③・ハで触れることとする。

五 未売却不動産の代金の評価等

基準例二 下図のようにAの四〇〇〇万円の債権担保として甲地に二番、乙及び丙地に各一番で共同抵当権が設定されているほか、甲地には一番でB、乙地には二番でC、丙地には一番でDの抵当権が設定されており、B～Dの債権はいずれも二〇〇〇万円であったとする……ここまでは基準例一と同じ。但し、各抵当地の売却代金は未定とする

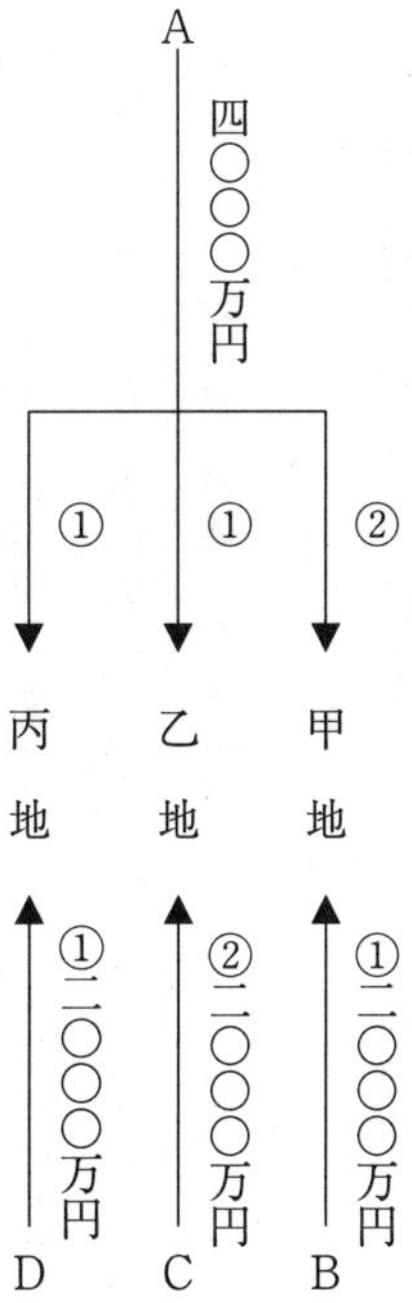

たとえば基準例二のAが乙地を競売して一部弁済を受けた場合、上記二・⑵・②でみた我妻・香川の何れの説によっても、CはAの甲及び丙地抵当権に代位付記の仮登記を行うことができる。しかし、この時点では両地とも競売されていないのでその売却代金は不明だから、甲・乙・丙地について同時配当が行われたときのAの債権に対する各地の負担額（Aが各地の売却代金から受けることのできる配当額）を算出することは不可能であり、もちろん、Cが甲及び丙地に有するAの抵当権に代位することのできる金額も不明である。

そこで我妻四四六～四四七頁は、Aが乙地を競売した時点で甲及び丙地の売却代金を評価し、ここで明らかとなった甲・乙・丙地の売却代金に基づいてAの債権に対する各地の負担額及び、CがAの甲・丙両地抵当権に代位することのできる金額を決めればよいとする（同旨、判コン四七六頁、新注民・六一九～六二〇頁）。

これに対し香川・五五二～五五三頁及び香川編・不登四二九～四三二頁は、乙地が競売された時点で将来売却される甲及び丙地の売却代金を合理的に評価する方法がなく、しかもここでCが甲及び丙地に代位付記の仮登記又は本登記をする際にその代位額を登記することもないのだから（民法三九三条の基づく代位付記の登記の記載例につき、伊藤ほか・五四七頁参照）、あえて甲及び丙地の売却代金を事前に評価する必要はなく、それらの抵当地が実際に競売されたときの売却代金に基づいてCの代位できる金額を算出すれば十分であるとしており（同旨、竹下・三八～三九頁、富越・六七八頁及び六九二～六九五頁）、執行実務者もこの説を支持している（伊藤など五四八～五四九頁）。

私としては、我妻説自らが認めているように、いまだ競売されていない不動産の売却代金を事前に正しく評価することがきわめて困難であること、また事前に評価しなくとも、たとえばCが甲又は丙地に代位できる金額を算出するのはそれらの不動産が実際に売却されてその代金が確定した時点で十分であることからして、香川説を妥当と考える。このことは、後記六・⑶で明らかとなろう。

六　代位の方法ないし内容

(1)　段階的代位

異時配当が行われた場合に同順位又は後順位の抵当権者が共同抵当権に代位するといっても、その方法ないし内容については必ずしも判然としていない、との指摘がある（滝澤・一七七頁の注27参照）。このことについて、判コン四八一頁以下は、後順位抵当権等が設定された段階、先順位共同抵当権者が一部弁済を受けた段階、そして全部弁済を受けた段階に分けて説明している。

すなわち基準例二についていうと、① 後順位抵当権者Cは、乙地に自己の抵当権設定を受けた段階で、将来、共同抵当権に代位することができるという期待権を取得し、これを保全するため不登一条二号（新一〇五条二号）に基づく甲及び丙地のAの共同抵当権への代位付記の仮登記をすることができる（判コン・四八一頁及び四九一頁）。もちろん、B及びDも、自己の抵当権を設定したときにBはAの乙及び丙地抵当権に、DはAの甲及び乙地抵当権に、それぞれ代位付記の仮登記をすることができる（前記二・⑵・②参照）。

②或る共同抵当不動産、たとえば乙地の売却により共同抵当権者Aに一部弁済が行われた段階では、残る共同抵当不動産甲又は丙地の売却によってAが全部弁済を受けた場合にAへの配当対象額に余剰を生じるときは、Cは、前記三でみた代位額の上限の範囲内で配当を受ける権利を取得するが、甲又は丙地に対するAの抵当権を実行することは出来ない。（前記二・⑵・②及び判コン四八三～四三四頁参照）。

③Aに対する全部弁済が行われると、Cは、すべての共同抵当不動産が売却されて同時配当が行われたこと

を前提に前記三で見た代位額の上限の範囲内で配当を受けることもできるし、あるいは未売却の共同抵当不動産につき自らAに代位して競売を申立てることもできる（判コン四八五頁）。

明快な見解で、基本的に正しいと考えるが、以下、基準例二を用いていくつかの具体例を検証してみよう。なお、共同抵当不動産のすべてが債務者又は同一物上保証人に属するときは同時配当に関する三九二条一項と異時配当に関する同条二項の適用があることについて判例[注]・学説とも異論がない（新注民・六三〇～六三一頁参照）。そこで下記⑵及び⑶は、そうした所有ケースに属する場合として考えればよい。そして一部が債務者で残りが物上保証人、又は全部が異なる物上保証人に属する場合については、後記七で論じることとする。

（注）　最判平成四年一一月六日民集四六巻八号二六二五頁は、共同抵当不動産である甲・乙両地が物上保証人Lに属し、甲地に後順位抵当権者Bがいる場合において、先順位共同抵当権者Aが甲地を売却したときは、乙地がLの所有であるためAの乙地抵当権に五〇〇条・五〇一条に基づいてLの代位を認める余地はなく、三九二条二項によりBに対してAの乙地抵当権の代位を認めるのが相当であるとしている。本判決に至るまでの判例分析及び本判決の解説は、滝澤一五六頁以下に詳しい。

⑵　同時配当の例

甲地が三〇〇〇万円、乙地が二〇〇〇万円、丙地が三〇〇〇万円で売却されて同時配当が行われた場合、各地代金からのAへの配当対象額、つまり不動産の価額は、甲地一〇〇〇万円、乙地二〇〇〇万円、丙地二〇〇〇万円×四÷六＝二〇〇〇万円で計五〇〇〇万円となり、A～Dへの配当額は**表3**の通りである。

表３：同時配当におけるＡ～Ｄへの配当額
（前記表１にある不動産価額按分説によるＡ～Ｄへの配当額参照）

債　権　額	甲地3000万円	乙地2000万円	丙地3000万円	配　当　額　計
Ａ＝4000万円	②　800万円	①1600万円	①1600万円	4000万円
Ｂ＝2000万円	①2000万円	―――	―――	2000万円
Ｃ＝2000万円	―――	②　400万円	―――	400万円
Ｄ＝2000万円	―――	―――	①1400万円	1400万円
配当剰余金	200万円（注）	0	0	―――

（注）　この200万円は、甲地代金につき配当要求をしていた一般債権者にその債権額に従って按分配当される。

⑶　異時配当の例

（配当結果の比較を判りやすくするため、各地の売却代金は、上記同時配当のケースと同じとする）

①　乙→丙→甲の順で異時配当

イ　Ｃは、乙地二番抵当権の設定にあわせて上記二・⑵・②で見た多数説及び登記実務と同様、Ａの甲・丙両地抵当権に対する代位付記の仮登記をすることが出来るが（判コン四九一頁）、これはＣが将来Ａの共同抵当権に代位できる期待を保護するための措置である。また、丙地一番抵当権者ＤもＡの共同抵当権に代位できる可能性があるので、自己の抵当権設定登記に合わせて甲及び乙地に対するＡの抵当権に対する代位付記の仮登記を行うことができる（甲地一番抵当権者Ｂもこれに準じる）。なお、代位付記の仮登記の方法については、香川・五七七頁以下が詳細である。

ロ　乙地が二〇〇〇万円で売却されると、それはすべて一番抵当権者Ａに配当され、Ｃへの配当は零（ゼロ）である。この段階でＡは一部弁済を受けたわけであるが、これによりＣは、後日、甲又は丙地が売却されてＡが同時配当に関する計算による配当額の範囲内で残債権の完済を受け、なお余剰金があるときは、そこから配当を受けることができる（その額については前記三参照）権利を有するだけで、甲または丙地について競売の申立てをすることができるわけではない（判コン四八三〜四八四頁）。

ハ　丙地が売却されてその代金が三〇〇〇万円であれば、Aにとっての丙地の不動産の価額、つまり配当対象額は、三〇〇〇万円×四〇〇〇万円（前記四・⑵・①で見た通説及び平成一四年最判の採用する不動産価額按分説では、この四〇〇〇万円はAの当初の債権額で、乙地代金より弁済された残債権額二〇〇〇万円ではない点に特徴がある）÷六〇〇〇万円＝二〇〇〇万円となり、これがAに配当されてAは全部弁済を受けたことになる。もちろん、このケースではAへの配当対象額に余剰はないので、Cは代位配当を受けることはできないが、Aの甲地抵当権に対する代位付記の仮登記を本登記に改め、Aの甲地抵当権を取得する。他方、Dは、丙地代金三〇〇〇万円のうち、Aへの配当二〇〇〇万円を控除した一〇〇〇万円の配当を受け、Aの甲地抵当権に対する代位の付記の仮登記を本登記にすることができる（三六九条一項）。

ニ　丙地の売却により共同抵当権者Aが債権全部の弁済を受けたので、Aの甲地抵当権に代位付記の仮登記を行っていたC又はDは、Aの甲地抵当権の完全な法定移転（Aの甲地抵当権はCとDとの準共有となる）により、右の仮登記を本登記に改めて甲地の競売を申立てることも、他の者の競売による甲地二番抵当権者としての配当の申し出をも行うことができる（判コン四八五頁。なお、C又はDが甲地の競売申立てをすることが出来ることにつき、我妻四四九頁参照）。

さて甲地が三〇〇〇万円で売却されれば、まず一番抵当権者のBに二〇〇〇万円が配当され、残一〇〇〇万円が甲・乙・丙地の代金を同時配当したとするときのAにとっての甲地の不動産の価額（配当対象額）となる。そこでAにとっての不動産の価額を甲地一〇〇〇万円、乙地二〇〇〇万円、丙地二〇〇〇万

表4：乙→丙→甲の順で異時配当

債　権　額	3:甲地3000万円	1:乙地2000万円	2:丙地3000万円	配当額計
A＝4000万円	―――	①2000万円	①2000万円	4000万円
B＝2000万円	①2000万円	―――	―――	2000万円
C＝2000万円	②Aへの代位により400万円	配当は0で、Aの甲・丙に代位可能	―――	400万円
D＝2000万円	②Aへの代位により400万円	―――	①1000万円でAの甲に代位可能	1400万円
配当剰余金	200万円	0	0	―――

円の計五〇〇〇万円として同時配当を行ったとすれば、前記表3にある通り、Cは乙地代金から四〇〇万円、Dは丙地代金から一四〇〇万円の配当を受けられるところ、異時配当ではCが零（ゼロ）、Dが一〇〇〇万円であったため（上記ロ及びハ参照）、何れも四〇〇万円づつ不足している。そのためこの不足額が同時配当なら甲地からAに配当されるべき八〇〇万円（前表3参照）よりCとDとに各四〇〇万円づつ代位配当されることとなる。なお、甲地代金三〇〇〇万円－Bへの二〇〇〇万円－Cへの四〇〇万円－Dへの四〇〇万円＝二〇〇万円の剰余金は、甲地代金に対する配当要求をしていた一般債権者へ按分配当される。

かくして甲・乙・丙地の売却代金が同時配当の事例と同じであれば、乙→丙→甲と異時配当が行われても、上表4の右欄のように最終的な配当額は変わらない。

②　甲→乙→丙の順で異時配当

イ　甲地代金三〇〇〇万円のうち、まず二〇〇〇万円が一番抵当権者のBに、残る一〇〇〇万円がAに配当される（なお、代位付記の登記については上記①に準ずればよいので省略）。

ロ　乙地二〇〇〇万円はすべて一番抵当権者のAに配当され、Cへの配当は零（ゼロ）である。ここにおいてCは、未だAが全部弁済を受けてい

表5：甲→乙→丙の順で異時配当

債　権　額	1:甲地3000万円	2:乙地2000万円	3:丙地3000万円	配当額計
A＝4000万円	②1000万円	①2000万円	①1000万円	4000万円
B＝2000万円	①2000万円	――	――	2000万円
C＝2000万円	――	②配当は0で、Aの丙に代位可能	①Aへの代位により400万円	400万円
D＝2000万円	――	――	①1600万円	1600万円
配当剰余金	0	0	0	――

ないので、Aの丙地抵当権に代位することなく（AからCへの丙地抵当権の法定移転は未だ生じない）、代位できる地位を有するにとどまる。

ハ　丙地三〇〇〇万円中、Aにとっての配当対象額（不動産の価額）は三〇〇〇万円×四÷六＝二〇〇〇万円であるから、甲地一〇〇〇万円、乙地二〇〇〇万円、丙地二〇〇〇万円、計五〇〇〇万円としてAに対する同時配当額を算出してみると、上記表3で見たように、Aは丙地から二〇〇〇万円受領できるところ、すでにイとロで計三〇〇〇万円の配当を受けているので、残債権額一〇〇〇万円を受領して完済を受けることとなる。このAの債権の完済により、Cは、同時配当なら乙地から四〇〇万円の配当を受けられたところ零（ゼロ）であったので、丙地代金からAに代位して四〇〇万円を受領することができる。

そしてDは、丙地代金三〇〇〇万円からAとCへの配当額の合計一四〇〇万円を控除した一六〇〇万円の配当を受けることができる。なぜならDにとっての丙地代金からの配当は、三九三条二項後段による代位配当ではなく、抵当権者は一般債権者に優先するとの三六九条一項に基づく配当だからである。

かくして甲↓乙↓丙と異時配当が行われた場合、各抵当地の売却代金が上記表3の同時配当と同じでであっても乙↓丙↓甲と競売された①の表4

と異なり、前表5のようにDへの配当が二〇〇万円増加し、その額だけ一般債権者への配当が減じることとなる。このことにつき我妻四四一頁は、競売の順によってある抵当権者が同時配当の場合に予期していた以上の利益を受けることは「偶然の利益」であって、すべて同時配当の場合と同一の結果を求めることはできない、として容認している。

③　丙→甲→乙の順で異時配当

イ　丙地代金三〇〇〇万円は、同順位であるAとDとの債権額に従って按分配当されるので、Aは三〇〇〇万円×四÷六＝二〇〇〇万円、Dは三〇〇〇万円×二÷六＝一〇〇〇万円となる。そしてAが未だ完済を受けていないので、DはAの甲地及び乙地抵当権に代位できる地位を有するにとどまる。

ロ　甲地代金三〇〇〇万円は、まず二〇〇〇万円が一番抵当権者のBに配当され、残る一〇〇〇万円がAに配当されて、Aの残債権は一〇〇〇万円となる。

ハ　さらに乙地が二〇〇〇万円で売却されると、まず一〇〇〇万円が一番抵当権者Aに配当される。ここでAにとっての各地の不動産の価額を甲地一〇〇〇万円、乙地二〇〇〇万円、丙地二〇〇〇万円として同時配当の計算を行えば、前表3でみたように、Dは丙地から一四〇〇万円配当されるはずであったところ、上記イで一〇〇〇万円しか受領していないから四〇〇万円不足しており、そこでAが同時配当なら乙地代金から受領できるはずだった一六〇〇万円のうちから四〇〇万円がDに配当される（Dへの配当額は六〇〇万円ではなく、同時配当であれば丙地代金から受領することのできた一四〇〇万円のうち、異時配当ですでに丙地代金から配当された一〇〇〇万円を控除した四〇〇万円である）。

そしてCは、乙地代金二〇〇〇万円からAとDへの配当額の合計一四〇〇万円を控除した六〇〇万円の

表6：丙→甲→乙の順で異時配当

債　権　額	2:甲地3000万円	3:乙地2000万円	1:丙地3000万円	配当額計
A＝4000万円	②1000万円	①1000万円	①2000万円	4000万円
B＝2000万円	①2000万円	―――	―――	2000万円
C＝2000万円	―――	② 600万円	―――	600万円
D＝2000万円	―――	①Aへの代位により400万円	①配当額は1000万円で、Aの甲・乙に代位可能	1400万円
配当剰余金	0	0	0	―――

配当を受けることができる。なぜならCにとっての乙地代金からの配当は、上記②・ハで述べたように、三九三条二項後段による代位配当ではなく、抵当権者は一般債権者に優先するとの三六九条一項に基づく配当だからである。

かくして丙↓甲↓乙と売却されて異時配当が行われた場合、各抵当地の売却代金が同時配当のケースと同じであっても、上表6のように、Cへの配当が二〇〇万円増加し、その額だけ一般債権者への配当が減じることとなるが、Dへの配当額は同時配当の場合と変らない。

④　小　括

このように、乙↓丙↓甲、甲↓乙↓丙又は丙↓甲↓乙という何れの順に異時配当が行われても、甲・乙・丙地の売却代金が同じであれば、共同抵当権者Aの後順位者C及び同順位者Dの配当額は、同時配当のおける配当額（C＝四〇〇万円、D＝一四〇〇万円）が確保されるので、上記①～③で見た判コンの考え方は、三九二条二項後段の趣旨に合致するものと考える。

七　抵当不動産の所有者

(1)　概　要

判例理論は、同時配当に関する三九二条一項は抵当不動産の所有者を問わずに適用されるが、異時配当に関する同条二項は基本的にはすべてが債務者の所有に属する場合に限って適用されるものの、すべてが同一物上保証人に属する場合には例外的に最判平成四年一一月六日民集四六巻八号二六二五頁によって適用を認められた、と指摘されている（滝澤一七四頁注16及び一六六～一六七頁）。

もっともこれを仔細に見てみると、①共同抵当不動産が債務者と物上保証人に属する場合に三九二条一項の適用を認めるか否かについての判例は見当たらず、他方で三九二条二項の適用を否定する判例はある。②共同抵当不動産が別異の物上保証人に属する場合において、同時配当が行われた場合の判例は見当たらず、異時配当が行われれば三九二条二項は適用されないとする判例はある。

そこで次の簡単な基準例を用いて、①と②の内容を検討してみよう。

基準例三　下図のように、AのSに対する三〇〇〇万円の債権担保として甲・乙両地に一番で共同抵当権が設定されているほか、甲地には二番でBの、乙地には一番でCの抵当権が設定されており、その債権額はいずれも二〇〇〇万円であるとする。

なお、配当額の比較を判りやすくするため、同時配当の場合も、甲地→乙地又は乙地→甲地の順に異時配当が行われた場合も、売却代金は甲地が二〇〇〇万円、乙地が三〇〇〇万円とする。

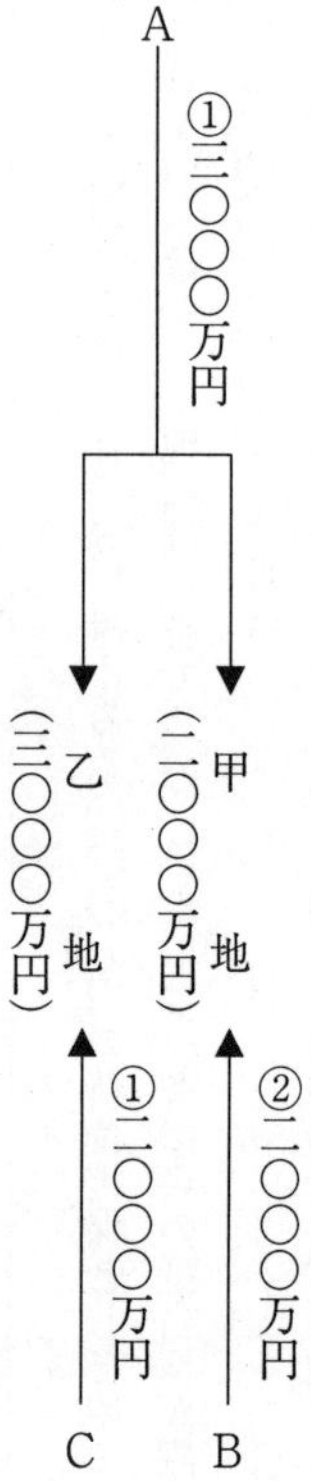

⑵ 甲地が債務者S、乙地が物上保証人Lの所有

① 甲地→乙地の順で異時配当

イ 甲地代金二〇〇〇万円はすべてAに配当されるが、物上保証人L及びその設定した乙地の抵当権者Cを保護するため、三九二条二項の適用はなく、したがってBはAの乙地抵当権に代位することができないというのが最判昭和四四年七月三日民集二三巻八号一二九七頁であり、学説でも通説とされている（新注民六二六頁参照……結局、Bへの配当は零（ゼロ））。

なお、甲地が売却される前に第三者Xに譲渡されていても、X・BのいずれもAの乙地抵当権に代位することはできない（奥田・五四九頁⑥参照）。

ロ 次いで乙地が三〇〇〇万円で売却されると、その代金は同順位であるAの債権額三〇〇〇万円（すでに甲地代金から弁済された残額の一〇〇〇万円ではないのが通説及び平成一四年最判の採用する不動産価額按分説の特徴である）とCの債権額二〇〇〇万円で按分されるので、Aは、代金三〇〇〇万円の五分の三にあた

表7：甲地→乙地の順に異時配当されたときの配当一覧

債　権　額	甲地（S所有）2000万円	乙地（L所有）3000万円	配当額計
A＝3000万円	①2000万円	①1000万円	3000万円
B＝2000万円	②　0	――	0
C＝2000万円	――	①2000万円	2000万円

る一八〇〇万円のうち、甲地からの配当を控除した残債権一〇〇〇万円を受領して完済となり、Cへは三六九条一項に基づき乙地代金からAへの配当を控除した二〇〇〇万円が配当される。

②　乙地→甲地の順に異時配当

イ　乙地代金三〇〇〇万円はAとCとの債権額で按分されるので、Aは三〇〇〇万円×三÷五＝一八〇〇万円、Cは三〇〇〇万円×二÷五＝一二〇〇万円の配当を受ける（平成一四年最判・次頁**表8**の乙地参照）。ここにおいて物上保証人Lは五〇二条一項により、債務者Sへの求償額一八〇〇万円につきAの甲地一番抵当権に代位するが、Cは代位できず、後に甲地が売却されるとCはLが代位していた甲地一番抵当権をあたかも物上代位するように行使して、Lに優先して配当を受けることができる、というのが判例である（左記ロ参照）。

ところで大決昭和六年四月七日民集一〇巻九号五三五頁は、一部弁済した保証人が五〇二条一項により代位した債権者の抵当権を単独で行使し、競売を申請できるとしたが、我妻栄・新訂債権総論（一九七四年、岩波書店）二五五頁、於保不二雄・債権総論新版（一九八二年、有斐閣）三八九頁など現在の学説の多数は、条文が「債権者と共にその権利を行う」となっており、比較法的に見ても債権者と共同でしなければ抵当権を行使できないと解するべきだとしており（このような学説の簡単な整理として、奥田・五四六〜五四七頁参照）、近時、名古屋高決昭和五一年五月二四日判

表8：乙地→甲地の順に異時配当されたときの配当一覧

債　権　額	乙地（Ｌ所有）3000万円	甲地（Ｓ所有）2000万円	配当額計
Ａ＝3000万円	①1800万円	①1200万円	3000万円
Ｂ＝2000万円	――――	0	0
Ｃ＝2000万円	①1200万円	② 800万円	2000万円

（注）Ａ～Ｃへの配当額は甲地→乙地の順の異時配当と同じ。

時八二五号六〇頁も上記大決昭和六年と同じ事案でこの多数説によっている。また、基準例三において乙地にＣがいない事案で、東京高決昭和五五年一〇月二〇日判タ四二九号一〇六頁も、乙地が売却されてＡが一部弁済を受けた場合、Ｌは、Ａと共にしなければＡの甲地一番抵当権を実行することができないとしている。私としては、前記二・⑵・②と同様に処理すべきであると考え（一部弁済により債権者の抵当権に代位した者は、単独ではその抵当権を実行できない）、上記多数説及び名古屋高決・東京高決を支持したい。

ロ　その後甲地が二〇〇〇万円で売却されると、Ｌに優先してまずＡが残債権一二〇〇万円の配当を受け、次いでＬが五〇二条一項によりＳへの求償額一八〇〇万円について代位していたＡの甲地一番抵当権を、Ｃが三七二条及び三〇四条一項本文の規定に基づきあたかも物上代位するように行使して、甲地代金の残八〇〇万円を受領することができる（最判昭和五三年七月四日民集三二巻五号七八五頁、最判昭和六〇年五月二三日民集三九巻四号九四〇頁、物上代位説と呼ばれている。なお、この最判昭和六〇年五月二三日の調査官解説である門口正人・曹時三八巻一一号（一九八六年）二二五〇～二二五一頁は、物上代位説に関する判例・学説を要領よく整理している）。もちろん、Ｌが代位したのはＡの甲地一番抵当権であるから、Ｌが甲地二番のＢに優先することは当然であり、したがってＬの代位したＡの一番抵当権を物上代位するごとく行使するＣもＢに優先することとなる（大判昭和四年一月三

○日新聞二九四五号一二頁)。

ハ 学説は一部に、Lは五〇二条一項、Cは三九二条二項後段によりいずれもAの甲地一番抵当権に代位するが、この競合関係ではCがLに優先する、と主張するものもあるが(したがって配当額は表8と同じ、判コン・四八七頁)、大多数は判例を支持している(新注民六二七～六二八頁参照)。

私はかって、乙地所有者LがCの債務者であれば、Cは、LがAの甲地抵当権に対する代位付記の仮登記しない場合にはCにはLに代位してその登記を申請できるものの(不登四六条の二、昭四三・五・二九民事甲一八三四号民事局長回答)、LがCにとって物上保証人であればCは右の登記申請をすることができない可能性がある(大判明治三三年四月五日民録六巻六号一六頁)、との理由から、Cにも三九二条二項後段による代位を認めるべきだとして判コン説を支持していた(本稿冒頭所掲の拙稿八〇頁)。しかし今では後記(3)・②でみるように、物上代位説がほぼ判例理論として確定したと思われるので、金融実務の安定性から判例の見解でよいと思う。

③ 同時配当されたとき

このケースに関する判例は見当たらず、次にみるように、学説は少数の三九二条一項適用肯定説イと、多数の適用否定説ロに分かれている。

イ 香川・五四五頁は、Lとしては債務者S所有の甲地の代金のみでAの債権が弁済されるかもしれないという期待を持つかもしれないが、三九二条一項がある以上、自己所有の乙地価額に応じたAの債権の分担を覚悟すべきであるとして同条項の適用を肯定し、滝澤・一七四頁(注16)は、三九二条一項は共同抵当不動産の所有者を問わず適用されるというのが判例理論である、との理由で適用肯定説を主張する。

表9：392条1項適用肯定説による同時配当額

債　権　額	甲地（S所有）2000万円	乙地（L所有）3000万円	配当額計
A＝3000万円	①1579万円	①1421万円	3000万円
B＝2000万円	② 421万円	――――	421万円
C＝2000万円	――――	①1579万円	1579万円

この説によれば、平成一四年最判の採用する不動産価額按分説により、基準例三における A にとっての不動産の価額（把握した担保価値）は、甲地が二〇〇〇万円、乙地は三〇〇〇万円×三÷五＝一八〇〇万円の計三八〇〇万円となるから、甲地代金二〇〇〇万円からは A に三〇〇〇万円（A の債権額）×二〇÷三八＝一五七九万円、残四二一万円が B に配当され、乙地代金三〇〇〇万円からは A に三〇〇〇万円×一八÷三八＝一四二一万円、残一五七九万円が C に配当されることとなる（上表9参照）。したがって、甲地二番抵当権者 B への配当が四二一万円となったので、表7及び8で見た異時配当の場合に比較すると、そのぶん、C への配当が減少することとなる。

なお、伊藤ほか五一五頁にあるアンケート調査（初版が一九八五年であるからこれ以前に行われたものと思われる）によると、基準例三における B 及び C がいないケースで、執行支庁一二五のうち、八〇庁が適用肯定説、四五庁が適用否定説を採ると解答している。

ロ　寺田正春・同法三二巻五・六合併号（一九八〇年）二八七～二八八頁、斉藤和夫・法研五七巻九号（一九八四年）七三頁、安永正昭・金法一一四一号（一九八六年）九～一〇頁、鈴木・前掲物権法講義三訂版二〇〇頁など多数説は、まずは債務者が自己の財産を持って債務を弁済すべきである、との理由で三九二条一項の適用を否定する。基準例三についていえば、まず甲地代金二〇〇〇万円は全額 A に配当され、B への配当はない。次いで乙地代金三〇〇〇万円については、A の把握した担保価値である三

表10：適用否定説による同時配当額

債　権　額	甲地（S所有）2000万円	乙地（L所有）3000万円	配当額計
A＝3000万円	①2000万円	①1000万円	3000万円
B＝2000万円	②　0	――	0
C＝2000万円	――	①2000万円	2000万円

〇〇〇万円×三÷五＝一八〇〇万円中Aの残債権額一〇〇〇万円がAに、乙地代金から右のAへの配当を控除した二〇〇〇万円がCへ配当される。したがって、上表10のように、A～Cへの配当額は前記表7及び8で見た異時配当の場合と同じになる。

ハ　かくして両説を比較すると、(a)三九二条一項の適用を否定するロの説なら異時配当と同時配当の額が同じとなる、(b)仮にLがCの債務者であれば、ロの適用否定説なら同時配当でもLのCに対する債務は完済されるところ、イの適用肯定説であればLのCに対する債務はなお四二一万円残存することとなる。このことからすれば、同時配当と異時配当における配当額の均衡及び、物上保証人Lの保護と乙地代金からの配当に対するCの期待を満たすためにも、ロの三九二条一項適用否定説をもって妥当というべきであろう。そしてこのような解釈により、前記四・(2)・④で見た平成一四年最判に対する後藤及び梶山論稿の指摘にも、おのずと解答が導き出されるものと考える。

(3)　甲地が物上保証人L_1、乙地が物上保証人L_2の所有

①　甲・乙両地が同時配当されたとき

このケースを扱う判例は見当たらないが、滝澤一七四頁（注16）は、同時配当に関する民法三九二条一項は共同不動産が誰の所有に属するかを問わずに適用されるというの

表11：異なる物上保証人所有の物件の同時配当の配当額

債　権　額	甲地（S_1所有）2000万円	乙地（L_2所有）3000万円	配当額計
A＝3000万円	①1579万円	①1421万円	3000万円
B＝2000万円	② 421万円	——	421万円
C＝2000万円	——	①1579万円	1579万円

が判例理論であるとしており、新注民六一六頁も共同抵当不動産の所有者が異なる場合でも三九二条一項は適用される、としている。

私見としては上記⑵・③・ハで述べたように、共同抵当不動産の一部が債務者、その他が物上保証人に属する場合には同条項の適用を否定するが、このケースでは「各物上保証人はその不動産の価格に応じて債権者に代位する」という五〇一条四号・三号の趣旨から、同条三号の「不動産の価格」と三九二条一項の「不動産の価額」をいずれも〈共同抵当権者が把握する担保価値〉としてとらえ、物上保証として提供された各不動産の担保価値に応じて共同抵当権者の債権を負担させるべく、三九二条一項を適用すべきものと考える。これによれば、平成一四年の最判によりAの把握する担保価値はL_1所有の甲地は二〇〇〇万円、L_2所有の乙地は三〇〇〇万円×三÷五＝一八〇〇万円の計三八〇〇万円となるので、結局、上記⑵・③・イにおけるSをL_1、LをL_2と読み替えればよく、配当は**表9**と同じく**表11**のようになる。

②　甲地→乙地の順で異時配当

(イ)　大判昭和一一年一二月九日民集一五巻二四号二一七二頁は、三九二条二項は共同不動産のすべてが債務者所有の場合に限って適用されるとの原審を引用してこのケースに対する同条項の適用を否定したうえ、Bは、甲地が売却されその代金二〇〇〇万円がAに配当されて一部弁済が生じてもAの乙地抵当権に代位することはできず、他方、L_1は五〇〇条四号・三号により右Aの乙地抵当権に代位し、その後、

表12：甲地→乙地の順の異時配当の配当額

債　権　額	甲地（L_1所有）2000万円	乙地（S_2所有）3000万円	配当額計
A＝3000万円	①2000万円	①1000万円	3000万円
B＝2000万円	②　0	① 421万円	421万円
C＝2000万円	———	①1579万円	1579万円

乙地が売却されれば、Bは、L_1が代位したAの乙地抵当権をあたかも三七二条・三〇四条一項前段の規定により物上代位するのと同様に行使して、L_1に優先して配当を受けることができるとした（物上代位説……同旨、最判平成元年一一月二四日裁判集民事一五八号二三五頁。なお、この判決の内容については滝澤・一六一～一六二頁参照）。

これによれば、まず甲地が二〇〇〇万円で売却されるとその金額がAに配当され、同時にL_1がAの乙地抵当権に代位する。次いで乙地が三〇〇〇万円で売却されると、前**表11**で見たように、同時配当であればAが乙地代金から配当されるはずであった一四二一万円中一〇〇〇万円がAに配当され、残四二一万円はBに配当されることとなる。そしてCは、乙地代金からAとBへの配当を控除した一五七九万円を受領するので、最終的なA～Cへの配当額は、上表12のように、同時配当の場合と異ならない。

(ロ)　学説は、寺田・前掲同法三一巻五・六合併号三〇八頁など少数が物上代位説のような迂遠な方法によらず配当額の結果が同じになる三九二条二項適用説を採るべきだとしているが、我妻・四六一頁、鈴木・前掲物権法講義三訂版二〇一頁、佐久間・三〇〇頁など多数説は、判例を支持している。

思うに、イの昭和一一年大審院判決は、前記⑵・②・ロで見た最判昭和五三年七月四日などのさきがけとなるもので（新注民・六二七頁及び六三〇頁参照）、もはや物上代位説は確定的な判例理論といえよう。私としても、⑵・②・ハで述べたと同じ理由から、判例及び多数説を支持したい。

表13：乙地→甲地の順の異時配当の配当額

債　権　額	乙地（L₂所有）3000万円	甲地（L₁所有）2000万円	配当額計
A＝3000万円	①1800万円	①1200万円	3000万円
B＝2000万円	――――	② 421万円	421万円
C＝2000万円	①1200万円	① 379万円	1579万円

③　乙地→甲地の順で異時配当

判例及び学説の多数が採る物上代位説ではもちろん（滝澤一六二頁参照）、他の説によっても配当額は上表13のように、同時配当の場合の表11及び甲地→乙地の順で異時配当が行われたときの表12と同じになる。これでよいと思う。

(4)　物上保証人による代位の登記

イ　三九二条二項後段により、或る共同抵当権に代位した後順位者等は、代位した抵当不動産に代位前から利害関係を有していた者には代位の付記登記なしに代位したことを対抗できるが、代位後に利害関係を有するに至った者とは対抗関係に立ち、登記なしには対抗できないというのが判例・通説である（新注民六三四頁参照）。

前記二・(2)・②でみた「三九二条二項後段により共同抵当権に代位することのできる後順位者等は、将来において代位できる地位を保全するため自己の後順位抵当権等を設定した時点で代位対象となる共同抵当権に不登二条二号（新一〇五条二号）に基づき代位付記の仮登記をすることができる」という多数説及び登記実務は、代位後に生じた上記利害関係人との関係で後順位者等を事前に保護しようとする意図をも含んでいるものと思われる。

ロ　他方、保証人や物上保証人が全部弁済すれば五〇〇条により債権者の抵当権に代位してその付記登記をすることが認められており（我妻・前掲新訂債権総論二五三頁）、一部弁済であれば五〇二条一項に基づき抵当権一部移転の付記登記をすることができるとされている（伊藤ほか・四七四頁以下の問二六）。そしてこれらの登記なくしては、代位後に代位の対象である抵当不動産に利害関係を持つに至った者に代位したことを対抗できないというのも通説である（我妻・前掲新訂債権総論二五九〜二六〇頁、奥田五五二〜五五三頁など）。

ハ　これらのことからすると、共同抵当権者の物上保証人となった者は、将来、五〇〇条〜五〇二条一項によりその提供した抵当不動産が売却されて他の共同抵当権に代位することができる地位を保全するため、イでみた見解に準じて、自己の不動産に共同抵当権を設定した時点で代位できる可能性がある他の共同抵当権に対する代位付記の仮登記を認めるべきではなかろうか。これにより現実に代位が生じた後に右の仮登記を本登記に改めれば、不登七条二項（新一〇六条）により、代位後に生じた代位対象の不動産の利害関係人に対しても代位を対抗することができるからである。もちろんその反射効により、物上保証人が別途設定した後順位者等もその利益を受けることはいうまでもない。基準例三の甲地がL_1、乙地がL_2に属する場合を例にとると、彼らは自己の所有地にAの抵当権を設定した時点でL_1はAの乙地一番抵当権に、L_2はAの甲地一番抵当権に、それぞれ代位付記の仮登記を行っておき、仮にAが甲地を売却してその代金三〇〇〇万円（基準例の二〇〇〇万円を変更）の配当で完済を得たときは、L_1は、すでに行っていたAの乙地一番抵当権に対する代位付記の仮登記を本登記に改め、これによってL_1が五〇〇条・五〇一条四号及び三号により代位した右抵当権を、Bが三七二条及び三〇四条一項本文の規定に基づきあたかも物上代位するごとく行使することができ、代位後に乙地に利害関係を持つに至った第三者にもこれを対抗することができるからである。

香川編・不登四五一頁は、保証人は、将来、弁済による債権者の抵当権に代位しうる地位を保全するため、保証契約が成立した時点で五〇一条五号に基づき右抵当権に代位付記の仮登記をすることができるとしており、古い登記先例であるが明治三四年七月一一日民刑局長回答もこれと同旨である。このことからすれば、上記した物上保証人による共同抵当権設定時の代位付記の仮登記を認めてもよいのではなかろうか。

おわりに

共同抵当権については、直接的な規定である民法三九二条及び三九三条のみならず、弁済による代位を定めた五〇〇条ないし五〇二条一項も含めて考察しなければならない。しかし、問題の核心は、共同抵当権者及び抵当不動産の所有者ならびに当該不動産に同順位もしくは後順位抵当権を有する者、さらには一般配当要求債権者の利害をできる限り公平に調整するための、いわば「数学的問題」にあると思われ、法律理論を異にするからといって、配当結果にさほど差異を生ずるわけではない。

ところで近年の金融再編に伴うメガバンクからの上場企業等に対する巨額融資を想定すると、債権者Aは幹事銀行がA_1で協調融資銀行がa_1・a_2・a_3……というように複数の金融機関で構成されており、また、共同抵当権は当然のことながら根抵当権で個別融資の際の金利もそれぞれ異っており、さらに対象不動産は相当数で、その内容も工場財団その他、多岐にわたっている。これがひとたび融資銀行側の再編となれば、一部債権譲渡に伴う抵当権の分割・譲渡等の問題を生じ、他方で融資を受けた企業の経営状態が悪化すれば、共同抵当権の実行、しかもその殆どが異時配当として行われるであろうことが十分に予測される。こうした複雑極まりない金融状況に対処するには、恐らくコンピュータを用いた高度の計数管理が不可避なのではなかろうか。執行実務の困難性を考えれば、いわゆる「学際的研究」を強く望む次第である。

なお本稿の執筆に当たっては、高須順一弁護士及び遠藤光男弁護士から有意義なご教示を得ることができた。ここに記して深謝の意を表したい。また、執筆中途で体調を崩した際、その快復に努めて頂いた慈心会青山病院院長・青山賀茂先生の名も記してお礼申上げる次第である。

（了）

8 譲渡担保権に関する近時の重要判例をめぐって

竹内俊雄

下森定 編集代表『現代民事法学の構想』内山尚三先生追悼
二〇〇四年一一月 信山社

一　はじめに

近時における譲渡担保をめぐる重要判例としては、①譲渡担保の成立に関する最高裁平成一四年九月一二日判決（判例時報一八〇一号七二頁）、②条件付集合債権譲渡担保契約の効力と譲渡人破産時の破産管財人による否認権行使との関係についての東京地裁平成一四年七月三〇日判決（判例時報一八〇七号九七頁）、大阪高裁平成一四年七月三一日判決（判例タイムズ一一一五号二八一頁）、③譲渡担保権者による代位についての東京地裁平成一四年一一月二〇日判決（金融・商事判例一一六四号五四頁）、を挙げることができよう。

①は、借入金の返済がなされない場合には、債務者所有の土地を債権者名義に変更して、第三者に売り渡すことを承諾する旨の契約が、仮登記担保であるか譲渡担保であるかが争点となったものである。

②では、集合物譲渡担保の効力と譲渡人破産時の破産管財人による否認権行使をめぐる問題であり、主として、破産法七二条一号の否認権の主観的要件の判断基準時は、集合債権譲渡担保契約の締結時か、各債権譲渡通知であるか、また、右基準時と関連して同条同号の否認権行使が認められるか否かが問題とされている。

③では、預託金会員制ゴルフクラブ会員権の譲渡担保権者が、債務者・物上保証人に代位して、当該預託金の返還を請求しうるか否かが争点とされている。

以下では、これらの判決を検討していきながら、いわゆる所有権移転型の担保である譲渡担保のあるべき姿を追ってみたい。

二　最高裁平成一四年九月一二日判決について

まず本判決における事実の概要は以下の通りである。

Xは、平成六年四月Y_1との間で本件消費貸借契約を締結し、三三〇〇万円を借り受けた。その際、Xは、当該債務の履行を担保するため、X所有の本件土地につき、Y_1を権利者として極度額七〇〇〇万円とする根抵当権を設定し、その登記をも経由した。

ところが、Xは、当該債務の履行をなしえず、Y_1に対して、平成七年五月二五日までに弁済するから競売申立てを控えるように依頼すると同時に、「平成七年五月二五日迄に当方が貴社依り不動産担保貸付契約に依り借用している金銭を支払えなかった場合は本物件（本件土地）を貴社名義に変更する事と貴社の判断で第三者に対して売り渡す事を承諾致します。」と記載した書面を作成し、印鑑証明書や委任状とともにY_1に交付し、Y_1も右内容の申込みを承諾した。

しかし、右期限を経過しても、Xはなんらの弁済もしなかったので、Y_1は平成七年五月二六日、本件土地につき同日付けで代物弁済を原因とする所有権移転登記を経由した。

その後もY_1は、本件消費貸借契約に基づく債権をXから回収できれば、右所有権移転登記の抹消に応じる意図の下に、Xに対して買戻しを再三要請した。

Xも、この要請を受けて、買戻しができない場合には、清算金の要求をしない旨を記載した売渡承諾書の作成に応じたが、結局、弁済できず、本件土地を買戻すことができなかった。

そこで、Y_1からY_2に、平成八年七月一九日本件土地が売却され、所有権移転登記も経由された。

Xは、Y_1に対して右登記の抹消登記手続を求めると同時に、本件土地についてY$_1$からの売買を原因とする所有権移転登記を経由しているY_2に対して、同登記の抹消登記手続を求めた。

なお、Xは、Y_1に対して、仮にXが本件土地の所有権を失なっていたとするならば、清算金を支払うべき旨の予備的請求をした。

このような事案に対し、原審は、次のような判断から、XのY_1およびY_2に対する各抹消登記請求をいずれも認容している。

すなわち、本件契約の目的は、本件消費貸借契約上の債務を担保することにあり、その実質は停止条件付代物弁済契約であって、仮登記担保法の適用を受ける仮登記担保契約というべきである。

本件における清算金の支払を不要とする特約は、仮登記担保法三条三項により無効というべきであり、清算金の見積額の通知がされていないのであるから、本件土地の所有権は、いまだXにあるからY_1に移転しない、としている。

これに対して、本判決は以下の理由から、Xの請求を棄却している。

すなわち「本件契約は、これに基づく所有権移転登記手続がされた後も、上告人において被上告人に債務の弁済を求めていた事実等に照らすと、目的不動産の所有権の移転によって債務を確定的に消滅させる代物弁済契約ではなく、仮登記担保の実行によって確定的に所有権の移転をさせようとしたものではない。上告人は、本件契約により、本件土地を同上告人名義に変更した上で、なおも債務の弁済を求め、利息を受領してきたのであるから、本契約は、債権担保の目的で本件土地の所有権を移転し、その登記を経由することを内容としていたもので、譲渡担保契約にほかならないと解すべきである。

そして、譲渡担保において、債務者が弁済期に債務の弁済をしない場合には、債権者は、当該譲渡担保がいわゆる帰属清算型であると処分清算型であるとを問わず、目的物を処分する権能を取得し、債権者がこの権能に基づいて目的物を第三者に譲渡したときは、譲受人は目的物の所有権を確定的に取得し、債務者はその時点で受戻権ひいては目的不動産の所有権を終局的に失うのであるから、本件においては、上告人（Y_1）から上告人（Y_2）への本件土地の売却によって、上告人（Y_2）は本件土地の所有権を確定的に取得し、被上告人は、清算金がある場合に上告人（Y_1）に対してその支払を求めることができるにとどまり、本件土地を受け戻すことはできなくなったというべきである。」、としている。

本件においては、まず、X・Y_1間で締結された債権担保契約が、仮登記担保契約か譲渡担保契約かが中心的な問題となっている。

さらには、Xからの予備的請求として、もしもXが所有権を喪失しているとしたなら、清算金を支払へとの主張がなされており、一方、Y_2からは、仮にXからY_1への所有権移転が無効であるとしても、民法九四条二項の類推適用により、Y_2への所有権移転登記は有効であるとの主張がなされている。

そこで、以下では右の三点につき、順次検討していくこととする。

(1)　当該担保契約が仮登記担保か譲渡担保か？

民法の認める物的担保制度は、質権・抵当権のように制限物権設定の形をとるものであるが、これによっては満足されない経済的必要性から、いわゆる所有権移転型の担保が判例によって認められてきた。

これには譲渡担保と仮登記担保とがあり、後者は、担保のための代物弁済予約と売買予約を通じ、債権者は、通常、所有権移転請求権保全の仮登記（不登二条二号）をすることになる。(1) 当該担保はかつては判例法によって処理されていたが、昭和五三年に「仮登記担保契約に関する法律」（仮登記担保法）が制定されるに至った。

前者は、広義においては二形態が存し、その一は、売買の形式によって信用の授受を行い、与信者は、代金の返還を請求する権利を有せず、ただ、受信者がそれを返還して目的物を取り戻しうるものであり、その二は、信用の授受を債権の形式で存続させ、与信者がその弁済を請求する権利を有し、受信者がこれに応じない場合に、目的物より満足を得ようとするものである。

一番目のものが「売渡担保」（Sicherungskauf）であり、二番目のものが「譲渡担保」（Sicherungsübereignung）と呼ばれるものである。(2)

仮登記担保については既述のとおりこれに関する制定法が存在するが、譲渡担保についてはいまだに法制化されていない。したがって、譲渡担保については、いたずらに既存の他の制度に関する考え方にとらわれるべきではなく、担保当事者の真意を重視しなければならない。(3)

さて、本事案においては、債権担保のために、まずX・Y_1間で根抵当権を設定しているが、その後、X・Y_1間において、「平成七年五月二五日迄に当方が貴社依り不動産担保付契約に依り借用している金銭を支払えなかった場合は本物件（本件土地）を貴社名義に変更する事と貴社の判断で第三者に対して売り渡す事を承諾致します。」との書面が取りかわされ、XからY_1に対して印鑑証明書や委任状が交付されている。

そして、右期限を経過しても、Xはなんらの弁済もなかったので、Y_1は、代物弁済を原因とするXからY_1への所有権移転登記を経由した。

X・Y_1間で取りかわした書面の内容は、弁済がなければ、担保目的物の所有権をY_1に移転する合意であり、これに必要な印鑑証明書や委任状もY_1に交付されている。

ここまでは、いわゆる譲渡担保の設定と見ることも可能であろうが[4]、Xの弁済がないことにより、Y_1は、自己に代物弁済を原因とする所有権移転登記を経由している。

そのため、全体的に見て仮登記担保だとの判断が下されることとなりうる。

ただ、通常、仮登記担保においては、目的不動産の所有権移転登記までをせずに、所有権移転請求権保全の仮登記をするわけであるから、本件のようにこの仮登記がなされてなくて、いっきに所有権移転登記がなされたよう場合には、たとえ代物弁済を原因として登記がなされていても、譲渡担保と見る余地も残されているようにも思われる。

本判決も、同様の視点から譲渡担保と解している。

もっとも、実体法上は右のように解することが可能であっても、訴訟手続上、当該債権担保を譲渡担保と解することには検討の余地がありそうである。

本判決における藤井裁判官は反対意見を述べており「ある事実関係について、複数の法律関係が考えられるときに、どれを選択して主張するかは、当事者にゆだねられた事柄である。仮登記担保と主張されているときにこれを譲渡担保と認定することは、少なくとも当事者の予想を超えるものであり、不意打ちとなることを免れない。」と主張されてる。

⑵　清算金支払請求権について

本判決は、Xの清算金請求権を認めているので、この点についても検討をしておく。

譲渡担保は、形式上は目的物の権利を移転させるが、実質的には債権担保の機能を果たすものである。したがって、この実質面からして、担保目的物に被担保債権額等より余分があれば、これを清算金として設定者に返還すべきこととなろう。

仮登記担保法三条も、仮登記担保につき清算義務を認めている。

なお、ついでながら無清算型の譲渡担保の可否について検討しておくと、従来からの仮登記担保に関する一連の判決の影響を受けて、譲渡担保についても特段の事由のないかぎり、無清算型（流担保型）の譲渡担保は否定すべきであるとの考え方が一般的であったと思われる。

そして、無清算型を認めうる特段の事由の具体的場合については、実際上はあまり考えられず、結局、無清算型の譲渡担保はほぼ否定されたものと考えられていたといえよう。

さらには、仮登記担保法が、担保権者に清算義務のあることを明定したことが（同法三条）、このような考え方をほぼ決定したかのように思われる。

しかしながら、私は仮登記担保法が制定された今日においても、なお、無清算型の譲渡担保を認めうる余地は残されていると解したい。

譲渡担保は、民法の明認せざる判例法上の担保物権であるから、可能なかぎり当事者の意思を重視すべきであり、一応無清算型をも認めうるものと思う。

ただし、このように解しても、無清算特約が常に有効であるというわけではなく、民法九〇条違反により当

該特約が無効となることもありうるわけである。(5)

担保権を実行する際における目的物の適正評価が必ずしも容易でないことを考えると、一律に無清算型を否定してしまうよりも、民法九〇条をできるかぎり弾力的に解することにより、個々的に暴利的行為を規整する方が、契約の解釈編からしても妥当のように思われるのである。

もっとも、無清算特約のないかぎり、譲渡担保の債権担保という実質面から、清算型のものと解すべきであることはいうまでもないことである。

(3) 民法九四条二項の類推適用の可否について

Y_2は、仮にXからY_1への所有権移転登記が無効であるとしても、民法九四条二項の類推適用により、Y_2への所有権移転登記は有効であると主張しているので、この点についても検討をしておくこととする。

本判決は、X・Y_1間の債権担保を譲渡担保と解することにより、Y_1は、Xの不履行により目的不動産の所有権を確定的に取得したことになり、その所有権をY_2に譲渡したわけであるから、Y_2への所有権移転登記がなされたことに問題はないこととなる。

原審のように、本件担保を仮登記担保と見て、Y_1から清算金の見積額の通知がなされていないため、いまだXからY_1に目的不動産の所有権が移転していないと解すれば、Y_2の所有権取得が問題となり、民法九四条二項の類推適用の有無の検討が必要とされてくる。

判例の主流は、不動産譲渡担保において、不動産が担保権者の名義のときには、対外的には所有権が担保権者に属するものとみられ、弁済期前に担保権者が不動産を処分した場合にも、第三者は有効に所有権を取得しうるものと解している（大判大正二年一〇月九日刑録一九輯九五五頁、大判大正九年九月二五日民録二六輯一三八九頁など）。しかも、第三者の善意・悪意は問われないものとしている。

本件につき、X・Y_1間の債権担保を仮登記担保とみて、Xがまだ清算金の見積額の通知をしていないため、目的不動産所有権がXに存するうちに、Y_1がY_2に対して、当該所有権を譲渡した場合と考えれば、右の譲渡担保の場合とはやや異なるといえよう。

このような場合は、まさしく民法九四条二項の類推適用の場面といえよう。そして、XからY_1への所有権移転原因が代物弁済とされているので、Y_2の悪意は認定しずらいものといえるであろう。

三　東京地裁平成一四年七月三〇日判決および大阪高裁平成一四年七月三一日判決について

まず、平成一四年の東京地裁判決の概要を見ておくと、以下のとおりである。

破産会社Aは、被告Y_1との間で、平成七年一二月二〇日、A会社のY_1に対する現在および将来の一切の債務の担保として、A会社が現在および将来有する売掛金を譲渡する旨の集合債権譲渡担保契約を締結した。

平成八年一〇月二二日から二八日にかけて、債権の一部について、債務者に対する債権譲渡の通知がなされ、Y_1は、同月二三日以後、これらの債権を回収した。

一方、A会社は、被告Y_2との間においても、平成八年七月三一日、同趣旨の集合債権譲渡担保契約を締結した。同年一〇月二五日から三〇日にかけて、債権の一部について、債務者に対する債権譲渡の通知がなされ、Y_2は、同月二五日以後、これらの債権を回収した。

A会社は、平成八年一〇月三一日、自己破産の申立てをする旨債権者に発表したが、これを取りやめ、同年一一月一五日、営業権を他社に譲渡した上、同年一二月二〇日および平成九年二月二〇日、金融機関を除く一般の債権者に配当を行い、任意整理手続に入った。

しかし、平成一〇年一月三〇日、債権者によって破産を申し立てられ、A会社は、右申立ての却下を求めて、和議開始の申立てを行ったが、同年九月七日、破産宣告を受けた。

そこでX（原告）は、破産法七二条一号に基づき、右各債権譲渡担保契約に基づく債権譲渡等を否認し、Y_1・Y_2らに対して、弁済金の返還等を求めた。

このような事案に対する本判決の要旨は次のとおりである。

「ところで、集合債権譲渡担保契約の場合でも、担保の目的からいえば、債権が特定された都度、譲渡通知等対抗要件を具備していくことが担保権者の利益に合致するが、そうすることはそれをきっかけとして債務者の経営不振を一層増強させ、ついには倒産の引き金すらなりかねないから、債権者において支払停止等の事実があるまでそのような譲渡通知を行わず、取立権も債務者において留保しておくことが一般であることは周知の事実である。しかし、このことは、債権者において債務者に配慮して対抗要件具備を自制しているに過ぎない。

そして、集合債権譲渡担保契約は、担保設定者（債務者）が正常な経営を続けている限りは、担保権者は、担保設定者が目的債権を取り立てて目的債権が順次消滅して行くことを黙認するが、支払停止などの問題が発生した場合には担保権者がその時点で担保の対象となっている未決済の債権を取り立てて自己の債権に充当することを当初から予定しているのであるから、当事者間では契約時に包括的に被担保債権の範囲内で現在及び将来の債権譲渡の効力が生ずるとみるのが相当である（当事者間で授受される「譲渡債権明細書」などによって譲渡債権が順次特定されるといっても、それは譲渡債権が債務者の取立等により消滅ないし変動することが予定されているため、債権特定の必要上とられる事後的措置にすぎない。）。このような集合債権譲渡担保契約の趣旨・内容からすれば、破産法七二条一号の詐害意思の基準時は、契約時と解すべきであって、原告が主張するような債権譲渡通知時ではないと解するのが相当である」

（被告Y_1との関係）

「原告は、平成七年一二月、平成八年四月の各段階において、破産会社は既に信用不安の状況にあったのであるから、破産会社に詐害意思があったと主張し、この主張に沿う《証拠略》がある。

しかし、前記二に認定した事実によれば、破産会社は、平成七年一一月のウィンドウズ95の発売開始以降、競争過当状態に陥り、除々に収益が悪化していったとの事情が認められるも、他方で、本件契約(1)が締結された平成七年一二月二〇日の時点においては、ウィンドウズ95の販売は好調であって、実際に、平成八年三月期の経常利益として約五〇〇〇万円を計上していること、平成七年一二月に甲田銀行から借り受けた四億円についても順次返済し、平成八年三月末の段階で残額一億四〇〇〇万円になっており、同年四月に甲田銀行が破産会社に対し更に二億円を貸し付けたこと、が認められる。

そうすると、破産会社において、平成七年一二月から平成八年四月にかけて、本件契約(1)の締結による債権譲渡によって直ちに他の債権者に対して弁済に支障を来すまでの状態であったとは認められない。

以上からすると、破産会社が他の債権者を害する意思があったとまでは認めることはできない。

(イ)仮に破産会社に詐害の意思があったとしても、被告Y_1は、破産会社に対して、平成七年一二月二〇日、運転資金として四億円を貸し付け、その後、破産会社に対し、平成八年四月一日、運転資金として二億円を融資し、本件契約(1)については、設定額を二億円に縮小して継続し、同年七月三日、破産会社に対し、決算資金として五〇〇〇万円を融資しており、新たな担保徴求などをしている形跡はない。

以上からすれば、被告Y_1は、破産会社に対し、平成八年七月まで通常の運転資金及び決算金の貸付取引を継続していたものとみるのが相当であって、平成七年一二月や平成八年四月の段階で、被告Y_1の悪意があったとはいえない。そうすると、被告Y_1の関係では否認権行使は理由がないというべきである。」

（被告Y_2との関係）

「原告は、平成八年七月三一日の段階において、破産会社は既に信用不安の状況にあり、破産会社には詐害意思が認められると主張する。

そこで検討するに、戊田は、別件訴訟における陳述書が、破産会社は平成八年ころから若干資金繰りが苦しくなったに過ぎない旨陳述し、同事件における尋問調書においても、同趣旨の供述をしていること、また、前記二に認定した事実によれば、平成八年四月以降は、破産会社の平成八年度上半期の資金需要を充たすべく、メインバンク的存在であった東京三菱銀行をはじめとした破産会社の取引銀行による運転資金融資が実施され、東京三菱銀行は、同年四月、五月に二億円ずつ、甲田銀行も平成八年四月一日には二億円融資し、七月三日には賞与資金として五〇〇〇万円を融資しているとの事実が認められる。

しかしながら、他方で、前記二に認定した事実によれば、①破産会社はマイクロソフト社に対して有していた最大二〇億円の与信枠が平成八年六月二一日に三億円に縮小されるため、同年七月五日には一〇億円をマイクロソフト社に支払わなければならない状況にあったが、取引銀行から融資は受けられなかったため、急遽、戊田が丁川を通じて金策に走らせたこと、②中央監査法人の水野公認会計士の調査によれば、破産会社は五四億二二〇〇万円の債務超過にあったこと、以上の事実が認められる。

そうすると、破産会社は、平成八年七月五日に丙山より一〇億円の融資を受けることができたとはいえ、かなり資金繰りに追われており、平成八年七月三一日の段階で譲渡債権元本合計額が五億一六四三万七九七七円であることを前提とした本件契約⑵を締結すれば、他の債権者に対する引当財産が減少し、他の破産債権者を害することの認識はあったといえなくもない。

しかし、他方で、前記二に認定したとおり、①平成八年初頭から同年七月三日までは、破産会社の取引先銀行が破産会社に引き続き融資をしていたこと、②この当時、破産会社とオリックスなどの合併ないし事業提携などの話があり、同年七月以降は、破産会社の同業者である丙山により将来の合併や業務提携含みで一〇億円の融資がなされ、被告Y_2をはじめ他の金融機関も破産会社の経営や財務状況について特段の不安を抱いていたような形跡がないことが認められる。

ところで、被告Y_2は、破産会社に対し、平成八年四月一九日、四億五〇〇〇万円を短期つなぎ資金として貸付けていたが（この貸付は、破産会社の平成八年度上期の資金需要を充たすべく、メインバンクであった東京三菱銀行をはじめ、複数の金融機関に実施された運転資金融資の一環であった。）、これは短期のつなぎ資金であり、被告Y_2としては、長くとも三か月を目途に全額返済を受ける予定であったことが認められる。

しかるに、同年七月に入り、破産会社から、更に返済を猶予して欲しい旨の申し出があり、被告Y_2としては、借換えとしても、当初の融資から起算すると融資期間が三か月を超えたため、同行の融資基準や他社への融資との均衡上、何らかの担保徴求する必要があると判断し、本件契約(2)を締結したことが認められる。

以上からすれば、本契約(2)を締結したのは、もっぱら短期融資の借換えの結果、融資期間が通算三か月以上となったことに伴い、行内融資基準上担保の徴求の必要が生じたとみるのが相当である。そして、右の融資と徴求した担保に不相応のものがあるということはできず、また、被告Y_2において、破産会社の財務及び経営状況を全て把握していたわけではなく、また、外部的には破産会社の経営や財務状況について特段の懸念を抱くべき状況があったことも認めがたいから、同被告において、平成八年七月末ころ、本契約(2)による債権譲渡担保設定が他の破産債権者を害するものであるとの認識を持っていたとは本件証拠上認めることはできない。

なお、原告は、被告Y_2は、自ら推薦して破産会社の経営コンサルタントにあてた乙原秋央をして破産会社の経営状況を把握していたと主張するところ、確かに、同人の陳述書中には、乙野銀行から破産会社の経営コンサルタントになってもらいたいとの委嘱を受けたこと、同人は、破産会社が平成八年七月当時において約三〇億円の債務超過の状態にあるとの印象を有していた、などの記載がある。

しかし、同人の陳述書によっても、同人は乙野銀行の社員ではなく、破産会社が乙野銀行に経営コンサルタントの紹介を依頼していたため、同行が同人を紹介したに過ぎないことが認められ、乙野銀行と乙原との間に密接な関係があったとまではいえず、乙原において破産会社の経営状況を逐一乙野銀行に報告していたとまでは認めることはできない。

また、前記二に認定したように、破産会社は、平成八年七月五日に、丙山から破産会社の資産ではなく、戊田らの所有する株式を担保として一〇億円を借り受け、また、このころ、オリックス社との資本提携案も俎上に上がっていたことが認められ、平成八年四月以降の一連の取引銀行による破産会社への融資、また、丙山による一〇億円の融資などから、少なくとも外部的には信用不安を示唆するような兆候は出ていなかったと判断される。

そうすると、仮に、乙原において、破産会社が平成八年七月当時において約三〇億円の債務超過の状態にあったとの印象を有していたとしても客観的根拠は不明であり、乙野銀行や他の金融機関を含めてそのような認識が一般的であったとは認めがたい。」

まず、破産法七二条一号の否認権の主観的要件の判断基準時が、集合債権譲渡担保契約の締結時か、それとも各債権譲渡時通知時かにつき、本判決は、集合債権譲渡担保契約の趣旨からすれば、当事者間では契約時に包括的に被担保債権の範囲内で現在および将来の債権譲渡の効力が生ずると見るのが相当であり、このような契約内容からすれば、破産法七二条第一号の否認権の主観的要件の判断基準は、集合債権譲渡担保契約の締結時であると解するのが相当であると、判断している。

このような判断はきわめて当然であり、破産者等の債権譲渡通知は、本来的には対抗要件の問題であり、対抗要件の否認の問題と考えるべきであろう[6]（破産法七四条）。

もっとも、本件においては、破産会社の経営破綻から破産に至るまで紆余曲折があったため、債権譲渡通知から破産宣告の日までに一年以上を経過しているので、対抗要件の否認は問題とはならない（破産法八四条）。

なお、右のような判断は、いわば実体法上からの考察によるものであるが、破産法という特別法の基本的精神からしても、同様に、集合債権譲渡担保契約の締結時ということになるものといえるのではなかろうか。

つぎに、Y_1・Y_2らに、破産法七二条一号にいう悪意があったか否かについてであるが、本判決は、Y_1・Y_2いずれにも、当該意思が存しないとの判断を下している。

すなわち、Y_1との関係では、当時の破産会社の収益、販売、債務返済の状況、その破産会社に対する融資状況等からすれば、破産会社の詐害意思、Y_1の悪意があったとはいえないとしている。

一方、Y_2との関係においては、当時、破産会社が資金繰りに苦労していた状況などに照らせば、破産会社に詐害意思があったとはいえなくもないが、破産会社の取引先銀行が破産会社に対し融資を継続している状況にあったことなどから、Y_2を含む金融機関が破産会社の経営や財務状況につき特段の不安をいだいたような形跡がないこと、本件集合債権譲渡担保契約は、短期融資の借換えの結果、融資期間が延長されたため、融資基準上担保の徴求の必要が生じたことによるものであり、右融資と新たに徴求した担保に不相応のものがあるとはいえないことなどから、Y_2が、右契約当時に、債権譲渡担保設定が他の債権者を害するものであるとの認識をもっていたとは認められないと判断している。

経済的に窮地に立たされた債務者は、この状況を打開するために、様々な手段を尽くすであろうし、このような状況に債権者や第三者も当然にかかわりをもってくることとなろう。

したがって、破産宣告前になされた行為が否認されるためには、当該債務者がおかれた状況、行為の目的、行為の内容、相手方（受益者）の動機や状況等、諸般の事情を考慮して、当該行為の効力を否定されても仕方ないという場合でなければならないであろう。

右のように考えれば、本判決が、破産会社とY_1・Y_2らには、詐害意思・悪意がなかったものと判断したことには、とくに問題はないものと思われる。

四　大阪高裁平成一四年七月三一日判決について

まず、右大阪高裁判決の事実の概要を見ておくと以下のとおりである。

破産管財人（控訴人）が、破産会社が訴外会社に対して有していた一五万七六〇五円の請負代金債権の譲渡を受けたとする被控訴人に対し、その債権譲渡契約ないし対抗要件を否認して、その代金債権が破産財団に帰属することの確認を求めた。

当該控訴人の主張は、本件契約は、破産会社の支払停止前、ことさらに債権譲渡の効力を支払停止に至ったときに生じさせる（停止条件）旨の特約を付することによって、専ら支払停止後における債権回収を目的として、一般の破産債権者に優先して、排他的に目的債権を取得することのみを目的とした契約であり、支払停止を知って締結された債権譲渡契約と変わりがなく、また、破産債権者を害することを知って締結された債権譲渡契約と変わりないから、破産法七二条一号、二号の準用により否認される。

本契約は、非典型担保権設定契約に該当する集合債権譲渡担保権設定契約であって、対抗要件たる債権譲渡通知が担保権設定の効力が生じた契約締結時点から一五日を経過した後に支払停止を知ってされたものであるから、破産法七四条一項により否認される。

また、本件契約が停止条件付債権譲渡の形式を採用したのは、否認制度の潜脱を目的としたものであり、信義則上、本契約に形式どおりの効力を認めることは相当でなく、破産段階での否認制度との関係では、債権譲渡の効力発生時点を本件契約締結時と解すべきであるから、破産法七四条一項により否認される、というものである。

これに対して、第一審判決は控訴人の請求を棄却したが、本件控訴審判決は、以下の理由から、控訴人の請求を認めている。

すなわち「そうすると、上記停止条件付効力発生の特約、少なくとも上記イ(ア)の事由が生じたときに効力が発生するとの特約は、前記いわゆる集合債権譲渡担保契約により同内容の法的・経済的目的を達成し得るといえる場合であるにもかかわらず、支払停止等の危機状況前にDの信用状況を公にしたくないというそれ自体取引関係に立ちうる第三者に不利益を及ぼす可能性のある目的のため第三者対抗要件を具備せずに開示情報の公示を回避し、支払停止等の危機状況において一般債権者に優先して排他的に本件目的債権を取得するという明らかに一般債権者の利益を害する事態を目的としてされたものということができ、総債権者の利益及び債権者間の公平を害する行為を禁ずる破産法の法秩序に反した又はこれを潜脱した不当なものというべきである（なお、動産所有権留保と会社更生手続に関するものではあるが、同様の考え方を述べる最高裁判所昭和五七年三月三〇日判決・民集三六巻三号四八四頁参照。）。

したがって、本件契約は、少なくとも、上記イ(ア)の事由が生じたときに効力が発生するとの特約を内容とする限りにおいて、総債権者の利益及び債権者間の公平を害する行為を禁ずる破産法の法秩序に反した又はこれを潜脱した不当なものと評価すべきであって、Dの支払停止と同時に目的債権の譲渡という権利変動を生じさせた上で目的債権を優先的、排他的に取得するという効力に着目する限り、本件契約締結の時点において、支払停止等のあることを知り、一般債権者を害すべき結果となることを認識して、担保を供与したということになるから、破産法七二条一号所定の故意否認の対象となるべき状況において破産債権者を害することを知って締結された債権譲渡契約、また、破産法七二条二号所定の危機否認の対象となるべき段階で締結された債権譲渡契約と何ら変わるところがない。

以上のとおりであって、前記基礎となる事実（平成一三年四月三日の手形不渡り、破産申立てする旨の通知及び債権譲渡通知）並びに弁論の全趣旨により、支払停止に伴って本件契約に基づき譲渡通知がされたと認められる本件において、控訴人の破産法七二条一号・二号の準用による否認権行使の主張はこれを認めることができる。

仮にそうでないとして、少なくとも前記イ(ア)の事由が生じたときに効力が発生するとの特約は、支払停止等の危機状況前にDの信用状況を公にしたくないというそれ自体取引関係に立ちうる第三者に不利益を及ぼす可能性のある目的のため第三者対抗要件を具備せずに開示情報の公示を回避し、支払停止等の危機状況において一般債権者に優先して排他的に本件目的債権を取得するという明らかに一般債権者の利益を害する事態を目的としてされたものということができ、総債権者の利益及び債権者間の公平を害する行為を禁ずる破産法の法秩序に反した又はこれを潜脱した不当なものといえる。

そうすると、破産法七四条一項の適用に関しては、本件契約うち、少なくとも、Dの被控訴人に対する債務が前記イ(ア)の各事由発生による債権譲渡通知発送時において確定して債権譲渡契約が上記イ(ア)の各事由発生時に直ちに効力を生じるとの部分を否定的に考慮すべきであり[7]、同部分を除外して本件契約を考察すると、本件契約は、Dが、Dの被控訴人に対する継続的手形貸付取引、金銭消費貸借取引等によって継続的に生じる債務を担保するため、本件目的債権を一五〇万円の限度で譲渡し、Dがあらかじめ上記債権譲渡に係る債権譲渡通知書を作成して、被控訴人に預けておき、被控訴人において上記債権譲渡通知書に適宜補充をして発送するか、

Dを代理して債権譲渡通知を行うことを委任するというものとなり、この場合、上記イ(ア)の各事由発生による債権譲渡通知書発送をもって担保権実行開始要件を定めたものと解することができ、前記いわゆる集合債権譲渡担保契約と法的・経済的に同内容をなすということができる。

したがって、本件契約は、破産法七四条一項の適用に関しては、契約の締結された時点でいわゆる集合債権譲渡担保の効力が生じたものとして扱うべきである。

前記基礎となる事実及び弁論の全趣旨によれば、本件契約についての債権譲渡通知は、支払停止がなされ、かつ、本件契約によるいわゆる集合債権譲渡担保権設定の効力が生じた時点から一五日が経過した後に被控訴人が支払停止を知ったと認められるから、控訴人の破産法七四条一項による否認行使の主張はこれを認めることができる。」

本判決は、まず、本件契約は、破産会社が被控訴人に対する継続的手形貸付取引、金銭消費貸借取引などによって継続的に生じる債務を担保するために、訴外会社ほか二社に対する平成一二年八月末日から債権譲渡通知が到達するまでの間に生じた複数の請負代金債権を一五〇万円の限度で被控訴人に譲渡し、債権譲渡通知を作成して被控訴人に預けておき、支払停止、破産、民事再生手続開始、会社更生手続開始、会社整理開始、特別清算開始の申立てなどがあったときに、被控訴人において上記債権譲渡通知書に適宜補充をして発送するか、破産会社を代理して債権譲渡通知を行うことを委任し、被控訴人に対する債務が同債権譲渡通知書発送時において確定して直ちに効力を生じる、というものであり、契約の効力が支払停止などの事由が生じたときに発生する旨の特約を結んだのは、同事由の発生まで破産会社に債権者としての地位をとどめて譲渡債権の取立てを可能としておくことのほかに、正常段階における債権担保のための債権譲渡が与信の喪失および取引停止検討の契機となるので、債権譲渡通知を避けたいという破産会社の要望と、債権担保のための債権譲渡の効力発生時期を支払停止などの時まで繰り下げることによって支払停止等の危機状況における担保権の実効性を確保しつつ、対抗要件具備の日を債権譲渡の効力発生の日から一五日以内として破産法七四条一項による否認権行使を免れるとの被控訴人の思惑とが符合したことによるものであると認定している。

そして、右認定を前提に、前記支払停止等の事由が生じたときに契約の効力が発生する旨の特約は、いわゆる集合債権譲渡担保契約により、同内容の法的・経済的目的を達成しうる場合であるにもかかわらず、支払停止等の危機状況前に破産会社の信用状況を公にしたくないというそれ自体取引関係に立ちうる第三者に不利益を及ぼす可能性のある目的のため第三者対抗要件を具備せずに開示情報の公示を回避し、支払停止等の危機状況において一般債権者に優先して排他的に本件目的債権を取得するというもので、総債権者の利益および債権者間の公平を害する行為を禁ずる破産法の法秩序に反しまたはこれを潜脱した不当なものというべきであるから、本契約は支払停止等と同時に目的債権の譲渡という権利変動を生じさせた上で目的債権を優先的、排他的に取得するという当該特約による効力に着目する限り、破産法七二条一号所定の故意否認の対象となるべき状況において、破産債権者を害することを知って締結された債権譲渡契約、また、破産法七二条二号所定の危機否認の対象となるべき段階で締結された債権譲渡契約となんら変わるところがなく、同条同号の準用による否認権行使を認めうる、と判断している[8]。

前述のとおり、営業が平常通りになされている場合と異なり、すでに事実上破産状況に陥っているようなときには、破産法適用の次元となる。このような場合には、総債権者の利益および債権者間の公平が徹底されるべきこととなる。

このような観点からすれば、本件に関する本判決が、控訴人に破産法七二条一号・二号の否認権行使を認めたことには問題なかろう。

一方、本判決は、第二次的にではあるが、破産法七四条一項の適用に関しては、本契約のうち支払停止等の事由が生じたときに契約の効力が発生する旨の特約の停止条件部分を否定的に考慮すべきであり、同部分を除外して本件契約を考察すると、本件契約はいわゆる集合債権譲渡担保契約と法的・経済的に同内容をなすから、破産法七四条一項の適用に関しては、契約の締結された時点でいわゆる集合債権譲渡担保の効力が生じたものとして扱い、破産法七四条一項による否認権行使を認めうるものと解している(9)。

先に検討した平成一四年七月三〇日の東京地裁判決では、債権譲渡通知から破産宣告の日までに一年以上経過していたため、対抗要件の否認（破産法七四条一項）は問題とならなかったので、この点についての判断はなされていない。

本大阪高裁判決も、破産法七四条一項の適用に関しては、契約締結時に集合債権譲渡担保の効力が生じたものと解しているが、このような態度も、前述の私見と同じくするものであり、妥当なものといえるであろう。

なお、事実関係は異なるが、近時においては、国税徴収法二四条二項による告知書の発出の時点で売掛代金債権の譲渡担保権を実行することを内容とする合意が無効であるとされた判決も見られる(10)。

五　東京地裁平成一四年一一月二〇日判決について

本判決における事実の概要は次のとおりである。

いわゆる預託金会員制ゴルフクラブの会員であったＡ・Ｂから、Ａの取引先銀行に対する借入金債務を連帯保証したことに伴う求償金債権を担保するため、Ａにおいては債務者として、Ｂにおいてはその物上保証人として、各自の会員権に譲渡担保権の設定を受けた債権者Ｘが、その後の連帯保証債務の弁済による求償金債権の取得を前提に、ゴルフクラブを経営する株式会社Ｙに対して、自ら預託金の返還を求めた。

なお、本件会員権に係る本件預託金の据置期間がすでに到来しており、Ａ・Ｂがゴルフクラブを退会すれば、Ａ・ＢがＹに対して、本件預託金の返還が可能な状況にあった。

これに対する本判決の要旨は以下のとおりである。

「(本件譲渡担保権に基づく本件預託金の返還請求それ自体の可否)

⑴　原告の本訴請求は、前記「前提となる事実」として確定した①本件会員権につき、太郎及び花子から本件譲渡担保権の設定を受けた事実、②その被担保債権である原告の太郎に対する求償金債権が現に存在している事実、③本件預託金の償還期限が既に到来している事実を踏まえ、被告に対し、本件譲渡担保権の前記被担保債権の範囲で、本件預託金の返還を求めるものであるが、被告は、原告の本件譲渡担保権に基づく被告に対する本件預託金の返還請求それ自体を争っている。

⑵　しかしながら、債権者が債務者（物上保証人を含む。）から預託金会員制のゴルフクラブの会員権について譲渡担保権の設定を受けた場合に、被告主張のとおり、帰属清算の方法として当該会員権を自ら取得し、あるいは処分清算の方法としてこれを第三者に処分し、その取得代金ないし処分代金をもって、被担保債権の優先弁済を受け得ることはいうまでもなく、譲渡担保権の目的となったゴルフ会員権が市場性を有する場合には、そのような清算方法によるのが合理的であって、当事者も、もっぱらそのような清算方法を予定して設定契約

を締結しているのが一般的であると解される。しかし、譲渡担保権の目的となったゴルフ会員権にそのような市場性がない場合もないわけではなく、また、市場性がある場合であっても、譲渡担保権者が前記した清算方法を選択して譲渡担保権を実行する前に、預託金の償還期限が到来した場合に、譲渡担保権設定者が事実上であっても預託金の返還を受け得るとすれば、預託金の返還後もなお譲渡担保設定者である会員が当該ゴルフクラブでプレーをすることが可能であるか否かはともかくとして、譲渡担保権者にとってみれば、譲渡担保の目的物が消滅するに等しい結果とならざるを得ない。そうすると、このような場合には、譲渡担保権者において、譲渡担保権設定者に対する目的物の消滅を理由とする損害賠償請求などが可能であるとしても、それによるのも迂遠であって、端的に、譲渡担保権の目的物を保全するために、譲渡担保権に基づき、譲渡担保設定者に代わって自ら預託金の返還を求め得ると解されるべきものである。また、そのように解さなければ、このような場合も対象として預託金会員制のゴルフ会員権について譲渡担保権を設定した意義を消却することになる。

被告は、譲渡担保権にそのような効力を認め得るとしても、それは、譲渡担保権の設定契約の当事者間にとどまるようにいうが、譲渡担保権者が、譲渡担保設定者による目的物の消滅を防止し得るのは、譲渡担保権の本質的な効力というべきであって、設定契約の当事者間に同旨の約定があったとしても、その本質的な効力を確認したにとどまるというべきであって、譲渡担保権の設定を第三者に対抗し得ない場合は格別、その対抗要件を具備している限り、第三者に対しても、譲渡担保権の目的物の消滅を防止するのに必要な請求が可能というべきである。

しかるところ、本件においては、原告の本件譲渡担保権の設定については、太郎及び花子から本件倶楽部を経営している被告に対してその設定の事実を明らかにする譲渡通知がされているほか、その後、実際にも本件譲渡担保権に基づく本件預託金の返還請求がされていることは、前提となる事実記載のとおりであって、本件預託金返還請求権が発生していれば、原告が本件譲渡担保権に基づく本件会員権の取得を少なくとも前記譲渡通知・返還請求を受けている被告に対抗し得ることは明らかといわなければならないから、これに反する被告の前記主張は採用し得ない。

(3)　したがって、原告は、本件譲渡担保権に基づき、被告に対し、本件預託金の返還を請求することが可能であるといわなければならない。

（本件預託金の返還請求のための退会通知の要否とその有無）

(1)　もっとも、原告が本件譲渡担保権に基づき本件預託金の返還請求が可能であるとしても、本件預託金の返還を請求するためには、その償還期限が到来しているだけでなく、会員である太郎及び花子が本件倶楽部を退会していることが要件となるか否かが問題となるところ、本件会員権に係る「預り金証書」（甲10、11）の記載上はともかく、原告において、その必要を自認しているところ、被告は、原告が太郎及び花子に代わってした第一次通知による退会の効力を争っている。

(2)　しかしながら、本件会員権につき、本件譲渡担保の設定を受けた原告が、譲渡担保権者として、本件預託金の返還を求め得る立場にあるということは、譲渡担保設定者である太郎及び花子が事実上であっても自ら退会通知をして償還期限が到来している本件預託金の返還を受けてしまうことを防止するという見地からであるから、そうである以上、本件譲渡担保権者である原告において、その目的物である本件預託金が太郎及び花子に返還されてしまうのを防止するために自らその返還を求め得る前提として、太郎及び花子に代わって退会通知をすることもできるというべきである。

この点につき、原告は、原告が太郎及び花子に代わってした第一次通知の法的根拠として、譲渡担保権者の取立権、債権者代位権、あるいは、太郎及び花子から授与された代理権を主張するが、ゴルフクラブの退会をめぐる会員の権利は、いわゆる一身専属権的な権利として保護されるべきものであるとは解されないし、これに前説示したところを総合すれば、担保権の効力として譲渡担保権者にも認められるべきである譲渡担保設定者に対する目的物の維持・保存請求権を保全するための債権者代位権の行使として、原告が太郎及び花子に代わってした第一次通知を有効と認めるのが相当であって、かつ、それが簡明であると解される。

(3) したがって、本件預託金は、その償還期限が到来した後、原告が太郎及び花子に代わって被告に対してした第一次通知によって、本人がした第二次通知を待つことなく、第一次通知が到達した平成一四年四月一二日以降、その返還が可能となっていたということができる。」

本判決は、ゴルフ会員権に対する譲渡担保権の実行として、いわゆる帰属清算や処分清算という譲渡担保権の本来的な実行による当該会員権の換価代金から優先弁済を受ける方法とともに、預託金会員制ゴルフクラブの会員権の譲渡担保権者が会員権それ自体を処分することなく、譲渡担保権者たる会員の退会を前提に、自ら退会通知をなして、すでに据置期間が到来している預託金の返還をも請求できるものと解している。

右の論拠としては、譲渡担保権者が譲渡担保設定者による目的物の消滅を防止しうるのは譲渡担保権の本質的な効力というべきであるとしている。

したがって、当該判決の態度によれば、譲渡担保権の設定に際して、右のような実行方法が約定されているか否かを問わないこととなる。

すなわち、このような約定は、譲渡担保権の有する本質的な効力を確認しているにすぎない、と考えられている。

つぎに、譲渡担保権者自身が退会を通知しうるか否かが問題となる。

この点に関し本判決は、ゴルフクラブを退会するか否かの決定権が会員の一身専属権でないとして、担保権の効力として譲渡担保権者にも認められるべきである譲渡担保設定者に対する目的物の維持・保存請求権を保全するための債権者代位権を行使しうるものと解している。(11)

したがって、本判決の立場によれば、会員本人が退会通知をする必要はなく、第三者が会員に代って退会通知をする余地があることとなる。(12)

本事案においては、預託金会員制ゴルフクラブの会員権に対する譲渡担保権者が自らゴルフクラブの退会通知をして、預託金の返還を求めうるか否かが問題となるが、この点について検討する際には、まず当該譲渡担保の目的物がなにであるかを明確にしておかなければならない。

すなわち、当該譲渡担保の目的物はゴルフクラブの会員権であるから、この権利の中には、預託金の返還請求権も当然に含まれているものと解されるであろう。

そうであれば、譲渡担保権者には、この返還請求権をも把握されていることとなろう。

問題は、当該会員権の担保権の実行として、譲渡担保権者自身が退会通知をしたうえで、預託金の返還を請求しうるか否かである。

本判決はこの点につき、ゴルフクラブを退会するか否かの決定権は、会員の一身専属権ではないとして、譲渡担保設定者に対する目的物の維持・保存請求権を保全するための債権者代位権の行使を肯定している。

本件においては、譲渡担保設定契約で、Xが任意の方法により預託金の返還を受けて被担保債権の弁済に充ることが許されている。

私としては、このような約定があるか否かを問わず、当該譲渡担保の効力として当然に右返還請求権があると思うが、これはあくまでも債務者（譲渡担保設定者）の不履行が前提になることに留意すべきであろう。すなわち、譲渡担保は、法律的・形式的には目的物の所有権を担保権者に移転するが、経済的・実質的にはあくまでも債権担保であるから、譲渡担保権設定者は少なくとも弁済期が到来するまでには、担保目的物につき物権的期待権[13]を有するからである。

つぎに、譲渡担保権者自身が退会通知をして預託金の返還を請求しうるか否かについてであるが、本判決が、退会するか否かの決定権は会員の一身専属権でないと判断していることには異論はないが、「設定者に対する目的物の維持・保存請求権を保全するため」の債権者代位権の行使を肯定している点については、このような考え方も一つではあると思うが、さらに検討の余地はあるものと思われる。

私としては、預託金返還請求権も当該ゴルフクラブ会員権の財産的価値の中に当然含まれているのであるから、譲渡担保権者は、この担保権の効力として、弁済期到来後であれば返還請求権を直接行使しうるものと解してよさそうにも思われる。

六　おわりに

以上までに近時における譲渡担保に関する主要な判例を検討してきたが、これを要約してみると、まず、譲渡担保が民法の明認せざる債権担保であることから、この担保を考察する際には、可能なかぎり担保当事者の意思を尊重しなければならない。

譲渡担保と同様の所有権移転型の担保である仮登記担保との主たる相違点は、担保権設定の際に、担保不動産につき所有権移転登記（場合によっては、そのために必要な一切の書類を担保権者に手渡すこともありうる）をするか、それとも所有権移転の仮登記をするかにある。

前掲平成一四年の最高裁判決の事案においても、担保当事者の意思を尊重し、仮登記の経由されていないことからすれば、これを譲渡担保と判断することは是認しうるであろう。

つぎに、集合債権の譲渡担保と破産法上の否認権との関係についてであるが、破産法が民・商法の特別法であり、総債権者の利益と債権者間の公平を図ることを目的としている点に注目しながら、否認権行使の可否を慎重に決すべきであろう。

一方、いわゆる預託金会員制ゴルフクラブの会員権に対する譲渡担保において、当該担保権者が設定者に代わってゴルフクラブの退会通知をしたうえで、自らゴルフ場会社に対して、預託金の返還を請求しうるか否かについては、当該担保の目的物が、会員権という全財産価値であることに着眼する必要がある。

そうすると、担保当事者間において、この返還請求権につき担保当事者間に特約があると否とにかかわらず、担保権者が右返還請求をなしうるものと解されよう。

ただ、担保権者自身が退会通知をなして、当該預託金の返還を請求しうるとの根拠については、債権者代位権の流用も考えられるが、さらには、譲渡担保権の効力として、担保権者自身に右返還請求権を認めることも考えられるであろう。

本稿において検討してきたような事案は、今後においても生じうるであろうが、そのような場合には、右に述べた視点から検討されることが望ましいものと思われる。

(1) 川井健・民法概論2（物権）五三二頁。
(2) 拙稿・譲渡担保論一二頁。
(3) 前掲・拙稿一二頁。
(4) 通常の不動産譲渡担保においては、担保権者に目的不動産の所有権移転登記まで経由するが、担保権者に所有権を移転せず、所有権の移転手続に必要な一切の書類を担保権者に引き渡すという方法も行なわれている（最判昭和五一年九月二一日金融・商事判則五一〇号八頁参照）。
(5) このような場合には、譲渡担保当事者の担保意思を尊重して、当該担保契約全体を無効と解すべきではなく、当該無清算特約のみを無効と解すべきあろう。したがって、当該譲渡担保は、清算型の譲渡担保として効力を有することとなる。
(6) 判例時報一八〇七号九七頁コメント参照。
(7) 当該部分を否定的に解するからといっても、このような譲渡担保契約全体を無効と解すべきではなく、譲渡担保当事者の担保意思を尊重して、一部無効理論に従うべきであろう（前掲・拙原七八頁―七九頁参照）。
(8) 判例タイムズ一一一五号二八一頁コメント参照。
(9) 前掲・判例タイムズ一一一五号二八二頁コメント参照。
(10) この判決についての解説は、拙稿・判例解説・法律のひろば二〇〇四年八月号六〇頁以下参照。
(11) 抵当権に関するものではあるが、最判平成一一年一一月二四日民集五三巻八号参照。
(12) 金融・商事判例一一六四号五六頁コメント参照。
(13) この期待権については、拙稿・譲渡担保論二八頁以下、拙稿「譲渡担保の法的構成と効力」民法の争点Ｉ（ジュリスト増刊）一八〇頁以下参照。

9 集合将来債権譲渡担保契約の効力

高須順一

下森定 編集代表『現代民事法学の構想』内山尚三先生追悼
二〇〇四年一一月 信山社

一　はじめに
二　これまでの集合将来債権譲渡担保契約に関する議論の状況
1　債権の特定性に関する議論
(1)　学説の状況
(2)　判例の状況
(3)　債務者を特定しない債権譲渡担保の有効性について
2　債権の将来性に関する議論
(1)　学説の状況
(2)　判例の状況
(3)　平成一一年判決後の実務の状況
3　公序良俗法理による制限の可能性
三　これまでの議論の問題点
1　将来債権の譲渡可能性について
2　債権の特定性について
(1)　これまでの議論の曖昧性について
(2)　特定性判断のための諸要素
四　担保としての性質についての議論の必要性
1　担保的性質からくる制限という概念の構築
2　具体的基準及び効果
五　濫用的集合将来債権譲渡担保契約に対する法的規制
1　濫用事案の整理
(1)　法規制逸脱型
(2)　特定関係型
(3)　破綻介入型
2　濫用事案に対する法的規制
六　まとめ

一　はじめに

金融機関等が、取引先に対し有する貸付金等の債権を担保するために、その取引先が第三者に対し有する債権について譲渡担保権を設定する担保類型が債権譲渡担保契約である。この種の譲渡担保契約は、リース事業のように工場等の物的資産が少ない反面、顧客に対し大量の債権を有するような業種において威力を発揮する担保手段であると言われる。この場合、譲渡担保の目的となる債権は、多数の債務者（顧客）に対する相当数の債権であり、かつ、債権の中には既に発生している債権のみならず、将来発生する債権も含まれることが通常である。集合的かつ将来的な債権が譲渡担保の目的となるという意味で、本稿においては、この種の債権譲渡担保契約を集合将来債権譲渡担保契約と呼ぶが、この集合将来債権譲渡担保契約については、その効力をめぐり、学説において多くの議論がなされ、また、重要な判例も相次いで言い渡されている。そして、平成一〇年に制定され、集合将来債権譲渡担保契約の実効性を飛躍的に高めた「債権譲渡の対抗要件に関する民法の特例等に関する法律」（以下「債権譲渡特例法」という。）のさらなる改正が議論されている状況にあり、集合将来債権譲渡担保契約の実効性強化は金融担保取引実務に関する重要問題の一つとなっている。筆者もこれまでの弁護士としての職務のなかで集合将来債権譲渡担保契約の雛形あるいは取引マニュアルの作成に関与した経験があり、バブル経済の崩壊、金融機関の不良債権の激増、金融シムテムに対する不安の増大といった一連の金融危機のなかで、物的担保だけでは賄うことができない企業金融取引の場面における、新たな担保手段としての債権担保制度の重要性を認識する一人である。(1)

しかしながら、筆者は同時に集合将来債権譲渡担保契約に関する現在の議論のあり方について、一種の危惧感を抱くものの一人である。筆者の問題意識は主に以下の三点に要約される。

第一点目は、金融取引重視という発想のみに基づく安易な債権譲渡担保制度の効力強化論に対する危惧である。債権譲渡担保制度の充実は同時に、たとえば債務者の倒産の場合に、一般債権者の最後の拠り所とされていた感のある債務者の売掛金等の債権を全て特定の債権者のための担保とし、債務者の責任財産を減少させることを意味する。つまり、債権者平等の原則に基づく割合的弁済の可能性を減少させ、担保を有する一定の債権者（主に金融機関等の金融取引上の債権者）と担保を有しないその他の債権者（多くの場合は動産取引を行っていた売掛債権者）との決定的な分離をもたらす危険がある。その結果、企業破綻の場合に全く債権の回収ができない債権者グループと担保権行使により企業破綻の場合にも比較的影響を受けない債権者グループとが構造的に分離されることとなり、我が国の経済構造自体に悪影響を与える可能性がある。

第二点目は、債権譲渡担保契約による債権担保制度が正当なものとして認知され、法整備が進むなかで、従来から存在する一部金融業者等による濫用的な債権譲渡担保契約の存在についての認識が希薄化する危惧である。大手の金融機関等が行う集合将来債権譲渡担保の効力をめぐる議論ばかりに関心が向くと、債務者の経済的窮状を利用して不当な利益を得ることを目的として行われる濫用的な債権譲渡事例の存在及びこれに対する対策の必要性に関する議論が疎かになる危険がある。集合将来債権譲渡担保契約に関しては、正常型と濫用型が相拮抗して存在するという極めて特異な取引類型であり、その双方に対する適切な理解を必要とする。無論、経済的影響力という観点からは正常型集合将来債権譲渡担保が格段の重要性を有している訳ではあるが、法的正義を維持するためには濫用型集合将来債権譲渡担保に関する的確な認識と対応策の検討を怠ってはならない。

近時の議論においてはその経済的影響力の大きさのみに目を奪われた議論がなされているように思われてならないのである。

第三点目は、現在の特別法制定作業における解決手法に関する危惧である。債権譲渡担保制度は、本来であれば、多種多様な担保制度の重要な一類型として立法作業においても抜本的な検討がなされるべき問題である。ところが債権譲渡特例法に代表されるように、債権譲渡担保制度そのもののあり方や有効性等に関する十分な議論を行わず、その点は全て従来の民法学上の解釈に委ねるとしたうえで、対抗要件制度としての債権譲渡登記制度のあり方のみを立法的に解決するというのが、少なくとも債権譲渡担保制度に関する現在の特別法制定作業の現状である。短時間に私法上の多くの領域について特別法が制定され、あるいはその制定作業が行われており、これを称して、大立法時代などという表現を用いる識者もいるが、(2)筆者は立法的解決という手法が拙速かつ本質的な議論を先送りしてなされることに危惧を感じるものである。債権譲渡担保制度の抜本的な内容を検討することなく、対抗要件制度の内容だけを立法的に解決するという手法は、結果的に理念無き債権譲渡担保実務の暴走をもたらすことになりはしないであろうか。バブル経済が崩壊し、深刻な金融危機を招いた一九九〇年代の、いわゆる失われた一〇年期の緊急避難的立法措置及びこれと歩調を共にする一連の経済再生優先判例の存在については、その時代の苦しみの中にいた一人として、その必要性を理解しているが、さりとて、このような取扱いをいつまでも続けることには限界があり、法本来が有する安定性と信頼性を取り戻す時期に来ていると考える次第である。

本稿は以上のような問題意識に基づき、今一度、債権譲渡の性質論の基本に立ち戻り、その特定性、将来性の検討を通じて集合将来債権譲渡担保契約の有効性について検討を加えるものである。さらに、本稿においては集合将来債権譲渡担保契約があくまで担保手段であり、担保としての性質を有することに着目し、これに基づく集合将来債権譲渡担保契約の限界を検討するものである。そして、実務上、引き続き存在する濫用的集合将来債権譲渡担保契約の問題性を指摘し、これに関する効力の制限の法理についても検討を加えるものである。

（1）債権譲渡登記制度を利用した債権譲渡担保の利用の状況について、野口宣大「債権譲渡登記制度の運用状況と実務上の論点」金融法務事情一六五三号三二頁（平成一四年）。
（2）房村精一「大立法時代の到来」金融法務事情一六九五号一頁（平成一六年）。

二　これまでの集合将来債権譲渡担保契約に関する議論の状況

1　債権の特定性に関する議論

(1)　学説の状況

債権譲渡契約においては、その範囲、内容が特定されることが必要と一般的に理解されている。[3]これは契約行為の有効性に関わる問題であるが、集合将来債権譲渡担保契約に関しては譲渡の対象が将来発生する複数の債権であるため、特定性の要件の具体的な内容をめぐり様々な議論がなされている。そして、これらの議論のうち最も中心的なものは、特定性という概念の本来的な意味に比較的忠実な解釈を試みる見解と債務者の行動の自由及び他の債権者の保護という他の要請を政策的に特定性の要件の理解に取り込もうという見解の対立である。前者は他の債権との識別が可能な程度に特定されていれば足りるという立場であり、[4]後者は包括的譲渡を有効とすることは債務者の経済的活動を阻害し、他の債権者を害するとして、識別可能性という意味での特定性が認められるだけでは足りず、政策的な視点から譲渡の範囲を限定すべきとする立場である。(5)(6)

さらに、識別可能性という点に関しても、どの程度の要素が満たされれば識別可能と考えるかについて理解に相違がある。従来、第三債務者、債権発生原因、債権発生期間、債権額等が識別可能とするための要素と考えられてきたが、これらの全ての要素が基本的に備わっていることを要すると考えるのか、(7)あるいは、いくつかの要素により識別可能となれば足りるとして柔軟に考えるのかについて論者によって相違がある。また、集合将来債権譲渡担保契約においては、債権額といっても譲渡担保契約時に確定しているわけではない。そこで、債権額は特定のための要素にはならないという見解もあるが、(8)一方で集合将来債権譲渡担保契約の場合に譲渡債権の範囲を画する基準として債権額の要素は特定のために重要と考える見解もある。(9)

(2)　判例の状況

判例も集合将来債権譲渡担保契約において特定性の要件が満たされる必要があることを認めている。最判昭和五三年一二月一五日判例時報九一六号二五頁（以下「昭和五三年判決」という。）は、「始期と終期を特定してその権利の範囲を確定することによって、これを有効に譲渡することができるというべきである」と判示した。また、最判平成一一年一一月二九日民集五三巻一号一五一頁（以下「平成一一年判決」という。）は、「債権譲渡契約にあっては、譲渡の目的とされる債権がその発生原因や譲渡に係る額等をもって特定される必要があることはいうまでもなく、将来の一定期間内に発生し、又は弁済期が到来すべき幾つかの債権を譲渡の目的とする場合には、適宜の方法により右期間の始期と終期を明確にするなどして譲渡の目的とされる債権が特定されるべきである」と判示した。そして、最判平成一二年四月二一日民集五四巻四号一五六二頁は、「債権譲渡の予約にあっては、予約完結時において譲渡の目的となるべき債権を譲渡人が有する他の債権から識別することができる程度に特定されていれば足りる」と判示して、識別可能性の有無を基準とすることが明らかにされている。

(3) 債務者を特定しない債権譲渡担保の有効性について

法制審議会動産・債権担保法制部会が平成一六年二月一八日の部会において、「動産・債権譲渡に係る公示制度の整備に関する要項中間試案」を取りまとめている。この中間試案では、「債権担保の実効性を高めるため、債権譲渡の対抗要件に関する民法の特例等に関する法律による債権譲渡登記制度を見直し、債務者が特定していない将来債権の譲渡について、債権譲渡登記によって第三者に対する対抗要件を具備することができるようにするものとする」と記載されており、債務者を特定しない方法による債権譲渡担保の可能性を志向している。ただし、上記改正作業はあくまで対抗要件である債権譲渡登記制度のあり方に関するものである。債務者を特定しないままでの債権譲渡担保契約が特定性の要件を満たし有効となるか、あるいは特定性なしとして効力を否定されるかは、他の何らかの方法により譲渡すべき債権が特定されているか否かという実体法上の判断によることに留意すべきである。(10)

（3） 我妻榮『新訂債権総論』五二七頁（岩波書店、昭和三九年）、高木多喜男「集合債権譲渡担保の有効性と対抗要件(上)」NBL二三四号八頁（昭和五六年）
（4） 道垣内弘人『担保物権法』三四〇頁（有斐閣、初版、平成一六年）、角紀代恵『流動債権の譲渡担保』法律

時報六五巻九号一六頁（平成五年）
（5）高木多喜男「将来の診療報酬債権の譲渡性」『担保法の判例Ⅱ』八〇頁（有斐閣、平成六年）、平井一雄＝太矢一彦『集合債権譲渡担保契約において債権譲渡特例法に基づき譲渡を受けた債権の発生年月日（始期）のみを記載した場合の登記の対抗力』銀行法務21五九四号六八頁（平成一三年）。
（6）債権譲渡担保契約の場面で議論される特定性とは何かについても議論がある。道垣内弘人『担保物権法』三四〇頁（有斐閣、初版、平成一六年）は、設定契約における特定性と対第三者関係における特定の問題は異なるとする。これに対し、平井一雄＝太矢一彦『集合債権譲渡担保契約において債権譲渡特例法に基づき譲渡を受けた債権の発生年月日（始期）のみを記載した場合の登記の対抗力』銀行法務21五九四号六八頁（平成一三年）は、対第三者関係における特定の問題と設定契約における特定とを敢えて区別する必要はないとする。
（7）森井英雄＝辰野久夫「集合債権譲渡担保契約における限度額の定め」森井英雄＝升田純＝辰野久夫＝池辺吉博『債権譲渡特例法の実務』一四九頁（商事商務、新訂第二版、平成一四年）は、「第三債務者、種類（発生原因）および期間とともに限度額が必要というべきである」と指摘したうえで、「担保実務の担当者としては、せっかく締結した集合債権譲渡担保契約の効力が否認されないために、できる限り、前期の四つの要素を具備すべきであろう」としている（同書一五二頁）。
（8）道垣内弘人「債権譲渡特例法五条一項にいう『譲渡に係る債権の総額』について」金融法務事情一五六七号五六頁（平成一二年）。
（9）森井英雄＝辰野久夫「集合債権譲渡担保契約における限度額の定め」森井英雄＝升田純＝辰野久夫＝池辺吉博『債権譲渡特例法の実務』一四九頁（商事商務、新訂第二版、平成一四年）。
（10）「動産・債権譲渡に係る公示制度の整備に関する要項中間試案　補足説明」（法務省民事局参事官室作成）にも、「債務者不特定の将来債権の譲渡の効力それ自体については、民法等の実体法による規律に委ねることを前提としている」と説明されているところである。

2　債権の将来性に関する議論

(1)　学説の状況

古典的な議論では、譲渡担保の目的債権について現存性を要求する見解があった[11]。現存しない債権を譲渡することはおよそ不可能という理解である。その後、学説上は、現在性の要件を緩和する方向に推移し、債権発生の確実性あるいは蓋然性で足りるなどの議論が積み重ねられるようになった[12]。しかし、債権発生の確実性あるいは蓋然性を要求するとなると、債権譲渡行為の有効性の判断が不明確な基準により左右されるようになり、それはそれで妥当性を欠く結果となる。そのため、現在は、このような曖昧な要件を課すことなく一般的に将来債権についても譲渡可能性を認める見解が通説化している[13]。

(2)　判例の状況

最判昭和五三年一二月一五日判例時報九一六号二五頁（前出の昭和五三年判決）は、医師の診療報酬債権の譲渡が問題となった事案において、同債権は、「医師が通常の診療業務を継続している限り、一定額以上の安定したものであることが確実に期待されるものである。したがって右債権は、将来生じるものであっても、それほど遠い将来のものでなければ、特段の事情のない限り、現在すでに債権発生の原因が確定し、その発生を確実に予測しうるものであるから、始期と終期を特定してその権利の範囲を確定することによって、これを有効に譲渡することができるというべきである」と判示した。この判例は、将来債権についても譲渡可能であることを認めた判例と理解されるが、ただし、「一定額以上の安定したものであることが確実に期待されるものである。」などの表現もあり、また、「それほど遠い将来のものでなければ、」などという表現を用いた点において、将来債権の譲渡性について、何らかの一般的留保を付ける余地があるようにも考えられた。しかし、その後、最判平成一一年一一月二九日民集五三巻一号一五一頁（前出の平成一一年判決）が、「将来発生すべき債権を目的とする債権譲渡契約にあっては、契約当事者は、譲渡の目的とされる債権の発生の基礎を成す事情をしんしゃくし、右事情の下における債権発生の可能性の程度を考慮した上、右債権が見込みどおり発生しなかった場合に譲受人に生ずる不利益については譲渡人の契約上の責任追及により清算することとして、契約を締結するものと見るべきであるから、右契約の締結時において右債権発生の可能性が低かったことは、右契約の効力を当然に左右するものではないと解するのが相当である」と判示し、これにより将来債権について、昭和五三年判決が指摘した、「発生の確実な予測可能性」というような制限は付さないことが明らかにされた。さらに平成一一年判決は、昭和五三年判決が指摘した、「それほど遠い将来のものでなければ」という表現を用いることなく、将来債権の譲渡の有効性を認め、また、昭和五三年判決に関しても、「契約締結後一年の間に支払担当機関から医師に対して支払われるべき診療報酬債権を目的とする債権譲渡契約の有効性が問題とされた事案において、当該事案の事実関係の下においてはこれを肯定すべきものと判断したにとどまり、将来発生すべき債権を目的とする債権譲渡契約の有効性に関する一般的な基準を明らかにしたものとは解し難い」と判示して、一定期間に限定するような基準を一般的に設けるべきではないことを明確にした。

(3)　平成一一年判決後の実務の状況

平成一一年判決がでるまでの間は、昭和五三年判決を意識して、契約締結後一年以内に発生する債権に限定してこれを債権譲渡担保契約の目的とすることが実務上の指針とされていた。[14] しかし、平成一一年判決が言い渡されたことにより、判例が期間的制限を必ずしも厳格に考えていないことが明確になったため、従来の取扱いを改めより長期間の債権を譲渡担保契約の目的とする取扱いが一般化した。現在、実務上は五年間を基準とする例が多い。[15] しかし、これを五年と理解する合理的根拠は明確ではなく、現在の実務的取扱いの趨勢は結局、他社のケースを参考とし、同様の期間とするという程度のものでしかないと言うべきである。[16]

(11) 我妻榮『新訂債権総論』五二七頁（岩波書店、昭和三九年）。
(12) 於保不二雄『財産管理権論序説』三二二頁（有信堂高文社、昭和二九年版復刻第一刷、平成七年）、西村信雄編『注釈民法』一一巻三六八頁〔植林弘〕（有斐閣、旧版、昭和四〇年）。
(13) 将来債権の譲渡可能性について本格的な検討を加えたのが、高木多喜男『集合債権譲渡担保の有効性と対抗要件(上)』NBL二三四号八頁（昭和五六年）である。同論文は、将来債権の譲渡契約の有効性を原則として承認したうえで、事案の内容如何によって公序良俗法理等を適用することにより個別具体的な解決を図るべきことを提唱する。
(14) このような理解は、将来債権に関する債権差押手続きについての取扱いと共通するものであった。すなわち、東京地裁の実務では、債権執行手続きにおいては将来発生する債権に関して一年間分に限り差押えを認める取り扱いであり（東京地裁債権執行等手続研究会編「債権執行の諸問題」四〇頁〔今井隆一〕）、この執行実務が右結論に影響を与えている。また、東京高決昭和五四年九月一九日下民集三〇巻九―一二号四一五頁も、昭和五三年判決を引用のうえ一定期間に限り債権差押を認め、札幌高決昭和六〇年一〇月一六日金融法務事情一一二六号四九頁は、端的に一年間に限り債権差押の効力を認めている。
(15) 池辺吉博「債権譲渡特例法と商社の担保実務」森井英雄＝升田純＝辰野久夫＝池辺吉博『債権譲渡特例法の実務』一七七頁（商事商務、新訂第二版、平成一四年）。

（16） 平成一一年判決の事案は、医師が社会保険診療報酬支払基金から支払いを受けるべき八年三か月分の診療報酬債権の一定額分を債権譲渡契約の目的とした事案であり、かつ、契約締結後、六年八か月目以降の一年間分の債権の譲渡の有効性が国税滞納処分との関係で問題となった案件であった。平成一一年判決は、この期間の債権譲渡を有効としたのであり、そのため、少なくとも債権譲渡契約締結後五年間程度の期間を対象とする債権であれば有効性に疑義は生じないとの理解が実務上、浸透している。

3 公序良俗法理による制限の可能性

高木説は、前述のとおり将来債権の譲渡可能性を一般的に認める見解に立つ一方で、債務者の経済活動の保障及び他の債権者の保護の観点から債権譲渡担保契約が公序良俗規定に反し無効とされる場合があることを指摘する。(17) 他にも、一定の債権譲渡契約が公序良俗に反する場合があることを指摘する見解が多い。(18) そして、判例も、最判平成一一年一一月二九日民集五三巻一号一五一頁（前出の平成一一年判決）において、「契約締結時における譲渡人の資産状況、右当時における譲渡人の営業等の推移に関する見込み、契約内容、契約が締結された経緯等を総合的に考慮し、将来の一定期間内に発生すべき債権を目的とする債権譲渡契約について、右期間の長さ等の契約内容が譲渡人の営業活動等に対して社会通念に照らし相当とされる範囲を著しく逸脱する制限を加え、又は他の債権者に不当な不利益を与えるものであると見られるなどの特段の事情の認められる場合には、右契約は公序良俗に反するなどして、その効力の全部又は一部が否定されることがあるものというべきである」と判示しており、公序良俗違反の問題が生じることを肯定している。

（17） 高木多喜男「集合債権譲渡担保の有効性と対抗要件(上)」ＮＢＬ二三四号八頁（昭和五六年）。

(18) 道垣内弘人『担保物権法』三四〇頁(有斐閣、初版、平成一六年)。

三 これまでの議論の問題点

1 将来債権の譲渡可能性について

将来債権の譲渡性については従来、債権の有効要件の一つである可能性の問題として議論されてきた。その限りにおいては、既に指摘されるとおり将来債権を債権譲渡担保の目的とすることは許容されるべきであり、そこにたとえば目的債権の発生する基礎となるべき法律関係の存在であるとか、あるいは契約締結当時において、その発生の蓋然性があるべきことなどという基準を付加するべきではない。

同様に担保となりうる将来債権の期間的制限についても、可能性という議論であれば、これを一年間に限る根拠はないし、また、現在の債権譲渡担保実務上の標準になっている五年間という期間制限に関しても必ずしもそのような限定を付する合理的理由はないと言うべきである。諸外国の法制度上も、将来債権について発生の蓋然性の存在を要件としたり、あるいは期間的な制限を設ける例は主要国には見当たらない。[19] さらに、国連国際商取引法委員会(UNCITRAL)における統一条約案作成のための協議でも、将来債権を目的とする債権譲渡を条約案に含めることが検討され、かつ、期間制限を想定するような内容ではなかったとの指摘がある。[20] このような国際的な議論の状況からも、将来債権の譲渡可能性について、我が国のみがひとり慎重な態度を取ることは現実性を欠くものであろう。

むしろ、将来債権に関する債権譲渡担保の問題性は、たとえば契約の終期を定めないような場合に債権の特定性維持の観点から問題を生じないか否かという点や、あるいは、極めて広範囲の債権が担保化されることにともなう弊害をどう除去するか、さらには濫用的集合将来債権譲渡担保契約の事案をどう解決するかという点にあると理解される。たとえば、債務者の氏名を特定することなく、かつ、契約の終期も定めることなく、その他の要件だけで債権を特定することが果たして可能であるか、仮に可能であるとしても、そのような将来債権譲渡担保契約が認められるべきか等について、慎重な検討が必要と思われる。集合将来債権譲渡担保契約において、譲渡担保目的債権が将来債権であること自体は、その効力を左右する問題ではなく、むしろ、集合将来債権譲渡担保契約の問題性は別なところにあると考える。[21]

(19)　債権譲渡法制研究会「債権譲渡法制研究会報告書」ＮＢＬ六一六号三一頁（平成九年）。
(20)　池田真朗「債権流動化と包括的特別法の立法提言㊤」ＮＢＬ六一九号一四頁（平成九年）。
(21)　将来債権という点のみならず、その複数の債権が一括して譲渡担保の目的とされるところにも集合将来債権譲渡担保の特徴がある。そこで、動産譲渡担保の場合の集合物理論と同様の発想で集合債権性を議論する見解もある。しかし、動産の場合には一物一権主義との関係でいわゆる集合物概念が検討されるのに対し、債権の場合には一物一権主義の制限を受けないのであるから、集合債権性を特別なものとして理解する必要はないものと思われる。むしろ、複数の債権を一括して債権譲渡担保の目的とする場合に留意すべきは特定性の要件が満たされるか否かの点にある。

2　債権の特定性について

(1)　これまでの議論の曖昧性について

債権の有効要件として確定性が求められる以上、集合将来債権譲渡担保においては、集合性、将来性のいずれの観点からもその特定性が重要となることは当然の理である。そこで、複数の債権を譲渡担保の目的とする場合、個々の債権に関して特定性の要件が満たされる必要がある。

ところが、特定性をめぐるこれまでの議論は論者の意図するところに差異があり、そのために曖昧な理解に留まっているように思われる。特定性をめぐるこれまでの主要な議論の一つに、既に指摘したように識別可能性があれば足りると考えるか、それだけでは足りず政策的な観点からの限定が必要と考えるかについての見解の対立がある。[22] しかし、債権譲渡行為の特定性を検討する際に政策的な観点から制限を加えるという発想はやはり奇異な印象を拭いきれない。高木教授が指摘する債権譲渡行為が公汎になされることに対する債務者及び第三者の保護の必要性は、本来、特定性以外の他の問題として整理されるべき問題と思われる。やはり特定性の問題としては、その本来的な概念に忠実に識別可能性をもって、その判断基準とすべきである。

ところが、既に指摘したように識別可能性説に立った場合にも、債権の内容について実際にどの程度の事柄が明らかになっていれば識別可能性があるのかについて見解に差異がある。債務者（債権の譲受人から見れば第三債務者）、債権の種類（発生原因）、期間（始期及び終期）、そして、債権額などが特定の要素とされるが、このうち、全ての要素が必要とされるのか、あるいはいくつかの要素によって他の債権と識別可能となれば良いのか、論者によって差異がある。[23] また、将来債権の場合、債権額は未だ確定しておらず、したがって見込額と理解せざるを得ないが、そのような見込額をもって特定の要素と理解すべきか否かについても争いがある。[24]これらの点については未だ十分に議論が尽くされているとは言うことはできず、今後、更なる検討が必要なところである。

集合将来債権譲渡担保契約においては、多様な債権を幅広く担保化したいという債権担保取引充実の要請が近年、ますます強調されるようになっている。そのため、特定性の基準についてもこれを緩和して考える傾向が強くなっている。債権額を特定の判断基準とは考えない見解もそのようなものと理解しうるし、また、法制審議会動産・債権担保法制部会において平成一六年二月一八日に決定された「動産・債権譲渡に係る公示制度の整備に関する要項中間試案」では、前述のとおり債務者を特定しない事案においても債権の特定性が認められうることを前提に、対抗要件たる債権譲渡登記の設定の方法を見直すこととしている。このように少なくとも実務的には金融機関の多様かつ柔軟な担保取得を目的とした金融取引の強化、安定化の要請重視の発想から、集合将来債権譲渡担保契約における特定性の要件は緩和される傾向にある。

集合将来債権譲渡担保契約の実務においては、これまでは、債権譲渡人（担保設定者）倒産の場合の否認権行使の危険性を少しでも軽減しようとの意図の下、予約型あるいは停止条件型の譲渡担保契約に民法四六七条の債務者に対する通知あるいは債務者の承諾という対抗要件を組み合わせた契約類型が多くなされてきた。しかし、最近は、これに代わり正常型の譲渡担保契約[25]の場合、債権譲渡特例法上の債権譲渡登記による対抗要件具備を前提とする本契約型の譲渡担保契約が主流になりつつある。[26]その結果、債権譲渡登記ができないような形での譲渡債権の内容、範囲の特定は対抗要件具備が不可能となるため、実際には想定しにくい。よって、債権譲渡特例法五条一項六号に定める「譲渡に係る債権を特定するために必要な事項で法務省令で定めるもの」

については、最低限、特定化のために必要な事項として事実上、作用することとなる。しかし、一方で、同条が定める必要事項（必須の記載事項）を全て記載したとしても常に特定性を満たすとは限らず、特定性の要件を満たすか否かは、あくまで別個の実体法上の問題として、司法的判断に服することとなると説明されている。債権譲渡登記があくまで対抗要件に過ぎない以上、特定性なしとして債権譲渡の効力を否定される危険があることは法理論的には当然の事柄であるが、実務上はこの点が十分に認識されているとは言い難い状況にある。

そこで、債権の特定性の要件について、これをできるだけ柔軟に考える場合にも、本来的には、まず、実定法上の解釈として譲渡債権の特定性に関する明確な判断基準を示さなければならないはずである。この点に関する解釈学上の議論が十分になされないまま、むしろ、対抗要件たる債権譲渡登記についての立法作業あるいは改正作業のみが議論される状況では、法解釈の空洞化及びそれに伴う法的信頼性の動揺という事態を招く危険がある。筆者はここに大立法時代の危険性が顕著に現れていると考えるものである。

このような見地から今一度、この特定化のための諸判断基準について検討したい。

(2) 特定性判断のための諸要素

a 第三債務者

第三債務者については従来、譲渡債権の内容を特定するための基本的な要素と理解されてきた。現在の債権譲渡特例法においても、第三債務者の記載は必須事項とされている（同法五条一項）。しかし、前述のとおり法制審議会動産・債権担保法制部会においては、これを必須の要件とは考えない方向で債権譲渡特例法の改正を検討している。法務省民事局参事官室が平成一六年三月三日に発表した動産・債権譲渡に係る公示制度の整備に関する要項中間試案補足説明では、平成一一年判例を引用し、「このような判例の立場に照らせば、債務者不特定の将来債権の譲渡は、譲渡の目的とされる債権が適宜の方法によって特定されている限り、債務者が特定していないということのみによってその有効性を妨げられるものではないと考えられる」と説明されている。(27) 学説上も第三債務者不特定の場合でも他の要素で譲渡債権が特定されることを認める見解が多い。(28)

確かに特定性の要件は債権を構成する諸要素を総合的に判断して他の債権との間の識別可能性が存するか否かという観点から検討されるべき問題であろう。この限りにおいては第三債務者が特定されていることを絶対的な要件と考えるべきではない。しかし、一方で第三債務者が特定されない集合将来債権譲渡担保契約において、特定性が肯定されるためには当然、他の要素がそれなりに明確化されていることが必要と解される。たとえば、第三債務者が不特定であり、さらに債権発生原因も特に明確とされておらず、あるいは債権発生期間についても終期の定めもないような集合将来債権譲渡担保契約は到底、特定性の要件を満たすことはないと考える。(29)

b　債権発生原因

債権発生原因は譲渡債権の特定のための重要な要素である。したがって、債権発生原因すら明確にならないような債権譲渡行為については特定性を満たすことは困難であろう。道垣内教授は、「設定者が現在および将来有する一切の金銭債権」でも当事者間の設定契約上の特定性は満たしていると指摘される。(30) なるほど、当事者の真意がいかなる例外をも許容することなく全ての債権を譲渡するということにあると仮定するならば、確かに識別可能という点ではこれを満たしており、特定性を害することはないと理解できるかもしれない。しかしながら、実際問題として、全ての債権を譲渡すると合意した場合にも、いかなる例外をも認めず本当に全ての債権を譲渡したと理解することは、契約の合理的解釈上、困難と思われる。(31) したがって、第三債務者等の他の要件がよほど厳格に定められている場合はともかく、他の要素も比較的曖昧な場合には、債権発生原因の定めのない集合将来債権譲渡担保契約は特定性を否定されることが多いと理解される。

c　債権発生時期

①　始　期

集合将来債権譲渡担保契約においては、将来発生する複数の債権を予め担保とするものである。したがって、当該債権の発生時期を明確にすることは特定のための本来的な要請である。したがって、債権発生時期の始期が明確にされることは特定のための重要な要素である。

②　終　期

終期に関しても従来、特定のために必要と理解されてきたところである。しかしながら、既に指摘したように、平成一一年判決が言い渡され、これを受けて実務的にも将来債権の発生期間に関して、時間的限定をあまりに厳格に考えない取扱いが有力になり、現在、五年程度の発生期間を契約において定めることが一般化している。しかし、さらに考えれば、五年先を終期と定めなければならない合理性も特定性の議論においては存しないと言うべきである。このような理解に基づき、終期を定めない方法での集合将来債権譲渡担保契約の可能性が検討されるに至っている。

ただし、この終期については、債権譲渡登記上の記載に関するものであるが注目すべき最高裁判例がある。最判平成一四年一〇月一〇日民集五六巻八号一三三二頁は、「債権譲渡登記に譲渡に係る債権の発生年月日の始期は記録されているがその終期が記録されていない場合には、その債権譲渡登記に係る債権譲渡が数日にわたって発生した債権を目的とするものであったとしても、他にその債権譲渡登記中に始期当日以外の日に発生した債権も譲渡の目的である旨の記録がない限り、債権の譲受人は、その債権譲渡登記をもって、始期当日以外の日に発生した債権の譲受けを債務者以外の第三者に対抗することはできない。」と判示している。さらに、上記判例は、「債権の発生日が数日に及ぶときは、始期の外に項番二五の終期を記録するなどしてその旨を明らかにすることを要するものと解すべきであり、後者の場合にも始期のみで足りるという趣旨に解するのは相当でない。」と述べ、一定期間に発生する債権を譲渡担保とする場合には、「終期」の記載が必要と理解している。

学説では、終期の記載を不要とする積極説(32)と終期の記載あるいはそれに変わる備考欄の記載を必要とする消極説(33)に分かれる。ただし、これらの議論はいずれも債権譲渡登記が有効となるか否かについての議論に比重が置かれたものでるが、その前提として、まず実体法上の有効性に関する議論を十分に行うべきである。筆者としては特定性の要件としては、他の要素、すなわち、第三債務者、債権発生原因、債権額が厳格に定められるような場合には発生期間の終期の定めがなくとも、これを満たすことが可能と考えている。ただし、そのうえで後述する担保的性質による制限の余地があるものと理解する。

d　債　権　額

集合将来債権譲渡担保契約における債権額については、これを特定のための必要な要素とする立場(34)とこれを否定する立場(35)に分かれる。肯定説は、集合将来債権譲渡担保契約を将来発生する一定枠の債権の集合を譲渡の目的とすると理解するものである。その結果、担保目的となる債権の総枠を画する限度額として、この債権額の定めは特定性判断の重要な要素となると指摘する。なるほど、集合将来債権譲渡担保契約の場合、債務者の有する債権が洗いざらい譲渡される余地があるという問題性を考慮した場合、このような限定を付す考え方はそれなりに合理性があると考える。ただし、これを特定性の議論において行うよりは担保的性質に由来する問題と理解する方が妥当であると筆者は考える。

(22) なお、道垣内教授が指摘するように、債権譲渡担保権設定時の譲渡当事者間の特定性と対抗要件具備段階での第三債務者あるいは第三者との間の債権の特定性とを区別して考えるならば、債権譲渡における特定性の問題を検討する場合にも、さらに設定契約時の特定性と対抗要件取得時の特定性を別個に検討しなければならないこととなる。しかし、債権譲渡特例法が制定され、現在、少なくとも正常型の集合将来債権譲渡担保契約に関しては、設定契約と同時期に対抗要件たる債権譲渡登記を行うことが一般化しつつある。そうであるとすれば、譲渡当事者間における譲渡債権の特定の問題と第三債務者あるいは第三者との間の特定の問題とを区別する必要性は乏しいというべきである。

(23) 前出（注7）参照

(24) 前出（注8）、（注9）参照

(25) 集合将来債権譲渡担保契約について、当初、「駆け込み型」あるいは「危機対応型」から始まったが、「正常業務型」の契約として利用されるようになったことを従来から指摘するものとして、河合伸一「第三債務者不特定の集合債権譲渡担保」金融法務事情一一八六号五六頁（昭和六三年）。

(26) このような経緯について、池辺吉博「債権譲渡特例法と商社の担保実務」森井英雄＝升田純＝辰野久夫＝池辺吉博『債権譲渡特例法の実務』一六五頁（商事商務、新訂第二版、平成一四年）

(27) 法務省民事局参事官室作成の動産・債権譲渡に係る公示制度の整備に関する要綱中間試案補足説明では、債務者不特定の将来債権が特定性を満たす場合の具体例として、以下の四つの具体的を記載している。すなわち、①「平成一六年四月一日から一八年三月三一日までの間に発生する、東京都千代田区霞が関〇丁目〇番〇号所在のテナントビルの各階部分の賃貸に係る不動産賃料債権」、②「平成一六年四月一日から一七年三月三一日までの間に発生する、○○会社と東京都中央区内の顧客との有線放送契約に基づく受信料債権及び受信機器レンタル料債権」、③「平成一六年四月一日から一七年三月三一日までの間に発生する、○○会社池袋支店におけるローン貸付に基づく消費者ローン債権」、④「平成一六年四月一日から一七年三月三一日までの間に発生する、○○会社横浜支店におけるパーソナルコンピュータの卸売りに係る売掛債権」である。

（28）道垣内弘人『担保物権法』三四〇頁（有斐閣、初版、平成一六年）、角紀代恵「予約型流動債権譲渡担保における担保の目的となる債権の特定」金融法務事情一六二〇号二三頁（平成一三年）。

（29）法務省民事局参事官室作成の、動産・債権譲渡に係る公示制度の整備に関する要項中間試案補足説明では（注27）に記載したように、債務者不特定の将来債権が特定性を満たす場合の具体例として四つのケースを指摘している。しかし、そのいずれもが、債権発生期間について一年ないし二年という短期間のものである。また、債権発生原因についても特定の建物の賃料であったり、一定の区域内の顧客に対する一定の債権であったり、特定の支店において発生した一定の債権であったりしている。

（30）道垣内弘人『担保物権法』三四〇頁（有斐閣、初版、平成一六年）。

（31）たとえば取引上の債権ではなく交通事故等により損害賠償債権を有するように至った場合やあるいは債権譲渡担保設定者が債権譲渡担保権者に対し何らかの理由で債務不履行責任を追求するような場合に、当然にそれらまで債権譲渡担保の目的となっているとは解し難いであろう。

（32）升田純「東京地判平成一三・三・九と債権譲渡登記の動向㊦」Credit & Law 一四四号二六頁（平成一三年）、清原泰司「判例評論」判例時報一七六四号一六三頁（平成一四年）。

（33）池田真朗「将来債権を含む集合債権譲渡担保契約において債権譲渡特例法に基づき譲渡債権の発生年月日として始期のみを記載した登記の効力」判例タイムズ一〇六八号八八頁（平成一三年）、田原睦夫「債権譲渡特例法の譲渡債権につき、終期の記載のない登記の対抗力の及ぶ範囲」金融法務事情一六二二号四頁（平成一三年）。

（34）森井英雄＝辰野久夫「集合債権譲渡担保契約における限度額の定め」森井英雄＝升田純＝辰野久夫＝池辺

吉博『債権譲渡特例法の実務』一四九頁（商事商務、新訂第二版、平成一四年）。
(35) 道垣内弘人「債権譲渡特例法五条一項にいう『譲渡に係る債権の総額』について」金融法務事情一五六七号五六頁（平成一二年）

四　担保としての性質についての議論の必要性

1　担保的性質からくる制限という概念の構築

高木説は将来債権の譲渡の可能性を広く認めながら、併せて公序良俗による制限の可能性を主張する。[36]　同様に現時点におけるリーディングケースと評価すべき平成一一年判決においても、公序良俗に反することにより債権譲渡契約の効力が否定されうることが指摘されている。これはいずれも集合将来債権譲渡担保契約の意義、必要性を承認したうえで、これに伴う弊害の可能性を強く意識したものである。集合将来債権譲渡担保において、このような弊害の余地があることは一般的に理解されているところと思われる。しかしながら、このような問題性は実際にどこにその原因があるのであろうか。集合将来債権譲渡担保契約が有する特有の性質をまず検討しなければならないと考える。すなわち、集合将来債権譲渡担保契約が締結される場合、債務者は金融を得る必要上、不利を承知で不本意な担保契約を設定してしまうことが多い。無論、これは担保契約一般について当てはまることではあるが、集合将来債権譲渡担保契約においては、さらに以下のような性質がある。

①　逼迫性　　将来債権について譲渡担保を設定して金融を得る事案は、既に物的担保を提供することができ

きない段階でなされることが多い。すなわち、既に相当程度の融資を受けている事業者が、いわば最後の担保として提供するのがこの種の債権譲渡担保契約であることが多いのである。そこで、債務者にとって経営状態が逼迫しているなかで、どうしても金融を得る必要があり、債権者の要求に応じざるを得ない程度が他の物的担保の場合よりも、さらに大きいのである(37)。

② 心理的容認性　提供される担保は、将来的に発生する債権である。そして、融資金の返済を約定通り行っている限りは、担保権が行使されることはなく担保として提供した将来債権についても債務者が回収することができる(38)。したがって、不動産あるいは動産を担保に提供する場合と異なり、債務者にとって譲渡担保契約締結時における心理的負担感が低いという性質がある。そこで、集合将来債権譲渡担保契約においては、金融機関ないし金融業者による担保要求に対し債務者自身が比較的、容易に応じてしまう傾向がある。

③ 不確実性　一方、金融を与えるものから見れば、将来債権の譲渡担保を受けるのであるから、その回収可能性については不確実な要素が多い。したがって、当然の事態として担保として譲渡を受ける債権の内容をより充実させたいとの要請が働く。少しでも多くの債権について譲渡担保を受けておくべきとの発想が生じるのである。

④ 無限定性　あくまで将来発生する債権が担保の目的であるから、譲渡担保契約時においては、絶対的な限界というものが想定されない。担保の内容を充実させたければ担保を設定する期間を、より長期間にすれば足りるのである。このような無限定性も他の物的担保には見られない性質である。

従来の議論は、集合将来債権譲渡担保の担保としての性質をあまり考慮することなく、将来債権の特定性や譲渡可能性の議論のなかで弊害として言及する傾向にあった。しかし、将来債権が譲渡担保契約の目的となりうるか否かは、まさに債権の特定性や可能性といった見地から譲渡目的債権が有効に譲渡され得るかの問題であるのに対し、経済的窮迫状態の中で債務者が有する債権が集合的、将来的に担保とされ一定の債権者の支配下に入り、債務者の一般財産から逸脱していくという問題点は、前記のような担保権としての性質の問題である。したがって、将来債権の特定性、譲渡可能性の問題と当該債権譲渡が担保として利用される場合に生じる問題点の除去の問題とは本来、区別して論じられるべきである。

そこで、本稿においては、集合将来債権譲渡担保の効力を検討するに当たっては、従来の特定性の議論、将来性の議論のほかに、担保的性質に着目した議論を行わなければならないと考えるところである。

2　具体的基準及び効果

契約期間の終期を定めることのない集合将来債権譲渡担保契約については、特定性の要件を満たさないことを理由にその効力が否定される場合があることは前述したとおりである。そのうえで、これとは別に前述の担保的性質から、集合将来債権譲渡担保契約の効力を検討するにあたって以下のような判断基準が採用されるべきである。

すなわち、集合将来債権譲渡担保契約が行われた経過、状況を詳細に分析し、そこに、債務者の逼迫性、心理的容認性、譲渡債権の不確実性、無限定性を利用し、合理的な担保目的の趣旨を越えるような譲渡担保権設定行為が行われたと認められる場合には、たとえ、特定性を満たす場合であっても集合将来債権譲渡担保契約の全部または一部が信義則違反の法理により無効とされると考えるべきである。なお、筆者は後述するような濫用的事案の場合には端的に公序良俗違反を理由に債権譲渡担保契約が無効となると考えている。しかし、正常型集合将来債権譲渡担保契約の場合には、これを公序良俗違反と認定し、その効力を否定することには相当程度の困難が伴うと思料される。そこで、正常型集合将来債権譲渡担保契約の場合においても、担保的性質から導かれる上記各基準に抵触する場合には、信義則違反の法理により契約の全部または一部無効の効果が招来されると考えることにより、より妥当な結論を導くことを企図するものである。

具体的には、被担保債権に比して高額の集合将来債権を譲渡担保の目的とする場合や第三債務者を特定することなく、極めて長期間にわたり集合将来債権を譲渡担保の目的とする場合、さらには第三債務者を特定したものの債権発生期間の終期を定めることなく譲渡担保の目的としたような集合将来債権譲渡担保契約については、信義則違反の可能性があると考えるべきであろう。(39)(40)

このような観点から改めてこれまでの裁判例を検討してみると、特定性の有無という形で判断がなれている判決のうち、以下のものについては、むしろ、信義則違反の問題として理解することが可能と理解される。すなわち、大阪地判平成七年三月一五日（訟務月報四二巻七号一六三九頁）は、担保されるべき債権の額が確定し、また、譲渡担保の目的とされる債権についても工事請負代金債権と限定されている事案において、昭和五三年判決を引用し、特定性なしと判断した。しかし、平成一一年判決の見解を前提とすれば、特定性については肯定されるべき事案と解される。そのうえで、事案如何ではあるが信義則違反を問題とすべきことになる。また、東京地判平成一一年一月二八日（判例タイムズ一〇二六号二二〇頁）は、信用金庫から融資を受けている会社が、融資金の弁済に代えて第三債務者に対する請負工事代金債権を信用金庫に譲渡した事案において、譲渡予約契約当時、債務者、発生時期、債権額等が定められていないことを理由に特定性を欠くとした。しかし、この判決の控訴審である東京高判平成平成一一年一二月二八日（金融・商事判例一〇八九号二〇頁）は、譲渡債権が予約契約時には確定的に特定されていなくとも、その後、実際に譲渡債権が特定されて予約完結の意思表示がなされているので、債権譲渡の効力が生じると判示のうえ、別の争点により結果的に債権譲渡の効力を否定した原審の結論を維持し、控訴を棄却した。この場合も特定性は認めるとしても、信義則上の制限が及び、そのことゆえに端的に債権譲渡の効力を否定することが可能な案件であったと理解される。

また、東京地判平成九年七月二五日（金融・商事判例一〇四五号三〇頁）は、譲渡担保の目的中に存在した既発生の債権が問題となった事案において、特定性を肯定したうえで、公序良俗違反の点を判断している。しかし、譲渡担保設定者の経済的逼迫性及び譲渡担保権者の担保権行使の不確実性等を指摘したにもかかわらず、それだけでは当然に公序良俗に反するとは言えないと判示し、本件譲渡担保契約を有効と判断した。特定性が認められた場合、公序良俗違反として、その効力を否定することの困難性を示す判例と言えよう。ただし、右判例中には、当然に公序良俗違反とは言えないとしても、「担保契約が過大な狙い撃ちであることからその契約自体が無効といえるかどうかは、当該契約締結当時の契約当事者の事情及びその後に現実に生じた債権譲渡の結果を事後的に総合して客観的に判断すべき事項というべきである」との指摘があり、ここには、特定性ある集合将来債権譲渡担保契約について、これが公序良俗違反と認められるような濫用的な事案ではないとしても、いわばその中間的な形態として信義則違反による契約の全部もしくは一部無効が認められる余地が存するという本稿の立場に共通する思考があるものと理解される。

(36) 高木多喜男「集合債権譲渡担保の有効性と対抗要件(上)」NBL二三四号8頁（昭和五六年）。

(37) 理念的に想定される正常型集合将来債権譲渡担保契約においては、物的資産の有無とは無関係に債務者が有する複数の債権に独自の価値を見いだして担保を設定することを念頭においている。しかしながら、金融取引の実状に鑑みるとき、やはり物的資産、とりわけ不動産を担保として金融を得ることが基本となっているというべきであり、集合将来債権譲渡担保契約について、この種の逼迫性が存在していることは否定できないと考える。

(38)　集合将来債権譲渡担保の実務においては、貸付債権が約定通り弁済されている限り、譲渡担保として譲渡された債権についても、引き続き譲渡人（譲渡担保設定者）に取立権を認めるのが通常である。

(39)　集合将来債権譲渡担保契約が債務者の行動の自由を害する虞れがあることに関しては、従来から独占禁止法違反による制限の余地があることが指摘されてきた（角紀代恵「流動債権の譲渡担保」法律時報六五巻九号一六頁、平成五年）。正常型集合将来債権譲渡担保契約においても、その担保性質から求められる限界を逸脱するような事案については独占禁止法に抵触する可能性が認められる。

(40)　これに対して、第三債務者を特定することなく、かつ、債権発生期間の終期も定めないような契約はそもそも譲渡担保契約の特定性を欠くと評価されることが通常と思われる。たとえば、東京高判昭和五七年七月一五日（判例タイムズ四七九号九七頁）や東京地判昭和六〇年一〇月二二日（判例時報一二〇七号七八頁）などは、それ自体増減する債権の担保のために、譲渡の目的とされるべき債権の債務者（第三債務者）を特定することなく、かつ、目的債権の発生時期や限度額についても何ら限定されていない包括的な将来債権の譲渡担保契約について特定性を欠くとして無効と判断しており、このような判断は今後も維持されるべきであろう。

五　濫用的集合将来債権譲渡担保契約に対する法的規制

1　濫用事案の整理

集合将来債権譲渡担保契約において、一定の場合には公序良俗違反行為として民法九〇条により契約を全部無効とされるという考え方については筆者も賛成するところである。金融を得さしめる者が、債務者の経済的急迫状態を利用して不当な利益を得る目的で融資にあたり将来債権譲渡担保契約を締結する事案が現在の実務において依然として存在する。これらの濫用的事案においては引き続き公序良俗法理による解決が必要である。さらに言うならば、大手金融機関等が行う正常型の集合将来債権譲渡担保契約が定着してくると、従来から行われてきた悪質な金融業者の融資事例に見られる将来債権譲渡担保契約の問題性が見過ごされる危険がある。この種の事案については濫用的将来債権譲渡担保契約という位置づけを明確にし、これに則した法的効果を検討する必要がある。また、この種の濫用型は、後述するようないくつかの行為態様による類型的把握を可能とするものである。この点で前述した集合将来債権譲渡担保契約における担保的性質に由来する制限と異なることとなる。担保的性質による制限は正常型と言われるような譲渡担保契約においても、その個別具体的事情により、譲渡担保契約の効力が信義則により制限されるという法理である。これはあくまで個別具体的検討であり、また、効果も契約の一部無効を可能とするなどの個別性が認められる。これに対し、濫用型集合将来債権譲渡担保契約に関しては、むしろ、一定の行為類型ごとの定型的判断を可能とするものであり、このような濫用型集合将来債権譲渡担保契約という概念は、濫用事例を排除するために有益と考える。また、効果に関しても濫用型においては端的に公序良俗違反による全面的無効を基本とする点において、担保的性質による制限の場合と異なることとなる。

濫用的将来債権譲渡担保契約の類型としては、以下のようなものが考えられる。

(1) 法規制逸脱型

無登録業者による貸付行為あるいは出資法、貸金業規制法等の関係法規に違反する内容の貸付行為が見られる場合である。すなわち、出資法（出資の受入れ、預り金及び金利等の取締りに関する法律）では貸付金利上限違反に関する刑事罰が定められている（同法五条）。また、貸金業規制法（貸金業の規制等に関する法律）では、貸金業を営もうとする者は内閣総理大臣あるいは都道府県知事の登録を受けなければならず（同法二条）、さらに、貸付契約時及び弁済受領時に所定の書面を相手方に交付しなければならないとされ（同法一七条、一八条）、取立てに当たっても威迫等の行為が禁止されている（同法二一条）。このような規制に従わず、出資法違反の貸付金利の支払いが約定されたり、あるいは無登録業者による貸付契約や貸金業規制法が定める義務に違反するような貸付行為がなされたようなケースでは、濫用的事例であることが基本的に推定されるというべきである。

(2) 特定関係型

集合将来債権譲渡担保契約の契約当事者に親族関係あるいは関連会社等の特別の関係が見られる場合である。

このようなケースにおいては、他の債権者の利益を不当に害してでも債務者が自らの利益を図ろうとし、そのための手段として親族関係あるいは関連会社等に対し、名目上の集合将来債権譲渡担保契約を締結する可能性がある。このような行為類型もまた濫用型と理解されるべきである。

⑶　破綻介入型

企業が破綻し、自己破産等の申立てを行う直前の時点において、特定の債権者が債権譲渡担保契約を締結するケースである。多くの場合、民法上の債権者取消権や破産法の否認権等により、その効力を否定する余地があるが、このような類型についても濫用型として理解すべきである。ただし、企業再建のための融資支援の継続に当たり、合理的な範囲内で集合将来債権譲渡担保契約が締結される事案などについては公序良俗違反とはならないと理解すべきであり、いかなる段階から破綻介入型と理解すべきかについては慎重な判断が必要であろう[41]。

2　濫用事案に対する法的規制

濫用的将来債権譲渡担保契約については端的に公序良俗違反による契約の無効の法理が適用されるべきである。この場合には原則として契約の全部無効の効果が招来されることとなる。前述の集合将来債権譲渡担保契約の担保的性質に由来する制限は、譲渡担保契約の個々の事情を具体的に検討したうえで信義則法理により契約の全部あるいは一部無効の手法により解決を図ることを目指すものであるが、濫用的集合将来債権譲渡担保契約に関しては、そのような事案に該当することが類型的判断により肯定されれば、公序良俗違反を理由として原則的に債権譲渡担保契約が全部無効とされるところに特色があるし、また、そのことゆえに濫用的集合将来債権譲渡担保契約論を維持する実益があると言うべきである。

(41) この点については、大阪地判平成六年一〇月二八日(判例時報一五五五号九五頁)の事案が参考となる。右地裁判決は、債務者の経営状況が極めて不良であることを熟知した債権者が債務者との間で締結した包括的な債権譲渡担保契約について、他の債権者と均衡を害し、かつ、窮状にある債務者の利益をそこなう著しく不公正なものであるとして公序良俗違反の事実を認定している。ところが、右判決についての控訴審である大阪高判平成八年一月二六日(判例時報一五七四号七〇頁)は、公序良俗に違反するような事実関係は認められないと判断し原判決を取消し、債権譲渡の効力を認めた。同様に東京地判平成八年一月二二日(判例タイムズ九一五号二六四頁)は業績悪化の企業に対するメインバンクの再建支援継続のため行われた集合将来債権譲渡担保契約の効力について、公序良俗違反の主張を排斥し譲渡担保契約の有効性を認めている。これらの判例については、破綻介入型の濫用的集合将来債権譲渡担保契約とまでは考えることのできない事案であったと考えられる。ただし、譲渡担保契約にいたる経緯及びその内容如何によっては、別途、担保的性質に由来する信義則違反の問題が生じうる可能性が存する。

六 まとめ

本稿は集合将来債権譲渡担保の有効性について抜本的検討を加えようとするものである。すなわち、平成一一年判決が出されて、将来債権を譲渡契約の目的とすることの一般的な有効性は承認されたが、その後の実務においても、譲渡担保の目的たる債権の範囲を契約締結時から五年間程度に限定する取扱いが十分な理論的根拠も示されないまま行われるなど、曖昧な対応が続いている。しかし、集合将来債権譲渡担保契約の重要性を考えるならば、その効力について、より理論的な検討を行うべきであり、法学研究者は取引実務に対する適切な指針を示すべきである。

さらには債権譲渡特例法の制定による債権譲渡登記制度の創設により、対抗要件が整備化され、同法の改正作業も行われている現状にある。しかし、結局のところ同法が規定するのはあくまで対抗要件の問題にすぎず、その前提としての債権譲渡担保の有効性という実体法上の問題にまで立法的な解決を与えるものではない。その点の理論的明確化は従来の法令を前提とした法解釈に委ねられた責務である。債権譲渡特例法改正の議論のみに関心が寄せられることなく、実定法上の解釈の重要性を再認識すべきことを主張するものである。

そして、実定法上の解釈としては、従来から、債権の特定性の問題と将来性（譲渡可能性）の問題が議論の対象とされてきたが、債務者の行動の自由及び他の債権者の保護の要請を特定性の問題のなかで議論することは、異質の問題を政策的に盛り込むこととなり、議論の曖昧性を残す結果となると考えた次第である。むしろ、債務者の財産の多くを担保化してしまうという弊害については、特定性の問題ではなく、担保的性質に由来するものであると指摘した。そして、担保的性質に由来する制限に反するような集合将来債権譲渡担保契約に関しては、信義則違反を理由とする契約の全部または一部無効の可能性を主張するものである。

以上のような検討を行ったうえで、最後に濫用的集合将来債権譲渡担保契約という行為類型を明確にすることを意図した。これは正常型集合将来債権譲渡担保契約に関する法整備が進み、この種の担保実務が充実するにつれて、従来から存在する濫用型集合将来債権譲渡担保契約の問題性に関する認識が希薄になることを危惧するがゆえである。そのために濫用型集合将来債権譲渡担保契約なる行為類型を明確に想定し、その効力を否定する法理として、従来から学説、判例において指摘されてきた公序良俗違反法理の適用を主張するものである。

集合将来債権譲渡担保契約は金融取引実務において大きな期待を寄せられている担保類型である。ところが同時に従来から濫用的事案が数多く存在する分野でもある。また、正常型集合将来債権譲渡担保契約に関与する実務家の理解が必ずしも実定法上の議論を十分に踏まえているとは言い難いように思われてならない領域である。このような正常型と濫用型の著しい相違及び実務家の認識と学問的研究成果との相違を明確にして、今後、集合将来債権譲渡担保契約理論及び実務の更なる発展を目指したい、これが本稿の目的である。法律実務及び法学研究の双方に関わるものとして、集合将来債権譲渡担保契約の発展にささやかでも寄与できれば幸いである。

〔補　遺〕

本稿脱稿後の平成一六年九月八日、法制審議会総会決定として、「動産・債権譲渡に係る公示制度の整備に関する要綱」が発表された。これによると、中間試案の段階で指摘されていた債務者を特定していない将来債権の譲渡について債権譲渡登記を可能とすべき旨が要綱においてもそのまま踏襲されているのみならず、中間試案の段階では明確にされていなかった債権総額の記載の有無に関して、将来債権を譲渡する場合（既発生の債権と併せて譲渡する場合を含む）には、譲渡に係る債権の総額を登記事項としないものとされた。債権譲渡登記の登記事項について、日々、これを緩和し、登記を行い易くする方向で議論がなされつつあることが伺われ、これが現在の基本的な傾向と理解される。このような傾向を前提とするならば、集合将来債権譲渡担保契約の有効性の限界を実体法上、明確にする作業は、今後、ますます重要性を帯びるものであり、法律解釈学に課された使命はより重いものとなりつつあると言うべきである。

10　不動産の証券化・流動化

鳥谷部　茂

下森定　編集代表『現代民事法学の構想』内山尚三先生追悼
二〇〇四年一一月　信山社

一　はじめに
二　従来の不動産証券化・流動化制度
1　抵当証券の経緯と内容
2　住宅抵当証書の経緯と内容
3　住宅ローン債権信託
三　不動産証券化・流動化の動向と内容
1　証券化・流動化の対象
2　不動産証券化・流動化の内容
(1)　資産流動化法
(2)　不動産特定共同事業法
(3)　投資信託及び投資法人に関する法律
(J-REIT)
四　不動産証券化・流動化の課題
1　証券化共通の課題
2　資産流動化法の課題
(a)　原債務者・原債権者の関係
(b)　SPVとサービサー
(c)　投資家と格付機関
(d)　倒産隔離措置と信用補完者
3　不動産特定共同事業法の課題
4　投資信託及び投資法人に関する法律の課題
五　おわりに

一　はじめに

不動産の証券化・流動化については、わが国の制度としては、抵当証券（一九三一年）、住宅抵当証書（一九七四年）、住宅ローン債権信託（一九七四年）等があり、一定の実績を挙げてきた。しかし、これらの制度は、必ずしも十分な機能を果たすには至らなかった。

バブル経済崩壊以降、一九九五年四月に「不動産特定共同事業法」、一九九八年一〇月に「債権譲渡の対抗要件に関する民法の特例等に関する法律（債権譲渡特例法）」「特定目的会社による特定資産の流動化に関する法律（いわゆる旧SPC法）」「債権管理回収業に関する特別措置法（サービサー法）」が成立し、施行された。これらを資産流動化関係法と呼ぶ。(1) また、二〇〇〇年五月に「資産の流動化に関する法律（いわゆる資産流動化法）」が旧SPC法「特定目的会社による特定資産の流動化に関する法律」等の一部を改正する法律として成立し、さらに「投資信託および投資法人に関する法律」の改正法が成立した。

これらの基盤整備により、わが国の不動産証券化・流動化の動向は、従来の不動産証券化制度から新たな不動産・資産の証券化へと移行しつつある。すなわち、最近、資産の流動化は、リース会社のみならず一般企業やノンバンクの資金調達手段として、または銀行の自己資本比率対策や不良債権処理手段として、多方面において利用され、話題となっている。

わが国の実状として、金融機関からの資金調達手段は、不動産担保への依存の割合が高い。そのため、十分な余剰価値のある不動産を有しない中小企業の資金調達が困難となっていると指摘されている。しかし、中小企業の資産は、売掛債権が八七兆円、土地資産が九一兆円、預金が七八兆円あるとされており、これらを資金調達の方策（間接金融から直接金融へ）に繋げることが期待されている。(2)

本報告では、わが国における最近の不動産証券化・流動化の内容を明らかにし、その課題について若干の検討を行おうとするものである。

二　従来の不動産証券化・流動化制度

1　抵当証券の経緯と内容

抵当証券は、一九三一年に制度化された。抵当証券については、一九五三年〜五四年にかけて悪質な金融業者が抵当証券の大量交付申請をする詐欺事件があった。また、一九八五年代にも悪質な抵当証券会社による空売りや二重売りが社会問題化した。

抵当証券は、手続が複雑で費用がかさむことや、当該証券の流通市場が存在しないことなどにより、それほど大きな市場を形成するには至らなかった。(3)

抵当証券の内容は、不動産を担保に貸付を行う債権者が、債務者の同意を得て登記所に抵当証券の交付申請を行い、一定の手続を経て登記所から交付された抵当証券を、これに債権者が裏書きして第三者（投資家）に譲渡し、貸付債権を回収するもので、抵当証券を譲り受けた投資家は、投資額に見合う元利金を債務者から受領できる。債務者が債務を履行しない場合には抵当物件を競売し、競売代金をもってしてもなお不足金が生じたときは、証券の裏書人に請求することができるというものである。

2　住宅抵当証書の経緯と内容

住宅抵当証書制度は、一九七四年に発足した制度であり、金融機関等が保有する多数の住宅貸付債権を取りまとめ「住宅抵当証書」を発行するものである。しかし、金利規制により住宅ローン金利が政策的に低く抑えられていたこと、借り手が繰上返済をした場合の事務負担が大きいことなどから、市場は拡大しなかった[4]。

住宅抵当証書は、住宅貸付債権を譲渡しようとする金融機関（譲渡金融機関）が自己の住宅貸付のうちで条件が同じ貸付債権を、一定金額にまとめて「住宅抵当証書」を発行し、同証書を指名債権譲渡方式で譲受金融機関に譲渡して代り金を取得する。そして、譲渡金融機関は、譲受金融機関のために債権管理、取立事務、債権関連諸証書の預かり保管、債務者倒産時の債権回収などの代理業務を行う。なお、譲渡金融機関は、代理業務を行う代償として、譲受金融機関から手数料を得るとともに、譲受金融機関に対して譲渡住宅貸付債権の支払保証として同債権の買戻しを行う旨を約定するものである。

3　住宅ローン債権信託

住宅ローン債権信託制度は、試験的実施を経て、一九七三年一二月の金融制度調査会答申によって認知され、翌年から住宅金融専門会社（住専）の資金調達手段として利用されるようになった。この制度は、小口で多数の住宅ローン債権を取りまとめ、これを一括して信託銀行に信託し住宅受益権証書を投資家に販売するものである。当初、オリジネーターを住専、販売先（投資家）を信託銀行に限定していたが、一九八八年の制度改革

によりオリジネーター・投資家の範囲を拡大し、信託期間や販売方法に関する規制も緩和されるようになった。(5)

住宅ローン債権信託は、個人向けに住宅ローンの融資を行う金融機関を委託者、信託銀行を受託者として、委託者が自己の保有する住宅ローン債権を一定期間、管理・処分を目的として信託する信託業法上の金銭債権の信託である。住宅ローン債権を信託するに当たっては、住宅ローン債権を指名債権譲渡の方式で信託銀行に譲渡することになる。また、指名債権たる受益権についても指名債権譲渡の方式で譲渡されることになるから、住宅ローン債権信託は、指名債権譲渡による債権の流動化ということができる。しかし、信託受益権を用いた流通市場の形成にはさまざまな障害があり、みなし有価証券としての特性を活かした仕組みは事実上登場しないまま、二〇〇〇年の資産流動化法により創設された特定目的信託に、制度的には発展的に吸収された。(6)

三　最近の不動産証券化・流動化の動向と内容

1　証券化・流動化の対象

前述の資産流動化法（二〇〇〇年）が施行されてからは、資産の証券化がとくに注目されるようになった。一般に資産流動化とは、「資産（貸付債権、売掛債権、不動産等）の所有者（オリジネーター）が、当該資産を自身から切り離し（オフバランス）、その資産の生み出すキャッシュフローを裏付けとした資金調達を行うこと」とされている。(7)証券化の対象が、文字通り全資産であることに特徴がある。

資産流動化法が対象とする証券化のパターンとしては、①リース会社等のノンバンクの資金調達手段としての証券化、②不良債権・不動産の証券化、③銀行の自己資金比率対策等としての証券化、④一般企業の売掛債権に関する証券化に分けることができるとされている[8]。

これらのうち、以下では、資産流動化法、不動産特定共同事業法（以下、共同事業法と略す）、投資信託及び投資法人に関する法律（以下、投信法と略す）を中心に、不動産を対象とする証券化に限定して整理する。

2　不動産証券化・流動化の内容

(1)　資産流動化法

資産流動化法において原資産が不動産である場合の証券化にも、いくつかの形態がある。瀬川信久教授は、これを次の三つに分けている[9]。

①不動産を原資とする賃料債権のみをSPVに移転し、賃貸借関係・不動産所有権は原所有者に留保する場合

この場合、原所有者が破産すると、破産宣告・更生手続開始の当期と次期を超える賃料債権の譲渡は、効力が否定される。

②不動産所有権はSPVに移転するが、賃貸借関係・賃料債権は原所有者に留保し、原所有者とSPVの間で、賃貸借契約を結び、SPV・原所有者・既存賃借人間に賃貸借・転貸借関係をつくる場合

この場合には、元の賃貸借関係・賃料債権は移転していないから、賃料債権の譲渡の対抗要件は不要である。ただし、取り立てた賃料はいったん原所有者に帰属するから、SPVは原所有者の信用リスクから隔離されないことになる。

③不動産所有権・賃貸借関係・賃料債権はすべてＳＰＶに移転し、原所有者には賃料の取立権限のみを残す場合

この場合が最も一般的な形態である。不動産所有権の移転登記を備えると、その賃貸借関係・賃料債権については対抗要件を備えるまでもなく債務者・第三者に対抗できる。これによれば、譲受人（ＳＰＶ）は、原所有者に賃料を回収させ続けながら、不動産所有権だけではなく、賃料債権についても排他的な権利を確保できるとされている。

⑵　不動産特定共同事業法

共同事業法は一九九四年に公布され、翌九五年四月に施行された。不動産小口化商品の販売は一九八七年から開始されたが、バブル崩壊とともに投資家に被害を及ぼす場合があり、投資家保護の観点から法規制が求められた。[10]

共同事業法は、複数の投資家が出資し、不動産会社などの専門家が不動産事業を行い、その運用収益を投資家に分配する不動産共同投資事業を対象とし、そのような事業を行う業者に規制を行うことで投資家保護および共同事業の健全な発展を図る構造となっている。共同事業法による具体的な事業形態は、任意組合型、匿名組合型、賃貸型の三つ分かれるが、匿名組合型が主流である。[11]

匿名組合型における金銭出資型の仕組みは次のとおりである。

①投資家は、不動産特定共同事業者（匿名組合の営業者。以下、事業者と略す）と匿名組合契約を結び、金銭を出資する。

②事業者は出資金により不動産を取得し、賃貸等により運用する。

③事業者は運用益（損）を投資家に分配する。
④一定期間経過後、事業者は不動産を一括売却し、各投資家に売却代金（損益を含む）を分配する。
⑤投資家は、任意組合型商品と異なり、有限責任を負う。

共同事業法において投資家が取得するのは有価証券ではなく、出資金返還請求権、利益分配請求権である。したがって、狭義の不動産の証券化にはあたらないが、不動産について集団投資を行なう点で不動産の証券化と同様の経済的機能があるということから、最広義の不動産の証券化と位置づけられている。(12)

(3)　投資信託及び投資法人に関する法律（J-REIT）

改正投信法は、二〇〇〇年一一月施行され、従来主として有価証券を運用対象としていた投資信託の範囲を不動産、不動産の利用権、金銭債権、約束手形、信託受益権等に拡大した。

投信法に規定する制度は、投資家から集めた資金を合同して専門家（投資信託委託業者）が各種資産に投資・運用し、その成果を投資家に配分するという仕組みで、投資運用型の集団投資スキームである。今回の改正では、投資家保護のために、運用資産に関わる投資信託委託業者の適格性の確保、利益相反行為による弊害防止のための禁止措置、投資家等に対する忠実義務・善管注意義務、情報開示や投資家等によるガバナンスの仕組み等が整備された。

投信法が定める制度には、投資信託制度（契約型）と投資法人制度（会社型）がある。前者は、さらに委託者指図型と委託者非指図型に分類される。

①委託者指図型では、信託財産を委託者（投資信託委託業者）の指図に基づいて、主として有価証券、不動産等（特定資産）に対する投資として運用することを目的とする信託であり、その受益権を分割して複数

の者に取得させることを目的とする。

②委託者非指図型では、一個の信託契約に基づいて、受託者が複数の委託者との間に締結する信託契約により受け入れた金銭を、合同して委託者の指図に基づかず、主として特定資産に対する投資として運用することを目的とする。

③会社型では、投資家が資産運用を目的として設立された社団である投資法人に出資した金銭を、投資法人から委託を受けた委託業者が主として特定資産に対する投資として運用する仕組みである。(13)

3　証券化のメリット

資産流動化法における証券化のメリットには、以下のものがあるとされている。第一に、オリジネーター（銀行・企業）が有する貸出債権を流動化することにより資産を圧縮することができ、財務指標を向上させることができる。第二に、原資産との関連性を維持しながらオフバランスを達成することができる。第三に、オリジネーター自身の信用力ではなく、流動化に伴う証券発行の裏付けとなる原資産の信用力に基づいて資金調達をすることができる。第四に、投資家にとっても選択肢が広がる、などがあげられている。(14)

共同事業法における匿名組合型のメリットとしては、第一に、大型マンションや店舗の開発事業の資金調達が可能となる。第二に、投資家として、最低出資単位が一口五〇〇万円となったこと（現在この制限は撤廃）、投資家の責任は出資金の範囲にとどまること（有限責任）、当該不動産及び収益が値上がりしたときはハイリターンを期待できることなどにある。(15)

改正投信法による証券化のメリットとしては、第一に、利益の九〇％を超える分配を投資家に行うと、分配金への法人税は免除される。第二に、不動産の買い手としての不動産取引市場の活性化を促すことができる。第三に、投資家としては小口（二〇万円～五〇万円）で買うことができ、不動産投資の利便性と流動性の両面を兼ねることにより、上場株よりはローリスク・ローリターンであるが、当該不動産及び収益が値上がりしたときはハイリターンが期待できる(16)。

四　不動産証券化・流動化の課題

1　証券化共通の課題

第一に、証券化商品を自由に売買できる流通市場の整備が必ずしも十分でないこと。間接金融主導型の金融制度が維持されてきた結果、ユーザーたる企業からみて銀行借入市場のほうが使いやすく、投資家の資本市場参入が限定的である。証券化商品の受け皿となる投資家層の拡大が課題である。そのためには、マーケットメーカー、投資アナリスト、質の高い販売員の存在・養成が不可欠である(17)。

第二に、データの集積や不動産関連情報の開示が不十分であること。アメリカでは、証券化の組成に不可欠な期前償還データ等が公的機関の関与によって整備されているが、わが国では不十分である。また、キャッシュフロー算定の基盤となる賃貸情報の公開も十分ではない(18)。

2 資産流動化法の課題

(a) 原債務者・原債権者の関係

第一に、原債務者に対する資産（集合債権）が証券化に用いられ、自己の債権者が交替しているなどの法律関係の変更を原債務者に通知しなくてよいかどうかである。債務者は自己の債権者であると信じて弁済に応じていたが実は受任者にすぎなかったことになる。従来預金債権は、一律に譲渡禁止条項が付されてきた。債務者側からの譲渡には禁止条項が付され、債権者側からの譲渡は自由でかつ債務者にもその旨を知らせない制度は、信頼関係を基礎とする債権関係においては問題がある。譲渡する際または債務者から債務を受領する際に、譲渡した旨を明示するのが受任者としての法的義務というべきである。また、原債務者が旧債権者=受任者に弁済した場合の免責や原債権者に対して有する抗弁権を保障するなど、少なくとも証券化に関与していない原債務者には不利益を及ぼさない措置が必要である。

第二に、資産流動化の対象とされる資産のうち、原債権者が原債務者に対して有する将来債権（リース債権、貸付債権、売掛代金債権など）の範囲が問題となる。

将来債権については、公平の原則から一定のルールが必要である。将来債権に対する第三者の差押え等が不可能な時点において、特段の事情がないかぎり、将来債権の譲受人のみが、他の処分権者を排除してその債権を独占することを法的に認めるべきではない。

また、抵当不動産の賃料債権などが、将来債権として、不動産建設時から何年分も一括して譲渡できるとするならば、抵当権者は、抵当不動産の収益から債務を回収する可能性を奪われることになる。

従来の民法の原理は、当該目的物に対して公平にアクセスできるという前提の下で、先に対抗要件を具備した者が優先するというものである。したがって、第三者が対抗要件を具備することが不可能な時点から、特定の者に第三者を排除する効力を認めることは、特別な理由に基づいて優先権を与えられている先取特権などを除いて、民法の原理と抵触するものである。自己の都合で資産流動化を利用する者を先取特権者と同様に扱うことになるからである。むしろ、従来の民法の原理と異なる原理として位置づけ、その上で抵触する場合の優先基準を探っていくのが妥当である。

(b)　ＳＰＶとサービサー

ＳＰＶ（Special Purpose Vehicle）は、オリジネーターから原債権を譲り受け、それを裏付けとして投資家に証券等を発行する媒体で、倒産隔離措置を確実にするために不可欠な主体である。この場合、ＳＰＶに対して、オリジネーターの原資産を不当に隠匿したり、引当のない証券を発行することのないように監督することが必要である。

他方、サービサーは、ＳＰＶからの委託を受けて流動化資産の管理や資金回収等を行うものである。貸出債権の流動化であれば、一般にオリジネーターがサービサーを兼ねることが多い。従来の取引を維持したままで資産を証券化できることに意義があるが、その不利益を原債務者に負わせない制度的な保障が必要である。

(c)　投資家と格付機関

投資家は、ＳＰＶが発行する社債を購入したり、ＳＰＶに出資することにより、資金を提供する。投資家は、原債権者にかわって信用リスクや資産価値の変動リスクを負担することになる。投資主体は、現在のところほとんどが機関投資家（保険会社、地方銀行、信用金庫などの金融機関）である。

投資家は、倒産隔離措置と有価証券制度により証券の取得については保護されうるが、倒産等による資産価値の変動リスクを負担する。この場合、オリジネーター、SPV等よりも信用情報が遅れるため末端の投資家が不利益を被る虞がある。

証券化商品が相対販売から不特定多数の投資家に向けて販売されるようになるほど、また私募販売から公募販売になるにつれて格付の重要性は増加する。この証券化商品の格付によって、商品組成上の資産内容の決定や信用補完措置の組み立てが行われることになる。[19] 投資家は、この格付を信頼して投資を行うことになる。格付の時点で、信用評価について重要な判断ミスがあった場合には、この格付に基づいて証券を購入した投資家に対する責任も生じうるであろう。

(d) 倒産隔離措置と信用補完者

投資家は、倒産隔離措置、格付機関の信用力評価などのスキームによって一定のリスクを補完されているが、SPVが取得した債権プールの信用力が必ずしも高くない場合には、信用補完措置がとられる。大きく分けて、商品組成上、優先・劣後構造を施す内部補完措置（優先証券と劣後証券）と第三者保証などの外部補完措置があるとされている。ここで、外部補完措置を担うのが信用補完者である。[20] わが国では、外部保証による信用補完制度が十分でないといわれている。投資家を保護するためにはこの点の整備が必要である。

3　不動産特定共同事業法の課題

上記の証券化に共通の課題のほかに、以下のような課題があるとされている。[21]

第一に、事業者が倒産した場合あるいは複数事業を行っている場合に、他の事業の破産から投資家を保護するスキームが必要である。そのためには、倒産隔離型の導入により、匿名組合方式でも事業者が対象不動産をオフバランス化し、売上に計上できることが望ましい。

第二に、現行法では、事業者が自分で物件の価格を決め、それに基づいて投資家を募集する。しかし、第三者によって客観的に価値を評価する必要がある。対象物件の適正価格を超えて資金調達を行うことを防止することが投資家保護の上からも必要である。

第三に、現在では、投資家が商品を換金するには事実上当該事業者に買い取ってもらうことになる。これでは流通性の確保に問題がある。事業会社が連携し、どの事業者の商品でも買い取ることができるように二次市場の形成が必要である。

第四に、任意組合型においては、投資家の有限責任化と出資時流通課税の軽減が検討されるべきである。

4　投資信託及び投資法人に関する法律の課題

上記の証券化に共通の課題のほかに、以下のような課題があるとされている[22]。

第一に、投資信託は、既存の不動産会社を出資母体とする運用会社である場合が多く、資金面・人的面で非常に深い関係にある。両者が市場で公正な競争を行うような仕組みが必要である。

第二に、不動産供給者・投資家へのインセンティブ税制の導入など、不動産税制の抜本的な見直しが必要であるとされている。

第三に、投資信託に対する機関投資家、特に年金基金が参加できるような市場の形成が望まれる。また、個人投資家を保護し育成する産業活性策が必要である。

五　おわりに

資産流動化法の施行後、多くの証券化が活発に行われるようになった。ここで取り上げたものはその典型的な三つの制度であり、その三つの制度についても種々のバリエーションがある。また、この三つ以外にさらに新たな仕組みの証券化が予想される(23)。

証券化商品の販売は、現在機関投資家が主たる対象である。もともとこの制度は、資産流動化制度の利用者側の主導で組み立てられたものであり、原債務者への配慮や一般投資家の保護は十分ではない。一般投資家を引きつけ、定着させるためには、上記の課題が絶えず検討され整備されなければならない。

種々の証券化商品が提供され選択肢が広がったことは投資家にとっても望ましい反面、証券・流動化の仕組みが複雑になっている。一般投資家にとっては、その仕組みを理解しリスクを把握することは容易ではなく、理解をさせるための十分な説明が必要であることはいうまでもない(24)。

（1）　資産流動化実務研究会編『資産流動化の法律と実務─債権譲渡特例法とSPC法』四頁（新日本法規、一九九八年）、山崎和哉『資産流動化法─改正SPC法・投信法の解説と活用法』五頁、一〇一頁（きんざい、二〇〇一年）、大垣尚司「証券化のスキームとその実態」金融法研究資料編（17）二五頁（金融法学会、二〇〇一年）など参照。

（2）　売掛債権担保融資保証制度との関係でこのような指摘がなされている。上野隆司「売掛債権担保融資保証制度始まる」金融法務一六三〇号四五頁（二〇〇一年）。

（3）　安井礼二『実践不動産金融の証券化』三頁（清文社、一九八八年）、法務省民事局内法務研究会編『抵当証

券事務の解説』一七頁（テイハン、一九九二年）など参照。

(4)　楠本博『セキュリタイゼーション―日本型証券化のゆくえ』一〇七頁（有斐閣新書、一九八七年）、庄菊博＝安井礼二『新しい金融・不動産の証券化』一六三頁（勁草書房、一九九一年）など参照。

(5)　安井礼二『住宅ローン債権流動化のすべて』二頁（清文社、一九九〇年）、大垣尚司「証券化のスキームとその実態」前掲注（1）一九頁など参照。

(6)　大垣尚司・前掲注（2）「証券化のスキームとその実態」一〇頁参照。

(7)　基本的な仕組みについては、資産流動化実務研究会編・前掲注（1）『資産流動化の法律と実務』一三〇頁、大垣尚司・前掲注（1）「証券化のスキームとその実態」三頁、北見良嗣「金融システムの改編と証券化の法制度」金融法研究資料編（17）三六頁（金融法学会、二〇〇一年）、山崎和哉・前掲注（1）『資産流動化法』三〇頁、鳥谷部「担保不動産・資産の流動化」民事研修五三七号一四頁（二〇〇二年）など参照。

(8)　北見良嗣・前掲注（7）論文三九頁参照。

(9)　瀬川信久「流動化・証券化の法律問題（1）―資産の移転と証券の発行・流通」金融法研究資料編（17）八七頁以下参照。

(10)　改正前の投資家被害については、松本恒雄「不動産の証券化と小口不動産投資」法学セミナー四八二号九六頁（一九九五年）、星野豊「不動産小口化投資における『投資家の権利』」筑波法政二八号四九頁（二〇〇〇年）など参照。

(11)　不動産シンジケーション協議会『不動産証券化ハンドブック二〇〇二』五九頁、岡内幸策『証券化入門』一三七頁（日本経済新聞社、二〇〇〇年）、三國仁司『資産・債権流動化の実務必携』六一頁（金融財政、二〇〇〇年）、佐藤一雄『不動産証券化の実践』六一頁（ダイヤモンド社、二〇〇二年）、田村幸太郎『不動産証券化の法務』二七頁、一二六頁（シグマベイスキャピタル、二〇〇二年）など参照。

(12)　片岡義広「不動産の証券化―その意義と法的基礎知識」東京弁護士会弁護士研修センター運営委員会編『不動産の証券化』一六頁（商事法務、二〇〇二年）参照。

(13) 不動産シンジケーション協議会・前掲書一二頁、岡内幸策・『不動産流動化入門〔改訂版〕』一八〇頁（東洋経済新報社、二〇〇一年）、佐藤一雄・前掲書一〇三頁、田村幸太郎・前掲書一一八頁など参照。

(14) 山崎和哉・前掲注（1）『資産流動化法』二七頁、北見良嗣・前掲注（7）論文四〇頁参照。

(15) 佐藤一雄・前掲書七三頁、七七頁など参照。

(16) 不動産シンジケーション協議会・前掲書二五頁、佐藤一雄・前掲書一〇四頁以下など参照。

(17) 山崎和哉・前掲注（1）『資産流動化法』一九一頁以下、北見良嗣・前掲注（7）論文四一頁参照。

(18) 山崎和哉・前掲注（1）『資産流動化法』一八六頁、北見良嗣・前掲注（7）論文四一～四二頁参照。

(19) 山崎和哉・前掲注（1）『資産流動化法』三四頁、二〇〇頁、大垣尚司・前掲注（1）「証券化のスキームとその実態」七頁参照。

(20) 山崎和哉・前掲注（1）『資産流動化法』三三～三四頁、四五頁、大垣尚司・前掲注（1）「証券化のスキームとその実態」八頁以下、高見進「流動化・証券化の法律問題（2）―倒産法」金融法研究資料編（17）一三四頁以下参照。

(21) 佐藤一雄・前掲書七八頁参照。

(22) 佐藤一雄・前掲書一三二頁参照。

(23) 最近の証券化・流動化の動向については、特集「債権流動化と処理実務の新展開」債権管理九三号三〇頁（二〇〇一年）、特集「対象資産別にみる証券化・流動化の実務」債権管理九七号三六頁（二〇〇二年）、小林秀之編著『資産流動化の仕組みと実務―倒産隔離と近時の立法』（新日本法規出版、二〇〇二年）、木下正俊『私の「資産流動化教室」―健全な市場のための資産流動化論』（西田書店、二〇〇四年）など参照。

(24) 金融商品販売法三条が金融商品販売業者の説明義務を規定し、これに違反した場合の賠償義務を課している（同四条）ことに留意しなければならない。

（本稿は、二〇〇二年一一月二日の日韓土地法学術交流大会（第一二回・島根大会）で報告したものに若干の加筆修正をしたものである。）

10　不動産の証券化・流動化〔鳥谷部茂〕

11　処分授権概念の有用性
——その中核と周辺、ならびに法解釈学方法論への寄与——

安達三季生

下森定 編集代表『現代民事法学の構想』内山尚三先生追悼
二〇〇四年一一月 信山社

はじめに
一　研究の経緯
二　方法論の検討
三　授権概念をめぐって

はじめに

私は法政大学退職後、病を得たために、民法懇談会も欠席がちだったが、久し振りに、二〇〇二年一二月一四日の懇談会で、「授権概念の有用性」と題して、研究報告をさせて頂いた。研究会の始まる数時間前に、内山先生から私に電話があり、所用のため出席できないことになった、ついては下森君はじめ皆さんに宜しく伝えて欲しい、とのことであった。内山先生が急逝されたのは、その日の夜のことであった。本稿は、当日の報告を基礎にしている。既発表の私の考えを若干角度を変えつつ要約した部分が少なくないのみならず、最近の体調不良のため、精細な論証の余裕がなく、大雑把な議論となって、不満足なものであるが、前記のような経緯にかんがみて、敢えて追悼論文集に寄稿させて頂くことにした。

本稿の構成　第一章では、指名債権譲渡における債務者の異議を留めない承諾からはじめて、手形小切手法の研究に至る私の一連の研究[1]について概観する。

その過程を貫く中心的概念は「仮定的債務者の処分授権」であるが、私は抗弁切断の法理の構成原理として、ドイツ民法一八五条に定める処分授権——同条によれば、非権利者の処分を権利者が事前に同意し、もしくは事後に追認したときは、その処分は有効となる。そのような同意または追認をいう——の一種として、この概念を「発見」し、この概念によって、抗弁切断の法理を含む諸制度の再構成を試みている。ここでは従来の学説と異なる新しい見解を大胆に提示しているだけにその過程で方法論的な吟味を絶えずおこなってきた。また、このような方法論上の問題に関連する事柄として、その後、指名債権譲渡における債務者の承諾に関して、池田真朗教授によってなされた、立法者意思説からの厳しい批判にたいし、後期の数編の論稿で反論を試みた(2)。第二章では、このような方法論的な問題について、若干の補論的な考察を加えている。

また私の一連の研究の中心的な概念としての、仮定的債務者の処分授権の概念について、それが（近時わが国でも関心がもたれ、研究されるようになった）授権概念一般のなかで如何なる体系的地位を有するかについて、すでにこれまでの諸論稿の中で、一応は論及している（特に、清水千尋教授からの、安達の主張する仮定的債務者の処分授権の概念はドイツ民法一八五条の処分授権の概念に相当しない、との批判に反論した(3)）。また他面では、私はかねてから、より広く授権概念一般について、とりわけ処分授権概念について、それが民商法の諸制度の理解に如何に役立つか、を実際的に検討し、この概念の有用性を具体的に論証したい、と考え、拙著『債権総論講義』（信山社、一九九六年）でも債権総論上のいくつかの制度について、この試みが不十分ながらおこなわれている。第三章では、以上のような、処分授権概念自体をめぐる諸問題について、若干の補論的考察をおこなう。

一　研究の経緯

1　私の研究の出発点は、わが民法に定める（他に立法例のない）、指名債権譲渡における債務者の異議を留めない譲渡の承諾に関する規定（四六八条一項）であった(4)。従来の通説というべき公信説（異議なき承諾に、四六七条に定める対抗要件としての、従って観念の表示としての承諾に、債務存在についての公信力を与え、抗弁切断の効力を与えたものと解する）にも、またかつて主張された債務承認説（異議なき承諾をドイツ民法七八一条で定める無因債務負担の特殊な意思表示と解する）にも疑問をもち、これに代わる理論構成を探求する必要があると考えた。つまりまず公信説については、債権の具体的内容を示さずになされる異議なき承諾にも債権の内容に関して問題になる抗弁切断の効力を与えるのは背理であること、また抗弁の存在をしりつつ敢えて異議なき承諾をなす債務者もあり得るが、このものについては抗弁切断の効果を生じさせてもかまわないはずである。次に債務承認説については、援用されているドイツ民法上の無因債務承認は、実は、抗弁切断の効力を生じないことが、したがって同条一項の適用の余地のないことが、看過されている。

2　ところで異議なき承諾の規定の性質の解明のためには、それが抗弁切断の法理を定めた規定であるから、手形小切手法における抗弁切断の法理とも関連させて、それを試みることが必要であると考えるに至った。手形小切手法における抗弁切断の法理は、手形小切手法の全体の構造にかかわる基本的な構成原理であることから、その究明のためには、同法の全体を研究することが必要であった。また、手形の原形とされている（ドイツの通説）ドイツ民法上の指図（ドイツ民法七九二条以下）とも関連させて研究することが必要であった（かようにして研究テーマの範囲も広がっていった）。

3　これらの研究を通して、私は、異議なき承諾、指図、手形小切手、持参人払い債権等に共通する抗弁切断の法理を構成する概念として、「(仮定的債権の譲渡にたいする）仮定的債務者の処分授権」の概念に到達するに至った。

これは後に説明するように、ドイツ民法一八五条が明文で定め、わが国でも判例・学説上、無権代理の追認に準じるものとして是認されている処分授権の特殊な形態である。すなわち同一八五条によると（以下第1図参照）、非権利者が他人の権利を譲渡（一般的には処分）したとき、（それだけでは譲渡は無効で譲受人は権利を取得しないが）権利者がそれを追認し、もしくは事前に同意したとき、処分は有効となり、譲受人は権利を取得

第1図

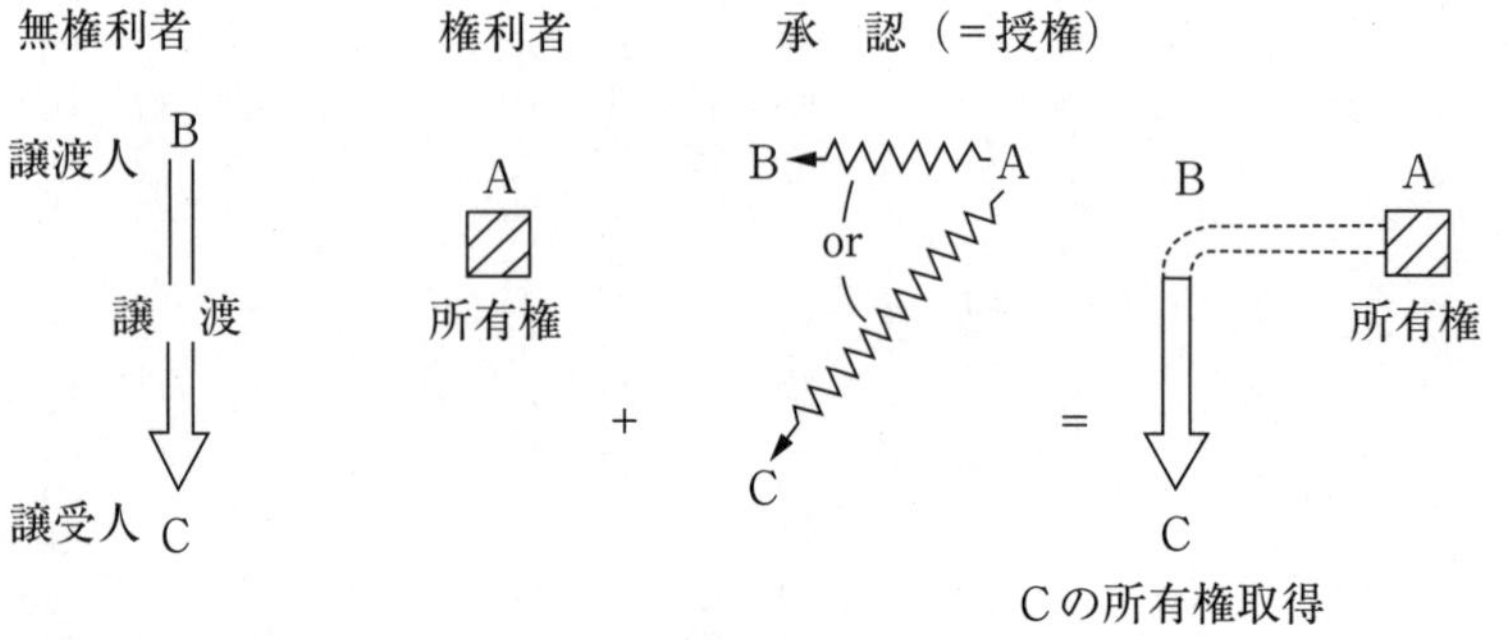

第2図

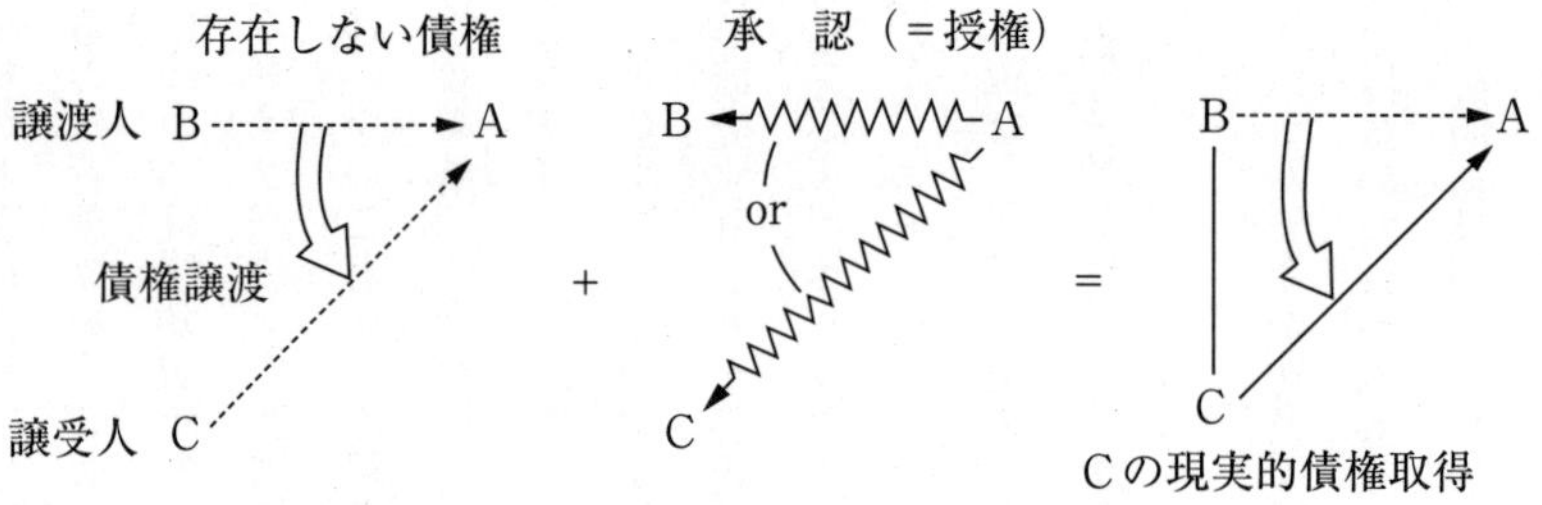

する。この同意もしくは追認を（本来の）処分授権という。そして私の主張する、仮定的債務者の処分授権とは（以下第2図参照）、実際には存在しない債権（すなわち仮定的債権）を譲渡（一般的には処分）したとき、それだけでは譲受人は仮定的債権を取得するのみで、現実の債権を取得しないが、債務者（正確には仮定的債務者）がそれを追認し、もしくは事前の同意を与えたとき、譲受人は現実の債権を取得することになる。この場合の同意もしくは追認をいう（本来の処分授権は権利の帰属に関する授権であるのに対して、仮定的債務者の処分授権は、権利の存在に関する授権ということができよう）[5]。

4　この概念は今のところ未だわが国でもドイツでも是認されるに至っていない新しい概念であるが、それはかつて田中耕太郎博士が、為替手形の振出の性質を論じて、振出人

（＝仮定的債権者）が、支払人を仮定的債務者とする仮定的債権を受取人に譲渡する行為だとされたのにヒントを得たものであった（なお同博士のこのような考えは、その後の商法学者によって顧みられることは全くなかった[6]）。同博士は、受取人の取得した仮定的債権は、仮定的債務者たる支払人の引受によって現実的債権に転化する、と説明されるが、その理論的根拠については、明らかにされていない。私はその理論的根拠として、引受は、仮定的債務者の処分授権の性質を有するからだと主張するのである。ちなみに約束手形の振出は、為替手形を振出前に引受ける場合と同じく、仮定的債権譲渡の事前の授権であり、また第一裏書は、仮定的債権の譲渡であって、両者の結合した効果として、被裏書人は現実的債権を取得する、と解する（かように為替手形と約束手形を統一的にとらえることになる）。

5　ところで未だ是認されていない（そもそも議論の対象にもなっていない）この概念を法的概念として用いるためには、（論理的には）これを一個の法的概念として確立することが必要である。この課題は如何にして果たし得るか。

私の研究の経緯を振り返ってみると、以上の課題の追究には、その手法については頼るべき適当な手本も見当たらなく、その段階がいわば胸突き八丁の最も苦しい時期であった。

私は、結局、九鬼周造の「『いき』の構造」にならって、この概念の意味を内包的意味（構成要素）と外延的意味（隣接する諸概念との関連性）にわけて論じることにした[7]。後者は、隣接する諸概念、諸制度との論理的、歴史的関連性を明らかにしつつ、その論理的、機能的、歴史的整合性を論証し、それをとおしてこの概念が私法体系上、是認しうる概念であることを論証しようとしている。

補説　内包的意味（＝構成要素）として取り上げたのは、債権譲渡と処分授権（これとの関連で代理権授権）、また外延的意味（＝隣接制度・概念との関連）として取り上げたのは、1 未成立債権の譲渡の効力との関連、2 存在しない債権の売買における売主の担保責任（他の立法例）との関連、3 無権利者からの譲受人の保護のための二つの制度としての、善意取得と処分授権、およびこれに対応する、不存在債権の譲受人の保護の制度、4 いわゆる義務設定授権との関連、5 信託的譲渡からの発展形態としての処分授権である。

しかし他面において、この概念を一個の法的概念として確立するためには、以上の過程と並行して、現実の法制度がこの概念によって形作られていることを論証すること、少なくとも現実の法規定や判例や学説あるいは法慣行（諸々の法素材）を解明するために有用な概念であることを論証することが必要である。

以上のように、一方で論理的整合性を有し、他方で現実の法制度を構成し、法素材の解明に有用な概念、さらにそれを用いて提示される理論構成を、私は、かつてモデルとしての概念ないし理論構成と主張し、同時にさようなモデルとしての概念、理論構成をいかなる手法によって、素朴なもの、不完全なものから、よりすぐれたもの、より洗練されたものへと開発することができるか、について、後にドイツで発表した著書の序章で論じたことがある。[8]

6 上述のように、仮定的債務者の処分授権の概念の確立という課題を果たした後、（しかし実際には、同時に、この過程の一環として）為すべきことは、この概念を用いて具体的に、それに関連する種々の法制度を構成することを試みることである。最後に到達した私の考えでは、1）わが民法の債務者の異議なき承諾とドイツ民法の指図は一個の授権から成り立つ制度であり、2）ドイツ商法の定める商人債務証券と商人指図、持参人払債権は、多数の連続した授権から（したがって1）とりわけ指図の連続した結合により）成り立つ制度である。3）手形、小切手は、さらに2）の連続的授権が立体的に結合することにより成立している制度である。なお電信

第3図

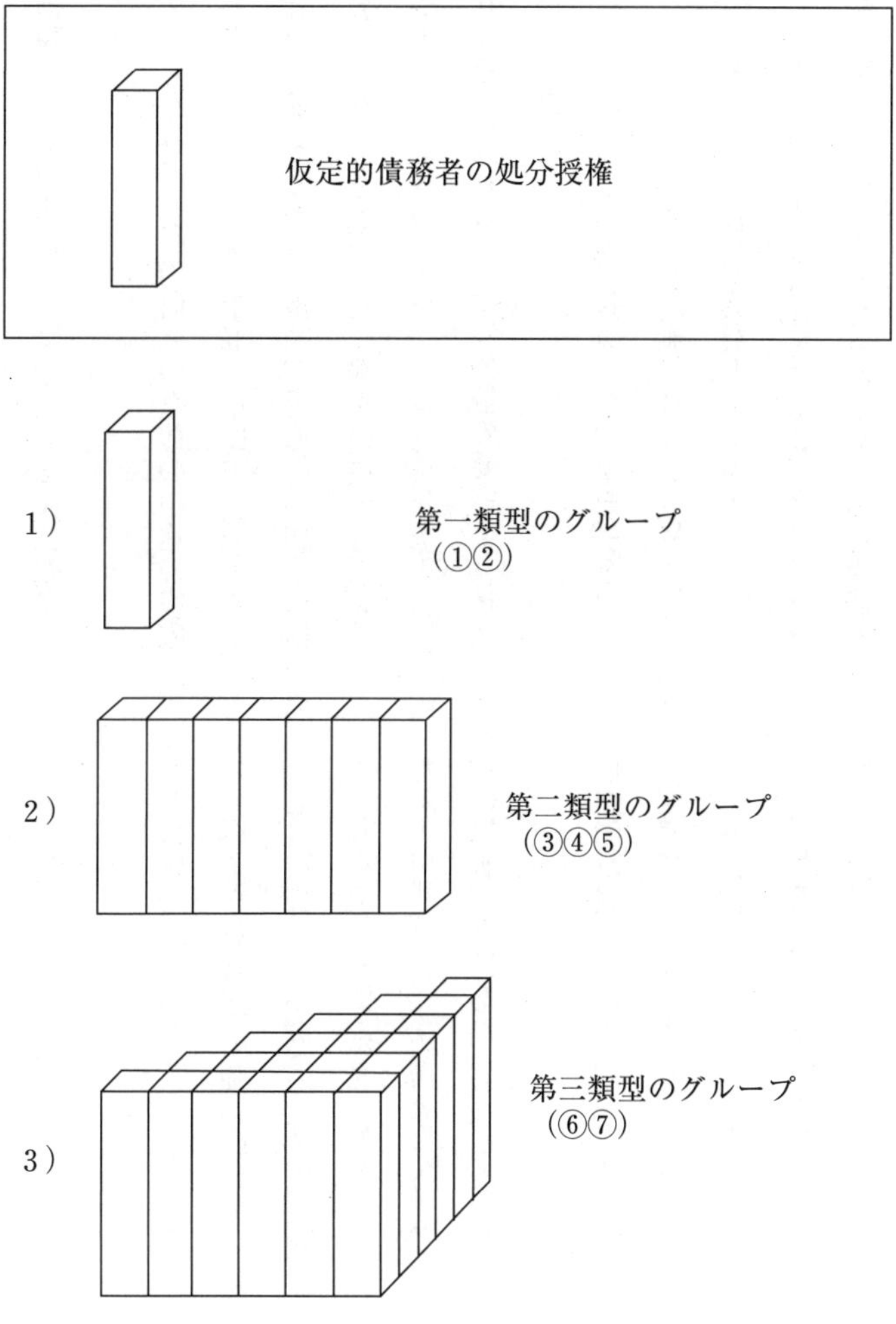
仮定的債務者の処分授権
1）
第一類型のグループ
（①②）
2）
第二類型のグループ
（③④⑤）
3）
第三類型のグループ
（⑥⑦）

送金契約、振込についても私見では、1)の事例に属する（近く出版予定の、来栖先生著作集二巻所収の拙稿「第三者のためにする契約・解説」参照[9]）。

補説　仮定的債務者の処分授権を棒状の立方体になぞらえると、上記1)、2)、3)は第3図のような図形で表示される。

7　ちなみに、私の研究の全体の中途の段階で、しかしほぼその見通しがついた段階で、その当時の私法学会理事長であり、また手形・小切手法学の権威でもあった鈴木竹雄教授の強い勧めで、「債権譲渡における債務者の異議なき承諾、指図、手形・小切手の構成原理としての仮定的債務者の処分授権について」という題で学会報告をさせて頂いた（鈴木教授が、その数年前に発表された手形理論が私見と異なるにも拘わらず、私の研究に関心をもって下さったのは、一つには私見が、その恩師である田中耕太郎博士の所説を受け継ぐところがあるためかも知れないと思われる）。その報告の要旨を「私法」二七号に掲載するにあたって、上述6の考えをほぼ明確な形で発表した[10]。

その後、この構想に基づいて、手形法を中心にして個別的な諸問題についての研究を進め、イギリスの手形法やアメリカの統一章法典（U・C・C）についても私の考えが当てはまるかの検討もおこなった。昭和四八年、法政大学の在外研究員としてドイツ・フライブルグ大学に留学した際、同大学のリットナー教授の助力を得て、ドイツの出版社から［Allgemeine Theorie des Wechsel-und Scheekrechts, 1975, Herbert Lange (Bern): Peter Lang (Frankfurt/M)］（「手形・小切手法の一般理論」）を上梓することができた。それについては幸いにもドイツの法律雑誌で書評もされ（Wertpapier-Mitteilungen, Nr. 42 vom Okt. 1976 所収の Berund Rebe 教授の書評）、手形法の標準的な教科書（Rehfeldt-Zöllner）やコメンタール（Baumbach-Hefermehl）で参考文献として挙げられ

第4図

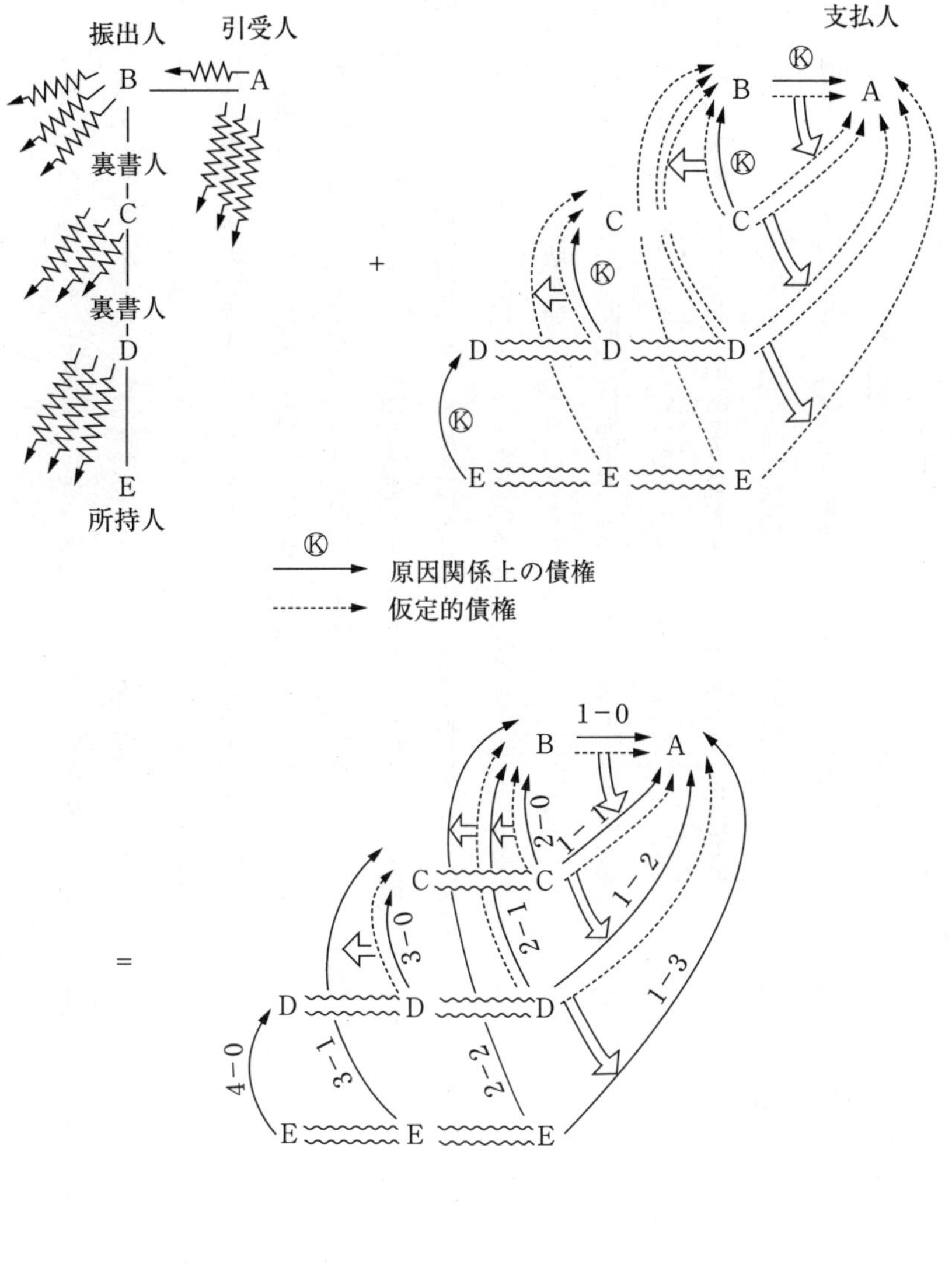
振出人
引受人
支払人
B
A
裏書人
C
裏書人
D
E
所持人
+
Ⓚ
原因関係上の債権
仮定的債権
=
1−0
2−0
1−1
1−2
2−1
3−0
3−1
2−2
1−3
4−0

ている。(11)

ちなみに、この書物によって私見をほぼ全面的に展開しているが、そこでは前述の1)および2)の図示に続けて、3)に属する手形・小切手法の立体的な構造（前述6末尾参照）を第4図のような形で図示し、それによって具体的な法律関係を説明している。ここでは、詳細については言及する余裕はないが、推測の手掛かりを与えるために、参考のため引用する。もっとも本図は為替が振出前に引受けられ、BからC・D・Eに裏書譲渡されている場合であるが、約束手形では図のAが振出人、Bが受取人となる（この図形によって、手形つまり3)が、2)の結合体であり、2)は多数の1)とくに指図から成ることが理解されよう）。なお本書の叙述の順序として、まず、手形法の原初的形態の章で前述6末尾の1)・2)をとりあげる。1)を扱う節で抗弁切断を、2)を扱う節で善意取得（および抗弁切断再論）を、手形法自体を扱う章で手形行為独立の原則（および善意取得再編）を論じている。このような叙述方法によって手形法の立体的な構造の理解が一層容易になる。(12)(13)

帰国後、その日本語版を発表する予定であったが、その実現が大幅に遅れたのは、一つにはドイツ語版でとりあげていなかった若干の問題（白地手形、参加、謄本、複本、等）の研究に手間どったため、二つには、当時、異議なき承諾について研究されていた慶応大学の池田教授からの、私見にたいする、（立法者意思説からの）批判に答えて、数回にわたる論争的論文を執筆するためであった（後述参照）。(14)

平成七年になって、やっと上記ドイツ語版の邦訳を基礎にして、それを日本の学会向けに手を加え、また「仮定的債務者の処分授権概念」の確立の試みに直接かかわる初期の論文（の一部）を再録しつつ、「手形・小切手法の民法的基礎」と題して出版した。なお、これを「民法と手形・小切手法・三部作」の第一部として位置づけているが、その理由は、当時の計画では、これに続いて、第二部「債権譲渡と民法」、第三部「手形小切手法の個別問題」という標題をつけた本を出版し、それぞれにこれまで発表した、関連する個別論文をまとめて出版する予定であったからである。しかしその後、脳梗塞に襲われ、体力と気力の衰えのために、その計画は残念ながら中断するに至っている。

補説　ここで手形法の研究に関する私見の二つの特色について、述べてみよう。

まず、いわゆる手形行為論に関する論争は、抗弁切断の効力を生じる行為の特殊な性質を如何に説明するかを巡って争われた問題であるが、最初の近代的学説とされるアイネルトの貨幣説の登場以降でも一七〇年を経過している。その後さまざまな学説が主張されたが（田中耕太郎「手形小切手法概論」では二〇の学説をあげ、納富「手形法における基本理論」[15]では学説紹介に一四〇頁をあて「一九世紀後半以後のみにても実に数十の数多きにのぼり」と述べる）、現在では契約説と創造説にほぼ固まっている。ドイツでは契約説が——正確にはそれに権利表見説を加えたものが——支配的であり、わが国では、これとともに、創造説を鈍化した形としての（鈴木博士の唱導による）いわゆる二段階創造説がかなり有力だといえよう。このような状況において、従来全く主張されていなかった新しい説としての授権説を私は提起したわけである。つまり契約説も創造説も、契約や、単独行為としての署名により、債務が発生するが、私の主張する授権説においては、授権だけでは、債権は発生せず、それに仮定的債権者の譲渡が結合して初めて（授権者の仮定的債権譲受人に対する）債務は発生する（他方、仮定的債権譲渡人に対して、授権者の原因債務の存在が推定される。これは、授権者の譲受人への弁済の結果生じる求償権との相殺により消滅する）。

私の手形法に関する学説の第二の特色は、前に**5**末尾に述べたように、手形を多数の連続した授権の立体的な結合と見る構造論である。つまり手形の端緒的形態として、（多数の連続した授権から成る）ドイツ商法典の商人指図と商人債務証券を考え、さらにこれらの構成要素として、一個の授権から成るドイツ民法の指図を構想し、そしてわが民法の債権譲渡における債務者の異議なき承諾の中にも、このような一個の授権が端的に表明されている、と見るのである。なおドイツでも指図を手形の原形と見るのが、むしろ通説である（わが国でもかつて伊沢孝平博士らによって主張された）。しかし上述のような形での手形構造論はドイツでもまだ主張されていない。

以上のような、手形法学説（抗弁切断論としての授権説と立体的構造論）は従来の学説からは珍奇な説と見られるかも知れないが、私は、従来の理論によっては、容易には理解し難かった手形法・小切手法の複雑な諸問題を、首尾一貫した理論によって、明快単純に、容易に理解し得ると考えるとともに、手形法学の長い歴史の中で、このような理論が一度も出現しなかったことを、奇異にすら感じたのであった。しかし私の考えを日本で発表しても支持されることは期待し得ない、と考え（しかし前述したように、当時、私法学会理事長であった鈴木博士によって注目して頂いたことは大きな自信になったのは確かである）、そしてわが国の私法学とくに手形法学の本家ともいうべきドイツで発表したいと決心したのであった。

ここで一言付け加えると、第一に、ドイツでの初版では言及しなかった、白地手形、参加、謄本、複本について帰国後研究した成果を取り入れる形で第二版を出版することを一応検討はしたものの、それを実現するための努力を怠ったことは残念である。[16]

第二に、ドイツでは、（わが民法四七八条一項に相当する規定がない、ということとも関連して）民法上の債権譲渡に抗弁切断の法理を持ち込むこと自体に、特別な違和感が持たれ、背理であるかのように思われているようである。しかしこれは、固定観念に縛られたためで、正当な理由のある態度とは思えない。けだし抗弁切断の法理が元来、商人の開発し、利用した制度に伴うものであっても、それはいつかは、『商法の民法化』により、一般法としての民法上の法理としても承認されるに至るはずだからである。[17][18]

二　方法論の検討

以上のような私の研究について、その方法論的な問題を検討しよう。

1　私の研究は、実定法の解釈・適用を直接的に目的とする実践的・実用法学的なものというより、その前提としての、実定法の基礎にあって、その運用を指導している原理あるいは概念を発見し、制度の全体的客観的な構造を認識することに重点をおきつつ、そのうえで、実用的な解釈・適用を行う、というものである。その点で、近時の、(わが国の民法学者の間で見られる) いわゆる概念法学を批判しつつ利益の比較衡量によって妥当な解決を導くべきことを主張する法解釈学の手法や、同様に、法解釈における価値判断の重要性を強調する手法に対して、それが法解釈学における認識的側面を軽視する点で首肯しえない。私は新たな法概念の発見と、それによる制度の全体的構造の認識を重視する点において、イエーリンクの構成法学に魅力を感じ、そこから多くを学んでいる (イエーリンクの構成法学が創造的な法学であり、わが国で批判の対象となっている概念法学と全く異なることについては、村上淳一「権利のための闘争を読む」二一七頁、岩波書店、一九八三年参照)。[19]

E. Wolf「Grosse Rechtsdenker (偉大な法思想家たち)」から、イエーリンクに関する叙述の一節を引用すると、イエーリンクは「彼が最も成熟した段階の法律学として位置づけている、構成法学における『構成』は、新しい法的形成物 Rechtsgebilde を創造的に組み立て、そしてそれによって、立法者や裁判官によってなされたところの元来の概念構成の形成を、本来的に学問的・体系的な形成に転化する」、という。「その際、三個の基本原則に留意することが重要である。第一は、所与の法素材（Rechtsstoffe）をカバーすべしとの原則。第二は、矛盾があってはならないとの原則。第三は美しくあれとの命令。そして法体系の理論的・美的な全体構造の妨げとなるような観念を嵌め込んではならない」（詳細は拙著『手形・小切手法の民法的基礎』三五七頁参照）。また認識的側面についていえば、デカルトの主張した近代科学の手法である要素還元法、すなわち多様な現象の中から、共通する、単純な要素を抽出し、それを結合し総合して、より複雑な現象を順次、捉えていくという方法は、私の研究の方法にも（上述5参照）用いられているといえようか。指名債権譲渡における債務者の異議なき承諾、ドイツ民法の指図、ドイツ商法の商人指図等、手形・小切手を構成する最小の構成要素として、「仮定的債務者の処分授権」を取りだし、それによって諸制度を再構成しているからである。ちなみにデカルト著『方法序説』で述べている学問の方法に関する四か条のうちの第二は、「研究対象を、できる限り多くの、よりよい解決のために求められる限りの細かな小部分に分割すること」[20]である。またその第三は、「知るに最も単純で、最も容易であるものから始めて、最も複雑なものの認識へまで少しずつ、だんだんと登りゆき、なお、それ自体としては互いになんの順序もない対象のあいだに、順序を仮定しながら」である（落合太郎訳による）。

2　前に述べたように、私と池田教授の間で、異議なき承諾に関し、立法者意思説を巡って論争が行われたが、これについても一言しよう[21]。

同教授は、法解釈における理論構成（中間理論）を不要であるとしつつ、立法の沿革を重視しつつ、立法者（起草者）の立法趣旨にしたがった解釈を主張する。そしてボアソナードの起草した旧民法の規定（それは、フランス民法の次のような規定、すなわち債権譲渡の対抗要件としての通知が無留保でなされたとき、相殺の抗弁についてのみ抗弁切断効を生じさせる規定を、起草者ボアソナードは、旧民法にとり入れるにあたり、抗弁の種類を限定することなく、抗弁切断効をみとめた。もっとも現行民法四六八条一項但書に相当するような、抗弁切断効の結果二重弁済の負担を負う債務者の保護のための特別規定は設けていなかった）が、そのまま現行民法にうけつがれたと解しつつ、それにしたがった解釈を主張する。しかし以上の考えには疑問がある。第一には、立法趣旨とは、立法者の考えた制度の目的とその仕組みにほかならず、立法者が当時認識した（素朴な形での）理論構成の表明にほかならないのではなかろうか。そうだとすると理論構成（中間理論）そのものを排除すべきだということにはならないであろう。むしろ、これを踏まえて問われるべき第二の問題として、果たして起草者が表明した起草趣旨（＝素朴な理論構成）を墨守し、それに拘泥すべきか、それとも現在の、発達した法律学の成果を斟酌し、（早急に立法されたことに必然的に伴う欠陥を補正しつつ）より洗練された理論構成を作りあげるべきか、いずれの説が正しいか、が問われるべきである。池田教授の立法者意思説は前説に大きく傾いていると思われるが、疑問である。第三に、同教授は、立法趣旨の探求にあたり、ボアソナードの起草した旧民法の重要性を過度に強調されるように思われる。私は、現行民法の旧民法との連続性よりも断絶性に注目すべきであり、起草者梅博士の斬新な立法（四六八条一項但書が新たに挿入された点を含めて）の意義を理解する必要があると考える。第四に同教授は、第二と第三を前提としつつ、起草趣旨を総括して、法定効果説を主張される。それによると「異議なき承諾は、意思的要素を含んだ観念の表示で、それにより生じる抗弁切断の効力は、その意思的要素に法が与えた効果」だといい、あるいは、それは「意思表示であることも観念の表示であることもある」といいつつ、「いずれにせよ、法は、それに抗弁の切断の効果を与える、というのが法条の趣旨」だという。私は、このような説明は論理的に欠陥があり、問いをもって問いに答えたものであると考える。つまり、何故に法は異議なき承諾に抗弁切断の効力を与える規定を定めたのか、その根拠と仕組み如何、の問題に対して、法がこれに抗弁切断の効果を定めたからだ、と答えるのみだからである。上述したように、現行民法起草者の意図に沿いつつ、その用いた表現に拘わることなく、現代の進歩した法律学のレベルに相応しく、明確な概念を用いて制度の目的、仕組み、ないし構造を明確にした理論構成を提示すべきであるというのが私の考えである。

3　しかしながら終りに、最終段階での私見の若干の変説（池田説への接近[22]）について付け加えなければならない。それは端的にいえば、池田教授の私見にたいする次のような批判、つまり、〝安達説は四六七条の承諾を通知と並ぶ観念の表示と解し、四六八条一項の異議を留めない承諾を意思表示の一種としての「仮定的債務者の処分授権」と解し、両者を種類を異にする行為と見る。そのため、安達説は同条二項の「前条ノ」承諾を異議を留めずなしたとき、と定める明文の規定を無視している。「これでは、学説としてはともかく、裁判所に容認さるはずがない」という批判を改めて真摯に受け止めたためである。その経緯をやや詳細に述べよう。

私は、前述したように、当初は、石坂音四郎博士の債務承認説の主張を取り入れ、民法体系の全体的構造との整合性を重視し、一項の、譲渡の事実の単なる観念表示から、二項で定めるような、債務不存在のような場合にまで抗弁切断を生じ、譲受人にたいする新債務発生は、理論上、有り得ないと考え、結局、二項でいう「前条ノ」の文言を無視せざるを得ないと考えたのであった。このような考えの基礎には、前述したような、法制度の体系的認識を実用的な法規の解釈・適用より、重視する、という考えが横たわっており、そして法規の解釈適用は、柔軟な法規の運用のための解釈技術によって処理できる、という考えがあった。

このような態度は、法曹実務家と異なる存在としての法学者の、法解釈学にたいするそれとして基本的には正しい、と現在でも考えている。ちなみにこのような態度は、川島教授が、その最後期の論文「『法的推論』の理論構成」で、説かれる法律学の在り方に近い。同教授は、指図的性格を有する「法律学」と「正当化的性格」を有する「法律学」とにわけ、前者の重要性を強調される（法曹実務家にとって後者が重要なことも指摘される）。前者は基準命題の構成という作業そのものであるのにたいして、後者は、構成された基準命題の正当性の説得のための「法律学」である、といい、また前者を敷衍して「正当な判定を論理的に帰結させるための基準命題とそのシステムを考案するという創造的作業」とされ（川島『科学としての法律学』とその発展」一七二頁）、さらに近時、有力な学者によって主張されている「法的構成無用論」を厳しく批判されている（一九〇頁）ところから判断して、川島教授のいう前者は私見でいう、法制度の全体的、客観的構造の認識にほぼ近いと思われる（ただし同教授のいう正当な判定のための基準命題には、現実の社会関係の客観的な認識に基づくそれ、という意味合いが強い）。

さて池田教授は、前述のように、理論構成不要論をとる反面、実際の解釈、適用が法規と適合的であること、立法者の立法当時の立法者意思と適合的であること、裁判官に受け入れられやすいことを極めて重視されている点から見て、正当化的側面に重点をおく態度であることに疑いはなかろう。(23)

私は池田教授の批判を絶対的なものと見ないまでも、改めて、法典調査会の議事録を精査することによって、四六八条で、「前条ノ」承諾の文言が付された経緯を研究し、私見を法文と適合的なものにして、同教授の批判を取り入れる余地がないかを検討することにした。私の主張する説が条文と整合的であればベターであることはいうまでもないからである。

議事録を精査した結果を結論的にいえば、四六七条および四六八条の承諾には、ルーツの異なる二つの承諾、すなわちボアソナード旧民法を受け継ぐものと、梅博士主導により現行民法に新設されたもの、とが並存している。そして四六八条審議のための法典調査会議での冒頭の、梅博士による趣旨説明では、専ら前者に沿って説明されている（けだし、現行民法は旧民法を受け継ぎつつ、修正したもの、という建て前をとっているからである）。しかし会議の中の具体的な説明で挙げられている、異議なき承諾の諸事例は（例えば「既ニ消エタ債務ヲ……売ッタ。ソノ向コウノ相手方ガ、債務者ノ所ニ来テ貴殿ハ何某ニ是レコレノ債務ガアルトイウコトヲ聞イタガ本当デアルカ、本当デアル。ソレヲ承諾スルカ。承諾スルト言ッタ。……」）、圧倒的に後者のそれである。

まず旧民法を受け継ぐ規定についていうと、前述したように、四六八条でいう異議を留めない「前条ノ承諾」は、観念の表示としての四六七条の承諾が留保なしになされたとき、そこに黙示的に含まれている意思表示と見てよい。ただし、ここでの意思表示の結果切断される抗弁は、（母法たるフランス民法が相殺の抗弁に限定していたのと異なり、形式上は無限定ではあるが）同時履行の抗弁のように、債務者に新たな債務の負担を負わせることのないものに限られるべきである（旧民法では、新たな債務の負担を余儀なくされる債務者の保護のための四六八条一項但書に相当する規定はないのに対応する）。

次に現行民法で新設された規定についていうと、起草者は、最初に四六八条を考えつき、そこに意思表示としての、異議を留めない承諾によって、すべての抗弁が切断され、そのため債務者が全く新たに債務を負うことをも認める趣旨の規定を（したがってまたそのような債務者を保護するための但書を）置く。ついで、かような承諾は四六七条の、観念表示としての通知および承諾と並んで債権譲渡の対抗要件となる、とする（四六七条の審議の際に、承諾の事例として起草者梅博士の挙げる例は、譲渡前の承諾であり、しかも債権者が、債務者に「今度自分ハ自分ノ権利ヲ何某ニ譲渡ソウト思ウガ御前ニオイテ異議ハナイカトイエバ宜シウゴザルトコウ言ウ……」という事例であって、典型的な、異議を留めない承諾である）。

したがって結局、四六七条の「承諾」には、旧民法を受け継ぐ、観念表示としての承諾と現行民法四六八条（四六七条からいえば後条）によって新設された、無制限の抗弁切断効を生じる、意思表示としての（後条の）承諾との両者を含むことになる。

以上のように解するならば、四六七条および四六八条との、両条の「承諾」には、いずれも観念表示の承諾と意思表示の承諾との両方を含むことになり、したがって私の旧説のように、四六八条一項の「前条ノ」の文言を解釈上無視して読む必要はないことになる。

以上要するに、安達旧説では、現行民法と旧民法との間の不連続性を強調したが（それに対し池田教授は連続性を強調される）、新説では、あらためて両者の並存ないし複合を確認する次第である。その限りで安達新説は池田説に接近したといえる。もっとも四六八条の異議なき承諾について、旧民法を受け継いだ側面よりも、現行民法により新設された側面のほうが、はるかに重要である。けだし前述のように、法典調査会議事録でとりあげられている諸事例が、債務者が債務の内容を確認しつつ、譲渡に異議はありません、と明言するものが圧倒的に多い、のみならず、現時、市販されている契約文例集で掲載されている文例も殆どすべて、同様な形式だからである。

その点に着目すれば、四六八条の異議なき承諾の性質を、主として、債務者の意思表示としての授権と解することは誤りとは言えないであろう。またこのように四六八条の異議なき承諾を、旧民法からの連続性と不連続性の複合と見ることによって、池田説に接近しつつも、池田教授の主張される法定効果説のもつ論理的欠陥（「問いをもって問いに答える」のみで、条文以外の実質的具体的な判断基準が何等示されていない）を克服し得る、と思われる。

4 前述したように、私は法解釈学の目的につき、現にあるべき、当該制度全体の構造、仕組みを正しく捉えるような（つまり当該制度がその本来の目的に沿って妥当な機能を発揮し、それぞれの側面に矛盾がなく、また関連する諸制度と整合的であるような）理論構成（川島教授のいう指図的理論構成、私のいう認識的理論構成）を発見することを（その際、必要とあれば新しい概念を発見する）最も重要な課題と考え、実際の解釈・適用にあたってなされる正当化（川島教授のいう正当化的理論構成）は、実務法曹にとっては重要ではあっても法学者にとっては第二義的なものと考える。

5 以上のような法解釈学の目的に関する、いわば二元的な理解に関連して、若干の問題を覚え書き風に指摘しておこう。

a 前記の、指図的ないし認識的理論構成は、広い範囲の、法素材ないし法源から、いわば帰納的に推論することにとって導き出されるのにたいし、後者の正当化的理論構成は、それより狭い、つまり通常、明文によって認められた範囲の法源（原則として制定法）を大前提とし、具体的事実を小前提とする演繹的な三段論法を用いてなされる。つまり当該結論が制定法を大前提とする推論によって導かれたと論証することによって、その結論の正当性を主張するのである。尤も、狭い範囲の法源を大前提とする後者の理論構成によって演繹的に結論を導き出すという場合、それは多くの場合、いわば形式的ないし外形的にのみ、それが行われるのである。つまり実質的ないし実際的には、むしろ指図的ないし認識的意味の前者の理論構成を大前提とし、具体的事実を小前提として演繹的に結論が導き出されるのであるが、しかしその過程をそのまま外形的に表示しないで、形式的には、あたかも後者の正当化のための理論構成によってそれがなされたかの如くに、いわば粉飾して表現する場合が少なくない。そもそもこのような粉飾があるからこそ、（価値判断に中立的な）論理的な推論によるはずの結論の導出の過程に、作為的な営為の意味を含む「正当化的」理論構成という表現が用いられ、また往々にして「巧みな」理論構成（我妻）[24]という表現が用いられ、また、法解釈にフィクション（擬制）的性質を見出す見解（来栖）[25]も生まれて来るわけである。

b　以上のような粉飾の生ざるを得ない理由は、いうまでもなく、指図的（認識的）理論構成を導き出す法素材となるべき法源は広く、その中には条理も重要な位置を占める（優れた学説、優れた外国立法例、隣接諸制度との整合性も条理の一環である）、それに反して、建て前上、正当化的理論構成における大前提となるべき法源の範囲は狭く、条理は原則として含まれないからである。

c　ここで取り上げるには、やや大きすぎる問題であるが、指図的理論構成の形成には、様々な段階があることを指摘したい。当該制度の全体を、もしくはその根幹をカバーするもの（それが最も重要であるが）だけでなく、制度のある側面のみを、あるいはその枝葉の部分や末端の部分をカバーするものもある。また完成され、明確に概念化されたものだけでなく、初歩的ないし端緒的なものとして、まだ十分には明確化、概念化されず、多かれ少なかれ漠然とした形のものもある。前に述べた「立法趣旨」の形は、制度の全体構造についての、その端緒的な形といえよう。またベテランの裁判官が、いわば直観的に、指図的理論構成を認識する（しかしそれを必ずしも明確に表現していない）こともありうるであろう。そして英米法における判決理由（ratio decidendi）は、個別的な判決に際して、それが依拠する判断基準である限りにおいて、制度の末端に位する一種の中間理論とも見ることができると思われる。

d　指図的（認識的）理論構成は、いうまでもなく一旦成立した後、常に固定的に維持されるものではない。

この点で指摘すべきこととして、従来見られなかった新しい事案の判決が現れたことを契機に、従前の指図的理論構成が見直されることは、しばしば起こり得ることである。

しかし他面、従来の指図的理論構成に基づく判決の正当化が容易でないという理由だけで、ただちに従来の指図的理論構成を不当と見て、放棄すべきだと考えるのは必ずしも正しくない。まさしく「正当化的理論構成」によって、指図的理論構成から導き出した判決を「正当化」すべき場合もあり得る。このこととの関連でいえば、そもそも一般的にいって、指図的（認識的）理論構成を提示するにあたって、制定法を主とする、狭義の法源による正当化が容易であるなら、それはベターではあるが、しかし常にそれのみを基準にして決定しなければならないというわけではない。様々な解釈技術を駆使し、目的論的解釈や体系的解釈によって、正当化し得る場合もあり得る。

e　正当化のための理論構成は、判決文において典型的に認められるが、しかし判決が、実質的には指図のための理論構成から演繹的に導き出されるものである以上は、そしてまた、学者によって提示される中間的理論構成が、実務上も顧慮され、判決によって現実に採用されることを理想とする以上は、多かれ少なかれ、指図のための理論構成においてもその正当化の試みが為されるのは当然である。そのための方法は（論者によってさまざまであるが）基本的には判決におけるそれと異ならない。この問題との関連でいえば、いわゆる自由法論的主張は、指図的理論構成についてもそれが制定法により厳格に拘束されるべきでないことを主張するものであり、その点で、特殊な形においてではあるが、正当化的理論構成につながるものといえよう。

f　以上は、理論構成についての、いわば二元論的構成、つまり指図的構成と正当化的理論構成に分けて把握する方法（それは、制定法から判決に至るまでの中間に、指図的理論構成を置く、という点では二段階適応性といえよう）を前提として考察したが、前述したように、近時、法解釈（学）において、そもそも理論構成を不要とする見解が現れている。これについて一言すると、前に池田教授の説にたいする批判に関して述べたように、指図的理論構成（中間理論）を不要とする論者も、法規の解釈にあたり法規の趣旨や目的を考慮し、それに従ってなすべきことを主張するのが常であるといってよいが、ここでいう法規の趣旨目的とは、理論構成の端緒的な形態といえよう。というのは、中間的理論構成が当該制度の全体的な構造、もしくは部分的な一定の側面について、多かれ少なかれ明示的に明確な概念をもって指示するのに反し、法規の趣旨目的の場合には、通常、漠然とした形で大雑把にそれを指示するに過ぎないからである。従って中間理論不要説も実際には端緒的な形においてではあるが、中間理論を介在させているのが常であるといえよう。また他面において、当該中間理論が直観的には捉えられていても、まだ十分に明確な概念をもって把握するに至っていない段階においては、たとえ中間理論を経て結論（判決）に至ったときも、当人にはそのような過程が明確に自覚されることがなく、従って単純に、法規を解釈して結論が導かれ、中間理論は介在しなかった、と意識することが起こり得るであろう。

このこととの関連でいえば、いわゆる利益較量説は、中間理論の形成にあたり、利益較量によって条理を法源として取り入れる余地を広くするとともに、中間理論を明確な概念をもって表示することを避けたい、とする主張が含まれている、と思われる。しかし個々的な事例の判断にも、想定しうる他の事例の解決をも念頭においた、一般的な規範としての中間理論の定立が必要であり、これをなるべく明確な概念を用い表示することが望まれるはずである。その際、あるいは明確な概念を用いて表示することによって判断基準が固定化し、個々の事案に則した弾力性のある解決が困難になる、という恐れから、それを敢えて明確にしないほうが好ましい、と見る考えもあるかも知れない。しかしこのような考えは正当とはいえない。というのは、不明確なままでは、判断基準の正否を第三者が議論することができない。そして議論のないところに、より正しいものへの発展が期待できないからである。なお利益較量論は、正当化的理論構成に関しては、一定の制限された範囲ではあれ、自由法論のもつ機能と同様に、正当化のための根拠の主張という意味をもつであろう。それは、法源としての制定法の補充、修正を利益の比較衡量によってなすべきだとする主張を含むからである。

g　以上述べたことは、これまでに多くの機会に発表した、理論構成の意義と方法に関する考察（とりわけ志林九二巻四号所収の拙稿の終章「理論構成の意義と方法・再論」）を基にしてなされた、その補充的考察である。重要な問題ではあるが、抽象的なテーマであるだけに、一般化、理論化が困難な問題であることをますます痛感する次第である。(26)

三　授権概念をめぐって

1　わが国ではドイツ民法一八五条のような処分授権に関する明文の規定がないためもあって、処分授権ないし授権法理に関するわが国の議論は、これらの法理がわが民法上是認し得る根拠をめぐっての「理論的な」議論に偏っており、実際的な問題の解決のためにこの法理を如何に利用すべきかをめぐっての具体的な議論が必ずしも十分になされてこなかったように思われる。(27) 本稿では、処分授権ないし授権一般について、それが実際に適用される諸事例を具体的にかつ体系的にとりあげ整理しよう。その際授権概念を中核的な処分授権から周辺的な授権へと段階的に整序することが必要だと思われる。従来、わが国では授権概念を、処分授権に該当するものとしないもの――義務設定授権や権利取得授権――における二分法的な見方が有力である。もっともドイツでは、そもそも両者を包摂する抽象的な授権概念を不要な概念と見る見解が有力であるが。私はむしろ授権概念を段階的構造をもつものとして捉えようとする。そしてその中で私の主張する「仮定的債務者の処分授権」の概念が、授権概念一般の中で如何なる位置を占めるかが検討されなければならない。結論を先取りしていえば、私は、この概念はドイツ民法一八五条が直接規定する処分授権そのものではないが、その性質は基本的に共通しており、同条を準用すべきである。両者の差異は、後述するように、一方が権利の帰属に関する処分授権であるのにたいし、他方は権利の存在に関する処分授権だという差異があるに過ぎない。いずれにせよ（授権概念の体系ないし配置関係を同心円で示すならば）両者は授権概念の中核となり、権利行使授権、受領授権はその周辺に置かれ、また処分授権の一種とされている、債務引受における債権者の承認は、さらにその周辺に置かれる、義務設定授権、権利取得授権はさらにその周辺に置かれる、という関係にあるといえよう。

2　さて、かつて清水千尋教授は、私見でいう「仮定的債務者の処分授権」の概念が、ドイツ民法一八五条の処分授権に該当しないこと、それは、いわゆる「義務設定授権」に相当するはずだと批判された。これに対する、反論を通して、「仮定的債務者の処分授権」の位置づけに関する私見を述べよう。(28)

清水教授の批判に対し「仮定的債務者の処分授権」がその性質上一八五条の処分授権に該当すると主張する私見の根拠の第一として、処分授権と義務設定授権の違いは、処分行為にたいする授権か、それとも売買契約などのような、いわゆる債権行為にたいする授権か、の差異である。ところが仮定的債権の譲渡は（普通の債権譲渡と同じく）、債権行為ではなく、処分行為に該当することはいうまでもないこと、第二に、ドイツで義務設定授権を否定する説の実際的根拠として挙げられる理由は、当初の債権行為の際に予定されていた債務者と異なる者が、授権の結果として、当初の債務者に代わって新たに債務者となるというのでは、相手の利益を不当に害する（したがって、仮に義務設定授権を認めるとしても、授権者が連帯債務者として加わるような形のみを認めるべきだと主張されている）からだということが挙げられる。しかしながら仮定的債務者の処分授権の場合、（仮定的）債権の譲渡の際に債務者と想定された者が授権の結果、現実的債務者となるのだから、義務設定授権の場合のような不都合は生じない。第三に、批判者の重要視する理由として、一八五条の処分授権では、授権者は授権の効果として債務を負担することはないのに、仮定的債務者の処分授権においては、授権者は授権の効果として債務を負担する、したがって仮定的債務者の処分授権は一八五条の処分授権には該当せず、義務設定授権に属する、という理由である。次いで敢えて付け加えると、批判の第四として、一八五条の文言は、「権利者の同意追認」があったとき、となっているが、仮定的債務者の処分授権では、権利者ではなく、仮定的債務者がこれをおこなうのが問題だとする批判が考えられる。

以上の第三と第四の批判は、私見によれば実質的なものでなく形式的なものに過ぎないが、その立ち入った論証のためには、処分授権概念の成立に至る歴史的背景（信託的譲渡からの発展）およびその経済的機能に論及することが必要である。それによって仮定的債務者の処分授権が一八五条の処分授権と実質的に共通性を有しており、（厳格にいえば同条の準用によって）両者を同様に扱うのが正当であることが論証されるであろう。

3　四宮博士は、かつてその著名な論文「信託関係と信託」[29]において、信託法理の発展を念頭に置きつつ、法発展の法則に関して次のような注目すべきシューマを提示された。すなわち「新たな経済目的を達成するために、経済目的を超過する既存の法制度が利用される。そして従来認められなかった目的のために既存の制度が利用されるにかかわらず、次第に従来認められた効果が認められるようになる」。そして「信託目的にたいする最初の法的保護は、受益者の受託者にたいする債権的請求権であり、それが例外なく物権的保護に強化される。……しかし究極においていかなる信託行為による信託関係も信託目的に即応する制度に転化する。かくして信託行為による信託関係は信託関係たることを止めるのである」と。私は、このような法発展の法則が処分授権制度の成立にも当てはまると考える。

所有権の信託的譲渡は通常、次のような経済目的をもって行われる。a)財産管理の目的、つまり、甲がその所有物を乙を通して売却（処分）して貰うために、乙に信託的に譲渡する。乙は自己の名で丙に売却しその対価を甲に引き渡す（代理制度を利用することもできるが、代理制度は近代の所産であり、古くローマ法で認められた処分授権制度を一つの手掛かりとして法認されたものであることに注意）。b)債権担保の目的、つまり、甲は乙に対する債務の担保のため、甲の所有物を乙に譲渡する。乙は甲の債務不履行のとき、その物を他に譲渡してその対価を債権の（優先的な）弁済に当てることができる。c)取引安全のため。すなわち、乙がその所有物（と称する）物を丙に譲渡しようとするとき、その物が実は甲の所有物である疑いがあるとき（万一、甲が所有者である場合に備えて、丙をして確実に所有権を取得し得る安心を得させるために）、予め甲と乙の間に信託的に所有権の譲渡を行う。以上のような経済目的でなされる、甲から乙への所有権の信託的譲渡において、乙が信託目的に違反して丙に譲渡したとき、甲は乙にたいする損害賠償請求権によって、債権的に保護されるが、次第に、丙の悪意などを条件として、甲は物権的に保護される。つまり乙丙間の譲渡の無効を主張して、丙からその物を取り返すことが認められるようになる。しかし更に進むと、信託的譲渡という形式そのものが、経済目的に最も適合する新たな制度にとって代えられることになる。そのような新しい制度こそ処分授権である（尤もbの場合には、排他的な処分権の授権としての抵当権、質権などの他物権の設定となる。ついでにいえば、地上権、永小作権のような用益物権も、歴史的には、用益目的のための所有権の信託的譲渡から進展し、後に信託目的に最も相応する制度として新たに認められたものとして、理解することができよう)。

さて、仮定的債務者の処分授権について、これと同様な発展が見られるであろうか。ここでも前述のａ、ｂ、ｃと同様な経済目的による、信託的な債務負担行為からの発展として、仮定的債務者の処分授権の成立を考えることができる。そして手形法で抗弁切断の効力を有する無因債務ないし無因債権を発生させる行為(典型的な例として約束手形の振出)こそ、ここでいう信託的債務負担行為にほかならない。前述のａ)に対応するものとして、甲が乙に一定金額の約束手形を振出すにあたり、乙が丙に譲渡して、その対価を甲に給付するという目的で振出す場合が考えられる。ｂに対応する場合として、甲が乙に負担している一定金額の債務を担保するために、甲が乙に同額の金額の約束手形を振出す。甲が債務を弁済期に弁済しないとき、乙は約束手形を丙に譲渡し、その対価を甲の乙にたいする債務の弁済に当てることができる。ｃに対応する場合として、乙は甲にたいして有する一定金額の債権を丙に譲渡しようと考えているが、それを譲り受けた丙に対し、債務者甲は乙にたいする抗弁を対応しうるから、丙は予期した通りの内容の債権を取得し得るとは限らない。そこで乙は予め甲から同一金額の約束手形を振出して貰っておく。そしてこの約束手形を丙に譲渡すれば、丙に期待した通りの金額の、甲にたいする債権を取得することができる。なお甲は丙に弁済した後、乙に償還請求を為し得る。したがって甲の乙にたいする債務はこれとの相殺により消滅する。

以上の各場合について、振出し目的(＝信託目的)に違反した、手形の譲渡(＝信託債権の譲渡)のとき、甲は乙にたいする債権的な損害賠償請求権によって保護されるが、次第に物権的な保護が認められ、甲は悪意の丙にたいし、乙丙間の譲渡の無効を主張し得るに至る(私見によれば、これが手形法一七条における悪意の抗弁の実体である)。しかし最後に信託的債務負担という形式自体が、信託目的に最も適合した形式としての仮定的債務者の処分授権という新たな形式に取って代えられるに至る(手形法一七条についていうと、信託目的＝授権目的に反した処分は授権範囲を逸脱する行為として無効であり、前掲bとcの場合、原因債務不存在のとき、それを存在すると誤信してなした振出＝授権は要素の錯誤による無効の授権となるから、悪意の丙に無効を主張しうる[30])。

以上見てきたように、所有権の信託的譲渡から本来の処分授権への発展と信託的債務負担から仮定的債務者の処分授権への発展とは対応する関係にあり、また両者の経済的目的も対応している。両者の間には、前者は権利の帰属に関するものであるのにたいし後者は権利の存在に関するものである、という差異はあるけれども、その法技術的な点においては共通性を有している。前に(2末尾参照)清水教授から提起された批判の第三、第四の問題点は、権利の帰属と権利の存在との差異から来る形式的な差異に過ぎないのであって、性質上、両者は共通性を有しており、仮定的債務者の処分授権を義務設定授権として捉えるのは妥当ではない。

4 権利の存在に関する処分授権の中には、仮定的債務者の処分授権と並んで、仮定的制限物権設定者の処分授権が考えられる(例えば、乙が甲の所有地の上に地上権を有すると称して、これを丙に譲渡するとき、甲が事前にもしくは事後に承諾もしくは追認したとき、丙は、甲地上に地上権を取得する)。そして両者の上位概念として仮定的負担設定者の処分授権の概念[31]を考えることができる。

権利の帰属に関する処分授権についていえば、他人の所有する物を自己の所有物と称して譲渡する場合が典型的であるが[31-(1)]、(実際に存在する)債権その他の財産権で他人に帰属するものを自己に帰属すると称して他人に譲渡する場合にも妥当することはいうまでもない。制限物権(例えば地上権)の設定、消滅も所有権の譲渡に準じて扱ってよい(というのは地上権を土地所有権の一部と考えれば、地上権の設定は、その一部の権利の譲渡としての意味を有する。また地上権の消滅は、いったん譲渡された地上権の回復の意味を有する)。つまり乙が自己の土地と称して甲所有の土地に丙のため地上権を設定するとき、甲が同意、もしくは追認したならば、丙は甲の所有地上に地上権を取得する。また丙が甲の所有地上に地上権を有しているとき、甲が、地上権のない土地と称して乙に譲渡するとき、丙はこのままでは地上権を失わないが、丙が同意、追認すると、乙は地上権の負担のない土地所有権を取得する。(32)

5　権利行使授権　a取り立て授権　甲の丙にたいする債権を乙の名において取り立てる権限(譲渡を含む全面的な権利行使の権限でなく)を乙に与える目的のために、これを甲が乙に信託的に譲渡することは、信託的譲渡の一つの場合として、当然に生じうることである。そしてこのような信託的譲渡についても、その歴史的発展として、信託目的の債権的保護から物権的保護の発展、さらに信託的譲渡の形式から取り立て授権の形式への転化が見られるはずである。もっとも事前の取り立て授権の法形式としては、取り立て目的の授権であることを何らかの形で外部的にも表示することが必要である。外部的に表示されないかぎり、それは信託的譲渡である。なお債権者代位権(民四二三条)は法定の取り立て授権と見ることができよう。(33)債権者代位権に基づいて債権者が債務者を代位して訴えを提起して判決を得たとき、判決の規範力が債務者に及ぶか、が問題となる。勝訴判決を得ることは(法定)授権されている権限の範囲に属するから、肯定に解すべきである。しかし敗訴判決を得ることは(権限の範囲を逸脱し、訴訟遂行を怠った結果であることもあり得るから)当然には債務者には及ばない、しかし債務者があらためて追認(事後の授権)をなせば、規範力は及ぶ、と解すべきである。

指名債権譲渡においても、また手形の裏書譲渡においても、譲渡ないし裏書は普通の形式の譲渡、裏書であるが、その経済目的は取り立ての目的であるとき、学説は、信託譲渡説ないし信託裏書説および資格授与説に分かれるが、私は、この分類は正しくない、と考える。(34) 経済目的は取り立てのためだが、その法形式は普通の譲渡ないし裏書である以上は、信託的譲渡ないし信託的裏書であることは（いわば定義上）否定できない。問題は信託的行為であることを前提とした上で、その扱いについて、形式としての譲渡を尊重するか、それとも実質である経済目的を重視するか、の問題である。いずれの形式をも選択しうる現在において、当事者が敢えて信託的行為を選んだことを考慮すれば、形式尊重説に歩(ぶ)がありそうであるが、信託違反行為の悪意の第三者を保護する必要はなく、その限りで実質尊重説を採りたい。

b　訴訟追行授権（以下省略）

c　議決権行使授権

6　受領授権　債務の弁済の受領が債権の最低限度の効力であることは一般に認められていることである。前述の債権の取り立て授権の場合は、例えば甲の乙にたいする債権を丙が自己の名で取り立て、かつ受領しうる権限を授与するのにたいし、受領授権の場合は、単に受領しうる権限のみを授与するのである。そのような受領授権も信託的債権譲渡から発展した法形式として捉えることができる。ここでも事前の授権においては、一定の外部的表示が必要であり、それが欠けておれば、受領目的の信託的譲渡である。受領したものを債権者に返還すべきかは、取り立て授権の場合と同様、権限授与の経済目的如何による。

債務者が受領権限のない者に支払ったときで四七八条が適用されないため弁済が無効の場合にも、債権者のなす事後的授権（追認）により、その弁済は有効となる。

供託の法的性質について、通説は、第三者のための契約説を採るが、この説では、供託により債務者の債務が消滅するという、供託の最も重要な効力が説明できない。私は、かねてから、供託者は一定の場合、法定受領権を取得し、そのため債務者は有効に弁済し得る、との説を主張しており、有力学説の支持を得つつある。[35]

7　免責的債務引受にたいする債権者の同意ないし追認と債権譲渡にたいする債務者の同意ないし追認ドイツでは、これを処分授権に該当すると解するのが多数説である。しかし最近の教科書でこれを除外するものもある。[36] わが国では、かねてから通説は処分授権に該当する旨を述べていないが、その理由については言及されていない。肯定説の根拠は、免責的債務引受は、債務者（非権利者）が他人（債権者）の権利を処分する行為に該当するから、債権者の同意、追認は処分授権に該当するということであろう。しかし通常なされる処分行為においては、一般に、処分者は権利者であることも非権利者であることもありうるが、債務引受では常に債務者＝非権利者であることを考慮すると、少なくとも、これは一八五条の想定する非権利者の処分には該当しないのではないか。私は債務引受と債権譲渡を統一的に把握すべきだと思う。

一般に説かれるように、古くローマ法では、債権が同一性を保ちつつ一個の財産として譲渡されるということは認められず、近代に至って初めて認められた。そして原則として債務者の同意も必要とされず、特別の場合にのみ、債務者の同意を必要とした。債務引受についても、一個の消極的財産として、次第に同一性を保ちつつ新旧債務者の合意によって移転することが認められるに至った。もっともここでは、債務者の資力の有無が債権者の利益に重要な意味をもつことに鑑みて、その効力を債権者の同意にかからせているわけである。このようにして、債権譲渡において例外的に債務者の同意を要する場合[37]と免責的債務引受（消極的財産の移転）において債権者の同意を要することとは、同様な性質を有する問題として捉えるべきであろう。いずれの処分においても、それによって不利益を受けるおそれのある者（債務者、債権者）の同意にその効力をかからせているのであり、それは、他人の権利の処分の効力を権利者の同意にかからせている一八五条と類似した問題状況にあり、その意味で同条を準用しうると考える。しかし一～六までに述べた処分授権の事例と異なり、ここでは、信託的譲渡から処分授権への発展という歴史的背景を有しない、またそれらに類する経済目的も有しない点で異質的であることに注目する必要がある。

8　義務設定授権と権利取得授権　狭義の授権概念

一八五条の処分授権を中心にしつつ、これを拡張して、授権概念を確立しようとする試みが Ludewig によってなされた(38)。それは、処分行為に限ることなく、債権行為をも含めて一般に他人の権利義務に干渉する行為がなされたとき、その行為は、その他人にたいして効力を生じることはないが、その他人がその行為を同意もしくは追認したとき、その他人にたいして有効となる、という法理であり、このような同意ないし追認を授権という。その際、授権の効果として授権者に債務の発生するような授権を義務設定授権といい、また授権の効果として授権者が権利を取得するような授権を権利取得授権という。例えば、甲と乙の商品の売買契約において、買主乙が売主甲に負担すべき代金債務は、乙に代わって丙が負担する旨の約定が甲と乙の間でなされたとき、丙の授権（同意、追認）により丙が甲に債務を負担する。また買主乙が甲にたいして取得すべき商品引渡債権は、乙に代わって丙が取得するという約定がなされていたとき、丙の授権（同意、追認）により丙は甲にたいし商品引渡債権を取得する。

なお、甲と乙の契約において、丙が代金債務を負担し、かつ商品引渡し債権も取得する旨を定め、丙が債務負担と債権取得の両者について授権する、という形もあり得る（この場合は、甲と乙の売買契約の際に、甲の取得すべき契約上の地位を丙に取得させる合意が甲、乙間になされ、丙がこれを授権する関係、と見るべきであろう）。

債務負担授権については、ドイツでは、果たしてこれを認める必要があるか、争われている。肯定説をとる者も、設例のように、授権によって本来の債務者に代わって債務を負担する者が予め明示していること（そうでなければ、債権者の利益が不当に害される）、予め明示されていないときは、本来の債務者の債務は存続し、これと連帯してのみ授権者は債務を負う、とする。否定説の論者は、この概念を用いなくても、連帯債務の法理によって、また代理法理の準用により説明しうるから不要である、とするようである。

私は、この概念を認めることは理論上は可能であると考えるが、しかしこの概念を用いることによって説明しやすくなる実際の事例は少ないのではないか、その意味で有用性は少ないのではないか、と思う。伊藤進教授[39]は、その有用性を積極的に解し、義務設定授権の事例として、第一に、日常家事債務に関する夫婦の連帯責任（民法七六一条）の規定を、第二に「商行為ノ代理人ガ本人ノ為ニスルコトヲ示サザルトキトイヘドモソノ行為ハ本人ノ為ノ其ノ効力ヲ生ズ但シ相手方ガ本人ノタメニスルコトヲ知ラザリシトキハ代理人ニ対シテ履行ノ請求ヲ為スコトヲ妨ゲズ」（商法五〇四条）との規定を、つまり代理関係不顕名の場合の本人の責任に関する同条本文の規定を掲げられる。いずれの場合も（すなわち契約当事者でない配偶者も、また不顕名の本人も）契約の第三者であるのに債務を負担するからである。しかし自らの授権の意思表示なしに債務を負担するわけであるから、授権といっても、特殊な、「法定の」授権の成立が観念されているというべきであろう。しかしこれらの事例は、義務設定授権というような、通常の取引では実際上殆ど用いられない（さらに法定の義務設定授権となるとその意味が一層曖昧となる）法理で説明するよりも、他の法理により説明しうるし、また説明すべきではなかろうか。

つまり前者の例では、夫婦は婚姻費用を資産や収入などに応じて分担する（七六〇条）という内部関係を前提にして、一方が日常家事のため負担する債務により他方も直接に利得を得るから、その利得分について債権者は不当利得法理により直接請求し得る（転用物訴権の考えを導入したもの）という法則に基本的に依拠していると考えられる(40)。ただし外部からは負担部分の割合が不明のことが通常であることを考慮し、一応全額について夫婦が連帯債務を負うとしつつ、他面で七六一条但書で単独債務の例外を設けたと見るべきであり、したがって同条但書によって、第三者に対する予告により連帯債務を免れるはずの配偶者についても、その負担部分については債権者からの直接請求を免れない、と解すべきであろう。また商事代理の事例についていえば、元来、代理権を与えられた受託者が委託者のために相手方と法律行為を為す場合に、自ら本人のためにすることを表示せず、また相手も本人のためにすることを知り得なかったとき——相手は受託者が本人として法律行為を為していると考えるのは当然だから、受託者に本人としての責任を負わせるのは当然であるが——上記規定はこれに加えて、委託者にも本人としての責任を、受託者と連帯して負わせるというものである。この関係も、基本的に転用者訴権の趣旨に基づく規定といえないであろうか。つまり、受託者が本人として相手方に債務を負担するに至るためには、それに対応する給付を相手方から得ているように見える。しかし受託者と委託者の間の実質的な内部関係においては、たまたま代理関係を表示していた場合と同様に、その給付は委託者に帰属し、その利益となる。したがって、相手方の給付により委託者が直接利益を得る関係を生じ、相手方の委託者にたいする転用物訴権が発生する余地があるからである。また、商行為の代理人の場合には、その他の一般の場合よりも、委託者、受託者、相手方の取引関係の精算を、より迅速に為さしめる必要がある、という理由も付け加わるであろう。

なお、取引法の上で義務設定授権を理論上認めるにしても、その実際上の認定には、後述の権利取得授権ないし（真正な）第三者のための契約の認定の場合と同様、厳格な要件が必要とされよう。

9　とくに権利取得授権　その意義については前述した。この授権をめぐる法関係は第三者のための契約に関する法関係に類似している。[41] けだし要約者と諾約者の契約によって諾約者が第三者たる受益者に給付をなすことを約したときは、第三者たる受益者は諾約者に給付請求権を取得するが、諾約者の債務発生時期は、わが民法上、受益者が諾約者にたいして受益の意思表示をなしたとき、とされており（五三七条）、そして受益の意思表示のなされるまでは、諾約者と要約者の契約を合意解除することができ、その後の受益の意思表示は効力を生じない、と解されているからである。もっとも権利取得授権の場合は厳密にいえば、権利取得者の授権の意思表示は契約の当事者のいずれにも為し得るが、第三者のための契約では、受益者の受益の意思表示は専ら債務を負担する側である諾約者に為すべきものと定められている。しかしこの差異は、債務を負担する者の保護のためという実際上の配慮から債務の確定的な発生のための要件を若干重くしたものと説明しうるであろう。

なお第三者のための契約に関しては、真正な第三者のための契約と不真正な第三者のための契約（つまり諾約者が直接、受益者に債務を負担することなく、単に要約者に対してのみ、第三者に給付すべき債務を負うとされる場合）の区別が論じられ、その他、前者の認定には事実上かなり厳格な要件を要すると解されているが、同様なことが権利取得授権でも当てはまるであろう。

10　他人の物の賃貸借[42]

甲の所有する物について、無権利者乙が丙との間に賃貸借契約を結び占有も移転したとき、甲の授権（追認）は如何なる意味を有するか、処分授権か、それとも債権行為についての義務設定授権・権利取得授権となるか。その効力として甲と賃借人丙との間に賃貸借契約が成立し、乙は排除されるのか、等々の疑問が生じよう。以下に私見を述べよう。

無権利者乙が甲の所有物を丙に賃貸し、占有移転もなしたとき、このままでは、乙丙の占有移転は甲にたいして無効であり、丙は不法占有者であることはいうまでもない。しかし所有者甲が追認したとき、丙は適法な占有者となり、賃借人たる地位を甲に対抗しうる。このときの追認は処分授権の性質を有すると解しうる。(43) この関係は、あたかも甲が乙に（乙をして第三者に賃貸させるために）所有者を信託的に譲渡し、乙が第三者丙に賃貸したのと同様な関係と見ることができる（甲は乙にたいして、甲乙間の契約の趣旨などにしたがい求償権を取得するが、その内容については、賃借料と同様に、定期的な給付請求権の形を取ることになろう）。この関係は、甲が乙に賃貸し、甲の承諾のもとに乙が丙に転貸するのと類似する。したがって賃貸人の承諾を得てなされる転貸（六一三条）に準じて扱うべきであろう。転貸借の際の三者の間の関係に深く立ち入ることはできないが、転借人丙は、転貸人乙にたいして賃貸借に基づく債務を負担するが、賃貸人甲にたいしても、直接に一定限度で債務を負担する（六一三条一項）。また、丙の支出した保存費用や有益費について、乙にたいして求償し得るだけでなく、甲にたいしても、不当利得法理により（とりわけ転用物訴権の趣旨に基づいて）直接に求償し得ると解すべきであろう。

なおこのように、乙と丙との契約の効力として、第三者たる甲が丙にたいし一定の債務を負担し、また債権を取得する関係を生じるが、その根拠として、（法定）義務設定授権や（法定）権利取得授権を持ち出すよりもむしろ、（前に試みたように）三当事者間の実質的な関係によって説明すべきであろう。

以上述べたことは基本的に、物の占有を伴う契約関係（使用貸借、寄託など）にも当てはまるはずである。

なお、この項を終わるに当たり、指摘すべき重要な事として、無権利者乙が甲の所有する物に丙のために賃貸借契約を結んだときでも、もし上述のように所有者甲が単に追認（処分授権）するのでなく、無権利者乙と所有者甲の間の合意つまり契約により、乙丙間の賃貸借契約上の地位が乙から甲に譲渡されたならば、甲は、賃借人丙にたいし、賃貸人たる地位を取得することになる。他面、乙はその地位を失う。もっとも契約上の地位の譲渡に付き丙の同意なき限り、譲渡人乙は譲受人甲の丙にたいする貸主としての債務について、一定期間、連帯して債務を負担すると解する余地があろう。(44) 契約上の地位の譲渡には債務引受の関係を含んでおり、債権者の承認のない限り、債務を免れないからである。

11　授権概念全体の見取り図

最後に、授権概念の全体の見取り図を示しておこう。a　中核にあるのはドイツ民法一八五条に明定する権利（所有権、債権等）の処分授権およびこれと同列にある仮定的債務者の処分授権である。b　その周辺に位置するものとして、制限物権の処分（設定、消滅）の授権、およびこれと同列にある仮定的制限物権設定者の処分授権。c　その外側に権利行使授権（取立て授権および受領授権を含む）、これと同列ではあるが、やや趣の異なるものとして、他人の物の賃貸借など、占有を伴う契約に関する授権、d　その外側に免責的債務引受の同意、追認。これと同列にあるものとして、譲渡禁止債権の譲渡にたいする債務者の同意、追認。以上の同心円の外側にe　義務設定授権と権利取得授権がある。そしてa以下dまでを含む円形に含まれるのが処分授権であり、eまでを含む円形の中に含まれるのが、狭義の授権となる。

なお、ついでに一言すると、以上のeの狭義の授権の同位概念として、f　代理権の授権（これは処分授権や狭義の授権と異なり、他人の名で行う、他人の権利関係への干渉にたいする本人の同意である）、さらに、g　後見人の同意や監督者の同意があるが、これらを含む、より上位の概念として、h　広義の授権概念がある。これはドイツ民法一八二条の定める同意に相当する。以上の広義の授権を含む、さらに上位の概念として、かつて於保博士の提唱された財産管理権の概念がある。その中には、親権者、後見人の財産管理権、不在者の財産管理権、破産管財人のそれ、などのような、法定の財産管理間をも含む。これについては、果たして法解釈学上の概念として認める価値があるかについて争われている(45)。私はかつて、法技術概念としてはともかく、民法の全体的な体系の把握のための概念として、有用な概念であると述べたことがある。

もっとも現在の私の問題関心から改めて授権概念の体系的意義について次のように考える。つまり近代に至ってさまざまな三面的な法律関係が発生し、それぞれの制度として確立していった（例えば、代理、債権譲渡、債務引受、第三者のための契約、指図、手形・小切手、持参人払い債権、振込、振替、信託、また不在者財産管理、相続財産管理、破産財団管理等の法定の財産管理制度等々）が、処分授権を中心とする授権は、そのような三面的法律関係の制度の一つとして、またその他の三面的関係の処理のために必要な基礎的法概念の一つとして登場するに至ったといえるであろう（ちなみに於保博士の財産管理権概念では、事前の処分授権・授権を捉えているが、事後的な授権すなわち追認が捉えられていないきらいがある）。そして私は、このような特殊近代的な三面的法律関係処理に有用な新たな概念として、処分授権の特殊な形としての「仮定的債務者の処分授権」の概念を主張する次第でいる(46)。

（1）　これに関連して発表した主要な拙稿・拙著は次のとおりである。

1）「指名債権譲渡における債務者の異議なき承諾――付、指図および手形・小切手の新たな構成の試み㈠」志林五九巻三・四号、同㈡六〇巻一号、同㈢六一巻一号

2) 「仮定的債務者の処分授権の概念について」私法二七号
3) 「指名債権譲渡における異議をとどめない承諾、再論――池田真朗教授および石田・西村両教授の批判に答えて」志林八九巻三・四号
4) 「法解釈学（実定法学）方法論と債権譲渡の異議をとどめない承諾――池田教授の続稿に因んで」志林九一巻二号
5) 「再論・法解釈学（実定法学）方法論と債権譲渡（四六七条・四六八条）に関する幾つかの問題――池田真朗教授の近著と三つの書評および私法学会ワークショップに因んで(一)」志林九二巻三号、同(二)九二巻四号
6) 「池田・安達論争を振り返って――池田教授の近稿に因んで」志林九七巻三号
7) 「池田・安達論争の総括と反省」志林九八巻三号
8) 「新白地手形法論(一)」志林七三巻二号、(二)七三巻三・四号
9) 「線引小切手の効果と本質」薬師寺先生米寿記念『民事法学の諸問題』所収
10) 「白地補充権の消滅時効」私法三九号
11) 「手形行為独立の原則と証券上の権利の分属に関する試論」志林八一巻三・四号
12) 「手形法上の利得償還請求権の構造」志林八六巻一号
13) 「手形法における参加・謄本・複本と法解釈学方法論」志林八八巻一号

単行本として

14) Allgemeine Theorie des Wechsel und Sche ckrechts (「手形・小切手法の一般理論」), Peter Lang, Frankfurt/M 1975.
15) 手形・小切手法の民法的基礎（信山社、一九九五年）

（2）前出注（1）所掲の拙稿3)4)5)6)7)参照
（3）前出注（1）所掲の拙著15)三二〇頁参照

（4）　以下、前出注（1）の拙稿1)参照。私がこの問題に関心をもつに至ったきっかけは、私が大学在学中受験した司法試験の民法の問題（論文式二問）のうちの一題が「無権利者から権利を譲り受けた者の地位を説明せよ」という問題だったことである。もっとも大学卒業後、特別研究生に採用された後は、法社会学にたいする興味が強くなってきたために、最初に手掛けた研究テーマは、戦後の農地改革の源流を探る意味もあって、（小作争議と）「小作調停法」であった。この研究を一応まとめたものを、川島・辻・福島編の「近代法発達史講座」（勁草書房）の第六巻に収録していただいている。その後、法政大学で民法債権法の講義を担当するようになり、法解釈学の本格的な論文を書きたいと思うようになって手掛けたのが、このテーマ（債権譲渡における異議なき承諾）であった。小作調停法の研究は、ある意味では回り道であったかもしれないが、法解釈学のテーマを社会科学的な手法を取り入れながら（つまり個々の現象を通して帰納的に、かつ価値判断を含めずに客観的に、全体の動的構造を捉えることを目指しつつ）研究するという点で大いに意味があったと考えている。

（5）　権利の存在の問題と所属の問題を峻別するについては、鈴木『手形法・小切手法』（有斐閣）から多くの示唆を得た。

（6）　田中耕太郎「手形法小切手法概論」（有斐閣、一九三九年）三二三頁

（7）　前出注（1）の拙稿1)㈢および拙著15)二四五頁「追録一仮定的債務者の処分授権の概念の確立のために」。なお処分授権については、於保不二雄教授から、信託については、四宮和夫教授から、指図については、伊沢教授から教えられた所が多かった。

（8）　前出注（1）の拙著14)九頁、拙著15)一五頁。なお法律学者によるモデルの研究として来栖三郎「モデルと擬制」がある（来栖『法とフィクション』（東京大学出版会）所収）

（9）　電信送金契約の法的性質については、従来、民法学者の間では、これを第三者のための契約と解する説が有力だったが、商法学者では反対説が支配的で、これを指図と見る説、小切手に類するとする説、委任説などがあった。判例も従来、第三者のためにする契約説を否定したが、同一事案について三度最高裁で争われた戦後の判例（昭和四三年一二月五日、民集二二巻一三号）でも、同様に否定説をとりつつ、その根拠として契約

当事者の意思と取引慣行を援用している。私見も否定説をとる（主要な理由は、第三者契約説では、支払請求（受益の意思表示）後は支払委託の撤回ができないこと、また支払の無因性を説明できないことである）。私見は、指図ないし小切手振出とほぼ同様に考え、送金依頼人Aは、被仕向銀行Cを仮定的債務者とする仮定的債権を受取人Dに譲渡する、と解する（指図と違って、支払いと独立した形での引受が認められていないのは、小切手と同様に、それらが専ら支払いのためになされ、信用目的でなされない、という便宜的な理由である）。詳述すると、送金依頼人Aは仕向銀行Bに、甲地に居住する受取人Dに一定金額を支払ってくれるよう委託して、資金を提供する。仕向銀行Bは、甲地にある被仕向銀行Cに、Dへの支払いを委託する。それと同時に、仕向銀行Bは、Aに、受取人DへあててC銀行で一定金額を受けとる旨の電報を打つよう指示し、Aはそれに従って電報を打つ（これにより、AからDへ、Cを仮定的債務者とする仮定的債権の譲渡がなされる）。AがBに、Dへの支払いを委託するにあたっては、Bが直接にDに支払うのでなく、Cを通して支払うよう（またその支払いの黙示の前提としての引受＝仮定的債務者の処分授権をなすよう）委託する。Bはこれにもとづき、CにDへの支払いを委託する。Cが、電報送達紙を提示したDにたいしてなす支払いは、その黙示的前提としての引受を含み、その効果として発生した債務を同時に支払うことを意味する。Dに支払ったCは、委託者であるBに求償権を取得し、BはAに求償権を取得する。Aが支払委託を撤回したのに、BがCへの支払撤回を怠ってCが支払ったとき、またCが、AおよびBの支払委託の撤回にもかかわらず支払ったときの求償関係は、AとDの間の原因関係の存否により異なる。詳細は前掲拙稿を参照されたい。前掲の最高裁判例の事案における特殊事情は従来、着目されていなかったが、実は支払銀行は重大過失によって、無権限者に支払った事案であった。このような支払でも、それに含まれている黙示的な引受の効果として、支払銀行は受取人に現実的債務を負う。それと同時に重大過失により無権限者に支払う。したがって無効な弁済となり、改めて受取人に支払義務を負うことになる。詳細は前掲拙稿参照。なお、電信送金契約は、現在でも実際の取引の上で用いられなくなっているが、振込や振替の原形として現在でも、理論上重要な意味を有すると考える。

(10)　学会報告は民・商法合同部会でおこなった。学会報告では、ドイツ商法の商人指図・商人債務証券の存在に言及していなかったが、その後その意義に気付き（この点では、前田庸教授執筆の為替手形の振出に関する論文『手形・小切手法講座』二巻、（有斐閣所収）から示唆を得た）、「私法」所掲の拙稿ではこれに言及した。

(11)　詳細については、前出注（1）拙著15)はしがきX頁参照。なお当代ドイツの代表的民商法学者として定評のある、ミュンヘン大学のCanaris教授からの私信での長文の礼状も紹介している。そこには、私の説を、同教授が最近出版した有価証券法の教科書（Hück-Canaris）の中で、必ならずも紹介できなかった理由として、それが非常に独創的、複合的であるため、学生に理解させるためには多くの説明が必要となるが、学生むけの書物であるため価格を抑える必要があったため、と述べつつ、「いずれにせよ貴方の考えが私の大きな学問的興味をひきおこしたことを確言します」と結ばれている。

(12)　学会報告、「私法」拙稿を経て、ドイツで発表した拙著で初めてこの図形を完成させた。この点をも含めて、不馴れなドイツ語での執筆のため、内容を一層明確・簡潔に把握し、表現する必要に迫られたことが、本書を満足のゆく仕事にするためにプラスに働いたと思う。

(13)　因みに、ドイツで出版した拙著（「手形・小切手法の一般理論」）に、フリッツ・リットナーF. Rittner教授がGeleitwort（緒言）を寄せてくださっているが、その主要部分を転記させて頂こう。（あらためて読み返して見ると、私がこの書物によって目指したところの核心を〔自らは充分自覚しなかったそれを〕極めて明確に把えてくれていると思う。いずれにせよ、私にとって身にあまる賛辞というほかない。）

「本書は、すべての重要な問題点をその詳細に至るまで、一般的な民法理論と密接に関連づけ、そしてそれによって同時に、有価証券法の外見的な独自性を論破しているが、このような方法によって本書は、有価証券法の一般理論を提示しようとしている。本書のこのような理論的試み（Ansatz）に対しては、私見によれば、無制限な賛成が得られると思われる。

それは注目すべき首尾一貫性と方法論を自覚した明敏さと、教授上の熟練をもって説明されている。」前掲注（1）14)二頁

(14)　前出注（1）の拙稿補3)4)5)6)7)参照

(15) 納富・同書（有斐閣、昭和一五年）一一二頁

(16) 前出注（1）の拙稿8)から13)までの拙稿参照

(17) 前出注（1）の14)の拙著にたいする Berund Lebe 教授の書評の中でこのような表現がある。この書評については、志林七五巻三・四号に紹介している。

なお「日本民法と西欧法伝統――日本民法典百周年記念国際シンポジウム」［二〇〇〇年、九州大学出版会（西村＝児玉編）］所収の、チュウービンゲン大学教授 Knut Wolfgang Norr の「契約の相手方を選ぶ自由と債権譲渡」によると、連邦通常裁判所（BGH）は、「債務者による譲渡の承認あるいは譲渡の確証」という文書について「抗弁の放棄に行き着く解釈のためには明白な拠り所を必要とする、という一般的な準則を力説し」さらにほどなく「債務者に知られていない抗弁は通常放棄されてはいないというスローガンを発した」と述べている。さらに同教授は日本民法の四六八条一項の解釈について次のように述べる。「この規定は、債務者の留保によって債務者が抗弁を保持すると規定している」しかし「このような規定の仕方は本末転倒である」としつつ、債務者の譲渡の承諾に抗弁切断の効力が生じるためには、「債務者が、積極的に『抗弁の全部または一部について放棄するとの表示、あるいは異議を留めないという法律の文言どおりの表示』が必要である」。立証法則からいうと単なる異議を留めない承諾の表示には「異議を留めて承諾を与えたということが推定されることになる」と主張している。

ちなみに同教授の考えは、前出注（1）の拙稿5)の(二)で主張している私見と類似する所があるので紹介しよう。第五七回私法学会のワークショップで四六八条一項に関する討論が行われた（報告者は池田真朗教授）。そのとき、他の出席者から、安達説に対する批判として、安達は、債務者の異議なき承諾に同項の定める抗弁切断の効力が生じるためには、明示的に「異議はありません」との表示を必要とするというが、一般にはそのように解されておらず、単に、異議を留めずに承諾するだけでよいはずではないか、との批判があった。私はそれに対して、実際の取引の慣行でも、必ず明示的に、「異議はありません」との文言が使われている旨を述べたが、後に、前掲拙稿で、改めて同ワークショップをとりあげて論評した際に、従来の説を若干修正し、「四六八

条一項の効力を生じるためには、「常に異議を留めず」との文言が必要であるとは言えず、結局は、意思表示解釈の一般原則によって決定さるべきである」旨を述べた（志林九一巻四号二一頁）。この説明の仕方は、Norr 教授の四六八条一項の解釈と類似する。もっとも Norr 教授は、四六八条一項の効果として、狭義の抗弁放棄（Einwendungsverzicht）の効果のみを考えているらしいのに対し、私見は、単なる抗弁放棄でなく、新たな債務（無因債務）の発生（その要件としての授権）を考えている（私見では、狭義の抗弁切断のみの効果を生じるためならば、必ずしも異議を留めない旨の明示の表示を必要としない、と述べている）。

(18)　なお、ドイツで発表した拙著では、前述したように、白地手形、参加、複本、謄本については取り上げていない。これらは、帰国後に改めて研究し、志林に発表した（前出注（1）拙稿8)10)13)）。そのうち白地手形は、実際上も重要な問題であるので拙著「手形・小切手法の民法的基礎」を出版する際に要点を収録したが、他の三者については収録しなかった。これらは、従来の手形理論、手形構造論からは、理解の容易でない制度であるが、私の主張する手形構造論からは明快に説明できると考える。ここで立ち入って論じる余裕はないので、一言するにとどめる。私見では、証券はそれ自体に価値を有するものではなく、基本的に借用証書と同じく、権利関係を証明するための証書（授権証書、譲渡証書）である。ただしa)一個の証書＝証券に多くの権利関係が記載されること、b)証書は権利関係の外形としての意味を持ち、権利関係存在の強い推定力を持つ、c)このことも関連し、権利の外形を信じた善意無重過失の取引の相手方は保護される。以上の点で通常の権利証明のための証書と異なる。さて手形の裏書は、新しい証券（連続的授権から成る、商人債務証券）の発行の意味を持ち、同時に、それに表象される債権の担保のためにする、既存の証券の譲渡の意味を有する。したがって手形の裏書がなされるたびに証券の数が増え、その束が大きくなる。このように一個の手形に多数の証券が結合している状態は、「参加」にも見られる。また証券の束には同一人に帰属しない証券が含まれることもある（権利の分属）。そのとき必要とあれば、分離することも可能である（私見では、例えば被裏書人の悪意・重過失の裏書のとき問題になる）。さらに同一の権利関係を表象するために必要とあれば、証券が複数作成されることもある、手形の「複本」がそれである。また現在所持している手形を裏書するにあたって、必要とあれば別個の証券を新たに作って、専ら裏書のために用いることも可能である。「謄本」がそれである。

(19) このほか戦後、わが国で概念法学にたいする批判的な風潮が強まった（その反面、社会学的法解釈あるいは自由法学的な解釈が持てはやされた）その時期に、いち早く、ドイツの法律学の本流である普通法学（概念法学という表現はその一側面を否定的にとらえたものに過ぎない）の歴史とその積極的な意義を明らかにしたものに、山田晃「ドイツの普通法理論」（『法哲学講座第三巻』一九五六年）がある。

(20) 落合太郎訳による。詳細は前出注（1）拙著15)三九五頁。なお、同著の扉に記載している。

(21) 同教授との間では、債権譲渡の第三者にたいする対抗要件に関しても論争している。前出注（1）の拙稿10)参照。教授は、わが民法四六七条の一項と二項の関係につき、債務者以外の第三者にたいする対抗要件を定めた二項の規定を一般規定とし、一項の規定を特別規定だと主張される。それは、同条を、フランス民法の規定および同法にならう、ボアソナード起草の旧民法の規定にしたがって敢えて解釈しようとするものである。それにたいし私は、わが民法の規定の体裁とおりに一項を原則規定、二項を特別規定として解釈すべきであり、わが民法同条の起草者だった梅博士が、優れた学識によって、旧民法同条を改正したことを正当に評価すべきである、と主張している

(22) 前出注（1）拙稿10)

(23) 池田教授の立法者意思説にたいする大村敦志教授の批判については、前出注（1）拙稿5)志林九二巻三号一一六頁以下。なおドイツにおける近時の立法者意思説の動向については、能見善久「法律学・法解釈学の基礎研究」星野英一先生古稀記念論集上四三頁

(24) 我妻栄「私法の方法論に関する一考察」一九二六年、同『近代法における債権の優越的地位』（有斐閣）所収

(25) 来栖三郎「『法における擬制』について」一九七五年、同『法とフィクション』（東京大学出版会、一九九九年）所収

(26) 二元的な方法にたいして、伝統的な方法を一元的なそれ、ということができるであろう。二元的な方法に

おいては、指図的な理論構成が、まず形成され、これをもとにして正当化的理論構成が形成されるという時間的な前後関係があることに注目すれば、これを二段階的方法と表現したほうがよいかも知れない。それに対し、伝統的な方法では、段階をわけることなく、いわば両者を総合して一挙になされることになる。川島博士が我妻先生のための追悼論文集に寄稿された論文「法的構成――法律学の課題に焦点をおいて」は、二つの理論構成の区別を論じた最初の論文であるが、そこでは、我妻先生の主張する理論構成が正当化的理論構成である、と論じておられる。しかし私は、むしろこれを一元的ないし一段階的な理論構成としてとらえるべきであり、指図的理論構成がその実質的な内容となり、正当化的理論構成がその形式となっており、両者がある点で渾然一体となり、いわば未分化的に結合したものととらえるべきではなかろうか、と考えている。もっとも二段階的理論構成では、正当化的理論構成よりも指図的な理論構成に関心の重点が置かれるのにたいし、一段階的なそれにおいては正当化的な側面の比重が比較的に大きくなるといえよう。また現実の理論構成においては、論者により、また問題により、一元的ないし一段階的なそれと二段階的なそれとの間に中間的なものもあり得る。川島博士の功績は、両者の理論的な区分を明確にしたところにある。それによって、理論構成（の意義と方法）についての議論にまつわる曖昧さがかなり払拭されると思う。

(27) 文献紹介については前出注（1）拙著三六〇頁参照。戦前のものとして、於保、田島両博士の論文、戦後のものとして、伊藤進、四宮和夫、清水千尋、服部篤美、石田穣、佐々木典子、春田一夫諸氏の論文がある。

(28) 前出注（1）拙著15)三二〇頁。

(29) 法協五九巻一、二、三、四、七号。なお、四宮博士の信託関係に関する研究が、わが国の民法学全体の研究に果たす役割について、私は数年前に「法発展の法則に関する四宮シェーマ」と題する文章を発表した（信託法学会「信託法」巻頭言、一九九八年）

(30) 前出注（1）拙稿15)一一二頁以下。なお、民法四六八条の、債権譲渡における債務者の異議なき承諾の効果としての抗弁切断効における悪意の抗弁については、拙著『債権総論講義』一三三六頁

(31) 前出注（1）拙稿1)拙稿2)「私法」二一七号

(31)-(1) その特殊な場合として、例えば、甲が不動産所有権を乙と丙に二重に譲渡したときに、先に登記を得た譲受人乙が、登記を得ない譲受人丙に対し、丙の権利取得を承認する場合が考えられる。この問題については、前に論じたことがある(「一七七条の第三者」柚木＝谷口＝加藤編『判例演習物権法』有斐閣)。私見によれば、一七七条の登記は両立しえない物権変動の前後関係を立証するための法定証拠であるから、本来、登記を先に得た乙が先に譲り受けたと見なされ、したがって丙はその後に、無権利者となった甲から譲り受けたと見なされる。したがって乙の承認は、無権利者の譲渡にたいする権利者の処分授権であり、その効果として丙が優先的に権利を取得する。なお同じく登記に関連した承認ではあるが、以上の承認(処分授権としての追認)と区別すべき承認として、甲から乙に不動産の譲渡がなされたがその登記がまだなされていないとき、賃借人丙の甲もしくは乙にたいしてなす承認がある。そもそも後者の登記は、前例の登記と異なる性質を有し、債権譲渡の場合の債務者にたいする譲渡の対抗要件としての通知、承諾と同様の性質を有し、権利の譲渡を第三者に確実に知らせ、第三者にたいし譲受人が賃料請求などの権利行使をなすための要件と解すべきである。したがって不動産賃借人の不動産譲渡人もしくは譲受人にたいする承認は、四六七条に定める債権譲渡の際の債務者の「承諾」(譲渡の事実を確知した旨の観念の表示)に準じた性質を有しており、賃借人にたいする対抗要件としての登記に準じたものとして、同様な効力を与えるべきであると考える。

(32) 拙稿「賃貸人の地位の譲渡」現代契約法体系大三巻(遠藤・水本・林先先生還暦記念)

(33) 拙著「債権総論講義」一一〇頁。なお、民法四一四条二項に定める、法律行為を目的とする債権の強制履行(例えば債権譲渡における譲渡人の債務者への譲渡通知義務の強制履行)も、債権者が債務者の有する権利(形成権)を代位して行使する関係であり、判決によってその権限を授権するとともに、判決正本・謄本は授権を証明する証書と解すべきだと考える。したがって譲受人が譲渡人に代わって譲渡通知をなすときは判決正本・謄本を添えてなす必要がある。拙稿『債権総論講義』四八頁、春田一夫「意思表示を求める債権の現実的履行の強制方法」志林五八巻三・四号参照

(34) 拙著『債権総論講義』二五一頁および前出注(1)拙著16)一九六頁。いわゆる隠れた取り立て裏書につき、

従来の学説は、信託裏書説と資格授与説が対立しているが、私見によれば、隠れた取立委任裏書では、形式と実質的経済目的が不一致である以上は、これを信託裏書と見るべきは、いわば定義上当然のことであるとし、そのうえで、実質尊重説をとるべきか、それとも形式尊重説をとるべきか、の対立として問題を把握すべきであると主張している。

(35) 拙稿「弁済供託の理論構成」志林八五巻四号。弁済供託を法定受領授権と構成する私の主張した説は、ほぼ伊藤進教授により受け継がれている（伊藤進「弁済供託の基本問題」、「供託制度をめぐる諸問題」、一九六三年、テイハン、所収参照）。平井宜雄『債権総論第二版』二一四頁は法定授権説を採用し、伊藤論文を引用する。

(36) Werner Flume „Allgemeiner Teil II des BGB“ 1965, § 57, 1

(37) 奥田昌道・最判昭和五二・三・一七判例解説、『民法判例百選第二版』所収。債務者の同意の性質を論じている。

(38) 学説史については、伊藤進「授権（Ermachtigung）概念の有用性」一九六五年、同『授権・追完・表見代理』七頁以下

(39) 前掲注（38）所掲書五六頁以下、九三頁以下

(40) 転用物訴権については、藤原正則『不当利得法』（二〇〇一年、信山社）三七七頁以下参照

(41) 春田『第三者のためにする契約の法理』（信山社、二〇〇四年）。第三者のためにする契約を権利取得授権概念により捉えようとする。

(42) 他人の物の賃貸借一般については来栖『契約法』（有斐閣・法律学全集）三〇六頁

(43) ドイツでも、占有権の移転ないし利用権移転が一八五条の処分に該当することが、判例・学説によって認められている。WernerFlume, a. a. O. S. 800. Enneccrus－Nipperdey Allgemeiner Teil des BGB 1960 §204 Anm. 21.

(44) 前掲拙稿注25

(45) 前出注（1）拙稿1）

(46) 三面的法律関係のうち最も難解なものの一つとして、三者不当利得であるということができよう。私もか

つて、この問題の一環としての、債権譲渡をめぐる三者不当利得論をとりあげたことがある（「存在しない債権の譲受人への弁済といわゆる三者不当利得論」続現代民法学の基本問題［内山・黒木・石川先生古希記念］、第一法規、所収）。これに関連して述べると、そもそも（給付）不当利得の法律関係は、当該法律関係が正常に進行しなかったときに、そこに生じた不当な結果を公平の観点から、いかにして是正するかに関する問題である。したがって不当利得問題を正しく解くためには、正常な法律関係の理解が正しく為されることが前提となる。他面において、理論的に三者不当利得論の中心的な地位を占めるのは、指図（Anweisung）をめぐるそれ、といってよいであろう（Canaris, Der BereicherungsAusgleich in Dreipersonenverhaltnis, Festschrift für Karl Larenz zum 70 Geburtstag）。ここで、不遜と思われるであろう主張を敢えてすると、私は、指図の性質についてのドイツの従来の通説であった二重授権説（支払授権と受領授権の結合と見る説）では、指図の法律関係が正しく把握できない、仮定的債務者の処分授権の概念を導入して初めて正しい理解が可能であると考える（二重授権説は、指図の無因性を、支払の無因性から導こうとするのにたいし、私見は、引受の無因性から導く）、したがってまた指図をめぐる不当利得論もまた同様であり、ひいてはその他の三者不当利得論についても同様なことが少なからずあてはまる、と考えている。ちなみに四宮教授は三者不当利得論に関する論文の中で、指図の法律関係についての私見の重要な部分（引受を経ない支払も、黙示的な引受を経て支払う、と解することによって、引受を経た支払と同様に扱うべきだとする見解）を採用されている。四宮「給付利得の当事者決定基準——三者不当利得の場合」『四宮和夫民法論集』弘文堂所収参照。

さらに付け加えると、以上述べたとほぼ同様なことが、手形法上の利得償還請求権についても当てはまるように思われる。もっとも、手形法上の利得償還請求権の性質については、従来の通説は、これを民法上の利得償還請求権とは異質なものだという見解をとった。しかしカナリス教授は、近時、民法上の利得償還請求権の性質を有すると有力に主張する（Der Wechselbereicherungsrecht, Zeitschrift für Wirtschft und Bankrecht, 8. Januar 1977）。いずれにせよ、手形法上の利得償還請求権（それは手形法をめぐる諸問題の中で難問中の難問といってよいであろう。かつて鴻教授は、小切手法に関する著書で、これを手形法の〝はきだめ〟と称されたことがある）の正しい理解のためには、いわばその〝表〟の法律関係としての手形法自体の構造の正しい把握が、その不可欠の前提となるはずである。私は手形法上の利得償還請求の具体的な仕組みを、従来の説と大いに異なり、その二つの発生原因（手続き懈怠による手形債権の消滅と時効による手形債権の消滅）を分けて論じるべきことを主張している（拙稿・手形小切手法の民法的基礎一六六頁以下）。カナリス教授は、私の説がドイツで発表された二年後、手形法上の利得償還請求権を取り上げた前掲論文を発表されているが、そこでは少なくとも具体的な問題の処理の仕方において、私見の主張する所と類似する所が著しく多い。私に宛てた教授の私信によれば（拙著「手形小切手法の民法的基礎」はしがき一一頁参照）、拙著をよく読んでくれたそうであるから、私の見解が影響している所があるかも知れない、と推測しているが、私の欲目であろうか（なお前注（11）参照）。

12 建設請負契約の成立に関する若干の問題について

山口康夫

下森定 編集代表『現代民事法学の構想』内山尚三先生追悼
二〇〇四年一一月 信山社

一　はじめに

民法では、請負契約は、諾成・無方式の有償契約であって、請負の成立にあたっては、仕事の完成、およびこれに対する対価の支払の合意があればよいとしている（民法六三二条）。請負契約の代表的業種は、建設と運送であるが、運送については商法が規定（商法五六九条〜五九二条）しているので、民法の請負に関する規定の主要な対象は建設請負契約であるとされる。しかし、民法が請負について直接規定しているのは、請負契約の成立、報酬の支払時期、瑕疵担保責任期間、注文者の解除権等である。そして、請負契約の成立、報酬支払時期、瑕疵担保責任期間等は、現実の建設請負契約では民法の原則が大きく変更されている。したがって、民法の規定で建設請負契約において実務的に意義があるのは、注文者の任意の解除権を定めた規定があるにすぎないと考えられてきた。しかし、同条も、最近の最高裁判決（平成一四年九月二四日判例時報一八〇一号七七頁）でその有する意味が大幅に縮小されている[1]。すなわち、民法の規定は、建設請負契約においては、現実にはほとんど意義を喪失しているといってよいと思われる[2]。

また、建設請負契約には、次のような特色がある。請負は、委任、雇用とともに、労務供給契約の一種であるが、これまでの学説・判例の理解では、仕事の結果を重視して、請負を一時的債権関係として[3]、委任・雇用を継続的債権関係としてとらえている。しかし、建設請負契約は、通例、注文者と請負人の間に、つぎのような継続的関係がある。

第一に、建設請負においては、施工に対して、注文者の監理（監督、指図、検査）がなされており、請負人の独立性が弱く、従属労働に近似し、雇用的性格が強まっている。

第二に、建設請負においては、完成物の不備や欠陥は容易に発見できないから、請負の結果だけを目的とすることはできないので、相互の信頼関係が基礎とならざるをえない。(4) したがって、建設請負は、民法の規定する純粋な請負とは異なり、雇用や委任の色彩を含んだ、継続的債権関係と考えるべきである。

さらに、建設請負の特殊性は、「報酬の支払」についてもあらわれる。請負契約では、仕事が完成されず中途で終了してしまった場合には、請負人には、全く報酬請求権がないが、建設請負契約では、未履行の残余部分は契約解除をし、この段階で清算する。そして、建設請負契約における清算代金の支払は部分払いかつ前金払いを慣行としている。(5) この他、賃金・物価の変動にもとづく請負代金の変更、注文者の契約変更権などの諸点で、民法の請負の理論をそのまま適用できない場合がある。このように建設請負契約は、民法の規定する請負契約と重要な点で異なっている。このため、建設業法が制定され、その第三章に「建設工事の請負契約」が規定されており、また、同法の規定に基づいて作成された約款が契約で使用されている。

このように考えてくると、建設請負契約に関しては、民法の諸規定の理解だけでは不十分であり、約款の分析・検討が必要であるとともに、請負契約に関する規定をおいている建設業法の検討が必要である。とくに「業法」としての性格からこれまで比較的等閑視されてきた「建設業法」について検討し、民法理論との架橋を行なう必要があると思われる。以下では、そのような検討の一次作業として、建設業法が建設請負契約の成立に関してどのように規定しており、その問題点はどこにあるかを検討することとしたい。さらに、建設請負契約に関して、民法、建設業法ともに明確ではない契約成立前の段階、すなわち請負契約の準備・交渉段階における法的課題について検討する。

(1) 本判決、およびそれに関連した問題について、山口康夫「建物の瑕疵と請負契約の解除」建設総合研究五一巻三・四号合併号一頁以下参照。

(2) この点に関しては、内山尚三・山口康夫『民法総合判例研究 請負(新版)』(一粒社・一九九九年)二六頁以下。

(3) 我妻栄『債権各論中巻二』(岩波書店・一九六二年)六六一頁、広中俊雄「請負・前注」『新版・注釈民法(16)』(有斐閣・一九八九年)一一五頁等。

(4) 内山尚三『現代建設請負契約法(増補版)』(一粒社・一九八〇年)一〇頁以下。

(5) 内山・前掲書二八五頁以下。

二 建設業法における請負契約の規定(6)

建設業法第三章は、建設請負契約に関する規定をおいている。まず、これらの諸規定について概観しておく必要があるであろう。

1 建設業法一八条の意義

建設業法第三章は、建設請負契約の適正化と下請負人の保護について定める。第三章第一節(通則)は、建設工事の注文者と請負人の間にしばしばみられる前近代的な契約関係を是正するための規定、第二節(元請負人の義務)は、建設工事の下請負人の経済的地位を確保・向上させること、そしてその体質改善を促進するための元請負人の義務に関する規定がおかれている。また、本章の目的実現のために、種々の建設工事の請負契約約款が作成され、その使用が勧告されている。

第一節は、建設工事の請負契約、つまり、発注者・建設業者との元請契約、元請負人・下請負人との下請契約の適正化を図るための規定を中心としている。

一八条は、「建設工事の請負契約の当事者は、各々の対等な立場における合意に基いて公正な契約を締結し、信義に従って誠実にこれを履行しなければならない」とする。本条の内容は、近代法の契約原則からすると当然のことであるが、なぜこのような内容が条文に規定されるにいたったのか。それは、要するに、現実の建設請負契約においては、しばしば発注者と受注者、元請と下請との関係が、対等で近代的・合理的な関係になっていないため、本章の規定等により、その是正を図ることが目的となっているからである。

一八条は、つぎの二つの原則を明らかにしている(7)。

① 請負契約の締結にあたっては、当事者は、対等な立場における合意に基づいて公正な契約を結ぶべきこと(「公正平等の原則」)。

② 契約の履行は、信義に従い誠実に行なうこと(「信義誠実の原則」)。

(1) 契約の締結における原則(「公平平等の原則」)

一八条は、建設工事の請負契約の当事者は「各々の対等な立場における合意に基づいて公正な契約を締結」しなければならないとしている。建設工事は注文生産であるために、どうしても発注者の立場が強くなり、受注者との契約関係が一方的(「片務的」)になりがちである(8)。また、建設工事の多くは下請負人によって施工されるが、元請と下請の契約も、建設業の特殊性とわが国の伝統的な労働関係によって、前近代的な関係になっている。そこで、一八条は、当事者が真に対等な立場にたって近代的で合理的な請負契約関係をつくりだすことを目的としている。

⑵　契約の履行における原則（「信義誠実の原則」）

建設請負契約では、元請・下請負の関係にみられるように、契約の履行についても、現実の力関係によって契約がゆがめられている場合がみられる。そこで、一八条は、契約の履行は、「信義に従って誠実に」履行すべきであるとしている。

信義誠実の原則は、すべての私法関係を支配する基本的理念（民法一条二項）であることはいうまでもないが、建設請負契約においても、当然、遵守すべきことである。本条は、「信義誠実の原則」が請負契約の原則であることを改めて明らかにすることにより、建設工事における請負契約の近代化を目的としている。

⑶　一八条の効力

建設工事の請負契約の当事者は、本条にしたがい、建設工事の円滑な施工を図るべきであって、当事者の一方が他方を圧迫したり、信義に反することのないように協力しなければならない。しかし、本条は、総論的・訓示的なものであって、当事者がその遵守に努めることを期待する規定であると考えられている。したがって、本条の違反により個別の具体的な契約がただちに無効となるものではないとされる。

建設業法一八条の趣旨について判示する裁判例は、つぎのように述べている。[9]

建設業一八条は、建設業法の立法趣旨をさらに具体的に明文化したものであって、これまで建設業者が建設工事の請負契約において一方的に不利な条件で契約することが多く、このためしばしば弊害を生ずることがあったので、これを是正する目的で一八条で各々対等な立場における合意に基づいて公正な契約を締結し、信義に従って誠実に履行しなければならないと規定したもので、これは契約締結上当然な精神的規定であると解すべきである。

2　建設業法一九条の意義

一九条は、建設工事の請負契約の当事者は、一八条の精神にしたがって、契約の内容となる一定の重要な事項を書面に記載し相互に交付すべきことを定めている。

民法の請負契約は、両当事者の合意によって成立する「諾成契約」であり、なんらの形式を必要としない（民法六三二条）。しかし、それでは内容が不明確・不正確であり、紛争を未然に防止することができず、また、あとで紛争となったときの解決にも困難をきたすこととなる。そこで、本条は、建設請負契約を結ぶ当事者は、契約の内容となる重要な事項については、できるだけ詳細に書面に記載し相互に交付すべきことを規定する。また、このように契約の内容を書面にしておくことは、「請負契約の片務性」を是正し、建設工事の請負契約の近代化にもつながると考えられている。

(1)　一九条の法的性格

一九条は、いわゆる「訓示規定」であり、請負契約を要式行為としたものではないと解されている。[10] 下級審で、この趣旨を判示するものがある。[11] また、近時の判決でも、合意があれば、契約は未成立とはいえないとしている。[12] しかし、一定規模以上の株式会社において、契約金額が少額とはいえない場合、契約書の作成もなく契約が締結されることは通常ありえないことであるとして、契約書面のない契約の成立を認めない判決があり注目される。[13]

(2)　建設工事の請負契約の当事者

一九条のいう建設工事の請負契約の当事者とは、発注者と請負人だけではなく、下請契約の当事者である元請負人と下請負人も含まれる。

建設産業は、事業者数が五〇万を超える巨大産業であるが、量的にみれば個人会社の形態が多く、その場合、契約の当事者が誰であるのか問題となる場合がある。裁判例としては、土木建設請負を業とする個人会社の代表取締役が締結した建設請負契約において、契約書や領収書などに代表者の個人名、個人印が用いられていても、特段の事情がない限り、契約の当事者は代表者個人ではなく、会社であるとするものがある。(14)

建設工事の請負契約書には、発注者・請負人、元請負人・下請負人などの当事者が署名、または記名・押印して、これを相互に交付しなければならない。

(3)　請負契約書の記載事項

請負契約書に記載すべき重要事項は、本条規定の一三項目である。契約書にこれらの事項が単に記載されていればよいのではなく、一八条の趣旨にしたがい、各々の当事者が対等な立場で公正に定めることが必要となる。一三項目のなかには、工事によっては不必要な項目もあり、そのような場合には、それが記載されなくても問題はないとされている。しかし、下請契約では、下請代金の支払条件の適正化を目的として、一九条の事項全部を必ず記載すること等の行政指導がなされている。

(4)　署名・押印、書面の交付

一九条の規定する一三項目は、請負契約の重要な内容となるので、あらかじめ両当事者間で明確に合意しておく必要がある。そこで、一九条は、請負契約書には、当事者が署名または記名押印をしたうえで、これを相互に交付しなければならないとしている。また、一九条一項に掲げる事項を変更したときも、変更の内容を書面に記載し、署名または記名押印をして、相互に交付すべきことを定めている。契約締結後の変更が口約束で行なわれることになっては、契約締結時に書面を要するとした意味が失われてしまうためである。

(5) 請負契約約款の利用

契約法の原則からすると、建設工事の請負契約であっても、必ずしも書面化の必要はないと考えられているが、契約内容が不正確・不明確では、後日の紛争の原因となりやすく、また、契約の書面化によって、工事請負契約の片務的な性質を是正し公平な契約をすることにもつながるために、建設業法では書面主義がとられている。[15] しかし、実際には、当事者の社会的・経済的な力関係によって、当事者の合意が公平な立場でなされにくいのも事実である。

そこで、建設業法は、中央建設審議会において建設工事の標準請負契約約款を作成し、その実施を勧告することができる（三四条二項）と規定している。これを受けて、つぎのような各種の標準約款が作成されている。

① 公共工事標準請負契約約款（昭和二五年二月作成）、
② 建設工事標準下請負契約約款（昭和五二年四月作成）、
③ 民間建設工事標準請負契約約款（甲）・（乙）（昭和二六年二月作成）。
④ このほか、民間団体の作成した四会連合協定請負契約約款がある（日本建築学会、日本建築協会、日本建築家協会、全国建設業協会）。

(6) 電子的情報処理と書面

一九条三項は、「書面の交付等に関する情報通信の技術の利用のための関係法律の整備に関する法律」（平成一二年法律一二六号）によって追加されたものであるが、本項の規定により、建設工事の請負契約の当事者は、一項、二項の規定による書面手続きに代えて、国土交通省令で定める情報通信の技術を利用した措置（電磁的措置）をとることができることとなった。

3　建設業法と請負契約

つぎに、いくつかの問題点について若干の整理・検討を行なう。

(1)　建設業法の法的性格と私法的効力

建設業法における請負契約の規定に関する総論的な問題としては、行政取締規定の私法上の効力の問題がある。建設業法は、文字通り「業法」、「取締規定」であるとされているので、この問題は極めて重要である。「取締規定」概念は、実定法上のものではないために、必ずしも用語的統一は確立していないが、通常、この違反により法律行為がなされれば、行政上の不利益や刑罰等の公法的規制がなされ、ついでその法律行為に対して私法上の効力が問題とされる。前述のように、裁判例は、建設業法の請負契約に関する基本的条文である一八条、一九条について「訓示規定」であるとしている。この点については、別稿[16]で検討を加えているが、なお解決すべき法的課題がある。

(2)　建設請負契約約款の問題

建設業法における請負契約の規定に関する各論的な問題としては、約款の問題がある。すなわち、建設業法は第三章で、請負契約は「対等な立場における合意に基づいて公正な契約を締結」すべきであり（建設業法一八条）、一定事項は書面に記載し署名・押印をして相互に交付しなければならない（同法一九条）とする。この実効性確保のために、中央建設審議会は、標準請負契約約款を作成し、その実施を勧告することができる（同法三四条）としている。

約款により建設請負契約の片務性の是正を企図するのであるが、問題は建設業の実態のなかでこのような機能が十分働きうるかどうかである。すでに別稿[17]で検討を加えたが、建設業法にもとづく約款の実効性はきわめて不十分である。建設業法にもとづく約款は「標準」約款であるので、実務においてそれが採用されるための条件が備わっているかどうかがまず問題となるが、ある調査によれば[18]、公共工事標準請負契約約款の採用率は全体として低く、完全採用率は一層低くなっており、部分採用の場合でも、建設業者の負担義務条項が高く、官公庁等の発注者の義務を定める条項の採用率が低くなっていることが認められる。すなわち、受注者の義務のみが厳格に定められ、注文者の義務は明確に約定されないという片務性が、約款の部分採用という形態においてあらわれている。このような片務性は、公共工事および建設請負そのものに内在するものであり、約款が実効性を獲得するためには、発注者を含めた建設業の構造変革が必要になると思われる。それなしに、公共約款の採用を強制するシステムを構築しても、契約と実態との乖離を増大させるだけであり、反対に、建設業になお残存している前近代的な要素を温存することにつながると思われる。

(3) 建設請負契約と消費者問題

建設業においては、今後、消費者問題、消費者法との関連が重要になると考えられる。建設と消費者問題の関連は、これまで研究者の関心をひかなかった論題である。しかし、そうだからといって、建設には消費者問題がないのではない。反対に住宅建設を中心に消費者生活に直結する課題は山積しているといってよいであろう。この間隙が生じたのは、建設工事・建設請負契約の問題は、入札や談合など官公庁や民間大規模工事関連の問題としてしか意識されてこなかったこと、消費者法の分野でも、研究対象が商品の安全性や消費者信用の問題などに重点が置かれてきたことから生じている。(19) しかし、今後、建設業における消費者法の重要性は、ますます増大し、この視点から建設業法・建設請負契約と民法・消費者法の関連が改めて問われることになると考える。そこで、つぎにその一側面として、建設請負契約の勧誘・交渉段階における法的課題について検討を行ない、上記の問題点を明らかにしたい。この点は、民法や建設業法の射程にはいっていない問題であり、今後、本格的な検討が必要であると思われる。

(6)　建設業法の全体的な問題については、山口康夫『逐条解説・建設業法』（新日本法規出版・二〇〇四年）を参照。また、建設業法の制定・改正・問題点等については、同「建設業法の形成と展開に関する一考察」『続現代民法学の基本問題』（第一法規・一九九三年）参照。

(7)　山口・前掲書一三一頁以下参照。

(8)　建設請負契約に関する「片務性」に関しては、川島武宜・渡辺洋三『土建請負契約論』（日本評論社・一九六〇年）参照。

(9)　新潟地高田支判昭和二八年一一月一四日下民集四巻一一号一六八七頁）

(10)　たとえば、栗田哲男『現代民法研究(1)』（信山社・一九九七）二三二頁以下等。

(11)　建設業法一九条の趣旨について、前述の判決（新潟地高田支判昭和二八年一一月一四日下民集四巻一一号一六八七頁）は、つぎのように判示する。

建設業法一九条は、前記立法趣旨にしたがい注文者と請負人間の法律関係に疑義紛争がおきないように、具体的にその主要な事項を書面化して明確にしようとする目的で規定されたものであるが、本来、請負契約は、請負人が仕事を完成することを約し、注文者が、その仕事の結果に対して報酬を支払うことを約することによって成立する双務諾成契約である。すなわち、その要素は工事の請負においては工事内容、請負代金の額

（報酬）、工事完成の時期であって、他になんらの合意をしなくても請負契約は成立するのであって、同法一九条に列挙する一一項目全部を約しこれを書面化する必要なく、同法同条は当事者間の法律関係の疑義紛争を防ぐため請負契約当事者を指導しようとする注意的規定と解すべきである。

(12) また、請負契約は合意により成立するとの判決（金沢地判昭和六二年六月二六日判時一二五三号一二〇頁）がある。判示は、つぎのようである。

認定の事実によれば、本件工事を同日施工することについて口頭による合意が成立していたことを認めることができ、本件工事についての請負契約はその頃成立したものというべきである。なお、被告において、一定額以上の金額にかかわる指名競争入札または随意契約をするときには、被告の財務規則により契約書の作成が義務づけられているが、本件請負契約の金額はこれを超えているところ、本件においては契約書がまだ完成していなかった。しかし、このことは、被告の財務処理上の内部手続きの問題にすぎず、そのような事情があるからといって契約が未成立であったということはできない。

(13) 東京地判昭和六一年四月二五日判例時報一二二四号三四頁）は、つぎのように判示する。

「株式会社などの組織体においては、当該組織体が個人と同視されるような場合は別として、決済という方式により、権限の少ない者から順次権限の大きい者、最終的にはその組織体の最高責任者の承認を経て意思決定を行うことが通例であり、このことは被告のような大企業においては、契約を締結するにあたり、契約金額が少額といえない場合、書面（契約書）なくしてこれを行うことは通常ありえないことと考えられる」。

(14) 東京高判昭和五九年五月二九日判例時報一一二一号四七頁。

(15) 「注文書及び請求書による契約の締結について」平成一二年六月二九日建設省経建発一三三号、一三三号。

(16) この点に関しては別稿で検討を加えている。山口康夫「取締規定に違反する契約の効力――消費者取引との関連を中心として」札幌法学一巻二号一頁以下、同「行政法規違反行為の私法的効力」『生活者と民法』（悠々社・一九九五年）所収、四八頁以下等。関連する裁判例として、東京地判昭和五六年一二月二二日判例タイムズ四七〇号一四二頁、東京地判昭和六〇年九月一七日判例タイムズ六一六号八六頁、東京高判昭和五三年一〇月一二日判例時報九一七号五九頁等がある（以上の点について、山口康夫「請負契約の成立に関する法的課題」建設総合研究四八巻二号一〇頁以下参照）。

(17)　建設標準請負契約約款の実効性、民法との関連については、山口康夫「建設請負契約における「約款」の機能」札幌法学三巻一号一頁以下で検討を行なっている。

(18)　新潟県で実施した「公共工事標準請負契約約款調査」によれば、約款の完全採用は全市町村の三四％である。調査の概要は、注（17）文献一頁以下参照。

(19)　この点に関する理論的側面からの分析として、内山尚三・山口康夫「住宅建設と消費者」『消費者法講座第六巻』（日本評論社・一九九一年）参照。

三　建設請負契約の勧誘・交渉段階の法的課題

1　勧誘・交渉段階の法的問題点

近時の法律学の重要論点のひとつに、契約交渉・準備段階における情報提供・説明義務の問題がある。二〇〇一年に施行された「消費者契約法」、「金融商品販売法」の立法時の議論においても、この点が重要論点となった。結果的に、消費者契約法では、情報提供・説明義務は「努力義務」とされたが、金融商品販売法は、これを法的義務とした。右の両法にみられるように、現代契約法は、確実に事業者の情報提供・説明を法的義務とする方向をたどっているといってよい。とくに、消費者取引では、契約の勧誘・交渉段階において問題が集中的に発生しており、この点の法的解明が要請されている。

これまでの判例・学説の多くは、契約が成立してはじめて各当事者は契約上の債権・債務を生ずるのであって、事業者の情報提供・説明は、契約成立前の勧誘・交渉段階の問題であり[20]、それ自体は独立した法的評価の対象ではないと考えてきた。法的な評価対象とする少数の立場でも、その法的義務づけはきわめて消極的であった。しかし、現実には、契約の勧誘や交渉段階において、さまざまな問題が生じているものも事実である。そして、それらの多くは法的な問題として処理するほうが妥当であると思われる事例である。

情報の量や質、交渉力に格差のある当事者間においては、事業者の行なう情報提供や説明は、契約の締結や履行について決定的な要素となっており、取引秩序（公正競争）および顧客の利益確保の観点からだけではなく、顧客の自己決定を保障する観点からも、積極的な法的評価が要請される。しかし、古典的、伝統的な契約法理論の枠組みは依然として維持されており、また、契約の準備・交渉段階を法的に評価する実定法上の根拠がとぼしいこともあり、判例・学説においては法的判断が分かれてきたのである。

しかしながら、近時の判決は、これを正面から問題にする傾向を強めている。また学説では、意思表示理論や公序良俗などの伝統的理論の見直しによってこれを論拠づけようとする立場[21]や、ドイツ法における「契約締結上の過失論[22]」、フランス法における「説明・情報提供義務論[23]」などの新しいスキームの輸入・構築によって問題を解決しようとする立場などが有力に主張されている。立法的にも、消費者取引の分野を中心にクーリング・オフ制度が導入されており、近年では、消費者取消権が認められるなど[24]、急速に法的整備が進んでいる。また、多くの産業分野では、行政取締規定を軸とした行政コントロールが行われ、それぞれの業界が自主基準等を設けるにいたっている。

つぎに一方の当事者が情報提供・説明を行い、それが他方の当事者の行動に一定の影響を与えた場合、法的にどのように評価し理論構成すべきかについて、建設請負契約の裁判例を素材に検討することとしたい。建設請負契約において、契約が締結されるまでには、多くの事前の打合わせや相談がなされるのが普通であるので、情報提供、説明義務の問題はきわめて重要な意味をもっており、建設請負契約の本質的な理解のためには、この検討が不可欠である。以下では、まず、最近の議論の動向を紹介し、つぎに、建設請負契約に関する裁判例を対象として、契約成立にいたるまでの法的関係を検討することとする。

2 勧誘・交渉段階における最近の議論

(1) 平成一二年四月二八日、参議院本会議において全会一致で「消費者契約法」が可決・成立し、平成一三年四月一日から施行された。また、同年五月二三日には「金融商品の販売等に関する法律」が成立し、平成一三年四月一日に施行された。

現在、わが国では、規制緩和・撤廃が推進されているが、その目的は、公正で自由な競争が行なわれる市場メカニズムを重視した社会の実現におかれている。これにともない、消費者の利益を確保するための新たなシステムづくりが課題となっている。それに応えるのが、消費者契約法、金融商品販売法である。

古典的な契約法理論では、市場取引においては、基本的に契約自由の原則が妥当し、契約が成立することにより権利・義務が発生すると考えられている。そして、契約の準備・交渉過程はとくに問題としなくとも、立場の互換性を前提とした契約自由のもとで、市場の自律的運動により契約内容の合理性が担保されていると考えられ、そこでは、依然として私的自治の原則が機能すると構成されている。したがって、契約成立後の問題を中心に法的構成をすれば足りたのである。

(2) 近代法が想定した商品やサービスの交換過程は、契約自由＝自由競争にもとづく交渉を通して等価交換の実現が図られるシステムであるので、契約に対する法的介入は極力抑制するという政策的価値判断がなされるのは当然である。しかし、今日では、契約自由が前提とした経済・社会関係、および市場構造が変容し、契約の準備・交渉過程を合理的なものとする制度的保障が失われている。ここに契約自由の手段としての挫折があると考えられる。そこで、契約自由に対する制限が問題となるのである。

問題は、政策的に手段としての契約自由を制限するとしても、なにを実現するために制限を行なうかという点である。この点については、契約自由は、もともと私的自治を実現するための手段として位置づけられるべきものだから、その手段が合理性を失ったとすれば、それに代わる手段も私的自治をさらに発展させるという方向で構成されなければならないと考えられる。

いいかえれば、契約自由は、結局のところ交渉（ネゴシエーション）の保障であり、それを通して意思表示の合理的形成をめざすものであった。そこで、契約自由が形骸化したとすれば、交渉は困難となり、合理的な意思表示が形成される保障が失われたとみるべきである。勧誘行為や情報提供・説明義務が問題となるのは、このような状況においてである。したがって、情報提供・説明義務を契約自由に代わるもの、ないしは、それを補完するものとして位置づけるのであれば、その法的構成は私的自治と関連したものであることが要請されるであろう。

(3) 消費者と事業者を契約当事者とする場合、両者の間には、情報の質・量および交渉力の格差が存在し、ここでは契約自由が形骸化している。そこで、消費者と事業者との間に存在する契約の締結、取引に関する構造的な情報・交渉力の格差に着目した法規制が要請されるにいたるのである。

消費者契約法は、消費者に自己責任を求めることが適当でない場合のうち、契約締結過程と契約条項に関して、消費者が契約の全部または一部の効力を否定できることを目的とする立法であり、金融商品販売法は、金融サービスの利用者の利益を確保するため、金融商品販売業者の顧客に対する説明義務、および説明しなかったことによって生じた損害の賠償責任を認める立法である。両法ともに、事業者の説明・情報提供を重視して、これを規制しようとするのであり、最近の議論の動向を反映するものである。(25)

以上述べたような動向は、建設請負契約にとっても無縁なものではない。とくに消費者契約法の制定は、建設請負契約にもきわめて大きな影響を及ぼすこととなり、今後、法的紛争となる事例が多くなると考えられる。つぎに、建設請負契約の勧誘・交渉段階に関する若干の裁判例を紹介・検討することとしたい。

3　裁判例の検討

⑴　比較的最近の事例を紹介する（大津地判平成八年一〇月一五日(26)）。

事案は、つぎのようである。

Ｘ（注文者）は、両親と同居するために家屋の建替えを計画しＹ（請負人）と打合わせに入った。しかし、Ｘの建替えをしようとする地域には、この地域の土地所有者、地上権者などの自主的な協議による「境界に関する協定」が存在していた。Ｘは、この協定が有効に存在していることを知っており、Ｙも協定の存在を認識していた。平成七年四月頃、平面図ができ、ＸはＹから、協定には若干違反するが「他の家では必ずしも守られているわけではない」と説明された。Ｘがさらに協定の効力についてたずねると、Ｙは、つぎのように説明した。

① この協定は「準協定」であって、それほど強い拘束力ではなく、これを守っていない家もあるから、工事にかかっても大丈夫であろう。
② 実際に協定に違反している事例も三、四件ある。
③ 協定の審査は、いい加減だったし、年数もたっているから多少の違反は大丈夫である。比較的古く建った家では協定を守っていない家が多く、全ての家が協定を守るように指示があったのは最近（平成六年）のことであるから、なんとかなるのではないか。

以上の説明の結果、XはYとの間で、平成七年六月、請負契約を締結して、翌月、建築確認を得た。Xは、現在の建物を取り壊し借家に移り、地鎮祭を行なったところ、隣家Aから協定違反部分の是正を求められた。XとAとの交渉は決裂したが、XはYに建物着工を求めた。この段階まで、YはXに対し、Aのクレームがついたら工事が中断するおそれがあることを伝えていなかった。その後、Yは、八月に初めてYの顧問弁護士と相談したところ、Aのクレームによる工事続行の困難性が指摘されたので、Xにそのことを伝え、代わりのプランを提示した。Xは、代替プランでは庭が狭くなるうえに騒音が増すため、これなら増改築ですんだとして、請負契約の解除を申し入れ、債務不履行、または不法行為にもとづき、取壊した建物価格相当の損害賠償、および慰謝料を請求した。

Xは、専門家である建設業者は、一般消費者である注文者と請負契約を締結する場合には、不適切な告知、説明をして契約関係に入らせ損害を与えてはならない義務があり、本件は、請負契約締結の準備段階におけるYの過失であり、信義則違反にもとづく損害賠償義務がある。また、Yは着工がAのクレームにより中止の可能性があったのに、故意または過失により、専門の建設業者としての調査解明、告知説明教示の義務または保護義務を怠り損害を生じさせたのであるから、不法行為にもとづく損害賠償責任がある、と主張した。

これに対して、Yは、Xは協定が有効に存在することを知っており、YはXの求めに応じて協定に反する計画を作成した際に、協定に反するので、Aに説明して了解を得るよう要請していたが、Xは、これをしなかったためクレームがつき着工中止になったのだから、債務不履行、不法行為の責任はない。また、協定に適合する変更プランも提示し、これが受けいれられれば建物を完成できたのだから、取壊しは無駄ではなかった、あるいは他の業者に協定適合の建物を注文してもよかったのであり、それが実施されなかったのは、Xの強引さが招いたものであると主張した。

判決は、つぎのように述べる。

建設業を専門に営む者が、一般消費者を注文者として建物建築請負契約を締結する場合には、契約交渉の段階において、相手方が意思決定をするにつき重要な意義をもつ事実について、専門業者として取引上の信義則及び公正な取引の要請上、適切な調査、解明、告知・説明義務を負い、故意又は過失により、これに反するような不適切な告知、説明を行い、相手方を契約関係に入らしめ、その結果、相手方に損害を与えたときは、その損害を賠償すべき責任がある。

本件では、Yは、協定に違反する建物を建築する場合、「隣家からの異議により工事中止の危険性がある」という肝心の事柄をXに告知、説明しなければならなかったのに、過失によりこれを告知せずに契約に入らしめ、旧建物取り壊しによる建替え相当額の損害を与えた。Xは、契約締結の際または旧建物の取り壊し前に、YからAの同意がなければ協定に違反する建物の建築をすることができなくなることを適切に告知、教示されていれば、増改築の方法をとったものであり、現に、最初にYと交渉したときは、建直しのほか増改築、買い換えの三案を相談していた。

このように重要な事柄について「協定の拘束力についての見直しは判断困難な事柄であるものの、後日Yの顧問弁護士が適切に指導していることにかんがみると、本件協定が有効に存続していることを知悉しているYとしては、専門の建築請負業者として、信義則又は公正な取引の要請上、本件請負契約を締結する際はもとより、おそくとも旧建物の取り壊しまでの間に、適切に調査、解明して、本件協定違反による新建物の建築工事に着工した場合には工事中止になる危険性があることを告知ないし教示すべき義務があったのに、過失によりこれを怠り、旧建物が取り壊されるまでの間に右工事中止の危険性を告知ないし教示しなかったため」、旧建物相当額、慰謝料の損害を与えたものといわなければならない。Y主張の、隣家の了解を得るのはXの責任であるとの点は、本件請負契約書にはとくにその旨記載されていないし、これを定めた覚書等の確認書も提出されておらず、全証拠によっても、Xの責任でAの同意を得る取り決めであったか否かは必ずしも明確ではない。仮にそのことがXの責任であっても、工事中止の危険性を告知、教示する義務がなくなるものではない。

したがって、Yは、契約締結のための準備段階における信義則違反により、損害を賠償する責任がある。

(2) つぎの裁判例も、請負契約の交渉段階でのトラブル事例である（東京高判平成一〇年四月二二日）[27]。

昭和六二年三月、X（注文者）はY（請負人）との間で、自己の所有する土地について「等価交換方式」により、譲渡所得税その他の課税のない方法でマンションを建築する旨の業務委託契約を成立させた。しかし、Y社の営業担当者は、等価交換に関する租税特別措置法の規定を誤解しており、その誤解を前提に誤った説明をして業務委託契約を締結させた。この結果、Xは租税特別措置法三七条の五「既成市街地等内にある土地等の中高層耐火建築物等の建設のための買換え及び交換の場合の譲渡所得の課税の特例」の適用を受けられず、多額の譲渡所得税、地方税を納税することとなった。

そこで、Xは、業務委託契約の債務不履行にもとづく損害賠償として、納税相当額と遅延損害金の支払いを求めたが、一審は、等価交換方式により譲渡所得税等の課税のない方法でマンションを建築する旨の業務委託契約が成立したものとは認められないとして、請求が却下された。控訴するにあたり、Xは予備的請求として、つぎの点を主張した。

① Yの担当者は、等価交換について無知であったにもかかわらず、Xに対してマンションを建設しこれをディベロッパーに譲渡した場合でも、租税特別措置法三七条の五の適用があり、課税されない旨の誤った説明を行ない、その旨誤信したXにマンションの建設を決意させて、請負人との間に業務委託契約を締結したもので、請負人はこの点において契約締結上の過失がある。

② Yは、ディベロッパーA社が決定した際に、正しい等価交換の方法をとれば課税が生じなかったのに、これを怠った過失がある。

③ Yは、等価交換による非課税の適用を受けるために、どのような登記をすべきかについて、正確な知識のもとにA社や司法書士と打ち合わせ、無用の課税が生じないよう配慮すべき注意義務があるのに、漫然とA社に任せきりにして放置した過失がある。

④ したがって、Yの過失により本来負担する必要のなかった納税額相当七、二四六万余円と最終納税日以降の民事法定利率相当の遅延損害金の支払いを求める。

これに対して、Yは、つぎの点を主張した。

① 等価交換方式は、共同事業に参加するディベロッパーがなかなか見つからなかったために、X・Yはこ

れを断念し、Xがマンションを建築することとし、Yがその費用を立替え、完成したマンションの一部を第三者に分譲して、その売却代金をもって建築費用に充当するという建築方式をとる合意を行なっている。

② 租税特別措置法の課税特例は、譲渡所得に対する課税を将来に延期するという課税の繰り延べにすぎないから、Xの負担した所得税等がただちにXの損害となるものではない。仮に、損害が発生したとしても、精神的苦痛に対する慰謝料の範囲に限るべきである。

③ Yに注意義務違反があったとしても、Xもなんら積極的は対応をとらなかったのであるから、信義則上の注意義務違反があり、相当大幅な過失相殺がなされるべきである。

④ XのYに対する不法行為による損害賠償請求権は、短期消滅時効により消滅している。

判決は、つぎのように述べる。

① Xの主位的請求（債務不履行に基づく損害賠償請求）は、原判決通りとする。

② 契約締結上の過失及び契約履行段階における過失について

もともと、Xに等価交換方式によるマンション建設の話を持ちかけたのはYであり、Yの営業担当者は、等価交換方式によれば、マンションの建設にともなう課税は全くされないか、または、特段の用意が必要な多額の税負担が生じることはないと判断し、Xに対して説明していた。Yの営業担当者は、大手建設会社の従業員として、等価交換方式によるマンションの建設方法について正しい知識を持ち、十分な理解をした上、Xに誤解を招くことのないように正しく説明すべきであった。また、ディベロッパーA社が見つかった後も、Xに多額の税負担が生じることのないよう、A社と綿密な打ち合わせ・調整を図り、工夫をするなどすべき注意義務があったものというべきである。しかし、本件では、これらに対する過失があった（損害額の認定については省略）。

③　不当利益返還請求について（省略）

以上のように、Xらの主位的請求は理由がないので棄却するが、Xらの予備的請求のうち、不法行為にもとづく損害賠償請求について、二、三二〇万余円及びこれらに対する平成三年七月一日から支払い済まで年五分の割合による金員の支払いを認容する。[28]

(20) 契約成立前の段階から契約の成立時に焦点をあてて総合的に検討を加える文献として、河上正二「「契約の成立」をめぐって──現代契約法論への一考察」一・二判タ六五五号一一頁以下、六五七号一四頁以下等参照。また、山口康夫「説明・情報提供「義務」の法的構成について」民法学と比較法学の諸相Ⅱ（信山社・一九九七）一〇五頁、同・前掲稿（建設総合研究四八巻二号）一頁以下参照。

(21) たとえば、大村敦志『公序良俗と契約正義』（有斐閣・一九九五）、山本敬三『公序良俗論の再構成』（有斐閣・二〇〇〇）等。

(22) たとえば、円谷峻「契約締結上の過失」現代民法学の基本問題(中)（第一法規・一九八三）等。

(23) たとえば、後藤巻則「フランス契約法における詐欺・錯誤と情報提供義務」(1)〜(3)民商一〇二巻二〜四号等。

(24) 特定商取引法、割賦販売法等、多くの消費者関連法においてクーリング・オフが認められるにいたっている。近年では、消費者契約法が消費者取消権を認め、特定商取引法においても規定されるにいたっている（特定商取引法・平成一六年改正）。

(25) 消費者契約法一条は「消費者と事業者との間の情報の質及び量並びに交渉力の格差にかんがみ、事業者の一定の行為により消費者が誤認し、または困惑した場合について契約の申し込み又はその承諾の意思表示を取り消すことができることとするとともに、事業者の損害賠償責任を免除する条項その他の消費者の利益を不当に害することとなる条項の全部又は一部を無効とすること」によって消費者利益を守るとしている。

また、金融商品販売法一条は「顧客に対して説明すべき事項及び金融商品販売業等が顧客に対して当該事項について説明をしなかったことにより当該顧客に損害が生じた場合における」事業者の責任、勧誘の適正の確保のための措置について定める、としている。なお、消費者契約法等については、山口康夫『消費者契約法の解説』(一橋出版・二〇〇一年)参照。

(26) 大津地判平成八年一〇月一五日判例時報一五九一号九五頁。

(27) 東京高判平成一〇年四月二二日判例時報一六四六号七一頁。

(28) 売買契約に関する事例であるが、請負契約にも参考となる判決がある。

事案は、原告と被告の間で土地・建物の売買に関する基本協定が締結され、双方で準備を進めてきたあと、被告が売買契約の締結を拒否したものである(東京地判平成八年三月一八日判例時報一五八二号六〇頁。

判決は、つぎのように述べる。一般に、後日正式の契約(「本契約」)を締結することを目的として、その間にそれぞれの義務を定め、これを履行することを合意した場合、当事者間においてその合意で前提としていた事情の変更があり、本契約締結の前提が欠けた場合とか、本契約を締結することが著しく不合理な結果となるなどの正当な理由がある場合、または本契約の締結を強制することが、一方を他方と比較してきわめて酷な状態におちいらせ、契約における公平の原則にもとることになるなど、特段の事情のない限り、当事者にはつぎのような義務がある。つまり、当事者は、本契約の締結実現に向けてその準備段階に入ったことによる信義則上の義務として、右合意に定められた義務を誠実に履行すべきであり、かつ、本契約締結の条件が整いしだい、本契約を締結すべき義務がある。そして、このことは、一方が右合意による義務をほぼ履行し終わった段階においては、他方は、より強く自身の義務の履行を要請されるのである。

また、建設請負契約とは異なるが、請負契約の交渉段階において、一方当事者から情報提供の要請があった場合、これを請負契約の申込みとしてよいかどうかについて争いになった事例がある(東京地判昭和六二年一二月一八日判例タイムス六八二号一七一頁)。

事案は、外国への企業進出に関連して、YがXに対して、契約交渉の段階で情報提供の依頼を行なったことが契約の申込みにあたるかが問題となったものである。

判決は、依頼がなされたときは、Yが本件計画について検討を開始したばかりでXとの交渉準備の段階であり、基本方針、構想はあったとしても、その具体策は全くなく、その後の調査交渉により計画を具体化する意図であったことが明らかであるので、情報提供の要請を、Yの直接投資を前提とした報酬を伴う契約の申込みと解するのは合理的ではないとした。

四　建設請負契約に関する法的課題——まとめに代えて——

契約は申込みと承諾によって成立するので、どの段階にいたったとき契約が成立するのかは重要な問題である。そこで、建設請負契約に関して、どのような法規制が用意されているのか、そしてそれがどのような実効性を有しているのか問題となる。また、建設請負契約においても、契約の勧誘・交渉段階について法的評価が必要となる場合が増大している。以上の問題について、今後の課題となる点を中心に、つぎに述べることとする。

1　建設請負契約に関する法規制・法解釈の課題

(1)　民法では、請負契約は、諾成・無方式の有償契約であって、請負の成立にあたっては、仕事の完成、およびこれに対する対価の支払いの合意があればよいとしている。しかし、建設請負契約は、一面では「仕事の完成」を目的とする契約であり、民法の請負契約と共通するが、他面では、建設工事という特殊の仕事の完成を目的とする特殊的・具体的な契約概念である。また、その他の面でも民法の請負の理論をそのまま適用できない場合が多い。

法形式のうえからも、民法の請負契約の規定は、請負契約の成立、報酬の支払い、完成引渡し後の請負人の責任、請負契約の終了を定めるものであり、建設請負契約・設計・施工・管理・引渡しの各側面で生起する諸問題の解決策としては不十分な内容となっている。このため、建設業法では第三章で「建設工事の請負契約」を定めており、同法の規定に基づき作成された約款が契約で使用されている。

しかし、建設業法は「業法」であり、違反行為に対する私法的効力について法的な論争がある。また、約款の使用は、約款一般の病理現象が問題となるほか、建設業における構造的問題としての「契約の片務性」と関連し、より複雑な問題を生じさせている。

(2) また、建設請負契約の特殊性を認めたとしても、建設請負契約は、物の製造それ自体を契約内容としていることから、必然的に技術的発展の影響を直接的に受ける契約であるという特性がある。したがって、民法典が予定していた建設工事と現在の建設工事の間には、素材・工法等に隔絶した違いがある。このような変化を無視した「解釈論」は成り立ちうるのか、あるいは、妥当性をもつのかという視点からの検討が今後必要である。(29)

(3) さらに、建設工事の技術的発展と法的問題の関連も重要である。建設工事の大規模化、工事内容の複雑化が進展するなか、大規模工事にあっても、契約上は、原則として発注者と施工者という伝統的な二当事者間の契約を基礎としている。しかし、工事規模の拡大・複雑化は、このような構造に影響を与える。建設工事は、たんに施工者によってのみ担われるものではなく、設計、監理、建設資材のメーカー、金融、保険などの関連が重要となっている。また、最近では、目的物の利用計画、金融手段、税金、法律などの多様な分野にまたがる助言、調整機能が求められるようになっている。このように、建設工事は、多数の契約関係者の共同作業の性格を有しているが、工事の大規模化等は、このような建設関連産業の重要性を高めるものとなる。しかし、これまでの建設請負契約は、建設工事に関連する多数の関係者との契約関係を発注者と施工者というように当事者間の対立構造を基本として構成したものである。そうすると、工事の施工が共同作業としての性格を有するとすれば、これを法律的にどのように評価、ないしは法的構成するかが今後の課題となる。この場合、建設請負契約においては、これまでのような二当事者間の対立構造を維持できるかどうか問題となる。両者の関係は、一種の組合的な、共同事業の施工に接近するものとなるのではないかどうか、大規模工事にあっては、ここから、発注者の協力義務が強調されることにならないかどうかの検討が必要となる(30)。

(4)　なお、公共工事の請負契約は、一般の請負契約と比較してつぎのような特色があり、それにともない法的関係も異なる場合がある。第一に、公共工事は、契約締結に際して原則として競争入札が行なわれる。第二に、公共工事は、契約成立に書面を要すると考えられている。したがって、これらを反映した請負契約理論の構成が必要となる(31)。

2　契約における情報提供・説明「義務」

このような問題が未解決のまま、近時、新たに契約成立前の勧誘・交渉段階における法的評価が課題となり、建設請負契約の成立に関しても重要な問題を提起している。それでは、どのような理由から、情報提供・説明義務が法的な問題となるのであろうか。ここで若干の検討をしておくこととする。[32]

契約の勧誘・交渉段階における事業者の行為態様をとらえて法的評価をする必要性については、これまでの法理論が前提としていた社会の状況が大きく転換しており、それを反映した理論が要請されていることから生じている。この変化は、①取引主体の面では、立場の互換性が失われた構造のもとで取引が行なわれることとなり、②取引客体の面では、土地所有権中心主義から広範囲の財産権が対象となってきており、③交換過程の面では、契約自由の原則がこれまで想定されたものと異なった機能を果たすようになってきたことなどに現れている。[33]

近代法が予定した商品や役務の交換は、市場において契約自由が機能することにより妥当性が維持されるシステムになっている。契約自由の四つの内容として、①相手方選択の自由、②方式の自由、③契約内容決定の自由、④契約締結の自由があげられるが、これらは、契約成立以後の問題ではなく、契約の勧誘・交渉段階における自由という観点からとらえられている。つまり、自由競争にもとづく交渉を通して等価交換の実現を図ろうとするシステムが近代市民法である。したがって、契約の勧誘・交渉段階において法的介入はできる限り抑制するという政策的価値判断がなされてきた。しかし、今日では契約自由が前提とした経済・社会関係、および市場構造が変化し、契約の勧誘・交渉段階の合理性を担保する制度的保障が失われてきている。ここに手段としての契約自由の挫折があると考えられる。

契約自由は、結局のところ、自由な勧誘・交渉を認めることで、それを通しての合意の合理的形成を目指すものであった。そして、合意の合理的形成とは、当事者の意思決定や選択が自己の判断に基づいて合理的になされることを意味している。これを私的自治といってよいと思われる。このような手段としての契約自由が形骸化すれば、合理的な合意の形成がなされる保障が失われたとみるべきである。ここでは、情報の量や質、交渉力について優位に立つ当事者が極大利潤を求めて契約を支配し、他方当事者の意思を附従させることになる。勧誘行為や、情報提供・説明義務が問題となるのはこのような状況においてである。したがって、情報提供・説明義務は、契約自由に代わるもの、ないしは、それを補完するものとして位置づけることが可能である。そして、これは事業者の行為態様の違法性に着目することから、顧客の自由な意思形成（私的自治の保障）の可能性に着目し、そこに法的構成の立脚点を求める方向へ大きく転換することを意味すると思われる。

判決⑴は、建設業者が一般消費者を注文者として請負契約を締結する場合には、契約交渉の段階で相手方が意思決定をするについて重要な事実について、専門業者として取引上の信義則および公正な取引の要請上から、適切な調査、解明、告知・説明義務を負い、故意・過失によって不適切な告知、説明を行ない契約をさせ、これにより損害を与えたときは、その損害を賠償すべき責任があるとしている。

結局、この判決は、専門性の高い契約を行なう場合には、契約締結前に適切な情報提供、説明がなされなければならないとし、これがなされず、その結果、相手方の判断決定に影響を及ぼした場合には、信義則違反となるとしている。このように判決の傾向は、次第に専門家対一般消費者というスキームを重視しつつあるといってよい。

判決⑵は、勧誘したYの営業担当者はマンションの等価交換方式についての十分な知識をもたず説明しており、注文者Xはその説明を信じていた。また、その後もディベロッパーA社と綿密な打ち合わせや調整を図り工夫する義務があったのに、この注意義務違反があったとしている。

つまり、契約の重要な要素となっている等価交換方式に対する課税の問題について、「大手建設会社の従業員として、等価交換方式によるマンションの建設方法について正しい知識をもち、十分な理解をした上、誤解を招かないように説明すべき」であったとし、ここに不法行為上の過失が存在するとしている。

このように、建設請負契約に関する近時の判決は、他の消費者取引に関連した判決と同様に、契約の勧誘・交渉段階における情報提供・説明の程度を問題とする場合が多くなってきている点を再確認しなければならない。今後、建設業における消費者法の重要性は、ますます増大してくるであろうし、この視点から建設請負契約と民法の関連が改めて問われることになると考える[34]。

(29) 栗田・前掲書一七八頁以下参照。

(30) 栗田・前掲書一八一頁以下参照。

(31) 山口前掲稿（建設総合研究四八巻二号）八頁以下参照。

(32) 山口康夫「説明・情報提供「義務」の法的構成について——判決例を中心として」『民法学と比較法学の諸相Ⅱ』（信山社・一九九七年）一〇五頁以下所収参照。

(33) 山口・前掲一一六頁以下参照。

(34) 山口・前掲一一九頁以下参照。本文に関連する参考文献等についても、同所参照。

なお、契約の勧誘・交渉段階における事業者の行為態様に問題がある場合、従来の法理論では、それを法的に評価するのは極めて困難であり、限界がある。そこで、いくつかの新たな主張がなされている。

まず、詐欺や錯誤の概念を拡張して解決を図ろうとする立場がある（主観的アプローチ）。また、公序概念の拡張や公序の意味の再構成を試みる立場（客観的アプローチ）や、先物取引等を中心に実務において有力に主張されている不法行為構成もある（不法行為的アプローチ）。消費者取引の分野では、契約の勧誘・交渉過程の問題性を直視して、一定の取引分野でのクーリング・オフ制度の導入や、申込み、契約時における書面主義等の法定により整備がなされている（法定アプローチ）。また、問題を直視して、社会的接触のあったときから、一種の信義則上の債務が発生し、これにもとづく処理をする方向もある（付随的義務アプローチ）。

これまで事業者の行為態様に問題がある場合、主として動機の形成や効果意思の決定、とくに詐欺・錯誤と関連づけられ違法性が判断されてきた。しかし、錯誤は動機が表示されない限り無効が認められず、詐欺は欺罔の意図を立証するについて「過失による詐欺」が概念として認められないわが国においては、勧誘段階での事業者の情報提供が虚偽であっても、虚偽であることについての悪意立証が難しいという限界があるため、行為態様の違法性が著しい場合でない限り、事業者の責任を追及するのは困難であった。このため、詐欺・強迫、錯誤の概念を拡張して法的に対応しようとする立場が主張されるのである（以上について、参考文献等も含めて、山口・前掲一一六頁以下参照）。

13 ドイツ債務法現代化法における請負契約法上の若干の問題

岡　孝

下森定 編集代表『現代民事法学の構想』内山尚三先生追悼
二〇〇四年一一月 信山社

一　問題の所在

ドイツ債務法現代化法（以下では現代化法と称する）[1]は、二〇〇一年一一月末に成立し、翌二〇〇二年一月から施行されている。これは、ＥＵの三つの指令、とりわけ消費者売買指令を国内法化するために構想された。[2]そして、この機会に、ドイツ民法の（主として給付障害法、売買・請負の瑕疵担保責任、消滅時効法の分野における）長年の解釈論上の諸問題を立法的に解決しようとしたのである。わが国においてもこの現代化法は紹介・検討されつつあるが、本稿では、現代化法における請負契約法の分野において、追完（瑕疵除去または新たな仕事の製作）請求権の優越性と短期消滅時効について簡単ながら検討してみたい。[3][4]

前者については、現代化法のように、特に報酬減額権との関係でも追完を優先的に認める必要があるのかが論点である。後者について、現代化法は、請負契約法上特別な規定をおき、消滅時効の起算点を客観的な時点（引取り時）とした。そうすると、二年なり五年の時効期間では（六三四ａ条一号、二号参照。ドイツ民法の引用条文は現代化法により修正されたものである。旧法時代の民法の条文の場合は「旧」として引用する。また、日本民法を引用するさいには「日民」と略称する）、注文者が知らないうちにその損害賠償請求権が時効消滅していることがありえよう。しかも、その瑕疵によって注文者の生命・身体に損害が生じたような場合（拡大損害）であっても、注文者は請負人に対して損害賠償請求ができないことになりそうだが、そのような結論は妥当なのであろうか。以下では、現代化法が仕事の瑕疵に対する注文者の救済をどのように規律しているかを概観したうえで、右二点の検討をおこなう。

（1） 現代化法については、さしあたり、岡孝編『契約法における現代化の課題』（法政大学出版局、二〇〇二年。以下では、『現代化の課題』として引用する）、レーネン／益井公司訳「給付障害にみられる新法」日本法学六九巻一号（二〇〇三年）二一六頁以下、半田吉信『ドイツ債務法現代化法概説』（信山社、二〇〇三年）参照。

（2） ＥＵ指令の略称も含めて、現代化法の成立過程については、渡辺達徳「解説・債務法現代化法制定の経緯」『現代化の課題』一五頁以下参照。

（3） 現代化法の請負契約法についても、すでに今西康人「ドイツ新債権法における仕事の瑕疵に関する請負人の責任」関西大学法学論集五二巻四・五号（二〇〇三年）一〇九三頁以下、芦野訓和「ドイツ新債務法における請負法の改正――我が国への示唆を含めて――」駿河台法学一七巻一号（二〇〇三年）三頁以下が詳細な検討をおこなっているので、これ以上新しいことを付け加える必要はないが、両論文とも、必ずしも本稿が検討しようとしている問題に焦点を当てているわけではない。そこで、できるだけ両論文と重複しないようにしながら、現代化法の請負契約法を検討してみようと思う。

（4） 内山尚三先生の生前、筆者は、二五年にもわたって公私ともにお世話になった。先生は、折に触れて、実務と協働しつつ建設請負契約法の諸問題を理論的に解明することを筆者に強く勧められた。その内山先生の追悼論文集に寄稿するからには、たとえドイツ法の考察にもせよ、彼の地の建設請負契約法を素材に取り上げるべきであろう。しかし、今の筆者にはその余裕も能力もない。それは将来の課題にさせていただき、本稿では、ドイツ債務法現代化法において仕事の瑕疵に基づく注文者の権利がどのように規律し直されたかを紹介かたがた、問題点を検討することにしたい。

二　仕事に瑕疵がある場合の注文者の救済方法

(1)　概　観

以下では、現代化法によりドイツ請負契約法がどのように規律されているかを整理しておこう。旧稿[5]との連続性を考えて、情報提供契約に基づく（弁護士などの）専門家の鑑定書作成など無形の仕事の製作を念頭におき、適宜建設請負にも言及することとする。

最初に指摘しておきたいことは、旧法以来の特徴が、現代化法でも維持されたことである。すなわち、瑕疵除去は請負人が無過失でも義務づけられる反面、損害賠償請求権は過失を要件とするといった法的効果の複線性（Zweispurigkeit）と、（履行または）追完請求権の（他の法的救済策に対する）優越性の維持である。[6]

1　追完請求権

さて、仕事（鑑定書など）に瑕疵（六三三条参照。旧法以来の主観的瑕疵概念を採用。なお、現代化法では、権利の瑕疵の場合も［同条一項参照］、物の瑕疵と同様に注文者の救済方法を定めているが、本稿では物の瑕疵に限定して現代化法を概観する）があれば、注文者は、まず、（相当な期間を定めて）追完を請求することができる（六三四条一号、六三五条）。[7]すでに言及したように、追完請求権の行使には、請負人の帰責事由は不要である。追完の方法としては、瑕疵の除去と新たな仕事の製作（以下では新規製作と称する）とがある。旧法時代には、瑕疵の除去（旧六三三条二項参照）しか定められていなかったが、その除去の方法として、新規製作も解釈論上認められており[8]、今回、それが明文化されたのである。

瑕疵の除去か新規製作かの選択権を請負人と注文者のいずれに与えるかについては、現代化法の制定過程で意見が分かれた。二〇〇〇年八月に連邦司法省から公表された討議草案（Diskussionsentwurf）は、条文上（六三四条一項）は明確になっていないが、売買と同様（四三七条一項参照。消費者売買指令が買主に選択権を与えていた）[9]、債権者たる注文者に選択権を与えていた。その理由としては、売買における議論を援用するにとどまっているが、要するに、義務違反をした売主に対する一種の「制裁」が強調され、売主に対する信頼を損なわれた買主の判断を尊重するのが「正当」（legitim）である、とされている[10]。二〇〇一年三月六日の修正・整理案（Konsolidierte Fassung）では、明文で注文者の選択権が規定された（六三五条一項）[11]。

これに対して、二〇〇一年五月の連邦政府草案および現代化法は、方針を逆転させて、選択権を請負人に与えた（六三五条一項）。その理由として、請負人は、売主以上に物の製作過程に自ら深く関与していること、その専門知識に基づいて追完の方法を容易に判断できること（したがって、採算の合う措置を見つけることが容易であること）が指摘されている[12]。そして、請負人の選択した追完の方法が注文者に甘受できない正当な理由がある場合には、信義則に基づいて注文者はその追完の受領を拒絶することができる、とされている[13]。

追完のさいには、請負人は、それに要する費用を負担しなければならない（六三五条二項。つまり、注文者は無償で追完を請求できるのである）。請負人が、新たな仕事の製作を選択した場合には、注文者は、解除の規定（三四六条以下参照）に従って、瑕疵ある仕事の返還をしなければならない（六三五条四項）。請負人のこの返還請求権はいつ発生するのか。明文の規定はないが、注文者が新規製作物を引き取った時に生ずると解されている。このように解すると、前の仕事の中で利用できる部分を新規製作のさいに再利用することができなくなるなど、請負人に不利益が生じえようが、他方、注文者には、新規製作による追完が失敗したときにその物を引き取ったままで自ら追完をするかまたは報酬減額をする可能性を与えておく必要があるとして、右のような時点が主張されている(14)。

注文者の追完請求に対しては、請負人がそれを拒絶できる場合がある。(イ) まず、瑕疵の除去が客観的・主観的に不能の場合である(二七五条一項。六三五条三項にはこの条文は引用されていないが、この場合に追完請求が排除されるのは当然であろう。異論はない(15))。(ロ) 次に、「債務関係の内容及び信義誠実の原則に照らして、給付をすることが債権者の給付利益と比較して著しく均衡を失するような出費を要する」場合である。「債務者に期待されるべき努力を確定するに際しては、給付が妨げられていることにつき債務者に帰責事由が存するかどうかも考慮する」(二七五条二項)。「著しく均衡を失するような出費を要する」かどうかの判断は、瑕疵なき物の給付に対する注文者の利益を基準にしておこなうべきであり(したがって、瑕疵なき物に対する注文者の利益が大きければ大きいほど、請負人は多額の費用をかけてでも瑕疵の除去をしなければならないことになる)、通常、約定報酬と比較しておこなうのではないといわれている(16)。

ところが、(ハ) 追完に過分の費用がかかるときは請負人はそれを拒絶することができる、と規定されている(六三五条三項。ここでは「第二七五条二項及び第三項の適用を妨げることなく」と規定されている)。これと(ロ)との関係が不明である。(ロ)の基準に従って請負人には追完に応じることが期待されると判断された場合に、なお過分の費用がかかるということがいえるかどうか、疑問視されている(17)。なお、条文上ははっきりしないが、請負人が選択した追完の方法、例えば瑕疵の除去には過分の費用がかかることが判明した場合には、請負人は、もう一つの新規製作の方法により（これには過分の費用がかからないので追完を拒絶できないという場合には）追完をしなければならない。また、いったんある方法を選択しても、途中で過分の費用がかかることが判明した場合には、請負人は別の追完の方法に切り替えることができると解されている。[18]（二）そのほか、雇用契約（六一三条一文参照）と異なり、請負契約においては例外であろうが、「債務者が自ら給付をしなければならない場合において、債務者の給付が妨げられていることと債権者の給付利益とを衡量して給付を債務者に期待することができないとき」（二七五条三項）にも、債務者たる請負人は追完を拒絶することができる。

2　注文者の瑕疵除去権

注文者は、請負人が正当な理由なく追完を拒絶した場合には（条文上は、「請負人の追完拒絶が適法でないときは」となっている。要するに、請負人が、二七五条二項または六三五条三項による拒絶権を有していない場合を意味している）、追完のために定めた相当期間の経過後は、自から瑕疵を除去でき（注文者の瑕疵除去権）、請負人に対してそれにかかった必要費の償還を請求することができる（六三四条二号、六三七条一項。また、費用の前払請求もできる。同条三項参照）。旧法（六三三条三項）でもこれは認められていたが、請負人の瑕疵除去が遅滞に陥っていることが要件となっていた。つまり、請負人が瑕疵除去を催告されたにもかかわらず、それを怠っていることに過失がなければならなかった。これは立法論としては批判され、一九九二年の債務法改正委員会草案[19]（六三六条一項）ではこの遅滞要件がはずされ、新法もこれに従った。過失の要件がはずされた理由として、相当な催告期間内に追完がなされなかったということ自体が注文者の請負人に対する信頼を損なっていること、遅滞に陥ったのが請負人の過失に起因するかどうかを通常注文者が判断できないことが、指摘されている[20]。ただし、請負人が前述のように追完を拒絶できるときには、この注文者の瑕疵除去権も成り立たないことに注意すべきである[21]。

請負人が「断固としてかつ終局的に」追完を拒絶したり（三二三条二項参照）、追完が失敗したり、あるいは、例えば、これまでの請負人の仕事の仕方についてつねに信頼できなかったという理由[22]で追完が「注文者に期待できないとき」には、注文者は、瑕疵除去にあたって、相当の期間を定める必要がない（六三七条二項）。右の追完が失敗したとは、請負人が選択した追完の方法が失敗すればそういえるのか、それとも、請負人が別の方法を選択して追完しようとすれば、注文者はまずはそれを受け入れなければならないのか。フーバー（Huber）は、追完の方法を請負人がまずは選択できることとのバランスから見て、前者の意味に（すなわち、請負人が選んだ追完方法が失敗すれば、注文者は自ら瑕疵除去をすることができるというように）解釈すべきだと、している[23]。

3　報酬減額権と解除権

注文者は、さらに、報酬減額権（六三四条三号、六三八条）または解除権（六三四条三号、六三六条）を行使できる。これについては、項を改めて、整理することにする（後述三参照）。

なお、現代化法は、追完請求権、瑕疵除去権（および必要費償還請求権）、損害賠償請求権（または無駄になった費用の賠償請求権）の消滅時効について、起算点でも期間の長さの点でも一般のそれとは異なる規定をしている（六三四a条一項、二項参照）。消滅時効については後述するが（四参照）、解除権と報酬減額権の期間制限について述べておく。すなわち、これらは形成権なので独自に消滅時効にはかからないが（一九四条一項参照）、追完請求権が消滅時効にかかっていて請負人がそれを援用すれば、解除・報酬減額の主張は無効になるとしている（六三四a条四項一文、五項）。追完が不能の場合はどうか。かりに追完請求権があるとして、それが消滅時効にかかれば（しかも請負人がそれを援用すれば）、解除は無効になる（二一八条一項二文参照）。

さて、注文者の解除がこのようにして無効とされた場合に、注文者が報酬を全額は支払っていない場合（この請負人の報酬支払請求権はまだ消滅時効にかかっていない可能性がある。一九五条、一九九条参照）、注文者は未払いの報酬を支払う義務はあるのだろうか。現代化法は、この場合に、たとえ二一八条により解除が無効であっても「解除を根拠づける理由が存在する限り」報酬の支払いを拒絶できるとした（六三四a条四項二文。これは、同条五項で、報酬減額権についても準用されている）。そうすると、注文者は、代金を一部しか払っていないのに、瑕疵あるとはいえ製作された仕事を保持することができるのは、請負人との関係で妥当とはいえまい。そこで、この場合、請負人に契約を解除することが認められた（同条四項三文）。請負人は、受領した代金の一部で満足をするか、それとも解除するかの選択権が与えられたわけである。解除を選択した場合には、給付した仕事の返還を請求できるが、自ら受領した代金も注文者に返還しなければならない(24)。

4　損害賠償請求権

注文者は、前述の追完請求権、解除権、報酬減額権の行使と並んで、請負人に対して義務違反（仕事の瑕疵）に基づき生じた損害の賠償を請求することができる（二八〇条一項一文）。ただし、「義務違反につき債務者に帰責事由がない場合には」損害賠償請求はできない（同項二文。帰責事由の証明責任は、債務者たる請負人にある(25)。請負人が損害担保（Garantie）を引き受けた場合には、その責任は重くなる（二七六条一項参照））。

追完が原始的に不能な場合(26)には、注文者は、給付に代わる損害賠償または無駄になった費用の賠償を請求することができる。ただし、請負人が「契約締結の際に給付を妨げる事情を知らず、かつ、知らないことにつき帰責事由もないときは」、この請求はできない（六三四条四号、三一一a条二項、二八四条参照）。

給付の遅延に基づく損害賠償請求権には二八六条の要件（履行期到来後に催告されたにもかかわらず債務者が給付をしないこと）が必要とされている（二八〇条二項）。

また、仕事の瑕疵により注文者の財産・生命・身体に発生したいわゆる拡大損害は、二八〇条一項により、請負人に帰責事由があれば、注文者はただちに賠償請求ができる。もちろん、一般損害賠償法上の要件（因果関係の相当性と違反された義務の保護目的など）を満たさねばならないのは、当然である。一例として、Bが宝石商Uに家に伝わる古い装飾品にダイヤをはめ込むなどしてより価値の高いものにさせようとしたとしよう。Bは結婚記念日にそれを妻に贈与した。ところが、Uの店員が間違ってダイヤではなくガラスのイミテーションをはめ込んだ。後日それが判明し、妻は怒りのあまり離婚してしまった。この場合Bに生じた（離婚という）損害は、Uの義務違反と相当因果関係はないし、瑕疵のない仕事を給付するというUの義務の保護目的の範囲にも含まれない、と解されている(27)。

さて、注文者は、製作された仕事は保持したままで、瑕疵損害の賠償を請求することもできる。要件としては、請負人の帰責事由のほか、原則として追完のための相当期間の徒過が必要である（二八〇条一項、三項、二八一条一項一文）。この場合、注文者は、仕事の減価分か瑕疵除去費用相当分を損害として算定することができる。そのさい、損害軽減義務が課せられる（二五四条二項一文後段(28)）。

給付に代わる損害賠償請求権の行使には、二八一条または二八三条の補足的要件が必要である（二八〇条三項）。まず、給付義務（追完義務）が（二七五条一項から三項までにより）排除されている場合には、注文者は、二八三条により給付に代わる損害賠償の請求ができる。ただし、義務違反が（仕事の瑕疵が）軽微な場合には、この損害賠償請求はできない（二八三条二文、二八一条一項三文。その場合には、注文者は、価値の減価分の損害賠償を請求するか、または報酬減額権を行使することになる）。[29] 次に、給付義務が排除されていない場合には、注文者は、追完のために相当な期間を定め、その期間が徒過したときに、給付に代わる損害賠償請求ができる（二八一条一項）。これは、解除と同様に契約の清算の効果をもたらすために、解除と同様の要件が要求されるのである。請負人が「追完を断固としてかつ終局的に拒絶する」などの場合には（二八一条二項参照）、注文者は、即時に右の損害賠償請求ができる。さらに、この即時の損害賠償請求は、過分の費用を理由として請負人が追完を拒絶したり、追完が失敗したり、または追完が注文者に期待することができない場合にも、認められる（六三六条参照）。

旧法時代には、瑕疵損害および「より近い」瑕疵結果損害と「より隔たった」瑕疵結果損害とが区別され、（旧六三五条に基づく）前者の賠償請求権は旧六三八条の短期消滅時効（例えば、引き渡しから半年）が適用された。後者の賠償請求権は積極的債権侵害という構成を通して、旧一九五条の一般消滅時効（三〇年）に服した。[30] 後述するように、現代化法では、消滅時効法も整備されたので、このような損害の種類の区別は不要になったといわれている。しかし、右に見たように、損害賠償請求権の要件が異なるので、瑕疵損害と瑕疵結果損害の区別は今後も維持されることになるだろう、と指摘されている。[31]

なお、損害賠償に代えて、注文者は、（請負人の帰責事由を要件として）[32] 無駄になった費用の償還請求もできる（六三四条四号、二八四条）。例えば、B市が芸術家Uに記念碑の製作を委託し、さらにBがFにそのための台座を作らせたという事例において、記念碑製作が失敗しても、Uに帰責事由があるときはBは台座の費用を請求できるという[33]。

5　責任の除外（六四〇条）

製作物の瑕疵による注文者の権利は、損害賠償請求権を除いて、①注文者が瑕疵を知りながら瑕疵ある仕事を引き取った場合（Abnahme）、注文者の権利を留保しない限り、排除される（六四〇条二項）[34]。また、請負人の責任を排除・制限する合意は有効だが、②請負人が瑕疵を知っている場合や、③「仕事の性状につき損害担保（Garantie）を引き受けたとき」は、右合意を援用できない（六三九条）。さらに、約款による責任排除・制限の特約は、三〇九条七号、八号（b）のコントロールを受ける。

⑵　製作物供給契約と注文者の無理由告知

以下では、仕事に瑕疵がある場合に直接関係するものではないが、製作物供給契約と注文者の無理由告知について現代化法をみておきたい。とりわけ後者については、現代化法の制定過程における議論が注目される。

1　製作物供給契約（六五一条）[35]

旧法下では製作物供給契約の規律は複雑であったが（旧六五一条参照）、現代化法では整理されて、次のようになった。すなわち、「製作又は製造すべき動産の引渡しを目的とする契約については」売買法が適用される（六五一条一文。条文見出しは「売買法の適用」となっている）。「製作又は製造すべき動産が不代替物であるときは」、（次に述べる注文者の告知権［六四九条］など）請負に関する若干の規定が補充的に適用される（六五一条三文）。

求することができる（六四九条）[36]。

2　注文者の無理由告知（六四九条）

日民六四一条と同様、ドイツ民法でも、注文者は、仕事の完了まではいつでも、理由なしに請負契約を告知できる。日本の規定と異なり、この場合、請負人は、約定報酬から、「契約の解消により節約した費用又はその労働力を他に用いることによって取得したもの、若しくは悪意で取得しなかったものを」控除した残額を請求することができる（六四九条）[36]。

討議草案では、この条文は廃止することになっていた[37]。もともと、債務法改正鑑定意見で、ヴァイヤース（Weyers）は、「請負人が契約の履行に特別な利益を有し、かつ、注文者がこのことを契約締結のさいに認識できた場合には」、この注文者の告知権を排除することを提案していた[38]。こうすることによって、長期間　定の仕事の製作に合わせた事業の利益を保護することができるというのが、その理由であった。さらに、第五五回のドイツ法曹大会で、請負人が材料を調達して仕事を完成させる場合には、注文者の告知権を排除することは適切であるというタイヒマン（Teichmann）の提案が承認された。その後の債務法改正委員会は、これらの動きに反対し、六四九条を存続させる立場をとった[39]。このような流れの中で、討議草案は六四九条を削除することにしたのである。売主と比較して請負人が劣悪な地位におかれなければならない理由がはっきりしないということが（売買契約では、買主にこの種の告知権が認められていない）、削除の第一の理由である。第二の理由として、討議草案の理由書は、こう指摘する。注文者が告知した場合、請負人は、約定報酬額から節約できた費用等を控除した額を請求できるが、従来の判例は、この控除額の立証責任を厳格に要求しており、多くの場合（その証明に失敗して）、請負人は報酬請求ができない結果になっているというのである。

これに対して、二〇〇〇年一一月にレーゲンスブルクで開かれた「二〇〇一年債務法現代化」のシンポジウムで、ペータース（Peters）は、この点を批判した。注文者の終局的な受領拒絶は、債権者の責めに帰すべき事由による不能であり、三二四条（旧法。日民五三六条二項に相当する）によって処理されることになろうというのである。つまり、請負人は、節約できた費用等を控除した報酬額を請求できるのであり、これは六四九条の内容と同じことを意味するのであって、六四九条を削除する意義はどこにもない、と。さらに、連邦通常裁判所が注文者の告知権を排除する約款は無効だと判断していることを指摘した上で[40]、ペータースは、約款による排除は無効でも、法律による排除は許されるのか、と批判する[41]。なお、討議草案にも規定がなく、連邦政府草案にも反映されなかったが、ペータースは、請負契約当事者の重大な事由による告知権（六四九ａ条として）を提案しているのが注目される[42]。

　このシンポジウムでの議論の中で、とくにフレスナーとフーバー（二人のフーバーがこのシンポジウムに参加しているが、以下の発言がどのフーバーのものかははっきりしない）の指摘が興味深い[43]。フレスナー（Flessner）は、第一に、ヨーロッパの各民法典は、ドイツ民法六四九条のような告知権を規定しており、ただ、節約した費用等を控除した報酬支払義務を認めるか、それとも、請負人がすでに給付した分の価値（Wert）の支払義務を認めるかで相違があるにすぎないという（ただし、後者の表現ははっきりしないが、得べかりし利益の賠償も含むと解すべきだろう）。第二に、雇用契約、事務処理契約、寄託契約、運送契約などが代表的であるが、ある程度の時間的長さを伴う契約にはすべて損害賠償義務を伴わない告知権（討論では、キャンセル権とでもいうべきRecht zur Abbestellung という表現が使われている）が規定されている一方で、なるほど大陸法では売買にはこの種の告知権は規定されていないが、イギリス法では買主にその可能性を認めているという（その場合、売主は損害賠償を請求できるようである）。そして、フレスナーは、討議草案の立案者がヨーロッパ法の動向を考慮しなかったのは、ユニドロワ国際商事契約原則（ＰＩＣＣ）[44]やヨーロッパ契約法原則（ＰＥＣＬ）[45]でこの告知権が規定されていないことが影響しているのだろうと、指摘している。

さて、フーバーの指摘によれば、ドイツ売買法が告知権を規定しないのは特定物売買がモデルになっているからであるという（これに対して、英米契約法は種類売買を中心に規律している、と見ている）。そして、フーバー自身は、フルーメ（Flume）の、売買法にも六四九条のような告知権を認めよとの提案を支持している。

レーゲンスブルクのシンポジウムで以上のような説得力ある批判が出されたことが一因だったのであろう。二〇〇一年三月の整理・修正案で六四九条の存続が決まり[46]、現在もなお六四九条は現行法として効力を有している。

（5）岡「弁護士の責任――序論的考察・請負契約法上の問題点について――」川井健編『専門家の責任』（日本評論社、一九九三年）二〇七頁、岡「ドイツ情報提供者責任の現況（1）（2）（3）」法時六七巻二号二六頁、三号六二頁、六号（一九九五年）一〇六頁、岡「ドイツ請負契約法の改正論議――債務法改正委員会の提案について――（一）」建設総合研究四五巻二号（一九九六年）二六頁参照。

（6）Roth, Die Reform des Werkvertragsrechts, JZ 2001, 543, 547f., P. Huber, in: Huber/Faust, Schuldrechtsmodernisierung, 2002, Rn.18/20.

（7）Vgl. Raab, §633 Rn. 7, in:Dauner-Lieb/Heidel/Lepa/Ring（Hrsg.）, Schuldrecht. Anwaltkommentar, 2002.

（8）BGHZ 96, 111, 118, Sprau, §633, Rn. 5c, in: Palandt, BGB, 61. Aufl., 2002（旧法時代のもの）。

（9）Entwurf eines Gesetzes zur Modernisierung des Schuldrechts, BT-Drucks. 14/6040, S. 231（以下では Begründung で引用する）。

（10）Schuldrechtsmodernisierung 2002 zusammengestellt und eingeleitet von Claus-Wilhelm Canaris, 2002, S. 267,

S. 316. 筆者は、討議草案公表直後にドイツ連邦司法省のＨＰからそれを入手しているが、ドイツの文献で引用されるものと頁数が若干ずれている。そこで、正確性を期するために、討議草案、修正・整理案・政府草案等をまとめた資料集である右文献から引用することにする。また、政府草案以外の関係資料も、この文献で（Schuldrechtsmodernisierung 2002 として）引用することにする。

（11）Schuldrechtsmodernisierung 2002, S. 400. Roth, a.a.O.（Fn. 6）, S. 548f. は、注文者に選択権を与えたことを批判している。

（12）Begründung, S. 265.

（13）Begründung, S. 265.

（14）Huber, a.a.O.（Fn. 6）, Rn. 18/33.

（15）Begründung, S. 265, Raab, Der Werkvertrag, in: Dauner-Lieb/Heidel/Lepa/Ring（Hrsg.）, Das neue Schuldrecht, 2002, S. 274.

（16）Raab, a.a.O.（Fn. 15）, S.275.

（17）Raab, a.a.O.（Fn. 15）, S. 275.

（18）Huber, a.a.O.（Fn. 6）, 18/32.

（19）これについては、下森定／岡孝編『ドイツ債務法改正委員会草案の研究』（法政大学出版局、一九九六年）参照。

（20）Begründung, S. 266, Huber, a.a.O.（Fn. 6）, 18/34.

（21）Raab, a.a.O.（Fn. 15）, S.277.

（22）この例は、Huber, a.a.O.（Fn. 6）, 18/40 に基づいている。

（23）Huber, a.a.O.（Fn. 6）, 18/41.

（24）Raab, a.a.O.（Fn. 7）, §634a Rn. 17.

（25）Medicus, Schuldrecht II. Besonderer Teil, 12. Aufl., 2004, S.173.

(26) Schlechtriem, Schuldrecht. Besonderer Teil, 6. Aufl., 2003, S.170では、UがB銀行のために、特別なコンピュータープログラムを開発し、Bはそれを使って顧客管理を予定していたが、Uの開発したプログラムの一部がP会社の著作権を侵害しており、PはBのこのプログラムの使用を禁止した、という例（権利の瑕疵の例）が挙げられている。

(27) これは、Schlechtriem, a.a.O.（Fn. 26）, S. 179が挙げている例である。

(28) Schlechtriem, a.a.O.（Fn. 26）, S. 179.

(29) Schlechtriem, a.a.O.（Fn. 26）, S. 180.

(30) 岡・前掲注（5）［弁護士の責任］二一四頁以下参照。

(31) Vgl. Raab, a.a.O.（Fn. 15）, S.280.

(32) Begründung, S. 144.

(33) Vgl. Schlechtriem, a.a.O.（Fn. 26）, S. 180.

(34) しかし、旧法時代にも、損害賠償請求権は注文者が権利を留保しなくても存続すると解されていた。右近健男編『注釈ドイツ契約法』（三省堂、一九九五年）四二八頁（青野博之執筆）参照。なお、請負契約における「引取り」の意味およびそれと結びついた効果についても、右文献参照。

(35) これについては、旧法も含めて、芦野・前掲注（3）三三二頁以下参照。

(36) 条文訳は、右近編・前掲書注（34）四四二頁に基づいた。

(37) 以下は、討議草案の理由書に依拠している。Vgl. Schuldrechtsmodernisierung 2002, S.306f.

(38) Weyers, Werkvertrag, in: Gutachten und Vorschläge zur Überarbeitung des Schuldrechts, Bd. II, 1981, S. 1136f.

(39) 法曹大会や債務法改正委員会の動向については、vgl. Schuldrechtsmodernisierung 2002, S. 306f.

(40) BGH NJW 1999, 3261, 3262. ただし、個別の合意による排除は有効と解されている。Vgl Jauernig/ Schlechtriem, BGB, 10. Aufl., 2003, §649 Rn. 1.

(41) Peters, Das geplante Werkvertragsrecht II, in:Ernst/Zimmermann（Hrsg.）, Zivilrechtswissenschaft und Schuld-

rechtsreform, 2001, S. 282.

(42)　Peters, a.a.O.（Fn. 41), S. 301. ちなみに、現代化法では、重大な事由に基づく継続的債務関係の解約告知が三一四条に規定されている。

(43)　Meier, Diskussionsbericht zu den Referaten Seiler und Peters, in: Ernst/Zimmermann（Hrsg.), Zivilrechtswissenschaft und Schuldrechtsreform, 2001, S. 304.

(44)　ＰＩＣＣについては、曽野和明ほか訳『ユニドロワ国際商事契約原則』（商事法務、二〇〇四年）参照。

(45)　ＰＥＣＬについては、さしあたり潮見佳男『契約責任の体系』（有斐閣、二〇〇〇年）八六頁以下参照。その条文の訳については、第一部、第二部（および第三部の時効）につき、川角由和ほか編『ヨーロッパ私法の動向と課題』（日本評論社、二〇〇三年）四八三頁以下（藤井徳典／益澤彩訳）、第三部全体につき、バセドウ編／半田吉信ほか訳『ヨーロッパ統一契約法への道』（法律文化社、二〇〇四年）三四二頁以下（半田訳）参照。

(46)　Roth, a.a.O.（Fn. 6), S. 550.

三　解除権と報酬減額権

(1)　解除権

1　現代化法

現代化法では、注文者の解除権は原則として一般給付障害法の規定で処理され、請負契約法には若干の特則がおかれているにすぎない。

相当な期間を定めて追完を請求したにもかかわらず、請負人が追完をしなかったときは、注文者は契約を解除することができる（六三四条三号、三二三条）。一般給付障害法のレベルでも、現代化法では、解除の要件から債務者の帰責事由が除外されていることに注意すべきである[47]。請負契約を解除されてしまうと、請負人は報酬を全額失うことになり、また、製作した仕事を他に転用することもしばしば困難である。そこで、請負人の義務違反、すなわち仕事の瑕疵が軽微な場合には、解除は認められない（三二三条五項二文。そのほか、仕事の瑕疵が主として（weit überwiegend）注文者の帰責事由に起因する場合にも、注文者は解除できない。同条六項参照）。その場合には、注文者は報酬減額権など他の救済方法を選ばなければならない。債務者（請負人）が給付を「断固としてかつ終局的に拒絶する」場合や、定期行為、さらには、「当事者双方の利益を衡量して特別な事情から即時の解除が正当とされる」場合には[48]、即時解除が認められる（三二三条二項）。

また、瑕疵が重大であるにもかかわらず、追完が客観的に不能な場合には（二七五条一項。そのほか同条二項、三項の場合も当てはまる）、注文者は即時解除ができる（三二六条五項）。

なお、この給付義務の排除（二七五条）について一言しておきたい。現代化法は、一般論として給付義務が不能な場合には反対給付請求権は（自動）消滅すると規定している（三二六条一項一文）。特に、継続的供給契約において個別の給付が不能となった場合に、その個別の給付に対する反対給付を免れるためには、一々（一部）解除をしなければならないのでは、実務上問題だということで、反対給付請求権の自動消滅が規定された、という[49]。具体例としては、次のようなものが挙げられている。特別法のセミナーを数日間おこなうために、主催者Aは専門家の弁護士Bに講師を依頼した。ところが航空管制官のストライキのためにBは飛行機に乗れず、したがって予定の日程でのセミナーをおこなうことができなかった。この場合、Aは契約を解除・告知をする必要がなく、報酬支払義務は当然になくなる、という[50]。

さて、一方で、給付義務が不能な場合にこのように反対請求権が自動消滅するのに、他方で、その場合に解除も認められている（三二六条五項。これは、契約不適合の場合を越えて一般的な形では連邦政府草案の段階ではなかった）。追完が不能な場合には、注文者に、解除するか報酬減額するかなどの選択の余地を与えるために、この自動消滅という規律は追完不能には適用されない（同条一項二文）。

右に見た反対給付請求権の自動消滅はいわゆる危険負担（債務者主義）と同趣旨である。これと帰責事由の要件をはずした解除権とは併存可能か[51]。履行不能が明確になっていればともかく、それが債権者にとって不明の場合には（催告により）解除（三二三条一項）をすることによって自己の義務を免れたい[52]という債権者の便宜のために、危険負担的処理と併存して解除権が認められるべきであろう。

ところで、請負契約法における解除の要件の特則によれば、請負人が過分の費用がかかることを理由に追完を拒絶したとき、追完が失敗したとき、または、追完を注文者に期待することができないとき、注文者は契約を解除することができる（六三六条）。この追完が注文者に期待できないとはどういう場合を指すのか。例えば次のような例が挙げられている。UがB銀行のために開発したソフトには重大な瑕疵があり、誤振替、誤記帳などBの銀行業務に支障が生じた。追完のためにかかる数ヶ月間、Bは手作業で業務全般をおこなわなければならないという見通しになった場合には、Bには追完を期待できない。Bは即時に解除して他の業者からソフトを入手することができる、という[53]。

解除による原状回復義務は、三四六条、三四七条で規定されている。無形の仕事の製作などの場合のように、その性質上現物の返還ができなかったり、受領者が受領物を加工・改造した場合には、その者は価額償還の義務を負う（三四六条二項一文一号、二号）。そして、その場合の価額償還の算定は、契約において定められていた反対給付を基準とすると、されている（同条二項二文）。ただし、瑕疵ある仕事のような契約不適合の場合には、報酬減額と同様の算定をすべきだとされている(54)。

なお、「解除権者が自己の事務につき通常用いるのと同一の注意を払ったにもかかわらず、毀損又は滅失が解除権者のもとで発生したときは、」解除者の価値償還義務は消滅するという（三四六条三項一文三号）(55)。本稿では検討できないが、売買を例にとると、これの意味するところは、こうである。瑕疵ある物を購入した買主が瑕疵を理由として売買契約を解除するさい、買主のもとで不可抗力で当該物が滅失したときには、買主は売主から代金相当分の原状回復請求ができるが、売主に対して物の滅失による価値償還義務はないということである（日本民法上は、五四八条二項の問題だが、通説はこのドイツ法と同じ結論を主張している）。売主の詐欺による売買の例ではどうなるか（買主が売買契約を取り消したが、物は買主のもとで不可抗力により滅失している）。給付利得の問題として、通説の立場では、目的物滅失時の時価相当分を買主は価値償還しなければならないのではなかろうか。解除の場合と取消による給付利得の場合とでこのように結論が異なるのは、妥当だろうか。両者の比較検討は、日本では従来あまり自覚的になされてこなかったように思われる(56)。今後に残された検討課題であろう。

2　日本法――建て替え費用相当額の損害賠償

以下では、解除権についての日本民法上の二つの出来事について言及しておきたい。第一に、土地工作物に関する注文者の解除権についてである。平成一四年九月二四日の最高裁判決は（判時一八〇一号七七頁、判タ一一〇六号八五頁）は、請負人が建築した建物に重大な瑕疵があって建て替えるしか方法がない場合には、注文者は、建て替え費用相当額の損害賠償を請求できる、と判示した[57]。そのような損害賠償を認めても、民法六三五条ただし書の規定の趣旨には反しないとしており、非常に注目される。この事件では、原告は契約の解除を主張していないが、このような場合には、六三五条本文により契約の解除が認められるであろう（ただし、敷地および完成した建物に担保権が設定されることが多いだろうが、解除するさいには、このような担保権者の権利の確保も必要である。したがって、実務的には、解除が簡単に認められるわけではないだろう[58]）。

この最判は、「契約の履行責任に応じた損害賠償責任を負担させるもの」だから、建て替え費用相当額の賠償を負担させることは、請負人にとって過酷ともいえないと述べている。通常、「履行責任」という表現は使わない。これは「履行義務」のことであろうか。仮にそうだとすれば、本判決は建て替えという修補請求をも注文者に認めることを示唆しているともいえよう。しかし、注文者としては、建て替えるしか方法がないような重大な瑕疵のある建物を建築した請負人に対して信頼がなくなっているであろうから、建て替え請求を問題にする意味があるかどうかは疑問である。一方、履行義務ととらえると、それは修補に代わる損害賠償責任を問題にするのかもしれない。そう解するとしても、学説で主張されているような履行利益の賠償[59]までは認めないという、修補に代わる損害賠償の範囲を限定する趣旨でこういう表現を使ったようにも見える。いずれにしても意味がはっきりしない[60]。

アジアに目を転じてみると、例えば、台湾の中華民国民法は、一九九九年の改正により、「請負の仕事が建物その他土地の工作物であり、その瑕疵が重大であって、それにより使用の目的を達することができない場合には、注文者は契約を解除することができる」との一項が追加された（四九五条二項[61]）。また、韓国では、二〇〇一年末に民法（財産法）改正試案が法務部から公表され、現在（二〇〇四年一〇月上旬）、各界の意見を求めている段階と聞く。その改正試案でも、日民六三五条ただし書に当たる韓国民法六六八条ただし書が削除されている。[62]

日本民法でも、立法論としては、土地工作物の請負契約でも注文者に解除権を認めるべきであろう。そして、より重要なことは、どのような要件のもとで解除を認めるかである。今後の議論に期待したい。

3　日本法――法定解除の要件

日本法上の解除に関して言及したい第二の点は、法定解除権の原則型を定めた五四一条の理解の仕方である。その前提として、まずはドイツ法に注目しよう。すなわち、現代化法は、契約不適合に対する売主・請負人の責任を一般給付障害法に組み込むことを立法目的としている。そのため、請負契約における契約不適合の場合の救済方法は、報酬減額権や消滅時効を除いては、特別に規定されていない。この注文者の解除権も、一般給付障害法上の解除権と同様に位置づけられている。すでに述べたように、現代化法による法定解除権（三二三条）の整備で特筆すべきことは、債務者の帰責事由を要件からはずしたことである。解除は、不履行当事者たる債務者に対する制裁ではなく、挫折した契約から債権者を救済する手段であると考えられている。

さて、わが国では、法務省が民法現代語化案を二〇〇四年八月上旬に公表し、各界に意見を求めた。用語の単なる現代語化だけではなく、判例・通説の到達したところをも条文化するとして、例えば、四七八条の債権の準占有者への弁済では、弁済者が免責されるためには、善意では足りず、無過失でなければならないことが、明文で規定された。そして、五四一条でも判例・学説の到達した点だとして、表現の口語化のほかに、新たに

「ただし、その債務の不履行が債務者の責めに帰することができない事由によるものであるときは、この限りでない」が付け加えられた。

このような修正案に対しては、二つの観点から反対したい。[63]第一に、これは、国際的契約法の趨勢に反する。一九八〇年の国連動産売買法（CISG）[64]四九条をはじめとして、近時の国際的あるいは地域的モデル契約法は（PICC七・三・一条、PECL九―三〇一条、八―一〇三条、いわゆるガンドルフィー草案一一四条一項、一〇七条など）[65]、解除の要件から帰責事由を除外している。そして、それは、一九九九年の中国合同法（同年施行）[66]九四条においても踏襲されている。今回の法務省の現代語化案は、このような国際的契約法の趨勢に明確に反する。第二に、このような修正案は、学説の動向を無視し、今後多様な解釈論を展開する余地を否定してしまいかねない。「通説」とは何かの問題もあるが、今回のようにただし書を明文化しなくても、いわゆる判例・「通説」はこれまでその解釈論に困らなかった。一方、近時の学説は、五四一条解除の場合に、帰責事由を要求する「通説」に対して疑問を提起しており、教科書レベルでも、明確に帰責事由不要論を展開しているものも登場している。[67]上記海外の動向をふまえ、帰責事由が明文化されていないことに着目して、そのような解釈論が試みられているのである。しかし、今回のような「修正」によって、解除の要件は確定してしまい、従来の多様な解釈論は、すべて立法論として主張しなければならないことになる。解釈論として一定の立場を表明するのと、立法論として意見を表明するのとでは、大きな隔たりがある。立法論の展開では、研究者・実務家に対するインパクトが解釈論よりも弱いうえに、その立法論の実現たるや、民法典前三編の口語化でさえ今回の企画まで戦後六〇年近くかかっていることを考えると、ほとんど絶望的にならざるをえない。

学界からいくつかの意見書が提出されたようであるが、筆者の知る限りでは、学者グループの意見書はすべて、五四一条ただし書の削除を要望したようである。その後、法務省は、このただし書を削除したと聞いている。

もう一点だけこの現代語化案に対する疑問を提起しておきたい。第一編総則の第二章人（第一章として「通則」が置かれたため、「人」が第二章に繰り下がったのである）第一節は「私権ノ享有」が「権利能力」に改められた。このような変更をする必要があるのであろうか。(68) もともと、明治民法制定過程では、甲号議案では「私権ノ享有」となっており、法典調査会民法主査会、同総会で「権利ノ享有」と修正され、その後、主査会の逐条審議のさいに改めて原案にもどったという経緯がある。(69) 旧民法人事編第一章の見出しも「私権ノ享有及ヒ行使」となっていた。さらにフランス民法（第一編第一章第一節私権の享有［De la jouissance des droits civils］）が日本法に影響を与えた痕跡として、現行民法の節の名称には意味があると思われる。おそらく、第二節を「能力」から「行為能力」に改めたことに平仄を合わせる意図があったのであろうが、「権利能力」となると、ドイツ民法（第二草案第一編第一条「権利能力の始期」）に依拠したかのような印象を受けてしまい、民法制定史の理解を損なうおそれが皆無とはいえないだろう。民法の全面改正のさいは別として、口語化を目標とする当面の改正のさいには、学界の議論を経ることなく章名・節名などを変更すべきではなかろう。

民法現代語化案は、二〇〇四年一〇月、国会（第一六一臨時会）に上程された。そこでの審議を経て、可決される見通しであり、早ければ二〇〇五年はじめに施行とのことである。

(2) 報酬減額権

旧法と異なり、現代化法では、報酬減額権は形成権となった。そのため、例えば注文者が複数いる場合には、報酬減額権の行使は全員が共同しておこなわなければならない（六三八条二項）。
報酬減額権は、「解除に代えて」行使できるとされているので、その行使には、解除と同じ要件が必要である。その例外をなすのが、軽微な義務違反の場合にも報酬減額ができるということである（六三八条一項二文。解除はできない。三二三条五項二文参照）。減額の算定は、「契約締結時における瑕疵がない状態の仕事の価値と実際の価値を比較して」おこなわれる（六三八条三項。必要に応じて査定（Schätzung）により算定する。同項二文参照）[70]。報酬減額権が行使されると、損害賠償請求権は別として、追完請求権および解除権（六三四条三号参照）は行使することができなくなる。

さて、旧稿でも若干指摘したが[71]、現代化法は、（履行請求権および）追完請求権を他の救済方法に比べて優越的地位においている（拡大損害賠償など二八〇条一項が適用される場合は別である）。追完のための相当な期間が経過しなければ、解除権も報酬減額権も行使できない。少なくとも報酬減額権だけは、追完請求権と同列に位置づけられないものだろうか。

日本法を見てみると、請負人の瑕疵担保責任中、修補に代わる損害賠償請求権は（六三四条二項）、判例によれば注文者は即時に行使できるという（最判昭和五四年三月二〇日判時九二七号一八四頁、判タ三九四号六〇頁）。学説の中には、「修補が容易」で、「これによって注文者に全く損害が残らなくなるような場合には」、信義則上、注文者はまずは修補を請求すべきだと主張する見解もある[72]。この見解は、ドイツと同じく追完請求権の優越性を示唆するものである。そもそも日本民法起草者は、どういう場合を念頭において、修補に代わる損害賠償請求権を考えていたのであろうか。梅謙次郎は、注文者が修補を欲しなければ請負人はそれを強いることはできないと考えていた[73]。修補を欲しない理由は書かれていないが、修補に代わる損害賠償を説明するさいに、節のない板による天井の張り替えを頼んだが、実際には節のある板が使われたという例を挙げている。請負人に対する注文者の信頼感が揺らいだことが修補を欲しない理由となった可能性もあるだろう。解除の場合には、請負人の報酬全額の期待を奪ってしまうことになり、追完請求権をまず優先させるべきであろうが、報酬減額権の場合は、期待していた報酬の一部が減額されるというだけであるから、請負人の利益をまったく考慮しないというわけではない。減額される額よりも安い費用で修補ができる場合もあろう（こういう場合にこそ追完請求権の優越性が意味を持つ）が、瑕疵ある仕事の製作により請負人の専門的知識・技能などに不信感をもってしまった注文者に、当該請負人による安い費用での修補を我慢せよという根拠はないのではなかろうか。したがって、原則として、追完請求権と報酬減額権とは対等の立場に立っており、どちらを選択するかは注文者の判断にゆだねることが望ましいように思われる(74)。日本法上は、報酬減額権は認められていないので、さしあたりは、修補に代わる損害賠償のうち報酬減額に相当する部分について、右のように考えたい。その上で、注文者の減額権行使が信義則上許されず、追完請求をしなければ（つまり請負人の追完の申し出を受けなければ）ならないという場合は当然考えられよう。例えば、請負人が真摯に瑕疵の原因究明に努力し、自己の技能不足に起因するものでないことを客観的事実に基づいて説明しているような場合には、請負人に対する信頼感が失われたことにはならないであろうから、まずは請負人の追完を待つべきであろう。

（47） Dauner-Lieb, §323 Rn. 4, in:Dauner-Lieb/Heidel/Lepa/Ring（Hrsg.）, Schuldrecht. Anwaltkommentar, 2002, Canaris, Die Reform des Rechts der Leistungsstörungen, JZ 2001, 499, 522 は、このことが旧法と比べてもっとも大きな進展だという。

(48)　これは、旧三二六条二項を敷衍したものである。旧法については、銭偉栄「履行遅滞の場合における即時解除の要件についての一考察」『契約の現代化』七九頁以下参照。

(49)　Vgl. Schlechtriem, Schuldrecht. Allgemeiner Teil, 5.Aufl., 2003, S. 217.

(50)　Vgl. Schlechtriem, a.a.O. (Fn. 49), S. 217.

(51)　能見善久「履行障害」山本敬三ほか『債権法改正の課題と方向』（商事法務研究会、一九九八年）一三八頁以下は併存を認める。ＰＥＣＬ（注（45）参照）九―三〇一条一項、九―三〇三条四項も同旨であろう。

(52)　Vgl. Bericht des Rechtsausschusses, Schuldrechtsmodernisierung 2002, S. 1094f., Dauner-Lieb, a.a.O. (Fn. 47), §326 Rn.18.

(53)　Schlechtriem, a.a.O. (Fn. 26), S. 177.

(54)　この二項二文は、政府草案（これに対する批判として、vgl. Hager, Das geplante Recht des Rücktritts und des Widerrufs, in :Ernst/Zimmermann (Hrsg.), Zivilrechtswissenschaft und Schuldrechtsreform, 2001, S. 450f.）では異なっており、その後連邦参議院の意見をふまえ、連邦議会法務委員会で修正されたものである。この間の経緯については、vgl. Schuldrechtsmodernisierung 2002, S. XXXVIII f., S. 962 f.

(55)　ドイツ法のこの解決の仕方を支持するものとして、新田孝二「ドイツ債務法の現代化法における契約解除と日本法との比較」関東学園大学法学紀要二五号（二〇〇二年）二三頁以下参照。

(56)　ほとんど唯一の例外が、藤原正則『不当利得法』（信山社、二〇〇二年）一七二頁である。

(57)　銭偉栄「建物に重大な瑕疵がある場合における注文者の権利」『財産法諸問題の考察』（小林一俊博士古稀記念論集。酒井書店、二〇〇四年）四〇二頁以下、岡孝「判例研究」私法判例リマークス二八号（二〇〇四年）五四頁以下参照。なお、この判決を検討するにさいしては、判例タイムズ社にお世話になった。お礼申し上げる。

(58)　岡・前掲注（57）五七頁末尾参照。

(59)　我妻栄『債権各論中巻二』（岩波書店、一九六二年）六三七頁、大阪高判昭和五八年一〇月二七日判時一一一二号六七頁参照。

(60) 筆者の判例研究後の加藤新太郎「判例解説」平成一五年度主要民事判例解説(二〇〇四年)六六頁以下は、この点を問題にしていないが、疑問である。

(61) 条文訳は、銭・前掲注(57)四一五頁による。この改正法については、台湾・東吾大学の蘇恵卿氏にご教示いただいた。

(62) 鄭鍾休「韓国民法改正試案について――債権編を中心として――」『現代化の課題』一八〇頁注(26)参照。そのほか、金祥洙「民法改正案について(上)(下)」国際商事法務三二巻八号一一二六頁以下、九号(二〇〇四年)一二七三頁以下参照。

(63) 二〇〇四年八月末に、ドイツ民法研究会は、有志(青野博之、滝沢昌彦両氏が代表)の名前で法務省に対して意見書を提出した。以下の二点は、そのための検討会を経て筆者が作った原案の一部である。意見書は、これを大幅に加除修正している。

(64) これについては、甲斐道太郎ほか編『注釈国際統一売買法Ⅰ』(法律文化社、二〇〇〇年)参照。

(65) PICCおよびPECLの翻訳については、前掲注(44)(45)参照。ガンドルフィー草案については、Code europeen des contrats (Europäisches Vertragsgesetzbuch), Livre premier, 2002(仏語のほか、英独語などの条文訳も収録されている)参照。

(66) 中国合同法については、塚本宏明監修『中国契約法の実務』(中央経済社、二〇〇四年)参照。

(67) 帰責事由を要件とすることに疑問を提起する見解としては、星野英一『民法概論Ⅳ・第一分冊契約総論』(良書普及会、一九七五年)七七頁、明確にそれを不要とする見解として、近江幸治『契約法』(第二版、成文堂、二〇〇三年)八一頁、潮見佳男『債権総論Ⅰ』(第二版、信山社、二〇〇三年)四三〇頁以下(同書には、近時の学説の動向が簡潔にまとめられている)参照。

(68) 以下は、学習院大学法学部民法担当者の名前で法務省に提出した意見書中、筆者が指摘した点に基づいている。

(69)「法典調査会民法主査会議事速記録」法務大臣官房司法法制調査部監修『日本近代立法資料叢書13』(商事法務研究会、一九八八年)一〇四頁以下、一八二頁以下、「法典調査会民法総会議事速記録」法務大臣官房司法法制調査部監修『日本近代立法資料叢書12』(商事法務研究会、一九八八年)三三二頁以下参照。
(70)減額の算定方式は、売買の場合とまったく同じ(四四一条三項参照)である。売買の場合について、岡「目的物の瑕疵についての売主の責任」『現代化の課題』一一四頁参照。
(71)岡・前掲注(70)一〇七頁以下参照。
(72)我妻・前掲書注(59)六三八頁参照。
(73)梅謙次郎『民法要義・巻之三債権編』(一九一二年版復刻版、有斐閣、一九八四年)七〇九頁参照。
(74)旧稿では、売買の場合に、疑問を持ちながらも、ドイツ現代化法の立場、すなわち追完請求権の優越性を(売買契約に関して)支持していた。岡・前掲注(70)一〇八頁以下参照。

四　消滅時効

(1)　新規定の概観

現代化法は、一般消滅時効法についても大幅な改正をおこなったが、請負契約法でも特に時効期間の長さを改正した。追完請求権、注文者の瑕疵除去に伴う必要費償還請求権(六三四条二号)、損害賠償請求権(または無駄になった費用の賠償請求権)は、「物の製作、整備若しくは変更の仕事又はこれを計画し、若しくは監督する仕事については」、引取りの時から二年(六三四a条一項一号。起算点は同条二項。以下同じ)、「土地工作物及びこれを計画し、又は監督する仕事については」引取りの時から五年（同条一項二号）、その他の仕事については「通常の消滅時効期間」（同条一項三号）の消滅時効にかかる。

請負人が瑕疵を知りながら告げなかった場合には、通常の消滅時効期間により消滅時効にかかる（六三四a条三項一文。しかし、その場合であっても、同条一項二号の五年満了前に消滅時効が完成することはない。同条三項二文参照）。

(2) 無形の仕事の製作の場合

無形の仕事の製作の場合（六三四a条一項一号、二号の場合の無形の仕事を除く）[75]には、通常の消滅時効期間が適用され、起算点を定めた六三四a条二項にも格別規定がないので、通常の消滅時効の起算点が適用されることになる。したがって、例えば、この場合の追完請求権または損害賠償請求権の消滅時効期間は三年である（一九五条）。起算点は、「請求権が発生したこと」、かつ、注文者が「請求権を基礎づける事情及び債務者（請負人——引用者注）を知り又は重大な過失なく知るべきであったこと」という要件を「満たした年の終了時」である（一九九条一項）[76]。他の有形の仕事と時効法の規定の仕方が区別されたのは、無形の仕事の場合には、瑕疵を確定するのが他の場合と比べてより困難だからという理由からである[77]。

このように主観的要素が起算点になると、いつまでも時効が進行しないこともありえる。そこで、現代化法は、（いわゆる人損の場合を除いて）損害賠償請求権は、それを「知っているか又は重大な過失によって知らないかにかかわらず、その発生時から一〇年」（一九九条三項一文一号）、または、「その発生の有無を問わず、また、（それを）知っているか又は重大な過失により知らないかにかかわらず、行為の時、義務違反の時または損害を惹起するその他の出来事が発生した時から三〇年」（同項一文二号）の消滅時効にかかる、と規定している。[78] そして、この両者のうち、早く到来する期間が基準となるとしている（同項二文）。

(3)　請負の消滅時効の特則で十分か

現代化法における請負の消滅時効の特則は（六三四 a条一号、二号）、例えば仕事の瑕疵に基づく損害賠償請求権に適用され、旧法時代のような、積極的債権侵害等の構成により一般消滅時効を適用（六ヶ月、一年、五年を三〇年に延長）することは許されない、と考えられている。[79] しかし、特に物の製作など有形の仕事の場合[80]には、このような理解には問題があるのではなかろうか。

問題は、この請負の特則の起算点が客観的な引取りの時としている点にある。損害賠償請求権は請負人の帰責事由を要件としている。請負人の過失に起因する仕事の瑕疵により注文者が損害を被った場合、通常、注文者は、損害発生により初めて瑕疵を認識するであろう。ところが、その時にはすでに短期の消滅時効（例えば引取り時から二年）が完成しているということは、十分考えられる。[81] 注文者が、権利行使を怠っているわけではないのに、その権利を消滅時効により奪われるということは、公平な問題処理とはいえないのではないか。

ドイツでは、瑕疵に基づく（後述の人身損害を除いて）損害賠償請求権の消滅時効は請負の特則で処理するという見解[82]が有力である反面、右のような問題意識から、学説の一部には、注文者を保護しようとする試みが提示されている。まず、前提としてこう主張する。注文者の主観的要素にかからしめない客観的な時点を起算点とすることが妥当するのは、請負人が無過失でも避けられない追完請求権なり、（解除または報酬減額権の行使により生じた、支払済の）報酬の全部または一部の返還請求権などである、と。[83] その上で、次のような解釈論も展開する。[84] 警報装置の設計と取付に瑕疵があり（そのため、警報装置が作動しない）、注文者が引き取ってから一〇年後に初めて自宅に泥棒が侵入して（装置が作動しなかったために）損害を受けたとしよう。現代化法では、注文者の損害賠償請求権はすでに消滅時効にかかってしまっていることになる。これは妥当ではないとして、六三四a条一項一号の「物の製作、整備若しくは変更の仕事」を制限的に解釈しようとする。このケースでは、警報装置の「製作の計画」も、「土地工作物の変更」も認定せず、その装置が機能的に能力を発揮するかどうかが問題なので、ここでは独立した「計画」の給付、つまり無形の仕事が承認されるべきだ、という。つまり、このような構成により、六三四a条一項三号が適用されるので、そもそも消滅時効は完成していないというのである。

ところで、瑕疵に基づく損害賠償請求権はすべて短期消滅時効に服するとしてしまうと、とりわけ、瑕疵により注文者の生命・身体に損害が拡大した場合に深刻な問題が生じよう。一方で請負人の過失により注文者の生命・身体という重大な法益が侵害されているのに、他方で、すでに消滅時効が完成していて損害賠償請求ができないという結論には、ドイツの学説の多くも反対である。[85] ちなみに、現代化法では、不法行為による損害賠償請求権の特別規定（旧八五二条）は廃止され、通常の消滅時効法に一元化された。「生命、身体、健康又は自由の侵害を理由とする損害賠償請求権は、その発生の有無を問わず、また、（それを）知っているか又は重大な過失により知らないかにかかわらず、行為の時、義務違反の時または損害を惹起するその他の出来事が発生した時から三〇年の消滅時効にかかる」（一九九条二項）と規定されている。ドイツの多数説は、瑕疵により人身損害が発生した場合には不法行為法との競合を認めて、たとえ請負契約法上の損害賠償請求権が時効消滅しても、なお不法行為による損害賠償請求権を認めるべきだ、と主張している。日本法の解釈論としても参考になるだろう。

(4)　消滅時効整備法案

なお、ドイツ連邦政府は、二〇〇四年、特別法上の消滅時効の規定を現代化法に合わせるためのいわゆる消滅時効整備法案（Entwurf eines Gesetzes zur Anpassung von Verjährungsvorschriften an das Gesetz zur Modernisierung des Schuldrechts. 全二六カ条からなる）を連邦議会に提出した（同年一〇月上旬現在、まだ連邦議会で審議中である）[86]。一例として、ここでは連邦弁護士法を引用しておこう。従来五一b条で弁護士に対する依頼者の（契約関係に基づく）損害賠償請求権の消滅時効が規定されているが（請求権発生時または遅くとも委託終了時から起算して三年の消滅時効にかかるというもの）[87]、この整備法案（第四条連邦弁護士法の変更、第一号五一b条の削除）ではこの条文の削除が提案されている（なお、右整備法案では、民法の一部改正が提案されている。表現の修正のほか、例えば、一九七条一項五号の後に六号として、強制執行費用償還請求権が付け加えられている［整備法案八条一号c］）。

(75)　もともと、この一号、二号に規定された、物と関連した計画・監督などの仕事は、雇用契約に類似しているので通常の消滅時効規範が適用されるべきだとして、政府草案には規定されておらず、三号の問題だと解されていた。しかし、連邦参議院で、（例えば大規模な機械なり土地工作物の製作にさいして）製作者に対する損害賠償請求権などの消滅時効とその計画・監督者に対するそれとは同じ長さにすべきではないかと指摘され、議論の末、現代化法のような規定になったのである。Vgl. Stellungnahme des Bundesrats, Schuldrechtsmodernisierung 2002, S. 985f., Gegenäußerung des Bundesregierung, a.a.O., S. 1039f., Bericht des Rechtsausschusses, a.a.O., S. 1116f.

（76） 債権者側の主観的要素に消滅時効の起算点をかからしめるという、ペータース／ツィンマーマンの提案（一九八一年の債務法改正鑑定意見）に端を発するこの発想は、債務法改正委員会でも否定され（下森＝岡編・前掲書注（19）一九一頁以下参照）、現代化法の（二〇〇一年三月二二日付で連邦司法省が連邦・ラント作業グループに対して提出した）消滅時効法に関する討議草案新規定（Neufassung. Vgl. Schuldrechtsmodernisierung 2002, S. X, S. 421f.）で初めて草案の中に登場し、連邦政府草案、法務委員会の修正案を経て現代化法に結実した。なお、今後は、無形の仕事の製作の場合には、その契約の性質が雇用契約か請負契約かにかかわらず、同一の消滅時効の規定が適用されることになり、この観点からの性質決定の議論は不要となったわけである。

（77） Begründung, S. 264.

（78） Schlechtriem, a.a.O.（Fn. 26）, S. 183 に興味深い例が挙げられている。

（79） 売買に関してであるが、Vgl. Begründung, S. 228.

（80） なお、栗田哲男「建設工事契約瑕疵担保責任の期間制限」同『現代民法研究（1）』（信山社、一九九七年）四二五頁以下（初出は一九八五年）は、一九八三年の債務法鑑定意見書（カイルホルツの建設請負契約について）を中心とした検討であるが、今日でも示唆するところ大である。

（81） Vgl. Leenen, Die Neuregelung der Verjährung, JZ 2001, 552, 553ff., Raab, a.a.O.（Fn. 15）, S. 282f.

（82） Vgl. Mansel/Budzikiewicz, Das neue Verjährungsrecht, 2002, § 5 Rn. 274ff.

（83） Raab, a.a.O.（Fn. 15）, S. 282.

（84） Raab, a.a.O.（Fn. 15）, S. 283.

（85） Mansel/Budzikiewicz, a.a.O.（Fn. 82）, § 5 Rn. 279, Schlrechtriem, a.a.O.（Fn. 26）, S. 185. 売買について同旨を述べるものとして、レーネン／永田誠訳「ドイツにおける債務法の現代化＝売買契約ならびに請負契約の新規制および新消滅時効法」日本法学六九巻一号（二〇〇三年）二五五頁参照。

（86） BT-Drucks.15/3653.

(87) 岡・前掲注(5)〔弁護士の責任〕二一七頁以下参照(この当時は連邦弁護士法五一条であった)。

五 まとめと展望

以上きわめて簡単ながら、ドイツ現代化法が仕事の瑕疵に対する注文者の救済方法をどのように規律しているかを概観した。そして、そのつど若干のコメントを述べたが、とりわけ、現代化法が採用している追完請求権の優越性については多少の疑問があり、せめて報酬減額権は追完請求権と同列に置くべきで、信義則上の制限は当然としても、原則として注文者の選択に任せるべきではないかということを述べた。

つぎに、現代化法は、契約不適合における(売主または)請負人の責任を一般給付障害法に一元的に整理し直すことを目標に掲げながら、(報酬)減額権や消滅時効などについては(売買と)請負に特則をおいた。本稿が念頭においた無形の仕事の製作の場合は、通常の消滅時効法による処理になるので、旧稿で問題にした「後発損害」(拡大損害)の問題はほぼ処理可能である。それに対して、それ以外の典型的な請負契約、例えば動産の製作などの場合には、旧法に類似した起算点と時効期間が規定された。そのために、とりわけ注文者が認識する前にすでに損害賠償請求権が時効消滅してしまっているということがありうる。瑕疵を理由として注文者の生命・身体などに損害が生じた場合には、この結果の妥当性はきわめて疑わしい。学説では、不法行為による損害賠償請求権との競合を認めることによって、この問題を解決すべきだと主張されている。

ドイツでは、そもそも、請負人の帰責事由を問題にせず、追完請求権にも損害賠償請求権にも同一の特別な消滅時効規定を適用しようとした構想自体が問題だ、と指摘されるに至っている。翻って日本法を見てみると、判例・通説が請負の瑕疵担保責任は不完全履行責任の特則であると解しているのに対して（そもそも、「特則」というだけではあまり意味がない。不完全履行、つまり一般の債務不履行責任の適用がいっさいないと考えるべきかどうか。もう一度「特則」の意味を慎重に吟味すべきであろう）、有力説は、請負人に故意・過失がある場合には、短期の期間制限（日民六三七条、六三八条）の適用はないと主張している。(88) 筆者は、かつて債務法改正委員会草案を検討するさい、委員会草案では一般消滅時効の規律を債権者の主観にかからしめるペーターース＝ツィンマーマンの提案が拒否されていることにも影響されて、この日本法上の有力説を再検討すべきではないかと述べた。(89) しかし、今や現代化法が改正委員会草案を乗り越え、債権者の主観的要素にかからしめる起算点を導入したことを踏まえて、改めて日本法上の有力説を評価したいと思っている。

筆者は、日本の債務不履行法を不完全履行を中心に再検討したいと思っている。そのための条文上の手がかりは、請負人の瑕疵担保責任の規定にある。本稿では、ドイツ債務法現代化法における仕事の瑕疵に対する注文者の救済方法のうち、主として報酬減額権の位置づけと消滅時効の規律について疑問を提起したうえで、日本法の解釈論としてどう生かすべきかを、簡単にまとめた。そもそも、民法典の請負の規定の射程範囲も問題である。内山尚三先生は、建設請負契約には民法の規定を適用したのでは妥当性を欠くので、特別なルールを構築すべきだと主張されていた。(90) この点も今後検討を要する問題で、おそらくは立法論が必要になろう。

他方、法定解除についても問題点を簡単に述べたが、ドイツ現代化法を検討してみると、単に仕事の瑕疵に対する請負契約法上の問題だけでなく、日本の債務不履行法について問題が種々あることがわかる。筆者自身の力に限界があることは承知しているが、自分にできる範囲で少しずつ問題点の検討をおこない、解釈論だけでなく、二一世紀の日本民法にふさわしい立法論（民法の現代化）を展開したいと願っている。

(88)　岡「明治民法と梅謙次郎」法学志林八八巻四号（一九九一年）四四頁注（115）参照。

(89)　下森／岡編・前掲書注（19）二〇五頁［岡執筆］参照。

(90)　内山尚三『現代建設請負契約法（再増補）』（一粒社、一九九九年）一〇頁以下、一五四頁以下など参照。

14

元請企業の下請労働者に対する安全配慮義務

宮本健蔵

下森定 編集代表『現代民事法学の構想』内山尚三先生追悼
二〇〇四年一一月 信山社

はじめに

請負は仕事の完成を目的とする契約であり、請負人は通常自己の判断と責任において仕事を完成させるのが原則である。注文者は単に仕事の結果を享受するにすぎない。従って、仕事の完成過程において事故が発生し、請負人に雇用される労働者が損害を被ったとしても、注文者はこれにつき賠償責任を負わない。

これが請負の原則的形態である。しかし、請負の態様は様々であり、注文者たる元請企業（ここでは、下請契約だけでなく、第一次的請負契約の注文者である場合を含む）が事実上仕事の過程に深く関与し、下請労働者が元請企業の管理する労働場所に配置され、元請企業の供給する設備・器具等を用い、あるいは元請企業の指示の下に労務を供給するなど、実質的には当該労働者を雇用して仕事をさせるのと異ならない場合もみられる。(1) このような請負の変則的形態において、元請企業が下請労働者に対して契約責任としての安全配慮義務を負うかどうかが問題とされる。

元請企業と下請企業の間には請負契約、下請企業と下請労働者の間には雇用・労働契約がそれぞれ存在するが、元請企業と下請労働者の間には直接的な契約関係は存在しない。このことから元請企業の安全配慮義務を否定する見解もかつては見られた。(2) しかし、下級審判例の大多数は従来からこれを認めてきた。上級審判決でも、すでに最判昭和五五年一二月一八日（民集三四巻七号八八八頁）はこれを前提とする判断を示していたが、最判平成三年四月一一日（判時一三九一号三頁）は明確に元請企業の安全配慮義務を肯定した。(3) 通説も同様にこれを認める。

右のような請負の変則的形態では、実態的にみると、元請企業は直接の使用者と異ならないし、下請労働者の安全確保のためには元請企業の協力を欠くことはできない。また、元請企業は作業場所や設備・器具等を支配管理し、下請労働者に対して作業上の指示を行っているのであるから、これらを通して労災を予見し回避することが可能であり、これを要求しても元請企業に加重な負担を課すことにはならない。実際上も、元請企業が下請労働者の生命・健康等に配慮しなくてよいという認識で行動することはないと言われる。従って、これを肯定する判例・通説は結論的には正当であるといえよう。

問題となるのはその法律構成と要件をめぐってである。従来の判例は、元請企業と下請労働者の間の特別な社会的接触関係ないしは実質的な使用従属関係の存在にその理論的・実質的根拠を求めてきた。学説では、これを支持するのが通説的見解であるが、これに反対する見解も有力である。また、近時、下級審判決の中には、同一の基本的立場を維持しながら、これに限定を加えようとするものが現われた。しかし、そこで提示された限定基準が理論的基礎としての使用従属関係論と整合的であるかは疑問であり、これは従来の判例・通説の理論につき再検討を迫るものだということもできる。

そこで、本稿では、このような元請企業の安全配慮義務に関して若干の考察を行うことにしたい。まず初めに、これに関する判例・学説を概観した上で、労安衛法等の規定と安全配慮義務の関連につき従来の判例を中心としてみる。そして、最後に、第三者のための保護効を伴う契約理論の視点からこの問題を検討することにしよう。

(1) 東京地判昭和五六年二月一〇日判タ四四九号一四七頁、神戸地尼崎支判昭和六〇年二月八日労判四四八号三一頁、浦和地判平成五年五月二八日判時一五一〇号一三七頁など参照。

（2） 後藤勇「注文者・元請負人の不法行為責任㊦」判タ三九一号一八頁（一九七九年）、東京地八王子支判昭和五六年一二月二日労旬一〇三九号八二頁。
（3） なお、最判平成二年一一月八日判時一三七〇号五二頁は、船舶の運航委託契約に関してであるが、直接の契約関係にない船長に対する安全配慮義務を受託者に認めた。

一　元請企業の安全配慮義務

1　従来の判例・学説

元請企業の安全配慮義務の法的構成をめぐっては、次のような見解が主張されてきた。

まず第一に、元請企業と下請労働者の間に直接的な契約の成立を認めるものがある（労働契約説）。これによれば、下請労働者の就労の実態において、実質的な使用従属関係が認められる場合には、擬制ないし黙示的に、あるいは契約意思を媒介とせずに客観的に、直接的な労働契約の成立が認められるという。(4)(5) しかし、安全配慮義務は必ずしも契約の成立を前提とするものではないから、元請企業の安全配慮義務を基礎づけるために、直接的な労働契約の成立を認める必要はない。また、賃金支払義務という契約の重要な要素を欠くような関係を労働契約ということもできないであろう。(6)

第二の見解としては、雇用契約または請負契約を基礎として、契約責任の第三者への拡張として把握するものがあげられる。たとえば、重畳的債務引受説は、雇用・労働契約に基づき、下請企業は下請労働者に対して安全配慮義務を負うが、元請企業はこの下請企業の安全配慮義務を請負契約によって重畳的に引き受けたとする。(7)これに対して、第三者のための保護効を伴う契約説は請負契約に着目する。すなわち、請負の変則的形態では、請負契約の履行につき相互の協力ないし元請企業の関与が当然の前提とされる。そこにおいて、元請企業の果たすべき役割・元請企業の管理支配する領域が設定される。自己の管理支配する領域に属する事情から生ずる危険については、元請企業は下請企業に対して信義則上安全配慮義務を負い、これと雇用関係に立つ下請労働者にも拡張されるとする。(8)前者の見解は債務者の拡張であるのに対して、後者は債権者を拡張するものといえる。

これに対しては、迂遠な法律構成だとか、(9)技巧的だという批判がある。(10)また、後者の見解につき、下請企業に対する安全配慮義務と下請労働者に対する安全配慮義務とは内容的に異なるから、この法理を適用できる関係とはいえないという批判もある。(11)しかし、下請業者自身が下請労働者と一緒に作業に従事している場合には両者は同一であり、さらには、安全配慮義務の内容は具体的状況に応じて確定されるのだから、両者の内容が異なるのはむしろ当然のことだといえよう。

第三に、安全配慮義務自体の法的根拠からこれを基礎づける見解がある。すなわち、安全配慮義務は労務に対する指揮支配権に付随する義務であるとして、元請企業と下請労働者の間に「使用従属の関係にある労働関係」「指揮命令あるいは指揮監督の労働関係」があれば、元請企業の安全配慮義務は肯定されるとする労働関係説、(12)および、このような実態が存するときは、最判昭五〇年二月二五日（民集二九巻二号一四三頁）にいう「特別な社会的接触の関係」があるとして元請企業の安全配慮義務を肯定する特別な社会的接触関係説(13)がそうである。

近時の判例・学説ではこの第三の見解を支持するものが多い。しかし、安全配慮義務は売買契約や賃貸借契約などにおいても認められるから、とりわけ労働関係説のように、安全配慮義務を労務に対する指揮支配権に付随する義務だと割り切ることには疑問が残る。また、元請企業と下請労働者の間に社会的接触関係を認めることは、その理論的淵源とされるドイツの保護義務論と調和しない。保護義務が認められるためには、不確定的であるにせよ契約締結の目的を有することが必要とされるが、元請企業と下請労働者にはこのような目的は存在しないからである。(14)

2　使用従属関係の認定要素

判例・通説によれば、元請企業に安全配慮義務が課されるには下請労働者との間に「使用従属関係」が存在することを必要とする。このような関係の存否は、従来の判例では、次のような要素に基づいて判断されてきた。

まず第一に、最高裁平成三年判決と同じく①元請企業の作業現場での労務の提供、②元請企業の設備・機材等の使用、③事実上の指揮監督、④元請従業員との作業内容の同一性、という四つの要素を中心としてこれを認定するグループがある。(15)基本的にこれに依りつつ④を除外するものもここに含まれる。(16)第二のグループは①元請企業の管理支配する（工事・建設現場の）施設内、②事実上の指揮監督という二つの要素を基準とする。(17)

これが基本的な二つのパターンであり、判例の大部分を占める。しかし、判例の中には、考慮すべき要素に優先順位をつけて、①元請企業と下請企業の間の実質的な独立性・従属性、②元請企業の下請労働者の人事権の事実上の掌握、③下請労働者に対する事実上の指揮命令・監督の有無を中心として判断し、この他に右の第一グループの①および②の要素も考慮するとしたものがある[18]。また、労働環境の整備と労務管理が実質的に元請企業によって行われていたと評価しうるかが重要な要素だとした判例もある[19]。右の基本パターンと比較すると、これらの判例は元請企業と下請企業間の関係に重点を置くものであり、また、元請企業の管理支配性へと視点を移すものといえよう。

下請労働者に対する指揮監督については、(イ)直接の指揮監督とする説[20]、(ロ)直接または間接の指揮監督とする説[21]、(ハ)指揮監督をなし得る関係で足りるとする説[22]などが対立する。もっとも、判例の多くは単に指揮監督とするのみで、直接・間接には触れていない。また、直接の指揮監督とする判例においても、間接の指揮監督の場合に安全配慮義務の成立を否定する趣旨であるかは明らかでない。

なお、重畳的債務引受説や第三者のための保護効を伴う契約説では、このような使用従属関係は問題とならない。判例の中には、重畳的債務引受説の立場から、元請企業が現場の物的施設に対する管理権を有していたことを要素として、元請企業の安全配慮義務を肯定したものもみられる[23]。

3　近時の下級審判例

(1)　従来の判例理論は右に述べた通りであるが、近時、これに一定の制限を加えようとする下級審判決が現れた。東京地判平成三年三月二二日（判時一三八二号二九頁）のいわゆる空港グラウンドサービス労災訴訟判決がそうである。

事案は、航空機の地上サービスを業とするY_1会社において、X等は機内クリーニング作業等に従事していたところ筋筋膜性腰痛に罹患し、通常の勤務に就けなくなった。そこで、この腰痛は原告等が狭い機内で中腰になったり、体を捻るなど不自然な作業を余儀なくされ、作業環境・勤務形態が劣悪であったために発症したとして、Y_1およびその親会社であるY_2（元請企業）に対して、安全配慮義務違反を理由に損害賠償を請求したというものである。

裁判所はY_1の責任を認めたが、Y_2についてはX等に対する安全配慮義務を否定した。その理由として、まず第一に、Y_2とX等との間には直接の契約関係は存在しないが、両者の間に雇用契約が存在するのと同視しうるような管理支配、使用従属の労働関係が成立している場合には、Y_2はX等に対して安全配慮義務を直接負担するという一般原則を述べる。そして、第二に、「Xらに対するY_2の指揮監督・管理支配の関係が及んでいる場合にのみ、その管理支配の範囲において安全配慮義務の責任が問われることになるのであって、単にY_1がY_2の指揮監督等を受け、かつX等の行為が外形上Y_1の業務の執行についてなされたというだけでは、Y_2の責任を問うことはできない」と判示した（七一頁）。

本件事案では、Y_2とY_1の間には物的・人的その他の関係があり、またY_2はY_1の作業工程を把握し、その作業内容、作業時間、作業場所について指示ないしは介入し、また作業時間を規制し、作業場所の管理を行い、さらにY_2の職員がY_1の職員に対して直接に作業割愛その他の指示を出していたという事実が認定された。しかし、裁判所は、このY_2の指揮監督あるいは管理支配は、「請負契約の性格を有する本件地上業務委託契約の請負人であるY_1に対し、右契約の履行を求め、あるいは契約の履行を求める前提としてなされているものであって、右契約における注文者としての地位に基づくものであり、これを超えるものではないと解され、したがってその指揮監督ないし管理支配は、いずれもY_1に対するものであり、X等に対するものではない」として、Y_2の安全配慮義務を否定した（七五頁）。

本判決の事実認定によれば、元請企業の指揮監督あるいは管理支配は事実上下請労働者に及んでいるといってよい。しかし、本判決はこのような事実上の指揮監督ないし管理支配を注文者としての地位に基づくものと、これを超えるものとに二分し、前者の場合には下請労働者に対する指揮監督ないし管理支配は存在せず、元請企業は下請労働者に対して安全配慮義務を負わないとした。従来の判例によれば、「請負契約と雇用契約を媒介として間接に成立した法律関係」の存在[24]、または「請負契約を媒介として」事実上の指揮監督が存在し[35]、あるいは「元請負人として、工事上の指図をし、その監督の下に、工事を施工させて」いれば足りるとしてきたから[26]、これと対比すると、本判決はその成立範囲を狭めるものといえよう。

この判例の見解によれば、注文者としての地位を超えるか否かが決定的に重要となるが、どのような基準によってこれを判断すべきであろうか。できるだけ明確な基準を措定する必要があるが、これを提示することは実際的には極めて困難であろう。また、事実上の指揮監督が存在するにも拘わらず、元請企業の安全配慮義務を否定することは従来の判例・通説が採用する安全配慮義務論の理論的基礎と調和しない。本判決はこれを回避するために、この場合には元請企業の指揮監督は下請企業に対するものであって、下請労働者に対するものではないとする。しかし、このような説明によって、指揮監督の存在という「事実」を拭い去ることはできないであろう。また、「事実」の存否の判断に「注文者としての地位」という法的な評価を持ち込む点でも妥当でないように思われる。

本判決については、このような問題点を指摘することができる。しかし、見方を変えれば、本判決は事実上の使用従属関係では処理し得ない場合があることを明らかにしており、従来の判例・通説の理論の不十分さを示すものに他ならない。また、下請労働者に対する指揮監督・管理支配の関係が及んでいる場合でも、安全配慮義務の責任が認められるのは「その管理支配する範囲」に限られるとする。これは包括的な安全配慮義務ではなく、限定的・部分的な安全配慮義務を認めるものであり、この点も注目に値しよう。

⑵　福岡高判平成一二年七月二八日（判タ一一〇八号二二五頁）も同様に元請企業の安全配慮義務の制限理論を明らかにした。いわゆる長崎日鉄鉱業じん肺訴訟判決であるが、Y会社（日鉄鉱業株式会社）が経営する炭鉱において、Yから坑内の掘進作業を一部請け負ったA会社の従業員Xが粉じん作業に従事し、これによりじん肺に罹患した。そこで、XがYに対して安全配慮義務違反を理由に損害賠償を請求したというものである。

裁判所はYの安全配慮義務違反を理由としてXの請求を認容した。この結論に異論はないと思われるが、元請企業の安全配慮義務について次のような注目すべき基準を提示した。すなわち、実質的使用従属関係のある場合に元請企業は安全配慮義務を負うが、このような実質的使用従属関係を認めるためには、「ただ単に、元請企業と下請企業との間の請負契約に基づき、下請企業の従業員が元請企業の営む事業につきその労務の提供を行っていたとの事実があるだけでは不十分であって、当該元請企業と下請企業との間に世間一般に見られる注文者と請負者との関係を越える密接な指揮監督、管理支配の関係が存すること（元請の従業員が下請の従業員に対して何らかの要請や指示をしただけでは不十分であり、社内の業務上の指示命令と同程度の拘束力や強制力を有すること）が具体的に明らかにされなければならない（もっとも、常に直接の指揮監督が現実に行われたことまでは必要でなく、指揮監督の方法は直接間接の両場面があってよい。）というべきである」と判示したのである。[27]

「元請企業が下請労働者に対して何らかの要請や指示をしただけでは不十分」だとする点では、右の空港グラウンドサービス訴訟と同じである。本判決によれば、このような元請企業と下請労働者の関係は元請企業と下請企業の間の「世間一般に見られる関係を越える密接な関係」の有無と同意反復の関係に立つ。つまり、下請労働者に対する元請企業の指揮命令・管理支配の有無は、下請企業と元請企業の関係が通常の請負よりも密接か否かの判断とリンクしている。そうすると、本判決は「元請企業と下請労働者の間の事実上の使用従属関係」から「元請企業と下請企業の間の密接な関係の存在」へと判断の重点を移すものといえよう。(28)

(4) 大山宏「労働災害と親会社の責任」労旬八七六号三九頁（一九七五年）は擬制説に立ち、小林良明「元請会社の下請労働者に対する債務不履行責任」労旬九一三号四〇頁（一九七六年）は黙示説を主張する。

(5) 小室豊允「使用者概念論の展開と課題(下)—親会社の労働契約責任」労旬九三四・五合併号五八頁（一九七七年）、岡村親宜『労災裁判の展開と法理』二一六頁（一九八二年）、平田秀光「労働災害における安全保護義務再論(三)」労判二九八号一七頁（一九七八年）など。なお、福島地判昭和四九年三月二五日判時七四四号一〇五頁は、出向社員に関する事例ではあるが、指揮命令関係の存在を理由に出向先との間に労働契約の成立を肯定した。

(6) 林迪廣「判批」判時七五九号一五二頁（一九七五年）。

(7) 福岡地小倉支判昭和四九年三月一四日判時七四九号一〇九頁、大津地判昭和六二年四月二七日労判四九九号三九頁など。

(8) 拙稿「下請労働者に生じた労働災害と元請負人の賠償責任」法学研究（明治学院大学）六〇号二一三頁（一九九六年）。なお、北川善太郎『注釈民法⑽』三六八頁［奥田昌道編］（一九八七年）は、必ずしも明確ではないが、これによるものと解される。また、國井和郎「『安全配慮義務』についての覚書(下)」判タ三六四号七四頁（一九七八年）はこの理論の導入を留保しつつ、このほうが素直な理論構成というべきだとする。

(9) 和田肇「雇用と安全配慮義務」ジュリ八二八号一二四頁（一九八五年）。

(10) 西村健一郎「使用者の安全配慮義務をめぐる若干の問題点」労判三七一号九頁（一九八一年）。

(11) 浦川道太郎「判批」リマークス五号四七頁（一九九二年）。

(12) 星野雅紀「安全配慮義務の適用範囲」吉田・塩崎編『裁判実務大系第八巻』四八一頁（一九八五年）、古賀

哲夫「判批」法時五五巻八号一四八頁（一九八三年）、西村健一郎「判批」判時一四〇三号一五四頁（一九九二年）、國井和郎・前掲注（8）六五頁、和田肇・前掲一二三頁など。東京地判昭和五六年二月一〇日前掲注（1）一四七頁、福岡地小倉支判昭和五七年九月一四日判時一〇六六号一二六頁などは、社会的接触関係に言及せず、実質的な使用従属関係のみを根拠とする。

（13）浦川道太郎・前掲注（11）四七頁、神戸地尼崎支判昭和六〇年二月八日前掲注（1）三一頁、最判平成三年四月一一日判時一三九一号三頁、浦和地熊谷支判平成一一年四月二七日判時一六九四号一四頁、福岡地判平成一三年一二月一八日判タ一一〇七号九二頁（一四二頁）、盛岡地判平成一三年三月三〇日判時一七七六号一一二頁（一四〇頁）、福岡高判平成一三年七月一九日判時一七八五号八九頁（一一七頁）、東京高判平成一三年一〇月二三日判時一七六八号一三八頁（一五〇頁）など。

（14）拙稿「判批」民法判例百選Ⅱ（第四版）一四頁（一九九六年）。

（15）神戸地判平成六年七月一二日判時一五一八号四一頁（七九頁）、大阪高判平成一一年三月三〇日労判七七一号六二頁、福岡地判平成一三年一二月一八日前掲注（13）一四二頁など。

（16）神戸地尼崎支判昭和六〇年二月八日前掲注（1）など。

（17）東京地判昭和五〇年八月二六日判時八〇九号六四頁、大阪地判昭和五六年五月二五日判タ四四九号一五三頁、東京地判昭和六一年一二月二六日判タ六四四号一六一頁、横浜地判平成二年一一月三〇日判タ七六四号一九四頁、東京地判平成一一年二月一六日労判七六一号一〇一頁など。

（18）浦和地熊谷支判平成一一年四月二七日前掲注（13）。

（19）札幌地判平成一一年五月二八日判時一七〇三号三頁（六八頁）。

（20）古賀哲夫・前掲注（12）一四八頁、福岡高判昭和五一年七月一四日労旬九四二号六九頁、大阪地判昭和五六年五月二五日前掲注（17）。

（21）比佐和枝「労働災害と安全配慮義務をめぐる諸問題」塩崎編『現代民事裁判の課題第八巻』七二一頁（一九八九年）、札幌地判昭和五九年二月二八日労判四三三号六四頁。

(22) 岡村親宜・前掲注（5）二一七頁、東京地判昭和五九年一〇月二二日判時一一六一号一三四頁。
(23) 大津地判昭和六二年四月二七日前掲注（7）。
(24) 大阪高判昭和六三年一一月二八日判時一三九一号一八頁、東京地判平成五年一一月一九日交民集二六巻六号一四四〇頁、長崎地判平成一〇年一一月二五日判タ一〇一九号一八二頁（二一一頁）、浦和地熊谷支判平成一一年四月二七日前掲注（13）など。
(25) 福岡高判昭和五一年七月一四日前掲注（20）、神戸地判昭和五九年七月二〇日判タ五三三号八六頁など。
(26) 札幌地判昭和五三年三月三〇日判時九二三号一〇四頁など。
(27) 福岡高判平成一三年七月一九日前掲注（13）一一八頁も同様に解する。そこでは、元請企業は世間一般にみられる関係を越えていないから安全配慮義務を負わないと主張したが、裁判所はこれを排斥した。
(28) 拙稿「判批」私法判例リマークス二八号三二頁（二〇〇四年）参照。

二 元請企業の安全配慮義務と労安衛法等の規定

1 労安衛法との関連

(1) 労働安全衛生法（以下、労安衛法と略）は、労働災害を防止するために事業者等の講ずべき各種の措置を定めている。この労安衛法は労働の安全衛生確保のための総合的な法制として昭和四七年に制定された。そこでは、事業者の講ずべき措置に関する最低基準のほか、健康の保持増進や快適な職場環境の形成のための事業者の取り組みの推進、国による各種の援助措置など幅広い規定が設けられている。[29]

このような労安衛法の規定は本来的には公法的な規制に他ならないが、さらに私法的効力をも有するかどうかが争われている。[30] 一部の学説はこれを否定する。[31] 労安衛法が労使以外の関係者をも規制対象としていること、事業主に対して諸種の努力義務を課し、その具体化にあたって指針の作成や行政指導を予定していること、法目的の達成のための行政施策の仕組みをも設定していることなどの点において、労基法よりも広範・多様・高度の法規整を行っている。また、このような規整内容にかんがみ、労安衛法には、労基法や最賃法のような労働契約に対する直律的効力の規定がおかれていないからである。

これに対して、通説的見解は労安衛法の沿革的理由などからこれを肯定する。[32] 事業者が講ずべき各種の措置については労働基準法の第五章「安全および衛生」において規定されていたが、労安衛法はこれを分離独立させて単行法としたものである。労基法のときは、これらの規定は一三条によって私法上の効力が付与されていたから、労安衛法になっても同様の効力が認められるべきだとする。

確かに、立法の沿革および法規定の相互関連からすれば、事業者の措置義務については、通説的見解が妥当であろう。[33] 労安衛法が労基法と姉妹法の関係にあり、労基法全体の法体系の中の一員であり、労基法の規定と一体となって労働条件の確保を図るものであることは国会の審議においても立法担当者によって明言されていた。[34] また、このことは法規定上も明らかである。労安衛法一条が「労働基準法と相まって」と規定し、また、労基法に「第五章　安全及び衛生」の章名を残し、「労働者の安全及び衛生に関しては、労働安全衛生法の定めるところによる。」と定められ（労基法四二条）、そして、私法的効力を付与する労基法一三条はそのまま維持されているからである。

(2)　しかし、安全配慮義務論が確立されるに至った今日、肯定説はどのような意義を有するのであろうか。

この点について検討することが重要であるように思われる。

(イ) まず初めに、直接的な使用者と労働者の関係を前提として、これを考えてみよう。労安衛法上の使用者の義務に私法的効力を認めることは、労働者に対する使用者の義務の基礎づけとして機能する。[35] しかし、現在では、使用者の安全配慮義務は信義則に根拠が求められており、判例・学説上この点に異論はみられない。そうだとすると、安全配慮義務の根拠としてこれらの規定の私法的効力を持ち出す必要はもはやない。

あるいは、労安衛法上の義務を安全配慮義務の内容に転化させる点に私法的効力の意義を求めることも考えられる。しかし、安全配慮義務は労安衛法の規定する義務に限定されるわけではないし、また、安全配慮義務の内容は信義則の観点から個別・具体的な状況に応じて決定されるのだから、このように決定された内容が「法律で定める基準に達しない」(労基法一三条)ということも考えられないであろう。私法的効力によって労安衛法上の義務を安全配慮義務へと転化させる必要はない。

労安衛法の規定するものは私法的効力により、これ以外は信義則に基づいて、いわば二本立てで安全配慮義務の内容は確定されるとする見解もあり得る。[36] しかし、この見解によれば、労安衛法の規定するものについてはその規定を遵守すれば足りるという結果になりはしないだろうか。[37] 労災予防の知見や科学技術の進展が常に労安衛法に反映されるわけではないことに鑑みると、使用者の責任の軽減へと導く恐れなしとしない。これを回避するために、不十分な規定は信義則によって補充ないし修正されると解するときは、私法的効力を肯定する意味は殆どない。

学説の中には、私法的効力を根拠として労安衛法上の義務につき労働者の履行請求権を肯定する見解がみられる。[38] 労災を予防し、労働者の生命・身体の安全を確保するためには、安全配慮義務の履行請求はこれを肯定すべきだと考えるが、しかし、その範囲は労安衛法に規定されたものに限定すべきではない。また、紙幅の関係で詳述できないが、安全配慮義務の履行請求は労安衛法ではなく他にその根拠を求めることが妥当であろう。(39)

このように安全配慮義務論が十分に根付いていない時代には、労働の安全衛生に関する規定に私法的効力を認めることは極めて重要な意義を有していたと思われるが、安全配慮義務論の確立に伴ってその意義を失ったといってよい。現在では、労安衛法上の規定は安全配慮義務の内容を決定するに際して斟酌すべき要素の一つとして位置づければ十分であろう。

判例をみると、私法的効力認めたものとしては、たとえば、東京地判昭和四七年一一月三〇日（判時七〇一号一〇九頁（一一二頁））があげられる。これによれば、労基法等の義務は国に対する公法上のものではあるが、雇用契約上使用者が労働者に対して負うべき私法上の義務たりえないものと解することはできないという。

しかし、判例の多くはこのような効力を認めず、労安衛法の規定は私法上の安全配慮義務の内容を定める基準ないしこれを検討するにあたって十分に斟酌すべきもの(41)として位置づけている。(40)

(ロ)　次に、元請企業と下請労働者の関係における私法的効力の意義に関してみると、両者の間には直接的な労働契約は存在しないから、労基法一三条の適用要件を欠く。従って、私法的効力の根拠を同条に求めることはできない。また、私法的効力を肯定するにしても、これによって契約関係にない当事者間に直ちに契約法上の義務を基礎づけ得るかは疑問である。契約法上の義務を認めるためには、もう一段の正当化が必要であろう。私法的効力の有無によって、元請企業と下請労働者の間の問題が直ちに解決されるわけではない。

これに対して、右の基準説ないし斟酌説によれば、安全配慮義務の成立が肯定されるところでは、すべて同じことが妥当する。従って、元請企業は信義則上下請労働者に対する安全配慮義務を負い、その内容は労安衛法上の事業者の義務を基準ないし斟酌して決定されることになろう。[42]もっとも、これらは元請企業の安全配慮義務を事業者（直接の使用者）のそれと内容的に同じに解するが、このように理解すべきかは疑問が残る。この点については後述する。

(3) 労安衛法は、事業者の各種の措置義務以外に、元方事業者や特定元方事業者について特別な義務を規定する。元方事業者とは、一の場所において行う仕事の一部を関係請負人に請け負わせて、仕事の一部は自ら行う事業者のうち最先次のものをいう（同法一五条）。元方事業者の中で、特定事業すなわち建設業及び造船業を行う者を特に特定元方事業者という（同法一五条・施行令七条一項）。ここでは、一つの場所で請負契約関係にある数種の事業によって仕事が相関連して混在的に行われる事態が想定されている。このような作業の混在性という特殊な状況に対処するために、労安衛法は元方事業者および特定元方事業者に特別な義務を課した。

具体的には、元方事業者は関係請負人および関係請負人の労働者が法令に違反しないように必要な指導を行い、これに違反していると認めるときは、是正のための必要な指示を行わなければならない（同法二九条）。また、建設業の元方事業者は、土砂崩壊のおそれがある場所、機械等が転倒するおそれがある場所などで関係請負人の労働者が作業を行うときは、あらかじめ作業場所の安全を確保するために適切な措置を講じなければならない（同法二九条の二）。作業が同一の場所で行われるときは、特定元方事業者は、①協議組織の設置および運営、②作業間の連絡および調整、③作業場所の巡視、④安全衛生教育に対する指導および援助、⑤仕事の工程に関する計画等の作成、⑥建設機械等の作業計画等に関する指導、⑦建設現場の状況等の周知などの措置を講ずべき義務を負う（同法三〇条一項）。

元請企業が元方事業者あるいは特定元方事業者に該当する場合には、これらの特別な義務を負う。しかし、これらの義務は通常の事業者の義務を超えるものであり、労安衛法上の事業者の義務を基準ないし斟酌して元請企業の安全配慮義務の内容を決定するとしても、元方事業者等の義務は当然にはその対象となり得ない。そこで、このような事業者の義務を超える元方事業者等の義務を私法上どのように位置づけるべきかが問題となる。

従来の学説では、このような特殊性はあまり注目されてこなかったように思われるが、判例をみると、次のような見解に分かれる。

まず第一に、一部の判例はこれらの義務の違反を不法行為責任として扱う。たとえば、広島地尾道支判昭和五三年二月二八日（判時九〇一号九三頁）は、造船所内の労災事故に関して、特定元方事業者に該当するとして元請企業に不法行為責任を肯定した。また、松山地判昭和五九年九月二七日（交民集一七巻五号一三六九頁）は労務の履行と事故との間に関連性がないとして責任を否定するが、その前提として、元方事業者の労安衛法上の義務は公法上のものであるが、これらの違反が損害との間に因果関係を有し、同規定が著しく不合理なものでない限り、七〇九条の過失があると推定されるという。[43]これらの事案では、いずれも被害者側が単に元請企業の不法行為責任を追及したにとどまる。

第二に、これの違反を債務不履行とするものがある。たとえば、神戸地尼崎支判昭和五四年二月一六日（判時九四一号八四頁）は、元方事業者として労安衛法二九条の定める指導・指示をしなかったこと、また特定元方事業者として労安衛法三〇条の措置をとらなかったから、安全保護義務の不完全履行があったと判示した。ここでは労安衛法上の義務のみが問題とされており、元請企業と下請労働者間の指揮監督関係の存在は問題とされていない。そうすると、これは労安衛法二九条および三〇条の義務について、元請企業と下請労働者の間で私法的効力を直接的に認めるものといってよい。しかし、両者の間には直接的な契約関係は存在しないのだから、この点については、もっと詳細な理由づけが必要であったように思われる。

さらに、第三の類型として、このような義務を安全配慮義務の根拠づけとして用いる見解がある。福岡地小倉支判昭和五七年九月一四日（判時一〇六六号一二六頁）は、安全配慮義務を指揮監督権能に付随するものであると理解し、これを前提として、元請企業が労安衛法上の特定元方事業者であり、工事現場に現場事務所を設け、工事所長として自己の従業員を常駐させ、統括安全衛生管理者を指定工事管理や安全につき種々の会議を主宰して常時包括的に指示・命令を与えており、また、下請企業との間で締結された協定により安全衛生に関する協議、指示、承認および点検の権限を包括的に確保したことを理由に、元請企業と下請労働者の間に事実上雇用関係に類似した指揮監督関係が生じていたと認めるのが相当だと判示した。ここで認定されている事実は、特定元方事業者としてなすべき事柄であり（労安衛法一五条・三〇条）、また、協定書もこれを契約条項化したにすぎない。このように考えると、判旨は元方事業者等の労安衛法上の義務によって元請企業の安全配慮義務を基礎づけるものといってよい。

また、神戸地判昭和五六年四月二七日（労判四〇七号五五頁）は、孫請負人の労災事故が問題となった事例で、下請企業と孫請負人の間には雇用関係と同視しうる使用従属関係が生じていたとして下請企業の安全配慮義務を肯定するが、元請企業については、単に労安衛法一五条の特定元方事業者であると指摘するだけで、雇用契約における労働者に対すると同様に作業による災害の危険全般に対して人的物的に安全に作業ができるようにする私法上の安全保証義務を肯定した。(44) これも元方事業者等の義務を元請企業の安全配慮義務の基礎として用いるものといえよう。

2　鉱山保安法等との関連

(1)　鉱山労働者に対する危害の防止に関しては、昭和二四年に制定された鉱山保安法がこれを定める。また、同じ年に、金属鉱山等保安規則および石炭鉱山保安規則、石油鉱山保安規則が制定され、これの具体的な措置を明らかにしていた。その後、平成六年に鉱山保安規則が新たに制定されるに伴って、これらの規則はすべて廃止された（同規則附則2）。

同法は鉱山労働者に対する危害の防止を目的の一つとして掲げる（同法一条）。また、鉱山労働者とは鉱山において鉱業に従事する者であり、鉱業権者に雇用された者であるか否かを問わない（同法二条二項）。

内容的には、鉱山における人に対する危害の防止（衛生に関する通気を含む）を保安事項の一つとし（同法三条一項および二項）、鉱業権者の義務として、落盤や坑内火災などの防止、粉じん等による危害や機械等の取扱いに伴う危害の防止、通気の確保、機械・機具・建設物および工作物の保全のために必要な措置を講ずべきことをあげている（同法四条）。また、鉱業権者は保安教育を行い（同法六条）、保安規程を定め（同法一〇条）、さらに、保安統括者や保安技術管理者などを選任し（同法一二条の二）、保安委員会を設置しなければならない（同法二九条）。鉱山労働者もまた保安のため必要な事項および保安規程を守るべき義務を負う（同法五条・一二条）。

(2)　労安衛法との関連をみると、鉱山の保安に関しては、第二章の労働災害防止計画を除き、労安衛法の規定の適用はないものとして扱われる（労安衛法一一五条一項、昭和四七・九・一八労働事務次官名通達）。そうすると、労安衛法とは別に、鉱山保安法による鉱業権者の義務が私法上の効力を有するかが問題となる。また、鉱山労働者については特にじん肺被害が深刻であり、これとの関連ではじん肺法[45]などの法規制もその対象に含まれる。

これらの法律も労安衛法と同じく労働安全衛生に関する公法上の規制に属する。しかし、これらにはドッキング規定は存在しない。「労働基準法と相まって」という文言は法文には見当たらないし、労基法四二条も労安衛法を明示するだけである。従って、これらの規定に私法的効力を認めるためには、ドッキング規定以外の根拠づけが必要となろう。しかし、学説では、労安衛法の私法的効力が主に論じられており、労安衛法以外の規制に関しては殆ど言及がないといってよい。そこで、以下においては、これに関する判例を中心としてみることにしよう。

(イ) まず第一に、直接に雇用した労働者との関係をみると、一部の判例は、鉱山労働者が従事した粉じん作業の内容、その作業環境、じん肺に関する医学的知見、じん肺防止に関する工学技術水準および行政法令等を総合考慮することにより、安全配慮義務の内容を確定すべきだとする（総合考慮説[46]）。

他の判例は、じん肺の防止に関係する各種の法令等は、主として炭坑事業者に対する公的な規制として定められているものであり、労働者との関係を私法的に直接規律するものではないが、法令や通達というものの性質上、その時々において一般的に認識されている諸事情を前提として、社会が求めている平均的な水準または最低限度必要とする水準を反映していると考えられるから、その内容は安全配慮義務の内容の判断にあたっても参考とすべきものであり[47]、これらの基準を遵守したからといって、信義則上認められる安全配慮義務を尽くしたということはできないとする（最低基準説[48]）。

このように見解は分かれるが、いずれにせよ、ここでは、鉱山保安法等の規定は使用者の安全配慮義務の内容を決定する際の一要素として考慮されるに過ぎない。

(ロ)　第二に、元請企業と下請労働者の関係をみると、元請企業の安全配慮義務の根拠を実質的な使用従属関係や特別な社会的接触関係に求め、安全配慮義務の内容については使用者のそれと同一に解するのが一般的である。従って、元請企業の安全配慮義務に関しても、右の総合考慮説および最低基準説がそのまま投影されることになる。

これに対して、判例の中には、鉱山保安法等の規定を元請企業の安全配慮義務の基礎づけの中で援用するものがみられる。

たとえば、福岡高判平成一三年七月一九日（判時一七八五号八九頁）は、保安法上の保安義務が下請労働者にも及ぶことなどを指摘した後、結論として、「下請労働者に対する安全配慮義務の履行の第一次的責任は下請企業にあるとはいえ、発注者たる鉱業権者においても、炭鉱内での労災のうち、少なくとも保安法の規定する保安に関しては、発注者たる鉱業権者においても、下請労働者に対して指揮監督の権利および義務を有していたものであって、信義則上、安全配慮義務を負担していた」と判示する（一一七頁）[49]。

本判決は、特別な社会的接触関係論を出発点として、炭坑の基本的設備を保有し、採掘計画を決定しこれを実施していたという事実を認定するが、下請労働者に対する指揮監督の事実は認定していない。右の判旨部分から明らかなように、下請労働者に対する指揮監督については単にその権利を有し義務を負っていれば足り、これによって安全配慮義務が元請企業に課されると解しているからである。この点は、従来の判例・通説とは異なる。また、元請企業は自己の責任を否定するために、元請企業が安全配慮義務を負うには世間一般にみられる注文者と請負者との関係を超える密接な指揮監督、管理支配の関係の存在を必要とすべきであるが、このような事実は本件では存在しないと主張したが、裁判所は保安法上の義務の存在を理由にこれを排斥した。これらの点からみると、実質的な指揮監督関係とは無関係に、鉱山保安法上の義務の存在を唯一の基礎として元請企業の安全配慮義務を認めるものといってよい。

また、安全配慮義務の具体的な内容について、裁判所は、①保安体制を通じて、下請労働者がじん肺に罹患しないような各種措置をとるとともに、②下請企業がその従業員に対してじん肺罹患防止のための安全配慮義務を尽くすように指導監督する義務が元請企業にあるとした。

札幌地判平成一一年五月二八日（判時一七〇三号三頁）（北海道石炭じん肺訴訟）も元請企業の安全配慮義務の内容を右の判決と同様に解する（六八頁）[50]。元請企業の安全配慮義務を肯定するためには、労働環境の整備と労務管理が実質的に元請企業によって行われていたと評価しうるかが重要な要素だとして、これを基礎づける具体的事実を認定する。そして、鉱山保安法などを指摘して、元請企業の安全配慮義務を肯定する。

しかし、そこで認定された事実は、健康診断と採用内定の点を除くと、いずれも鉱山保安法上の義務の履行ないしこれとの関連で説明しうるものである。そうすると、福岡高裁平成一三年判決と同じく、鉱山保安法等による元請企業の義務を根拠として元請企業の安全配慮義務を基礎づけることもできたように思われる。この意味において、安全配慮義務の内容の理解と併せて、この判決は福岡高裁平成一三年判決の先駆をなすものといってよい。

(29) 労働省労働基準局安全衛生部編『労働安全衛生法の詳解』一四五頁（一九九八年）。
(30) 三柴丈典『労働安全衛生法論序説』七〇頁以下（二〇〇〇年）参照。
(31) 菅野和夫『労働法』（第六版）三三〇頁（二〇〇三年）、小畑史子「労働安全衛生法規の法的性質㈢」法協一一二巻五号六四三頁（一九九五年）。

(32)　渡辺章「判批」ジュリ五六四号一一六頁（一九七四年）、西村健一郎「判批」労判二二二号九頁（一九七五年）、桑原昌宏「安全衛生」『労働災害補償法論』（窪田隼人教授還暦記念論文集）三七一頁（一九八五年）、和田肇・前掲注（9）一二二頁、小山邦和「労働安全衛生法上の作業基準」吉田秀文・塩崎勤編『裁判実務大系8』二八一頁（一九八五年）、下森定「国の安全配慮義務」西村・幾代・園部編『国家補償法大系2』二五三頁（一九八七年）、片岡昇『労働法(2)』（第四版）二九一頁（一九九九年）、小西國友・渡辺章・中嶋士元也『労働関係法』（第四版）三三〇頁（二〇〇四年）など。

これに対して、小畑史子・前掲注（31）六四四頁は、ドッキング規定は労安法が労基法の労働憲章的部分の適用を受けることと、労基法の他の労働条件の規制と調和して運用されるべきことを示すのみだとする。

(33)　もっとも、この場合でも、すべての規定に一律に私法的効力が認められるわけではなく、規制内容などを個別的に検討し、契約の内容として不相応なものについては私法的効力を否定すべきことは当然である。香川孝三「判批」ジュリ一〇五七号一一八頁（一九九四年）、渡辺賢「産業医の活動とプライバシー」日本労働法学会誌八六号一三三頁（一九九五年）など参照。

(34)　労働省労働基準局安全衛生部編『労働安全衛生法の詳解』前掲注（29）七四頁以下参照。なお、このような労基法から分離独立して労安法が単行法として規定されるに至ったのは、まず第一に、労働基準法のように直接の雇用関係のみを前提とする規制の仕方では災害を的確に防止することが困難であること、第二に、災害防止のためには、最低基準を設定しこれを確保するだけでは十分ではなく、安全衛生教育の徹底や技術指針の策定などにより安全かつ快適な職場環境を形成する必要があるというのがその理由である。同書五九頁、七三頁以下参照。

(35)　和田肇・前掲注（9）一二二頁。

(36)　渡辺章・前掲注（32）一一八頁。

(37)　大阪地判昭和五六年五月二五日前掲注（17）参照。裁判所は、法令違反の点はないとしても、元請企業の安全配慮義務の存在を否定する理由にはならないとした。渡辺章・前掲注（32）も、労安法等は具体的な保護措置の最低基準を定めたものだとする。

(38) 下森定・前掲注（32）二五三頁。

(39) 拙著『安全配慮義務と契約責任の拡張』一七六頁以下、三五九頁以下、同「判批」奥田・安永・池田編『判例講義Ⅱ』三二頁（二〇〇二年）参照。なお、奥田説も、ドッキング規定によって労働契約の内容をなすからといって、そのことから直ちに給付義務を根拠づけうるかは疑問だとする。奥田昌道「安全配慮義務」『損害賠償法の課題と展望（石田・西原・高木還暦記念論文集㊥）』三四頁（一九九〇年）。

(40) たとえば、鳥取地判昭和五三年六月二二日判時九二〇号一九八頁（二〇二頁）、神戸地判平成二年一二月二七日判タ七六四号一六五頁（一八一頁）など。これらは使用者に関するものであるが、使用者および元請企業の両者につき判示するものとしては、神戸地判平成六年七月一二日判時一五一八号四一頁（七九頁）（三菱振動病訴訟）などがある（なお、控訴審である大阪高判平成一一年三月三〇日前掲注（15）はこれを支持）。

(41) 神戸地判昭和六二年七月三一日判タ六四五号一〇九頁（一一一頁）（三菱難聴三次訴訟）、大阪高判昭和六三年一一月二八日前掲注（24）一一八頁（三菱難聴一次・二次訴訟）など。いずれも使用者および元請企業の両者につき判示する。

(42) 前掲注（40）（41）の判例参照。元請企業の責任のみを扱う判例の中で、基準説に立つものとしては、大阪地判昭和五六年五月二五日前掲注（17）一五五頁、神戸地尼崎支判昭和六〇年二月八日前掲注（1）四三頁（労働基準局長の通達を具体的措置の準拠とできると判示した）が、斟酌説によるものとしては、札幌地判昭和五九年二月二八日判時一一二三号一四七頁（一五二頁）などがある。

(43) 判旨は直接的には事業者の義務についてこのように述べているが、元方事業者の義務についても同様の理解を前提とする。

(44) 控訴審である大阪高判昭和五八年一月二〇日労判四〇七号五三頁はこれを支持する。

(45) 昭和三五年に旧じん肺法が制定されたが、そこでは、使用者および粉じん作業に従事する労働者は、じん肺の予防に関し、労働基準法及び鉱山保安法の規定によるほか、粉じんの発散の抑制、保護具の使用その他について適切な措置を講ずるように努めるべきものとされ（五条）、また、粉じん作業労働者に対するじん肺に関する教育（六条）および健康診断を行うべき使用者の義務（七条・八条）が設けられた。そして、昭和五二年の改正では、健康管理のための措置の充実が図られ、就業場所の変更、作業時間の短縮など粉じん暴露の低減ないし中止を含む適切な措置を講ずべき義務などが規定された（二〇条の二、二〇条の三）。

(46) 福島地いわき支判平成二年二月二八日判時一三四四号五三頁（九〇頁）、長崎地判平成六年一二月一三日判時一五二七号二二頁（三一頁）、福岡地飯塚支判平成七年七月二〇日判時一五四三号三頁（三八頁、四九頁）、浦和地熊谷支判平成一一年四月二七日前掲注（13）六五頁など。

(47) 福岡地判平成一三年一二月一八日前掲注（13）一三〇頁など。

(48) 福岡高判平成元年三月三一日判時一三一一号三六頁（四四頁）（長崎じん肺訴訟）、長崎地判平成一〇年一一月二五日前掲注（24）二一〇頁（長崎日鉄鉱業じん肺訴訟）など。後者の控訴審である福岡高判平成一二年七月二八日判タ一一〇八号二一五頁は原審の判断を支持する。

なお、東京地判平成二年三月二七日判時一三四二号一六頁（日鉄鉱業松尾採石所じん肺訴訟）では、道路建設などのための砕石事業に従事したことによるじん肺に関する事案であり、鉱山保安法ではなく労働基準法および防じんマスクの規格に関する労働省告示の効力が問題とされた。判旨は労働者保護という行政上の見地からその最低基準を定めものに過ぎないとして、最低基準説を明らかにした（五七頁）。また、これに関する使用者および元請企業の義務を粉じん作業雇用契約に基づく付随的履行義務として位置づけた（五四頁）。控訴審である東京高判平成四年七月一七日判時一四二九号二二頁は原則的にこれを支持する。

(49) 使用者の安全配慮義務については総合考慮説に立つ（一〇一頁）。

(50) 使用者の安全配慮義務については最低基準説を採用（六一頁）。

三　元請企業の安全配慮義務と第三者のための保護効を伴う契約理論

1　使用従属関係論の検討

従来の判例・通説によれば、元請企業の下請労働者に対する安全配慮義務は社会的接触関係ないし実質的な使用従属関係を基礎として、主に三ないし四つの要素が存在する場合に認められ、その内容は使用者のそれと同一であると解されてきた。しかし、この見解については、これまでの検討から次のような問題点を指摘することができる。

まず第一に、元請企業の安全配慮義務の基礎づけに関連して、判例の中には、三要素ないし四要素が存在するにも拘わらず、これを否定したものがある。逆に、労安衛法上の義務などが存在する場合には、このような要素とは無関係に、労安衛法上の義務を基礎として、これを認めたものもある。このことは、使用従属関係論および三要素は必ずしも有用な基準ではないことを意味しよう。

また、実質的に考えても、これらの要素の一部が欠けているときに、これを理由として元請企業の安全配慮義務を全面的に否定することは妥当であろうか。たとえば、下請労働者が下請企業を通じて元請企業の指定した場所に配置され、元請企業の供給する設備・器具等を用いて労務の提供を行う場合には、下請労働者に対する指揮監督関係の有無とは無関係に、少なくともこのような物的環境に関しては、元請企業の安全配慮義務を肯定すべきであろう。また、設備や器具等が提供されていなくとも、元請企業の指示のもとに労務を提供するときは、作業内容や作業過程から生ずる労災に関しては、安全配慮義務違反の責任を元請企業は免れることはできない。下級審判例の中には、「元請企業の供給する設備、器具等を用いて又は元請企業の指示のもとに労務を提供する場合」（傍点は筆者）というように、これらの要素を選択的に位置づけるものがあるが[51]、これは右のことを意味するものということもできる。

第二に、安全配慮義務の内容に関してであるが、元請企業の安全配慮義務と使用者のそれとが同じであるとは必ずしもいえない。従来の判例・通説は、雇用契約を特徴づける三要素が元請企業と下請労働者の間に存在するときに、雇用関係類似の使用従属関係を肯定し、元請企業に使用者と同様の包括的な安全配慮義務を認めてきた。しかし、すでに指摘したように、元請企業の安全配慮義務が常に包括的なものであるとは限らない。元請企業については部分的な安全配慮義務も認められるべきである。また、逆に、労安衛法や鉱山保安法などは元請企業に特別な責任を課しているが、これを元請企業の安全配慮義務に含めるときは、使用者の安全配慮義務を超えることになる。

第三に、労安衛法等による元請企業の義務について、実質的使用従属関係が存在しなければ、元請企業は下請労働者に対して責任を負わなくて済むのだろうか[52]。一部の判例は労安衛法等による義務の存在を理由に元請企業の安全配慮義務を基礎づけるが、これは実質的使用従属関係の存否と元請企業の責任とが必ずしも符合しないことを示唆するものともいえる。同様に、斟酌説や基準説などにおいても、実質的使用従属関係が存在しないときは、元請企業の責任を全面的に否定することになるが、これは妥当であろうか。元請企業が労安衛法等の公法上の義務を遵守し、これに必要な行為をなすべきことは請負契約に関与するすべての当事者にとって当然の前提となっており、これは実質的な使用従属関係の有無と何ら関係しない。

このように考えると、実質的使用従属関係論のように雇用契約との類似性を基礎とすることは適当ではない。そうではなくて、元請企業と下請企業の間の実態に着目して、その変則的な形態に応じて、元請企業の安全配慮義務の内容ないし責任範囲が決定されるべきであろう。そのためには、元請企業と下請企業の間に存在する請負契約関係を基礎に据えて問題を考察することが必要であるように思われる。

2　第三者のための保護効を伴う契約理論による基礎づけ

社会的接触関係論はドイツにおける保護義務論に由来するが、すでに指摘したように、ドイツでは、契約締結前の接触関係に基づいて契約法上の義務を認めるためには、少なくとも不確定的な契約締結目的を有することが必要とされる。このような目的を有しない当事者および直接的な契約関係に立たない当事者については、いわゆる第三者のための保護効を伴う契約理論によってその保護が図られてきた。

この観点からみると、元請企業と下請労働者の両者は契約締結の目的を有しないから、両者の間の接触関係を基礎として契約法上の義務を正当化することはできない。ここでは、第三者のための保護効を伴う契約理論の観点から問題を処理することが妥当である。

このような第三者のための保護効を伴う契約理論によれば、まず第一に、元請企業が直接の契約の相手方である下請企業に対していかなる責任を負うかが明らかにされなければならない。この点では、元請企業と下請企業の関係が重要となる。そして、第二に、下請労働者について、契約責任の第三者への拡張のための要件を満たすかどうかを検討すべきであろう。すなわち、①下請労働者が下請企業と同じ程度に不完全な給付の危険にさらされること（Leistungsnähe）、②下請企業が下請労働者の保護について特別な利害関係を有すること

(Partnernähe)、③これらの事情が契約の締結に際して元請企業に認識可能であることの三つである。[53]

そこで、まず第一に、元請企業と下請企業の関係をみると、請負契約の変則的形態は多様であり、元請企業の負うべき責任もこれに応じて異なる。たとえば、請負契約上の義務ないしは請負契約の当然の前提として、元請企業が材料を供給しあるいは器具等を提供する場合がある。このような場合、元請企業は安全な材料や器具等を給付すべき義務（安全配慮義務）を下請企業に対して負うことは明らかであろう。また、元請企業が自己の支配管理する作業場所を提供する場合も、その作業場所は安全なものでなければならない。

これらの安全性が欠如しているときは、元請企業は下請企業に対して安全配慮義務違反の責任を負う。下請労働者は下請企業との雇用契約に基づいて請負作業に従事しており、下請労働者は下請企業と同程度にその危険性にさらされる。元請企業は契約締結時にこれらの事情につき認識可能であったから、結局、右の三つの要件は充足されて、元請企業は下請労働者に対しても安全配慮義務を負うことになる（労安衛法三一条参照）。

このような材料や器具等の提供ではなくて、元請企業が下請企業に対して具体的な作業方法等につき指図する場合もある。このような指図は元請企業が注文者としての地位に基づいてなすものであるが、元請企業からの指図があれば、下請企業はこれに従わなければならない。そうすると、当該指図が労災を招かないような適切なものであることも、下請企業に対する安全配慮義務の内容となろう（労安衛法三一条の三参照）。下請労働者も下請企業との雇用契約を介してこれに拘束されるから、元請企業の安全配慮義務は下請労働者にも拡張される。元請企業が下請労働者に直接的に指揮監督する場合も、法的には元請企業の指図権の行使として把握される。いわゆる空港グラウンドサービス訴訟の東京地裁判決は、注文者としての地位に基づくものとこれを超えるものとに分けるが、このような区別は妥当ではない。

元請企業が労安衛法上の元方事業者に該当するかあるいは鉱業権者であるときは、労安衛法または鉱山保安法の定める特別な義務が元請企業に課される。これは公法的な規制であるが、これらの義務を元請企業が尽くすべきことは請負契約の当然の前提とされる。契約当事者はこの点について明示的または黙示的に合意しているものと解されるから、これらの義務を遵守しこれに必要な行為をなすことは元請企業に課された請負契約上の義務といえる。元請企業は下請企業だけでなく下請労働者に対しても、これの不完全な履行によって損害を与えないようにすべき義務を負う。ここでも、契約責任の主観的拡張のための要件は存在するからである。労安衛法や鉱山保安法は元請企業の下請労働者に対する指導監督義務を規定するが（労安衛法二九条・鉱山保安法四条・五条）、これは右のような理解を通して私法上の効力を獲得することができる。

このように元請企業が請負契約に基づいていかなる責任を負うかが重要であり、換言すると、元請企業の引き受けた支配管理の範囲が明示的または黙示的に請負契約によって画され、この範囲に属する事柄については元請企業は下請労働者に対しても契約法上の責任を負わなければならない。この意味では、元請企業と下請労働者間の実質的な使用従属関係が重要ではなくて、元請企業と下請企業の間の関係、さらには元請企業の支配管理性が決定的であるといえよう(54)。

元請企業の支配管理に属する範囲が広ければ広いほど、元請企業の安全配慮義務は内容的にも広範囲に及ぶことになり、使用者と同様に包括的なものとなる。下請企業（下請負人）が実質的な自由裁量を有せず、雇用関係に極めて近似する場合には、元請企業は下請労働者だけでなく下請企業（下請負人）に対しても包括的な安全配慮義務を負うことになろう(55)。

（51） 大阪高判昭和六三年一一月二八日前掲注（24）一一七頁、札幌地判平成一一年五月二八日前掲注（19）六

八頁など。神戸地判昭和六二年七月三一日前掲注(41)一一一〇頁も同旨。

(52) 松本久「労働安全衛生法規と民事上の賠償責任」塩崎勤編『現代民事裁判の課題⑧』七八八頁(一九八九年)は、事実上の使用従属関係が存在しなければ、特定元方事業者等であっても安全配慮義務違反を問うことはできないとする。

(53) 第三者のための保護効を伴う契約については、奥田昌道「契約法と不法行為法の接点」磯村哲編『民法学の基礎的課題㊥』(於保先生還暦記念)二〇七頁(二三三頁)(一九七四年)、拙著・前掲注(39)一〇頁など参照。

(54) 拙稿・前掲注(8)二四六頁以下参照。なお、岐阜地判昭和五六年八月三一日判時一〇三六号九八頁(一〇二頁)は、「注文者の支配領域にある事情が直接的に危険の発生を招くおそれのある場合、たとえば、注文の内容自体に危険が隠れているとか、注文者が特殊な原材料を提供する場合でその性状、取り扱い方法がいまだ広く知られるに至っていないときなど、あらかじめ注文者の側においてこれらの点を請負人に告知し請負人をして適切な措置をとらしめる義務がある」とする。また、札幌地判平成一一年五月二八日前掲注(19)六八頁は、「労働環境の整備と労務管理が、実質的に発注会社によって行われていたと評価しうるかが重要な要素となる」という。

大津地判昭和六二年四月二七日前掲注(7)五五頁は「労務の提供を管理、支配し、また、労務提供のための場所、施設等を設置、管理する権能を有する者」が安全配慮義務を負うとするが、これも参考となろう。

(55) 実質的使用従属関係の存在を理由に、請負人に対する注文者の安全配慮義務を肯定したものとしては、広島高判平成一四年一一月六日LEX/DB文献番号二八〇八〇七五四、神戸地判昭和五六年四月二七日労判四〇七号五五頁(五九頁)および控訴審の大阪高判昭和五八年一月二〇日前掲注(44)(いずれも安全配慮義務の違反を否定)、浦和地判平成八年三月二二日判タ九一四号一六二頁(元請企業の責任を肯定)などがある。また、東京地判昭和五七年三月二九日判タ四七五号一〇三頁は、両者間に労働契約の成立を認め、請負人に対する注文者の安全配慮義務違反を肯定した。

むすび

請負の変則的形態は多様であり、機材の提供にとどまるものから実質的に雇用・労働契約関係が存在するのと変わらない場合に至るまで、その態様は千差万別である。しかし、判例・通説は、元請企業の下請労働者に対する責任の存否を判断するにつき、元請企業と下請労働者の間の使用従属関係の存在を唯一の判断要素としてきた。これは請負の変則的形態の多様性を全く度外視するものである。また、これによれば、元請企業は安全配慮義務を負うか否かの二つに一つであって、これが肯定されるときは使用者と同様の包括的な安全配慮義務が元請企業に課されることになる。しかし、このような結論は余りにも硬直的であるように思われる。

請負の変則的形態では、下請企業の請負作業に干渉する範囲や程度に応じて、元請企業が負う安全配慮義務の範囲や内容は異なる。判例・通説のように、オールオアナッシング的に考えるべきではない。売主や貸主の安全配慮義務を想起すれば明らかなように、このような包括的でない部分的な安全配慮義務は何ら異とするに足りない。いわゆる空港グラウンド訴訟判決などは、この観点から説明することができよう。

元請企業の安全配慮義務は請負契約関係によって決定される。そして、このような元請企業の安全配慮義務は下請労働者にも拡張され、その義務違反によって下請労働者に損害が生じた場合には、元請企業はこれを賠償すべき責任を負う。下請労働者は下請企業の債務の履行を補助する者であり、安全配慮義務の不履行による影響を必然的に受けるという関係に立つからである。請負契約では履行補助者を用いることは許容されており、元請企業はこれを当然に予期している。従って、元請企業にこのような責任を認めても、過酷な責任を課すことにはならない。

このように元請企業と下請企業の請負契約関係に着目するときは、労安衛法上の元方事業者等の責任や鉱山保安法による鉱業権者の責任なども容易にこれに取り込むことができ、元請企業の下請労働者に対する責任を基礎づけることができるであろう。

15 遺留分の保全

——その権限の性質を中心として——

柳澤秀吉

下森定 編集代表『現代民事法学の構想』内山尚三先生追悼
二〇〇四年一一月 信山社

はじめに
第一　民法の規定
1　フランス、ドイツ
2　その他
3　旧民法
4　現行民法
5　現行民法――遺留分の割合
第二　減殺権の性質
1　民法の背景
甲　性質論の前提
2　侵害行為の効力
3　減殺権の発生と消滅
4　減殺権の権利者など
乙　性質論の前提――つづき
5　減殺権の行使者
6　減殺権の行使方法など
丙　性質論一般
7　学説
8　大審院判例
9　最高裁判例
丁　返還請求の内容
10　果実
11　価格返還
12　価格返還――判例、学説
13　価格返還――私見
戊　返還請求の相手方
14　第三者に対する効力
15　第三者に対する効力――遺贈の場合
16　学説
17　判例
18　私見
19　私見――まとめ

はじめに

民法は第一〇二八条、旧第一一三〇条以下で、一定の相続人に遺留分を認めている。典型的には父は子のためにというように、死亡によって被相続人となる者は、自己の財産の処分が自由であるにしても、相続人となる者のために、その財産の一定割合を残しておかなければならないとするわけであり、その割合が遺留分と称されるわけである。もっとも、民法はこの割合を額ともいう、前掲条本文。

また、民法はこの権利を有する者を減殺権利者という、以上のほか、第一〇三二条、旧第一一三五条など。それだけをみれば、その名称はあるいはとくに問題はないようであるが、民法はたとえば地上権については地上権者とし、地上権権利者、地上権利者などとはしていない。しかも、いちいちはあげないが、そのほうが民法の一般の例であり、以上のように権利者をいうのが異例の用語例というほかはない。民法の一般の例に従い、ここでの用語が改められるべきであるが、本稿でも原則として遺留分権利者ではなく、遺留分権者ということにする。(1)

とにかく、遺留分が被相続人によって侵されないままにのこされる場合もあるが、被相続人の贈与あるいは遺贈によって侵される場合もあり、そこで相続人はその遺留分を保全することができるか、もしできるとすれば、その方法はなにかなどが問題となる。

もっとも、現在この遺留分の保全を遺留分の減殺といい、またその実現の方法を遺留分減殺請求権などとするものが少なくないが、(2)いずれも誤ったものというほかはない。なぜなら、遺留分は侵されることはあっても、減殺されることはなく、減殺されるのはそれを侵した贈与あるいは遺贈にほかならないからである。それを減殺請求権というかどうかも問題であるが、その点はのちにみる、本稿第二。しかし、たとえそれはそのようにいうとしても、これは以上の理由から、遺留分保全のための減殺請求権、せいぜい遺留分保全の減殺請求権というべきものであろう。(3)(4)

そうして、その遺留分の保全には期間制限があるので、本稿はそれを中心として、遺留分の保全を概観するわけである。ただ、その一部はすでに別にみた。(5) しかし、それには多少訂正すべき点があり、またそのためにはその性質も明らかにする必要があると考えられたので、まず民法の規定の由来を明らかにしたうえ、第一、つぎにその性質を検討し、第二、さらにその期間制限の検討に及ぶことにする、第三。――もっとも、都合によりここでは第一の民法の規定と第二の減殺権の性質のみをみることとし、第三の減殺権の期間制限は別にみることとした。

(1) とくに指摘されているわけではないが、柚木馨著、相続(五三年五月)[五七]一(四二一頁)は民法どおり、減殺権利者というほか、減殺権者とのことばも用いるようであり、また高木多喜男著、遺留分、総合判例研究叢書、民法二三(六四年二月)一四〇頁以下(六八年三月)一九頁以下には遺留分権利者という表現のほか、二一頁以下には遺留分権(利)との表現がみられ、さらに鈴木禄弥著、相続、改訂版(九六年九月)一五一頁以下(初版は六八年三月)は減殺権者のみをいうようである(それは同書などのいわば条文無視の態度としては一貫したものであるが)。――以下では年表示は西暦表示で統一するが、その上二桁は原則として省略する。

(2) たとえば、柚木相続(五三年五月)[五七]一(四二一頁)――遺言と一体、中川善之助＝泉久雄著・相続〈第四版〉(〇〇年一〇月)六六一頁(六四年六月)、鈴木・相続(九六年九月)一五二頁(六八年二月)。高木・前掲叢書(六四年二月)一〇一頁には遺留分の保全との表題がみられるが、一一五頁は以上と同じ。

減殺というのみの表題を示すのは、穂積重遠・相続（二）（四七年一月）四三八頁（三一年二月）――遺言と一体、遺留分の保全との表題を示すのは、近藤英吉・相続下（三八年九月）一一四二頁。高木・前掲叢書（六四年二月）一〇一頁も同じ。

（3）わたくしの論文「相続回復請求権の消滅時効（二）」名城法学二九巻一・二号（八〇年三月）五六、六二、六五、七一頁。ただし、（五・完）同三〇巻二号（八〇年一二月）一二一頁。

以上のわたくしの論文は、［一］法律時報七九年九月号一五二頁で始まり、（二）前掲二九巻一・二号（八〇年三月）二七頁、（三）同二九巻四号（八〇年三月）一頁、（四）同三〇巻一号（八〇年一一月）三〇頁、（五・完）前掲三〇巻二号（八〇年一二月）一〇六頁で終わっている。以下ではこれを相続回復論として引用する。

（4）表題は本稿とはややずれるが、伊藤昌司「遺留分」民法講座7（八四年一二月）、四七一―八七頁。また、いわゆる演習ものであるが、同・同題・新版民法演習5（八〇年三月）16一二一―三三頁。

（5）受贈者による取得時効、財産法諸問題の考察（小林一俊博士古稀記念論集）（〇四年三月）二六一―九八頁。

第一　民法の規定

まず、遺留分に関する民法の規定を沿革的、比較法的観点から整理しておく。

1　フランス、ドイツ

フランス民法、ドイツ民法などの基礎となるのはローマ法であるので、まずそれを整理しておけば、[1]ローマ法では一時遺言自由の原則が貫徹していたが、不倫遺言の訴権 querela inofficiosi testamenti（前二世紀）が認められ、それが遺留分保全のための減殺権としての機能をはたすことになる。これは取消権類似の権利であり、五年の期間制限がある。その後ユウスティニアヌス Justinianus 帝法（六世紀）によって、遺留分の一部侵害の場合には、義務分補充の訴権 actio ad supplendam legitimam が認められ、それも遺留分保全の減殺権としての機能をはたすことになる。これは債権的訴権とされ、(2) またこの訴権は三〇年の普通時効にかかると解されている。(3) 遺留分の割合としてはファルキディア法 Lex Falcidia（前四〇年）による相続財産の四分の一が知られている。

（1）いずれにせよローマ法の全面的継受が行なわれなかったイギリス法、したがってアメリカ法、要するに英米法については、後述の民法修正案参考書のほか、中川＝泉・相続（〇〇年一〇月）六四七頁、六四七―八頁注二（新版以来のもの）（六四年六月）など参照。
ローマ法については、以下の原田・素描のほか、中川淳・註釈民法（新版）二八巻（八八年八月）、補訂版（〇二年一〇月）四三六頁以下（さらにその初版は註釈民法二六巻（七三年八月）。本稿でも二六巻を初版としておく）など参照。

（2）原田慶吉・日本民法典の史的素描（五四年六月）三二八頁（四二年月）。

（3）Motive zum BGB, Bd. V, 1888, S. 425（actio suppletoria）、原田・前掲素描三三二頁。

(イ) フランス　フランス民法（一八〇四年）は人事、財産それに所有権取得の全三編からなるが、相続編は独立した編となっていない。ただ、第三編、所有権取得の最初の二章（第一章、相続、第二章、生存者間の贈与と遺言）、第七一八条ないし第一一〇〇条の三八三か条が相続編にあたる部分となっている。

フランス民法は遺留分 réserve について第九一三条ないし第九三〇条の一八か条の規定を設けている。遺言規定との一括規定である（第三編、第二章、第一節、一般規定、第三款、処分可能の部分、および減殺）。その割合

はやや多様であるが、のちにみる、第九一三条。(4)

フランス民法はその後かなりの改正を経ているが、それをあとづけることじたいはここでの目的ではない。関連があるものについては、のちにふれることにする。(5)

(4) 各国における遺留分の割合については、柳川勝二・相続注釈下(二〇年八月)六〇三―五頁(九一〇)注が概観している(イタリア、スペイン、フランス、ドイツなど)。それに中川＝泉相続(〇〇年一〇月)六四七頁、六四七―八頁注二(新版以来のもの)(六四年六月)など参照。

(5) ダロウズ Dalloz の条文から整理すると、一八九六、一八九八、一九三八、一九七一それに一九七二年に改正があったことになる。すなわち五回改正があったことになるわけである。一八九六年法では第九一三条ないし第九一五条が、九八年法では第九一九条が、一九三八年法では第九二二条が、一九七一年法では第九二二条、第九二七条、第九三〇条が、七二年法では第九一三条、第九一三条の一、第九一四、九一五条、第九一五条の一、二が改正されている。全二一か条である。

(ロ) ドイツ　ドイツ民法(一八九六年)は総則、債務、物権、家族それに相続の全五編からなり、相続編はその独立した第五編である。第一九二二条ないし第二三八五条の四六四か条がそれである。

ドイツ民法は義務分 Pflichtteil について第二三〇三条ないし第二三三八条の三六か条の規定を設けている。遺言規定(第五編、第三章)とは別の規定である(第五編、第五章)。その割合はとくにフランス民法(的な立法)と比較すると、単純明快であり、法定相続分の半額とする、第二三〇三条。

2 その他

(イ) オーストリア　オーストリア民法(一八一一年)はその第二編、財産権が第一部、物権と、第二部、人的財産権（すなわち債権）の二つに分かれているので、実質的には全四編であるが、形式的には人権、財産権それに人権および財産権に共通の規定の全三編からなり、相続編が独立の編となっていないわけである。[1] ただ、第二編の第一部の一部、第八章、相続権以下第一六章、共有の七章が相続に関する規定となっていて、第五三一条ないし第八五八条の三二八か条となっている。

オーストリア民法は実際には相続人の廃除 Enterbung の規定、第七六八条以下などと一体のものであるが、義務分について第七六二条ないし第七九六条の三五か条の規定を設けている。遺留分規定は遺言規定（第九章など）とは別の規定である（第一四章——相続編としては第七章——で、義務分および義務分あるいは相続分への算入）。そのほか、第九五一、九五二条、贈与規定（第一八章、人的財産権としては第二章）の一部であるものも参照。

（1） オーストリア民法の相続編については、わたくしの「相続回復論（二）」名城法学二九巻一・二号（八〇年三月）五三頁、（四）同三〇巻一号（八〇年一一月）一〇〇頁。

(ロ) オランダ　オランダ民法（一八三八年）は人事、財産、債務それに証拠および時効の全四編からなり、相続編が独立の編となっていないわけである。[2] ただ、第二編、財産の第一一章ないし第一七章の七章が相続に関する規定となっていて、第八七七条ないし第一一七六条の三〇〇か条となっている（なお、同編の第一八章は先取特権に、第一九章は質権に、それに第二〇章は抵当権に関し、要するに第一八章ないし第二〇章の三章は担保物権に関するものとなっている）。

オランダ民法は遺留分について第九六〇条ないし第九七六条の一七か条の規定を設けている。遺留分規定は遺言規定と一体の規定である（第二編、財産、第一二章、遺言、第三款、遺留分、およびそれを侵害する無償行為の減殺）。

なお、オランダ民法は一九九二年、平成四年に全面改正されたと聞くが、本稿はそれは検討していない。

（2）　オランダ民法については、もっぱら Antoinne de St.-Joseph, Concordence, tome II, 1856 による。

(ハ)　イタリア　イタリア旧民法（一八六五年）についてはいまわたくしには資料がなく、ふれることができない。もっとも、民法修正案参考書などで示されるその参照からすれば、第八〇五条ないし第八二六条の二二か条がその遺留分に関する規定ということになる（フランス民法の一八か条より多い条文数。そのほか、第一〇九一条ないし第一〇九六条の六か条も引用されている）。しかし、もとよりわたくしにはそれを確認する資料がない。ただ、一般的には、編別構成はもとより、その個この文言も含めて、フランス民法と同じだとされていることを付言しておく(3)。

イタリア現行民法（一九四二年）は人事、相続、所有権、債務、労働それに権利保護の全六編からなり、第五編の労働がその特色となっている。相続は以上のように、その第二編として独立した編であり、全五章、第四五六条ないし第八〇九条の三五四か条である(4)。

イタリア現行民法は遺留分 legitimari について第五三六条ないし第五六四条の二九か条の規定を設けている。遺留分規定は遺言（第三章、遺言相続）とは別の規定である（第一章、総則の第一〇節・最終節）。

（3）　Gustave Boissonade, Projet de Code civil pour l'Empire du Japon, tome I, 1882, p. 6. 同、風間後掲論文（五五年二月）一九七頁。もっとも、かれ、ボワソナアドはこれを一八六六年の公布とする。

（4）　イタリア現行民法については、おもに風間鶴寿訳により（七四年一月）、あわせて原文を参照した。もっとも、その遺留分については、風間鶴壽「イタリア民法に於ける遺留分制度――私法学の諸問題（一）」

（石田文次郎先生還暦記念）（五五年二月一〇日）一九五―二一九頁がある。

㈡　スイス　その後のスイス民法（一九〇七年）は人事、家族、相続それに物権の全四編からなり――債務法は別の法律かつ第五編となっている――、相続編はその独立した第三編であり、相続人と相続過程の全二章 Abteilung からなる。(5) 第四五七条ないし第六四〇条の一八四か条がそれである。その第一章（全二節）の第一四節は死因処分であり、全七款 Abschnitt からなる。なお、同法の節 Titel は章ごとに起算されるのではなく、全体を通じた通し節である。また、同編の節で細分化があるのは、以上の第一章の第一四節（第二節）のほか、第二章（全三節）の第一六節（第一節。全五款）と第一七節（第三節。全四款）である。

そうして、その第一章、第一四節（第二節）の第六款がここに関係する部分であって、処分の無効と減額と題され、第五一九条ないし第五三三条の全一五か条となっている（無効訴権に関する規定は第五一九条ないし第五二一条の三か条、減額に関する規定は第五二二条ないし第五三三条の一二か条）。遺留分規定は遺言規定（第一章、第一四節）と一体の規定である。

もっとも、遺留分の割合は別にその第一四節（第二節）の第二款、処分の自由、第四七〇条ないし第四八〇条の一一か条で定められている。被相続人の処分の自由は別に遺留分のみに関することではないが、遺留分の割合とその減額、減殺とを別に規定するわけであり、全二六か条、ややめずらしい立法例に属する。

（5）　スイス民法の相続編については、わたくしの相続回復論（二）（八〇年三月）五三頁、（四）（八〇年一一月）一〇〇―一頁。

3　旧民法

(イ)　一般　わが国の旧民法は明治二三年（一八九〇年）の二つの法律からなるわけであるが（法律第二八号、第九八号）、その後半の部分（人事、相続など）は公布案と草案との間に極端な差異があるので、以下分けてみる。(1)

もっとも、旧民法が人事、財産、財産取得、債権担保それに証拠の全五編からなり、相続編が独立していないこと、その第三編、財産取得の第二部がほぼ相続編にあたるものとなっていることなどの大枠は、両者同一である。それは草案では第一五〇一条ないし第一八三六条の三三六か条であり、(2)公布案では第一二四八条（財産取得編第二八六条）ないし第一二五四条（同編第四二一条）の一三六か条である。(3)公布案は草案の四割にとどまるわけである。したがって、極端な差異といっても、公布案は独自の存在を主張するものではなく、単なる極端な削除主義というまでのものである。

一方、公布案は遺留分について第一二四八条（財産取得編第三八三条）ないし第一二五四条（同編第三八九条）の七か条の規定を設けている（次述の草案の三分の一）。遺言規定との一括規定である（第三編、第一四章、贈与及ひ遺贈、第四節、遺贈、第三款、遺贈を為すことを得る財産の部分）。

他方、草案は遺留分について第一七二一条ないし第一七四一条の二一か条の規定を設けている。遺言規定との一括規定であることは、公布案と同じであり、草案の処理がそこに受け継がれているわけである（第三編、第二章―相続以下は第二部、包括名義にて獲得する方法であり、章数が新たに起算されているため―、包括名義に於ける生存者間の贈与及ひ遺嘱贈遺、第三節、処置し得可き財産の部分及ひ其超過部分の減殺［réduction］）。

（1）　明治初期の、ヨーロッパ法継受以前のわが国の法状態については、柳川・注釈下（二〇年八月）五八八―九一頁（九〇一―九〇三）、近藤・相続下（三八年九月）一五〇五頁以下、とくに原田・前掲素描（五四年六月）三一七頁以下の三一八頁など（四二年月）参照。全国民事慣例類集には遺留分についての指摘はない。

なお、柳川・五九〇―一頁（九〇三）はわが国でも遺留分が認められていたとし、我大審院も明治四〇年六月二四日の判決でそれを認めたとする。ただ、それはのちにみるように、単純明快な遺留分の主張に関するものではなく、明治九年当時の隠居者の財産留保に関し、しかるべき留保は有効、全部留保は無効とする判決である。

(2) 草案の条文も以下の民法草案理由書にのっている。もっとも、わたくしの利用しているのは、その原本ではなく、つぎの復刻本である（下一一〇頁）。
石井良助編、明治文化資料叢書三、法律篇下（六〇年五月）、民法草案獲得編第二部理由書。なお、民法人事編草案理由書はその上（五九年四月）に収められている（原本は上下二冊）。

(3) 旧民法公布案の以上の条文引用法はその当初の構想どおり、各編ごとのものではなく、人事、財産などの順を追った、全体としての通し番号としてみたものである。

(ロ) 遺留分の割合　旧民法の公布案では第一二四九条（財産取得編第三八四条）で、家督相続と遺産相続とを一括して規定し、また被相続人の処分可能の面から規定して（全二項）、前者ではすべての相続人について、後者では卑属相続人について、相続財産の半額とする。

もっとも、その草案では家督相続と遺産相続とを区別しない点は同じであるが、しかし相続人の遺留分の面から規定して、子一人のときは半額、二人のときは三分の一、三人以上のときは四分の一とする、第一七二一条。民法草案理由書もいうとおり[2]、フランス民法（第九一三条）にならうものであるわけである。

4　現行民法

(イ)　一般　明治三一年（一八九八年）完成の現行民法も明治二九年（一八九六年）の前半部分（法律第八九号）と明治三一年の後半部分（法律第九号）の二つの法律からなるが、その後半部分（親族、相続）は第二次大戦後の昭和二二年に大改正があった（法律第二二二号）ので、旧規定と現行規定とに分かれる。

現行民法は総則、物権、債権、親族それに相続の全五編からなり、相続編はその独立した第五編である。旧規定は第九六四条ないし第一一四六条の一八三か条であり、現行規定は第八八二条ないし第一〇四四条の一六三か条である（二〇か条減）。

遺留分としては旧規定は第一一三〇条ないし第一一四六条の一七か条であり（第五編、第七章）、現行規定は第一〇二八条ないし第一〇四四条の一七か条である（第五編、第八章）。結果としては同じ条文数となっているわけである（後述）。いずれも遺言規定（旧第六章、現第七章）とは別の規定である。その割合は変遷も含めて別にみる。

その遺留分に関する原案は甲第七五号（明治二九年一二月一二日配布）であり、第一一三八条ないし第一一五五条の一八か条である。詳細はのちにみるが、以上にみた公布案、旧規定の一七か条より、一か条多いことになる。(1)

(1)　確定公布案までに一か条にまとめられる三か条の原案を以下に示しておく。

第一一四〇条　本文後掲

（参照）　一〇〇四［共有］、一〇〇六［平等］

第一一四三条　前条ニ掲ケタル贈与ノ目的タル財産ハ受贈者ノ行為ニ因リテ其価額ノ増減アリタルトキト雖モ相続開始ノ当時仍ホ原状ニテ存スルモノト看倣シ其価額ヲ定ム

なお、以上に前条とあるのは原案では第一一四二条、公布案では第一一三三条のことであり、現行では第一一三〇条のことである。

（参照）　仏九二二、蘭九六八、九七〇、一項、伊八二二、二項、葡一四九七、一四九八、一七九〇、二号、三号、西八一八、二項、白草八八三、二項、独一草二〇〇九、一項、同二草二二九〇、一項、同三草二三二五、索二六〇五

第一一四四条　第一〇〇九条ノ規定ハ遺留分ノ算定ニ之ヲ準用ス

（参照）　仏九一八、九一九、九二四、澳七八七乃至七九四、蘭九六六、九六八、九六九、伊八一一、葡一五〇〇、ツユーリヒ九七三、西八一五、八一九、一項、白草八八四、八八五、八九二、独一草一九八〇、一九八三、一九八九、一九九〇、二〇一二、同二草二一七三、二一七五、二一八〇、二一八一、同三草二三〇七、二三〇九、二三一五、二三一六、普二部二章三九三以下、索二五九〇、二六〇九

家督相続の効力に関する規定が極まらなかった訳でありますから第千九条と書いたのでありますが四箇条多くなりましたから是は第千十三条であるとされる（富井・速記録六五巻二一四丁裏）。準用されるのは遺産相続の場合の特別受益に関する規定だというわけである。

それは原案では（後述のように、二つ目の）第一〇〇九条、公布案では第一〇〇七条のことであり、現行では第九〇三条のことである。

(ロ)　審議　総会においては、以上の原案は第二〇一回（29／12／14）と第二〇二回（29／12／16）の二回にわたって審議された。

総会では起草委員（富井政章）から以下の一点、すなわち第一一四〇条に新たに第二項を加える修正案が出され、ともに認められた（第二〇一回、速記録六五巻）。

第一一四〇条は前条ノ規定ニ依リテ遺留分ヲ受クヘキ相続人数人アルトキハ其遺留分ハ各自平等ニテ其共有ニ属スとなっていたが、そこへの以下の追加である。

第九九九条及ヒ第一〇一一条ノ規定ハ前項ノ場合ニ之ヲ準用ス（一〇九丁）

つまり、代位相続人にも遺留分が認められるということを明らかにするわけである（原案第九九五条、第一〇〇八条）。そのほかは原案のままである、全一八か条。

なお、以上で前条というのは、原案では第一一三九条、公布案では第一一三一条のことであり、現行では第一〇二八条のことである。

整理会においては、以上は第二三回（30／10／27）と第二五回（31／4／15）の二回にわたって審議された。第二二回（30／9／29）は相続編としては家督相続のみに関するものとなり、第二四回（30／12／17）は時間切れで、親族編のみに関するものになった。なお、第一三回（30／6／13）以後が親族編以下に関し、第二二回以後は親族編以下の再整理に関するが、以上の審議の結果、相続編は家督相続を除き、再整理はないことになったわけである。

整理会では起草委員（梅謙次郎）から以下の二点の修正が出され、認められた（第二三回、速記録七巻）。

第一一三二条（旧第一一四〇条）ヲ左ノ如ク改ム（三六丁裏）

第九九四条、第一〇〇四条及ヒ第一〇〇五条ノ規定ハ遺留分ニ之ヲ準用ス

従来の第一項は平等・共有を規定していたが、遺産相続規定と同じことであり、またそこに庶子などに関する但書もあるので、それも同じことという意味で、その準用形式に改めたわけである（梅）。

第一一四三条（旧第一一五一条）ノ次ニ左ノ一条ヲ加フ（三八丁）

第一一四四条　負担附遺贈ハ其価額中ヨリ負担ノ価額ヲ控除シタルモノニ付キ其減殺ヲ請求スルコトヲ得

原案には負担つき贈与の減殺に関する第一一四一条（現第一〇三八条）の規定がない。いずれの民法修正案参考書にも以上はあり、その理由もあるが、参照がない。[2]追加規定の一般の例である。以上はすでに指摘されているとおり、整理会で修正案として加えられた規定である。[3] そのほかはそのままである、一か条増。全一九か条。

公布案では最終条としては（遺産）相続規定の準用に関する規定、原案第一一四〇条、第一一四三条それに第一一四五条が一括され、第一一四六条（現第一〇四四条）として最後に移された、二か条減。[4] さきの一か条増とあわせて、計一か条減、全一七か条。もっとも、その一つ、原案第一一四三条は別のところ（遺産相続の効力の節での相続分）に移されて、第一〇〇八条（現第九〇四条）となり、[5] 以上はその準用規定となった。

もっとも、以上の一か条の他への移送、準用規定二か条の一か条への一括と最後への移送というやや大きな変更が、どこでされたものであるかは、明らかではない。総会においてではなく、整理会においてでもないことはすでにみた。もとより整理会で変更されたことは明らかであろうが、よくされているように、その後どこかの委員会の審議で（つけたりとして）変更されたのであろう（その後、不動産登記法、商法などが審議されている）。

（2）　後二編の参考書には、前三編の場合とほぼ同じく、二種類のものがある。一つは博文館のもので、菊版、もう一つは八尾書店のもので、前三編の未定稿本と同じく、大版である。

前者は民法修正案理由書、後者は民法修正案参考書となっているが、後者が正式なものであるので、本稿ではいずれも後者の書名で引用する。

（3） 太田武男、注釈相続下（五五年一一月）二六四頁。
（4） 星野通著、明治民法編纂史研究（四三年九月）一九五頁以下の三四三頁の条文にはあり、審議要約は一九七頁以下。
なお、第一一四六条、現第一〇四四条はいわば追加規定であるが、いずれの参考書にもその理由のほか、参照がある。要するに、以上を一括したものであるわけである。
（5） 第一〇〇八条、現第九〇四条へ移動。遺産相続の原案にはこれに類した規定がない。
遺産相続の章の原案は甲第六五号ないし第六七号の三部からなり、第九九二条ないし第一〇〇六条の全二六か条である――第六七号の最初の第一〇〇九条は前号、第六六号（ここから第三節）の最後であるそれと重複している（公布案では第九九二条ないし第一〇一六条の二五か条）。そうして、その第三部、甲第六七号は明治二九年九月二一日配布（前二号はそれぞれ九日と一二日の配布）、第一〇〇九条ないし第一〇一六条の八か条であり、うち第一〇一一条以下の六か条が第三款、遺産の分割である（公布案では第一〇一〇条ないし第一〇一六条の七か条）。以上の公布案第一〇〇八条、現第九〇四条は追加されたものであるわけである。
いずれの参考書でも公布案第一〇〇八条、現第九〇四条にはその理由はあるが、参照はない。そのほか、いずれの参考書でも遺産の分割に関する公布案第一〇一五条、現第九一四条にはその理由はあるが、参照はない。いずれも事後追加の条文であることを推測させるわけである（遺産相続人で三か条の減、計一か条増）。

㈥ その他　そのほか、現行民法の普通時効はそもそも普通時効といえるのかも含めて、さまざまな問題を残すものとなっているが[6]、要するに二〇年である、第一六七条第二項。債権は一〇年などとするその第一項などは、原案にはなかったものであるが、後二編からみれば、すでに帝国議会における審議の結果新たに加えられたものである（明治二九年二、三月）。
他方、原案の甲第七五号の配布日付はすでにみたとおり、明治二九年一二月一二日である。その総会、整理会での審議もすでにみた。帝国議会における後二編の審議はその翌よく年に行なわれた（明治三一年五、六月）。第二次大戦後の大改正で時効規定は現第一〇四二条、準用規定は第一〇四四条となっている。これによって家督相続に関する旧第一一三〇条が削られ、放棄に関する現第一〇四三条が新たに加えられたためである（すでにみたとおり、前後同数）。項としては、旧第一一三二条第三項（家督相続ノ特権ニ属スル権利ハ遺留分ノ算定ニ関シテハ其価額ヲ算入セス）も削られた。(7)

なお、現行規定での改正としては、家事審判法（昭和二二年法律第一五二号）の新たな制定によって、離婚などの家事事件のほか、相続関係事件も家庭裁判所の管轄になったことが記憶されなければならないであろう。

(6) それを明確にすることがわたくしの相続回復論の一つの主題であった。

(7) ただ、その第三項の削除にもかかわらず、同じ処理は現行規定でも認められ、算入されないと解されている。たとえば、柚木・相続（五三年五月）［五六］二(c)（四一六―七頁）、我妻栄・唄孝一著、相続（六六年四月）三一五、三一六頁。もっとも、中川＝泉・相続（六四年六月）にはこの点についての指摘がない。しかし、もしそうであるとすれば、一体現行規定による削除はなんであったのかがあらためて問われなければならないことになるであろう。たとえ家督相続ということばが「嫌い」であるとしても、第八九七条の財産はといいかえれば足りたことであろう。

また、その第二項の裁判所が、現第一〇二九条によって家事審判所、家庭裁判所と改められた。それは後二編などの改正としては一貫したものであるが、評価しがたいものであることは、別にのべた。わたくしの論文、制限能力者の能力、志林九八・二（〇一年二月）（須永醇教授定年退職記念）一七九―八〇頁。

なお、今回離婚訴訟なども（地方）裁判所の管轄から家庭裁判所の管轄に移された。しかし、それは民法の改正ではなく、訴訟法の改正によっている（明治三一年法律第一三号の人事訴訟手続法が全面改正され、平成一五年法律第一〇九号の人事訴訟法となったなどの改正）。わたくしはその内容については賛成しがたいが、その立法技術については今回の改正のほうが適切だと考えている。しかしまた、それだけに、戦後の大改正が裁判所を家庭裁判所としたことの問題があらためて問われることになるであろう。

5　現行民法――遺留分の割合

もっとも、その権利者、とくにその割合はこれまで多少の変遷を経ている。

(イ)　原始規定　明治三一年（一八九八年）完成の現行民法の原始規定、旧規定では第一一三〇条と第一一三一条で、家督相続と遺産相続とで分けて規定する。そうして、法定家督相続人であれ、遺産相続人であれ、「相続人タル直系卑属ハ遺留分トシテ被相続人ノ財産ノ半額ヲ受ク」（いずれも第一項）。また、家督相続の場合には、「此他ノ家督相続人ハ遺留分トシテ被相続人ノ財産ノ三分ノ一ヲ」、遺産相続の場合には、「遺産相続人タル配偶者又ハ直系尊属ハ遺留分トシテ被相続人ノ財産ノ三分ノ一ヲ受ク」（いずれも第二項）。遺産相続の場合には、兄弟姉妹は遺留分を有しないわけである。また、配偶者が問題とされたわけである。

(ロ)　現行規定　第二次大戦後の昭和二二年（一九四七年）の大改正（法律第二二二号）で、家督相続についての規定は削られ、遺産相続についての規定は現行規定第一〇二八条とされ、本文、全二号とされた。そうして、その第一号で、「直系卑属のみが相続人であるとき〔従来のまま〕、又は直系卑属及び配偶者が相続人であるとき〔新設〕は、二分の一」とした。現行規定第八九〇条で、配偶者相続権を新設したことに伴う改正である。遺留分と称することのほか、兄弟姉妹が遺留分を有しないことは、その本文で規定されることになっている。したがって、第二号で、「その他の場合には、被相続人の財産の三分の一」とされるのも、兄弟姉妹が相続人である場合を含まないほか、配偶者のみが相続人である場合、直系尊属のみが相続人である場合それに配偶者と直系尊属とが相続人である場合の三つを含むことになる。

(ハ)　昭和三七年改正　なお、昭和三七年(一九六二年)の改正(法律第四〇号)で、第一〇四四条が改められた。そこで準用される条文の一部が改められた——従来の第八八七、八八八条が一括されて、全三項の新第八八七条となり、全二項の旧第八八八条が削られた——ことによる改正であるにとどまる。従来は第八八八条などとあったのが、これによって現在のように、第八八七条第二項、第三項などとなったわけである。ただ、わたくしは準用されるほうの規定の書き換えには疑問があることを付言しておく。

(ニ)　昭和五五年改正　これが昭和五五年(一九八〇年)の改正(法律第五一号)で、現在の規定となっている。実質的には、配偶者の法定相続権が拡大された——現行規定第九〇〇条で、従来は子と配偶者のときは、子は三分の二、配偶者は三分の一、配偶者と直系尊属のときは、二分の一ずつ、配偶者と兄弟姉妹のときは、三分の二と三分の一であったのが、おのおの二分の一対二分の一、三分の二対三分の一、四分の三対四分の一と改められた——ことに合わせた改正である。配偶者のみが相続人である場合と、それと直系尊属とが相続人である場合も、従来の三分の一から二分の一と改められたわけである。

ただ、そのことを示すための現在の文言は、はなはだしく非常識なものになっているというほかはない。すなわち、現在の第一号は直系尊属のみが相続人であるときは三分の一となっていて、直系卑属のときは結果として第二号となっているわけであるけれども、これは相続法全体のしくみに反する——法定相続人の第一順位は直系卑属あるいは子であり、第二順位が直系尊属、第三順位が兄弟姉妹である、第八八七条以下——だけでなく、あたかも例外が主要なものであるかのように示されているわけであり、それが非常識きわまりないものであるわけである。その表記法は直ちにもとにもどすべきであろう(1)。

（1）中川淳・注釈民法新版二八巻（八八年九月）、補訂版（〇二年一〇月）四四八頁以下（七三年八月）にもとくにこの批判はない。

第二　減殺権の性質

民法は第一〇三一条、旧第一一三四条で、遺留分権利者は遺留分（の侵害があるときは、それ）を保全するのに必要な限度で、遺贈および贈与の減殺を請求することができるとする。それでは、その性質はなにかなどが問題となるわけであり、これが本稿第一の問題である。[1]

ただ、その遺贈および贈与とつなぐのは、たとえその受働主体が一人であるとしても、普通はつながれたもの二つを意味するわけであるから、珍妙な文章というほかはない。[2] これまでほとんど指摘されることはないようであるが、以上は誤りであり、遺贈または贈与とすべきことは当然であろう。[3]

（1）これについては、伊藤・講座（八四年一二月）のほか、阿部浩二「遺留分減殺請求権」民法演習Ⅲ（七二年四月）第七七、六〇三―九頁、同題・民法学7（七五年三月）第二四、三〇四―一五頁がある。

なお、風間後掲論文（七九年九月）もその表題（後掲のように、遺留分減殺請求権の消滅時効）とはやや異なるが、内容的にはここにあげておいてよいであろうか。

（2）もっとも、こちらはほぼ一般に指摘されているところではあるが、第六〇一条の賃貸借の目的規定でも、物の使用および収益となっている。したがって、たとえば建物の賃貸借でも、店舗兼用住宅だけは賃貸借となるが、居住用あるいは店舗用のいずれか一つの目的のときは、賃貸借にならないことになるようである。そのようなことはないであろうが、あるいは当時と現在とでは意味が異なるかのようである。そうして、そのことは第五九三条以下の使用貸借でも同じである。より一般的な、珍妙で、また誤った用語というほかはない。なお、ここでの詳細は控えるほかはないが、前三編のうちで債権編は最も整理の行き届かない編である。

（3） もっとも、有斐閣の六法で以上に付されている小見出は、明文を無視して、遺贈又は贈与となっている。

1 民法の背景

(イ) フランス、ドイツ　フランス民法は第九三〇条で、遺留分保全の権限を減殺あるいは回復訴権 action en réduction ou revendication とし、その第三者に対する効力を定める（後述）。したがって、直接の規定はないが、その行使は訴によることを要することになる。それが訴権であるとしても、その性質が物権か債権かなどが問題となるが、普通時効に関する第二二六二条参照、その点については規定がない。ドイツ民法は第二三一七条で、その保全の権限を義務分に対する請求権 Anspruch auf den Pflichtteil とし、それは相続開始とともに生ずるなどとする（第一項。第二項は後述）。したがって、直接の規定はないが、その行使は訴によることを要しないことになる。なお、ドイツ民法にはすでに指摘されているように[1]、第一草案ではこの点に関する明文があり、金銭給付請求権としていた、第一九七六条第二項（第一九七五条第二項と第一九七六条第一項は削除）。しかし、第二草案からはそれは当然のこととされて、削られるにいたり、冒頭の第二一六九条（旧第一九七五条第一項が二項とされ）、それが現行法、第二三〇三条となっている。

（1） 原田前掲素描（五四年六月）三二八—九頁（四二年）。

(ロ)　その他　オーストリア民法は遺留分保全の権限を権利 Recht とするまでで、後述時効に関する第一四八七条、訴権であるかは明らかではない。そこに請求する権利とあることもあって、同前、学説は請求権とする[2]。また、金銭請求権かは争いがあるとされる。

オランダ民法は以上を（フランス民法と同じく）減殺の訴権としている、後述時効に関する第九三〇条など。

イタリア旧民法についてはとくに指摘がない（第八二一条のほか、第一〇九二、一〇九三条が引用されるが）。イタリア現行民法は第五六三、五六四条で、以上を減殺訴権 azione di riduzione とし、第三者に対し効力を生ずるなどとする（後述[3]）。

その後のスイス民法は以上を減額の訴 Herabsezungsklage とする、後述時効に関する第五三三条第一項。それに減額権者に関する第五二四条第一項にもこの訴権とのことばがでてくる。以上が訴権とされていることは明らかであるけれども[4]、同時に、減額の請求権 Hs. anspruch ともされている、第五三三条第三項。

（2）　Helmut Koziol und Rudolf Welser, Grundriss des bürgerlichen Rechts, Bd. II, 1988, S. 364.

（3）　風間論文（五五年二月）訴権。

（4）　柳川・注釈下（二〇年八月）六二五頁注（九二四）。

(ハ)　旧民法　わが国の旧民法は公布案では、遺留分保全の権限を減殺とするまでで、第一七四一条（財産取得編第三八六条）ないし第一七四三条（同編第三八八条）、それ以上には規定がない。（次述の）草案と同じく、訴権としているであろうと推測される。

草案では、その保全の権限を明らかに減殺の訴権とする、草案第一七四一条（一二〇頁）。

(ニ)　現行民法　現行民法は遺留分保全の権限を減殺の請求権とする、旧第一一三四条、現第一〇三一条、とくに旧第一一四五条、現第一〇四二条。民法修正案参考書もつぎにみるように、それは訴によることを要しないことを指摘する(旧第一一三四条の理由、第三段)。もっとも、別の部分(遺言の章)ではなお遺留分回復の訴とする場合もある、旧第一一〇五条、現第一〇〇三条本文。

(ホ) 現行民法――つづき　その原案の規定と理由(民法修正案参考書、公布案第一一三四条の理由)はこうである。

原案第一一四五条　遺留分権利者及ヒ其承継人ハ遺留分ヲ保全スルニ必要ナル限度ニ於テ遺贈及ヒ第一一四二条ニ掲ケタル贈与ノ減殺ヲ請求スルコトヲ得

それが遺贈及ヒ……が遺贈及ヒ前条ニ掲ケタル贈与と変えられて、公布案、旧規定第一一三四条となり、現行規定第一〇三一条となるわけである。

(参照) 取三八六、三八九、仏九二〇、九二一、澳七八三、九五一、蘭九六七、伊八二一、一〇九一、一〇九二、葡一四九二、一七八九、グラウブユンデン五〇九、三項、ツユーリヒ九七八、九八〇乃至九八六、西六五四、六五五、八一五、八一七、白草八八〇乃至八八二、八八六、独一草一九七九、二〇〇九、二〇一六、二〇一八、同二草二一七一、二一九〇、二一九五、同三草二三〇五、二三二五、二三三〇、普二部二章四三二以下、索二六〇〇乃至二六〇五

(理由) 本条ハ前数条ノ規定ニ依リテ遺留分ヲ算定シタル結果贈与又ハ遺贈ノ目的タル財産ノ価格ノ被相続人ノ自由ニ処分スルコトヲ得ヘキ範囲ヲ超過シタルトキハ如何ニシテ其贈与又ハ遺贈ノ効力ヲ減却スヘキカヲ定メタルモノナリ本条ノ規定ニ依レハ被相続人ノ随意ニ処分スルコトヲ得ル範囲ヲ超過シタル贈与又ハ遺贈ハ当然無効ニ非ス只之カ減殺ヲ請求スルコトヲ得ルモノナリ今此ノ如ク此種ノ贈与又ハ遺贈ヲ当然無効ト為ササ

ル所以ハ蓋シ何人ト雖モ生前処分又ハ死後処分ニ依リテ其財産ヲ処分スルコトヲ得ルヲ以テ本則ト為ササルヘカラサルノミナラス相続人カ多クノ固有財産ヲ有シ又ハ自己ノ技倆ニ依リテ生計ヲ営ムコトヲ得ル場合ニ於テハ被相続人ノ為シタル処分ヲ無効トスルノ必要ヲ感セサルコトアルヲ以テナリ

本条ノ規定ニ依レハ減殺ノ請求権ハ遺留分権利者及ヒ其承継人ニ属スト雖モ被相続人ノ債権者ハ全ク減殺権ヲ有セサルナリ仏民法ニ於テハ被相続人ノ債権者ノ減殺権ヲ有セサルコトヲ明言セルモ遺留分ノ性質上敢テ之ヲ言フノ必要ナカルヘシ只被相続人ノ債権者ハ遺留分権利者カ単純承認ヲ為セハ遺留分権利者ノ債権者トシテ之ニ代リテ減殺ノ請求ヲ為スコトヲ得ルモノトス

本条ニ於テハ単ニ減殺ヲ請求スルコトヲ得トシ敢テ裁判所ニ減殺ノ請求ヲ為ス可キ旨ヲ規定セス外国ノ立法例ニ於テハ訴ヲ以テ減殺ノ請求ヲ為スヘキモノト定ムルモノアリト雖モ本案ニ於テハ已ムコトヲ得サル場合ノ外ハ裁判所ノ干渉ヲ避クル主義ヲ採リタルカ故ニ減殺ノ請求ハ訴ヲ以テ之ヲ主張スルコトヲ要スルモノト為ササルナリ

甲　性質論の前提

2　侵害行為の効力

減殺の内容でもあるが、相続人による減殺以前に、被相続人によってされた遺留分を侵す贈与などが、その侵害ゆえに無効であるかの問題がある。

(イ)　大審院　それが無効であるとすれば、無効一般の理論の結果、減殺もその内容としては請求権あるいは抗弁権としてだけ機能することになるであろう。しかし、一般の、たとえば第九〇条による公序良俗違反の無効などであればともかく、すでに起草過程でみたところからも明らかなように、その侵害行為は無効ではなく、減殺に服するまでという点については、学説、判例は一致している。

大判昭和五年六月一六日新聞三一七一号一三頁、評論一九巻民法一〇四一頁（昭和四年(オ)第一六九五号、抵当権無効確認拉抵当権設定登記抹消請求事件、棄却）。

もっとも、この判決は民集九巻五五〇頁に以下の要旨で掲載されたが、そこにはその第五点が掲載されていない。他方、新聞には民集にあるその第一点が掲載されていない。したがって、判旨は正確には全五点ということになる。(1)

被相続人の秘密証書遺言による遺贈があり、その執行者が指定されていたのに、死亡相続開始後長男がそれを無視して相続登記をし、他に抵当に入れたので、ほかの受遺者（七名）が長男などに対し無効確認などを求めた事件、認容。

第一審、山口地下関支判年月日不明、認容、控訴審、広島控判昭和四年一一月一六日、認容。

要旨　遺言執行者ある場合に於て相続人か相続財産に付為したる処分行為は当然無効なるものとす［判旨第二点］

判旨（第五点）遺留分に関する規定に違反し其の財産全部を処分したりとするも単に減殺請求権に服する［?・］に止まり其の遺言全部を無効と為すへきものに非す

その批評、穂積重遠、（法協四九・一〇、三一年一〇月）判民第五六事件（結果正当？以上の判旨にはふれていない）。

下級審としてもそれに前後して同趣旨が示されている。

名古屋地判大正九年七月二日新聞一七五〇号一七頁（大正八年（通）第三二八号、遺言無効確認請求事件、棄却）。

死亡（大正四年二月）による家督相続が開始し、その子（養嗣子）が相続したが、これが他のもの（子?五名）に対し遺言無効を主張した事件。被相続人、養父が公正証書遺言（大正元年一〇月）によって自己の商業部を合資会社とするための出資として各人に割り当て（遺贈し、子が最小）、残余を菩提寺に寄附するほか、各人に割り当てた（遺贈した、子が最大）ための請求。

判旨　法律が［民法第一一三四条、現第一〇三一条で］遺留分権利者に対し……減殺請求権を認め以て其違反せる遺贈の効力を排除するを得せしめたる点より観れば遺留分権利者に於て該請求を行使せざるに於ては仮令遺留分を害する遺贈と雖も依然其効力を有するものなることは一点の疑を容れざるところという。

判旨はそのほか、公証人法第二一条違反の抗弁にもふれ、それは絶対的強行規定をいうまでで、ここでの違反は含まないとする。

大阪控判昭和六年一二月二三日新聞三三六三号一六頁（昭和五年㈹第一一六一号、強制執行異議控訴事件、取消・認容）。

遺産相続が開始し（昭和四年一一月一七日）、その唯一の遺産相続人（子?）があったが、その債権者もあり、それが遺産相続人に代位して相続登記をし、その競売を申立てた（昭和五年四月）ので、遺言執行者がそれに対し異議を申立てた事件。被相続人から公正証書遺言（昭和四年一一月二五日）によって全財産の遺贈を受けていた者、女性があり（その被相続人と、したがって相続人と同じ名字であるが、それ以上の関係は不明）、遺言執行者はそのために任命されたものと推測される。

第一審、京都地判と推測されるが、正確には年月日とも不明、棄却。

判旨　遺言者か其全財産を遺贈の目的と為し遺産相続人の遺留分を害したりとするも遺留分権利者に於て其減殺を請求し得るに止まり其遺贈をして……無効たらしむるにあらさることは民法第千百三十四条［現第一〇三一条］の規定に依り明かな……りとする。

判旨はそのほか、遺贈の対抗要件不備の抗弁にもふれ、登記なくして対抗し得るとし、そうでないとしても、代位者は悪意であり、民法第千百十五条［現第一〇一三条］による無効の代位をしたのだから、登記欠缺を主張し得る正当の利益を有する第三者ではないとする。

（1）中川相続初版（六四年六月）三三三頁注四では昭和五年の大判は以上の表記、というより以上の表記はそれに学んだものであり、その表記。新版（七四年八月）では四三四頁、第三版（八八年一〇月）では四六二頁。しかし、中川・泉第四版（〇〇年一〇月）四九八頁注五で（注二は新版以来の事後追加）それが掲載されていないほうの民集表記に変更されている。

(ロ)　最高裁　最高裁は以上を前提として、さらにその公序良俗違反による無効主張も否定する。

これは事実上問題の混同ではないかの疑いがあるが、しかし学説の多くは遺留分規定は第九〇条の特則だとしている、後掲諸批評。とにかく、それはこうである。

最二判昭和二五年四月二八日民集四巻四号一五二頁（昭和二四年(オ)第二九号、強制執行異議事件、棄却）。

被相続人が後妻に対し全財産を贈与していたのに、養父死亡による家督相続開始後、その相続人である養子に債権者があって、その債権者が相続財産に強制執行をかけたので、後妻がその債権者に対し執行異議を申立てた事件、認容。

被相続人は全財産の贈与（昭和一七年八月末ころ）後、自筆証書証書のようであるが、それを確認する遺言もして（同年九月二日）、死亡している（同年一二月）。養子の債権者はじつはその実兄で、これが相続財産に強制執行をかけたわけである（昭和一九年九月）。

なお、後掲諸批評ではほとんど問題とされていないが、養子は当初（昭和一四年八月）から養親との間に円満を欠くところがあり（昭和一六年四月にはめいと婚姻）、養父が肺結核にかかるにおよんで（昭和一七年六月）、養方の財産は一切いらないと称し、身の回り一切を取りまとめて、別居している（同年八月）。

第一審、佐賀地判年月日不明、認容、控訴審、福岡高判昭和二三年一二月二七日、認容[2]。

要旨　家督相続開始前、被相続人がその所有に係る一切の動産、不動産を挙げて相続人以外の者に贈与したとしても、これをもってただちに公序良俗に違反する無効の契約とすることはできない。

その批評、谷口知平、民商二七・二（五二年四月）（結果妥当）。小林三衛、法学一七・一（五三年四月）（正当）、我妻栄＝唄孝一（判例研究四・一とされるが）判民（六二年一二月）第一一事件（疑問）。

その後、高木多喜男、判例演習［親族・相続法］（六四年一二月）第二八事件、中尾英俊、家族法判例百選〈初版〉（六七年二月）第一〇〇事件、乾昭三・百選〈第三版〉（八〇年二月）第一二五事件。

最三判昭和三七年五月二九日家月一四巻一〇号一一一頁（昭和三六年(オ)第一〇〇号、遺言無効確認請求事件、棄却）（なお、以上の三判はその裁判官名に基づいて民集から推測したものであり、掲載誌にはない）。

被相続人が後妻との間の子に対し全財産を贈与、遺贈していた（いかなる遺言によるかは不明）ので、相続開始後他の共同相続人がその子に対し遺言の無効確認を求めた事件のようである、棄却。

第一審、裁判所年月日とも不明、棄却か、控訴審、東京高判年月日不明、棄却。

判旨　上告人の被相続人……において……本件不動産及び動産を全部被上告人に遺贈したとしても、遺留分権利者において遺留分減殺を請求するのはともかく、右遺贈が公序良俗に反し無効であるとはいえない。[全二点中の第二点]

判旨はそれに続けて、その先例という意味であろうが、かっこして昭和二四年(オ)第二九号同二五年四月二八日第二小法廷判決民集四巻四号一五二頁[前掲]参照とする。

そのほか、その間に、要旨とはなっていないが、以上とほぼ同旨をいうものとして、最三判昭和三五年七月一九日民集一四巻九号一七七九頁後掲もある。もっとも、ここには公序良俗違反論はない。減殺に服するとするまでのものである。

下級審としても、以上(の減殺に服するまで)をいうものがある、富山地判昭和三四年一一月二〇日下民集一〇巻一一号二四五七頁後掲(判旨第四点[3])。

(2)　最高裁の民集は四六巻、平成六年度分からは第一審の理由も掲載する例となっているので、本稿でもそれ以後については、第一審についていちいち注記しない。

(3)　もっとも、旧規定では隠居などの生存者問の家督相続が認められていた、旧第九九四条など(第一章、家督相続の第一節、総則、旧第九六四条ないし第九六七条の四か条)。そうして、それに対する対処として家督相続の効力と称される節(第一章の第三節、旧第九八六条ないし第九九一条の六か条)が設けられ、その一つとして隠居者などの被相続人には「其ノ財産ヲ留保スルコト」が認められていた、旧第九八八条。

そこで、以上の侵害がその財産留保による場合もあることになるが、それについては、判例に対立があり、学説でも対立があった。その旧第九八八条にも、但書として「但家督相続人ノ遺留分ニ関スル規定ニ違反スルコトヲ得ス」とあったので、以上はその解釈でもあるわけである。

判例には多少の対立があって、その留保は無効であり、減殺の対象とならないとする説もあるが、少数派で、有効であり、減殺の対象となるとする説が有力であったといってよい。

無効説は、大判明治四〇年六月二四日民録一三輯七〇五頁（明治三九年(オ)第五六六号、売買登記抹消請求の件、破棄差戻）、大判明治四一年四月二一日民録一四輯四五八頁（明治四一年(オ)第二三号、財産管理請求の件、棄却）。また、大判昭和九年一一月一〇日全集一四号二〇頁（二輯七三四頁）、法学四巻四号一三〇（四九六）頁（昭和八年(オ)第一一五九号、登記抹消手続履行請求事件、破棄差戻）、評注中川。

有効説は、大判明治四四年一二月一日民録一七輯七四五頁（明治四四年(オ)第九二号、売買並保存登記抹消請求の件、一部破棄差戻・一部棄却）、大判大正四年六月二日民録二一輯八七三頁（大正四年(オ)第一一〇号、土地建物所有権移転登記抹消手続請求の件、棄却）、大判大正八年一一月三日民録二五輯一九四四頁（大正八年(オ)第四八五号、不動産所有権移転登記抹消請求の件、棄却）。また、大判大正一二年四月一七日民集二巻二五七頁（大正一二年(オ)第二〇八号、所有権移転登記抹消請求事件、棄却）、大判昭和四年一月二一日民集八巻六頁、評論一八巻民法三二二頁（昭和三年(オ)第一〇七八号、遺産相続財産確定並家督相続登記抹消手続及売買無効確認等請求事件、棄却）、大判昭和四年三月一一日新聞二九八八号一五頁（昭和四年(オ)第七一号、代位に依る所有権確認並所有権保存登記所有権移転登記抹消手続請求事件、棄却）、大判昭和四年七月二三日裁判例（三）民事一一四頁（昭和四年(オ)第三二四号、強制執行異議事件、棄却）。

下級審も、以上とほぼ同じことである。無効説、東京控判明治四二年一一月二一日新聞七〇八号二一頁（明治四一年(ネ)第四七二号、売買并に保存登記抹消請求、同年(ネ)第四七三号、売買登記抹消請求事件、一部棄却）。有効説、千葉地判大正一〇年一月一三日評論一〇巻民法五四八頁（大正九年(ワ)第六六号、土地所有権移転登記手続請求事件、認容）、東京控判大正一〇年八月八日評論一〇巻民法八五五頁（大正一〇年(ネ)第一六〇号、土地所有権移転登記抹消登記手続請求事件、認容）（以上の控訴審）。

また、最高裁でも、最三判昭和二九年一二月二四日民集八巻一二号二二七一頁が同趣旨であることは、のちにみる。

学説としては、無効説、穂積（法協四二巻七号、一四年七月）判民大正一二年度第四八事件（大判大正一二年前掲）評釈（反対）、有効説、牧野菊之助・志林一一・一〇（〇九年一〇月）四五―六頁（法典質疑録）。中川法学四巻八号（三五年八月）・総評二巻四五―八頁（昭和九年の概評の一部）・大判昭和九年四月前掲の批評ともいうべきもの（反対）。中川（泉）・相続四九八頁注四（六四年六月）参照。

もっとも、学説は判例とは逆で、留保は有効であり、減殺の対象となるとする説もあるが、牧野、中川・前掲のほか、島津・注釈相続下（五五年一一月）一三六頁、少数説で、無効であり、減殺の対象とならないとする説が有力であったといってよい。柳川注釈上（一八年六月）五七六頁（四〇六）（全部）――ただし指定一般、穂積相続（二）（四七年一月）頁（三一年二月）、近藤相続上（三六年四月）三六七頁、下（三八年九月）一五五七（全部無効は批判）、一一五八―六〇頁。それに川島民法（五七年七月）一五九頁（五一年六月）もこれだとされる。

3　減殺権の発生と消滅

(イ)　減殺権の発生　そのほか、民法に明文はないが（前述のドイツ民法参照）、減殺権は相続開始で確定するのであり、それ以前には確定せず、したがってたとえば相続人はそのための仮登記をすることもできないとされることは、のちにみる。大決大正六年七月一八日民録二三輯一一六一頁後掲。

それと同じく、下級審であるが、すでに相続開始前には遺留分保全の裁判を起こすこともできないとされる。東京地判年月日不明新聞六〇九号（明治四一年一二月五日）九頁（明治四一年(ワ)第八四三号、遺留分保全贈与取消所有権移転登記抹消請求事件、棄却）。

法定の推定家督相続人、すなわち子が被相続人となるべき者、すなわち父と、父からの受贈者、すなわちその女庶子と主張される者に対し遺留分の保全を求めた事件。

判旨　相続開始以前に於ては単に相続を為すべき期待を有する者あるに止まり未だ確定したる相続人あらざるが故に遺留分権利者なる者の存在すべき理なし

(ロ)　減殺権の消滅　(a)　減殺権に時効消滅があることはのちにみる。そのほか、民法に明文はなかったが、減殺権の事後の放棄は可能とされる。すでに梅要義相続編四三六頁は財産権であるから放棄可能という。したがって、下級審でも、これを認めている。

名古屋地判大正五年六月二〇日新聞一一七〇号二八頁後掲（その放棄の効果は絶対的で、放棄後他に減殺を求めることはできない）。

水戸地下妻支判大正一一年三月二八日評論一一巻民法二五九頁（大正一〇年(ワ)第七五号、贈与減殺請求事件、棄却）（一般原則からして）。

また、母による放棄には親族会の同意を要するとする東京控判大正一〇年六月二九日評論一〇巻民法六二三頁後掲は、放棄有効であることを前提とする。

なお、放棄の効果としては、以上の名古屋地判のほか、東京地判昭和三四年五月二七日判時一九〇号二八頁後掲、大阪高判昭和六〇年三月二〇日判タ五六〇号一四四頁参照。

他方、学説としては、予めの放棄は認められず、不行使あるのみとするものがある、牧野菊之助、新報三〇・七（二〇年七月）（問答）[1]。しかし、大審院には事前の放棄も可能とするものがある。

大判昭和九年四月三〇日法学三巻一〇号一一二（一一九六）頁（昭和八年(オ)第二七八一号、契約履行並損害賠償請求事件、棄却)。

事実は以下の判旨以上には不明。以下の三面契約があったのに、父の死亡相続開始後兄がその履行に応じないので、これに対する弟の請求となった事件であろうか。

第一審、山形地判年月日不明、認容か、控訴審、宮城控訴判年月日不明、認容。

判旨　本件当事者が亡矢作長吉の子にして兄弟なること争なき所にして原判決の認めたる長吉の生前に定めたる同人及本件当事者間の財産分配の契約が遺留分の規定に反せりとするも当然無効にあらざるのみならず原判決の認むる所に依れば上告人は家督相続人なれども放蕩にして家産を蕩尽するの虞ありとの故を以て総財産の三分の一の分配を受け其の余を被上告人に帰属せしむることに同意し以て二分の一を受くべき権利を拋棄したること明なるを以て原審に於て上告人が甲第一号証記載の財産のみの分配を受くる契約を有効と認めたるは不法に非ず

昭和九年の大判については、中川評注、同法学四巻八号(三五年八月、総評二巻五三―四頁)は賛成、近藤相続下(三八年九月)一一四八頁は反対。中川のほか、我妻・唄相続(六六年四月)三三五頁注一の、以上の、のみならず以下の判示に注目する指摘参照。

その後の学説にはこれを支持するものがある、柚木相続(五三年五月)[五五]三(四一〇―一頁)、中川・泉相続六四九頁以下(六四年六月)。もっとも、牧野相続(二五年六月)三三五頁以下(〇九年八月)、柳川注釈下(二〇年八月)五七七頁(八九二)以下には指摘がないようである。また、穂積相続(二)(四七年一月)四二七頁以下(三一年二月)にも(水戸地下妻支判の引用は四四〇頁にあるが)とくに指摘がない。しかし、批判するものもある、近藤相続下(三八年九月)一一四六―八頁(事前)、一一四九―五〇頁(事後)、谷口全集論文(三八

年二月）一八四頁。高木叢書（六四年二月）二六頁以下参照。

(b)　もっとも、すでにみたように、遺留分の事前放棄が家庭裁判所の許可を得ることとの限定つきで、可能であることは、第二次大戦後第一〇三四条として新たに定められるにいたっている。(2)

（1）　フランスでも、事前は不能、事後は可能と解されている。André Trasbot et Yvon Loussouarn, Traité pratique de droit civil français, de M. Planiol et G. Ripert, tome V, Donations et testaments, 1957, n° 128, 1; Gabriel Marty et Pierre Raynaud, Droit civil, Les successions et les libéralités, 1983, n° 445.

（2）　その実例としては、中川・泉相続（〇〇年一〇月）六五〇―二頁の注二、三（六四年六月、新版での追加）参照。

4　減殺権の権利者など

(イ)　減殺の権利者　他方、当然のことであるが、第一〇三一条は遺留分権「利」者が減殺を請求することができるとする。

(a)　もっとも、その権利者についてはつぎの判決がある。

大判昭和一九年七月三一日民集二三巻四二二頁（昭和一九年(オ)第四五九号、贈与減殺請求事件、棄却）。

養子が養母に対し贈与の減殺を求めた事件。養子は養父の弟の子で、昭和一五年一一、一二月ごろ式を挙げ、翌年九月に届出をしたもので、ほかに子のない養父の死亡（昭和一八年九月）によって家督を相続したわけであるが、養父がすでに昭和一五年八月（八日）に養母に対し全財産を贈与していたことを知ったので、以上の請求となったわけである。

なお、最初養子に望まれたのは、その兄であったが、兄死亡（戦死）のため法定の推定家督相続人となったので、廃除判決を得、それを受けたうえでの届出であった。また、養父は贈与当時六八歳で、その半年前に脳溢血を患っている。さらに、養母は昭和一七年四月（一八日）に離婚、復籍のうえ、昭和一八年三月（一三日）に分家しているが、夫婦同居の事実はまったく変わっていない。

第一審、福岡地小倉支判年月日不明、認容。控訴審、（戦時特例で）なし。

要旨　自己の家を廃絶家と為す意思なきこと明かなる被相続人か相続財産を贈与したる後其の法定家督相続人と為りたる者は猶遺留分権利者たるに妨けなきものとす［判旨全二点中の第二点］

その批評、福島四郎、民商二二・三（四八年四月）（正当）、来栖三郎、（法協の掲載ナシ）判民（五五年七月）第三二事件（正当）。

そのほか、それ以前の、大判昭和四年六月二二日民集一五巻六一八頁後掲もその要旨は害意に関するものであるが、事案は贈与の二年後に生まれた相続人の減殺請求に関するものであり（明治四一年贈与、明治四三年出生）、結果は以上と同じく、その請求を認めるものである。

なお、第四二四条のいわゆる債権者取消権、私見によれば債権者取消訴権（後述）については、逆に、行為後に成立した債権には取消権は認めらないとされている。大判大正六年一月二二日民録二三輯八頁、最一判昭和三三年二月二一日民集一二巻二号三四一頁、我妻債権総論［一五六］。旧民法にはその趣旨の明文があった（第六二六条、財産取得編第三四三条第一文）が、第四二四条から当然とされ、削られている。

(b)　また、第一〇三一条は遺留分権利者のほか、その承継人も減殺を請求することができるとする。すでに梅要義相続編四三六頁は一般の財産権と同じく承継可能という。

したがって、減殺権は相続（包括承継）の対象となる、第八九六条、ほか、譲渡（特定承継）の対象となることも、認めざるをえないであろう。その具体的な意味は問題であるが、減殺権の相続を認めると、相続がくりかえされるときは、その期間制限の起算点が問題となるであろう。相続回復請求権の時効の場合には、相続の承認、放棄に関する第九一六条にならい、短期はご破算、長期は不動とする説がある、我妻・唄相続（六六年四月）二〇頁。相続回復請求権については短期が問題であり、減殺権については短期、長期とも問題となるけれども、これに従うわたくしの相続回復論。同、半田後掲時報論文五五頁。

(ロ)　減殺の相手方　減殺の相手方が受遺者「及び」受贈者であることは、以上に明文がある。

これについては、つぎの要旨の判例がある。

大判昭和一三年二月二六日民集一七巻二七五頁後掲、第三の乙。

要旨　一　包括遺贈の減殺請求は遺言執行者に対し其の意思表示を為すを妨けさるものとす〔判旨全三点中の第一点〕

学説もその結論は正当とするが、包括受遺者は相続人と同じであり、第一〇九二条、現第九九〇条、遺言執行者はその代理人とみなされるべきであるからとするその理由については異論が多い。以上の批評後掲のほか、近藤相続下（三八年九月）二五二―四頁。高木叢書（六四年二月）一三五―六頁、我妻・唄相続（六六年四月）三二〇頁。また、その理由であれば、特定受遺者は別ということになるが、その点にも批判があり、そのような区別の理由はないとされる、柚木相続（五三年五月）〔五七〕二（四二四頁）、高木叢書（六四年二月）一三六頁。

そのほか、以上から、減殺権は受遺者、受贈者のみに請求できるものであり、したがって対人的な債権だとする説もあるが、牧野相続（二五年六月）三四五―六頁（〇九年八月）、それは性急にすぎる結論というものであろう。第三者に対する行使が可能かも問題となるが、別に定められているので、別にみる。

乙　性質論の前提――つづき

5　減殺権の行使者

(イ)　債権者一般　そのほか、以上には直接の明文はないが、修正案参考書、梅要義相続編四三六頁のいうとおり、相続人の債権者も、遺留分権者の単純承認後、その無資力などの要件を満たせば、以上を債権者代位権の対象とし、第四二四条、その行使可能とされている。そこで、下級審もこれをいう。水戸地下妻支判大正一一年三月二八日評論一一巻民法二五九頁前掲（財産権）。大阪控判昭和六年一二月二三日新聞三三六三号一六頁前掲（侵害行為の効力のほか）。大審院でも大判昭和一五年一〇月二六日新聞四六三九号五頁は、遺留分の算定にあたり被相続人の抵当債務額を控除すべきものとするものであるが、第一〇二九条、債権者の代位行使の事例であり、それが可能であることを前提とする。また、最高裁でも判旨ではとくに問題とされていないが、最二判昭和二五年四月二八日民集四巻四号一五二頁前掲は債権者の代位行使の事例であり、それが可能であることを前提とする、我妻・唄相続（六六年四月）三一八―九頁注一。学説もこれによっている、柚木相続（五三年五月）［五七］二二（四二三頁）、中川・泉相続六六二頁（六四年六

月）、我妻・唄相続（六六年四月）三一八―九頁。すでに牧野相続（二五年六月）三四四―五頁（〇九年八月）、柳川注釈下（二〇年八月）六二二―三頁（九二一）。穂積相続（二）（四七年一月）四四〇頁（三一年二月）、近藤相続下（三八年九月）一一五一頁、谷口全集論文（三八年二月）一九一頁。島津注釈下（五〇年一一月）二三五頁。

もっとも、その後、限定承認の場合について、減殺権者、すなわち相続人の債権者の代位行使は不可であるが、被相続人の債権者、すなわち相続債権者の代位行使は債権者に不均衡が生ずるから、可とする説が主張され、近藤相続下、それが有力になっている、谷口全集論文（理由は以上とはやや異なり、債権者保護をいう）。島津注釈下、高木叢書（六四年二月）一二四頁、我妻・唄相続（六六年四月）三一九頁、鈴木相続（九六年九月）一七八―九頁（六八年三月）。

なお、相続債権者のためには財産分離があるわけであるが、第九四一条以下、そのことにふれるものは少ない。ただ、これにふれ、限定承認の場合と同じとするのは、高木叢書、我妻・唄相続。

一方で、異論のないところであるが、相続人が限定承認をした場合には、その債権者にとっても害の少ない承継であるから、債権者による代位行使は否定されるべきである。そのほか、被相続人の債権者、相続債権者による代位も問題となるが、これも以上と同じことであるから、否定されるべきである。もとより、そうすれば、相続前は満足を受けられるのに、相続後は満足を受けられなくなるとの不均衡が生ずることは、一部の学説のいうとおりであるが、それは限定承認を認める以上当然のことであり、不均衡じたいが認められているところというほかはない。なお、取りもどし財産の相続財産性が以上のきめてになるとする説もあるが、高木叢書、疑問である。

他方で、たとえ債権者の代位行使が認められるべきだとしても、相続債権者に対してはとくにいわゆる財産分離の制度が用意されているのだから、その面からも代位は否定されるべきである。もっとも、わたくしには疑問があるが、現行民法のように、第九五〇条で、相続人の債権者も財産分離――いわゆる第二種の財産分離――の請求をすることができるとすると、その代位行使なども否定されるべきことになるであろう。(1)

なお、債権者取消権、債権者取消訴権にふれるものは少ないが、ふれるものは、その適用可能をいう、島津注釈下(五〇年一一月)一三五頁、中川淳注釈民法新版(〇二年一〇月)四七七頁(七三年八月)。機械的な肯定には必ずしも加わることはできないが、財産分離には取消の要素がないので、第九四七条によって財産分離に準用される限定承認に関する第九四三条など、これは肯定するほかはないであろう。ただ、その行使者を限定することは考えられる、第九四三条、第九二六条など参照。

(1) わたくしの論文、相続財産の分離清算請求の要件、名城法学三四巻四号、八五年三月、一頁。

(ロ) 民法の背景　なお、フランス民法は第九二一条で、遺留分権者のほか、その相続人または権利承継人も行使可能とする。しかしまた、受贈者、受遺者のほか、死者の債権者も行使不能とする。

ドイツ民法は第二三一七条第二項で、(義務分)請求権は相続可能であり、また譲渡可能とする(第一項はすでにみたように、義務分に対する請求権は相続とともに発生するとする)。裏返せば、債権者は減殺を求めることはできないとするわけである。

そのほか、オオストリア民法にはとくに規定がない。ドイツ民法と同じことであろう。

オランダ民法は第九六七条で、フランス民法(第九二一条)とほぼ同趣旨を規定しつつ、しかし受遺者は死者の債権者を害して減殺の効果を享受することはできないとする。

イタリア旧民法については明らかではない。イタリア現行民法は第五五七条第一項で、遺留分権者のほか、その相続人または権利承継人も行使可能とする。また、第二項では、事前放棄は不能とする。第三項では、フランス民法（第九二一条）と同じく、受贈者、受遺者のほか、死者の債権者も限定承認の場合には、行使不能とする。

スイス民法は第五二四条第一項で、相続人の破産管財人とその債権者は行使可能とする。第二項では、以上は相続人の廃除 Enterbung にも認められるとする。

わが国の旧民法の公布案にこの種の規定を求めてもむだである。そこにはこれに関する規定もないわけである。しかし、その草案には規定があり、ほぼフランス民法（第九二一条）そのままを定めている、第一七三〇条（一一五頁）。

そのほか、すでに指摘されているように、大島判研後掲（九九年六月）、債務法の分野における問題の例示ではあるが、ボワソナアド Boissonade は贈与あるいは遺贈の減殺訴権の代位行使を肯定している(2)。

現行民法の修正案参考書は多少の疑問はあるけれども、これを明文を設ける要なしとすることは、すでにみた。

なお、民法には契約の解除における解除権者についてはとくに規定がないが、法律行為の取消における取消権者については第一二〇条の規定があり、本人のほか、その（包括および特定の）承継人それに本人の（法定および任意の）代理人とする。とくに代理人が出ているのは、無能力者、平成一一年の改正以後では制限能力者が念頭にあるからである（そのほか、その改正で、無用の修正というべきであるが、以上が二項に分けられ、第一項の制限能力には同意をすることができる者が加えられた）。いずれにしても、債権者はあげられていないわけである。

（2） G. Boissonade, Projet op. cit., tome II, 1883, n° 154, 2.

(ハ) 異論　もっとも、債務法の分野のものであるが、その後の学説には、減殺権が不確定な権利であることを理由に、債権者の代位行使を否定する見解が現われた（たこつぼ型というべきか）[3]。そうして、債務法の分野では、それに対する一定の支持がみられるようになった[4]。そのためか、最近では最高裁もその代位行使を否定するにいたった。その前にすでにくわしい理由を付して同趣旨をいう下級審があった。

東京地判平成二年六月二六日判タ七三八号一五八頁、判時一三七七号七四頁、家月四三巻五号三一頁（平成元年(ワ)第一三〇〇五号、第三者異議事件、認容）。確定

以下とほぼ同じく、一人の共同相続人（子）、遺留分権者の債権者が不動産に強制競売をかけてきたので、他の共同相続人二名（子？）がその排除を求めた事件。昭和六〇年八月に（遺言の種類は不明）二名の共同相続人は本件不動産の遺贈を受けているが、他の子は遺贈を受けていない。被相続人、父は昭和六二年一二月死亡。遺贈のない子に対する債権者は平成元年（昭和六四年）に前年（昭和六三年）の判決に基づき強制競売開始の決定をえている。

その批評、山口純夫、判タ七五一（九一年五月）五三（賛成）、高木多喜男、リマーク九一年下（三、九一年七月）九一（反対）、木下重康（判事）、主判解（判タ七六二）（九一年九月）一六八（紹介）。伊藤昌司、判評四〇〇（判時一四一五）（九二年六月）三四（一八〇）（反対）。

また、わたくしはみることができなかったが、債権者の差押に関連して、以上と同趣旨をいうものがあるとされる。影浦後掲は一・一二号一三頁、右近後掲は掲載誌の表示なし、以下は中田後掲による。

東京高決平成六年八月一〇日東高時報四五巻一・一二号三三頁。

それにつぎの最判の控訴審で、以上と、また次掲と同趣旨のものもある。

東京高判平成一〇年二月五日判時一六五三号一一四頁（平成九年(ネ)第三二一七号、第三者異議事件、認容）。

その批評、大島俊之、法律時報七一・七（九九年六月）一一三（反対）、久保宏之、判評四八五（判時一六七三）（九九年七月）三八（二〇〇〇）（反対）、大西忠重（判事）、主判解（判タ一〇〇五）（九九年九月）七〇（紹介）[5]。

最一判平成一三年一一月二二日民集五五巻六号一〇三三頁（平成一〇年(オ)第九八九号、第三者異議事件、棄却）。

父の跡を継いだ五男に対し三男の債権者がその遺留分保全の代位行使としてその住所宅地を差押さえたので、五男がそれに異議を申立てた事件。父、五男は農業を営み、三男は別に商売をしていた。父の死亡は平成八年（昭和七一年）八月。父にはすでに母、妻はないが、六女、四男があり、他は遺留分の主張などはなく、本件には登場していない。金融業を営む債権者の差押は平成九年（昭和七二年）。

最初は次男が跡を継ぐことになり、ともに農業を営んでいたが、家出して、そのままとなり、四年後の昭和五〇年五月から五男が跡を継ぐことになったわけである。そこで、父は昭和五一年五月に公正証書遺言によって五男に相続させる旨の遺言を、すなわち本件宅地を含め五男にほぼ全財産を遺贈した。もっとも、うち田二筆は四男に遺贈。なお、本件の起訴は平成九年三月五日、減殺の意思表示は本訴中の六月一〇日。

第一審、浦和地川越支判平成九年六月二六日（平成九年(ワ)第一一八号）、認容、控訴審、東京高判平成一〇年二月五日（平成九年(ネ)第三二一七号）前掲、認容。

要旨　遺留分減殺請求権は、遺留分権利者が、これを第三者に譲渡するなど、権利行使の確定的意思を有することを外部に表明したと認められる特段の事情がある場合を除き、債権者代位の目的とすることができない。

判旨は上告理由の先例違反の主張(大判昭和一五年と最判昭和二五年前掲を引用するもの)にもふれ、所論引用の判例は、所論の趣旨を判示したものではなく、上記判断はこれと抵触するものではないという。

その批評、工藤裕厳、重判解(ジュリ一二二四、〇二年六月)(賛成?)、田高寛貴、法セミ五七一(〇一年七月)一〇八(反対)、伊藤昌司、民商一二六・六(〇二年九月)一三六(八六二)(反対)、右近健男、判評五二五(判時一七九二)(〇二年一〇月)三四(一九六)(反対)、中田裕康、法協一一九・一一(〇二年一一月)一九五(二三〇三)(判民第二二事件)(賛成?)。影浦直人(判事)、主判解(判タ一一二五)(〇三年九月)三六(賛成)(5)。

しかし、判例としてはなによりもまず以上は従来の先例に反するものであることを指摘しておかなければならない。もとより、下級審を別にしても、それが正面からのものでないことは、判旨のいうとおりである(学説には判例は一貫して代位行使に好意的でなかったとするものすらある、中田)。しかし、それにしても、それは従来は代位行使が可能であることを当然の前提とするものと理解されてきたわけであり、したがってもしそれが先例ではないというのであれば、まずそのような理解が誤りであることを明らかにすることを要するであろう。それなしに先例ではないとするのは、単なる独断にすぎないとされることになるであろう。

とにかく、数は不明であるが、ほかの多数の農地をおいて、わざわざ住所宅地を狙った事例という点は別にしても、これが大法廷判決でないことは明らかであり、したがって以後判例のうえで無用な混乱をもたらすことになったというほかはないであろう。

また、学説、とくに相続法の分野でのそれにはすでにこれに対する批判がある、高木叢書(六四年二月)一三三頁。つまり、減殺権は相続開始後は確定の権利であり、相続開始前であれば、そもそも相続人、遺留分権者も行使することができないはずであるとする（さらさ型というべきか）。同、中川淳注釈民法新版（〇二年一〇月）四七六頁（七三年八月）。わたくしもほぼ同感である。そのほか、そもそも減殺権を含めた相続関係の権利を、たとえば離婚の訴などと同じく、身分権と分類することも、現在の通説ではあるけれども、問題であろう。さらに、たとえば法律行為の取消権や、契約の解除権などについて、形成権だから代位行使不能とするのは、有力反対説（於保）じたいもそうであるが、一般に認められたところではない。要するに、事例としての特徴のほか、財産分離が認められているからという以外では、問題を否定すべき理由はないようである。

（3）　於保不二雄著、債権総論（七二年四月）一六九頁（五九年一〇月）。

（4）　林良平著、債権総論、第三版（九六年八月）一七一頁（七八年一〇月）（もっとも、この部分は石田喜久夫教授の執筆。ここでは相続関係につき例外と原則が逆転させられている）、奥田昌道著、債権総論、増補版（九二年七月）二六〇―一頁（八二年七月）（同前）。

（5）　この問題はとくに注目されたもののようであり、すでにみたもののほか、大島俊之「遺留分減殺請求権と債権者代位権」神戸学院二九巻一号（九九年五月）（肯定説）、前田陽一「相続法と取引法」椿古稀記念（九九年）（肯定説）、久保宏之「遺産分割請求と債権者代位権」高木古稀記念（〇一年一二月）（肯定説）、大島俊之「相続と債権者取消権」同前（肯定説）、伊藤昌司「共同相続と遺留分減殺」同前（肯定説）、とくに辻上佳輝「民法第四二三条の一身専属権について」論叢一五〇・二、六（〇一年一一月、〇二年三月）（肯定説）。

(二)　差押　そのほか、必ずしも一般の説ではないが、債権者による減殺権の差押も可能とする説が少なくない、近藤相続下（三八年九月）一一四九頁、一一〇三頁注二四、島津注釈下（五〇年一一月）一二三五頁。もっとも、相続が開始したことがその前提となることは、当然であろう。また、相続人が単純承認したことも前提となるというべきであろう。

なお、ドイツ民事訴訟法は第八五二条第一項で、義務分請求権は契約によって承認され、またはその訴が起こされた場合にはじめて、差押に服するとする（なお、第二項はわが国には規定がないが、贈与者の窮乏による贈与の取戻、民法第五二八条に関し、以上と同じとする）。ある学説はわが国でもこれによるべきであろうとし、近藤相続下（三八年九月）一一〇三頁注二四、ある学説はわが民法上はこのような結論を認める必要はないとする、島津注釈下（五〇年一一月）。

6　減殺権の行使方法など

(イ)　減殺の請求　民法が減殺の権限を訴権としなかったことはすでにみた。その点で、第一二三条にその趣旨の明文のある法律行為の取消権や、第五四〇条第一項にその趣旨の明文のある契約の解除権と同じであり、第四二四条第一項本文に裁判所に請求すると明文のある債権者取消訴権とは異なるわけである。したがって、減殺は訴によることを要しないわけであるが、下級審ではだから訴による行使も禁じられるとされることが少なくない。

東京控判年月日不明新聞二六九号（明治三八年三月二五日）八頁（事件番号不明、遺留分減殺及登記手続請求事件、変更・却下）。

被相続人による二六筆の土地（宅地田畑山林）の贈与があったので、相続開始後相続人が減殺を理由として共有登記を求めた事件、棄却（被控訴人・原告・男と控訴人・被告・女とは氏が異なる）。

第一審、千葉地判のようであるが、正確には年月日とも不明、棄却。

その批評、梅謙次郎、志林八・五（〇六年五月）（減殺の訴否定につき不当）。

金沢地判年月日不明新聞八一五号（大正元年九月三〇日）一三頁（明治四五年通第一九号、遺留分保全贈与取消所有権移転抹消登記申請手続請求事件、一部認容）。

被相続人による土地とその地上建物の贈与があったので、相続開始後相続人がその取消などを求めた事件、登記請求のみ認容。

名古屋地判大正五年六月二〇日新聞一一七〇号二八頁、評論一〇巻民法三七八頁（大正四年通第三九二号、相続財産引渡及贈与減殺請求事件、棄却）。

先妻との間の子が父の隠居を原因とし、その財産留保も認めたうえで、家督相続をしたところ、父が後妻とその間の子に対し多くの贈与をしていたことを発見したので、これに対しその引渡などを求めた事件、認容。

東京控判大正一〇年六月二九日評論一〇巻民法六二三頁（大正八年(ネ)第一〇三号、不動産引渡登記抹消請求控訴事件、棄却）。

死亡（大正六年二月）による家督相続が開始し、相続されたが（れん、親権者よね）、被相続人が他に対し七筆の土地（茂三郎）、二筆の土地の贈与（きい）、売買名義での五筆の土地の贈与（茂三郎）をしていたので、相続人がその引渡などを求めた事件（以上はすべて山岸姓）。

訴権論はないが、法律行為の取消権若くは解除権と其性質を同ふする一種の形成権で、相手方に対する意思表示によるとする。

第一審、長野地判のようでもあるが、正確には年月日とも不明、認容。

なお、いわゆる債権者取消権について、取消のみを目的とする訴も許されるとしたのは、例の明治四四年の連合部判決（大連判明治四四年三月二四日民録一七輯一一七頁）によってであり、学説はこれに制限を設けるべきことをいう。たとえば、我妻栄、債権総論［二五二］、［二九四］。

しかし、梅博士（前掲批評）もいうとおり、その行使が訴によることを要しないことは明らかであるけれども、そのことは当然に訴によることが禁じられるということを意味しない。それは普通の訴、つまりは請求の訴ではなく、特別な訴、つまりは形成の訴であるから、訴の利益があるかは問題となる余地はあるけれども、減殺の訴が認められるべきことは当然であろう。

そのほか、減殺の意思表示とはなにかも問題となる余地があるが、それはのちに時効との関連でみる。

(ロ) 減殺の内容　さらに、減殺というのは、遺留分を侵す贈与などを効力のないものとするものだという点は、後述のように、多少の異論はあるものの、ほぼ一致している。つまり、減殺は有効な贈与などを失効させることができる権限であり、したがって形成権だとされるわけである。

そのため、最近では、民法のような、減殺請求権といういい方もやめ、単に減殺権とするほうが一般となっている、柚木相続（五三年五月）［五七］（四二一頁）、中川・泉相続（法律学全集、二四）六六二頁（初版は六四年六月）。我妻・唄相続（判例コンメンタール、八）（六六年四月）三二九頁は形成権のみをいう。

もっとも、それは単に最近の傾向であるだけでなく、すでにそれ以前から、学説一般の傾向であったということができる。牧野菊之助著、相続（二五年六月）三三一頁など（減殺権）（〇九年八月）、柳川相続注釈下（二〇年八月）六二一頁（九二〇）以下（同前）。また、穂積相続（二）（四七年一月）四三九頁（三一年二月）、近藤相続下（三八年九月）一一四二頁以下（表題は遺留分の保全であるが、減殺権）。むしろ減殺請求権との表題がある、中川旧著（二五年一〇月）二五八頁以下（二二年六月）、のが異例のものであった。

そもそも民法の起草者の段階でも、明文にあるような、減殺の請求権ということばのほか、減殺権というとばがみられることはすでにみた。

また、厳密にいえば、民法には減殺を請求するであるとか、旧第一一三四条、現第一〇三一条、減殺の請求権とのことばはあるが、旧第一一四五条、現第一〇四二条、減殺請求権ということばはない。したがって、それは現在の視点にたってみれば、妙なことばではあるが、賠償額の予定に関する第四二〇条第二項での解除を請求するとか、売主の担保責任に関する第五六一条などでの解除を為すとかのことばと同じであり、必ずしもいわゆる請求権であることを示すものではないということになるであろう。用語としても、減殺を請求すると減殺の請求権とは用語不一致を示すものでしかないということになる。また、そのかぎりで、とくに解除を為すとの表現で一貫している担保責任と比べれば、ここでも全体としての用語不一致を示すとともに、訴権であることを否定したにもかかわらず、なお訴権とすることの影響が色濃く残っているというべきである。

しかし、ごく最近では、その理由は明らかではないが、逆に条文回帰とでもいうべき現象もみられるようであり、減殺請求権ということばが一般化しているようである。(1)これは前者にすら学ばないものであるのみならず、のちにみるような、抗弁権の存在も頭から否定するもののようでもあり、理論としての頽廃現象というべきかもしれない。

(1)　鈴木相続（九六年九月）一五一頁（六八年三月）、伊藤講座（八四年一二月）を含めて、最近の文献の諸表題参照。

高木叢書（六四年二月）一一三頁、加藤永一著、遺留分、叢書民法総合判例研究、五八Ⅰ（八〇年一月）三四頁もそうである。前者には遺留分の保全との表題はあるが。

丙　性質論一般

7　学　説

しかし、減殺の結果、贈与などがいつから効力のないものとなるかは、問題とされている。

(イ)　債権的形成権　学説というかはやや問題があるが、民法の起草者の梅謙次郎博士は第一一三四条（現第一〇三一条）についてこういう、民法要義相続編（一九〇〇年九月）四三五頁。

減殺ノ効力ハ遺贈又ハ贈与ノ……取消ニ等シキ……カ如キモ敢テ所謂「法律行為ノ取消」……ト全ク同一ノ効力ヲ生スルモノニ非ス故ニ遺贈又ハ贈与ノ目的タル権利ハ当然遺留分権利者ニ移転スルニ非ス唯受遺者又ハ受贈者ヲシテ返還ノ義務ヲ負ハシムルニ過キス但其権利未タ受遺者又ハ受贈者ニ属セサル場合ニ於テハ実際相続人ニ於テ其遺贈又ハ贈与ヲ履行セスシテ其義務ヲ免ルルモノトスヘキノミ。

もっとも、その直接の起草担者は富井政章博士であって、梅博士ではない。また、民法修正案参考書にはこの趣旨の指摘はない（旧第一一三四条、現第一〇三一条の理由など）。奥田義人著、相続法論（一八九八年一〇月）にもこの趣旨の指摘はない（同前、四一六—八頁）。しかし、別のところ（第一一四四条、現第一〇四一条）ではいずれも減殺の請求権は債権という、奥田前掲四三一頁。仁井田益太郎著、親族法相続法論（一五年六月）六九六頁も減殺は将来に向かって贈与などの効力を消滅させるものとする。松波仁一郎、仁保亀松それに仁井田益太郎はそれぞれ三起草者の梅、穂積、富井の起草委員補助であり、したがってかれ、仁井田はこの部分の直接の起草委員の補助ということになる。

そのことはその後の経過からみれば、いささか意外とされる余地もあるが、現在ではすでによく知られているところといってよいであろう。

のみならず、その後の学説としても、この説が一般のものであった、牧野菊之助著、相続法論（一二五年六月）三四五頁（債権）など（初版は〇九年八月）、中川善之助著、相続法（一二五年一〇月）二六一頁（解除）（初版第一分冊は一二一年六月）——以下これは中川旧著として引用する。(1)

第二次大戦後の学説としても、鈴木禄弥著、相続法講義（創文社版、八六年一二月）一五三頁（初版、有斐閣版は六八年三月）。加藤永一、判例叢書（八〇年一月）七〇頁（その概説、三四頁以下とは随分離れているが）、小野憲昭後掲、本稿第三の甲、判批（八八年一月）。

この説は形成権・債権説などさまざまにいわれているが、債権的形成権説としておく。比較法的には（現在の日本で一般に理解されているところでは）例がないものといってよいであろう。しかし、フランスの学説は以上を債権的訴権であり、解除という。(2) そうすると、以上はそれを受け継いだものということになるであろう。

なお、契約の解除権 action résolutoire については、解除があれば、各当事者はその相手方を原状に復させる義務を負うとする第五四五条第一項本文の規定がある（間接効果）。だから、とくに議論はないはずであるが、現在の学説は後述の取消と同じく、はじめから無効なものとみなすものと解している（直接効果）。わたくしは解除については実質的にはもとより、形式的にも、明文によるべきものと考えている。

いずれにしても、以上は明文上原状回復義務をいうその解除権に近いわけである（奥田、中川旧著）。また、減殺は旧第一一四三条、現第一〇四〇条第一項で、悪意の第三者に対してはすることができるとされる。解除では第五四五条第一項但書で、第三者（一般）の権利を害することを得ずとされており、やや差異があるということになる。ここではその効力が拡張されたものということになるであろう。

（1）なお、特別な指摘はないが、牧野相続三二五頁以下では、遺留分は相続人の肱缺の後、遺言の前で扱われている。また、中川旧著二四七頁以下では、相続分と関係するとの理由で、二四八頁、遺留分は遺産分割の後、承認・放棄の前で扱われている。さらに、特別な指摘はないが、鈴木（禄）相続法（六八年三月）、相続分の後（第三章）、遺産分割（第四章）の前で扱われている。なお、同書では遺言（遺贈）は第一章とされている。

（2）A. Trasbot et Y. Loussouarn, Traité pratique op. cit., tome VII, 1957, n° 113. もっとも、G. Marty et P. Raynaud, Droit civil op. cit., 1983, n° 442 et s. にはこの趣旨の指摘はないようである。

(ロ) 物権的形成権　しかし、その後、贈与などの減殺の結果、その時からではなく、贈与などがされた時から効力のないものとされるとする説も主張された。柳川勝二著、相続法注釈下（二〇年八月）六二一（九二〇）（取消）、六四四頁（九三七）（物権）、近藤英吉、遺留分、論叢二五巻三、四号（三一年三、四月）（相続法の研究所収）、同著、相続法論下（三八年九月）一一七二—三頁、谷口知平、遺留分、家族制度全集、法律篇、第五巻（三八年二月）一九二頁。その間の穂積重遠著、相続法（二）（四七年一月）四三八頁（三一年二月）は形成権というのみ（初版は現代法学全集三七巻、相続法、五・完、三一年二月二〇日）。これが現在の通説となっているといってよいであろう。柚木馨著、相続法（五三年五月）［五七］一（四二三頁）（形成のみ）、高木多喜男、判例叢書（六四年二月）一二九頁以下、中川善之助・泉久雄著、相続法六六二頁（六四年六月）（明示がないどころか、古くからこの説をとるというが、すでにみた従来の説を改説したわけである）、中川民法Ⅲ（三三年一二月）三三九頁以来。我妻栄・唄孝一著、相続法（判例コンメンタール、八）（六六年四月）三一九頁。

この説は形成権・物権説などさまざまにいわれているが、物権的形成権説としておく。比較法的には（現在の日本で一般に理解されているところでは）フランス法的なものということができるであろう。

もっとも、柳川はともかく、牧野はすでにみたところからはいささか理解に苦しむということになるであろうが、すでに牧野相続（二五年六月）三三二頁（〇九年八月）、柳川注釈下（二〇年八月）六二二頁（九二二）も減殺権は贈与などを取消すものという。もっとも、その先例は起草者の梅博士にもあったといってよい。以上では省略したが、効果の概説部分では、減殺（Réduction）トハ遺贈又ハ贈与ノ全部若クハ一部ヲ取消スヲ謂フとある、要義相続編四三四頁。しかし、かれの場合は、以上に続けて、さきにみたようにいうわけであり、その意味ではまったくの矛盾とまではいえないであろう。

なお、法律行為の取消権 action en nullité については、取消があれば、その行為ははじめから無効なものとみなすとする第一二一条本文の規定がある（直接効果）。だから、その点についてはとくに議論はない（前述解除対照）。

したがって、以上はその取消権に近いことになるわけである。また、減殺が善意の譲受人には主張することができないとされることは、すでにみたが、それはその効力が縮小されたものということになるであろう。ここでも第九六条第三項で、詐欺取消に関する取消権の効力が例外的に制限されているのに近いことになる。

(ハ) 純粋請求権　さらに、減殺などということを考える必要はなく、文字どおり請求権、しかも債権的請求権と解すべきだとする説もある。川島武宜著、民法三（五七年七月）二一二頁（五一年六月）は請求権（または履行拒絶権）という。槙悌次大系論文（六〇年八月）は川島説を債権説といい、二八五頁、債権説が可能という、二八六頁。また、谷田貝三郎判批時報三三巻二号（六一年一月）。

この説も請求権説などさまざまにいわれているが、純粋請求権説としておく。比較法的にはドイツ法にならうものであることはいうまでもないところであろう。

なお、いわゆる債権者取消権 action Pauliana ou révocatoire については、第四二六条第一項本文で取消という以外には、特別な規定がない。かつてはいわゆる絶対的取消をいう説が有力であったが、最近では判例とともに、いわゆる相対的取消をいう説が有力である。わたくしはこれについては一般の取消と同じく、いわゆる絶対的取消をいう説に従うべきものと考えている。梅要義債権編八七頁は法律行為の取消とまったく同じという。

したがって、以上は債権者取消権に関する一つの説（請求権的性格を強調する説）に近いわけである。また、減殺が悪意の譲受人には主張することができるとされることは、すでにみたが、それはその効力が拡大されたものということになるであろう。債権者取消権の効力が第四二四条第一項但書で、悪意の第三者に及ぼされているのに近いことになる。また、そのかぎりで、債権的形成権説と同じことになる。

8　大審院判例

判例としてはこの点に関する大審院のものはないとするのが一般の説明であるが、中川・泉相続四一〇頁注三（六四年六月）（新版、七四年八月、五七九頁、第三版、八八年一〇月、六一六頁。現在の第四版、〇〇年一〇月、六六四頁からは、下級審があるだけとされている）、我妻・唄相続（六六年四月）三二九頁など、問題であろう。大審院の判例は以上を相対的な取消であり、物権的請求権ではないとする。

大決大正六年七月一八日民録二三輯一一六一頁（大正六年(ク)第一七一号、仮登記仮処分命令申請に対する再抗告の件、棄却）。

くわしいことは不明であるが、遺留分権者が贈与によるその侵害があったので、裁判所にその権利保全の仮登記申請の許可を求めた事件のようである、棄却。

第一審、福島地決大正六年五月二六日、棄却。却下審は福島区決（大正六年(ヲ)第一九号）。

要旨（全六点中の第六点）　一　減殺請求権は受贈者に対し贈与を相対的に取消す権利にして贈与財産に関する物権的請求権に非されは相続開始前に於ては贈与に関し将来減殺請求権を生すへき法律関係も存在せさるものとす従て第一順位の推定相続人は被相続人の贈与したる不動産に対し不動産登記法第二条第二号に依り如上将来の請求権を保全する為め仮登記を為し得さるものとす［長いものではあるけれども、単一判旨］

なお、以上の上告理由では、御院か遺留分権利侵害事件に対し（明治三十五年六巻一五六頁参照）下されたる判決が引用されているが、判旨はこれに答えて、抗告人引用の本院判例は本件を律するに適切ならすとする。

そこで引用されているのは、大判明治三五年六月二七日民録八輯六巻一五六頁のことであり、その要旨第三点（判旨追加第二点）であるが[1]、そもそもその要旨のあげ方じたいが問題であり、むしろそれに続く判旨の部分（実質的には被相続人の意思に基づく処分であっても、相続人の処分であるかぎり、遺留分侵害ということはできないという部分）でこの判例をとりあげるものもある、穂積相続（二）（四七年一月）四二九—三〇頁（三一年二月）。そのかぎりで、上告論旨の引用が見当違いであって、判旨のいうところは正当である[2]。

また、裁判管轄に関してであるが、以上を債権的請求権という。

大判年月日不明新聞二三六三号（大正一四年二月一八日）一九頁（大正一三年(オ)第七〇〇号、遺留分減殺請求事件、原判決破棄・第一審判決廃棄・第一審に差戻）。

問題となったのは死亡前五十日以内にされた四筆の土地の贈与であり、長男が相続開始後その受贈者（次男?）に対し以上の減殺を求めた事件、認容?。

もっとも、上告理由では十月十二日死亡、九月二十日贈与とする。以上は判旨によるわけであるが、そのいうとおりだとすると、上告理由の前者は十一月の誤記ということになるであろう。

第一審、東京地判年月日不明、却下、控訴審、東京控判大正一三年七月八日、却下。

原審は、本訴は物上請求権に基く訴なりと做し係争不動産所在地の裁判所の専属管轄に属するものにして本件第一審裁判所たる東京地方裁判所は管轄権を有せさるものとし被上告人［受遺者］の管轄違の抗弁を理由ある旨を判示した。

判旨（単二）遺留分権に基く……不動産の返還を求むる請求は債権的請求権……なるに因り不動産所在地の裁判所の専属管轄に属すへきものに非す却て民事訴訟法第二十四条の規定に依り……［被相続人］……の死亡当時［の］普通裁判籍……に之を提起し得へきものとす

もっとも、判旨はその前に、減殺の意思表示を為したるの結果係争不動産の所有権上告人［長男である原告］に帰したりと為し所有権侵害を原因として本訴請求を為す旨を主張したる形跡あることなし、ともいう。もしそう主張したとすれば、そのときは、所有権侵害、物権的請求権となるという意味であろうか。

また、これをわたくしのいう純粋請求権説とするものもある、谷田貝判批（六一年二月）。しかし、判旨はすでにみたとおり、別に減殺の意思表示をいっており、またそれが受け入れた上告理由は、減殺は贈与契約を解除し……遺留分権利者に移付するの債務を負担する［もの］に外ならすとする。債権的形成権説にあげるべきものであろう。

さらに、下級審であるが、その間につぎのものもある。

東京控判大正一二年一一月二四日新聞二二二三号一八頁、評論一三巻民訴一一三頁（大正一二年(ネ)第七四五号、贈与減《ママ》殺請求事件、棄却）。

死亡相続開始の当日の遺贈があり（遺言の種類は不明）、受遺者の仮登記がされたので、長男が受遺者に対しその減殺を求めた事件、認容。

第一審、浦和地熊谷支判大正一二年七月一三日、認容。

判旨　民事訴訟法第二十四条第一項に所謂相続権に基く請求の訴とは相続権の確定相続の回復等を目的とする訴のみならす遺留分権利者の請求に関する訴も亦之を包含するものと解するを相当とするを以て本訴か同条第二項又は同法第二十二条所定の［不動産上の、物権的請求権である］訴に該当せさること論を俟たす。[3]

そのほか、すでにみた昭和九年九月一五日の大判（大判昭和九年九月一五日新聞三八〇一号九頁）では受贈者の占有は他人の物の占有ということはできないとされたわけであるが、その理由として減殺されるまでは自己の物であるからとし、その原審（長崎控判）は減殺請求は将来に向ってのみ贈与を解消せしむべきものであることをいっており、この説をとるわけである。[4]

（1）大判明治三五年六月二七日民録八輯六巻一五六頁（明治三五年(オ)第一六六号、地所及建物取戻請求の件、棄却）。

養子相続人が親族協議のうえその財産の譲渡を受けたおい（からの再譲受人？）に対し以上を求めた事件、棄却。

その要旨は全三点であるが、そのうちの第三点（判旨追加第二点）。その前の二点は訴訟法に関するものであり、省略。

要旨（第三点）　民法に於て家督相続人の受くへき遺留分を侵害したりとは被相続人か生前処分若くは死後処分を以て相続に因り法律上相続人の受くへき権利を処分したる場合を云ふ（判旨追加第二点）

（2）なお、以上の大正六年の大決はすでにみたように、民録に掲載されたほか、新聞一三三二号二二頁にも掲載された。ただ、以上の大決はすでにみたように、民録に掲載されているのに、新聞で引用するものが少なくない、槙大系論文（六〇年八月）、谷田貝判批（六一年二月）、のは、いかなる意味であろうか。引用の意味はやや異なるが（確定のもの、相続開始前は法律的手段なし）、穂積相続（二）（四七年一月）四三〇頁（三一年二月）はすでに民録で（ただし判で）引用している。

（3） 以下は同じ大正一三年における遺留分保全のための減殺に関し、その管轄に関するが、この点にふれていない。

大決大正一三年五月二七日民集三巻二四八頁（大正一三年(マ)第二三号、管轄裁判所指定申請事件、却下）。

要旨 相続財産たる不動産か数個の裁判所の管轄区内に散在する場合に提起せんとする遺留分減殺の訴に付ては民事訴訟法第二十六条の規定に依り管轄裁判所指定の申請を為すことを得さるものとす

判旨はその前に、以上は民事訴訟法第二十二条第一項に掲けたる不動産上の訴に非す又同法第二十三条第一項に掲けたる債権の訴に非さるは勿論同条第二項に規定したる不動産の所有者若は占有者に対する人権の訴に非すと謂はさるを得すという。

なお、その批評として、山田正三、論叢一一・六（二四年一二月）、藤田東三、（法協四三・六、二五年六月）判民第五〇事件があるが、いずれも要旨正当とし、山田はそのほか、減殺権の性質にもふれる。山田批評の物権的・債権的は理解しがたい。

（4） 受贈者による取得時効、財産法諸問題の考察（小林（一）古希記念）（〇四年三月）二六八―九頁。

9 最高裁判例

しかし、最高裁の判例はその後の学説の影響であろうが、以上について大審院判例とは異なる態度を示す。すでに下級審としても、上告審であるが、つぎのものがある。(1)

広島高岡山支判昭和四〇年五月二一日高民集一八巻三号二三九頁（昭和三九年(ネ)第一六号、所有権移転登記手続等請求事件、一部取消・差戻、一部棄却）。

被相続人の二人の子のうちの長女が次女の夫に対し贈与の減殺を理由として登記などを求めた事件。もっとも、本訴以前に、こういう経緯の前訴がある。

昭和三二年九月二七日岡山簡に提訴（昭和三二年(ハ)第七八号、遺留分減殺請求事件）、変更・移送、岡山地高梁支判昭和三四年九月一八日（昭和三二年(ワ)第一五号）、棄却、当庁判昭和三七年一月二二日（昭和三四年(ネ)第一四二号）、棄却、最二判昭和三八年三月一日（昭和三七年(オ)第三七〇号）、棄却・確定。控訴審で主位的請求として贈与無効を、予備的請求として減殺を主張したが、後者は控訴中に取下。

第一審、岡山地高梁支判年月日不明、却下。

判旨　遺留分の減殺請求権は裁判外で行使されるべき実体法上の形成権であって、その行使により贈与または遺贈は……遡及的に効力を失い、目的物の所有権は当然に遺留分権利者に復帰するという。そのうえで、以上は個別請求であり、包括請求ではないとし、登記請求棄却、金銭請求認容。

その批評、宮井忠夫、同志社一八・一（九八）（六六年九月）。鈴木正裕、民商五八・三（六八年六月）。

最一判昭和四一年七月一四日民集二〇巻六号一一八三頁（昭和四〇年(オ)第一〇一八四号、所有権移転登記手続請求事件、棄却）[2]。

共同相続人の一人、長男（?）が被相続人から遺言（その種類は不明）によって全財産の遺贈を受けていたので、相続開始（昭和三六年二月）後、他の共同相続人、長女（?）がこれに対しその減殺を求めた事件（もう一人の子、次男?もあるが、これは不参加）。

この訴は結局認められたわけであるが、(旧第一一四五条、現)第一〇四二条による減殺権の一年の消滅時効も主張され、その点が問題となった。後述のように、本稿第三の丙、時効否定例。以下はその前提論である。

第一審、横浜地判昭和三九年八月二五日、棄却、控訴審、東京高判昭和四〇年六月二二日、認容。

要旨　遺留分権利者の減殺請求権は形成権であると解すべきである。

判旨はそれに続けて、その権利の行使は受贈者または受遺者に対する意思表示によってなせば足り、必ずしも裁判上の請求による要はなく、また一たん、その意思表示がなされた以上、法律上当然に減殺の効力を生ずるものと解するのを相当とするという。

その批評、安倍正三、(法曹一八・一一、六六年一一月)解説第六〇事件。山本正憲、法経学会雑誌(岡山大)一六・四(六七年三月)(結論疑問)、谷口知平、民商五六・二(六七年五月)(賛成)、川島武宜、法協八四・六(六七年六月)(判民第六二事件)(賛成?)。

その後、高木多喜男、判例相続法(七〇年五月)第二四事件、泉久雄、家族法判例百選新版(別冊ジュリ、七三年二月)第一二四事件、島田禮介(判事)、百選第三版(八〇年二月)第一二七事件、松倉耕作、民法[親族・相続](基本判例双書)(八二年五月)第一六四事件、南方暁、百選第四版(八八年一一月)第一一四事件。

もっとも、すでにみたとおり、大審院にはこの点に関する判断はないとする説によれば、以上は変更ではないということになるであろう。しかし、すでにみたとおり、大審院にはこの点に関する判断はあったわけであり、それによるかぎり、以上は事実上の先例変更だということになる、谷田貝判批(六一年二月)。

最三判昭和四四年一月二八日判時五四八号六八頁、家月二一巻七号六八頁(昭和四二年(オ)第四六五号、遺留分請求事件、棄却)。

以下の判旨によれば、遺贈の減殺を求めた事例ということになるが、それ以上には、事案は不明。なお、家月には遺留分請求控訴、同附帯控訴事件とあるが、なにかの間違いであろう。以下の控訴審の年月日は家月による。

第一審、裁判所年月日とも不明、認容か、控訴審、東京高判昭和四二年一〇月一一日、認容。

なお、上告理由（判時のみに掲載）によれば、原審は被上告人がなした遺留分減殺の意思表示により当然且つ確定的に持分を取得した、従って右減殺請求権の消滅時効の問題はあり得ないと為して、上告人を敗訴させた。のちにみる時効の問題に関係するわけである。

判旨　当裁判所も、遺留分権利者が受遺者に対して行なう減殺請求権が形成権であり、また、必ずしも裁判上の請求による必要はなく、いったん、その意思表示がされた以上法律上当然に減殺の効力を生じるものと解する……。

そうして、判旨はその先例という意味であろうが、以上に続けて、かっこして最高裁昭和四〇年㈷第一〇八四号・同四一年七月一四日第一小法廷判決・民集二〇巻六号一一八三頁［前掲］参照とする（全二点中の第一点）。

（1）　阿部演習（七二年四月）六〇五頁。もっとも、その最初の二件、すなわち以下の二件の引用は疑問。東京地判昭和三四年五月二七日判時一九〇号二八頁、後掲共有。高松高決昭和四〇年三月二七日家月一七巻七号一二八頁、後掲、本稿第三の丙、減殺の意思表示。

（2）　なお、中川・泉相続は最三判三五年七月一九日民集一四巻九号一七七九頁をまず引用する（新版、七四年八月）が、疑問。

丁　返還請求の内容

以上のほか、減殺があった場合に、すでに贈与などの履行が終わっているときは、減殺権者に目的物の返還請求権が生ずることはすでにみたが、その相手方は現物返還をすべきか、価格返還をすべきかの問題がある。

10　果　実

(イ)　民法の規定　しかし、民法が現物返還を原則としていることは、ほぼ明らかだというべきである。いいかえれば、

民法は第一〇三六条、旧第一一三九条で、果実の返還についてもふれ、受贈者はその財産返還すべきのほか、減殺の請求があった日からの果実を返還すべきことを定めている。そこでの果実は原則として価格ではなく、現物であり、またその前提としていわれる財産、果実に対しては元物が価格ではなく、現物であることは、当然であろう。

ただ、以上によれば、返還すべき財産を返還するということになるわけであるから、馬から落ちて落馬してのたぐいであり、まともな文章とはいえないということになるであろう。受けたる財産とでもすべきものであり、返還すべきは削られるべきものである。

その原案の規定と理由（民法修正案参考書、公布案第一一三九条の理由）はこうである。

原案第一一五〇条　受贈者ハ其返還スヘキ財産ノ外尚ホ減殺ノ請求アリタル日以後ノ果実ヲ返還スルコトヲ要ス

それがなんの修正も受けることなく、公布案、旧規定第一一三九条となり、現行規定第一〇三六条となるわ

けである。

（参照）　仏九二八、蘭九七四、伊一〇九四、葡一五〇五、白草八九五

（理由）　仏民法、伊太利民法及ヒ西班牙民法ニ於テハ遺留分権利者カ一年内ニ減殺ヲ請求スルトキハ贈与者ノ死亡ノ日以後ノ果実ヲ返還スルコトヲ請求スルコトヲ得ルモノトシ若シ一年内ニ請求ヲ為サヽルトキハ請求ノ日以後ノ果実ヲ返還スルコトヲ請求スルヲ得ルニ過キサルモノト為セリ之ニ反シテ葡萄牙民法ニ於テハ本条ト全ク同一ノ主義ヲ採レリ今贈与ノ減殺ヲ許ス以上ハ理論上遺留分権利者ハ受贈者ニ対シテ相続開始ノ日以後ノ果実ヲ返還スルコトヲ請求スルヲ得ルモノト為サヽルヘカラス然レトモ受贈者ハ通常其収取シタル果実ヲ消費スヘキカ故ニ相続開始ノ日以後ノ果実ヲ返還セサルヘカラサルモノナリトスルハ甚タ酷ナリト云フヘシ是理論ヲ棄テ実際ノ便利ヲ主トシテ本条ノ規定ヲ設ケタル所以ナリ〔博文館版ではこと、ともなどが変体かなで示されているが、以上は八尾書店版による〕

(ロ)　民法の背景　(a)　フランス民法は修正案参考書にもあるとおり、第九二八条で、一年内の請求ならば死亡の日から、それ以外の請求では請求の日からの果実を返還すべきことを定める。

ドイツ民法にはこの趣旨の規定はない。要するに、価格返還であり、果実も含めて、現物返還は認められないということであろう。後述第二三二九条参照。

(b)　オーストリア民法にもこの趣旨の規定がない。ドイツ民法と同じことと推測される。

そのほか、以上にはその参照にはあるが、理由にはとくに指摘がないオランダ民法第九七四条も、フランス民法と同じである。

イタリア旧民法もフランス民法と同じだとされる（以上で第一〇九四条が引用されるほか）。もっとも、イタ

リア現行民法にはとくに規定がない。

なお、以上の理由ではポルトガル民法（一八六七年。第一五〇五条）は区別のないものだとされ、またその参照にはとくに引用がないが、理由ではスペイン民法（一八八九年）はフランス民法と同じものだとさている。スイス民法にもとくに規定がない（第五二八条を引用する向もあるが）。
(c) わが国の旧民法の公布案には、この趣旨の規定がない。しかし、その草案にはこれについての規定があり、すでに（すべて）請求の日からとする、第一七三七条。もっとも、草案理由書は仏国民法モ亦之ト其大体ヲ同フスルモノトスという（一一九頁）。
(d) 現行民法はポルトガル民法（一八六七年）によるとされるわけであるが、結果としては旧民法の草案によるものということにもなるわけである。

11 価格返還

(イ) 民法の規定　ただ、民法は受贈者などによる価格返還の選択を無条件で認めるようにみえる。いいかえれば、
民法は第一〇四一条、旧第一一四四条の第一項で、受贈者「及び」受遺者は減殺を受けるべき限度において、贈与「又は」遺贈の目的の価額を遺留分権利者に弁償して返還の義務を免れることができるとする。また、第二項で、以上は第一〇四〇条、旧第一一四三条（法文にいう前条）第一項但書の場合に――つまりは第三者が返還の義務を負う場合に――準用されるとする。相手方が選択をしなければ、現物返還となるのであろうが、価格返還を原則とするかのようである。

なお、第一項の受贈者および受遺者とあるおよびがまたはの誤りであることは、すでに第一〇三一条、旧第一一三四条に関連してみたところと同じである。

(ロ) 民法の背景 (a) フランスには直接の規定はないが、現物返還が原則であることはまず疑がない(前掲の果実参照。そのほか、第九二四条は現在ではその後の改正で別の規定となっているが、遺留分権利者は超過処分のときは、価格を保有するとの規定である)。

ドイツ民法にはとくに規定がない。要するに、ここでも価格返還であり、現物返還は認められないということであろう。

(b) オーストリア民法にはとくに規定がない。ここでもドイツ民法と同じことと推測される。

オランダ民法は第九七二条で、原物返還が原則であり、目的物が分割に適さないときは、価格弁済を主張することができるとする。

イタリア旧民法についてはとくに指摘がない(以下で第八二六条と第一〇九一条第一項が引用されるほかは)。

イタリア現行民法は(なお)現物返還を原則としているといえるであろう、第五六〇条以下。

スイス民法第五二六条はその価値をきずつけることなしに分割されえない個この物の遺贈が減額の対象になる場合には、受遺者は増加額の補償と引換に物じしんを、あるいは物の替わりに金銭での額を要求することができるとする。現物返還を認めるわけである。

(c) わが国の旧民法の公布案には、この趣旨の規定はない。

しかし、その草案には規定があり、すでに無条件の価格返還を認める、第一七三九条。草案理由書は仏国民法ニ斯ノ如キ規別[?]ノ存セサルハ一ノ欠点タルヲ免レス何トナレハ斯ノ如クセハ受贈者ノ便益少ナカラスシテ豪モ他ヲ害セサルモノ［?］ナレハナリという（一二〇頁）。

(d) 現行民法が無条件の価格弁済を認めるようにみえることは、すでにみた。修正案参考書にはとくに指摘がないが、結果としてはここでも旧民法の草案の立場を受け継いだことになるわけである。

(e) その原案の規定と理由（民法修正案参考書、公布案第一一四四条の理由）はこうである。

原案第一一五四条　受贈者及ヒ受遺者ハ減殺ヲ受クヘキ限度ニ於テ贈与又ハ遺贈ノ目的ノ評価額ヲ遺留分権利者ニ弁償シテ返還ノ義務ヲ免ルルコトヲ得［博文館版で以上の二つ目のるが繰り返し記号、となっているが、以上は八尾書店版による］

前項ノ規定ハ前条第一項但書ノ場合ニ之ヲ準用ス

それが第一項の目的ノ評価額が目的ノ価額と変えられて、公布案、旧規定第一一四四条となり、現行規定第一〇四一条となるわけである。

（参照）仏九二四、蘭九七二、伊八二六、一〇九一、二項、葡一四九八乃至一五〇〇、西八二一、八二二、白草八九二、独一草一九七六［博文館版では一九六となっているが、以上の八尾書店版のほうが正しい］、一九七八、同二草二一六九、同三草二三〇三、索二五八九

（理由）仏民法其他多数ノ立法例ハ現物主義ヲ採レリ本条ニ於テハ現物返還ヲ本則トシ受贈者及ヒ受遺者ハ贈与又ハ遺贈ノ目的ノ価格ヲ弁償シテ返還ノ義務ヲ免ルルコトヲ得ルモノトセリ蓋シ現物返還主義ハ遺留分権利者カ先祖伝来ノ財産ヲ保持スルニ便ナリト雖モ飽クマテモ之ヲ貫クトキハ取引ノ安全ヲ害スルニ至ルヘク且遺留分権利者《ママ》ハ贈与又ハ遺贈ノ目的ノ価格ヲ受クルトキハ通常其利益ヲ完ウスルコトヲ得ヘキヲ以テナリ又本案ニ於テハ減殺ノ請求権ヲ以テ債権トシ例外ノ場合ニ限リ之ヲ以テ第三者ニ対抗スルコトヲ得ルモノトセ

リ蓋シ遺留分権利者ヲ保護スル為メニハ減殺ノ請求権ヲ債権ト為スヲ以テ足レリトスルヲ以テナリ
右ニ述ヘタルカ如ク受贈者及ヒ受遺者ト雖モ贈与又ハ遺贈ノ目的ノ価格ヲ弁償シテ返還ノ義務ヲ免ルルコトヲ得ルモノトセル以上ハ譲受人ハ悪意ナル場合ニ於テモ其譲受ケタル物又ハ権利ノ価格ヲ弁償シテ返還ノ義務ヲ免ルルコトヲ得ルモノト為ササルヘカラサルナリ

12　価格返還――判例、学説

(イ)　価格評価の基準時　(a)　民法にはとくに規定はないが、第九〇四条参照、以上の価格評価の基準時は相続開始の時とするものもある。しかし、そうではなく、口頭弁論終結の時とされる。
福島地判昭和三九年七月二〇日下民集一五巻七号一八四二頁後掲。

相続開始時をいう（第七点）。

大阪高地判昭和五三年四月二七日判時九〇五号七二頁後掲。

事実上口頭弁論終結時とする（第二点2）。

最二判昭和五一年八月三〇日民集三〇巻七号七六八頁（昭和五〇年(オ)第九二〇号、持分権移転登記等請求事件、棄却）。

共同相続人の一人、次男が被相続人から公正証書遺言によって全財産の遺贈を受けていたので、相続開始後他の共同相続人二名がその次男に対し減殺を求めた事件（ほかに長男があったが、すでに死亡し、その子、代位相続人二名は不参加）。

この訴は結局認められたわけであるが、それまでに種じゅ問題となった。その一つとして控訴審から、第一〇四一条による価格弁償の算定基準時が問題となり、相続開始時が主張された。第一審、神戸地判昭和四一年一一月一七日、理由の掲載あり、認容、控訴審、大阪高判昭和四九年一二月一九日、認容。

要旨　遺留分権利者が受贈者又は受遺者に対し民法一〇四一条一項の価額弁償をする訴訟における贈与又は遺贈の目的物の価額算定の基準時は、右訴訟の事実審口頭弁論終結の時である。

その批評、川口富男、（法曹二九・八、七七年八月）解説第二七事件。田中恒朗、判タ三四二（七七年三月）（結果賛成）、高木多喜男、判評二二八（判時八四二）（七七年四月）（妥当）（研究所収）、辻朗、時報四九・六（七七年五月）（正当）、谷口知平、重判解（ジュリ六四二）（七七年六月）（賛成）、宮井忠夫、民商七七・一（七七年一〇月）（賛成）、高橋忠次郎、専修二六（七七年一一月）（妥当）。内田貴、法協九五・三（七八年三月）（判民第二七事件）（紹介?）。なお、川口富男、ジュリ六二六（七六年一二月）（時の判例）。

その後、伊藤昌司、家族法判例百選第三版（別冊ジュリ、八〇年二月）第一二九事件、内田貴、百選第四版（八八年一一月）第一一六事件。中川・泉相続六七九頁（六四年六月）

(b)　もっとも、すでに目的物の他への譲渡があり、その価格が相当であれば、それを基準としてもよいとされる。

最三判平成一〇年三月一〇日民集五二巻二号三一九頁（平成八年(オ)第二〇号、共有持分売却代金請求事件、棄却）。

被相続人が共同相続人となる五名の子の一人、長男に対し公正証書遺言によって借地権を遺贈していたので、相続開始（昭和六〇年五月）後長男がこれを他に売却した。そこで、他の子四名が長男に対し以上の売却代金の返還を求めた事件。

第一審、横浜地川崎支判平成七年二月九日、認容、控訴審、東京高判平成七年九月二〇日、認容。

要旨　遺留分減殺請求を受けるよりも前に遺贈の目的を譲渡した受遺者が遺留分減殺権利者に対して価格弁償すべき額は、譲渡の価額がその当時において客観的に相当と認められるものであったときは、右価額を基準として算定すべきである。

判旨はそれに続けて、先例との関係にもふれ、所論引用の最高裁昭和五〇年(オ)第九二〇号同五一年八月三〇日第二小法廷判決・民集三〇巻七号七六八頁［前掲］は、事案を異にし本件に適切でない、とする。

その批評、八木一洋、（法曹五一・四、九九年四月）解説第八事件。右近健男、法教二一七（九八年一〇月）一一四（賛成?）、伊藤昌司、判評四七八（判時一六五二）（九八年一二月）三八（二〇〇）（疑問?）。山口純夫、リマーク九九年上（一八、九九年二月）八八（解説?）、佐藤義彦、判セレ九八年（法教二二二）（九九年三月）二三（賛成?）、島田充子（判事）、主判解（判タ一〇〇五）（九九年九月）一七八（妥当）。

(ロ)　価格弁済の行使制限　しかし、価額弁済の選択は単なる意思表示だけで足りるかが問題とされた。

(a)　下級審は最初はもとより無条件の選択を認めた。

東京地判昭和三四年二月四日下民集一〇巻二号二四二頁（昭和三三年(モ)第一三三一号、仮処分決定取消申立事件、認容）。

被相続人が公正証書遺言によって次男（申立人）に一二筆と二二筆の土地を遺贈し（日付不明）、死亡した（昭和三二年四月）ので、長男（もっとも、父、次男の名字は須賀であるが、これはそれとは名字を異にし、篠田）が遺留分の侵害を理由として遺留分回復の訴を起こし（昭和三二年(ワ)第七七一四号）、また処分禁止の仮処分を求め（昭和三三年(ヨ)第二六三一号）、認められた。そこで、次男の長男に対する本訴となった事件、認容。もっとも、直接には民事訴訟法第七五九条（現民事保全法第三七条）にいう特別の事情があるかの問題であり、価格弁済があれば足りるから、特別の事情ありとする。

福島地判昭和三九年七月二〇日下民集一五巻七号一八四二頁（昭和三六年(ワ)第一六六号、土地所有権移転登記抹消登記手続請求事件、一部認容・一部棄却）。

女（?）被相続人には唯一の相続人として女養子があったが、折合が悪く、兄の娘とその長男に老後の世話を受けることを求め、承諾を得たので、唯一の財産である宅地をその長男に贈与（昭和三五年二月）、登記し、死亡した（昭和三六年六月）ので、養子がその長男に対し遺留分の侵害を理由として、宅地登記の抹消などを求めた事件。金銭請求を認容。

判旨は、現実に価格を弁償しなければ、目的物の返還義務を免れ得ないものではないとする。基準時については前掲。

(b)　しかし、学説にはこれとは異なり、価格弁済には弁済の提供があることを要するとするものが現われ（高木論文、六三年三月）[1]、一定の支持を受けた（佐藤後掲判研、七七年六月など）。それと前後して下級審でも以上とは異なる傾向がみられた。

福岡地小倉支判昭和三八年九月三〇日下民集一四巻九号一九一三頁（昭和三六年(ワ)第八二〇号、遺言無効確認等請求事件、認容）。

被相続人が自筆証書遺言によって後妻に対し遺贈をしていたので、相続開始後先妻との間の（亡）子（の代位相続人）がこれに対し遺贈の減殺を求めた事件。

判旨は、第一〇四一条による価額の弁償は弁済を了することを意味すると解されるから、それのない本件では、その相手方、後妻の主張は認められないとする。

仙台高判昭和四九年一一月二七日高民集二七巻七号九四四頁（昭和四八年(ネ)第一九一、三六八号、土地所有権移転登記抹消登記手続請求控訴事件及び同附帯控訴事件、認容、取消変更は登記の抹消請求を変更請求とした点に関する）。

父から公正証書遺言によって多くの遺贈を受けていた次男に対し、相続開始後母と長男（?）など子四名がその登記抹消などを求めた事件。次男は父の跡を継ぎ、農業をしている。もっとも、他の子も父から多少の遺贈を受けている。また、次男の妻は母不知の間に父の養子となっている（ほかにもう一人娘がいたが、すでに死亡しており、その子は不参加）。

第一審、山形地新庄支判昭和四八年六月一六日前掲九六二頁、認容。

第一審は以上の年月日のほか、理由も掲載されており、無条件の価格弁済を認めた。

要旨　民法一〇四一条一項により、目的物返還義務を免れるためには、価額弁償の意思表示のみでは足りず、現実に価額を弁償することを要する。

その批評、佐藤義彦、同志社二九・一（一四六）（七七年六月）七〇（正当）。

大阪高判昭和五三年四月二七日判時九〇五号七二頁（昭和五一年(ネ)第一八五三、同五二年(ネ)第三四六号、遺言無効確認請求控訴事件、棄却すなわち認容）。

以下の最判の控訴審で、以上の福岡地小倉支判などと同趣旨。

その批評、山本正憲、判評二四六（判時九二八）（七九年八月）二八（一五八）（結果賛成?・）、高木積夫（判事）、主判解（判タ三九〇）（七九年九月）一九八（結果正当?）。

第五七九条以下の明文上は必ずしも明らかではないが、買戻の場合の買戻制限と同じことになるわけであり、価格弁済に一つの制限が加えられたわけである。

(c) そこで最高裁の判決となるわけであるが、最高裁は以上の福岡地小倉支判などとはやや異なる傾向を示す。

最三判昭和五四年七月一〇日民集三三巻五号五六二頁（昭和五三年(オ)第九〇七号、遺言無効確認請求事件、棄却）。

女被相続人がおいに対し公正証書遺言によって全財産ともいえる建物を遺贈していたので、相続開始（昭和四六年八月）後単独相続人である長女がおい、いとこに対し遺言の無効確認などを求めた事件。もっとも、その母は長女に対し現金を贈与しており、また保険金の受取人の指定をおいに変更している。

第一審、大阪地判昭和五一年九月二四日、認容、控訴審、大阪高判昭和五三年四月二七日前掲、認容。

要旨　特定物の遺贈につき履行がされた場合に、民法一〇四一条の規定により受遺者が遺贈の目的の返還義務を免れるためには、価額の弁償を現実にするか又はその履行の提供をしなければならず、価額の弁償をすべき旨の意思表示をしただけでは足りない。

その批評、小酒禮、（法曹三四・八、八二年八月）解説第二〇事件。永田真三郎、重判解（ジュリ七一八）（八〇年六月一〇日）一〇四（賛成?）、加藤永一、民判解（判タ四一一）（八〇年六月一〇日）一七七（結果妥当）、高木多喜男、民商八二・五（八〇年八月）九二一（六七六）（賛成）（研究所収）。米倉明、法協九八・四（八一年四月）一一三四（六二八）（判民第二〇事件）（賛成）。

（1） 高木多喜男、遺留分権利者の法的地位、神戸一二巻四号（六三年三月）四一九―四六七頁の四六五頁（研究所収）。

(ハ) 価格評価の方法　価格弁償の選択は価格弁済の提供を伴わなければならないとされたわけであるが、その額は裁判所が職権で決めるべきものとする。

(a) ここでも先鞭をつけたのは下級審判決であり、こうである。

東京高判昭和五八年六月二八日判タ五〇二号一〇〇頁、判時一〇八五号六一頁（平成五年(オ)第九四七号、株券引渡等請求控訴事件、一部変更）。

女被相続人が長男（?）に対し全遺産の包括遺贈をしていた（遺言の種類などは不明）ので、相続開始後他の共同相続人の一人、娘がこれに対しその財産の引渡などを求めた事件（娘は被控訴人）。

第一審、横浜地横須賀支判昭和五五年四月九日（昭和五二年(ワ)第五八号、認容）。

第一審は無条件で請求を認めた。

判旨　遺留分の目的の返還請求に対し、受遺者から……価額弁償の抗弁が単にその引渡の請求の棄却を求めるのみならず、弁償すべき価額の確定をも求める趣旨で提出された場合においては、……受遺者に現物の返還を命ずる一方、予め価額を確定して、その価額を支払うときは受遺者は右返還義務を免れることを判決上明らかにしておくのを相当とする。

そのほか、ほぼ同趣旨をいうものとして、東京高判昭和六二年八月二六日判タ六六一号二二二頁、名古屋地判平成三年八月一二日判時一四一二号一三四頁などがあることは、野山後掲解説など参照。

(b) そうして、同趣旨の最高裁となるわけである。

最三判平成九年二月二五日民集五一巻二号四四八頁（平成六年(オ)第一七四六号、遺言無効確認等請求事件、一部破棄（認容の）自判・一部棄却）。

被相続人が子としての三名の共同相続人のうちの長男に対し自筆証書遺言によって全財産を遺贈していたので、相続開始後遺言が実行された。そこで、他の一人、次女が長男に対し遺言の無効確認などを求めた事件（ほかに次男もいるが、それは不参加）。以上は主位的請求であるが、以下は予備的請求である減殺に関する。

第一審、大阪地堺支判平成三年五月八日、認容、控訴審、大阪高判平成六年四月二二日、認容。

原審は登記請求を認め、価格弁済をすれば、登記義務を免ぜられるとした。

要旨［職権判断］　減殺請求をした遺留分権利者が遺贈の目的である不動産の持分移転登記手続を求める訴訟において、受遺者が、事実審口頭弁論終結前に、裁判所が定めた価額により民法一〇四一条の規定による価額の弁償をする旨の意思表示をした場合には、裁判所は、右訴訟の事実審口頭弁論終結時を算定の基準時として弁済すべき額を定めた上、受遺者が右の額を支払わなかったことを条件として、遺留分権利者の請求を認容すべきである。

その批評、野山宏、（法曹五一・五、九九年五月）解説下第一三事件。加藤永一、判評四六五（判時一六一二）（九七年一一月）四三（二〇五）（賛成？）。坂口宏、民商一一八・二（九八年五月一五日）六三（二一三）（賛成）、西口元（判事）、主判解（判タ九七八）（九八年九月二五日）一五〇（解説）。菱田雄郷、法協一一六・七（九九年七月）一六八（一二〇〇）（判民第一三事件）（賛成）。なお、野山宏、ジュリ一一一七（九七年八月）一七五（時の判例）もある。

最一判平成九年七月一七日判時一六一七号九三頁（平成五年(オ)第三四二号、持分全部移転登記抹消登記手続請求事件、一部破棄自判・一部棄却）。

事案全体が不明であるが、被相続人が被上告人一名（女）に対し遺言によって（遺言の種類は不明）全財産である土地を遺贈していたので、相続開始（平成元年四月）後子である上告人二名（男女）が被上告人一名（長女？）に対し遺留分の保全を理由に登記抹消などを求めた事件か。主位的請求は不明であるが、以下は予備的請求である減殺に関する。

第一審、横浜地小田原支判平成三年一〇月三〇日、認容か、控訴審、東京高判平成四年一〇月二八日、認容。原審は登記請求を認め、価格弁償があれば、その義務を免ぜられるとした。

判旨　職権判断　同趣旨。

判旨は以上に続けて、その先例という意味であろうが、かっこして最高裁平成六年(オ)第一七四六号同九年二月二五日第三小法廷判決・民集五一巻二号登載予定［前掲］参照とする。

そのほか、野山宏、判時一六三六（九八年六月二一日）一一頁（最高裁破棄判決）、いずれも一般には掲載されていないものであるが、最三判平成九年九月九日（平成六年(オ)第一二二五号）――これには事実関係の要約部分なども掲載されている、最三判平成九年一〇月一四日（平成九年(オ)第一二九号）がある。いずれも職権判断で、一部破棄自判・一部棄却であり、判旨はかっこして最高裁平成六年(オ)第一七四六号同九年二月二五日第三小法廷判決・民集五一巻二号四四八頁［前掲］参照とする。一〇頁以下では平成九年一月、七月の最判も紹介されている。

13　価格返還——私見

(a)　以上のように、相手方に価格の提供をすることを要するとすることは、価格弁済の一つの制限理論として評価されるべきである。ことに職権で支払を命ずることができるとする解釈にいたっては、鮮やかなものというべきであり、感服のほかはない。

しかし、その前提じたいは買戻の場合を含めて、いわれのない制限だというほかはない。取消一般の場合はもとより、解除一般の場合にも、そのように、取消、解除をするには、受領した物またはその価格の提供が義務づけられるというようなことはいわれたことがない。

そうして、それは解除権の留保、その行使とされる買戻の場合でも、同じことである。[1] もっとも、ここでの問題は減殺する側の価格弁済ではなく、価格弁済を選択する側の弁済提供であるから、以上とはやや問題が異なることはたしかである。しかし、それにしても、法律関係の形成とその履行とは別の問題である。

そのほか、下級審ではより進めて、弁償が終わっていることとの解釈もあるわけであるが、結局は同じことである。

(b)　わたくしのみるところも、減殺後は現物返還が原則であることは当然である。それは債権者取消訴権の行使も含めて、法律行為の取消それに契約の解除でも、同じことである。のみならず、債権者取消訴権の一部の見解によっても、それが不当利得となるならば、やはり現物返還が原則であることは当然であろう。我妻債権総論［二八三］。

むしろ、ドイツ民法のように、したがってそれにならったかのようにみえる現行民法のように、減殺権は請求権すなわち債権、それゆえに価格返還などとする見解が異例をきわめるものというべきである。たとえ減殺権は債権だとしても、そのことが価格返還の根拠になるわけではない。一方では債権か物権かは要するに第三者に対する効力についてのものであって、現物返還か価額返還かに関するものではないからであり、他方では債権にも金銭債権があるほか、特定物債権もあるからである。

もしそうだとすれば、民法がいうかのような無条件の価格返還の選択というのも、認めることはできず、一般の場合と同じく、現物の滅失あるいは第三者保護などの結果、それが不能の場合や、過分の費用を要する場合にのみ、その選択が認められるべきである。不当利得に関するドイツ民法第八一八条第二項、共有物の分割に関するわが民法第二五八条第二項。

その意味で、以上には賛成することはできず、むしろ価格弁済そのものを例外と位置づけるべきである。(2)

(1) わたくしの執筆分担部分、債権各論、改訂版(九三年二月)一〇九頁以下(初版、八六年四月)ではそこまではふれていないが。

(2) なお、最近遺留分に関する判例が増加していることについては、高木多喜男、遺留分に関する最近の最高裁判決について、法教二一八号(九八年すなわち平成一〇年一一月)三五—九頁。

以上では平成八年以後の、全八件の最高裁判決のうち、平成九年の二件、つまり最三判平成九年二月二五日、最二判平成九年七月一七日(これは非民集)(本稿ではいずれも前掲)は除外し、最三判平成八年一一月二六日(本稿ではふれていない)、最一判平成一〇年六月一一日(本稿後掲第三)、最三判平成一〇年三月二四日(本稿ではふれていない)、最一判平成一〇年二月二六日(本稿ではふれていない)、最三判平成一〇年三月一〇日(本稿前掲)、最二判平成八年一月二六日(本稿ではふれていない)、計六件が扱われている。

その後も平成一一年には、取得時効に関する最一判平成一一年六月二四日民集五三巻五号九一八頁(前稿)

一件（ほかに遺言に関するもの一件がある）、一二年には、個別請求に関する最三判平成一二年七月一一日民集五四巻六号一八八六頁（本稿ではふれていない）一件、一三年には、代位行使に関する最一判平成一三年一一月二二日民集五五巻六号一〇三三頁（本稿前掲）一件、一四年には、保険金受取人の変更は減殺の対象にならないとする最一判平成一四年一一月五日民集五六巻八号二〇六九頁（本稿ではふれていない）一件、計五件がある。

戊　返還請求の相手方

14　第三者に対する効力

さらに、減殺が第三者に対して効力を有するかの問題がある。

(イ)　民法の規定　民法は減殺権の第三者に対する効力を否定するようにみえる。いいかえれば、民法は第一〇四〇条、旧第一一四三条の第一項で、減殺を受けるべき受贈者が贈与の目的を他人に譲渡したときは、遺留分権利者にその価額を弁償することを要するとし、ただし譲受人が譲渡の当時遺留分権利者に損害を加えることを知ったときは、遺留分権利者はこれに対しても減殺を請求することができるとする。また、第二項で、以上は受贈者が贈与の目的の上に（所有権以外の）権利を設定した場合に準用されるとする。

(ロ)　民法の背景　(a)　フランス民法は減殺の第三者に対する効力を場合を分けて規定する。一方、第九二九条では、第三者に対して設定された不動産の抵当権などの制限物権については、当然に消滅するとする。他方、第九三〇条では、第三者に譲渡された不動産の所有権については、（当然には消滅しないけれども）受贈者が無資力のときは、譲受人に主張することができるとする。

以上ではいずれも不動産とされているわけであるが、その点については、動産の善意取得の規定――わが第一九二条以下にあたる第二二七九条以下――があり、したがって意味がないことが指摘される。[1] また、譲渡については、与える者の権利が消滅すれば、受ける者の権利も消滅する resolutio jure dantis resolvitur ius accipientis との格言が援用される。[2] そうして、フランス古法ではすべてがそうであったのであり、したがって民法の第九二九条はその承継であるが、第九三〇条はその改正だとされることになる。

もっとも、一九七一年の改正で、抵当などに関する第九二九条には但書が加えられ、贈与者がその設定に同意したときは、その効力を維持するとし、またその下落は受贈者の負担に帰すとする。また、譲渡に関する第九三〇条にも第二項が加えられ、贈与者の同意で譲渡がされたときは、訴権は行使されえないとする。ほぼ同じ効力に改められたわけである。

ドイツ民法は第二三二九条で、受贈者に対し不当利得に従った返還の請求を規定するまでで、第三者に対する請求を規定するところがない。それは債権であり、したがって第三者に対する請求は不能という意味になるわけである（もっとも、無償取得した第三者に対する不当利得返還請求可能とする第八二二条参照）。

(b)　オーストリア民法にもとくに規定がない。ここでもドイツ民法と同じことと推測される。

オランダ民法は第九七五、九七六条で、フランス民法と同趣旨を規定しつつ、その後者で、他の財産で価値が得られるかぎり、減殺訴権は第三者に対しては行なわれることができないとする。

イタリア旧民法については以下に一定の指摘がある（第一〇九五、一〇九六条の引用）。イタリア現行民法は第五六三条で、金銭の支払によって義務を免除されることができるとの条件つきで（第三項）、第三者に対する効力ありとする（第一項は不動産について、第二項は動産的財産について）。

スイス民法は第五二八条で、善意者は相続開始の時になお被相続人との法律行為で利得をしているときは、返還給付の義務を負うとする（第一項。なお、第二項は相続契約による受遺者が減額しなければならないときは、被相続人によってされた反対給付に相当する額の返還を求める権限を有するとする）。ドイツ民法と同じことであろう。

(c) わが国の旧民法の公布案にこの種の規定を求めてもむだである。そこにはこれに関する規定はないわけである。

しかし、その草案にはこれに関する規定があり、ほぼフランス民法そのままを定めている、第一七三八条（一一九頁、負担）、第一七四〇条（一二〇頁、譲渡）それに第一七四一条（一二一頁、譲渡）（なお、草案第一七三九条は前述）。

(d) 現行民法は以上のように、フランス民法流の区別を廃して、いずれも原則として主張不能とし、第三者が悪意であれば、主張可能としたわけである、旧第一一四三条、現第一〇四〇条。

(e) その原案の規定と理由（民法修正案参考書、公布案第一一四三条の理由）はこうである。

原案第一一五三条　減殺ヲ受クヘキ受贈者カ贈与ノ目的ヲ他人ニ譲渡シタルトキハ遺留分権利者ニ其価額ヲ弁償スルコトヲ要ス但譲受人カ譲渡ノ当時其事情ヲ知リタルトキハ遺留分権利者ハ之ニ対シテ減殺ヲ請求スルコトヲ得

前項ノ規定ハ受贈者カ贈与ノ目的ノ上ニ権利ヲ設定シタル場合ニ之ヲ準用ス

それが第一項で但書が……当時遺留分権利者ニ損害ヲ加フルコトヲ知リタルトキハ……之ニ対シテモと変え

られて、公布案、旧規定第一一四三条となり、現行規定第一〇四〇条となるわけである。

（参照）　仏九二九［博文館版では二九九となっているが、以上の八尾書店版のほうが正しい］、九三〇、蘭九七五、九七六、伊一〇九五、一〇九六、葡一五〇二、一五〇四、白草八九三、八九四、索二六〇七

（理由）　仏民法其外多数ノ法典ハ本条第一項ノ場合ニ於テ遺留分権利者ハ受贈者ニ資力アルトキハ先ツ之ニ対シテ弁償ヲ請求シ若シ受贈者カ無資力ナルトキハ譲受人ノ善意悪意ヲ問ハス之ニ対シテ減殺ヲ請求スルコトヲ得ルモノト為セリ然レトモ譲受人ノ善意ナルニ拘ラス之ニ対シテ減殺ヲ請求スルコトヲ得ルモノトセハ取引ノ安全ヲ害スルニ至ルヘキカ故ニ本案ニ於テハ譲受人ノ悪意ナル場合ニ限リ之ニ対シテ減殺ヲ請求スルコトヲ得ルモノト定メタリ

本条第二項ノ規定モ亦仏民法其他多数ノ法典ト異ナレリ此等ノ法典ニ於テハ受贈者カ贈与ノ目的ノ上ニ設定シタル地役権、地上権、質権又ハ抵当権等ハ当然消滅スルモノトセリ只白耳義民法草案ニ於テハ或期間ヲ超エサル賃貸借ハ依然トシテ存続スルモノト為セリ然レトモ贈与者カ贈与ノ目的ノ上ニ設定シタル権利ハ之ヲ所有権ト同一ニ取扱フヲ至当トス是レ多数ノ立法例受贈ニ反シテ第二項ノ規定ヲ設ケタル所以ナリ［以上の多数の立法例のつぎに受贈とあるのは、いずれの参考書にもあるものであるが、無用の文言であり、なにかの間違いであろう］

（1）　Trasbot et Loussouarn, Traité op. cit., n°. 120, 原田素描（五四年六月）三三二頁（四二年）。

（2）　原田前掲素描（五四年六月）三三二頁（四二年）、柚木相続（五三年五月）［五八］(c)（四三一頁）。

15　第三者に対する効力――遺贈の場合

梅博士は遺贈については以上の適用を否定し、第三者に対する返還請求可能とした。やや長いが、こういう、要義相続編四四九―五〇頁。

本条モ亦贈与ニ付テノミ規定セリ遺贈ニ付テハ果シテ如何曰ク遺贈ハ減殺ヲ行ヒタル後之ヲ履行スルヿ常トスルカ故ニ受遺者カ其目的ヲ他人ニ譲渡スカ如キコトハ実際ニ稀ナル所ナルヘシ是レ蓋シ法文ニ特別ノ規定ナキ所以カ然レトモ若シ遺贈ヲ履行シタル後受遺者カ其目的ヲ他人ニ譲渡シタルトキハ果シテ如何ノ問題ヲ惹起スヘシ而シテ余ノ信スル所ニ拠レハ此場合ニ於テハ減殺ハ第三者ニ対シテモ其効力ヲ生スヘシ蓋シ既ニ論シタルカ如ク減殺スヘキ遺贈及ヒ贈与ハ減殺ノ請求ナキ限ハ有効ナリト難モ若シ減殺ノ請求アルトキハ其全部又ハ一部違法ナルモノニシテ若シ本条ノ規定ナクンハ或ハ贈与ニ付テモ亦物権的効力ヲ生スヘキモノトスヘキカ唯贈与ニ付テハ特ニ本条ノ規定ヲ設ケ以テ反対ノ主義ヲ取リタリト雖モ遺贈ニ付テハ何等ノ規定ヲ設ケサルカ故ニ減殺ノ本質ニ遡リ第三者ニ対シテモ其効力ヲ生スルモノトセサルコトヲ得ス而シテ此差異アル所以ノモノハ蓋シ遺留分権利者ハ必ス相続人ニシテ相続人ノ権利ハ法律上相続開始ノ時ニ確定スルモノナリ然ルニ遺贈ノ効力モ亦相続開始ノ時又ハ其以後ニ確定スヘキモノナルカ故ニ其遺贈ノ全部又ハ一部ハ初ヨリ違法ナルモノト謂ヒテ可ナリ之ニ反シテ贈与ハ未タ相続人ノ権利発生セサルトキニ於テ其効力確定シタルモノナルカ故ニ後日ニ生シタル相続権ノ為メニ其効力ヲ失フハ法理ノ常道ニ非サルヲ以テ善意ニ其目的ヲ取得シタル第三者ハ完全無缺ノ権利ヲ取得シタルモノト謂ハサルコトヲ得サレハナリ

もっとも、その直接の起草担者は富井政章博士であって、梅博士ではないことは、すでにみた。また、民法修正案参考書にはこの趣旨の指摘はない（旧第一一四三条、現第一〇四〇条の理由）。奥田相続（一八九八年一〇月）四二九―三〇頁にもこの趣旨の指摘はない（同前）。

しかし、仁井田親族相続（一五年六月）七一一頁も以上の遺贈への不適用をいう。仁井田がこの部分の直接の起草委員の補助であることも、すでにみた。

16　学　説

のみならず、その後の学説としても、その遺贈への適用を否定するのが一般の見解であった、牧野相続（二五年六月）三五八頁（〇九年八月）、柳川注釈下（二〇年八月）六四六頁［九四〇］。中川旧著（二五年一〇月）二六七―七〇頁にはこの点についての指摘がない（第一分冊は二二年六月）。

そのほか、牧野相続（二五年一〇月）では、果実について同、三五四頁、無資力については指摘なし、三五八―九頁、第三者については前掲（〇九年八月）。柳川注釈下（二〇年八月）では、果実については指摘なし、六三四―六頁、無資力についても指摘なし、六三四―六頁、第三者については前掲。中川旧著では、果実について同、二六五―六頁、無資力については指摘なし、二六六頁、第三者については前掲。

しかし、その後は遺贈を贈与と区別すべき理由がないとし、その遺贈への適用を肯定する説が有力となっている、穂積相続（二）（四七年一月）四四九―五〇頁（三一年二月）、柚木相続（五三年五月）［五八］(c)（四三二頁）。もっとも、近藤相続下（三八年九月）一一七八―九頁にはこの点についての指摘がない。また、中川・泉相続（〇〇年一〇月）六六六頁（六四年六月）、我妻・唄相続（六六年四月）三三一―二頁にも指摘がない。

そのほか、穂積相続（二）（四七年一月）では、果実については前掲、第三者についても前掲、無資力について同、四五〇―一頁（三一年二月）、近藤相続下（三八年九月）では、果実については指摘なし、一一七七頁、第三者については前掲、無資力について同、一一六五―七頁。柚木相続（五三年五月）では、果実について同、［五八］(a)（四三〇頁）、第三者については前掲、無資力について同、［五八］(e)（四三三頁）、中川・泉相続（〇〇年一〇月）では、果実について同、六七七頁注二一（新版からの追加）、第三者については前掲、無資力については指摘なし、六七四―五頁（六四年六月）、我妻・唄相続（六六年四月）では、果実について同、三三一八頁、無資力について同、三三一八頁、第三者については前掲、なお、負担つき遺贈について同、三三一九頁。

17 判例

これに関する判例はあまりないようである。ただ、第三者への譲渡があったほか、抵当権などの設定があった場合は、以上で定められているわけであるが、後者の場合の設定者に対する請求には、多少の問題がある。

大判明治三七年一〇月三一日民録一〇輯一三七七頁（明治三七年(オ)第三六〇号、遺留分保全の件、破棄差戻）。

被相続人が売買名義で他人（被相続人、相続人と同じ吉川姓の男）に土地を贈与し、受贈者がさらに他に対しそれに抵当権を設定したので、相続開始後相続人（男）が受贈者に対しその保全を求めた事件。

抵当権つきのときは六〇〇円の弁償も請求をしているが、抵当債権額相当の金銭のことであろうか。

第一審、大阪地判年月日不明、棄却か、控訴審、大阪控判明治三七年五月五日、棄却。

原審は価額弁償の規定の適用があるまでのこととし、したがって現物返還の請求を認めなかった。

要旨　民法第千百四十三条［現第一〇四〇条］第二項の場合に受贈者に於て贈与の目的の上に設定したる権利か其目的の為め軽微なる負担にして遺留分権利者か之を甘受せんと欲する以上は其負担の附着したる侭返還

するも之か為め目的の上に権利を有する者を害することなきを以て此場合に於ては遺留分権利者に対し贈与の目的の返還を許さゝるへからす［単一要旨、単一判旨］

差戻後、大阪控判明治三八年一〇月一二日新聞三二七号一〇頁、認容。高木叢書（六四年二月）一五四頁。第七二四条の適用なしとする。

しかし、その後の東京控判大正一〇年六月二九日評論一〇巻民法六二三頁前掲はそのような留保を付さないで、抵当不動産の返還請求を認める。

学説には以上の大判をそのまま認めるものもある、柚木相続（五三年五月）［五八］（四三二頁）。すでに穂積相続（二）（四七年一月）四四九頁（三一年二月）。中川・泉相続（六四年六月）には引用なし。しかし、我妻・唄相続（六六年四月）三三二頁、負担が軽微で、権利者の甘受があることという点については批判的で、東京控判大正一〇年六月二九日前掲をそのような前提を付さないものとして引用する。この大判の批判にはわたくしも従うべきものと考える。いずれも第三者に対する効力には直接の関係のないことだからである。

また、減殺後の取得者に対しては減殺を主張することができないというのが判例である。

最三判昭和三五年七月一九日民集一四巻九号一七七九頁（昭和三三年(オ)第五〇二号、土地建物所有権移転登記等請求事件、棄却）。

女被相続人が男孫に対し贈与をしていたので、相続開始（昭和二五年一月二四日）後、その母の娘などがこれ（の弟妹相続人）に対しその登記などを求めた事件。母の男孫に対する贈与は土地とその地上建物に関する。男孫（の弟妹相続人）からの転取者もあり、それも相手方とされている。娘などは減殺の請求の前に、すでに被相続人からの受贈があったこと、すなわち男孫への贈与は二重贈与であったことも主張している。時効肯定例で、請求棄却。

第一審、盛岡地一関支判年月日不明、棄却、控訴審、仙台高判昭和三三年二月二八日、棄却。男孫からの転取者は上告していない。

要旨　一　受贈者に対し減殺請求をしたときは、その後に受贈者から贈与の目的物を譲り受けた者に対してさらに減殺の請求をすることはではない。

二　後掲、本稿第三

その批評、北村良一、(法曹一二・九、六〇年九月)解説第八七事件。福地陽子、神戸法学一〇・一(六〇年六月)(妥当)。谷田貝三郎前掲(六一年二月)(反対)、谷口知平、民商四四・二(六一年五月)(妥当)、高橋忠次郎、専修大学論集二七(六一年一〇月)(妥当)。

その後、高木多喜男、家族法判例百選初版(六七年二月)第一〇三事件、高木多喜男、判例相続法(七〇年五月)第二五事件、滝沢聿代、百選第三版(八〇年二月)第一二八事件、千頭洋三、民法[親族・相続](基本判例双書)(八二年五月)第一六七事件。

18　私　見

第一〇四〇条の遺贈への適用、不適用の問題だけとしては、ある意味では簡単なものであり、わたくしも起草者の見解があるにもかかわらず、その適用を認めるべきだとする説に従うべきものと考える。そのほか、減殺の順序に関するに関する第一〇三五条、果実に関する第一〇三六条(梅要義相続編四四三頁それに穂積相続(二)(四七年一月)四四八頁(三一年二月)は反対)、無資力に関する第一〇三七条、不相当対価に関する第一〇三九条も、贈与（のみ）に関する。しかし、以上と同じことである。なお、行為が負担つきの贈与である場合に関する第一〇三八条については次述参照。

以上とは逆に、遺贈（のみ）に関し、その減殺の順序に関する第一〇三四条もある。しかし、それも以上とほぼ同じことであり、贈与に適用されるべきである。第一〇三四条の順位については、判例も条文問題とはしていないけれども、遺贈の規定を贈与に適用すべきことをいい、大判昭和九年九月一五日（この点は）民集一三巻一七九二頁前掲、一般に支持されている。

なお、明文上両者を同一に扱うものとしては、減殺の根拠規定である第一〇三一条、不確定処分に関する第一〇三二条、価額弁償に関する第一〇四一条、期間制限に関する第一〇四二条である。また、行為が負担つきの贈与である場合に関する第一〇三八条は負担つき遺贈には適用されない。というのは、それについては別に第一〇〇三条の規定があるからである（梅要義相続編四四五頁）。

しかし、問題は（はしなくも）そこに示されるところとなった減殺の性質にある。梅博士じしんの見解としては一般的に債権的効果説をいうその見解と矛盾していることは、明らかである。また、そう規定すべきかの問題はなお残るとしても、悪意の第三者に対しては減殺を主張することができるとされていることも、明らかである。だから、いずれの側からの説明も可能であることはすでにみたとおりであるけれども、債権的効果よりは、物権的効果をいうほうが、より適切であることもいうまでもない。債権的か物権的かというのはまさに第三者に対する効力に関するものであることはあらためていうまでもないことだからである。

もとより、相手方に対しては現物返還、第三者に対しては価格返還というのは一つの考え方であるが、当事者間の効力と第三者に対する効力を区別することじたいに疑問がある。第三者の保護は問題となるとしても、それは当然第三者の善意を要求することになるはずである。そうして、第三者の保護をいう以上、善意の第三者に対する価格返還も認められるべきでないことも当然であろう。要するに、相手方には現物返還、第三者には価格返還という考え方は受け入れがたいものだとなるわけである。

そのほか、その原因からみれば、取消の場合には、契約成立以前に無能力、詐欺強迫があったという事実が法律行為の取消の原因であり、解除の場合には、契約成立以後に債務不履行があったという事実が契約の解除の原因である。これに対して、遺留分保全のための減殺の場合には、贈与または遺贈があることを前提とするから、そのかぎりでは、取消と同じであるが、その後被相続人の財産が増加しなかったことを重視すれば、やや解除に近いことになる。しかし、それも相続開始以前の事実であることはいうまでもない。もしそうだとすれば、原因の面からは、減殺は取消と同じことであり、解除とは異なるということになる。

19　私見――まとめ

以上のようにみてくれば、減殺権は請求権ではなく、形成権とすべきであり、またその形成権は第三者に対しても効力を有するという意味で、債権的なものではなく、物権的なものとするのが正当であろう。そのほか、減殺後の返還請求の内容としては否定の明文がないかぎり、現物返還が原則であるべきことはすでにみた。また、それが遡及的であるべきこともすでにみた。物権的ということばをこの意味でも使うとすれば、この意味でも以上は物権的ということになるであろう。

わたくしは前稿では時間が切迫していたこともあるが、民法の起草者の見解を、それも矛盾した部分の一方のみを重視するあまり、思わず、債権的形成権としてしまったが(1)、ここに改めて以上の物権的形成権説に従うべきことを主張したい(2)。

したがってまた、その比較の対象も——もっとも、現在の通説によれば、取消と同じものということになるが——第五四五条第一項本文の明文どおりの原状回復義務である契約の解除権に求めるべきではなく、第一二一条本文によってはじめから無効とされるものである法律行為の取消権に、とくに債権者取消訴権に求めるべきことになる。

(1)　受贈者による取得時効、財産法諸問題の考察（小林（一）古希記念）（〇四年三月）二九六頁。

(2)　わたくしの講義ノオトでは、起草者の見解を示したうえで、物権的形成権説をとるべきものとしている。いまさらながら自分の軽率さに恥じ入るばかりであるが、本来の見解に帰るわけである。

16 個別労働紛争解決促進法

堺 鉱二郎

下森定 編集代表『現代民事法学の構想』内山尚三先生追悼
二〇〇四年一一月 信山社

はじめに

1 促進法制定の経過と背景

2 従来の労働関係紛争の解決方法

3 個別労働関係紛争促進法の内容

4 紛争調整委員会によるあっせん

5 地方労働委員会の個別紛争調整手続

6 労働審判制度の導入

はじめに

本稿は、近年、不況に伴い個々の労働者と企業主との間のトラブルが増大しつつあり、これに対する行政の対応は、どのようになっていたか、労働基準監督署、労働委員会、各都道府県の労政事務所の対応、また裁判所はどう係わっていたか、労働組合の動向は、労働紛争は、集団的労働紛争が減少し、個別的労働紛争が激増してきているその背景はいかなるものであるか等が問題となる。

当局は、個別労働紛争処理のために、労働基準法の一部を改正して対応し、また、諮問機関を作り個別的労働紛争処理のシステム作りを要請した。この答申を参考にして、各労働関係機関が協力して対応することと、労使の話し合を助成し、双方が参加しやすいシステムをと、新たな立法として個別的労働紛争解決促進法を制定するに至った。ここでは、特に同促進法の内容について言及するものである。

1　促進法制定の経過と背景

労働関係紛争は、労働組合と使用者の間で生じた集団的労働関係紛争と、個々の労働者と使用者の間で生じた個別的労働関係紛争に分けることができる。一般的に集団紛争と個別紛争の分け方は、労働関係調整法上の争議調整の対象となる労働争議の解決および予防のためのもの、そこの紛争当事者は労働組合と使用者である集団紛争と個々の労働者と事業主間の紛争を対象とする個別紛争に区別することができる。

近年の労働関係紛争の実情は、従来と異なり大きく変化してきている。特に集団的労働紛争が大巾に減少してきており、反面、個別的労働関係の紛争が増大している。集団的紛争の減少は、労使関係の成熟により、紛争の防止や早期の自主解決が図られていること、および労働組合の組織率の低下により労働組合の持つ労働関係紛争の解決のための機能の低下も考えられる。

個別紛争は、経済社会情勢の変化に伴い、企業組織の再編や企業の人事労務管理の個別化の進展等を背景として、個別労働関係紛争が増加してきている。これらは従前からも問題になっていたが、特に近年、バブルの崩壊による企業のリストラの進展に伴い解雇や出向、配置転換などの問題が生じ始めたころからである。個別紛争解決の必要性がせまられ、厚労省は、「個別労働紛争処理問題検討会議」において、検討された紛争解決の複線的システムを取り入れることになる。(1)

個別紛争は、その内容が多様であり、裁判のような強い判定型だけではだめであり、また国だけ、都道府県・労働委員会だけが対応するだけといった型もよくない。各種の制度があって、利用者は、それを自由に選択でき、制度間の連携を重視し、それによって、いわゆる複線型の使用しやすいシステムをとの考えが基本になって、新たな立法へと進んでいった。

新たな制度の対象となる紛争の範囲も「労働条件その他、労働関係に関する事項についての個々の労働者と事業主との間の紛争」を個別労働関係紛争と定義し、事業主と労働者の関係一般を指し、非常に対象範囲を広くし、労働関係より出てくる問題すべてに網をかけるという内容で、これならセクハラも、いじめもすべて対象となる法律として、個別労働関係紛争解決促進法（以下促進法とする）が制定されることになった。

促進法の内容は、後述するが、同法が制定され施行された直後の状況はどうであったか若干述べておく。

促進法の当初の利用状況は、制定後一年間で労働局長の当事者に対する助言・指導の申出件数は、一、九一一件、紛争調整委員会のあっせん申請件数二、一一五件となっており[2]、また、三か月ごとの統計によると大巾に増加してきている。この数字を裁判所における労働関係の民事事件の総件数、三、五六七件と比しても遜色のない利用状況といえる。

この傾向は、裁判所より敷居が低く、行きやすいこと、また、裁判所は、時間的・経済的コストが大きく、金銭的に比較的小額のものが多い個別労働紛争については、裁判所へ行きにくく、適当な方法がなく、泣き寝入りすることが多かったと思われる。全国各地に相談員がおかれたが、相談員の担当者は、大阪の例によると、全相談員は四六名であり、その内訳は、行政O・B八名、社会保険労務士二二名、民間企業の労務管理担当者一六名である。同じく大阪の事例で、紛争当事者の相談内容をみてみると、解雇が三五％、労働条件の引き下げが二〇％、配転・出向が一〇％、その他セクシュアル・ハラスメント、いじめ五％ほどで、労働組合のない企業の労働者の申出が八九・六％と多数をしめている[3]。

つぎに促進法制定前後の労働紛争をみてみると、集団紛争は、オイルショック前後の年間二、〇〇〇件ほどあったが、最近では、年間五〇〇件から六〇〇件程度である。他方個別紛争は、労働関係の民事訴訟事件からみると、地方裁判所の受理件数は、平成三年当時は、一、〇〇〇件ほどであったが、平成一四年には、三、一二〇件となっており、著しい増加がみられる。事件の内容をみると賃金請求に関する事件、雇用契約存在確認ないし地位保全に関する事件が多い。

促進法制定後の「総合労働相談センター」に寄せられた相談件数は、平成一四年（二、〇〇二年）で六二万五、五七二件に達している。これらの相談のうち労働基準法違反等に関わらない民事上の個別紛争は、一〇万三、一九四件であり、その内容は、解雇に関するものが最も多い（二六・五％）が、労働条件の引き下げにかかわる相談も少なくない（一六・五％）促進法施行後一年間で同センターへの件数五四万件を超えてきている。このような傾向は、バブル経済崩壊後の不況の長期化・深刻化とほぼ軌を一にしており、そうした不況への対応として、企業が雇用調整、労働条件や人事制度の変更、または組織再編などを行ったことが要因となっていることは疑いないと思われる。このような傾向は、景気によって若干の緩和ははかられるが、今後とも続いていくと思われる。(4)

（1）この法律ができるまでの各種の案、労使関係法研究会・平成一〇年一〇月、「わが国における労使紛争の解決と労働委員会制度のあり方に関する報告」、平成一二年九月、「個別労使紛争を簡易・迅速に処理するために必要なシステムの機能、紛争処理を行う機関及びこれに関連する諸問題について」、その他同報告、十二年一二月、十三年七月。具体案は、① 労働委員会活用案、② 雇用関係委員会案、③ 労政主管事務所活用案、④ 民事調停制度活用案、⑤ 都道府県労働局案、⑥ 雇用関係相談センター案。厚生労働省大臣官房地方課労働紛争処理業務室編・個別労働紛争解決促進法三四頁～三九頁、労務行政研究所平成一三年一〇月一日、

（2）座談会「個別労働紛争解決促進法施行後一年間の状況を踏えて」労働時報二〇〇二年一一月。六五三号一八頁、

（3）前座談会、五頁～七頁、

（4）山川隆一・労働紛争解決システムの新展開と紛争解決のあり方。季刊労働法二〇五号・二〇〇四夏季収六頁～八頁、

2　従来の労働関係紛争の解決方法

近年、労使紛争が、集団紛争から個別紛争へ紛争の型が変化していったことは、前述のごとくであるが、これに対する行政の対応はどうであったか、以下それについて述べておく。

集団紛争は、労働関係調査法の労働委員会であっせん・調停・仲裁・不当労働行為の救済が行なわれてきた。また、従来の労働基準監督機関は、労基法の遵守についての監督を行なっているが、労使紛争が労基法違反の型をなしている場合は、これに対して、是正を勧告し、法違反を是正させ、その結果、労使紛争が解決に導かれることがある。そのほか、行政が関係して労働関係の紛争を解決するものに男女雇用機会均等法を具体的に実施する都道府県労働局の雇用均等室がある。

個別紛争の解決に関しては、従来、労基関係機関があたっていたほか、法的権限は明示されていなかったが、都道府県労政主管事務所は、行政サービスとして個別労働紛争に関する相談を行なっており、それに伴って、あっせんをしていた地方もあったようである。

促進法制定までの背景は、前述の事情によるが、これに加えて以下の事情があげられる。高度成長期までのわが国の労使関係は、企業利益の労使での分けかたに焦点がおかれていた。その後の成熟期に入ると、働きすぎに対する反省から労働時間の短縮、国際的な圧力もあっての男女雇用機会均等法制定による女性の地位の向上、パートタイマー対応など労働条件の向上に重きがおかれていった。反面、経済社会情勢の変化に伴い、企業組織の再編、雇用・就業形態の多様化、労働組合組織率の低下による未組織労働者の増加などがみられるようになった。さらに超低成長期に入ると、工場を海外へ移すなどにより、わが国の雇用情勢は、全体的な雇用調整(リストラ)の時代に入ってきた。その結果、失業者は増加し、労働条件は切り下げられ、前述のごとく配置転換、解雇、賃金不払い、就業規則の一方的改悪、会社合併や分割による労働条件の低下、セクハラの問題等、個々の労働者の個別労働関係紛争は、増加の一途となった。

他方、団体交渉を通じて労働者の経済的地位の向上を図るという労働組合の性格上、これら個別労働紛争に対する対応には限界があることも理解できないわけではないが、組織の守りに力点を置き、自らのまわりにいるパートタイマーや派遣社員、子会社の社員の労働条件の維持向上に目をむけていなかったことも指摘しないわけにはいかない。

以上のような多様な背景のもとに労働者の団体（労働組合）と使用者間の紛争を解決せんとする労調法の対象とならない個別労働紛争が増大していき、これに対する行政・法律の必要性が高まっていった。それに対する当局の対応過程を項目別に列挙すれば以下のごとくである。

① 労働委員会は、元来集団的労使関係に関する労使紛争を解決するための行政機関であるため、個別労働紛争は取り上げない（平成十三年以降は、あっせんできるようになる）。

② 労働基準監督署は、労働基準法違反に対する指導や勧告を行なうことが仕事である。賃金その他労働条件に関する使用者の不履行に関しては、個々の労働者を救済できる。加えて、平成一〇年の労基法において、労働者と使用者の間に紛争が生じた場合、当事者の双方または一方から、その解決について都道府県労働局長に対しても、援助を求めることができるようになった（労基法一〇五条の三、同条項は、促進法の施行に伴い削除される）。

都道府県労働局長は、援助を求めてきた当事者に対し労働条件に関する紛争を解決するために必要な助言・指導を行う。(5)

③ 男女雇用機会均等法関係の指導、均等法違反関係の紛争については、都道府県労働局長、具体的には、雇用均等室において必要な助言が行なわれる。

④ 都道府県労働局の下にある労政事務所が労働問題全てに関する相談と自主的解決のためのあっせんが行われている。これは、地方ごとのため、全国的ではない。

⑤ 裁判所における調停[6]、訴訟。個別労働紛争も民事に関する紛争であるため民事調停の申し立てが可能であり、訴訟も強力な解決手段であるが、双方とも時間と費用がかかる。

(5) 労基法第一〇五条の三の新しい制度は、平成一〇年一〇月から施行されていたが施行直後の半期ごとの件数は、五五三七件あったものが翌一二年度上半期には二万三三八一件とほぼ四倍となる急激な伸びを示し、個別紛争の解決のための制度に対する需要の大さがうかがえる。

都道府県の労政主管事務所や労政主管課においても個別紛争だけの統計はないが、同時期に増加の傾向があることはたしかであろう。厚生労働者・個別紛争解決促進法・平成一三年、一五頁。

(6) 裁判所での民事訴訟は、強力ではあるが、現実問題として、多大な時間と労力がかかり、労働者や事業主が、労働をするかたわら、又は事業活動を行うかたわら気軽に利用できるような状況とはなっていない。民事紛争をより簡易・迅速に解決するための裁判外紛争処理制度として、簡易裁判所等における民事調停制度がある。この制度の目的は、「民事に関する紛争につき、当事者の互譲により、条理にかない実情に即した解決を図ること」(民事調停法第一条)とされている。

この制度は、民事関係の紛争の解決手段として、貸金業関係の紛争や交通事故の賠償に関する紛争などにおいて、非常に有効な手段として機能している。しかし、正確な統計はないものの、労働関係紛争については、ほとんど利用されていないのが現状である。この理由は、①労使双方にとって裁判所はなじみが薄く、また、やはり敷居が高いと感じられること。②労働関係紛争においては、たとえ解雇に関する紛争一つをとっても、労使の間で主張が食い違うことが多く、事実関係の解明からやらなければならないことが多いが、そのような体制にはなっていないこと。③労働関係の特殊性に配慮した解決が求められるが、民事調停員には労働関係の専門家が現状では少ないこと、等が理由であると言われている。前掲書一二―一三頁。

た。

3 個別労働関係紛争解決促進法の内容

促進法が制定されるまでの行政上、法律上の当局の対応は、以上のごとく、すでに存在する機関に不十分ながら、個別紛争へのかかわりを強めていくことにあった。

個別労働紛争の増大への法律上の当局の具体的対応は、②で指摘した一九九八年（平成一〇年）の労働基準法の改正である。この改正は、当面の措置として地方労働局長が個別的紛争について、当事者の要求に応じて紛争解決の援助のため「必要な助言又は指導」を行えるようにしたことである。しかし、労働基準局が労働関係とはいえ、賃金不払い、解雇、雇い止めなど民事的色彩を有する紛争処理に乗り出すことには批判も多かった。

また、内容的にも、両者の取るべき具体的なあっせんのような当事者間の調整のようなことを行なうといったことはできなかった[7]。

そこで当局は、労働大臣（当時）の諮問機関である「個別的労使紛争処理問題検討会議」の報告書「個別的労使紛争処理システムの在り方について」（報告）平成一二年一二月二五日付）の内容をベースとして新たに「個別労働関係紛争の解決促進に関する法律」を制定することになった（平成一三年〈二〇〇一年〉施行同年一〇月）。

促進法の制定により個別労働紛争を対象に、行政機関を通じて簡易・迅速な解決を促進するための制度が創設された。

同法は、

①　「総合労働相談センター」による包括的な情報提供及び相談の実施
②　都道府県労働局長による法令や判例等に照らした個別労働紛争の解決についての助言・指導。
③　紛争調整委員会による個別紛争の自主的な解決促進のためのあっせん（均等法五条ないし八条に関わる紛争については調停）

という三つのシステムを設けたほか、地方公共団体も個別紛争の解決を支援すべき旨を定めている（現在、大多数の地方委で個別紛争のあっせんが実施されている）。

その後の促進法の運用面をみると、総労センターへの相談は、六〇万件を超える多くの相談が寄せられており、地方労働局長による助言・指導においても、紛争調整委員会によるあっせんにおいても、九〇％以上が三カ月以内に終了しており、迅速な処理がなされている。(8)

そのほか、これに加えて、裁判所の個別紛争への対応として、平成一四年（二〇〇二年）「労働審判制度」が成立した。この制度は、個別労働紛争について、三回以内の期日で裁判官と雇用労使関係における専門的な知識経験を有する者（労働審判員）が調停による解決の見込みがある場合には、これを試みつつ、合議によって、権利義務関係をふまえ事件の内容に即した解決案を決する手続である。この制度は、三回以内の期日で簡易・迅速な解決を図る裁判手続である点に特色がある。具体的に展開していけば権利紛争が対象となり、一方で判定を、他方で当事者の合意を基礎にする調整的な解決方法をとるところに特色がある。(9)ところで、この審判が双方に異論がない場合は、和解と同一の効力をもつ、また異議が述べられた場合は、審判は失効し、審判の申立てがあったときに訴訟の提起があったとみなされる。

平成一一年の労基法改正（一〇五条の三）は、条文上、労働条件に関する紛争に限定して、局長の助言・指導が行なわれるが、促進法二条により、この制度を発展的に解消し、「労働条件に関する」ものであるか否かを問わず、個別労働紛争一般を対象とする制度に拡充されることになった（促進法四条）。

(A) 労働局の相談・情報提供

前述のごとく新立法によって、増大している個別労働紛争に対応する制度は、都道府県労働局と各労働基準監督署に分かれていたが、個別労働紛争解決促進法の制定に伴い、労働問題に関する窓口の一元化が図られることになった。

同法を運用する具体的場所を主として地方労働局の庁舎内・労働基準監督署の構内に「総合労働相談コーナー」を設け、ここで労働問題に関する相談・情報の提供その他の援助を行う（同法三条）。

このような相談場所の設置は、個別労働問題たる労働者の不満や苦情は、雇用関係に関する法律の定めや制度の存在（法令・判例の不知）を知らないためのことが多く、法違反への監督指導といった行政方法以外にも、法制度の周知徹底、裁判例などの情報提供等を知らせることによって、企業内での紛争を未然に防止するうえで重要な役割を果すことになる。(10)

(B) 労働局長の助言・指導

都道府県労働局長は、個別労働関係紛争に関し、その紛争の当事者に対し、必要な助言又は指導することができる。

この労働局長の助言、指導は、紛争当事者に対して、問題点を指摘し、解決の方向性を示唆することにより、紛争の解決の促進を図るものである。

具体的には、事実関係を調査・整理した上で、労働関係法令や関係判例等に基づき、さらに、必要に応じて専門家の意見等を参考にしながら、労働局長が助言・指導を行なうことになる。局長の助言は、主として口頭により、〝指導〟は文章によることが原則となる。なお、労働局長に対し、このような助言・指導等の援助を求めたことを理由に、事業主は、その労働者に対して解雇その他不利益な取扱いをしてはならないとされている（同法四条三項）。

促進法四条の助言・指導の対象から除外される紛争には、労調法第六条に規定する労働争議に当たる紛争、国営企業及び特定独立行政法人の労働関係に関する法律第二六条第一項に関する紛争がある。これらは、集団的紛争であり、労調法等に基づいて解決されるべきものであるためである。

また、男女雇用機会均等法施行規則第二条に定めるものについての女性労働者と事業主との間の紛争については、同法第一二条に基づき、本促進法の助言・指導の対象ではない。これについては均等法第一三条に紛争解決援助制度が規定されており、その必要がないため、本条との重複を避けるためである[11]。

本条の助言・指導制度は、次条のあっせん制度に比較した場合、この制度は、紛争解決のための問題点および解決の方向性がある程度はっきりしている紛争について、より簡易・迅速に解決することに適した制度である点に特色がある。

労働局長の行なう助言は、法令、判例、専門的知識を有する者の意見等に照らし、紛争当事者間の話し合いを促進することが適当であると認められる場合等に、口語で又は文書で行われるものである。

〝指導〟とは、法令、判例、専門的知識を有する者の意見等に照し、紛争当事者のいづれかに何らかの問題があることにより紛争の解決が阻害されていると認められる場合等に、問題点を指摘し、解決の方向性を文書で示すものである。

つぎに、条文中の専門的知識を有する者の意見聴取であるが、これは具体的には、弁護士等の法曹関係者、法律学者等の学識経験者、社会保険労務士、企業の人事労務管理に携わった者等であって、産業社会の実情に通じ、労働関係法令や賃金制度等の労働問題について専門的知識を有する者が該当する。

労働局長に対して紛争の解決の援助を求めた労働者に対して使用者が、解雇その他不利益な取扱いは禁じられているが、(12) ここでの不利益な取扱いとは、解雇は当然であるが、そのほか、配置転換、降格、減給、昇給停止、出勤停止、雇用契約の更新拒否等がこれに当たることになる。

本法の対象となる紛争の範囲

促進法の対象となる個別労働関係紛争の範囲は、「労働条件その他労働関係に関する事項についての」紛争である。

労働関係に関する事項についての個別の労働者と事業主との紛争であれば、分野や内容に関係なく、すべて、本法の個別労働関係紛争に含むこととなる。(第一条)。もっとも労働組合と事業者との紛争や労働者どうしの紛争は、個々の労働者と事業主との間の紛争ではないので、ここに含まれない。

具体的な個別労働関係紛争の内容は以下のごときである。

① 解雇・雇止め、配置転換・出向・在籍出向、昇進・昇格、労働条件に係る差別的取扱い、労働条件の不利益変更(就業規則変更に伴う)、整理解雇、退職勧奨、懲戒処分等労働条件に関する紛争

② セクシュアル・ハラスメント、いじめなど就業環境に関する紛争

③ 労働契約の承継、競業避止特約等の労働契約に関する紛争、定年・派遣労働者・パートタイマー等に関

する紛争

④　募集・採用に関する差別的取扱いに関する紛争

⑤　育児・介護、母性健康管理等に関する紛争

⑥　その他退職に伴う研修費用等の返還、営業車等会社所有物の破損に係る損害賠償をめぐる紛争等があげられる。

(7)　この制度は、取り扱う紛争の範囲が労働条件に関する紛争に限られており、近年増加している労働条件以外の紛争に対応することができないこと、また労働局長の助言・指導は、あくまで紛争当事者に対して問題点を指摘し、これを当該当事者が自主的に是正することを促進することにより紛争の解決を図ろうとするものであり、あっせんのように、紛争当事者の間に第三者が入り、双方の主張の要点を確かめ、双方に働きかけ、場合によっては両者が取るべき具体的なあっせん案を提示するなどして、当事者間の調整を行うといったことはできない（事例として、和解金の具体的な額の提示などは、行われない）などの限界も併せ持つ制度であった。前掲書二四頁、なお都道府県の制度としては同書二四―二五頁にある。

(8)　山川隆一・前掲論文一二頁。

(9)　この制度における雇用・労使関係の専門的知識経験を有する労働審判官（労使とも）が審理に加わるとともに、合議によって解決案を決する。ここでの労働審判官は、労使それぞれの立場を代弁するものではなく、中立公正な立場で事件の解決に携わることが予定されている。

また、この制度には、訴訟との連携が図られている点に特色がある。それは、本論で述べたごとく審判に対して当事者に異議がない場合は、審判は、裁判上の和解と同一の効力をもつが、異議が述べられた場合は審判は失効し、審判の申立てがあったときに訴訟の提起があったものとみなされる。そのため、労働審判手続は、訴訟への移行も見すえて利用されることが予想される。山川・前掲論文一二頁―一三頁。

(10)　このコーナーでの体制は、全国二五〇箇所に六〇〇人の人員が配置されて準備にあたっているようである。

詳しくは厚生労働省のホームページ（http://www.mhlw.go.jp/）に、峰隆元・個別労働紛争一九頁（二〇〇二年十二月初版二刷）。相談事例は社保士連合会監修・個別労働紛争相談事例集（保険六法新聞社、二〇〇二年）。

（11）これらのほか、次の紛争については、他の機関等において紛争解決のための手続が行われていたり、申請人が紛争当事者としての適格性を欠くものであり、紛争解決のために助言・指導することが不適当又は不必要と判断されるものであるので「必要な助言又は指導」には該当しないと解されるため、これを行わないこととされている。イ　裁判において係争中である又は確定判決が出された紛争。ロ　裁判所の民事調停において手続が進行している又は調停が終了した紛争。ハ　労働委員会におけるあっせん等他の機関による個別労働紛争解決制度において手続が進行している又は合意が成立し解決した紛争。ニ　法第五条に基づく紛争調整委員会のあっせん手続が進行している又はあっせんが終了した紛争（取り下げは除く）。ホ　既に助言・指導の手続を終了した紛争（取り下げ場合を除く）。ヘ　労働組合に事業主との間で問題として取り上げられており、両者の間で自主的な解決を図るべく話し合いが進められている紛争。ト　個々の労働者に係る事項のみならず、これを超えて、事業所全体にわたる制度の創設、賃金額の増加等を求めるいわゆる利益紛争、チ　紛争の原因となった行為の発生から長期間経過しており、的確な助言・指導を行うことが困難である紛争。リ　申立人の主張が著しく根拠を欠いていると認められる紛争（厚労省・前掲書一一一―一一二頁）。

（12）　事業主に比べ弱い立場にある労働者を事業主の不利益な取扱いから保護することにより、助言・指導制度の実効性を担保するため、労働者が都道府県労働局長に対して紛争の解決の援助を求めたことを理由にする解雇その他不利益な取扱いを禁止しているものである（厚労省・前掲書一一四頁）。

4　紛争調整委員会によるあっせん

あっせん申請を受けた労働局長は、①事件がその性質上あっせんをするのに適当でないと認めるとき、

②　紛争当事者が不当な目的でみだりにあっせんの申請をしたと認めるときを除き、委員会[13]にあっせんを委任する（則五条二項）。あっせんを申請した場合は、労働局長は、様式によりあっせん申請した紛争当事者に対し、遅滞なくその旨を通知しなければならない（図表書式2）（則五条三項）。

委員会の会長は、都道府県労働局長から、あっせん委任の通知を受けたときは、その事件を担当する三名のあっせん委員を指名し、紛争当事者に、これからあっせんを開始すること及びあっせん員の氏名を通知する（図表書式3）。あっせん委員は、必要があるときは、あっせん手続の一部を特定のあっせん委員に行わせることができる。また、あっせん委員は、必要があると認めたときは、事件の事実調査を都道府県労働局総務部の職員に行わせることができる。

紛争調整委員会におけるあっせん

紛争調整委員会は、個別労働紛争の解決促進のために新たに導入された制度であり、この法律の中心的役割を果すことが求められている。この委員会は、都道府県労働局に設置され、委員会の人員は、三名から一二名からなる学識経験者で組織され、委員会の庶務は、都道府県労働局総務部企画室が処理する。

促進法においては、より広範な紛争に対して、迅速かつ柔軟な解決を促進するために、この委員会のあっせん制度を設けたもので、あっせん委員が紛争当事者の間に立って、当事者間の話し合いを促進することによって、紛争の解決を促進する制度である。

具体的には、紛争当事者の双方または一方が申請書（図表書式Ⅰ）を管轄の都道府県労働局長に提出したならば、双方の意見を聴き、話し合いを促進し、具体的な解決の方策を打診し求められれば、あっせん案を提示することになる。

担当となったあっせん委員は、あっせんの期日を定め、紛争当事者に通知して、あっせんを始める（図表書式4）。あっせん手続きが始まったなら、当事者双方は、あっせん委員の許可を得て補佐人を伴って出席すること、意見の陳述等を代理人に代理させることができる[14]（則八条）。

(A) あっせん案とは

あっせん案は、紛争当事者の話合いの促進のために作成・提示されるものであり、解決のためのたたき台であり、条文中（第五条）、〝事件の解決に必要な場合〟とは、当事者双方からあっせん案の提示が求められた場合（則九条）であって、あくまでも紛争当事者の合意によるものである。なお、この法律に基づくあっせんの手続きは非公開で行うものとされている（則一四条）。また、あっせん委員は、双方または一方の中立があった場合、関係業界、関係労働者を代表する者から意見を聴く必要があるときは、それを参考とすることができる（則十条）。これは、個別紛争を解決するに当って、一般に法曹関係者等になじみのない業界、企業、地域の雇用慣行等を踏まえる必要性が高く、そのような関係労使があっせん手続に関与することによって、あっせん員の知識を補い、紛争の適正な解決に資することが目的である。ここで意見を聴く労使は、促進法十三条に定める参考人ということになる。

(B) あっせん案の提示

あっせん委員は、紛争当事者・参考人からの意見聴取あるいは意見書の提出を求めた上で受諾勧告ではない事件解決に必要なあっせん案を作成し、これを紛争当事者に提示することができる。この際、重要なことは、紛争当事者双方からあっせん案の提示を求められなければならないこと、および、あっせん委員全員一致であることが求められる（則九条、促進法十条二項）。このようにあっせん案[15]は、あくまで話し合いの方向性を示すものであって、その受諾を強制するものではない。

双方からのあっせん案提示が求められた場合、あっせん委員は、全員一致であっせん案を作成し、これを双方に提示する（則九条一項）。双方がこのあっせん案で合意となった場合、あっせん案に同意する旨を書面に記載し、記名押印又は署名のうえあっせん委に提出することになる（則九条二項）。このような合意は、民法の和解契約（民六九五条）としての効力をもつことになる。したがって、紛争当事者の一方が合意で定められた義務を履行しない場合には、他方当事者は、債務不履行として訴えることができる（厚労・個別促進法一五〇頁、峰・個別労働紛争三四頁）。

(C)　あっせんの打切り

あっせん委員は、あっせんによって紛争の解決の見込みがないと認められるときは、紛争調整委員会は、あっせんを打ち切ることができる。

見込みがないと認める場合とは、以下の場合をいう（促十五条、則一二条一項）。

①　あっせん開始の通知を受けた被申請人が、あっせん手続に参加する意思がない旨を表明したとき。

②　あっせん案について、紛争当事者の一方または双方が受諾しないとき。

③　紛争当事者の一方または双方があっせんの打切りを申し出たとき。

④　関係労使から意見聴取その他あっせんの手続の進行に関して紛争当事者間で意思が一致しないため、あっせんの手続の進行に支障があると認めるとき。

⑤　以上のほか、あっせんによって紛争の解決の見込みがないと認めるとき。

なお、このようにあっせんを打ち切ったときは、書式図五号により、紛争当事者双方に対し、遅滞なく、その旨を通知しなければならない（則十二条二項）。あっせんが成立しないで打ち切られた場合、その紛争は多くの場合、裁判所に行くことが予想される。立法時の付帯決議「都道府県労働局、地方労働委員会等における個別労働紛争制度については、裁判外紛争処理制度として適切に位置づけること。あわせて、労使関係事件への対応について、裁判所外紛争処理と裁判所の連携を明確にし、十分な検討を行うこと」とされている。

以上のごとくあっせんは、当事者双方の任意の参加により紛争を簡易・迅速に解決するための制度である。したがって、なんらかの理由によって、当事者がこれ以上手続を続けることを望まない場合や当事者間の話し合いがこれ以上進展することが期待できなくなった場合などは、いたづらに解決の可能性がないまま手続を長引かせることは、制度の趣旨に反するものといえる。

そのような場合には、あっせん手続は早期に打ち切り、より強制力のある制度や判定的な制度、具体的には、立法時の付帯決議のごとく民事調停制度や裁判制度に移行することが紛争の解決という観点からは適切であると考えられ、また、そのような役割分担とするために複線型の紛争解決システムの整備が求められていたわけである。（厚労省、前掲書一五五頁）。

なお、あっせん打ち切りがなされた場合に、三〇日以内に訴えを提起すれば、時効の中断の効果が生じる（一六条）。賃金請求権の消滅時効は二年、退職金の消滅時効は五年と短期消滅時効が定められている（労基法一一五条）。このように労働債権は、通常の債権（一〇年）より短い時効期間が定められていることを考慮して、個別労働紛争については、法一五条により、あっせん打ち切りの通知を受けた日から三〇日以内にあっせんの目的となった請求について訴訟を起したときは、時効の中断に関しては、あっせんの申請時に訴訟の提起があったものとみなされる。これは、紛争のあっせん中に消滅時効を理由に敗訴しないように定められた条文である。

個別労働紛争は、当初の企業内での自主解決の努力がなされ、当局への援助申請まで時間がかかり、なお、調整委員会のあっせん手続を行っている間に時効が成立してしまう場合があり、あっせん不調となった場合、改めて訴を提起する場合、すでに消滅時効が完成していたというようになってしまったならば、あっせん人の利益が害されるため、そのようなことがないように、あっせん制度を安心して利用できるように時効の中断規定が設けられた(16)。

(D)　あっせん申請の不受理

つぎの場合については、都道府県労働局長は、「当該個別労働関係紛争の解決のために必要がある」と認められないものとして、委員会にあっせんを委任しないものとする。以下、あっせんの対象とならない事例である。

①　労働争議に当たる紛争

②　国営企業及び特定独立行政法人における紛争。

③　労働者の募集・採用に関する紛争。

④　均等法十二条（男女の均等な機会・待遇に関する措置で厚生労働省令に定めがあるもの）に規定する紛争。

⑤　事件の性質上あっせんになじまないもの。

A　裁判において係争中である又は確定判決が出された紛争。

B　民事調停中又は調停が終了した紛争。

C　労働委員会におけるあっせん等他の機関による個別労働紛争解決制度において、手続が進行している又は合意が成立し解決した紛争。
D すでに委員会によるあっせんを終了した紛争（取り下げ案件を除く）。
E 労働組合と事業主との間の問題として取り上げられており、両者の間で自主的な解決を図るべく話合いが進められている紛争。
F 個別労働者に係る範囲を超えて、事業場全体にわたる制度の創設、賃上げ等を求めるいわゆる利益紛争。
J 紛争の発生から長期間が経過し、的確なあっせんを行うことが難しい紛争。
H 申請人の主張が著しく根拠を欠いていると認められる紛争。
⑥ 申請が不当な目的と認められる場合。
A 単なる嫌がらせ申請
B 当事者間に既に和解が成立しておりその義務を免れようとするための申請。
⑦ 法令等に基づき各機関が行政指導等を実施することとされている事項に係る紛争について、当該機関が行政指導等を行うこととしている場合には、その間は委員会にあっせんを委任しないものとすること、行政指導等の結果、紛争原因となった事項が改善され、これにより紛争が解決した場合には、あっせんは行わないこと。
なお、行政指導等によっても紛争が全面的には解決しない場合であって、さらにあっせんを行うことにより紛争の解決が図れる可能性があるときには、当該紛争をあっせん手続に移行することとするものであること。[17]
(13) あっせん委員会の組織委員会は、委員三人以上十二人以内で組織し、委員は、学識経験者のうちから厚労大臣が任命し、委員会に会長を置き（委員の互選）会務を総理する。委員の任期は二年とし、再選は可能とする。（七条・八条）。委員の数東京十二人、愛知・大阪九人、北海道・千葉・神奈川・福岡六人、その他は三人（則二条）。委員会の庶務は、都道府県労働局総務部（則三条）が行う。

(14)　則第八条第二項の①「補佐人」は、紛争当事者が期日に出席する際に同行し、紛争当事者が行う他当事者への主張やあっせん委員に対する事実関係の説明等補佐する者であること。②補佐人は、紛争当事者を補佐して発言を行うことができること。ただし、補佐人の発言は、あくまでも当該紛争当事者の主張や説明を補足するためのものであり、補佐人が自ら他方当事者への主張を行ったり、紛争当事者に代わって意思表示を行ったりすることはできないものであること。③補佐人は、弁護士法第七二条等他の法令に抵触しない限り、特に資格を制限されるものではないこと。④あっせん委員は、補佐人としての許可を求められた者が、必要以上に多人数である場合等、許可することが不適切であると認めた場合には、補佐人の出席を許可しないことができるものであること。

代理人

①紛争当事者は、民法の一般原則等に従って代理人を選任し、当該代理人に、法に基づく申請等の手続等を行わせることができるものであるが、則第八条第三項においては、あっせん委員が関与して行われる期日におけるあっせんの手続において、その秩序維持の観点から、代理人が参加するための手続を定めたものである。

②代理人は、授与された代理権の範囲内で、紛争当事者に代わって意見陳述等のあっせんの手続に参加することができる。

③期日に本人が出席できない場合に代理人が本人に代わりに出席することができる。④代理人は、弁護士法第七二条等他の法令に抵触しない限り、特に資格を制限されるものではない。

⑤あっせん委員は、許可を求められた者が、必要以上に多人数である場合等、許可することが不適切であると認めた場合には、代理人の出席を許可しないことができるものとすること。「個別労働関係紛争の解決の促進に関する法律施行規則」平成一三年九月一九日厚生労働省令第一九一号、「個別労働関係紛争の解決の促進に関す

る法律の施行について」厚生労働省大臣官房地方課労働紛争処理業務課・職場のトラブル解決好事例・一六八頁。

(15) あっせん案は、紛争当事者の話し合いの促進のために作成・提示されるものであり、言わば解決に向けた話し合いのためのたたき台である。

したがって、紛争当事者は、あっせん案に拘束されるものではないことはもちろん、当事者の話し合いがまとまるのであれば、あっせんの内容とは別の内容の解決に至ることも構わないのである。このような点が、同じ紛争解決のために作成される案であるとはいっても、当該調停案を当事者双方が受諾することを目的として行われる調停案の作成・提示・受諾勧告とは、大きく異なる点である。厚労省・前掲書一四七頁。

(16) 時効の中断は、通常は、訴状を裁判所に提出したときに効力を生じるとされている。(大判大正四・四・一六民録二一—四四九)。

これに対し、十六条の要件を満たした場合には、あっせんの申請のときに、訴えの提起があったものとみなされることになる。すなわち、あっせんの申請が都道府県労働局長になされたときに、時効の中断の効果が生じることとなる。なお、申請の時とは、申請者が現実に都道府県労働局長に提出された日であって、申請書に記載された申請年月日ではない。また、あっせんの過程において申請人があっせんを求める事項を変更又は追加した場合にあっては、当該変更又は追加した時が申請の時にあたるものと解されている。厚労省、前掲書一六〇頁。

(17) 高谷知佐子・個別労働関係紛争解決促進法施行後一年——利用拡大状況とあっせん制度の概要——JICPAジャーナル No.570 JAN. 2003 六五頁、厚労省・前掲書一六六—一六七頁。

様式第１号（第４条関係）（裏面）

あっせんの申請について

⑴　あっせんの申請は、あっせん申請書に必要事項を記載の上、紛争の当事者である労働者に係る事業場の所在地を管轄する都道府県労働局の長に提出してください。

申請書の提出は原則として申請人本人が来局して行うことが望ましいものですが、遠隔地からの申請等の場合には、郵送等による提出も可能です。

⑵　申請書に記載すべき内容及び注意事項は、次のとおりです。

①　労働者の氏名、住所等

紛争の当事者である労働者の氏名、住所等を記載すること。

②　事業主の氏名、住所等

紛争の当事者である事業主の氏名（法人にあってはその名称）、住所等を記載すること。また、紛争の当事者である労働者に係る事業場の名称及び所在地が事業主の名称及び住所と異なる場合には、（　）内に当該事業場の名称及び所在地についても記載すること。

③　あっせんを求める事項及びその理由

あっせんを求める事項及びその理由は、紛争の原因となった事項及び紛争の解決のための相手方に対する請求内容をできる限り詳しく記載すること（所定の欄に記載しきれないときは、別紙に記載して添付すること。）。

④　紛争の経過

紛争の原因となった事項が発生した年月日及び当該事項が継続する行為である場合には最後に行われた年月日、当事者双方の見解、これまでの交渉の状況等を詳しく記載すること（所定の欄に記載しきれないときは、別紙に記載して添付すること。）。

⑤　その他参考となる事項

紛争について訴訟が現に係属しているか否か、確定判決が出されているか否か、他の行政機関での調整等の手続へ係属しているか否か、紛争の原因となった事項又はそれ以外の事由で労働組合と事業主との間で紛争が起こっているか否か、不当労働行為の救済手続が労働委員会に係属しているか否か等の情報を記載すること。

⑥　申請人

双方申請の場合は双方の、一方申請の場合は一方の紛争当事者の氏名（法人にあってはその名称）を記名押印又は自筆による署名のいずれかにより記載すること。

⑶　事業主は、労働者があっせん申請をしたことを理由として、当該労働者に対して解雇その他不利益な取扱いをしてはならないこととされています。

書式1

様式第1号（第4条関係）（表面）

あっせん申請書

<table>
<tr><td rowspan="3">紛争当事者</td><td>労働者</td><td>氏名
住所</td><td>〒
電話（　　）</td></tr>
<tr><td>事業主</td><td>氏名又は名称
住所</td><td>〒
電話（　　）</td></tr>
<tr><td colspan="2">※上記労働者に係る事業場の名称及び所在地</td><td>（〒
電話（　　））</td></tr>
<tr><td colspan="3">あっせんを求める事項及びその理由</td><td></td></tr>
<tr><td colspan="3">紛争の経過</td><td></td></tr>
<tr><td colspan="3">その他参考となる事項</td><td></td></tr>
</table>

年　月　日

申請人　氏名又は名称　㊞

労働局長　殿

書式２

様式第２号（第５条第３項関係）

番　　　　号
年　　月　　日

殿

労働局長　㊞

あなたから　　年　　月　　日申請のあったあなたと　　　　との間の紛争のあっせんについては、下記の理由により、　　　紛争調整委員会にあっせんを行わせないこととしたので、個別労働関係紛争の解決の促進に関する法律施行規則第５条第３項の規定に基づき、通知します。

記

（理由）

書式３

様式第３号（第６条第２項関係）

番　　　　号
年　　月　　日

殿

紛争調整委員会
会長　　　㊞

あなたから　　　労働局長あて　　年　　月　　日申請のあったあなたと　　　　との間の紛争のあっせんについて、個別労働関係紛争の解決の促進に関する法律第５条第１項の規定に基づき、　　　労働局長の委任を受けて、下記のとおり開始することとしたので、個別労働関係紛争の解決の促進に関する法律施行規則第６条第２項の規定に基づき、通知します。

記

1　事件番号
2　あっせん委員

書式４

様式第４号（第６条第２項関係）

番　　　号
年　月　日

殿

紛争調整委員会
会長　　㊞

申請人　　　から　年　月　日別添申請書写しのとおり申請のあったあなたとの間の紛争のあっせんについて、個別労働関係紛争の解決の促進に関する法律第５条第１項の規定に基づき、　　労働局長の委任を受けて、下記のとおり開始することとしたので、個別労働関係紛争の解決の促進に関する法律施行規則第６条第２項の規定に基づき、通知します。

記

１　事件番号
２　あっせん委員
３　留意事項
⑴　紛争調整委員会によるあっせんとは、当委員会のあっせん委員が紛争当事者の間に入り、当事者間の話合いによる解決を促進するものです。
　あっせんの期日等具体的な手続については、追って通知します。
⑵　あっせんの手続に参加する意思がない旨が表明された場合には、あっせんによっては紛争の解決の見込みがないものとして、あっせんの手続を打ち切ることとなりますので、当委員会によるあっせんを望まない場合には、　年　月　日までにその旨を当委員会あて通知してください。
　なお、あっせんの手続は、参加が強制されるものではなく、また、不参加の意思が表明された場合にも、不利益な取扱いがなされるものではありません。

書式５

様式第５号（第12条第２項関係）

番　　　　号
年　　月　　日

殿

紛争調整委員会
あっせん委員　　　　印
印
印

下記の事件について、あっせんによっては紛争の解決の見込みがないと認め、個別労働関係紛争の解決の促進に関する法律第15条の規定に基づきあっせんを打ち切ることとしたので、個別労働関係紛争の解決の促進に関する法律施行規則第12条第２項の規定に基づき、通知します。

記

1　事件番号
2　申請人
3　被申請人
4　申請日
5　あっせんを求める事項（変更又は追加があった場合はその内容及び変更又は追加を求めた年月日）
6　打切り年月日
7　打切りの理由

5　地方労働委員会の個別紛争調整手続

促進法第二〇条三項は、地方自治法の規定に基づき、地方公共団体の長は、その権限に属する事務の一部を、公共団体の委員会、委員長、委員又はこれらの執行機関の事務を補助する職員等に委任することができるとされている（地方自治法第一八〇条の二）。これに基づき、都道府県知事は、二〇条一項に定める個別労働関係紛争の未然防止及び自主的解決の促進のための事務を、地方労働委員会に委任することができる。なお、この委任される事務は、労組法、労調法による地労委の事務とされるものとは性格が異なり、両法の規定は適用されない。例として、中労委の規則制定権の対象にはならない。地労委が知事の委任を受けて個別紛争の解決の事務を行うことは、中労委の任務とも密接にかかわってくる。そのため、これが円滑に運用されるよう、中労委は、地労委に対して、必要な助言・指導を行うことができることとした（促進法第二〇条三項）。具体的には、個別労働関係紛争の事例・統計等の提供、経験の交流、複数の都道府県の地労委に同一の原因によって生じた事業主と複数の労働者との間の同種の紛争のあっせんの申請がなされた場合に、地労委間で相互に連携を図ることができるようにするための調整等を行うこと等が考えられる。

右のごとく都道府県の労政主管事務所、地方労働委員会も個別労働関係紛争の解決の促進のために相談、情報提供、あっせんなどにより努力するものと定められ、個別紛争解決システムの重要な部分であると明確に位置付けられた。

地方公共団体の施策には、「情報の提供・相談、あっせん、その他の必要な施策」と定められており、それは、① 相談窓口等における相談者に対する情報の提供、労働相談の実施、② 相談者に対する国の制度についての情報提供、③労政事務所、地方労働委員会等におけるあっせん等があげられるが、このほか個別紛争の解決の促進に必要な施策は、この条文の施策と考えられる。

つぎに促進法二〇条二項の国が講ずる措置「情報の提供その他の必要な措置」としては、前述のほかに、①法令・判例等や本法律に基づく国の制度についての地方公共団体への情報提供、②地方公共団体の行う研修への講師の派遣等のノウハウの提供、③地方公共団体の相談窓口からの事案の引継ぎ等の措置などが考えられる。[18]

(18)　地方労働委員会は、労働組合法、労働関係調整法に基づき、労働争議のあっせん・調停・仲裁および不当労働行為の審査等を行う都道府県の機関である。地方労働委員会の事務は、従来は機関委任事務とされていたが、平成一一年の地方自治法の改正により、地方労働委員会の事務は、地方公共団体に固有の「自治事務」となったことから（地方自治法一八〇条の五第二項）、労働組合法上の不当労働行為、救済手続および労働関係調整法所定の労働争議調整手続の他、各地方公共団体の判断にもとづき、当該団体の長がその権限事務を委任することにより、個別紛争の解決手続を労働委員会に担当させることが可能となった（同法一八〇条二項）。

このため、地方公共団体の多くは、条例や要綱を定めて、実際に地方労働委員会に個別労働紛争の解決機能を担わせるようになっている。

具体的な紛争解決のシステムは地方公共団体により異なる部分があるが、各都道府県の労政事務所と連携し、そこでの相談案件の中で、当事者が望む場合に、会長に指名されたあっせん員があっせんにあたるという仕組みが一般的である。菅野和夫・労働法（第六版）七一五・六頁・平成一五年弘文堂、厚労省・前掲書一六七・八頁。

6　労働審判制度の導入

二〇〇四年四月労働審判法が制定され、二〇〇六年四月から施行される予定である。[19]

同法は、個別労働関係事件について、三回以内の期日で、裁判官と雇用・労使関係に関する専門的な知識経験を有する者が、当該事件について審理し、調停による解決の見込みがある場合にはこれを試みつつ、合議により、権利義務関係を踏まえて事件の内容に即した解決案を決すること（労働審判）によって事件の解決を図る手続（労働審判手続）を設け、あわせて、これと訴訟手続とを連携させることにより、事件の内容に即した迅速、適正かつ実効的な解決を図ることを目的とするものである。

審判となり、これに対して異議の申立がなければ審判は、裁判上の和解と同一の効力を有することになり、調停と審判を同一手続で行うもので我国で初めて導入された個別労働紛争解決制度であるといえる。

これら調停に審判を行う新たな制度は、具体的な紛争事案審理に際して、両者の組み合せが適正に行なわれ、個別労働紛争を特に迅速に解決されるか否かにその効果が試される。

この制度の対象とする事件は、労働契約の存否その他の労働関係に関する事項について個々の労働者と事業主との間に生じた民事に関する紛争「個別労働関係民事紛争」（法第一条）である。基本的には、個別労働紛争解決促進法と同義といえる。したがって、労働組合と使用者との紛争は対象外となり、労働者と労働組合、労働者相互間の紛争も対象外となる。一般的に公務員については、行政事件訴訟法の対象となるようなものは対象外となる。募集や採用に関する紛争は、促進法において、あっせんの対象から除外しており、これは、当事者間に契約関係が成立していないこと、及び、採用に関して両当事者が納得するような適切なあっせん案を提示することが非常に困難であることが、その根拠とされている。同じく均等法においても募集・採用関係事件は、対象外とされている。これは、同法一四条にすでに調整制度が規定されており、これとの重複を避けるためあっせんの対象から除外してある。なお、採用内定の成否やその取消しが争われる事件は、労働関係が存在しているため、労働審判の対象となる。また、退職後の退職金の未払い請求事件、労働者の競業避止義務違反が主張される事件も対象となる。

労働審判委員会　労働審判手続は、地方裁判所[20]において、労働審判委員会により行われる。委員会は、地方裁判所が指定する当該地方裁判所の裁判官である労働審判官一名と、労働関係に関する専門的な知識経験を有する者のうちから任命される労働審判員二名より構成される（法七条〜九条）。労働審判委員会を構成する労働審判員は、労働審判事件ごとに、裁判所が指定する（法一〇条）。「労働審判委員会の決議は、過半数の意見による（法一二条）が、これは審判を決する場面も妥当する。したがって、二名の労働審判員の意見と労働審判官の意見が対立した場合には、前者の意見に基づき審判がなされる。もっとも、労働審判手続の指揮は、労働審判官が行うこととされている（法一三条）。また、労働審判委員会の評議は秘密である（法一二条二項）。

労働審判は、一方当事者が裁判所に対して労働審判手続の申立を行うことにより開始される[21]。裁判管轄は、相手方事業主の所在の地方裁判所（二条）、その後、審判官は、手続の期日を定め、とくに迅速な審理が求められ（法一四・一五条）ており、特別の事情がある場合を除き、三回以内の期日において、審理を終結しなければならない（法一五条二項）。以上が労働審判制度の概要であるが、この制度は、促進法における各機関と連携を綿密に行ない個別労働紛争を組織的チームワークで迅速に解決していくことが期待される。

(19)　この制度は、司法制度改革推進本部の労働検討部会の検討中に、労働審判制度が考案され、それを事務局が法案化したものである。

この労働審判制度は、専門性を強化するとともに、紛争解決のための新たなツールを手にして、個別労働紛争を迅速かつ適正に解決しようとするものである。村中孝史・労働審判制度の概要と意義・季労二〇五号二五頁。

(20) 裁判所については、簡易裁判所がアクセスの良さという点で魅力的であるが、解雇事件など、現在、地方裁判所に係属しているような重い事件も、労働審判手続の対象とするには、地方裁判所に設置するのが望ましいので、地裁とされた。村中・前掲論文・二八頁。

(21) 審判中の代理人については、「法令により裁判上の行為をすることのできる代理人のほか弁護士でなければ代理人となることができない」が「当事者の権利利益の保護及び労働審判手続の円滑な進行のために必要かつ相当と認めるときは、弁護士でない者を代理人とすること」を裁判所は許可できる（法四条）。村中・前掲論文・二九頁。

17 下北村落におけるオヤコ慣行
――「法的慣行」としての民俗語彙とその用法変化――

林　研　三

下森定 編集代表『現代民事法学の構想』内山尚三先生追悼
二〇〇四年一一月 信山社

はじめに
1 ユブシムスコとモライッコの概況
2 オヤグマキの事例
3 家族・親族事象の展開
――多元的オヤコ関係――
おわりに

はじめに

近年、人工生殖についての議論が高まり、わが国でも厚生労働省の審議会などにおいてその法制化をめぐる議論が続いている。そこでの論点の一つは「親は誰か」に収斂されていくように思われる。特にＡＩＤや代理母出産の場合に、妻のＡＩＤに同意した夫、遺伝子上の父と母、遺伝子上の母と異なる分娩の母などが並存し、出生子の親は誰であるのかが議論の対象となってきている。本稿ではこういった人工生殖をめぐる法制化の議論や人工生殖の是非に踏み込むつもりはない。ここでは人工生殖をめぐる議論の背景に存すると思われる「血縁主義」(1)、及び「基準としての実親子関係・擬制としての養親子関係」という図式に疑問を提示し、多様な民俗的なオヤコ関係から生まれる家族・親族事象に焦点を絞りたい。このことは親子法上の「血縁主義」への批判を法解釈学とは異なる視点、すなわち法社会学からの視点から論じることになる。

「法社会学のアイデンティティ」が模索されて久しいが、最近では法科大学院の影響もあって、法社会学者自身も積極的に実定法、ないし法解釈学への関わりを求めているように思われる。このような方向性を本稿で否定するつもりはないが、それだけが法社会学の存在意義なのであろうか。「法の影（shadow of law）(2)」のもとではあっても、実定法とは相対的に自律した領域を構成しながら、その領域で作動する慣行・規範、つまり「生ける法」を追究することも、法社会学の一つの使命であったはずである。この方向性は従来村落社会という場で追究されてきたが、そこには敗戦直後の川島武宜の「生ける法」論の影響が大きく、特に家族慣行については「法と慣行のズレ」と「後者の否定」が直接連動していたように思われる。

しかし、「生ける法」はこのズレを明示するためや「否定されるべき慣行」としてのみ存在したのではない。わが国での「生ける法」研究が主として村落社会という場で追究されてきたことが、〈村落社会の変貌＝「生ける法」研究の衰退〉の一因となったとすれば、それは「生ける法」研究にとっては不幸な事態と言わねばならない。もともと「生ける法」は旧来の村落社会にのみ存在したわけではない。現在の村落社会であっても、さらにはそういった空間領域に拘泥することのない法領域においても、「生ける法」は作動し続けているのではなかろうか。本稿の対象は村落社会での家族慣行であるが、そのような慣行は高度経済成長を経るなかで衰退すると予測されていたし、何の検証もなく「すでに衰退した」と断定されている場合もある。にもかかわらず、次節以下で論じるように、家族慣行の一部はむしろ再活性化している。本稿ではこの慣行を記述・分析するなかで、家族についての「生ける法」を論じていきたい。

家族についての「生ける法」とは、家族・親族を構成する「生ける法」である。ただし、家族・親族事象を構成する重要な要素としては夫婦と親子があげられるが、ここでは紙幅の関係もあり、上記のように後者を中心とすることにしたい。後者を中心とすることによって、家族・親族における血縁関係の位置づけがより鮮明化されると思われるからである。このことは血縁関係を重視する、あるいは逆に軽視するという意味ではない。先の親子法での「血縁主義」批判は、血縁関係としての親子とは異なる法的親子を擁護しているように思われるが、(3) 本稿では親子関係における血縁の占める位置の相対化を意図しているのである。

1　ユブシムスコとモライッコの概況

本節では青森県下北郡東通村目名でのユブシオヤ・ムスコとモライッコ、そしてオヤグマキ（当地で親族を意味する民俗語彙）の概況を述べることにしよう。オヤグマキについてはすでに別稿(4)で一応の考察はなしているが、そこではむしろユブシオヤ・ムスコ関係を中心としたオヤグマキ慣行の変遷過程を中心にしていた。本稿では別稿で整理した事例とは異なった事例を対象としながら、むしろ当地のもう一つの慣行であるモライッコにも焦点をあててオヤグマキを再考していくことになろう。なお、当地の家族構成をはじめとする概況・沿革については別稿を参照していただくことにして、ここでは行政上の目名地区の在住戸数のみを記しておきたい。目名地区は現在では旧来からの目名本村、藩政期の開拓新田である立山、さらに戦後の目名本村からの枝村である高間木、向坂の五集落から構成されている。隣接する向野地区も当初は目名本村の枝村であったが、昭和四三年に行政上の別地区とされた。平成八年八月現在の目名地区の在住戸数は目名本村四〇戸、高間木一〇戸、立山五戸、向坂九戸であった。

当地でのモライッコ慣行について、ここで若干説明をしておこう。モライッコとは、その名が示すように「もらわれてきた子」であるが、モライオヤとの養子縁組はなされていない。主に幼少期の子どもを津軽地方などから連れてくる場合が多かったが、なかには当地の居住戸の子どもありながら、当地の他戸のモライッコになっている例も見られる。いずれにせよ、このようなモライッコについては「実の子同様にあつかった」と言われることが多かった。他地方出身のモライッコは成人後生地に帰る者もいたが、もらわれた家から分家したり、嫁にいったりする者も少なくはなかった。『東通村民俗調査報告書　第六集（昭和六一年度）』は、モライッコ慣行について以下のように記している。

「もらい子はむつ市の一部や東通村に広く見られた慣習である。戦前までの下北は畜産、山林、農、漁と仕事がいくらでもあったので、多くは津軽や三戸地方から、小学校へ入るころの男の子や女の子をもらってきて育てたものである。もらい子は学校に入れてやり食事なども自分の子と同じようにさせ、子供にもできるような夏の馬の送り迎えなど、女の子だと子守や、炊事の手伝いなどをさせていた。」
「もらい子の籍は、もらい親が寄留届をするのが普通で、入籍はさせなかった。大きくなると男の子だと自分の家の婿にしたり、女だと息子の嫁にすることも間々あり、本人の人柄によっていた。[5]」

今回の調査において確認できた目名地区のモライッコの人数は二〇名であり、同時期に複数のモライッコを育てた家もあった。現在当地区内外で生存していることが確認されるモライッコは一三名であり、この一三名は当地区内に分家したり、婚出・他出して現在に至っているのである。注目されるのは、これらのモライッコが育てられた家、モライオヤの家とはその後も交際を続け、オヤグマキとして相互認知されていることである。モライオヤとモライッコには血縁・姻戚関係が無い場合が多いが、そうであってもオヤグマキとしていることは、当地のユブシオヤ・ムスコ関係と同じである。

ユブシオヤ・ムスコ関係は「縁が遠くなった」ので締結される場合もあるが、今述べたように全く親族関係がない者との間で締結され、以後彼らが属する家々が相互にオヤグマキと認知されるようになる。このユブシオヤ・ムスコ関係については、前掲の『東通村民俗調査報告書』は次のように記している。

「男の子が小学校（高等科）を卒業すると、親は村の人格者や、村でも信頼されている人を選んで『エボシ親』（ヨボシ親ともいう）になってもらう。エボシ親を頼みにいくときは、実父が酒一升を持って『オレノワラシ、エボシ息子ニモラテケロ』といって息子をつれていってお願いする」

「まれには、エボシ親のほうから『お宅の息子をエボシ息子にしてくれないか』といって申し込むこともあったが、たいていは実父のほうから願うのが普通だった。
　エボシ親とエボシ息子との関係は冠婚葬祭はもちろんのこと、普だんのつきあいも実の親戚と同様で、エボシ息子は何か大きな事業をするとか等の重要な身のふり方などでも、エボシ親に相談するしきたりであった[6]。」

ここでの「エボシ親」とは本稿でのユブシオヤであることは言うまでもなく、現在では成人後や、結婚を間近に控えた時期などに依頼することも少なくない。後者の場合はユブシムスコの結婚に際しての仲人をつとめることもあるが、どちらにせよムスコの「後見人」としての役割が期待されており、複数のユブシムスコを有するオヤもいる。そして、ユブシオヤ・ムスコ関係に組み入れられた家々は「普だんのつきあいも実の親戚と同様で」、それぞれオヤグマキとして認知しあうことになるのである。しかし、本来はユブシオヤ・ムスコ関係の結果にすぎないはずの「オヤグマキとしての認知・ツキアイ」を目的として、そのユブシオヤ・ムスコ関係を締結する場合も現在では少なからず存在している。

　現在目名本村に居住する者のなかでのユブシオヤを有する者、ユブシムスコとなっている者は三〇名であり、すでに死亡したユブシオヤ・ムスコをも含めた場合、この関係によってお互いにオヤグマキであると認知しあっている家々は目名地区ではのべ五六組（目名本村ではのべ四九組）存在する。生存する三〇名を生年代別に本村居住者数とともに表示したものが表(1)である。勿論、この表での現在の本村居住者数は必ずしも本村で生まれ、育った者全員ではなく、さらに他出した者も各年代ごとに一定の割合であるとは限らないので、ユブ

表(1)　ユブシムスコの比率

生　　年	本村居住者数(A)	ユブシムスコ数(B)	B／A
大正時代	10	5	0.5
昭和元年～９年	4	3	0.75
昭和10～19年	9	4	0.44
昭和20～29年	13	9	0.69
昭和30～39年	9	6	0.67
昭和40～49年	8	3	0.38

シムスコになっている年代別比率もそれ自体としては正確ではない。しかし、そうであっても経年ごとの一応の傾向性はここで読みとれるのではなかろうか。そこで注目されるのは、昭和元年から昭和三九年までに生まれた者を比較すると、昭和一〇年代生まれの者の比率が最も低く、昭和二〇年代、三〇年代生まれの者の比率との間に明らかな有意差が認められることである。

この点については昭和三八・三九年に当地を調査した竹内利美らの報告書の次の一節が参考になる。「ユブシゴ（ヨボシゴ、エボシゴ）の慣習が近年まで残っていて、男子（主に跡取）は結婚適齢期になると、しかるべき人物を村内から立てて、オヤになってもらった」[7]。ここで記述されている「ユブシゴ」は本稿でのユブシムスコであるが、その慣行が「近年まで残っていて」と説明されている。具体的な状況は竹内の記述からは不明であるが、この慣行が衰退過程にあると認識されていたことは確かであろう。ここでの「結婚適齢期」を二〇歳代前半から中頃と想定すると、昭和三〇年代後半におけるこの年代に該当する年齢層は昭和一〇年代生まれとなり、この世代がそれ以前の世代と比してユブシムスコになる比率が低かったことが、このような竹内の記述にあらわれたと推測される。しかし、この低下はそのまま持続したのではない。それ以後の昭和二〇年代生まれの者になると再度その比率は上昇し、以後昭和三〇年代生まれの者も実数は少ないがユブシムスコになっている比率は高い。このことは竹内らが調査した時期以後の昭和四〇年代中頃から昭和五〇年代にかけて再度この慣行が活性化してきたことを物語るものであり、その傾向は次節の事例からも見られるように、現在でも変わっていないと思われる（この理由についての考察は前掲拙稿参照）。

そうであれば、現在の当地での親族事象としてのオヤグマキを論じる場合には、先述のモライッコはもとよりこのユブシオヤ・ムスコ関係も無視するわけにはいかない。下北地方、特に目名地区のオヤグマキについては、いくつかの先行研究で言及されてきたが、これらのモライッコとユブシオヤ・ムスコ関係を共に包摂するものとしては述べられてはこなかった。筆者自身の別稿においても、その焦点はユブシオヤ・ムスコ関係に限定されがちであったことは否定できないし、竹内利美も何故かモライッコ自体には何ら言及していない。確かに、竹内の論稿は家族・親族事象を主眼とするものではなかった。しかし、当地区の「姓別戸数と居住地」を記した箇所では、現在も存続しているモライッコの家を「別姓分家」、あるいは「傍系男子あるいは養子形式による分家」(8)とのみ記している。後述する事例でも取りあげるように、モライッコが分家することはあったが、モライッコ自身は法的な「養子」ではないし、日常的にも「養子」とは区別して取り扱われている。そうであっても、モライッコはその名称が示唆するように、コであることには間違いない。コという点では、実子・養子もユブシムスコ（ユブシゴ）、モライッコも変わりないが、それではこれらの共通項は何であろうか。この点については、次節で事例を分析しながら考察することにしたい。

2　オヤグマキの事例

本節ではモライッコやユブシオヤ・ムスコ関係を含むオヤグマキの事例を紹介していきたい。前述のように、二〇名のモライッコと五六組のユブシオヤ・ムスコ関係が確認でき、それぞれの関係する家々は相互にオヤグマキである認知されているが、目名地区、特に目名本村ではほとんどの家のオヤグマキにはこれらの関係が含まれている。特に当主のユブシオヤ・ムスコ関係は必ず「近いオヤグマキ」になる。別稿でも示唆した当地区での錯綜する親族関係からすれば、ある家のオヤグマキが当地区居住戸の多くを含む場合が少なくない。そういったなかで、オヤグマキに含まれる家々をすべて同等に扱うのではなく、差異化する傾向を具体化しているのが「近いオヤグマキ」という表現である。これは具体的には「祝儀・不祝儀時に一人、ないしは二人の手伝いを頼む」オヤグマキであり、それ以外の「遠いオヤグマキ」とは明らかに差異化されている。

この「近いオヤグマキ」にはユブシオヤ・ムスコ関係以外では本分家関係や当主の配偶者や母といった婚入者の生家、さらには子の配偶者の生家や子の婚出先などが含まれている。モライッコについては、モライッコやモライオヤ自身、さらにはモライッコと「一緒に育てられた」者（モライオヤの実子・養子など）が生存中は、それぞれが属する家々は相互に「近いオヤグマキ」とされるが、当事者の死亡や世代交代を経ると順次除外されていく。この点についてはユブシオヤ・ムスコ関係や、姻戚関係と同様な扱いがなされていると言えよう。ユブシオヤ・ムスコ関係においても、当事者の死亡後は次第に「近いオヤグマキ」からはずされてきているのである。本節では主として当地区内に居住するこの「近いオヤグマキ」に焦点をあてて事例を紹介していくことにしたい。

（事例１）

ＫＳ[9]は昭和一三年生まれであり、二町二反の田（うち一町はＫＧ（昭和五年生れ）から借りている）を耕作している。実母（東通村下田屋出身）は父の後妻であった。父の先妻は当地のＫＨＩ（昭和三五年生れ）の父の父の妹であったが、先妻との子は戦死している。ＫＳは三男であったが、実兄二人は幼死し、実弟は病気加療のため入院中である。ＫＳの姉妹のうち一人は東通村に隣接するむつ市に居住しているが、他の一人は隣接する向野集落に婚出後、東京に移転した。東京移転後はその妹とはお互いに連絡をとりあっていないので、彼女の住所も不明であり、そのためオヤグマキには入らないとしている。ＫＳは分家三代目で、本家はＫＹ家である。ＫＳの妻は東通村に隣接するむつ市田名部の出身である。当家には昭和七年生まれのモライッコが昭和一〇年頃からいた。その者は結婚後、当家から分家して現在は枝村の高間木に居住している。

ＫＳのユブシオヤはＭＹ夫婦であるが、これは父の父の生家の当主でもある。ＫＳの長男（昭和四二年生まれ）は平成七年にＳＳ夫婦のユブシムスコになっている。これはＫＳ自身がＳＳ（昭和二五年生れ）に頼みに行ったという。翌平成八年にその長男は結婚したが、その時の仲人はＳＳ夫婦がつとめた。また、ＫＳの妻は目名地区外の出身であるので、当地内での妻方のオヤグマキは存在しない。当家の「近いオヤグマキ」には本家、ＭＹ家、ＳＳ家、ＫＨＩ家、そしてモライッコであったが当家から分家したＩＳ家が含まれる。田を一町歩借りているＫＧ家は本家の本家であるが、「近いオヤグマキ」には含まれないとしても、オヤグマキの一員ではある。

（事例2）

上記の（事例1）でのモライッコの事例である。IS（昭和七年生まれ、非農家）は福島県出身であったが、両親は当地で炭焼きをしていた。三才の時にKS家にもらわれたが、その時は「二〇才で戻す」という親と親の約束があったという。しかし、実際には昭和二九年に結婚した後もKS家に同居し、昭和三六年一一月に現在の高間木に分家した。この時にKS家から分与されたのは、田三反、原野九反と一五坪の家屋であり、当初はマキストーブとランプの生活であったという。

ISの妻（昭和八年生まれ、青森県三戸郡出身）もKK家のモライッコであったが、現在はOM（大正一一年生まれ）の妻となっているKKの実子（昭和一一年生まれ）とは姉妹のように育てられたという。そのため、現在でもOM家はIS家のオヤグマキに含まれている。ISのユブシオヤはYT（昭和六年生れ）である。結婚の直前にユブシムスコになった。YTとの年齢差はほとんどないが、これは当初はYTの父がユブシオヤになる予定であったが、その父が「上の子にしろ」と言うので、YTの兄（とその妻）がユブシオヤになった。その後その兄が死亡し、妻がYTと再婚したので、YT夫婦がユブシオヤになっている。

さらに、本村在住のSG（昭和二二年生まれ）もYTのユブシムスコなので、「ユブシオヤが同じ」ということで、ユブシキョウダイと言ったりする時もあり、その家も当家の「近いオヤグマキ」に入る。ISによれば、「本家よりもユブシオヤとのツキアイが強い」という。このSGはむつ市出身であり、TS家のモライッコであったが、昭和四四年にMY家のモライッコ（青森県三戸郡出身、昭和二一年生まれ）と結婚し、一年間はTS家に同居していた。その後むつ市に転出したが、昭和五〇年に当地に戻ってきている。YTのユブシムスコになったのは、その直前であった。現在居住している宅地はモライオヤのTSから分与されたという。現在生家や「実のキョウダイ」とのツキアイはない。

（事例3）

ＳＫ（昭和一〇年生まれ）の家の本家はＳＳ家で、ＳＫで分家三代目である。妻（昭和一五年生まれ）は東通村岩屋出身で、田を二町歩（うち四反は借りている）耕作している。ＳＫの母は津軽郡出身でその妹とともに当地のＫＺ家のモライッコであった。妹はその後当地のＫＩ家へ婚出し、姉が当家に婚入してきたのである。しかし、その姉（ＳＫの実母）は早世したので、ＳＫの父親は再婚し、その後に男児が出生した。現在、その男児は実母（後妻）とともに当地区内の向坂に分家している。ＳＫのユブシオヤはＭＹＵ夫婦で、ＳＫが結婚する前、昭和三〇年代前半頃になってもらったという。一方、ＳＫ自身のユブシムスコはＫＤ（昭和三五年生まれ）である。

当家の「近いオヤグマキ」には本家、分家、さらにＳＫの姉の婚出先のＫＧ（目名本村）、ユブシオヤの家とユブシムスコの家、さらにＫＩ家を含むが、母のモライオヤの家であったＫＺ家については、「育てた人もかなり以前に亡くなったので、あまり強くない」とされている。しかし、津軽地方の母の生家とのツキアイは継続しているという。

平成八年七月に当家で法事があったが、その際の席順は上座から本家、ユブシオヤ、同じ本家からの分家、そして妻の生家、その次に当家の分家（向坂在住）であり、ユブシムスコであるＫＤはこれらの家よりも下座に位置していた。さらに、このＫＤのオヤグキにはユブシオヤの家であるＳＫ家は含まれても、ＳＫのユブシオヤであるＭＹＵの家は含まれていない。

（事例４）

ＹＳ（昭和三年生まれ）の家の本家はＹＥ家で、ＹＳは分家二代目である。田八反歩を耕作しているが、他に二反歩の田を当地区在住のＭＳ（昭和七年生まれ）に貸している。ＹＳの次男が約一〇年前に高間木に分家したが、その時には田六反と宅地二反を分与した。ＹＳの妻はＳＳ家のモライッコであり、そこから婚入してきたが、昭和六〇年に死亡している。しかし、ＹＳ自身はモライッコという言葉は使用せず、「ＳＳのオバ」であると述べていた。ＹＳは昭和四六年頃にＭＳに頼まれてその長男（昭和三〇年生まれ）のユブシオヤになった。一方、ＹＳの長男（昭和二五年生まれ）は大工であるが、昭和四一年頃にＫＫ（大正一二年生まれ）のユブシムスコになった。これはＫＫとの親族関係が「遠くなったので、ユブシムスコにくれ」とＫＫ自身が頼んできたからであるという。

ＹＳ家にとっての「近いオヤグマキ」は本家、ＳＪ家（母の生家）、ＳＳ家、ＫＨＡ家（ＹＳの姉の婚家）、ＫＫ家、ＭＳ家、そして現在は高間木に分家している次男の家である。「近いオヤグマキ」以外のオヤグマキ（「遠いオヤグマキ」）としては、ＳＳ家の分家、本家の本家であるＹＺ家、そのＹＺ家からの分家であるＹＫＡ家、ＹＳＵ家、ＹＴ家、立山のＹＴＯ家、さらにＫＳ家（目名本村）があげられていた。これらの「遠いオヤグマキ」は単に系譜関係、親族関係に依拠しているのではない。ＹＳＵ家とはそこの子と「ＹＳの長男が友人である」という理由があげられていたし、ＹＴＯ家ついては、六、七年前にＹＳの長男がＹＴＯ（昭和八年生れ）の家屋を建てたことがオヤグマキになるきっかけとなったという。最後のＫＳ家は、兄が病死したため当該家を継承したが、その兄の子（千葉県在住）がＹＳのユブシムスコであるために、オヤグマキに含まれている。さらに、この事例での高間木の分家（ＹＳの次男の家）とＫＫ家の関係であるが、ＹＳや同居している長男にとってはＫＫ家はオヤグマキであるが、分家した次男にとってはそうではないという。

（事例5）

ＹＥ（大正六年生まれ）の家は（事例4）のＹＳ家の本家であり、ＹＺ家の分家であるが、世代継続数は不明である。田二町歩を耕作している。当家では戦前と戦後にモライッコがいた。戦前のモライッコは津軽地方出身の兄妹で、兄はＫＨＡ家のモライッコに、妹が当家のモライッコになった。当時この妹は五、六才であったが、その後ＹＥやその姉妹と一緒に育てられ、二二、三歳の頃に隣接する向野集落に婚出したが、その婚出先は今も当家のオヤグマキである。他方の兄は成人後に出身地に戻った。戦後には、昭和二〇年代の前半、サハリン生まれの兄弟を青森県・五所川原からＹＥ自身が連れてきた。このうちの弟（当時四、五才）はＫＨＡ家のモライッコになり、兄（当時一二歳）が当家のモライッコになった。兄はその七、八年後に自衛隊に入隊し現在は福島県に在住しているし、弟もやはり自衛隊に入隊して北海道・千歳市に居住している。これら四人のうち、当家のオヤグマキに含まれるのは、当家のモライッコ二人の家に限定されている。その理由を尋ねると、他の二人は「ほとんどこの家にいなかったから」と説明された。

ＹＥの妻（大正六年生まれ）は当地のＫＩ家の生まれであるが、幼少の頃ＫＳ家のモライッコになり、そこから当家に婚入してきた。さらに、ＹＥの母はＭＹ家の分家（むつ市）の子であったが、その姉とともに本家のＭＹ家のモライッコになり、そこから婚入してきた。姉はＳＪ（昭和一五年生れ）の父の母である。ＹＥの長男は現在むつ市に在住し、次男は宮城県に在住しているが、その次男はＯＭのユブシムスコである。ＹＥ家の「近いオヤグマキ」には、本分家や先のモライッコ二人以外では、これらＫＳ家やＭ

Y家、さらにKI家やOM家、SJ家も含まれている。この事例では話者（YE）は妻や母がモライッコであったことを明言していた。

3　家族・親族事象の展開――多元的オヤコ関係――

前節の事例でも見られたように、オヤグマキには本分家関係や姻戚関係以外では、ユブシオヤ・ムスコ関係（以下A関係と略称）やモライオヤ・モライッコ関係（以下B関係と略称）が含まれている。前者の本分家関係や姻戚関係からなるオヤグマキについては、下北半島についての先行研究でも言及されていた。先にも引用した竹内利美は当地での「本源的な家とみられるのは、一一戸である。古いところはすでに明確な分派伝承を失っているが、ともかくもこうした本支の系譜につながる家々は、オヤグマキの名で一応のまとまりをもっている」[10]としていた。さらに昭和三八年の九学会連合調査時にむつ市北関根を調査した蒲生正男・大胡欽一は「シンルイあるいはシンセキとオヤグマキは相互に代替しうる用語である。『ホンケ・ベッケでオヤグマキ』もあるが、『ヨメにやったり、ヨメをもらった』の関係もオヤグマキであり」、「オヤグマキは自己の近親の血族、血族の姻戚、姻族などおよそ自己を中心とした尊属二世代、卑属二世代が中核になっているものといえよう」[11]と述べていた。これらのオヤグマキの定義には若干の「ぶれ」が見られる。すなわち、竹内はオヤグマキを「本支の系譜につながる家々」に限定し、他の親族関係者を「イトコマキ」として区分しているが、蒲生・大胡は本分家関係と血縁・姻戚関係をともに包含するカテゴリーとしてオヤグマキを定義している。

現在の目名地区でのオヤグマキの用法は蒲生・大胡の定義に近接している言えよう。彼らはA関係とB関係については、その調査対象地には存在しなかったこともあり、オヤグマキと関連づけて説明していない。他方で竹内はA関係については既述のように言及し、「その家同士は親族に準じた交際を持続した」が、その交際圏はオヤグマキとも混融する傾向があったことを指摘している。しかし、B関係自体については直接は何ら言及せず、「別姓分家」、「傍系男子あるいは養子形式による分家」として本分家関係に包摂し、結果としてオヤグマキの一構成要素としているようである。

前節であげた事例からは、当地のオヤグマキの用法については、竹内らの調査時期（昭和三八・九年）以降の変化が見られそうである。たとえば、（事例4）では「友人・知人」、「家屋の建築」を契機としたオヤグマキへの包含が指摘されていたが、これら以外でも前掲拙稿で示したように、「トナリ」、「キャグ」（「気のあった者」）、「チカクシタ」（「仲良くなった」）ことが同じ結果を導いている。これらのことからオヤグマキの用法が変化したとするならば、その変化の過程をどのように理解すべきなのであろうか。かつて有賀喜左衛門は「社会関係は固定不動のものとしてはあり得ないから、その生成される過程と形成された相とが連関して捉えられなければならない」と述べていたが、オヤグマキについてもそれに「所属する成員が個人的に、創造的歴史的に働く点」と「すでに形成されて固定した集団の個人を制約する点」[12]の「相互媒介」性に注目していきたい。

そこで、前節の事例をまとめてみると、現在のオヤグマキの構成契機としては、竹内の指摘していた本分家関係以外に、血縁・姻戚関係、そしてA関係・B関係などがあげられるが、本分家関係は血縁関係や養親子関係、あるいはB関係に還元されることが多い。さらに、既述のごとく、本稿では夫婦関係を考察対象としていないので、ここでのオヤグマキの構成契機としては、実親子関係・養親子関係・A関係・B関係を中心とし、その他の上記に列記した諸契機が付加される。しかし、これらがすべて同じ比重を有しているわけではない。

すべての「友人・知人」などが必ずしもオヤグマキに至るわけではないからである。そうであっても、そのような契機を受け入れる余地が旧来からのオヤグマキにもあったとは言えよう。これらの契機によって組み入れられた構成戸はその多くが当地区内居住戸であり、その後はオヤグマキとしての日常的なツキアイが持続されている。このツキアイ・交際の持続がオヤグマキの基底に存していることは、（事例1）での「東京移転後その妹とは連絡を取り合っていないので、住所も不明であり、そのためオヤグマキには入らない」との説明からも推測される。つまり、オヤグマキの構成契機は多様であっても、その存続はオヤグマキとしてのツキアイ（主として冠婚葬祭時での呼び合い・訪問、日常的な互助）の維持如何に依拠している。後者のツキアイがオヤグマキの「構成的規則[13]」となり、それをもたらすものであれば、いかなるものも前者の構成契機になりえる可能性があるということになろう。

A関係やB関係についても、同様なことは言えよう。ただし、A関係については、既述のようにオヤはムスコの「後見人」や結婚時の仲人になることが期待されていたし、ムスコはオヤに「何かあればすぐに駆けつける」ことが要請されているので、そのツキアイの本来的様相は他の場合とは異なる。さらに、一部の本分家関係や血縁・姻戚関係のように、A関係自体の連鎖や他の関係と組み合わせによってオヤグマキが増殖していくことはない。ユブシオヤXのユブシオヤYは前者Xのユブシムスコのオヤグマキには含まれないし、さらには本家構成員のユブシオヤの家は分家にとってのオヤグマキではないことは、（事例3）や（事例4）において見られる通りである。ただ、（事例2）でのように、ユブシオヤ夫婦の一方配偶者が死亡後、残った他方が再婚した場合にもユブシオヤであり続けることはあり得るが、この場合はユブシオヤの家が変更したわけではない。このことはA・B関係が個人と夫婦の関係であっても、オヤグマキとしてはその当事者の属する家間関係として展開していくことを示している。それ故に、（事例4）でのKS家もYS家のオヤグマキとされるのであろう。

B関係については、上記の事例から以下の点が整理される。

(a) モライッコとモライオヤがその後のオヤグマキを構成するのは、モライオヤとモライッコが共住し、前者が後者を養育したことによる。

(b) モライッコとモライオヤの実子が共住していたこと、キョウダイのように育てられたことが、成人後の両者を含む家々が相互にオヤグマキになる契機となる。

(c) モライオヤのオヤグマキ関係はモライッコのキョウダイ関係のみを通じて増殖するとは限らない。

(d) モライッコ自身の生家が当地区内に存する場合、その生家はモライッコのオヤグマキに含まれるが、当地区外の場合は必ずしもそうであるとは言えない。

(e) モライオヤとモライッコのオヤグマキ関係は永続的ではない。世代を経るに従ってその関係性は希薄化していく。

(f) ユブシムスコであることは明言しても、モライッコであることを秘匿する者が見られる。

B関係がその後のオヤグマキに発展する基盤は(a)と(b)で示されているが、これらとともに、(e)は実親子・養親子関係と共通する点である。モライッコは「実の子同様に育てられた」とは当地で何度も聞かれた説明であったが、このような養育はその家での共住・共食・協働を伴う。このことは彼（女）らが実親・養親・モライオヤのもとで生活をともにすることである。ここでは生活共同体としての家の一員であったことがその後のオヤグマキへと展開していく基盤となっている。しかし、これは自動的に展開されるわけではなく、上記のツキアイを継続していくという意思作用が必要である。そして、このツキアイという点からすれば、(d)での「当地区内での生家」がオヤグマキに含まれる可能性は高まるとともに、(c)が導出される。前者の可能性はオヤグマキに地縁関係という要素が含まれていることを示唆するが、地縁関係のみで構成されているわけではないことは、(e)や「縁が遠くなったので」新たなユブシオヤ・ムスコ関係を設定するという近年の志向にも表れている。

最後の(f)については、前節の（事例1）と（事例2）の比較や、（事例4）での当事者の説明から伺われる点である。（事例1）でのKSの説明では（事例2）のISがモライッコであり、分家である点が強調されていたが、IS自身はYTのユブシムスコであり、SGとは「ユブシオヤが同じ」であることを強調し、「本家よりもユブシオヤとのツキアイが強い」と明言している。他方の（事例4）ではモライッコであること自体を秘匿し、「オバ」という親族語彙を使用していた。この傾向は（事例4）のYTだけに見られたのではなく、他のモライッコの実子やかつては多くのモライッコを抱えていたと言われているMY家の当主の説明においても聞かれた。特に後者の場合は当主自身よりもその妻や娘が当該家での過去のモライッコの存在を明言することを避けていた。これに対して、（事例3）や（事例5）では母や妻がモライッコであったことは否定されていない。この相反する傾向が並存する理由をここで簡単に説明することはできないが、当該者がモライッコであることが当地区内で周知の事実であるならば、（事例4）でのような傾向は比較的最近になって生じ、それが「家族の自然主義」の浸透と連動しているとの説明は可能であろう。

ここでの「家族の自然主義」とは、家族は「人間の自然に基づく文化的構成」という命題であり、「家族の基礎として性と生殖、幼少時の養育を想定[14]」することである。しかし、親子の関係は、「妊娠・出産・幼少期の養育」だけで構成されているのではない。子の幼少期以降、成人期までの一定期間の親による養育と教育、子の成人期以後の親と子の関係（扶養と介護などを含む）も親子関係を構成しているし、これらがすべて同一人物である親と子によって担われているわけではない。しかし、我々はこれらのうちの最初の「妊娠・出産・幼少期の養育」を契機とした親子関係を「実親子関係」、「血のつながった親子」として、それが「本来の親子関係」であるとみなしがちである。「家族の自然主義」がこのような「実親子関係」の位置づけをもたらすのであるが、この「実親子関係」は決して生物学的関係にのみ繋留される関係ではない。出生届をはじめとするいくつかの法的・社会的な手続きを経由する必要がある。しかし、そうであっても、これらの手続きを経た親子関係をできるだけ生物学的関係に結びつけようとする傾向が「家族の自然主義」からは導き出されてくる。

この「家族の自然主義」からすれば、「非血縁者（特に養子）を家族として家の内に取り入れることを法的擬制（legal fiction）であると規定すること」になるが、「これは血縁者がその固有本来の成員であるという自然法的観念に由来するものであり、また生物学的立場をも混在せしめていることは明らかである」[15]。ここでの「生物学的立場」、あるいは「生物学的血縁関係」が多くの民俗社会における血縁関係にそのまま等置され得るわけではないことは、J・カーステンらの主張するところである。彼女によれば、例えばランガウィ島マレー人社会では「血への主要な寄与は食物であ」り、母乳の摂取や同じ竈 *dapur* で調理した食物の共食が共通の身体構成要素 substance・血縁関係を生むとされている。[16] カーステンはここで親族関係 kinship を「関連性」relatedness と捉えなおし、それを生み出す〈民俗生物学〉的な血縁関係を抽出しているのである。しかし、彼女はこの「関連性」の内実、すなわち当事者がどのような態様で関係しているのかについては詳しく触れていない。

この点について日本民俗社会での親子関係の態様を、「生物学的立場」ではなく「一定の生活意識」から論じているのが有賀喜左衛門である。彼はカースティンとは異なり、生物学的血縁関係、特に親子関係を「血の関係」として承認したうえで、それはそのままの形ではなく、「子の命名」や「食物の授受」を通じて「一定の生活意識」のもとで表現されるとしている。

「わが国の習俗としては……名は生命と同じものとする観念から、名において生まれた者の生命が表象されるので、子供の命名を親が行うことは、子供の生命が親によって与えられるとの意識を生ずるのであって、それは親の生命を分与するという形において行われるので、……、これは子に対する親の全的支配を表象するものであるから、その半面においてまた子に対する全的保護にも任ずべき筈のものであった。

或いはまた食物というものは肉体の栄養に必要であることはもちろんであるが、魂の営養にも参加することは生児の産養《ウブヤシナ》いに関する一連の習俗がよく語るところであって、むしろ魂の栄養によって肉体の栄養が結果されるものであると信じられていて、この栄養が親の仕事であるとされているのは（……）、親の子に対する全的支配とまた全的保護の関係を示すものである」(17)

このような親と子の関係は養親子関係や「貰い子」においてもみられ、総じて「コというものはそれ自身単独に存在するものではなく、その存在はかならず身分関係と結合している……すなわちオヤコというのは社会組織における身分関係である」(18)としている。この「身分関係」が「全的支配」と「全的保護」に表象されるとすれば、それは現在の村落社会においては、コの成人後の通常の場合には生じない。換言すれば、「成人前」（特に幼少期）や「通常でない場合」は生じうることになる。前者の場合に本稿でのB関係が生じ、後者の場合は特にA関係を締結することによってもたらされる。しかし、近年の「モライッコの消滅」と本来の目的とは異なる目的（「オヤグマキとしての認知・ツキアイ」）のためのA関係の締結は、多様なオヤコ関係から「全的支配」と「全的保護」の色彩を漸次そぎ落としていくことになった。ここに「家族の自然主義」が浸透してくる余地が生まれるが、それでも従来のオヤグマキという語彙が存続し、A・B関係がそれを構成する契機に含まれることによって、有賀の言う「生成される過程」と「形成された相」の「相互媒介」性が見られることになるのである。

この「生成される過程」とは、「全的支配」と「全的保護」の必要性を消滅させる現代の社会状況のなかで、親子法での「血縁主義」の台頭、それと表裏一体をなす親子関係の「生物学的血縁関係」への収斂（「本来の親子関係」としての実親子関係）と「モライッコの否定」であり、「形成された相」とは、その用法を変化させながらもオヤグマキとされる関係とそのツキアイが存続していることである。そして、本分家関係以外の「生物学的血縁関係」としての親子関係であってもオヤグマキの構成契機になることによって、オヤグマキ自体の存立に寄与する。その存続がそのツキアイという「構成的規則」によりながら、新たな構成契機としてB関係をそのまま――すなわち、竹内利美が述べているような本分家関係に包摂することなく――組み入れることによって、逆に「モライッコの否定」を否定していく。ここに「相互媒介」性が見られるのであるが、このような「相互媒介」過程は「新しい傾向性」と「旧き傾向性」が拮抗し合う「不連続線的渦流」としても捉えることができるではないだろうか。そうであれば、ここには末弘厳太郎の言う「法的慣行」[19]としての「生ける法」を見出すことができよう。換言すれば、このように「相互媒介」過程を捉えることによって、調査者の立場からは、そこに「現實の生活と共に流動的に生きゐるもの」[19]としての「法的慣行」を、そしてこのような「法的慣行」を現実の家族・親族事象の展開に相即しているものとして把握することができるとすれば、それは当事者にとっての「日常的実践[20]」の遂行と言うことができよう。このことはオヤグマキとしてのツキアイをその存続のための「構成的規則」として再定位することになるが、それによって家族・親族事象での「血縁主義」、「生物学的血縁関係」の比重のさらなる軽減が導出されるのである。

この比重の軽減は、実親子関係・養親子関係・A関係・B関係を「オヤとコ」という二者間の相互行為という枠組みで括ることを可能とする。この枠組みは「コの幼少期以降のオヤによる養育」から「オヤによるコの教育」・「オヤとコの協同」・「コによる老年期のオヤの保護」までを含む相互行為である。上記の四つオヤコ関係は通時的にこの枠組み内でのそれぞれの相互行為のいずれかに焦点を合わせることによって存続していくのであり、ここでのオヤとコが実親子であるか養親子やその他のオヤコであるかは問われない。さらに、オヤとコが生活共同体としての家の一員であることはオヤコ関係の十分条件にはなり得ても、必要条件ではないことは、A関係からも推測されよう。さらに二者間の相互行為であるので、(事例3)・(事例4)でのごとく、当該二者を超える連鎖がその間での相互行為から自動的に派生してくることもない。このようにしてオヤコ関係を把握することによって、これらとオヤグマキとの接合が可能になり、それらを構成契機とするオヤグマキの存立が論証されてくるのである。

おわりに

本稿では下北半島の一村落での家族・親族事象、しかもその一部を分析しただけであるが、いくつかのオヤコ慣行とそこから展開されるオヤグマキの存立は、親子における生物学的血縁関係の占める相対的位置を析出する。オヤでありコであることは、一つのセットとして把握できるが、このセット自体の多元性が示されてきた。この多元的なオヤコ関係の一つが生物学的親子関係であるが、他のオヤコ関係と並存しそれらとともに親族事象として展開することによって、分析の焦点はオヤグマキをも包含するものとなる。つまり、オヤグマキという親族事象を含めてオヤコ関係を考察することによって、オヤコ関係の多元性が自明視され、それらの共通項を主題化できることになる。ここでの共通項とは相互行為、あるいはツキアイという doing な関係性であり、生物学的血縁関係がもたらすような being な関係性ではない。何を契機とするオヤコ関係であっても、それがオヤコ関係として存続していくには、その多元性に応じた様々な相互行為・ツキアイの遂行が必要なのである。(21)

親子法解釈学における「血縁主義」は〈血縁＝真実〉として、ＤＮＡ鑑定などによるより正確な血縁関係を求めているようであるが、(22)そこでの「血縁」とは最終的には精子と卵子の受精に還元されていくであろう。そして、この受精のレベルにまで還元された親子関係は、つまるところ親と子の身体構成要素の「連続性」に至ることになる。近代西欧から生じた生物学・生理学がもたらしたこの結論は、しかしながら、カー스ティンらの紹介したマレー人社会やその他の民俗社会での事例(23)をも参照するならば、「親族、とりわけ親子の関係を、基礎づけるイデオロギーは、まず特定の二個の人格のあいだに連続性を認識させればよいのであって、この条件がみたされさえするならば、親子に共通するものは、極端に言えば、人格を構成する要素の何でもよい(24)」ということになろう。本稿では、何度も言及したように、これをツキアイという相互行為に求めた。相互行為によって人と人との関係性が生まれるが、この相互行為は生物学的血縁関係から自然発生するものではない。そこには人の積極的な意思作用が働く場合もあれば、ルーティン化した行為として行われる場合もあるが、それ

らが従前からのオヤグマキという語彙と結びつく時には、その用法の変化をもたらす可能性が生じる。

この変化は有賀の言う「相互媒介性」の結果であるが、その変化の経過をたどると末弘のいう「法的慣行」が現れる。「法的慣行」の指標は社会現象を規律する実効性にあるが、その実効性はその経過・結果から見るしかない。しかし、その「相互媒介性」の経緯・経過をツキアイの主体という観点から見てみると、それは「日常的実践」に集約されてこよう。つまり、「差異と変動」を伴う「日常的実践」として繰り返される相互行為が当事者を一定の社会関係に組み入れ、組み入れられることによって当事者間の「連続性」が確認されるのである。「連続性」が当事者の認識を必要とするならば、それは当事者の行為によって容易に確認されていくであろう。ここにおいてはもはや生物学的血縁関係は親子関係成立の一契機になりえても、親子関係存続の要因とはならない。そうであれば、そのような血縁関係に執着する「血縁主義」の目指すものは、狭隘な「家族の自然主義」へのさらなる撞着と言うべきものになるのではないだろうか。

（1）ここでの「血縁主義」とは、基本的には法的親子関係を血縁上の親子関係に一致させようとする考え、あるいは後者から前者への道を閉ざさないという考えを意味しているが、「強制認知を認める趣旨以上に、血縁と異なる親子関係を否定する」志向も含めたものである。水野紀子「実親子関係と血縁主義に関する一考察―フランス法を中心に」中川良延他編『日本民法学の形成と課題　下』（一九九六、有斐閣）一一三六頁

（2）A. Sarat and T. R. Kearns (ed.), *Law in Everyday Life* (1993　The University of Michigan Press), p. 45

（3）水野紀子・前掲論文参照

（4）拙稿「親族・慣習的行為・村落―下北村落とオヤグマキの法社会学」札幌法学八巻一号（一九九六）参照

（5）『青森県下北郡東通村民俗調査報告書　第六集（昭和六一年度）目名・尻屋・小田野沢』（一九八七　東通村教育委員会）四〇頁

(6) 前掲書四一頁

(7) 竹内利美編著『下北の村落社会』（一九六八、未来社）二四二頁

(8) 竹内利美編著・前掲書二二四頁

(9) 本稿の事例中アルファベットで示す人物は当地区在住者である。

(10) 竹内利美編著・前掲書二三一頁

(11) 蒲生正男・大胡欽一「地域社会の流動と停滞」九学会連合下北調査委員会『下北　自然・文化・社会』（復刻版、一九八九、平凡社）四五三頁

(12) 有賀喜左衛門「社会関係の基礎構造と類型の意味」『有賀喜左衛門著作集 Ⅷ』（第二版、二〇〇一、未来社）九九頁

(13) 「構成的規則は、たんに統制するだけではなく、新たな行動形態を創造（create）したり、定義したりするものである。」J・R・サール『言語行為』（坂本他訳、一九八六、勁草書房）五八頁

(14) 清水昭俊「家族の謎　なぜ自然に基礎をおくのか」比較文明一四号（一九九八）八頁

(15) 有賀喜左衛門「都市社会学の課題―村落社会学と関連して」前掲『有賀喜左衛門著作集 Ⅷ』一七四頁

(16) J. Carsten, "The substance of Kinship and the heat of the hearth ; feeding, personhood and relatedness among Malays in Pulau Langkawai" in *American Ethnologist* Vol. 22, No. 2 (1995), p. 223-241, J. Carsten, *The Heat of the Hearth : The process of kinship in a Malay Fishing Community* (1997 UK : Clarendon Press)

(17) 有賀喜左衛門「名子の賦役」『有賀喜左衛門著作集 Ⅷ』二三三～二三四頁

(18) 前掲書二三六頁、二三七頁

(19) 末弘厳太郎「調査方針等に關する覺書」『中国農村慣行調査　第一巻』（岩波書店、一九五二）二三頁、拙稿「『生ける法』論の展開」札幌法学一〇巻一・二合併号（一九九九）参照

(20) 「日常的実践とはさまざまな社会、文化のなかで、あるいはそのあいだで差異化しながらも、日常生活のす

べての場面で見られるルーティン化された慣習的行為である。」「日常的実践とは、同義反復のように聞こえるかもしれないが、過去からくりかえされてきた慣習によって生みだされるといった方がよい。というのは、慣習やルーティンは過去から反復されてきた不変のものではなく、むしろその反復は変動と差異をともないながら実践を生みだすからである。したがって人びとの相互行為、語り、思考、想起などの日常的実践は、過去の単純な再現ではなく、それぞれの場面において能動的に社会にかかわりながら社会的世界を構築していく過程と考えるべきなのである。」田辺繁治・松田素二編『日常的実践のエスノグラフィ』（二〇〇二年、世界思想社）三頁

(21)　拙稿「親族慣行と村落社会の現在」六本佳平責任編集『法社会学の新地平』（一九九八、有斐閣）参照

(22)　松倉耕作「血統訴訟と父子鑑定の新しい波」判例タイムズ八三七号（一九九四）一九頁～三九頁

(23)　J. Carsten (ed.), *Cultures of Relatedness : New approaches to the Study of Kinship* (2000, UK Cambridge University Press)

P. Schweitzer (ed.), *Dividends of Kinship : Meaning and Uses of Social Relatedness* (2000, London and New York Routlege)

M. Weismantel, "Making Kin : Kinship and Zmbagua Adoption" in *American Ethnologist* Vol. 22 No. 4 (1995) p. 685 ～ p. 704

(24)　清水昭俊「「血」の神秘―親子のきずなを考える」田辺繁治編『人類学的認識の冒険』（一九八九、平凡社）六一頁

〔付記〕本稿で使用した資料は一九九六年六月一八日～二〇日、八月二日～一八日の期間に行った筆者の単独調査によって得られたものである。従って本稿での「現在」とは一九九六年八月現在である。調査にあたっては当時の区長であった奥島松蔵氏をはじめとする日名地区在住の方々には大変お世話になった。ここに記して深謝の意を表したい。

18　法社会学への誘い

春田一夫

下森定 編集代表『現代民事法学の構想』内山尚三先生追悼
二〇〇四年一一月 信山社

内山尚三先生が亡くなられて一周忌を迎えようとしているのに、その訃報があまりにも突然であったために、いまだにそれを信じがたい気持である。奥様から頂いた先生の遺稿集を読みかえしていると、先生のおだやかな上品な口調で接して頂いた先生のあのノーブルなお姿が昨今のできごとのように思われます。

内山尚三先生は、学部では、債権各論と民法演習を担当されていた。一九六〇年代の法学部のカリキュラームには、今日と違って、法社会学[1]という講座はなく、民法演習において先生から法社会学という学問の手ほどきをうけた。先生から受けた学恩は、法社会学という学問を通してである。伝統的な法解釈学に対して、法社会学という学問は、当時のわたくしにとっては、とてもフレッシュで魅力的な学問であった。目標の定まらないまま法学部に籍を置いたわたくしは、これが契機になり、大学院に進学し、もっと学問をしたいという欲望にかられるようになった。

一

内山尚三先生から受けた学恩は、先生の「民法演習」によるものであるので、この授業を思い出しつつ、先生の教材につかわれた論文を読みなおし、先生の学恩に報いることにしたい。

内山尚三先生の民法演習では「家父長制労働関係の法社会学的考察」という先生の論文がテキストに用いられた。この論稿[2]は、法学志林に四回にわたって発表された論文であり、先生の学位論文である。先生のこの論文は、つぎのような問題意識がその出発点になっている。

戦後、世界に類をみない程の組織の速さと強さを誇ったわが国の労働組合は、一九五四年頃になると、大きな壁にぶつかりつつあった。たとえば、この時代になると、国鉄の労働運動は、低い姿勢をとりはじめ、また、官公労組合中心の運動方針は、転換を余儀なくされていた。内山先生は、この時代の労働組合運動が低姿勢をとらざるを得なくなった原因については、つぎの点にもとめられている。すなわち、一方では、独占資本の急激な立上りと失地回復を目指した総反撃によるものであるとしつつ、他方では、労働組合の組織自体にも克服すべき弱さがあった。つまり、世界の政治的客観的状勢は、少なくともわが国の労働運動にとって有利になりつつあるのにもかかわらず、労働運働が低姿勢をとらざるを得なくなったのは、なにゆえに、そのようになるのか。この問題を究明すべきであるという問題提起(3)がその出発点になっている。

内山先生は、このような問題関心から建設労働に関する膨大な実態調査による資料にもとづいて、この本質を「家父長制労働関係」であるというかたちで概念構成し、その本質を法社会学的観点から分析されている。

内山先生は、わたくしたちに演習の内容をよりよく理解させるために、先生の恩師である川島武宜博士の「イデオロギーとしての家族制度(4)」という本を読むようにと、よくいわれた。つまり、内山先生のこの論稿は、この川島論文の構想を参考にしているので、これを読んで先生の論文の内容をよく理解して欲しいということであった。川島武宜先生の「家父長制」という概念構成は、つぎのような家族関係から成りたっている。すなわち、川島先生の理論によると、家父長制とは、家長が家族構成員に対して支配命令し、後者が、前者に服従する社会関係である。その具体的な内容は、つぎのような構成要素から成りたっている。

第一には、家族構成員に対して行動を決定し、それに服従させる家長の権力。第二には、この権利を保障するための道具としての、幼少時からのしつけ、および家族内の「身分」の差別と序列。家長による財産の独占と単独相続制、家長の「顔」＝権威を支える諸々の行動様式。この二つの構成要素が「家父長制」概念の本質(5)になっている。川島武宜先生のこのような構成をともなう家父長制は、徳川封建制の旧武士層の家族秩序であり、したがって、川島武宜先生は、この特質を「イデオロギーとしての家族制度」である、と解し、この残滓は、民主主義の原理とは、相容れるものではないので、これを、法社会学の視点から批判の対象にされた。

内山尚三先生の「家父長制労働関係の法社会学的考察」という論稿は、川島武宜博士のこのような著者による学問的影響のもとに執筆されたものである。内山先生の論稿では、つぎのようなかたちで労働関係は、家父長的労働関として捉えられている。すなわち、内山先生の見解によると、労働運働の抵抗の原因は、究極的には、わが国の労働関係が依然として家父長制的な労働関係にあり、したがって、使用者と労働者の関係は、家父長制的家族関係と同じようなシステムになっている、と解されている。

内山先生は、このような視点から建設労働、あるいは港湾労働の実態とその問題点を、実態調査の資料にもとづいて分析されている。すなわち、まず、第一には、わが国の労働階級、あるいはそれを地盤として存在する労働運働には、現在なお親分子分的な労働関係が厳として残存しており、したがって、それが、わが国の労働階級及び労働運働の特殊性を形成[6]している。第二には、わが国の封建制は、戦後の改革によって完全にふっしょくされ、民主主義革命が達成されたという主張に対しては、これを、否定的に解し、先生は、つぎのように解されている。すなわち、内山先生の見解によると、労働に対する独占的資本の側にも、また、労働力の大きな給付源を占める農村においても、いまだ封建制が残存しており、したがって、この客観的事実が、まさにわが国の労働階級と労働運働を規定することになる[7]。第三には、家父長制労働関係を歴史的に考察し、つぎのような特徴が析出されている。すなわち、家父長制労働関係は、資本主義の発展に応じて変貌するのだということが、あきらかにされている。内山先生の見解によれば、女工哀史に記せられた紡績女工、あるいは北海道地方に見られた監獄部屋などの奴隷的ともいわれるべき労働関係は、今日では、特殊な例外を除いてはもはや存在しない[8]。

二　このように内山尚三先生の民法演習では、実態調査にもとづく資料の分析をとおして労働関係の秩序を成りつせしめている法構造を「家父長制」という独自の法概念を用いて分析し、戦後の労働関係の改革にもかかわらず、以前として、前近代的な労働関係が存立しており、したがって、先生は、これが、労働関係の発展の障害になっているということを、演習の参加者に力説された。いいかえれば、内山先生が、われわれ学生に理解して欲しかったことは、わが国の古い労働関係のなかに汎く残存している前近代性を清算し、あらたな戦後の民主主義の思想を基底にすえたあらたな市民社会的法律関係を構築することこそが、内山先生の目ざされた法社会学であり、[9] したがってまた、先生は、われわれ学生にこのような学問的態度を学んで欲しいということを力説されたのである。

三　このように、わが国の家父長制労働関係は、民主主義とは原理的に矛盾するものであり、これに抗争し、これを克服することによってわが国の民主的な法律生活を確立しなければならないという内山先生の法を科学する主張は、戦時中の国民学校で軍国少年として教育をうけたわたくしにとっては、眩しいくらいに新鮮であり、あまりにも刺激的であり、魅力的な学問であった。法学部法律学科に大きな期待をいだいて入学したわたくしは、伝統的な法律学に興味をもつことができず、悶もんとした日びが続き、法律学を学ぶということには向かないのではないかと思い、苦悩にみちていたわたくしにとっては、内山先生の民法演習との出合いが契機になり、「法社会学」という学問に関心をいだくようになった。ひいては、このような学問的刺戦が醸成し、国家主義的思想の自縛から解放されたわたくしは戦後のあらたな民主主義という思想に関心をいただく法学徒として、あらたな出発をすることができた。

四年生（一九五九年）の後期には、法社会学研究会に入会した。その時の研究会の責任者は、関川桂作（元北九州大学教授、現志学館大学教授）であった。わたくしは、身のほどを恐れず、学究への道に進みたいと思うようになり、卒業を延長し、法社会学研究会に身をおいた。大学院への進学のための準備と法社会学の基礎になる社会科学に関する文献をあさった。そのときの法社会学研究会の責任者は、風間士郎（弁護士）であった。六角校舎のなかにあった法社会学研究会は、活気があり、学問的な雰囲気に満ちていた。

法社会学研究会では、内山先生のお世話により、石村善助先生（都立大学）がチューターとして指導してくださり、法社会学という学問の初歩的な手ほどきをしていただいた。テキストは、石村善助先生の執筆された「日本の農村」[10]が用いられた。この本は、明治以後の農村における、村落・家族・土地制度のそれぞれを対象とし、そこに現実に存在して農民の行動や意識を直接に規定している社会的規範と、それを、承認し、固定化させ、あるいは不認し、変革させた国家制度としての法的諸規範との相互関係を、法社会学的に分析したものである。[11]副読本としては、大塚久雄「共同体の基礎理論」[12]が用いられた。

この法社会学研究会では、日本の農村の身分階層制の分析に多くの時間が費やされ、その規範構造に興味を覚えた。いずれにしても、法社会学という学問を学ぶためには、社会科学の基礎になっている古典書をしっかり読まなければならないことを知り、岩波の白帯の古典書を読みあさった。この法社会学研究会では、法律学を社会科学的に学問するためには、裾野の広い学問を身につけなければならないということを痛切におもいしらされることになった。

四　内山先生の民法演習との出合い

四　内山先生の民法演習との出合いは、わたくしにとっては、まさに「法社会学」という学問への誘いであり、ひいては、これが醸成し、わたくしの進むべき民法学専攻の礎になった。内山先生に法を科学する心構えを育んでいただいたことは、わたくしにとっては名状しがたい僥倖であったといわなければならない。

内山先生には、このような学恩をうけたのにもかかわらず、先生のあらたな旅立に出席できなかったことを、悪からずお許しください。お許しを乞う願いをこめて先生の遺稿集をあらためて読みなおしております。

そのなかで、わたくしが、もっとも感動したのは、一九七二年に書かれた「ぼくとベートーベン」というつぎの文章であります。「ベートーベンの中で、一番心をひかれたのは、やはり第三交響曲であった。絶望の淵から立ち上りつつ、作曲されたというこのシンフォニーは、悩み多い青春時代に最もふさわしい曲であったからであろう。」「ベートーベンが、このように愛好されているのは、ベートーベンが民主主義者として、封建的なものに斗いつづけたからであるのではなかろうかと思われる。

ベートーベンの音楽は、耳の病気とたびかさなる悲恋と更に政治的な関心にもとづく苦しみ、この三つの苦しみから生れたものであるといわれている。彼は社会や政治に無関心ではいられない音楽家であった。人間にとって根源的なこれらの苦しみに対して敢然とたたかいをいどみ、そのうちから喜びをつかみとる——「苦悩をとおして歓喜」——ことが彼の一生であった。[13]

内山先生もご存じのとおり、「苦悩をとをして歓喜」へいたるということばは、ロマン・ロラン[14]が、「ジャン・クリフトフ」という作品のなかで根源的な苦悩に満ちているジャン・クリフトフを慈悲深く見まもり、くりかえし励し続けることばでありましょう。この崇高なことばにどれだけ多くの人びとが勇気づけられ、歴史の激流に翻弄されることなく、幾多の困難をのりこえたことでしょう。このような息づかいのある内山先生の剛邁な文章は、わたくしたちの道しるべとして、いつまでも心に残り深く感銘を受けるのであります。

内山先生は、七人委員会の事務局長として、四六年間という長い間、世界の平和のために尽力されました。先生は、事務局長として、七人委員会で議論された内容を平和の思想としてとりまとめ、これを、世界に向けてアピールされました。きびしい国際情勢のなかでこれを分析し、その本質を、ゆるぎない平和の思想としてとりまとめるという作業には、それが人類の普遍的な平和を目的にしているだけに、人知れぬご苦労があったのではないかと推察されます。内山先生は、何人からも孤立することなく、世界の平和に向けて、ベートーベンやジャン・クリフトフのように、いかなる困難も克服し、「苦悩をとおして歓喜」へ達せられ、これがまさに内山尚三先生の生涯であったのであります。

その目を現実に転ずれば、民主主義という大義のもとに、大きな平和が、微力であり、小さな平和を、あたかも臼で豆をこなごなにするようにおし潰そうとしているイラクの厳しい現実を垣間みるときに、内山先生が、発信し続けられた七人委員会の平和の思想は、その本質が、不偏不党なものであり、「純粋な平和」であるだけに、必ずや、多くの人びとの心をとらえ、いっそう輝きを増し、心ある人々の胸に深く刻みこまれ有効なものになるものと念じております。

内山先生の慈悲深い学恩に感謝しつつ、つたない筆をおくことにいたします。

〝内山尚三先生〟安らかにお休みください。

先生のご冥福を

心からお祈り、申し上げます。

二〇〇四年七月三一日

（1）　法社会学とは、どのような学問であるかということをめぐって多くの議論のあるところであるが、本稿では、「法社会学とは、法現象を歴史的な社会現象の一つとしてとらえ、それを考究する経験科学である」（潮見俊隆「法社会学」岩波講座「現代法学の方法」の現代法15（一九六六年）八四頁。この立場にたってその意義を解することにする。

（2） 内山尚三「家父長制労働関係の法社会学的考察」法学志林（一九五八年）第五五巻第四号一頁、同（一九五八年）第五六巻第二号）二〇頁、同（一九五九年）第五十七巻第一号九七頁、同（一九六〇年）第五十七巻第三・四合併号）三〇頁。

（3） 内山・前掲志林二頁。

（4） 川島武宜「イデオロギーとしての家族制度」川島武宜著作集（岩波書店、一九八三年）第十巻二〇〇頁は、いわゆる家族制度は、「家」と「家父長制」の二つの要素が離れがたくむすびついている家族秩序である、と規定されている。すなわち、川島先生の理論によると、民法上の家族法では、「封建的」旧武士層の家族制度は、近代法的な諸要素により修正されており、したがって、民法上の家族制度は半封建的と性格づけるべきである、ととらえられている。内山先生の論文における家父長労働関係は、川島理論のいう家族制度イデオロギーがわが国の社会秩序を支える普遍的要素であるこれを相対応するものである。

（5） 川島・前掲書二〇四頁。

（6） 内山・前掲論文志林五五巻四号二頁。

（7） 内山・前掲論文志林五五巻四号三頁。

（8） 内山・前掲論文志林五五巻四号三頁。

（9） 当時の労働法学の課題は、つぎのような理論的な状況下にあった。すなわち「新憲法によって与えられた労働基本権を、占領中からやつぎばやに現われた労働運動弾圧法立法のなかで、いかに護り、いかに法律構成するかという点にあったから、労働法学は、きわめて実践的な実用法学的性格を帯びていた。数多くの労働事件が法廷に持こまれ、労働法学者の多くは労働者の法廷闘争を理論的に支える役割を担った。その意味で、労働解釈学は、労資関係の実態に基礎をおき、すぐれて社会学的であったといってよい」（森島昭夫「終戦後の法社会学」川島武宜編集法・社会講座２（岩波書店、一九七二年）三一五頁。内山先生の本文で述べたような論稿は、このような理論的状況のもとで、「あくまでも旧憲法型の精神と抗争し、これを克服することによって、本当に民主的な法律生活を日本においてもうち建てる可能的方法を見いだす」(利谷信義「日本の法を考える」(東京大学出版会、一九八五年)六一頁)ことを企図するものであるといえよう。

(10) 潮見俊隆＝渡辺洋三＝石村善助＝大島太郎＝中尾英俊・日本の農村(岩波書店、一九五七年)

(11) 森島・前掲論文二七九頁。

(12) 大塚久雄・共同体の基礎理論(岩波書店、一九六〇年)。

(13) 内山尚三・内山尚三遺稿集(第一法規、二〇〇三年)二四四頁。

(14) 本文で述べた作品にはつぎの三者の個性が抽象化されているといわれる。「強烈な意力を以てあらゆる苦痛をも力強きものたらしめつつ、最後まで戦いぬいたベートーヴェン、余りに弱い霊と肉とのために不安焦躁混乱のうちに投げられつつ、内に燃え上る過剰な力に苦しみ続けたミケルアンゼロ、無慈悲なまでに明るい視力によって照らし出される現実の醜姿に悩みつつ、わき目もふらず真理と愛を追求して止まなかったトルストイ、三人の天才の力が、ジャン・クリフトフの中に投げ込まれている。」ロマン・ローラン・豊島與志雄訳「ジャン・クリストフ」現代世界文学全集２「新潮社、昭和二七年)五頁。なお、ジャン・クリストフの作品の解説については、新村猛著作集「ロマン・ローラン」第一巻(三一書房、一九八三年)六二頁以下参照。

19

知識社会下の電子商取引の経済学的分析
——An Economical Analysis of Electronic Commerce in Knowledge Society——

近　勝　彦

下森定 編集代表『現代民事法学の構想』内山尚三先生追悼
二〇〇四年一一月 信山社

はじめに

本論文は、電子商取引（EC：Electronic Commerce）が企業にどのような影響をもたらすかを経済学的および経営学的に分析することである。情報通信システムの企業経営への応用は一般に経営情報論の中で扱われるが、それはまずその実態の把握と課題の設定からはじまる。次に、その明らかとなった課題を解決（ソリューション）するために経済学的分析が必要である。とくに、情報通信システムの経営課題への応用は、三つの領域に収斂して考えることができよう。その一つは、競合企業、協力企業との間での新たな関係性の構築に関することである。第二は、付加価値をあげるため、顧客との関係性の構築のために情報通信システムを応用することである。最後に、その両者によって、企業が売上ないしは利潤の拡大のための新しい組織編成へ応用することである。別の言葉でいえば、まず企業間関係の新しい構築のためにＩＴ資本（コンピュータ資本とネットワーク資本の総合）を投入し、コストを最少化しようということである。それに対して、消費者との関係においては、一定のコストで、付加価値を最大化することである。最後が、前二者を最適化するための知識基盤の構築と情報型組織のコーディネーションによって、利潤を長期にわたって安定的に獲得し、持続可能な企業の構築を目指すことである。そのためには、電子商取引のみを取り上げて考えることでは不十分であり、経営学のなかのマーケティング論ないしは企業戦略論との関係を前提として議論すべきである。前者に対するものは、ＳＣＭ（Supply Chain Management：供給連結のマネージメント）と呼ばれ、後者との関係でいえば、ＣＲＭ（Customer Relationship Management：顧客関係のマーケティング）と呼ばれているのである。この二つと内部組織へのＩＴ

投資の最適な配分こそが、企業の競争力と安定性を向上させる極めて重要な経営資源であると考えるのである。

一　ＩＴ効果をめぐって

ＩＴの投資効果に関する議論は、かなり理解困難な経済学的問題の一つである。これは、ＩＴ投資によってもあまり付加価値を生み出さないのではないか、ＩＴ投資はＩＴ費用のみを増大させただけでコスト削減にはならないのではないか、という具体的な批判となって現れる。これと連動する形で、「ニューエコノミー」という言葉も、近時、ほとんど聞かれなくなった。(1) その意味では、ＩＴは、経済効果を劇的に向上させる夢のようなテクノロジーであるという幻想は霧消したと考えられる。(2) それゆえ、ＩＴバブルは、当然のように破裂したのである（ただ、バブルの崩壊と新しいＩＴ需要やＩＴ供給の漸進的な増加は別とみるべきだろう）。

では、本当にＩＴは、経済構造、産業、企業に正の効果を何ももたらさないのだろうか。そうであるならば、そのようなものをなぜ設備投資（民間部門）のうち、三分の一も投資してきたのだろうか（当時の米国では設備投資の過半もＩＴ投資をする企業はざらであったとも言われている）。

やはり、何らかの効果があるからＩＴ投資が行われてきたと考えるのが合理的であろう。それゆえ、ＯＥＣＤは、「ある種の効果はある」と結論付けたのである。(3)

そこで、まずは情報資本の経済成長への寄与の問題を検討してみよう。次の図表は、近時の経済成長に関する寄与率を要因別に示したものである（期間は平成7年から12年の間）。

これから分かることは、経済成長率への寄与の中で、情報通信資本が、七九％と大きいことである。それに

図表−1　経済成長への寄与率とその要因

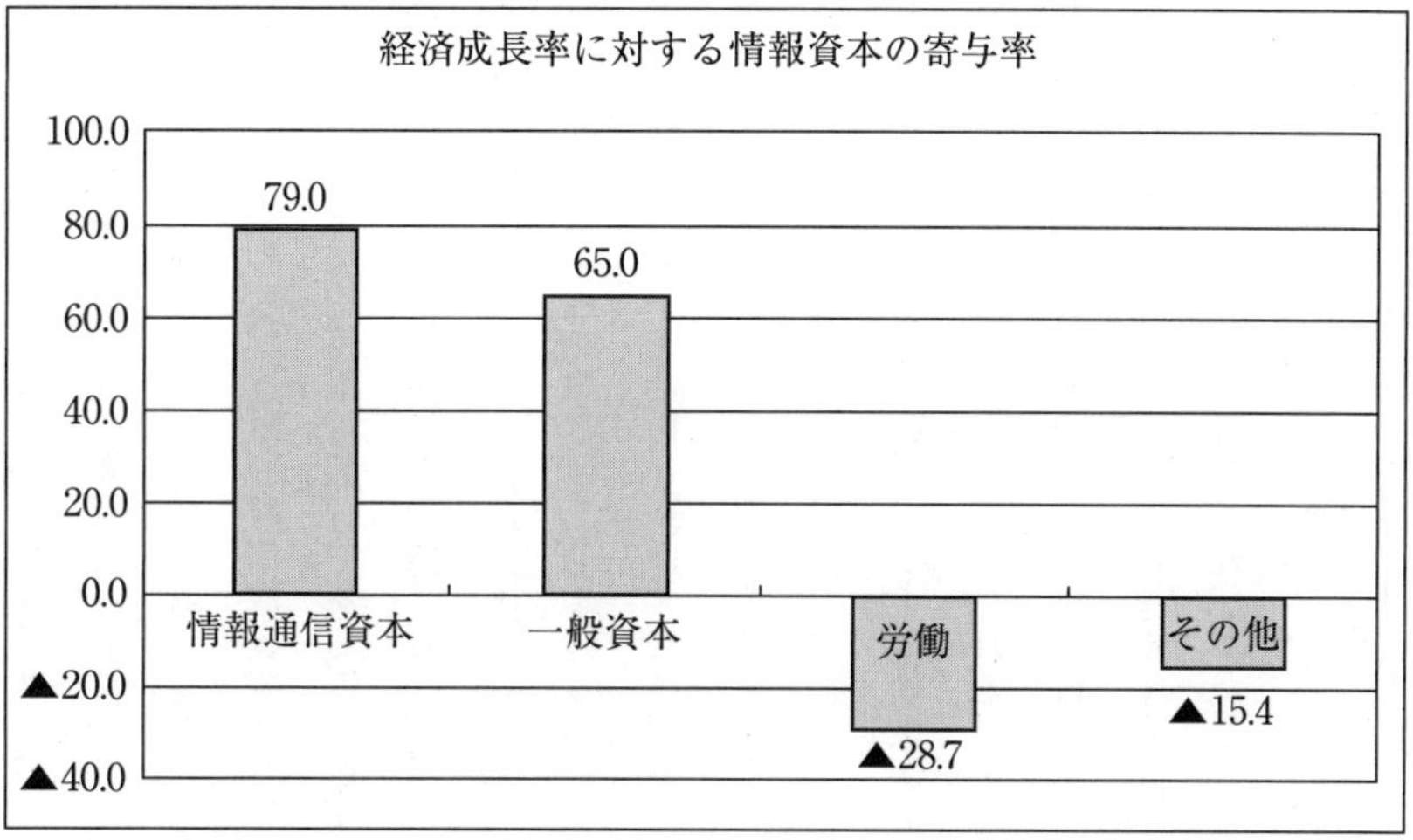

〔「ITの経済分析に関する調査」より作成〕

対して、労働要因は、逆に、マイナスとなっている。これは労働力の投入が、自然人口の伸びが鈍化したためであるというデモグラフィックな流れと、不況の煽りをうけて失業者が増大したことが原因である（ただ、その失業のうち、七割以上が構造的摩擦的失業であるといわれている）。このように、情報資本の経済成長に対する寄与部分は、かなり大きいと考えられるのである（これはきわめて低い現在日本の経済成長率の内訳を示している）。

ここで議論する効果とは、IT投資による生産性向上についてのことであるが、ただあたかも効果がないようにみえるいくつかの状況・理由を考えてみよう。

その第一は、「IT資本の投入にかかわらずなぜ日本経済全体の成長が実現しないのか」という疑問である。かつて、R・ソローは、IT投資と企業のパフォーマンスの間には相関性が見出せないという「生産性パラドクス」(Productivity Paradox) を提起した。確かに、九〇年代以降、ITの重要性が指摘されて、とくに、九〇年後半の米国における経済パフォーマンスの高さとIT投資との間には相関性があるという「生産性パラドクス」の解消を受けて、大きな投資がなされてきた。

しかし、日本では、九〇年代とそれにつづく三年間では、明確な経済成長に対する効果がみられず、全体としてほぼ〇％成長であったといえる。ただ、もう少し詳しく見ると、実は、ＩＴ投資による効果はあったことが分かる。すなわち、近時の経済成長のうちで、その三分の一がＩＴ関連によるもの、さらに三分の一は、ＩＴが誘発した付加価値増加部分であることが明らかになっている。これからいえることは、少なくとも、新たに生み出された付加価値部分の過半は、ＩＴによってもたらされたとみられるのである(4)。それにもかかわらず、なぜ、日本経済全体としては経済成長がなかったのか。それは、ＩＴ産業（情報通信産業）以外の産業が停滞ないし衰退したからである。ＩＴ産業は、全ＧＤＰのうち、およそ一〇％程度であるにすぎない。それ以外のおよそ九割の産業が成熟化し衰退すれば、全体としては大きく下方に修正させることになろう。ただ、ＩＴ及び情報資本の購入先の九割は既存産業である。その中での生産性がＩＴ投資によっても上昇しなかったともいえる。これからいえることは、ＩＴによって、既存産業の中でいかに生産性向上効果を発現させるかが課題であるといえよう。ただ、更に、ＩＴの効果がそれなりに発現していても、それ以上にマイナスの効果が各産業の中にもたらされていたとも考えられる。その一つが、日本全体の消費不況である。これは、一方では、モノ余り、モノの満ちあふれた状態の中では、本来、多くの商品が大量に購入されていくとは考えられないからである。また、この間、新しい画期をなす商品が出現しなかったこともあるかもしれない。いわゆる、ハイテク商品のコモディティ化などがこれにあたる。敷衍すれば、前者は、需要サイドの成熟化であり、後者は供給者サイドの成熟化といえよう。さらに、日本の経済が将来において悲観的なものであるという認識がすすむと、さらにモノは購入されなくなる。すなわち、日本国民は貯蓄にはげむことになる。そして、そのような経済では、デフレ化が進行していくので、ますますモノを買わない動機にかられるようになるといえよう。しかも、そのデフレ化をますます進行させる力が、グローバル経済化の流れである。そして、安くてしかもそこそこに品質のよい商品が輸入されると、日本全体の物価が下がる。これは、消費者にとっては、よいことであるが、企業にとっては、販売価格の低下は、消費量の増大をともなわなければ、収入は落ち、利潤は低下するであろう。それが被雇用率の高い日本においては被雇用者の収入の減少へとつながる。リストラによって失業者も増大するかもしれない。そうすると、ますます消費が手控えられるという、いわゆるデフレスパイラルに突入することになる。これからいえることは、ＩＴの効果が仮にあったとしても、その効果を大きく打ち消す力が働いていれば、ＩＴ効果は顕在化しないということである。

つぎに、産業内でのＩＴ効果の問題を考えてみよう。そこで、まずはゼロサム市場の場合を議論する。ある産業の企業Ａは、ＳＩＳ（Strategic Information System：戦略的情報システム）を導入して、当該市場内でシェアを高めたとする。すると、Ａ社以外の売上は当然落ちることとなる。もし、Ａ社以外の企業もＩＴ投資をしていたとしたら、それぞれは投資をしているのに売上が向上しなかったこととなる。このような場合、業界内の競争が激化したのみで、いわゆる負け組企業は、ＩＴ力（ＩＴの効果）を否定してしまうかもしれない。しかし、ＩＴの効果は市場内での売上規模の拡大のみでなく、より現実的には、経費削減効果が大きいと考えられる。すなわち、すべての企業の中に、ＩＴが投入されてそれぞれに経費が削減されれば、すべての企業は利潤を増大させる可能性はありうるのである。しかし、激化する競争に負けて淘汰される企業数が増えれば、産業界全体に大きな負の影響をもたらすことも考えられる。

勿論、もっともよいシナリオは、売上シェアを拡大しながら、コスト削減も同時に満たすということであろう。

そこで今度は、プラスサムの市場の場合を考えてみよう。この場合は、シェアはA社が伸びても、すべての企業に売上拡大の可能性があるのである。ＩＴが新しい付加価値を生み出せば産業界全体の規模拡大へとつながる可能性がある。

この簡単な分析でも明らかなように、ＩＴ資本の投入によって、二つの効果をいかに大きく発現させられるかが大きなカギとなるのである。すなわち、第一に、「売上拡大への貢献効果」と、第二に、「コスト削減効果」である。これが、産業の違いによって、その発現のあり方が変わってくるということであろう。今後はいかなる産業で、いかなるＩＴ投資が有効であり、いかなる効果がでるのかを見定めていく必要があろう。

最後に、企業内部でのＩＴ効果の問題を議論してみよう。一企業にＩＴが投入されても効果が上がらないことも考えられる。これは、ＩＴ投資以外の「経営上の失敗」に基づくものが考えられるが、ここではＩＴのみの問題を考えてみよう。ＩＴも投資であることから費用がかかる。その増加した費用以上に他の費用が削減できなければ、総費用は低下しないこととなる。たとえば、ＩＴ資本の投入を行いながら、労働者の人数が同じであれば、労働生産性は上昇しないのである（ただし売上が伸びれば別である）。

結局は、ＩＴ資本の投入によって、そこで働く労働者一人あたりの付加価値の増大につなげていかなければならないのである。それが実現するためには、労働者一人一人の「ＩＴリテラシーの向上」が必要なのである[(5)]、と同時に、総コストを抑え、総収入を増大させるためのＩＴの最適な配分がより重要なのである。ひとことでいえば、それぞれの企業が、知識基盤型企業（KBC：Knowledge Based Company）となり、経済全体の情報化環境に素早く適応していくことが必要なのである。

図表−2　企業内でのIT効果を発現するための条件

業務内容や業務の流れの見直し	83.7
経営トップの強い意志	61.5
従業員の教育・訓練	51.9
組織・体制の変革	48.0
コア業務へのリソース集中	7.7
ＣＩＯ（情報担当役員）の設置	7.0
予算の重点配分	5.2
コア業務以外のアウトソーシング	4.6
従業員の再配置	2.4
その他	0.8

〔「ITと企業行動に関する調査」より作成〕

上の図表は、ＩＴ投資の効果をもたらすための条件を、多くの企業が答えたアンケート結果である。(6) これによると、第一要因は、「業務内容やそのプロセスの変更」であるという。ＩＴ資本の効果は、一般に、プロセスの再編成にあるというこれまでの考え方に沿ったものとなっている。(7) 第二は、「経営者の強い意志」であり、ＩＴ導入とその活用への意欲がなによりも大事であることを示している。第三が、「従業員の教育・訓練」であり、ＩＴとの関係でいえば、ＩＴリテラシーの向上に関してである。第四が、「組織の再編」である。これらからいえることは、企業組織内での意思決定とその組織編成のあり方に、ＩＴ資本はこれまで以上に大いにかかわっていくであろうということである。(8)

二　電子商取引の経済学的分析

二—1　「BtoB」に関する分析

企業は、製品やサービスを生み出すために他企業から多くの資材を購入している。自社のみの開発ではなく、他企業と協力して行う場合も少なからずある。また、研究、開発は自社で行うが、製造、販売は他社で行ってもらうというケースもあろう。(9)このように企業間では様々なレベルでの連携が図られているのが実態である。そこで、企業間で情報ネットワークを利用して、何らかのビジネスを展開することを、一般に、「BtoB」(Business to Business：企業間電子商取引）という。このとき、そのあり方は多様ではあるが、極めて大きくいうと、三つの形態が考えられる。(10)

一つは、「相対取引型」とでもいえるものである。すなわち、特定の企業間同士で「強い連結」を実現するものである。第二は、「市場取引型」とでもいうものである。すなわち、自社が様々な資材を購入するときに、前者とは逆に、多くの取引業者の中から、いわば市場の力を利用して、もっとも、自社にとって都合のいい取引をおこなうというものである。たとえば価格のもっとも安いものや、納期、納入量またはその製品の質の最適なものなどの組み合わせの実現である。この取引型によるメリットは、第一に、すでに述べたように最適な調達が可能となる点である。つまり、多くの取引業者の中から選べるというメリットを最大限に活用することである。第二は、一企業の影響を受けないということである。(11)たとえば、卸売業と小売業の関係で、一部の卸売業と強く結びつくと卸売業の力を大きく受けることとなる。その場合、卸売業の力が弱まれば、小売業も販売力が衰える可能性があるからである。すなわち、相対取引型のデメリットを、市場取引型は回避できることとなる。また、卸売業者の力が強すぎ、小売業者が不利益な取引を強いられることも考えられる。第三は、これまでは、同じ製品を作る企業を探すための探索コストが大きくかかっていたために、仕方なしに一定の範囲の企業（たとえば、近隣の企業）と取引していたが、インターネット等の通信技術の発達とその価格の大幅な低下によって、探索コストを抑え、メリットを十分に引き出せるようになった。反対に、デメリットもある。第一に、市場取引型であると、まさに、市場を使った取引であるので、自社の都合通り、安定的に資材が確保できるかが疑問である。なぜなら資材納入業者も、まさに市場の原理に従うので、もっとよい条件を出す他企業に供給することを妨げられないからである。第二は、結局、相対取引型の「つよい連結」のメリットがなくなることを意味している。そのメリットはまず、人、モノ、金、情報という経済資源の入手、支援を得られなくなるという点である。たとえば、強い連結の代表である「系列」をみると、子会社ないし資本が入っている場合は当然としても、そうでなくとも、人材が不足していれば人材を受け入れ、製造技術がなければ安価に入手でき、製品開発においても、親企業と情報を共有しながら進めていけるのである。この「系列」システムは、まさに日本的経営様式とみられているが、大規模な製造業、たとえば、数万点にものぼる部品のアセンブリングによって製品を作り出す自動車産業には、大きな力を発揮すると考えられる。「BtoB」はむしろこの系列のさらなる合理化、強化を促すツールとして機能することになるかもしれないのである。

第三の型は、「媒介取引型」とでもいうべきものである。すなわち、一つの市場の中で、この市場をより円滑に進めるためのものである。次の図表のように財の需要者と供給者をまとめて、その参加者を増やすためのものである。ほかの言葉で表現すれば、e-マーケットプレース型とでもいいうるものである。すなわち、新

図表-3 「BtoB」の3タイプ

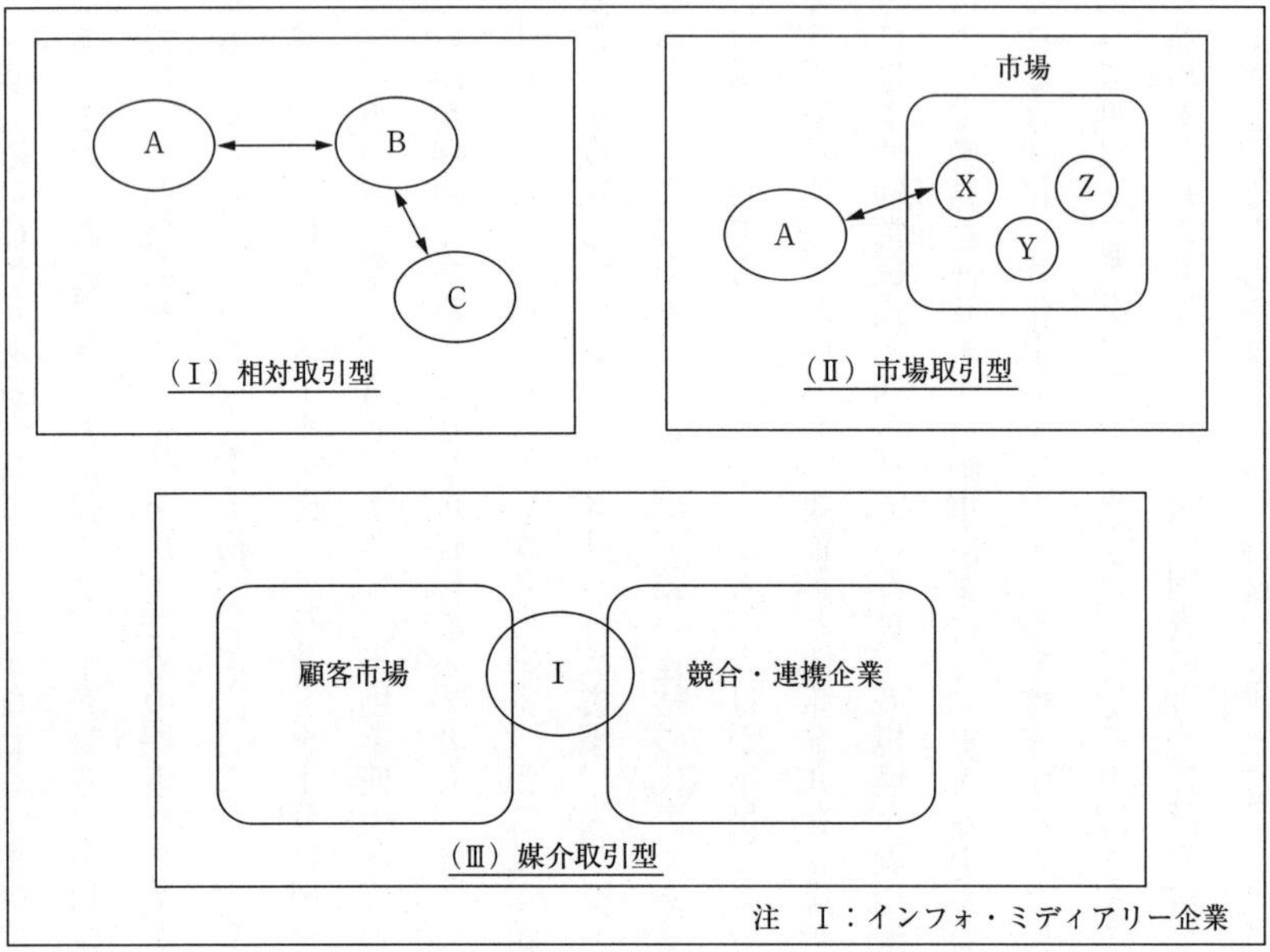

図表-4 業界間のSCMの応用例

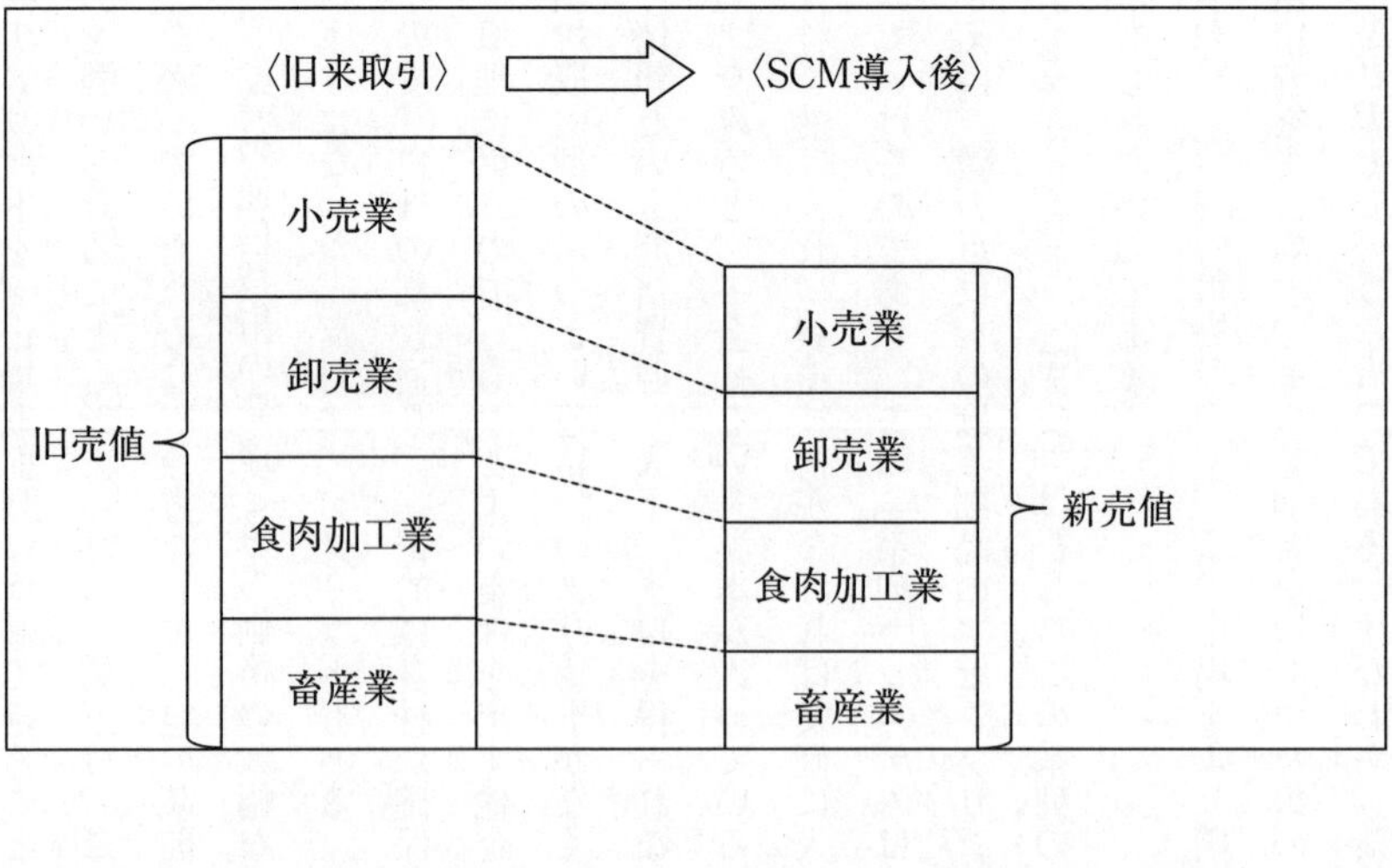

しい市場をネット上に創設するというものである[12]。

これまでの「BtoB」の型を図表化すれば図表I-3のようになろう。

ここで「BtoB」のメリットを考えてみよう。第一は、総コミュニケーション・コスト（取引コスト）が低下することが考えられる。これを米国で実際に起きた事例を使って分析してみよう[13]。

上図表は、食肉業に携わるすべての企業が参加したネットワークによって、販売価格（最終財価格）が低下する構造を示したものである。これによって、それぞれの取引に応じて発生するコミュニケーション・コストを低下させることができたのである。これによって、売値は低下した。しかし、それぞれの企業間の利潤は小さくなっていないので、この段階でも、それぞれの企業にとってはメリットがあることがわかる。次に、売値が下がると、一般的には需要は拡大する。すると、単位あたりの利潤は変わらないので、それぞれの企業の総利潤は拡大するのである。この事例が、もっとも、「BtoB」（SCM）のすぐれた利用方法であると考えられる。これに対して、日本ではすべての業界内の企業が参加するような広域的ネットワークは皆無であるというのが実情であろう。それは、日本企業はそれ以前の「系列」や「グループ」の存在によって、その中での構築につとめてきたからである。第二の、メリットは、「スピードの取引」を実現するというメリットである。この世の中のビジネスサイクルは日増しに早くなり、その意思決定の遅れが企業経営では命取りとなる場合すらある。そこで、ネットワークの中での取引に関する意思決定のスピードをあげることは、極めて重要である。とくに、大企業は、こぞって、グローバル経営を行っているので、世界中に広がる市場の動きを把握し、最適な生産のタイミングを図ることは、ネットなしには不可能となりつつある。第三は、「市場化」または「脱市場化」を通じて、最適な資材の購入が可能となることである。前者は、多くの企業の中から自分にもっとも都合の良い

図表−5　独占的競争とネットワークとの関係

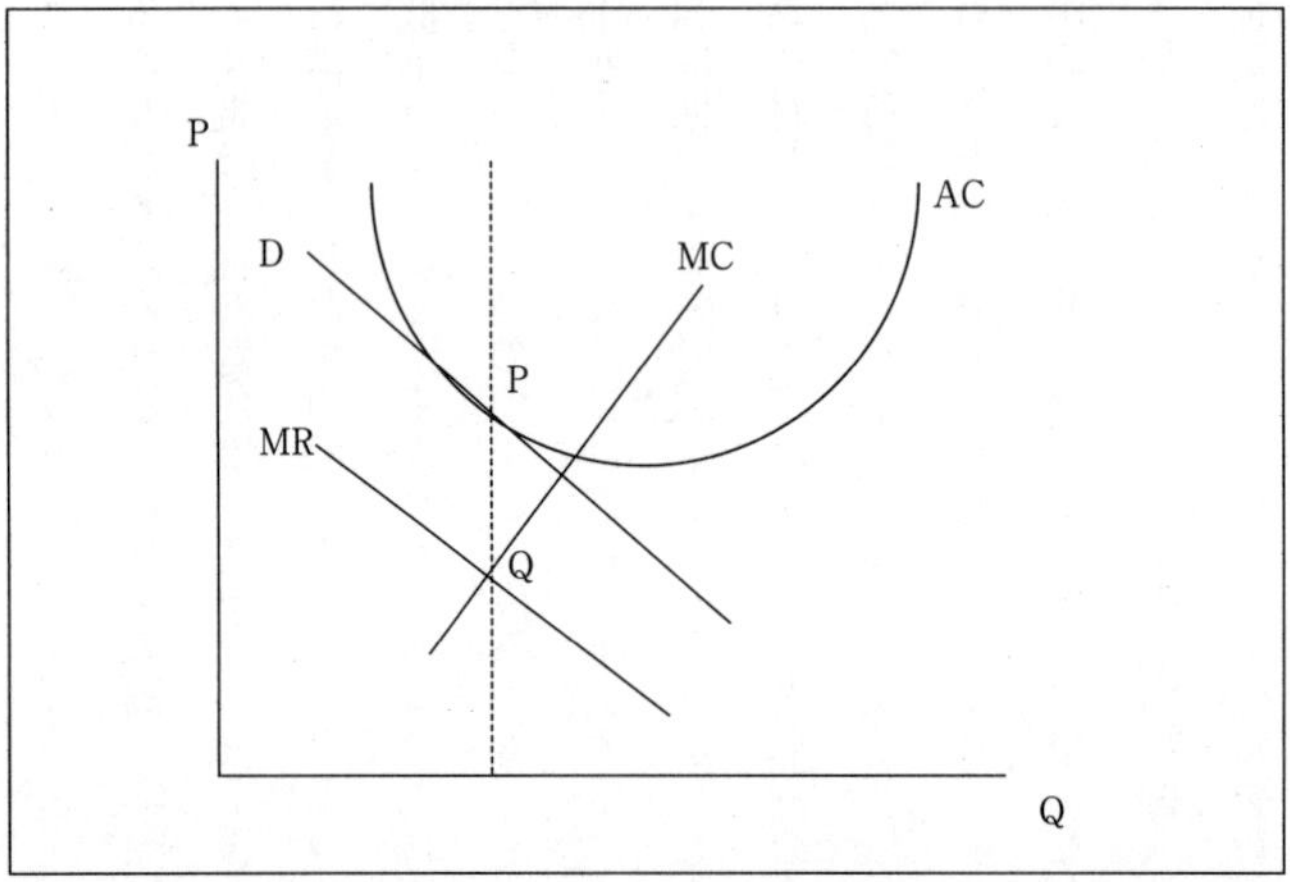

調達を可能にすることである。後者はむしろ、特定者との間に強いネットワークをつくりあげることによって、取引量や質を高めることを可能にするのである。第四は、二者の間でシナジー効果を発生させることよって、両者ともにメリットを生みだそうというものである。例えば、一方は、研究・開発の専業メーカとなり、他方は、製造の専業メーカとなれば、双方とも限られた資源を集中できるというメリットが得られる。すなわち、両者とも稼働率を上げてコストを抑えながら、優れたモノを作り出すことができるのである。又、それぞれの企業には、それぞれの特徴的なコアコンピータンス（中核となる能力）をもっているとき、その能力を組み合わせると、それぞれの開発・製造では生みだすことのできなかったものが生み出せることも考えられる。このように、シナジー効果は、「ネットワークの経済」（Economies of Network）が作り出す基本的な効果であるといえよう。

しかし、メリットの反面、企業によってはデメリットも考えられる。

何らかの関係で、当該財の価格が高かったとしよう。ミクロ経済学では、価格が需要のバロメータとして上下することによって、均衡価格と均衡量が決定すると考えるが、「現実の市場」は取引の場における空間的・時間的な制約が存在している。それゆえ、需給が一致することは現実的にはないが、ネット上でのサイバー空間ではありうる。(14) なぜなら、参加者も空間的・時間的制約が事実上ないので、多数の参加者によって完全競争市場化することが考えられるからである。これは経済全体では完全競争市場が成立し、いわゆるパレート最適が実現しているとも考えられる。勿論、すべての財について、ネットによる仮想市場としての完全競争市場を実現することは不可能ではある。しかし、このような市場ができれば、個々の企業にとっては、超過利潤を得られないことを意味しているのである。又、「スピードの経済」(Economies of Speed) は、独占的競争を繰り広げて達成されうるものであるといえよう。この市場では、スピードは極めて重要な競争条件である。なぜなら、製品開発やデザインなどのサイクルが早くなれば、自分もスピードをもって研究・開発し、市場に新商品を投入していかないと、すぐに自社製品は陳腐化し、競争性をもたないものとなり、超過利潤を得られないからである。この間の事情を説明するのが、上図表である。独占的競争市場であると、ＭＣとＭＲによってＱが決定されるが、そのとき、需要曲線（Ｄ）が図表よりももっと右上にあれば、超過利潤が発生し、当該企業は潤うが、すぐに、他社が参入して、需要曲線が低下すると、ＡＣと接するようになり、超過利潤はなくなることとなる。ＥＣは、まさにそれを加速させる機能も持っていると考えなければならないであろう。

ここでは、実は「ネットワークのパラドクス」が発生する。というのは、多くの競争者がこのネットを利用するのならば、すべての企業の意思決定のスピードが早くなるからである。すなわち、自分も早くなる一方、ライバル企業も早くなるからである。ただこの場合でも、コストが全ての企業で削減されるのであれば全ての企業にとって、ネットワークの経済を享受しうると考えることができよう。それに対して、自社の意思決定のスピードが実現できないと淘汰される危険が増すことになる。

二―二　「BtoC」に関する分析

「BtoC」（Business to Business：企業対消費者間電子商取引）とは、企業と消費者との電子商取引の総称をさすといえるが、これにもいろいろな型があるので、それをまずは確認してみよう。第一は、「メーカー小売直売型」とでもいえるものである。メーカーにおいては、卸売業や小売業をとばして、直接的に消費者と取引をすることである。いわゆる「中抜き」現象を起こさせることである。

これによって、いかなるメリットが発生するだろうか。第一は、消費者にモノやサービスを売るためには、これまでは物理的空間がどうしても必要であった。それはまず、これまでであると商品を一定の場合に陳列（ないしは、在庫を保有）していなければならなかった。その置かれた商品の中から消費者は、自分の好みのものを選択して購入する。これに対して、「BtoC」だと、一定の物理的空間をもつ必要がないので、店舗をつくる多額の資金を必要としないし、又、店舗は、電気や空調が必要なので、かなりのオペレーション・コスト（管理コスト）がかかってしまう。又、そこには販売員が必要となるので、彼らの賃金だけでも相当程度かかる。これに対して、ネット上では、サイト構築および運営費用ですむので、格段に安い経費で営める。しかし、ネット上では、商品のデザインや機能は画像や数値で表示はできるものの、実際のものではないので、手触りや風合いなどは分からない。次に、店舗だと空間的に消費者の視覚に入ってくるので、他の商品もついでに買ってもらえるが、ネット上ではそういうことは少ないかもしれない(15)。また、ネット上では、二四時間三六五日営業することもできるが、リアル上の店ではそうはいかないことが多い。[16] 夜だと外へ出るよりもむしろ家の中にいることが多いので、この点、ネットはアクセス性が高いといえよう。

この種の「BtoC」のデメリットはなんだろうか。まず、リアルショップであると、そこに長く営業もしており、相当のショップ開設費用がかかっているので、すぐに撤退したり無くなることは少ないと考えられる。すなわち、その店が実際にそこにあるという信頼感がある。それに対して、ネット上のショップだと本当にそのオンラインショップが存在しているのか確かめることが難しい。その存在が証明されない限り、不信感はぬぐいきれない。又、有名な企業の名を表示していても、成りすましている場合もかつてはあったと聞く。信頼が確立されない限り、取引量はあまり大きくならないといえよう。これに対して、近時、その存在及び適正な企業であることを証明する「オンライン・トレードマーク」などの技術（制度）が導入されている。[17] 第二は、この取引にも意外に費用と手間がかかるといわれている。なぜなら、画像を入れたり、データを書き換えたり、購入者に購入通知を送ったりと、様々なコストがかかることが知られている。それゆえ、実際にはオンライン専業者よりも、有名企業でかつ大店舗を持っていながら、オンラインショッピングも行っている企業（「クリック&ブリック」企業と称されている企業）が高いパフォーマンスを示しているといわれている。

第二の型は「仲介型」ともいえるものである。これは、需要者と供給者の中間に位置しながら、他方の代理ないしはサイト（市場）を作り出すというものである。[18] このメリットはまず、品揃えが多い点である。なぜなら、多くのショップ（メーカーや小売業）が参加するために、様々な品が並ぶのである。これを目当てに、消費者が多数参加してくる。そうすると、サイトへのアクセス数が増大する。それをみた企業は、自社商品の宣伝、販売上のメリットがあると考え、ますます参加企業が増大するというポジティブ・フィードバックがかかるのである。ただ、この型の問題点は、まず、参加企業の商品及び取引に問題が生じる可能性も広がることである。すなわち、無数の企業の参加は、不法な目的のために参加する企業が入り込む可能性を広げることになる。消費者の中にも、不法目的のものも進入してくる。すると、ネット全体の信頼性が損なわれることにもなりかねないのである。それゆえ、双方とも、「クラブ財」のような形をとることになるが、そうすると、自由な参加が阻害されることになるのである。

ここで、次の図表を使って、需給関係から、「BtoC」の経済学的分析をしてみよう。まず、需要面から見ると、需要者への信頼がなくなると、D曲線は、D”曲線へと移行するであろう。またそのときは、供給者は需要者が少ないということを見越して、S曲線をS”曲線に移行させるかもしれない。すると、均衡量は、E”となり、随分、小さくなる。それに対して、信頼が回復されると、需要曲線は、DからD’曲線へと移行し、それにしたがって、SがS’となれば、均衡点は、E’となり、かなり大きな供給量となる。このように、ECの中に今後はいかに信頼性を確立できるかが、重要であるといえよう。

ただ価格が上昇するか下落することになるかは両曲線の移行の変動幅に依存するので、なんともいえないであろう。ただ、需要も増え、供給も増えると、価格が変らないともいえるが、供給量が増えると「学習効果」が一般に生まれるので安い価格で供給することは考えられるのである。

最後に、「BtoC」の消費者側のメリットを簡単に述べておこう。第一に、家にいながら買い物ができる点である。女性のますますの社会進出や、地方の人々の都市化（意識と生活スタイルに関する都市化）によって地方では手に入りにくいものを通販と同じ要領で購入するといわれている。

第二に、購入コストが安いことである。企業の総コストが安くなる可能性があるので、それが価格に反映さ

図表－6　電子商取引と需給関係

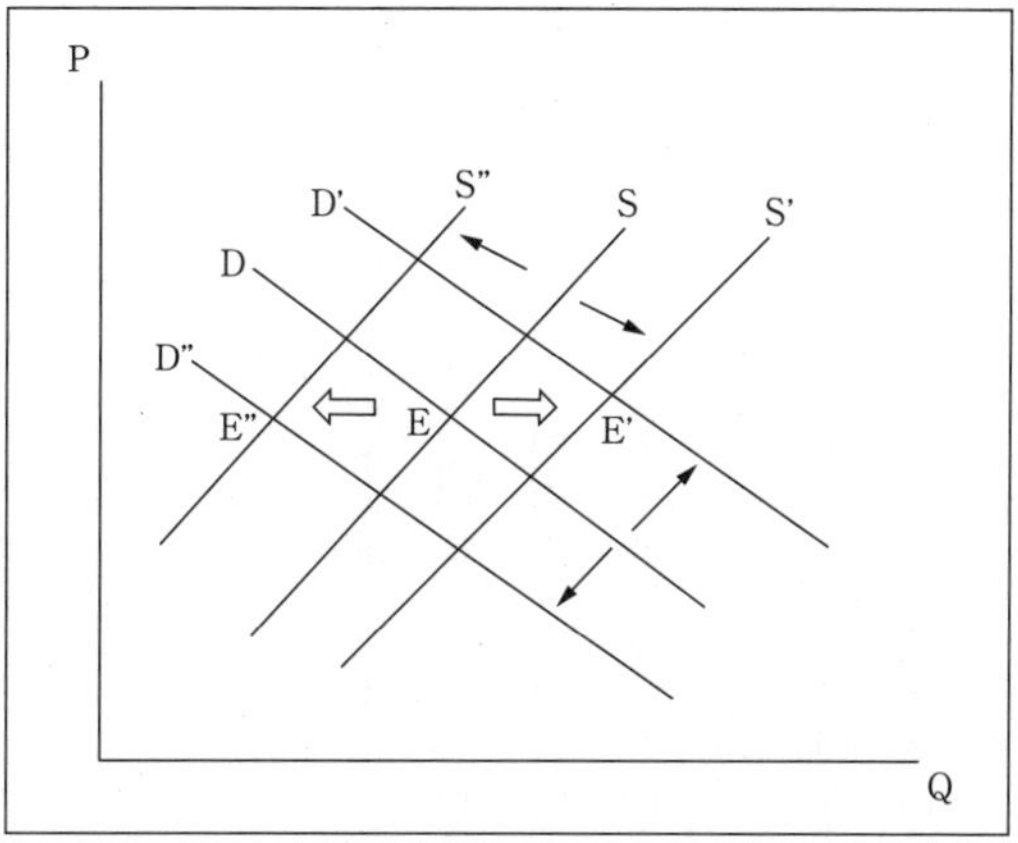

れて安くなることが考えられる。ただこの点についてはあまりそうでないということも多く指摘されている。(19)

第三に、珍しいモノが入手できることである。一般にはどの店にも置いていないようなもの、珍しいものが販売できる。このようなものは、いわばカルト商品（希少性の高い商品）なので、購入したいと思う人は一定の地域では少ないが、ネット上であれば、日本及び世界を仮想的ではあるが「市場」とすることができるので、買い手を探し出すことができるといえよう。(20)このことは、ECに適している商品とは何かを考えることが重要であることを示唆しているといえよう。

「BtoC」が今後とも成長することは間違いがない。(21)その中でここでは二つの事例を通じてその可能性を探ってみよう。その第一は「都市対地域」をつなぐというものである。地域経済は一方では、工業の衰退、地場産業の衰退によって空洞化が進んでいる。他方、少子・高齢化がすすみ、ますます若い人が地域から流出しているのである。これによって、日本は地域から経済が崩壊しつつある（勿論、大都市部ではその資産デフレの影響を今でも負っている）。そこで、地域の中に、何としてもビジネスを興し、そこから大消費地である大都市部に産品を送り出し、その収入を得る必要がある。このようなビジネスを「コミュニティ・ビジネス」ということがあるが、それをネットワークを利用して作り出していくべきであろう。これによってまさに自由貿易におけるメリットのように両地域とも発展できるのである。すなわち地方においては、より多い収入を得、地域崩壊を防ぐことができる。他方、大都市部は、比較的安価で良質な商品を得ることができるのである。第二の可能性は、ネットによるワーク・シェアリングないしはSOHOの可能性である。大都市の需要を地域の人々は得て、地域にいながら働くことができるのである。また、主婦や高齢者や障害者の方々も家にいながら働くことができるのである。このように、ネットワークは、これまで分断されていた人々や地域を結ぶことによって、様々なメリットを双方に発生させることができるのである。経済は本来多くの資源の結合によって、価値を生みだすことである。インターネットをはじめ情報通信システムは、その新しい結合関係を生みだす基盤となる技術体系であるといえるのである。(22)

二—三 「CRM」とネットワーク

この概念は、顧客との継続的な取引を実現することである。なぜこのような戦略が必要となったかを考えると、日本の経済社会の成熟化がまず考えられる。さらにこれをもたらした理由には、人口成長の鈍化ないしは人口の減少がある。又、長期の不況のために、経済成長が止まったことである。このような経済環境下では、マクロ的には売り上げが大きく伸びないといえよう。そこで、一人一人の購入者を大事にし、彼らから生涯収入を得るほかないのである。一方、PCの普及と発達によって顧客データベースの購買費用が安価になり、それが個々的な顧客満足を最大化する可能性を広げたのである。

CRMを実現するためには、情報通信ネットワーク及びPCの応用はどう考えればいいのだろうか。第一は、顧客へのマス・カスタマイズが考えられる。(23) これは、様々な商品やサービスをコストを大幅に下げながら顧客満足を最大化することである。例えば、現在、大手の保険会社には、顧客ごとに最適な保険商品をその場でＰＣを使い設計できるようになっているが、これなどはマス商品でありながら、顧客の年齢、職業、家族構成などを総合的に勘案しながら、設計するというものである。第二は、顧客の「ＴＰＯ」にあわせた需要を確実に獲得するというものである。すなわち、顧客には、それぞれの状況や環境によって、ライフサイクル的に需要が発生する。例えば、子供を持っている親の資金のニーズを例として考えてみよう。まず、出産時に費用がかかる。次に、幼稚園の入学やその後の進学時に資金がいろう。そのときにタイムリーに資金提供の申し出を金融機関が行えば、その利用は高まろう。すなわち、人々の真のニーズの発生のタイミングを顧客の属性から割り出せば、商品の購入可能性は高まると考えられるのである。第三は、ブランド化を実現することである。ブランド化は、製品の性能や機能を高めることは前提であるにしても、それをこえて顧客の心の中に一定の価値を強く作り出すことである。そのためには商品の特性やその歴史性や伝統というものに対してよく知ってもらうことが必要である。そこで宣伝と共にパブリシティーをネットをつかって展開することが必要となる。ネットの中で、顧客ないしは見込み客に商品や企業に関連する情報を伝えるのである。そして、企業と顧客との間に長期的な信頼関係を構築することである。第四は、購入された後のフォローアップが欠かせないと考えられる。なぜなら、マス・セールスであれば多くの人々に売り切ればよかったのであるが、ＣＲＭでは、継続的に購入されることが一番重要であると考えられるからである。又、新規顧客をつかむのは、既存顧客を継続させることよりも数倍のコストがかかると考えられるので、一度つかんだ顧客を離さないようにすることがより大事であると考えられるのである。

　このように、ＣＲＭは現代マーケティングでは、極めて重要な手法であると考えられているが、それを実践するツールの一つが、「BtoC」なのである。「BtoC」では、相手の属性・特徴が分かる。それゆえ、ネットを通じて今後とも、顧客との間に、良好な関係を維持していくことができるのである。ただ、米国では顧客データベースを駆使した行き過ぎたマーケティングが批判さていることも事実である。よって、顧客の信頼性や期待を裏切らない形での運用に心がけるべきであろう。

二―四 「CtoC」に関する分析

「CtoC」（Consumer to Consumer：消費者同士の電子商取引）とは、消費者間でのネット上の取引ないしは交換を言うと考えられているが、これは、企業が間に仲立ちをする場合もある。「CtoC」は、これまでの近代経済の基本原理の変更にもかかわっているのでここで議論をしておこう。この「CtoC」の成長が、企業中心の経済関係に、ある一定の影響を与える可能性があるからである。他の言葉で言い換えるならば、「物々交換」の意義と限界についての議論であるといえよう。

近代資本主義は、様々な特徴をもった制度の集合体のようなものといえるかもしれない[24]。プロテスタンティズムの職業観が、資本主義を導いたというのは、M・ウェーバーの説であるが、この見解の当否は別にしても、資本主義的経済発展の原動力は、資本であったことは事実であろう。それゆえ、これをまず、蓄積させる必要がある。それを原資（本源的蓄積）として、当時、発達しはじめた科学技術との組み合わせが、大量生産体制を可能にしたのである。すなわち、エネルギーと自動生産機械の出現である。その生産の場である工場の出現は、そこで働く多数の人々を必要とした。いわゆる、労働すること以外に、生産手段をもたない無産階級がうまれていったのである。又、生産者の中に、様々な職業が生まれると同時に、職業が専門分化していったのである。それをA・スミスは「分業のメリット」として説き、それが産業のなかに現実化していったのである。そして、生産者と消費者が明確に分化していった。これらによって、生産者は、それぞれの商品を大量に生産、販売することが可能となり、それが、一個あたりの単価を引き下げ、多くの労働者に安い物資を供給できるようにしたのである。

それが、近時には大きく変容し始めた。第一に、近年成長している産業は、情報通信産業であるが、これは大規模生産施設を必要としないものが多い（勿論、その中でも通信インフラは大規模施設ではあるが）。又、この情報通信産業の大半の生産手段は、情報労働者の頭脳である。これらは、近代資本主義が想定した肉体を使った単純労働者とは大分異なるものである。すなわち、生産手段をそれぞれの労働者がもっていること及び、大規模生産施設を必要としないことから、労働者自身が、自分で会社を興し、資本家（正確には経営者）となることも可能である。又、近時は、消費者と生産者が分離するというよりも、消費者自身がモノやサービスをつくりながら、消費するという傾向も増加しつつあるといわれている。[25] これらを総括すると、近代資本主義が生み出した労働者と資本家、生産者と消費者の区別の否定にもつながるといえよう。それゆえ、労働者間の職による分断もなくなりつつあるともいえよう（その一方、新しいサービス産業も多数出現し、新種の職種も生まれている）。

知的資本の蓄積とコンピュータの支援によって、多くの仕事を一人がこなすという、生産様式も可能となりつつあるのである。その一方で、日本の国民の物資的豊かさは増しつつある。それは、安価なモノの輸入によって、かえって高価なモノの消費が増大するという現象も引き起こしているのである。このような状況の中で、現在、オンライン上のフリーマーケットやオークションが盛んになりつつある。

図表-7　エッジワースのボックス・ダイヤグラムと使った「CtoC」取引

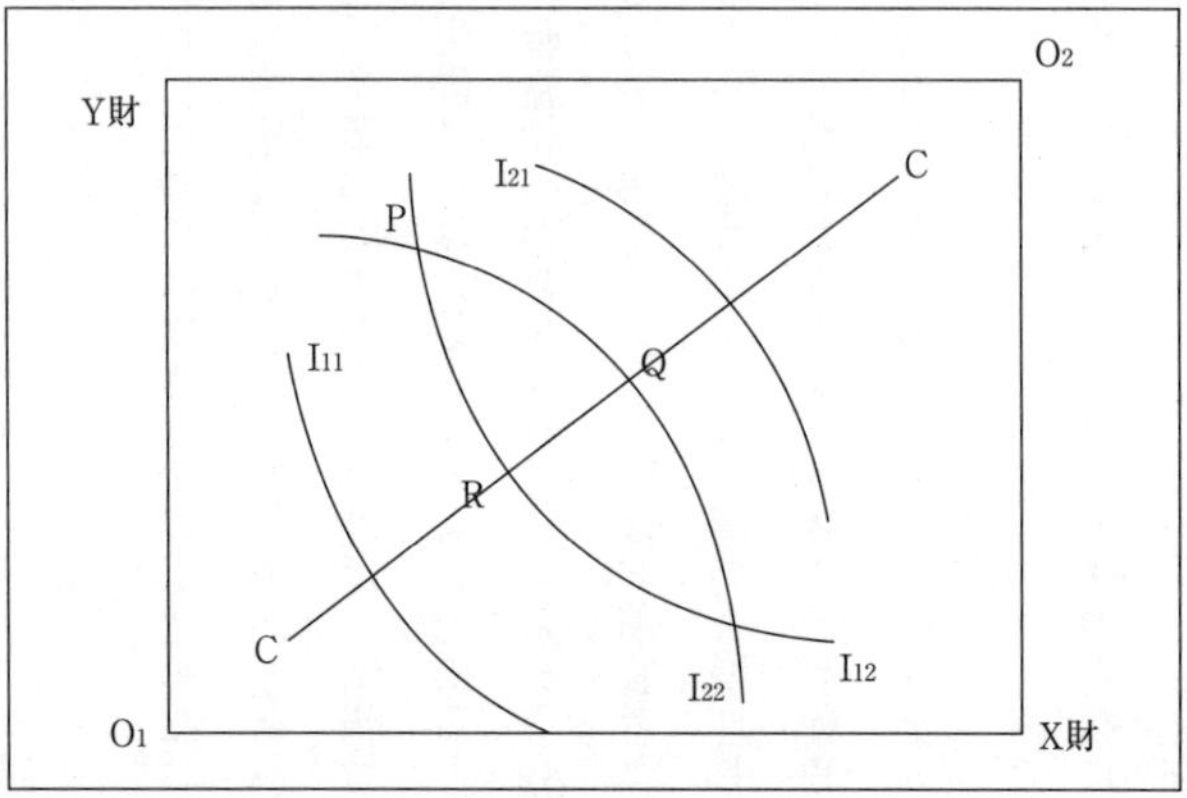

これを、エッジワースのボックス・ダイヤグラムのフレームをつかって議論してみよう。この図は、いわゆるパレート最適を二者の間でどう実現するかを考えるフレームである。左下と右上にO_1、O_2の二者がいて、そこから二財の消費がそれぞれ効用をもつというものである。O_1にとっては原点（左下のカド）から遠いほど効用が高く、O_2にとってもその原点（右上のカド）から遠い（左下方ほど）ほど、効用が高いと考える。このとき、P点から、その二つの効用曲線（I_{12}とI_{22}）で囲まれたいずれかの部分へ移動すると、死蔵していると考えられる財をO_2に譲り渡し、O_2がいらないと思っている他財をO_1に譲り渡せば両者の効用は高まるのである。

すなわち、C～C線上のR～Q間にP点が移動すれば、パレート最適となる。このように、「CtoC」によって、両者の間にそれぞれが等価と判断したものを交換すれば、両者ともその効用を向上させることができるのである。しかし、このようないわゆる物々交換は太古の昔から行われてきたのになぜいま注目されるのであろうか。それは、インターネットの発達によって、極めて多数の人々との間に交換が可能となったからである。

この議論とは逆になるが、ケインズはかつて、経済学を講義する代わりにバイオリンを教えてくれる人を見つけることはほぼ不可能なのでそれぞれの労力を金銭評価し、その対価を金銭によって得て商品・サービスを購入することしかできないと述べた。しかし、インターネット上では、日本全国ないしは、世界の人々が自由にアクセスし、様々なモノを提供する代わりに、交換物を得るというかつてであれば事実上不可能であった人々を捜し出すことを可能にした。これは理念に留まらず、一部は商業化、サービス化している。(26) 勿論、金銭評価された上でも交換することも可能である。

もし、このような活動が大きくなれば、経済社会にいかなる影響をもたらすのだろうか。まず、名目上のGDPが小さくなることが考えられる。なぜなら、自分が欲しいものを買わなくても、自分の不要なものを放出することによって、手に入れることができるからである。しかし、その交換によって、失うべき金銭を失わなかったので、他の財の購入にあてれば、結局は、GDPはかわらないこととなる。それゆえ、これは経済原理や生産体制を大きくかえるものとはいえないであろうが、現代の消費に対する意識や価値観にそれなりの影響を与えるものであるといえよう。ただ、そのときは、国民全体の総効用は高まっていると考えられるのである。ただ、この場合、多くの人々が交換できるものを多数持っているかどうかということに関わってくる。又、時間の経過とともに物資は摩耗し劣化していくのであるから、交換だけの経済は現実的には成り立たない。ただ、これらがそれなりに大きくなれば、経済成長は鈍化していくことは考えられる。近時、様々な商品で中古ビジネスが盛況となりつつあるが、この考え方を一部含んでいるといえよう。どちらにしても、「CtoC」は、「資源の再配分による効用向上を実現する有効な取引手法」であるといえよう。

三　ナレッジ・マネジメントとEC

ナレッジ・マネジメントないしはラーニング・オーガゼーションのコンセプトが提唱されてかなりの年月がたつ。その重要性や意義が指摘されることは多い。確かに、高知識化、高情報化する社会経済の中では、その知識や情報を組織人員が多く持つことは必要であるから当然であろう。しかし、その実践手法ないしは実行方法が議論されることはあまり多くない。

ここでは、このナレッジ・マネジメントやラーニングのみをとりだして考えるというよりも、提携企業との関係性の中で考えることが重要であろう。すなわち、いかなる資材をどう調達するかという知識・情報をいかにマネージメントするかを考えるべきである。又、顧客がいかなるものを欲し、いかなる方法で入手したがっているかをマネージメントするために、それに関するナレッジの編成・方法および、そこから付加価値を実現する有効な手法を実践的に考えるのである。すなわち、これまで議論してきたSCMとCRMというマーケティング手法を、「BtoB」と「BtoC」という形で展開するためのナレッジの構築であると考えるべきであろう。

この観点からナレッジ・マネジメントをみるとどうなるであろうか。第一は、情報共有化を進めることにより、最も優れた知識・情報をつかんだ人が全ての成員にそれを伝達することである。まさに、ベストプラクティスの一般化である。第二は、これによって優れた知識・情報がすみやかに各成員に伝わり、すべての者の生産能力が向上することである。ナレッジの外部効果を最大化することである。第三は、これによって、コミュニケーション・コストを大幅に低下させることができることである。ナレッジとは、本来、知の体系であるから、ナレッジによって無駄な情報を排除することができるのである。第四は、企業固有の特殊知識と普遍的なマーケティングの知識の両方を知ることができるようになることである。最後が、労働力の流動性がより高まり自由労働市場化が進む中で、労働者の潜在能力を向上させることができるので、知識労働者からの不満が和らぐといえよう。なぜなら、現代の知識労働者は、自分の自己実現としての労働をもっとも好み、労働をもそのための手段と捉える傾向が強いからである。

一言でいえば、組織内外で発生した知識・情報をすべての組織成員で共有することによって、企業コストの削減と付加価値の向上を実現するために、ナレッジ・マネジメントが必要であると考えるのである。

総　括

ＩＴ資本の生産性に関しては、一般的に考えられているよりも小さいといわれているが、それは、前半で議論したように、測定の仕方自体が問題であったとも考えられる。ただ、マクロ的にまさに経済成長が実現されていないのだから、その効果を発現させることがいかに複雑な要因によって構成されているかを十分に知る必要があろう。

米国に続いて日本も情報社会そして知識社会が進展し、労働者の中でも知識労働者（ナレッジ・ワーカ）の比率が高まってきた。いま、日本はその知識労働者の生産性の向上が最も喫緊な課題となっている。そのためには、やはりＩＴの抜本的な導入見直しと、それと連結した組織の変革ないしは労働編成の再構築がやはり重要であろう。

また、競合企業や協力企業との関係性の再構築も重要であることはこれまで述べてきたとおりである。そのためには、ＳＣＭの果たす役割は大きい。これによって、日本の産業構造や企業間関係のあり方が大きく変わってくることが考えられるのである。

次に、日本の商品は、二つの商品群の狭間で呻吟していると考えられる。その一つは、新興工業国が生みだす、安価ではあるがそれなりに良質な商品である。この出現によって、日本のローテクないしはミドルテクな商品は厳しい状況に追い込まれている。他方、超ハイテク商品ないし、ブランド商品は歴史と伝統ないしは革新力のある欧米企業に牛耳られている状況である。その中、日本企業の商品、サービスをブランド化していかざるを得ない。そのためには、それぞれの、産業、企業でＣＲＭを研究するとともに、これを実践していかざるを得ないであろう。その実践するための手法がまさに「ＥＣ」なのである。

このＥＣは単に、販売方法が電子取引に変わったというだけではなく、人々のモノに対する購買行動の変容や商品の質及び価格に対する感覚を高める力を持っている。

このいわば川上と川下の大きな流れの変化に合わせていくために、組織自体も情報化・高知識化していかざるを得ないのである。それゆえ、これからの企業経営というのは、情報化が進む環境下で、いかに知識基盤型企業として再編成し、展開するのかがまさに問われているといえよう。

（1）「ニューエコノミー」という言葉（概念）は、米国ＷＩＲＥＤ誌（一九九七年七月号）で、事実上、生まれたとされるが、この中には、経済学の基本的概念への変容と、新しい経済現象の出現という大きく分けて二つのものがあるというべきである。私見では、現在においては、後者のみが出現しているとみる。

（2）米国の最近の生産性の推移をみると、確かに、耐久財製造業の生産性は、飛躍的に向上したが、米国の経済の八割を占めるサービス産業の生産性はほとんど向上していない。これからいえることは、ハイテク製造業のみがＩＴ資本とその他の知的資本との最適な組み合わせによって、その生産性を高めたと考えられるのである。拙著参考論文、参照。

（3）OECD (2000), "A New Economy" 参照。米国商務省（2003）, "Digital Economy 2003" 参照。

（4）これによって、全産業のうちの情報通信産業におけるＧＤＰの割合は上昇している。ただ、この産業自体には、あまり期待されたほどには雇用吸収能力がないといわれている。現に、直近のこの産業の全労働者の数は減少しているのである。「情報サービス産業白書」（情報サービス産業協会編、コンピュータ・エージ社、二〇〇二）参照。

（5）ＩＴ資本の資本としての特徴は、この資本自体では何も価値を生み出さないというべきものである。というのは、これまでの資本は、ある意味、自動的に生産物を産出するというオートメーションが中心機能であったが、ＩＴ資本では、情報労働者がＩＴを使いこなして初めて価値物を作り出せるというものである。そのためには、ＩＴリテラシーはきわめて重要な要因といえよう。

（6）図表の上位四つに集中しているのはＩＴによる変革目標であり、それに対して下位項目はそれの具体的方法を示しているといえよう。

（7）これまで、リエンジニアリングという概念や、ＢＰＲという概念が九〇年代初めにもてはやされたが、結局、日本では、日本的な「改善」手法と同値であるとみなされて、真の意味で導入は否定されていた。しかし、ＢＰＲは、この改善手法とはむしろまったく反対の概念であるというべきであり、そのことが日本企業のあらゆる意味での改革が妨げられた原因であるといえよう。

（8）本文図表-2の五つ目の要因以下は、スコアがかなり低くなっている。これは、これらが上位四つに含まれるということを意味するといえようが、むしろ、こちらの方が明快な戦略である。それゆえ、日本企業は口では改革を肯定しながらも、いまもって抽象的な戦略変更に留まろうとしている可能性も否定できないであろう。

（9）この中には、アウトソーシングの概念や、戦略的アライアンスなどのように、多様なものが含まれよう。

どちらにしても、これまでの企業の内外の再設計が問題となっていると考えられる。

(10) しかし、現実のビジネスモデルはこれ以外にもあるとともに、これらの複合したものであろう。ＩＴ関連のビジネスモデルはＩＴの発展とともに、陸続と出現する可能性がある。

(11) 近時の企業間関係の流れをみてみると、やはり「弱い連結」を利用した企業活動が目立つように思われる。すなわち、本業（ドメイン）以外の商品設計や流通チャネルの確保などではこちらを使っているといえよう。

(12) このネット上にマーケット・プレースを創設するものには、企業間との取引のためのものと、企業対消費者との場合の両方がある。これはあたかも、様々な財の市場を生み出すものといえよう。しかも、ネット上のリクルート情報をみると、求人と求職者の双方がそれぞれの希望を提示できるというものもあり、双方向である点が新しいといえよう。

(13) この背景にあったのは、食肉産業の長期的な市場の縮小への危機感であった。というのは、米国では、外食産業や半加工品産業の成長によって、家庭での消費が大きく落ち込むことが予想されていたからである。

(14) 完全競争市場という概念は、近代経済学が原則的に想定する理念的市場であるが、実際には様々な現実的な制約によって実現できない。それゆえ、現実的な市場は、大なり小なり、不完全競争市場であるが、ネット上の市場では完全競争市場化する可能性もある。ただ、ネット上では、ネットという制約条件もあり、これが本当の意味での完全競争かは疑わしい。たとえば、情報の完全性という条件は、財の質の認識がネット上では十分に行われないということや、あらゆる面での信頼性等の問題が横たわっているからである。

(15) ただ、ネットのほうが衝動買いするともいえよう。なぜなら、物理的な運送の制約はないし、購入もあっという間に終わることができるからである。あとは、予算制約の問題だけが購入の制約となるともいえよう。

(16) この営業日数や営業時間の制約がないことは、とくに海外との取引にとっては重要といえるかもしれない。それゆえ、企業にとっては、物理的な店舗を持つとともに、時間の制約を解消するために、補完的にサイトを構築するということも意義のあることであろう。

(17) このマークは、かなりのＥＣショップに導入されている。このような認証には、プライバシーを保護するというものもある。今後とも、様々な工夫や制度がECに取り入れられながら、市場を拡大していくと考えられる。

(18) このような企業をインフォ・ミディアリー企業というが、ECとは、何らかの情報を仲介しながら推進していくものなので、様々な財の取引をめぐってこのような企業が多数出現していくと考えられる。ただ、この種のサイトは、最初に市場を創設した企業を一人勝ちにさせることが多いので、追随者にとってはさらなる工夫が必要であろう。

(19) なぜなら、ECの場合は、取引量が限られるということが多く、その場合には当然に価格はあまり安くはならないであろう。むしろ、小売業の大量仕入れによるメリットがない分、高くなりがちである。

(20) ニューズ・ウィーク誌（日本語版、二〇〇二・七）によると、米国のe-BAYでのネットオークションが盛んであると報じられていたが、このなかにはあらゆるカルト商品が流通しているという。これを使うと、簡単に商品が手に入るので、コレクターにとってはコレクトする楽しみがむしろ奪われるという記事が印象的であった。

(21) 平成一四年度版『通信白書』によると、「BtoC」市場が、二、三年以内に、GDPの一％に到達するという見通しである。絶対額ではさほどでもないという評価もあろうが、その成長率や以下のような条件整備の進展により、今後とも大きく伸びることは間違いがないであろう。その整備とは、ハードウエアの普及、通信料金の低額化のほか、ECビジネスの制度の確立や、利用者の利用行動の定着などが上げられよう。

(22) すなわち、J・シュンペータのいう「イノベーション」の一類型がまさに、ECであるといえよう。ネットワークとは、原理的に考えても、様々な資源の新しい組み合わせ（new arrangement）であり、新結合（new combination）でもあるといえよう。『情報化白書二〇〇三』第七部第一章（拙著）参照。

(23) マス・カスタマイズとは、まずは基本となる汎用的なモデルを作っておき、それを様々な需要者の好みに合わせて、カスタマイズ（修正）することである。これによって、大量生産のメリットと、オーダーメイドによる顧客満足の最大化を同時に実現する手法であるといえよう。

(24) それゆえ、情報資本主義という見方も成り立ちうる。ただ、このときでも、論者によってまさに様々なバリエーションを許すものとなろう。最近でいうと、ＩＴバブルの発生と、その崩壊、そして新しい躍進の胎動というように、情報資本を巡る議論は、今後とも大いに進もう。このこと自体が、まさに、現代資本主義が、情報化された資本主義すなわち、情報資本主義であるといえよう。拙著「情報資本主義の理論的考察」『総合政策論叢』（島根県立大学総合政策学会、二〇〇〇）参照。

(25) この概念は、Ａ・トフラーの『第三の波』の中で現れ、プロシューマーと呼ばれている。現実的にも、余暇時間の増大や、消費の成熟化などによって、自分でモノを作り、消費するという余暇活動が進展しつつあり、そのなかから、新しいビジネスも生まれつつある。

(26) たとえば、"peer to peer"（P2P）によって、自分のコンテンツを送る代わりに、相手から自分の欲しいコンテンツを得るということが現実化している。しかし、このシステムによって、著作権の侵害が問題ともなっている。情報社会の進展は新たな著作権の保護制度を必要としているといえよう。

〈参考文献〉

Science, Technology And Industry Outlook（OECD, 1998）
Digital Economy 2000（U. S. Department of Commerce, 2000）
The Emerging Digital Economy（U. S. Department of Commerce, 1998）
A New Economy？（OECD, 2000）
Post-Capitalist Society（P. F. Drucker, 1994）
The Future of Capitalism（L. C. Thurow, 1996）
The Economies of Information（B. R. Kingma, 2001）

The Business Value of IT（Harvard Business Review, 2000）

『e-ビジネス』（R. Kalakota, M. Robinson, 渡部聡監訳、ピアソン・エデュケーション、二〇〇〇）

『ニューエコノミー勝者の条件』（K. Kelly, 酒井泰介訳、ダイヤモンド社、一九九九）

『データベース・マーケティング』（江尻弘、中央経済社、一九九七）

『eCRM マーケティング』（沢登秀明、日本能率協会マネジメントセンター、二〇〇〇）

『ＩＴが企業を変える』（日本 DECI/T 研究会、ＴＢＳブリタニカ、一九九一）

『ＩＴ革命かＩＴバブルか』（佐々木スミス三根子、東洋経済新報社、二〇〇〇）

『電子商取引』（石黒憲彦、日刊工業新聞社、一九九六）

『インターネット・マーケティング概論』（Ｒ・レイモンド、Ｊ・シュトラス、麻田孝治訳、ピアソン・エデュケーション、二〇〇〇）

『情報サービス産業白書二〇〇一』（社団法人情報サービス産業協会編、コンピュータ・エージ社、二〇〇一）

『情報サービス産業白書二〇〇二』（社団法人情報サービス産業協会編、コンピュータ・エージ社、二〇〇二）

『情報化白書二〇〇〇』（日本情報処理開発協会編、コンピュータ・エージ社、二〇〇〇）

『情報サービス産業白書二〇〇二』（情報サービス産業協会編、コンピュータ・エージ社、二〇〇二）

『情報サービス産業白書二〇〇三』（情報サービス産業協会編、コンピュータ・エージ社、二〇〇三）

「ニューエコノミー幻想とＩＴ不況の克服のために」『コンピュートピア一〇月号』（拙著、コンピュータ・エージ社、二〇〇一）

「ＩＴ化で労働市場のデジタル・デバイドが進行」『コンピュートピア一二月号』（拙著、コンピュータ・エージ社、二〇〇一）

20

特許法と著作権法における雇用関係規定の場所的適用範囲

土井輝生

下森定 編集代表『現代民事法学の構想』内山尚三先生追悼
二〇〇四年一一月 信山社

はしがき

一　特許法における職務発明の規定

二　著作権法における職務著作の規定

三　特許法および著作権法が定める当事者自治にゆだねられる事項の確認と契約慣行の確立

はしがき

特許法（昭和三四年法律一二一号）および著作権法（昭和四五年法律四八号）は、それぞれ三五条と一五条に、まったく異なる目的をもって雇用関係のもとにおける発明と著作について規定している。

特許法や著作権法のような排他的権利を付与して保護する法律については、いわゆる属地主義（territoriality principle）が支配する。すなわち、日本の特許法や著作権法の規定の場所的適用範囲は、これを制定した日本の領域内に限定されるのである。しかし、雇用関係を規律する両法の規定は属地主義に支配されない。どうしてそうなのかを、判例をもとにして検討し、特許法三五条と著作権法一五条とがそれぞれ規定している事項については、いかなる国の法が適用されるかを論じるのがこの論説の目的である。

諸国の国内法による発明の特許保護や各種の著作物の著作権保護についての属地主義の基礎となるのは、特許については「工業所有権の保護に関する一八八三年三月二〇日のパリ条約」（パリ条約）、著作権については「文学的及び美術的著作物の保護に関するベルヌ条約」（一八八六年）の一九七一年パリ改正条約である。二〇〇四年七月一五日現在、パリ同盟の加盟国は一六八か国、ベルヌ同盟の加盟国は一五五か国である。

一　特許法における職務発明の規定

特許法は、自然人だけが発明をすることができるという前提のもとで、三五条に、従業者がする発明について、三つ規則を定めている。第一に、三五条一項は、使用者は、従業者がその性質上使用者の業務範囲に属し、かつ、使用者のもとでその従業者が現在または過去の職務に属する発明（職務発明）をして、従業者が特許を受けたときは、その特許について通常実施権を有すると規定する。第二に、三五条二項は、従業者がした発明で、職務発明に該当しないもの（いわゆる自由発明）について、あらかじめ使用者に特許を受ける権利または自分が取得する特許権を移転する契約または勤務規則は無効とすると規定する。第三に、三五条三項は、従業者が職務発明について契約や勤務規則によって使用者に特許を受ける権利または特許権を移転したときは、相当の対価の支払いを受ける権利を有すると規定する。

特許法三五条にいう「特許を受ける権利」や「特許権」を日本の国内における権利と解すると、技術開発や取引の実際に適合しなくなる。具体的な事例にもとづいて、このことを明らかにしよう。

Aは、日本国内の研究所Bに勤務する科学者だとする。Bの業務は、ある分野における技術の研究開発およびライセンシングである。Aの職務は、Bの研究施設におけるBの業務に属する技術分野の研究開発である。この研究施設においては、設備やプロジェクトの内容はもちろん、研究員が行う研究開発活動のすべてが、営業秘密トレードシークレットとして管理されているとする。Aは、職務として、ある発明をする。Aは、この発明の情報をBに開示する。この技術情報を所有するBは、日本を含む数か国を選んで特許を出願し、そのあと必要であればどの国で出願審査を請求するかを決める。その発明を継続して秘密にする必要があれば、どの国にも特許を出願しないで、秘密の状態で管理する。したがって、Aが使用者Bに移転するのは、日本で特許を受ける権利ではなく、発明そのものである。Bは、発明の所有者として、国を選んで特許を出願するのである。

発明者とその発明の譲渡を受ける使用者との関係は、当事者間の契約によって規律すべき事項であって、どの国の特許法によっても適切に規律することはできない。特許法三五条で使われている「特許」の語は、日本の特許を指すと解される。事案を少し変えて検討しよう。

ＡはＸ国の会社Ｂに勤務する技術者だとする。ＡがＢに、将来作る発明を譲渡することを約束する。この発明には、日本で特許を受ける権利も含まれるとする。ＡがＢと締結する契約において日本の特許法三五条の適用を考慮する必要はない。

特許法三五条の場所的適用範囲が必ずしも日本の領域に限定されないことを示す判例に、藤本彬 対 ㈱ニューロン事件[1]がある。日本の会社ＳＲＤの従業者藤本Ⓥは、信号復調装置の発明をしたあと、自分の名義でアメリカ合衆国に特許出願をして特許を取得した。使用者であるＳＲＤ社は、同じ発明について日本およびイギリスやドイツで特許を出願したあと、Ｈ社に営業を譲渡し、後者は子会社ニューロンⓃにこれを譲渡した。Ｎは、ＳＲＤと従業者との間には職務発明について特許を受ける権利（特許出願権）を発明完成時に会社に譲渡する旨の黙示の合意があったと主張して、Ｆに対して、合衆国における特許の登録手続きを求め、かつ、この手続きを受けられないことによって受ける損害の賠償を求めて訴えを提起した。Ｆは、Ｎの請求を認容した地方裁判所の判決に対して控訴した。東京高等裁判所は、特許法三五条の職務発明に関する規定のもとで、Ｆが取得した合衆国特許を使用者に譲渡する黙示の合意はなかったとして、Ｎの請求を認容した原判決を取り消し、Ｎの請求を棄却した。これは、特許法三五条の域外適用を認めた判例である。

この判決のあと、Fは、合衆国に製品を出したNに対して、合衆国特許法により、日本における合衆国特許の侵害を誘引する行為の差止めと損害賠償を請求して訴えを提起した。控訴審で敗訴したNは、上告した。最高裁判所は、合衆国の特許法は日本では適用されないという結論をだすため、詳細に国際私法の問題を論じた。(2)

従業者と使用者との間に適切な契約が存在していれば、このような問題は生じなかったはずである。

二　著作権法における職務著作の規定

著作権法一五条一項は、「法人その他使用者（以下この条において「法人等」という。）の発意に基づきその法人等の業務に従事する者が職務上作成する著作物（プログラムの著作物を除く）で、その法人等が自己の著作の名義の下に公表するものの著作者は、その作成の時における契約、勤務規則その他に別段の定めがない限り、その法人等とする。」と規定する。昭和六〇年の著作権法改正によって新設された一五条二項は、コンピュータープログラムについて、同様の規定を設けている。この規定の場所的適用範囲も、日本の領域に限定されない。

発明の特許保護と異なり、ベルヌ条約五条(2)のもとで、著作権は著作権物の創作と同時に同盟諸国においてそれぞれの国で自動的に発生する。外国で作成された著作物の大多数は、ベルヌ条約によって日本で内国民待遇を受け、日本の著作権を取得する。これらの著作物について誰が著作者であるかについては、いかなる国法によるのかという問題がでる。

Aが、X国で、ある著作物を作成する。Aがベルヌ同盟の一国の国民であるか、または、そうでなくても、同盟の一国でその著作物を最初に発行すると、その著作物について、日本を含めて、少なくとも一五五の同盟国で自動的にそれぞれの国で著作権が発生する。日本の著作権法のもとで、このようにして発生した著作権について、誰が著作者であるか、誰が著作権を所有するかは、著作物が作成された国の法によるのか、または著作物の作成および利用に関する当事者間の契約に定めた準拠法（いずれかの国の法）によるのか。

ライター、アーチスト、デザイナーといった自然人は、将来作成する著作物について、誰を著作者とするか、および誰が複数国の著作権を所有するかを、あらかじめ、相手方（出版社、プロダクション、映画会社など）との契約に定めておけば、日本で発生した著作権仁ついてもその取決め支配する。当事者間の権利義務について必要な事項を定めておけば、契約の準拠法としてどの国法を指定するかは、あまり重要ではない。

最高裁判所の最近の判例、㈱松寺 対 キングフィーチャーズシンジケート事件(3)を取り上げよう。この事件は、日本の会社が無断でポパイの画像と〝Popeye〟の名称とを組み合わせたマークについて商標登録を受けて取得した商標権と、先行するポパイ漫画の著作権とが衝突した、一連の民事訴訟事件の一つである。ポパイ漫画の著作権者キングフィィチャーズシンジケート（KFS ; King Features Syndicate, Inc.）が商標権者およびそのライセンシーに対して提起した著作権侵害訴訟の上告審で、最高裁判所は、KFSの前身である同名のシンジケートは漫画家を雇用して〝Thimble Theatre〟と題するポパイ漫画の第一回を作成させて一九二九年ニューヨークの新聞に掲載していらい、次々に異なる漫画家を雇ってポパイ漫画を連続して作成させ、多くの新聞に発表してきた事実にもとずき、エルジー・クライスラー・シーガー（Elgie Chrysler Seger）（一八九四～一九三八）が作成した第一回ポパイ漫画の著作権は一九九〇年五月二一日に保護期間が満了したが、シンジケートに雇用された代々の漫画家が作成した後続のポパイ漫画はそれぞれ先行する漫画の翻案物であるから、著作者であるKFSは後続作品のそれぞれ新たに付加された部分について著作権を有すると認定した。

KFSは、漫画家を雇って連続して漫画を作成させ、合衆国内ばかりでなく世界中の新聞に掲載させている。シンジケートは、世界中の著作権を集中管理する仕組みである。あわせて、シンジケートは、漫画のタイトルばかりでなく、登場キャラクターの名前や画像についても、商標を含むトレードドレスを管理することができる。ポパイ事件判決は、日本で発生した著作権について、外国でなされた職務著作（work made for hire）によって発生したものであること、および外国の雇用者かつ著作者であるKFSがこれを所有することを認めた。これらの点について日本法を適用する必要はなかった。裁判所は、合衆国法にもとづいてこのような判断をしたものと思われる。

より新しい最高裁判所の判例、㈱エーシーシープロダクション製作スタジオ 対 トニー・ウエイマン・クー事件(4)では、日本に滞在する外国人が日本の会社に雇われて作成した図画について著作権法一五条一項を適用して、職務著作であると判断された。これは、原告が作成した図画を利用して被告会社がアニメーション作品を製作し上映した場所が日本であったからだと思われる。外国にいるアーチストやデザイナーを雇って、オンラインで作品を送らせることもできる。支払う報酬その他の条件、著作者名義、諸国で発生する著作権の帰属など必要な事項は契約に定めておくべきである。

三 特許法および著作権法が定める当事者自治にゆだねられる事項の確認と契約慣行の確立

職務発明に関する特許法の規定と、職務著作に関する著作権法の規定の適用は、日本の領域に限定されないことをあきらかにした。発明活動や著作活動にかんする雇用契約においてもっとも重要なことは、当事者間で適切な内容の契約を締結することである。

特許法や著作権法の雇用関係にかんする規定は、契約締結のときに参考にすべきガイドラインにすぎないことを認識すべきである。さらに、発明活動や著作活動にかんする契約には、国際的側面があることも、取り上げた判例によって明らかにした。特許や著作権を目的とするライセンス取引についても、当事者自治が基礎である。

(1) 東京高等裁判所平成六年七月二〇日判決、藤本彬 対 ㈱ニューロン、特許権譲渡義務確認等請求控訴事件、特許と企業一九九四年務トッキョケン

(2) 最高裁判所第一小法廷平生一四年九月二六日判決、藤本彬 対 ㈱ニューロン、民集五六巻一五五一頁。

(3) 最高裁判所第一小法廷平成九年七月一一日判決、㈱松寺 対 キングフィーチャーズシンジケート、民集五一巻二七一四頁。

(4) 最高裁判所第二小法廷平成一五年四月一一日判決、㈱エーシーシープロダクション製作スタジオ 対 トニー・ウエイマン・クー、判例時報一八二二法一一三三頁。

内山尚三先生　経歴及び主要研究業績

一九二〇年七月五日　新潟県柏崎市に生まれる

■学　歴

一九三三年三月　新宿区戸塚市第三小学校卒業
一九三八年三月　東京府立第六中学校卒業
一九四二年三月　私立成城学園高校文科乙類卒業
一九四三年九月　東京大学法学部政治学科入学
一九四七年九月　東京大学法学部卒業
一九四九年九月　東京大学大学院修了
一九六〇年六月　法学博士の学位取得（法政大学）

■主な職歴等

一九四九年四月　法政大学法学部助教授
一九五九年七月　法政大学法学部教授
一九六三年四月　チュレン大学客員教授（一九六四年三月まで）
一九七〇年四月　法政大学法学部長（同年一〇月まで）
一九七三年四月　法政大学大学院議長（一九七五年三月まで）
一九八二年四月　カルフォルニア大学ロサンゼルス校客員研究員（一九八三年三月まで）
一九八九年三月　法政大学名誉教授

一九八九年四月　札幌大学法学部長（一九九一年一月まで）
一九九一年二月　札幌大学学長・札幌大学女子短期大学部学長（一九九五年一一月まで）
一九九六年三月　札幌大学名誉教授
一九九九年四月　札幌大学大学院教授（二〇〇一年三月まで）

□著　書（共編・共著を含む）

『労働問題と労働法講座6　婦人労働』「人身売買」（弘文堂、一九五七年）
『労働法講座8』「職業安定制度」（有斐閣、一九五八年）
『民法演習Ⅳ債権各論二』「請負」（有斐閣、一九五九年）
『家族法大系Ⅲ離婚』「離婚請求の棄却」（有斐閣、一九五九年）
『家父長制労働関係』（法政大学出版局、一九六〇年）
『建設労働論　上』（法政大学出版局、一九六三年）
『契約法大系Ⅳ　雇用・請負・委任』「請負人の担保責任」（有斐閣、一九六三年）
『民法　上』（編著）（法政大学出版局、一九六三年）
『家父長制労働論　上』（法政大学出版局、一九六五年）
『注釈民法⒃　債権（七）』「瑕疵担保責任」（有斐閣、一九六七年）
『新労働法講座第八巻』「職業紹介・労働者募集」（有斐閣、一九六七年）
『新民法演習』「同時履行と抗弁権」（有斐閣、一九六八年）
『民法　下』（編著）（法政大学出版局、一九六九年）
『民法（六）契約各論』「請負」（有斐閣、一九七〇年）
『民法基本問題一五〇講Ⅲ　親族・相続』「裁判離婚の原因と有責性」（一粒社、一九七一年）

『法社会学の現代的課題』「アメリカ建設業における最近の労働力不足とその対策」（岩波書店、一九七一年）
『法律学演習講座3　債権総論・各論』「不真正連帯債務、将来の債権の保証、共同保証、身元保証人の責任、危険負担」（法学書院、一九七二年）
『法社会学講座6　紛争解決と法2』「建設工事における紛争解決」（岩波書店、一九七二年）
『演習法律学大系5　演習民法（債権）』「請負契約」（青林書院新社、一九七二年）
『転換期の建設業』（清文社、一九七四年）
『不動産取引の基礎』（編著）（青林書院新社、一九七六年）
『民事法学の諸問題（薬師寺志光博士米寿記念）』「建設公害判例の考察―騒音振動を中心として」（総合労働研究所、一九七七年）
『判例コンメンタール民法　Ⅱ』「質権」（三省堂、一九七七年）
『建設業の明日を探る』（清文社、一九七八年）
『民法総合判例研究⑸　請負』（一粒社、一九七八年）
『現代建設請負契約法』（一粒社、一九七九年　再増補一九九九年）
『建設業法』（共著）（第一法規出版、一九七九年）
『新民法演習Ⅳ　債権各論』「請負」（有斐閣、一九八〇年）
『新版民法6　契約各論』「請負」（有斐閣、一九八一年）
『現代社会と民事法（打田畯一先生古稀記念）』「工事請負代金債権の譲渡に関する判例の動向」（第一法規出版、一九八一年）
『談合問題への視点』（都市文化社、一九八二年）
『建設業法の要点』（清文社、一九八二年）
『建設業の課題と展望』（都市文化社、一九八二年）

『新版判例民法演習三　債権』「解除と催告」（有斐閣、一九八二年）
『建設産業論』（共著）（都市文化社、一九八三年）
『建設労働論』（都市文化社、一九八三年）
『現代労働法講座13』「職業紹介、就職促進法制の沿革」（総合労働研究所、一九八四年）
『「現地報告」海外進出事情』（共著）（都市文化社、一九八四年）
『「家」と労使関係』（法政大学出版局、一九八四年）
『民法⑹　契約各論　第三版』「請負」（有斐閣、一九八七年）
『現代判例民法学の課題―森泉章教授還暦記念論集―』「請負人の不法行為責任」（法学書院、一九八八年）
『新版・建設業法の要点』（清文社、一九八九年）
『新版注釈民法⒃　債権〔七〕』「第九節請負」（有斐閣、一九八九年）
『新訂建設業法』（共著）（第一法規出版、一九九〇年）
『民法5（債権各論）』（法政大学出版局、一九九〇年）
『新判例コンメンタール民法4　担保物権』「第九章　質権」（三省堂、一九九一年）
『消費者法講座第六巻』「住宅建設と消費者」（日本評論社、一九九一年）
『請負（新版）』（共著）（一粒社、一九九九年）
『債権各論講義』（信山社、一九九九年）
『道路公団民営化の是非を問う』（共著）、（建設人社、二〇〇二年）

□論　文

「建設業における職業安定法の諸問題㈠」建設総合研究一巻一号、一九五二年
「建設業における職業安定法の諸問題㈡」建設総合研究一巻二号、一九五二年

「建設労働の民主化（Ⅰ）」（川島武宜博士と共同研究） 法学志林四九巻三号、一九五二年
「アメリカ建設業における労働関係㈠」 法学志林五三巻二号、一九五六年
「建設業における入札協定㈠㈡」 建設総合研究五巻三・四号、一九五六年
「最近のアメリカ建設業に就いて㈠」（木内誉治と共同研究） 建設総合研究五巻一号、一九五六年
「アメリカ建設業における労働関係㊡」 法学志林五三巻三・四合併号、一九五六年
「最近のアメリカ建設業に就いて㈡」（木内誉治と共同研究） 建設総合研究五巻二号、一九五六年
「建設業における入札協定㈢」 建設総合研究六巻一号、一九五七年
「完成保証人制度の再検討㈠」 建設総合研究六巻四号、一九五七年
「家父長制労働関係の法社会学的考察㈠」 法学志林五五巻四号、一九五八年
「家父長制労働関係の法社会学的考察㈡」 法学志林五六巻二号、一九五八年
「請負契約における危険負担の諸問題㈠」 法学志林五六巻三号、一九五九年
「家父長制労働関係の法社会学的考察㈢」 法学志林五六巻三号、一九五九年
「家父長制労働関係の法社会学的考察㊡」 法学志林五七巻三・四合併号、一九六〇年
「建設業における調査研究の必要性について」（木内誉治と共同研究） 建設総合研究一〇巻二号、一九六一年
「建設業における労働力不足と技能教育の実態と問題点㈠」 法学志林五九巻三・四合併号、一九六二年
「建設業における労働力不足と技能教育の実態と問題点㊡」 法学志林六〇巻一号、一九六二年
「請負契約における危険負担の諸問題㈡」 法学志林六〇巻三・四合併号、一九六二年
「物価変動による工事費増額の問題」 建設総合研究一四巻三号、一九六五年
「入札制度の再検討㈠」 建設総合研究一四巻一号、一九六五年
「建設労働の諸問題㈠」 建設総合研究一五巻一号、一九六六年
「建設労働の諸問題㈡」 建設総合研究一五巻二号、一九六六年

「建設工事におけるかし担保問題」『新建築技術の施工におけるかし保証制度に関する研究』、一九六六年
「建設請負契約論」『保証事業会社協会』第二集、一九六六年
「建設労働の諸問題㈢」建設総合研究一五巻三号、一九六六年
「建設労働の問題点」総評組織局『建設産業労働関係資料』、一九六七年
「労働関係における家父長制の問題㈠、㈡」法学志林六四巻二号、三号、一九六七年
「建設業における構造変化と再編成㈠」建設総合研究一八巻二号、一九六九年
「建設業における構造変化と再編成㈡」建設総合研究一八巻三号、一九七〇年
「建設業における構造変化と再編成㈢」建設総合研究一八巻四号、一九七〇年
「最近のアメリカ建設業における労働関係㈠」建設総合研究一九巻二号、一九七〇年
「最近のアメリカ建設業における労働関係㈡」建設総合研究一九巻三号、一九七〇年
「最近のアメリカ建設業における労働関係㊁」建設総合研究一九巻四号、一九七〇年
「家族主義の中の労働」『公評』二月号、一九七二年
「ジョイント・ベンチュアの法的構造と実務上の問題点㈠㈡㊁」建設総合研究第二一巻第一号・二号・三号
（仁瓶五郎と共同研究）、一九七二年
「建設請負契約と事情変更の原則㊤」NBL五八号、一九七四年
「建設請負契約と事情変更の原則㊦」NBL五九号、一九七四年
「民間工事請負代金のスライド制について」NBL九一号、一九七五年
「請負・組合」『民法三〇〇題』有斐閣、一九七五年
「請負契約における危険負担の問題㊁」法学志林七六巻一号、一九七八年
「法律からみた家族と親権」『幼年時代』九月号、一九七九年
「四会連合協定の請負契約約款に基づく仲裁契約の成立」判例タイムズ四三九号、一九八一年

「建設業法の役割」『法と政策』No.2、一九八一年
「建物請負における完成建物の所有権の帰属」ジュリスト増刊民法の争点Ⅱ、一九八五年
「請負人の不法行為責任」建設総合研究三五巻二号、一九八六年
「建設工事における瑕疵担保責任」『生コンクリート』一一月号、一九八八年
「設計施工請負契約約款（案）について」建設総合研究四〇巻二号（山口康夫と共著）、一九九一年
「建設工事における約款の役割㈠」建設総合研究四一巻二号（山口康夫と共著）、一九九二年
「建設コンサルタントの現状と問題点㈠」建設総合研究四三巻二号（花立文子と共著）、一九九五年
「中国経済の現状と今後」（三輪芳郎と共著）建設総合研究四三巻二号、一九九五年
「建設業法の制定・改正・概況」（山口康夫と共著）建設総合研究四五巻三・四合併号、一九九七年
〈資料〉1．人権思想の確立、2．毅然として反駁を、3．建設業団体史序」建設総合研究四六巻二号、一九九七年
「わが国の建設請負契約の再検討㈠」建設総合研究四八巻三号、二〇〇〇年
〈資料〉建設業・建設省――日本歴史大事典――」建設総合研究四九巻三号、二〇〇一年
「「構造改革」における建設請負契約の法的問題㈠」建設総合研究（山口康夫と共著）五〇巻三号、二〇〇一年

□判例評釈（解説を含む）

「建築請負と建物所有権の帰属」別冊ジュリスト・続判例百選（第二版）、一九六五年
「担保責任『行政上の用途制限・負担』」別冊ジュリスト・不動産取引判例百選、一九六六年
「遺族共有の性質」別冊ジュリスト・家族法判例百選、一九六七年
「解雇と催促」ジュリスト増刊・民法の判例、一九六七年
「建設請負契約における一部解除の認定が相当でないとされた事例」判例時報五二五号、一九六八年

「請負契約における解除」判例時報六四六号、一九七一年
「請負人が第三者に与えた損害につき注文者の注文または指図に過失が認められないとされた事例」（判例批判）民商法雑誌六五巻一号、一九七一年
「相互に債権額の異なる請負人の報酬債権と注文者の目的物の瑕疵に代わる損害賠償債権とを相殺することの可否」判例タイムズ三七八号、一九七五年
「建設請負契約判例の動向㈠㈡」建設総合研究二六巻二号、二六巻三・四号、一九七七年
「建設請負契約における一部解除の認定が相当でないとされた事例」（判例批評）判例時報八九六号、一九七八年
「建設請負契約判例の動向㊁」建設総合研究二七巻二号、一九七八年
「建築途中の未だ独立の不動産に至らない建前に第三者が材料を供して工事を施し独立の不動産である建物に仕上げた場合と建物所有権の帰属」（判例批評）民商法雑誌八一巻六号、一九八〇年
「相続放棄と作害行為取消権」別冊ジュリスト・家族法判例百選（第三版）有斐閣、一九八〇年
「民法六三四条二項の損害賠償債権の発生時期、および相殺計算する場合における債権額確定の基準時」（判例批評）判例タイムズ四一一号、一九八〇年
「請負人の債務履行と既設工部分についての契約解除」（判例研究）民商法雑誌八五巻五号、一九八二年
「請負契約の途中終了と残工事施工費用の賠償請求」民商法雑誌九四巻四号、一九八六年

現代民事法学の構想
――内山尚三先生追悼――

2004(平成16)年11月27日　第1版第1刷発行
3188-01010: p736: b500: p16000E

編集代表　下森　定
編　集　須永　醇
堀田泰司
片桐善衛
山口康夫
岡　孝
宮本健蔵
発行者　袖山　貴
発行所　株式会社 信山社
〒113-0033 東京都文京区本郷 6-2-9-102
Tel 03-3818-1019　Fax 03-3818-0344
henshu@shinzansha.co.jp
◆笠間来栖支店 kurusu@shinzansha.co.jp
〒309-1625 茨城県笠間市来栖2345-1
Tel 0296-71-0215 Fax 0296-72-5410

印刷・製本／松澤印刷・大三製本
ISBN 4-7972-3188-2 C3332 分類324.026-a038
3188-01010-012-040-010